Max-Planck-Institut für ausländisches öffentliches Recht und Völkerrecht

Beiträge zum ausländischen öffentlichen Recht und Völkerrecht

Begründet von Viktor Bruns

Herausgegeben von
Jochen Abr. Frowein · Helmut Steinberger
Rüdiger Wolfrum

Band 115

Andreas Zimmermann

Das neue Grundrecht auf Asyl

Verfassungs- und völkerrechtliche
Grenzen und Voraussetzungen

The New German Law on Asylum under Article 16 a of the Constitution of the Federal Republic of Germany

(English Summary)

Springer-Verlag
Berlin Heidelberg New York London Paris
Tokyo Hong Kong Barcelona Budapest

ISBN-13:978-3-642-79076-8 e-ISBN-13:978-3-642-79075-1
DOI: 10.1007/978-3-642-79075-1

Die Deutsche Bibliothek – CIP-Einheitsaufnahme
Zimmermann, Andreas: Das neue Grundrecht auf Asyl : verfassungs- und völkerrechtliche Grenzen und Voraussetzungen ; The new German law on asylum under article 16a of the constitution of the Federal Republic of Germany (English summary) / Andreas Zimmermann. [Max-Planck-Institut für Ausländisches Öffentliches Recht und Völkerrecht]. – Berlin ; Heidelberg ; New York ; London ; Paris ; Tokyo ; Hong Kong ; Barcelona ; Budapest : Springer, 1994
(Beiträge zum ausländischen öffentlichen Recht und Völkerrecht ; Bd. 115)
Zugl.: Heidelberg, Univ., Diss., 1993/94

NE: GT

Softcover reprint of the hardcover 1st edition 1994

Satz: Reproduktionsfertige Vorlagen von den Autoren
42/3130 – 5 4 3 2 1 0 – Gedruckt auf säurefreiem Papier

Vorwort

Vorliegende Arbeit wurde im Wintersemester 1993/94 von der Juristischen Fakultät der Universität Heidelberg als Dissertation angenommen. Sie hat ihre Grundlage in einem Gutachten, welches der Verfasser gemeinsam mit Herrn Prof. Dr. *Jochen Abr. Frowein* im Sommer 1992 im Vorfeld der Reform des deutschen Asylrechts für das Bundesministerium der Justiz erstellt hat[1]. Ihm sei an dieser Stelle sowohl für die Übernahme der Zweitkorrektur als auch für die Bereitschaft gedankt, das Gutachten als Grundstock für vorliegende Arbeit nutzen zu können.

Meinem Doktorvater, Herrn Prof. Dr. *Helmut Steinberger*, danke ich für die Betreuung der Arbeit, manches fachliche und persönliche Gespräch und das Verständnis und die Gewährung des nötigen Freiraums, welche es ermöglicht haben, die Arbeit in einem verhältnismäßig engen zeitlichen Rahmen erstellen zu können.

Den Vorgenannten und Herrn Prof. Dr. *Rüdiger Wolfrum* möchte ich außerdem für ihre Bereitschaft danken, meine Studie in die Reihe der Beiträge zum ausländischen öffentlichen Recht und Völkerrecht aufzunehmen.

Darüber hinaus danke ich allen Mitarbeitern des Heidelberger Max-Planck-Instituts für ausländisches öffentliches Recht und Völkerrecht, insbesondere den Kollegen aus der Bibliothek, ohne deren freundliche Hilfsbereitschaft die Arbeit in dieser Form so nicht hätte zustande kommen können. Weiterhin ist aber auch all denen mein Dank auszusprechen, die durch ihre stete Gesprächsbereitschaft den Erfolg der Arbeit mit befördert haben.

Zu erwähnen ist ferner Herr Prof. Dr. *Hans von Mangoldt*, Universität Tübingen, der frühzeitig mein Interesse am Völker- und Staatsrecht geweckt und in Vorlesungen und Seminaren darüber hinaus versucht hat, zur gedanklichen Stringenz zu erziehen und dem ich wegen dieser Untersuchung eine Arbeit zum Prozeßrecht des Internationalen Gerichtshofes (bislang) schuldig geblieben bin.

---

[1] J. A. Frowein/ A. Zimmermann, Der völkerrechtliche Rahmen für die Reform des deutschen Asylrechts (1993).

Meinen Eltern, insbesondere meiner Mutter, schulde ich Dank dafür, daß sie mich stets gefördert haben, obwohl dies für sie an manchen Stellen nicht einfach war.

Literatur und Rechtsprechung konnte im wesentlichen bis Ende Januar 1994 eingearbeitet werden.

Heidelberg, im März 1994 Andreas Zimmermann

Inhaltsübersicht

Inhaltsverzeichnis

Abkürzungsverzeichnis

a.A.	anderer Ansicht
a.F.	alte Fassung
aaO	am angegebenen Ort
ABl.	Amtsblatt
Abs.	Absatz
Adv. Op.	Advisory Opinion
AJIL	American Journal of International Law
Anl.	Anlage
Anm.	Anmerkung
AöR	Archiv des öffentlichen Rechts
Appl.	Application
Art.	Artikel
AS.	Amtliche Sammlung der Bundesgesetze und Verordnungen (der Schweiz)
AsylVfG	Asylverfahrensgesetz
AsylVfNeuregelungsG	Gesetz zur Neuregelung des Asylverfahrens vom 26. 6. 1992
AtG	Atomgesetz
Aufl.	Auflage
AuslG	Ausländergesetz
AVR	Archiv des Völkerrechts
AWR.-Bull.	Vierteljahresschrift für Flüchtlingsfragen der Forschungsgemeinschaft für das Weltflüchtlingsproblem
BayObLG	Bayerisches Oberstes Landesgericht
BayVBl	Bayerische Verwaltungsblätter
BayVerfGH	Bayerischer Verfassungsgerichtshof
BBl.	Bundesblatt (der Schweiz)
Bd.	Band
BFH(E)	Bundesfinanzhof (Entscheidungen)
BGBl.	Bundesgesetzblatt

BGE	Entscheidungen des (schweizerischen) Bundesgerichts
BGHZ	Bundesgerichtshof (Zivilsachen)
BMI	Bundesministerium des Innern
BRat-Drs.	Bundesrats-Drucksache
BReg	Bundesregierung
BT-Drs.	Bundestags-Drucksache
Bull.	Bulletin
BVerfG(E)	Bundesverfassungsgericht (Entscheidungen)
BVerfGG	Bundesverfassungsgerichtsgesetz
BVerwG(E)	Bundesverwaltungsgericht (Entscheidungen)
BWVPr	Baden-Württembergische Verwaltungs-praxis
BYIL	British Yearbook of International Law
BZRG	Bundeszentralregistergesetz
bzw.	beziehungsweise
C.F.R.	Consolidated Federal Regulations
Can. Yb. Int. L.	Canadian Yearbook of International Law
CMLR	Common Market Law Review
CMLRep	Common Market Law Reports
Corn. Int. L. J.	Cornell International Law Journal
D.R.	Decisions and Reports (der Europäischen Kommission für Menschenrechte)
DAG	Deutsches Auslieferungsgesetz
ders.	derselbe
dies.	dieselbe
Doc.	Document
DÖV	Die öffentliche Verwaltung
DRZ	Deutsche Rechtszeitschrift
DVBl	Deutsches Verwaltungsblatt
E.H.R.R.	European Human Rights Reports
ebd.	ebenda
EEA	Einheitliche Europäische Akte
EG	Europäische Gemeinschaft
EGV	Vertrag zur Gründung der Europäischen Gemeinschaft in der Fassung vom 7. 2. 1992
EJIL	European Journal of International Law
ELR	European Law Review

EMRK	Europäische Konvention zum Schutze der Menschenrechte und Grundfreiheiten
EPIL	Encyclopedia of Public International Law
ESVG	Entscheidungssammlung des Hessischen Verwaltungsgerichtshofes und des Verwaltungsgerichtshofes Baden-Württemberg
et. al.	und andere
EuGH	Gerichtshof der Europäischen Gemeinschaften
EuGRZ	Europäische Grundrechte-Zeitschrift
EuR	Europarecht
EUV	Vertrag über die Europäische Union vom 7. 2. 1992
EWG	Europäische Wirtschaftsgemeinschaft
EWGV	Vertrag zur Gründung der Europäischen Wirtschaftsgemeinschaft
f.	folgende
FAZ	Frankfurter Allgemeine Zeitung
ff.	fortfolgende
FGO	Finanzgerichtsordnung
Fn.	Fußnote
FR	Frankfurter Rundschau
Gazz. Uff.	Gazetta Ufficiale
GBl. DDR	Gesetzblatt der Deutschen Demokratischen Republik
Ges.-Bl.	Gesetzblatt
GewArch	Gewerbearchiv
GFK	Genfer Flüchtlingskonvention (Abkommen über die Rechtsstellung der Flüchtlinge)
GG	Grundgesetz
GMBl.	Gemeinsames Ministerialblatt
GVBl.	Gesetz- und Verordnungsblatt
GVNM	Gesetz- und Verordnungsblatt für Nordrhein-Westfalen
GWB	Gesetz gegen Wettbewerbsbeschränkungen
GYIL	German Yearbook of International Law
HA	Hauptausschuß
HAG	Gesetz über die Rechtsstellung heimatloser Ausländer

HRLJ	Human Rights Law Journal
Hrsg.	Herausgeber
Hum. Rights	on Human Rights
i.V.m.	in Verbindung mit
ICJ Rep.	Reports of Judgments, Advisory opinions and Orders of the International Court of Justice
ICLQ	International and Comparative Law Quarterly
IGH	Internationaler Gerichtshof
ILM	International Legal Materials
Imm. Nat. L. Pract.	Immigration & Nationality Law & Practice
Ind. J. Int. L.	Indian Journal of International Law
InfAuslR	Informationsbrief Ausländerrecht
Int. J. Ref. L.	International Journal of Refugee Law
IRG	Gesetz über die internationale Rechtshilfe in Strafsachen
J.O.	Journal Officiel de la République Française
JöR NF	Jahrbuch des öffentlichen Rechts (Neue Folge)
JuS	Juristische Schulung
JZ	Juristenzeitung
Kap.	Kapitel
KJ	Kritische Justiz
KSE	Kölner Schriften zum Europarecht
Lfg.	Lieferung
LKV	Landes- und Kommunalverwaltung
LNTS	League of Nations Treaty Series
Losebl.	Loseblatt-Sammlung
m.w.N.	mit weiteren Nachweisen
Mem.	Mémorial
Mich. J. Int. L.	Michigan Journal of International Law
n.F.	neue Fassung
Neth. Yb.Int. L.	Netherlands Yearbook of International Law
NJW	Neue Juristische Wochenschrift
NR	Nationalrat (der Schweiz)
Nr.	Nummer
NVwZ	Neue Zeitschrift für Verwaltungsrecht
NVwZ-RR	NVwZ - Rechtsprechungsreport

ÖBGBl.	Österreichisches Bundesgesetzblatt
OLG	Oberlandesgericht
OVG(E)	Oberverwaltungsgericht (Entscheidungen)
ÖZaöRV	Österreichische Zeitschrift für ausländisches öffentliches Recht und Völkerrecht
PCIJ	Permanent Court of International Justice
PR	Protokoll
RdC	Recueil des Cours de l'Académie de Droit International
Rdnr.	Randnummer
Rec. Trav. Prep.	Receuil des Travaux Préparatoires
Res.	Resolution
Rev. Dt. Etr.	Revue du Droit des Etrangers
Rev. Europ. Dt. Publ.	Revue Européenne de Droit Public
Rev. Trim. Dt. Eur.	Revue Trimestrielle de Droit Européen
Rev. Trim. Dt. l'Homme	Revue Trimestrielle des Droits de l'Homme
RFDA	Revue Française de Droit Administratif
RGBl.	Reichsgesetzblatt
RGZ	Entscheidungen des Reichsgerichts (Zivilsachen)
Rs.	Rechtssache
RUDH	Revue Universelle des Droits de l'Homme
S.	Satz
S. Ct.	Supreme Court
Schweiz. Jb. Int. R	Schweizer Jahrbuch für Internationales Recht
Ser.	Serie
Sess.	Session
Slg. Rspr.	Amtliche Sammlung der Rechtsprechung des Europäischen Gerichtshofes
st. Rspr.	ständige Rechtsprechung
Stanf. J. Int. L.	Stanford Journal of International Law
Sten. Berichte	Stenographische Berichte
Sten. Protokolle	Stenographische Protokolle
StIGH	Ständiger Internationaler Gerichtshof
suppl.	Supplement
SZ	Süddeutsche Zeitung
Thür.Vbl.	Thüringische Verwaltungsblätter

UNHCR	Flüchtlingshochkommissariat der Vereinten Nationen
US	United States
v.a.	vor allem
VA	Verwaltungsarchiv
Vbl.	Verordnungsblatt
VerwRspr.	Verwaltungsrechtsprechung
VG	Verwaltungsgericht
VGH	Verwaltungsgerichtshof
VN	Vereinte Nationen
vol.	volume
VR	Verwaltungsrundschau
VVDStRL	Veröffentlichungen der Vereinigung Deutscher Staatsrechtslehrer
VwGO	Verwaltungsgerichtsordnung
WVK	Wiener Vertragsrechtskonvention (Wiener Übereinkommen über das Recht der Verträge)
Yb. Europ.Conv.	Yearbook of the European Convention
Yb. ILC	Yearbook of the International Law Commission
ZaöRV	Zeitschrift für ausländisches öffentliches Recht und Völkerrecht
ZAR	Zeitschrift für Ausländerrecht und Ausländerpolitik
ZDWF	Zentrale Dokumentationsstelle der Freien Wohlfahrtspflege für Flüchtlinge
ZfRV	Zeitschrift für Rechtsvergleichung
ZRP	Zeitschrift für Rechtspolitik
ZVR	Zeitschrift für Völkerrecht

Einleitung

Problemstellung und Gang der Darstellung

Am 1. Juli 1993 hat die verfassungsrechtspolitische Auseinandersetzung um die Reform des deutschen Asylrechts mit Inkraftreten des "Gesetzes zur Änderung des Grundgesetzes (Artikel 16 und 18)"[1] und des "Gesetzes zur Änderung asylverfahrensrechtlicher-, ausländer- und staatsangehörigkeitsrechtlicher Vorschriften"[2] einen vorläufigen Abschluß gefunden. Damit wurden die Bedingungen und Voraussetzungen, unter denen in der Bundesrepublik Deutschland politisch verfolgten Menschen Asyl gewährt wird, auf eine vollständig neue Grundlage gestellt.

Gleichwohl ist dadurch die juristische Diskussion um Notwendigkeit und Grenzen der Gewährung politischen Asyls in der Bundesrepublik Deutschland keineswegs zum Stillstand gekommen. Vielmehr ist seit dem Inkrafttreten des neuen Asylrechts in einer Vielzahl von Fällen das Bundesverfassungsgericht angerufen worden, um sich mit der verfassungsrechtlichen Zulässigkeit von wesentlichen Teilen der Neuregelung zu befassen. Das Gericht hat dabei in seinen bislang ergangenen einstweiligen Anordnungen deutlich gemacht, daß der neugestaltete Art. 16 a GG schwierige verfassungsrechtliche Fragen aufwirft.

Vor diesem Hintergrund beschäftigt sich die vorliegende Arbeit mit den völker-, verfassungs- und europarechtlichen Rahmenbedingungen des neugeschaffenen Art. 16 a des Grundgesetzes für die Bundesrepublik Deutschland. Dabei liegt der Schwerpunkt der Untersuchung auf der neu geschaffenen verfassungsrechtlichen Situation. Dagegen wird das Asylverfahrensrecht nur insoweit in die Untersuchung mit einbezogen, als dies für die rechtliche Würdigung jeweils erforderlich ist, ohne daß

---

[1] BGBl. 1993, S. 1002.

[2] BGBl. 1993, S. 1062 ff.

damit allerdings in dieser Hinsicht der Versuch einer umfassenden Analyse unternommen werden soll.

Im Rahmen der Arbeit soll untersucht werden, ob sich die Bundesrepublik Deutschland mit dieser Reform noch im Rahmen des völkerrechtlich Zulässigen bewegt, ob sie insbesondere ihren Bindungen aus der Genfer Flüchtlingskonvention und der Europäischen Menschenrechtskonvention nachkommt. Darüber hinaus soll ferner der Frage nachgegangen werden, ob der verfassungsändernde Gesetzgeber bei der erfolgten Änderung des Grundgesetzes den für ihn bestehenden Bindungen, wie sie sich aus der Verfassung selbst ergeben, in vollem Umfange gerecht geworden ist. Schließlich soll in einem weiteren Teil der Untersuchung geprüft werden, in welchem Verhältnis das neugestaltete deutsche Asylrecht zu einem zukünftigen europäischen Asylrecht steht, ob es insbesondere hinreichend den Weg für eine gemeinschaftsweite Harmonisierung öffnet.

In einem *ersten Hauptteil* wird zunächst die historische Entwicklung des Asylrechts in Deutschland dargestellt. Ausgehend von ersten asylrechtlich relevanten Regelungen aus der Zeit vor dem Zweiten Weltkrieg wird insbesondere die rechtliche Situation in der Bundesrepublik Deutschland dargestellt. Daneben finden aber auch die Regelungen in der früheren Deutschen Demokratischen Republik Beachtung. Schließlich wird die verfassungsrechtspolitische Debatte, die zur Schaffung von Art. 16 a GG geführt hat, nachgezeichnet und die Entstehungsgeschichte der Norm im einzelnen dargestellt.

In einem *zweiten Hauptteil* wird sodann die Vereinbarkeit der neuen deutschen Asylrechtsregelung mit dem Abkommen über die Rechtsstellung der Flüchtlinge vom 28. Juli 1951[3] in der Fassung des New Yorker Protokolls über die Rechtsstellung der Flüchtlinge vom 31. Januar 1967[4] sowie mit der Europäischen Konvention zum Schutze der Menschenrechte und Grundfreiheiten vom 4. November 1950[5] erörtert. Zunächst wird in einer Vorbemerkung gefragt, ob der Bundesrepublik Deutschland aus völkerrechtlicher Sicht die Kompetenz zusteht, die Einhaltung sowohl der Genfer Flüchtlingskonvention als auch der EMRK

---

[3] BGBl. II, 1953, S. 559 ff.

[4] BGBl. II, 1969, S. 1294 ff.; im folgenden werden beide Verträge grundsätzlich in ihrer Zusammenschau als Genfer Flüchtlingskonvention bezeichnet.

[5] BGBl. II, 1952, S. 686 ff.; im folgenden EMRK.

zum Tatbestandsmerkmal einer deutschen (Verfassungs-) Norm zu machen.

Der erste Teil widmet sich dem Problem, ob die Aufstellung von Listen "sicherer Herkunftsländer" möglich ist, wobei insbesondere der materielle Schutzgehalt des Refoulement-Verbotes des Art. 33 der Genfer Flüchtlingskonvention und das Verbot geographischer Vorbehalte zur Genfer Flüchtlingskonvention in Beziehung zu Art. 16 a GG gesetzt werden. Außerdem wird dargestellt, in welchem Umfange die Verbürgungen der EMRK für asylrechtsrelevante Tatbestände von Bedeutung sind.

Im Hinblick auf die Schaffung widerleglicher Vermutungen der Verfolgungsfreiheit wird darauf einzugehen sein, ob dies möglicherweise eine nach der Genfer Flüchtlingskonvention verbotene Diskriminierung darstellt, und welche materiellen und verfahrensrechtlichen Standards in dieser Beziehung im Lichte der Genfer Flüchtlingskonvention einzuhalten sind. Auch wird untersucht, ob Art. 6 und 13 EMRK auf Asylverfahren Anwendung finden.

Ziel des zweiten Teils ist es festzustellen, in welchem Umfang die Zurückweisung beziehungsweise Zurückschiebung in "sichere Drittstaaten" zulässig ist. In einem ersten Kapitel wird es dabei um die völkerrechtliche Berechtigung zur Zurückweisung gegenüber den (potentiellen) Wiederaufnahmestaaten gehen müssen, wobei zwischen der nach Völkergewohnheitsrecht bestehenden Lage und vertraglichen Regelungen zu differenzieren ist. Insoweit werden auch das "Übereinkommen über die Bestimmung des zuständigen Staates für die Prüfung eines in einem Mitgliedsstaat der Europäischen Gemeinschaften gestellten Asylantrages" vom 15. Juni 1990 (sogenanntes "Dubliner Übereinkommen") sowie das "Übereinkommen zur Durchführung des Übereinkommens von Schengen vom 14. Juni 1985 zwischen den Regierungen der Staaten der Benelux-Wirtschaftsunion, der Bundesrepublik Deutschland und der Französischen Republik betreffend den schrittweisen Abbau der Kontrollen an den gemeinsamen Grenzen" vom 19. Juni 1990 (sogenanntes Schengener Folgeabkommen) und ihr Verhältnis zueinander dargestellt. In einem zweiten Kapitel wird die Zulässigkeit der Zurückweisung unter der Genfer Flüchtlingskonvention und der EMRK geprüft und mögliche Grenzen hierfür aufgezeigt.

In einem dritten Abschnitt ist schließlich darauf einzugehen, ob die in Art. 16 a Abs. 5 GG vorgesehene Öffnung des deutschen Asylrechts für völkerrechtliche Abkommen über die Zuständigkeit für die Prüfung von Asylanträgen und die gegenseitige Anerkennung von asylrechtlichen Entscheidungen den Maßstäben der Genfer Flüchtlingskonvention und der EMRK standhält.

In einem *dritten Hauptteil* werden dann die verfassungsrechtlichen Bindungen und Grenzen, die bei der Reform des deutschen Asylrechts zu beachten waren, untersucht. Insoweit soll der Frage Beachtung geschenkt werden, ob die einzelnen in Art. 16 a GG aufgenommenen Regelungen die Vorgaben des Art. 79 Abs. 3 GG in Verbindung mit Art. 1 und 20 GG einhalten. Im Hinblick auf Art. 16 a GG wird zunächst untersucht, ob dem Asylrecht ein Menschenwürdekern innewohnt, da sich nur dann Grenzen für den verfassungsändernden Gesetzgeber aus Art. 79 Abs. 3 GG in Verbindung mit Art. 1 GG ergeben könnten. Vor dem Hintergrund dieser Überlegungen sollen sodann die einzelnen, in Art. 16 a GG enthaltenen Regelungskomplexe auf ihre Kompatibilität mit Art. 1 GG in Verbindung mit Art. 79 Abs. 3 GG untersucht werden. Eine entsprechende Untersuchung wird dann für Art. 20 durchgeführt, wobei insbesondere die Frage nach der Notwendigkeit gerichtlichen Rechtsschutzes und die nach der möglichen aufschiebenden Wirkung von Rechtsmitteln im Vordergrund stehen werden. Auch soll darauf eingegangen werden, ob und in welchem Umfange die Anerkennung ausländischer Asylrechtsentscheidungen verfassungsrechtlich zulässig ist.

Ausgehend von dem Befund, daß die in Art. 16 a GG getroffenen Regelungen keinen Verstoß gegen die in Art. 1 und 20 GG niedergelegten Grundsätze darstellen, soll sodann vor dem Hintergrund von Art. 142 GG die Relevanz von Asylrechtsverbürgungen in einzelnen Länderverfassungen untersucht werden.

Schließlich wird in einem *Schlußteil* die europarechtliche Komponente der Asylrechtsregelung in der Bundesrepublik Deutschland den Schwerpunkt bilden. Dabei geht es zunächst um die Frage, ob die Europäischen Gemeinschaften im Bereich des Asylrechts verfügen. Daneben ist zu prüfen, ob der neue Art. 16 a GG mit solchen absehbaren europäischen Normierungen kompatibel und wie sein Verhältnis zu Art. 23 GG n.F. zu sehen ist.

Erster Hauptteil

Historische Entwicklung des Asylrechts in der Bundesrepublik Deutschland

Wenn auch erstmals das Grundgesetz im Jahre 1949 ein individuelles Grundrecht auf die Gewährung politischen Asyls verbürgte, finden sich gleichwohl schon deutlich zuvor sowohl in deutschen Verfassungen als auch in einfachgesetzlichen Normierungen asylrechtsrelevante Regelungen.

I. Asylrechtsverbürgungen in der Zeit vor 1949

A. Regelungen vor dem Zweiten Weltkrieg

Die erste asylrechtsrelevante Regelung überhaupt, welche sich in einer deutschen Verfassungsurkunde finden läßt, ist Art. 18 des "Grundgesetzes für die Vereidigte Landschaftliche Verfassung des Herzogtums Sachsen-Meiningen" vom 23. 8. 1829[1]. Dort hieß es:

> "Alle im Staate sich aufhaltenden Fremden (...) geniessen, solange sie sich ruhig und gesetzlich verhalten, den Schutz der Gesetze, können aber im entgegengesetzten Fall aus dem Lande gewiesen werden. (...) Auslieferungen sollen nur verfügt werden, wenn ein

---

[1] Vgl. dazu den Hinweis bei Bonner Kommentar- Kimminich, Art. 16, Rdnr. 147; ausführlich dazu W. Mettgenberg, Das erste Verbot der Auslieferung politischer Verbrecher - Ein Beitrag zur Geschichte des deutschen Auslieferungsrechts, ZVR XIV (1927/28), S. 237 ff. (239 f.)

Ausländer wegen eines gemeinen Verbrechens (...) beschuldigt und deshalb die Auslieferung (...) begehrt wird. (...)".[2]

Diese Vorschrift blieb bis zur Bildung des Landes Thüringen im Jahre 1920 in Kraft[3]. Demgegenüber kannten die Verfassungen anderer deutscher Staaten keine vergleichbaren Bestimmungen. Weder die Reichsverfassung vom 16. April 1871[4] noch die Weimarer Reichsverfassung vom 11. August 1919[5] enthielten Bestimmungen über das Asylrecht[6].

Erst das deutsche Auslieferungsgesetz vom 23. Dezember 1929[7] statuierte in seinem § 3 Abs. 1 zwar kein Asylrecht im modernen Sinne, so doch zumindest aber ein Auslieferungsverbot für politische Straftäter[8].

---

[2] Zum Zusammenhang zwischen Asylrecht und dem Verbot der Auslieferung politischer Straftäter vgl. BVerfGE 80, S. 315 ff. (337):

> "Mag auch das traditionelle Verbot der Auslieferung politischer Straftäter sich heute nach dem Zweck, Voraussetzung und Rechtsfolge grundsätzlich vom Asyl für politisch Verfolgte unterscheiden (...), so bleibt doch der sachliche Zusammenhang zwischen Asylrecht und Nichtauslieferung des politischen Straftäters weiterhin wirksam."

Zu diesem Zusammenhang vgl. ferner H. Kreuzberg, Politische Straftäter genießen Asylrecht, InfAuslR 1983, S. 119 ff.

[3] Gesetz betreffend das Land Thüringen vom 30. 4. 1920, RGBl. 1920, S. 841. Vgl. § 76 der Vorläufigen Verfassung des Landes Thüringen vom 12. Mai 1920, Thüringische Gesetzessammlung 1920, S. 67; 1921, S. 53 ff.(57); vgl. dazu Mettgenberg, Anm. 1, S. 244.

[4] RGBl. 1871, S. 63 ff.; Text auch bei E. Huber, Dokumente zur deutschen Verfassungsgeschichte, Bd. 2: 1851-1900 (3. Aufl., 1986), S. 384 ff.

[5] RGBl. 1919, S. 1383 ff.; Text auch bei E. Huber, Dokumente zur deutschen Verfassungsgeschichte, Bd. 4: 1919-1933 (3. Aufl., 1992), S. 151 ff.

[6] Die gleiche Feststellung trifft auf die nicht in Kraft getretene Verfassung des Deutschen Reiches vom 28. März 1849 zu, RGBl. 1849, S. 101 ff.; Text auch bei E. Huber, Dokumente zur deutschen Verfassungsgeschichte, Bd. 1: 1803-1850 (3. Aufl., 1978), S. 375 ff.

[7] RGBl. 1929 I, S. 239 ff.

[8] Vgl. allgemein zur Entwicklung des Deutschen Auslieferungsgesetzes H. Friedrichsen, Die Stellung des Fremden in deutschen Gesetzen und völkerrechtlichen Verträgen seit dem Zeitalter der französischen Revolution (1967), S. 120 ff.

B. Regelungen in Länderverfassungen nach dem Zweiten Weltkrieg

Angesichts der Erfahrungen massiver politischer Verfolgung in der Zeit des Nationalsozialismus wurde in einigen Länderverfassungen, welche bereits vor Inkrafttreten des Grundgesetzes entstanden waren, Bestimmungen über das Asylrecht aufgenommen[9]. Dies gilt insbesondere für die auf dem Gebiet der amerikanischen Besatzungszone wiederentstandenen Länder. So lautet etwa Art. 7 S. 2 der Verfassung des Landes Hessen vom 1. Dezember 1946[10]:

> "Fremde genießen den Schutz vor Auslieferung und Ausweisung, wenn sie unter Verletzung der in dieser Verfassung niedergelegten Grundrechte im Ausland verfolgt werden und nach Hessen geflohen sind."

In einer ähnlichen Weise heißt es in Art. 105 der Verfassung des Freistaates Bayern vom 2. 12. 1946:

> "Ausländer, die unter Nichtbeachtung der in dieser Verfassung niedergelegten Grundrechte im Ausland verfolgt werden und nach Bayern geflüchtet sind, dürfen nicht ausgeliefert und ausgewiesen werden."[11]

Ferner enthielt auch bereits die ursprüngliche Verfassung[12] für das Land Rheinland-Pfalz vom 18. Mai 1947[13] in ihrem Art. 16 Abs. 2 eine mit der hessischen Verfassung wortgleiche Asylrechtsregelung. Schließlich sei noch auf Art. 11 Abs. 2 und 3 der Saarländischen Verfassung vom 15. Dezember 1947[14] hingewiesen, wo es heißt:

---

[9] Zur heutigen Bedeutung dieser Bestimmungen vor dem Hintergrund von Art. 142 des Grundgesetzes vgl. unten S. 345 ff.ff.

[10] GVBl. Hessen 1946, S. 229 ff.

[11] Umfassend hierzu U. Becker, Das bayerische Asylrecht (1988), *passim*; zur Entstehungsgeschichte dieser Bestimmung vgl. H. Kreuzberg/ V. Wahrendorf, Grundrecht auf Asyl - Materialien zur Entstehungsgeschichte (2. Aufl., 1992), S. 13 f.

[12] Zur Situation nach der Verfassungsreform vom 15. März 1991 vgl. unten S. 348.

[13] GVBl. Rheinland-Pfalz 1947, S. 209.

[14] Abl. Saarland 1947, S. 1077.

"(2) Asylrecht genießt, wer unter Verletzung der in dieser Verfassung niedergelegten Grundrechte verfolgt wird und in das Saarland geflohen ist.
(3) Das Nähere regelt das Gesetz."

Allerdings ist diesen Bestimmungen zu keinem Zeitpunkt weder vor noch nach Inkrafttreten des Grundgesetzes eine größere rechtliche Relevanz zugekommen[15], da es zum einen in der unmittelbaren Nachkriegszeit wenig attraktiv war, gerade in dem verwüsteten Deutschland um Schutz nachzusuchen, und zum anderen nach 1949 das Grundgesetz seinerseits durch Art. 16 Abs. 2 S. 2 GG a.F. umfassenden Schutz für politisch Verfolgte gewährte.

II. Das Asylrecht in der früheren DDR

Anders als die soeben erwähnten Verfassungen einzelner Länder in den westlichen Besatzungszonen enthielt keine der in den Jahren 1946 und 1947 entstandenen Länderverfassungen in der Sowjetischen Besatzungszone[16] Bestimmungen über die Gewährung politischen Asyls. Demgegenüber hieß es in Art. 10 Abs. 2 der Verfassung der Deutschen Demokratischen Republik vom 7. Oktober 1949[17]:

"(2) Fremde Staatsbürger werden weder ausgeliefert noch ausgewiesen, wenn sie wegen ihres Kampfes für die in dieser Verfassung niedergelegten Grundsätze im Ausland verfolgt werden."

Im Jahre 1968 wurde im Zuge der neuen Verfassung der DDR[18] auch diese Bestimmung über das Asylrecht geändert. In Art. 23 Abs. 3 der Verfassung hieß es nunmehr:

"Die Deutsche Demokratische Republik *kann*[19] Bürgern anderer Staaten oder Staatenlosen Asyl gewähren, wenn sie wegen politischer, wissenschaftlicher oder kultureller Tätigkeit zur

---

[15] Vgl. aber die unten S. 345 f. zitierten Entscheidungen.

[16] Eine Zusammenstellung dieser Verfassungen findet sich bei E. Fischer/ W. Künzel, Verfassungen deutscher Länder und Staaten von 1816 bis zur Gegenwart (1989), *passim*.

[17] GBl. DDR 1949, Nr. 1, S. 5 ff.

[18] GBl. DDR 1968, I, Nr. 8, S. 199 ff.

> Verteidigung des Friedens, der Demokratie, der Interessen des werktätigen Volkes oder wegen ihrer Teilnahme am sozialen und nationalen Befreiungskampf verfolgt werden."

Diese Norm blieb auch im Rahmen der Änderung der Verfassung der DDR im Jahre 1974[20] unverändert. Schon der Text dieser Vorschrift macht deutlich, daß es im Ermessen der staatlichen Behörden der DDR lag, auch bei Vorliegen der sonstigen Tatbestandsmerkmale Asyl zu gewähren oder zu verweigern. Dabei spielte die jeweilige "Klassenzugehörigkeit" und ein am Marxismus orientiertes Verhalten des Betroffenen bei der Ausübung des Ermessens die wesentliche Rolle[21].

Einfachgesetzlich war Ausländern, denen im Rahmen von Art. 23 der Verfassung Asyl gewährt wurde, nach § 2 Abs. 1 S. 1 der Verordnung über den Aufenthalt von Ausländern im Gebiet der DDR[22] der Aufenthalt auf dem Gebiet der DDR gestattet. Nach § 2 Abs. 1 S. 2 der gleichen Verordnung wurden sie weder ausgeliefert noch ausgewiesen. § 5 des Ausländergesetzes vom 28. 6. 1979[23] bestätigte die auch vorher geübte Praxis, daß über die Gewährung oder die Aberkennung des Asyls grundsätzlich der Ministerrat zu entscheiden hatte, er diese Befugnis aber nach § 5 Abs. 2 AuslG DDR delegieren konnte.

Trotz der ideologischen Ausrichtung der Asylrechtsbestimmung der Verfassung der DDR blieb die Norm auch während des Umbruchprozesses in der DDR in den Jahren 1989/90 in ihrem Textgehalt unverändert. Es muß jedoch davon ausgegangen werden, daß das Gesetz zur Änderung und Ergänzung der Verfassung der DDR vom 17. Juni 1990[24], das sogenannte Verfassungsgrundsätze-Gesetz, auch

---

[19] Hervorhebung durch den Verfasser.

[20] Gesetz zu Änderung und Ergänzung der Verfassung der DDR vom 7. 10. 1974, GBl. DDR 1974, I, Nr. 47, S. 432 ff.

[21] S. Mampel, Die sozialistische Verfassung der Deutschen Demokratischen Republik (2. Aufl., 1982), Art. 23, Rdnr. 40; zu der Rechtsstellung von Personen, denen aufgrund dieser Vorschrift Asyl gewährt wurde vgl. E. Poppe (Hrsg.), Grundrechte des Bürgers in der sozialistischen Gesellschaft (1980), S. 75, sowie R. Kosewähr, Die Rechtsstellung von Ausländern nach staatlichem Recht und Völkerrecht in der Deutschen Demokratischen Republik, in: J.A. Frowein/T. Stein, Die Rechtsstellung von Ausländern nach staatlichem Recht und Völkerrecht (1988), S. 285 ff. (320 f.).

[22] GBl. DDR 1957 I, S. 1 ff.

[23] GBl. DDR 1979, I, S. 149

[24] GBl. DDR I, S. 299.

Art. 23 der Verfassung der DDR inhaltlich modifiziert hat. Art. 1 Abs. 1 dieses Gesetzes erklärte die DDR zu einem freiheitlichen und demokratischen Rechtsstaat. Art. 1 Abs. 2 wiederum verpflichtete sämtliche Rechtsanwender dazu, alle Verfassungsnormen - also auch Art. 23 - entsprechend diesem Grundsatz auszulegen und anzuwenden.

Kurz darauf trat die DDR der Genfer Flüchtlingskonvention und dem New Yorker Protokoll bei[25]. Bereits kurz zuvor, nämlich am 11. Juli 1990, war die Asylverordnung[26] ergangen, durch welche Ausländern bei Vorliegen einer begründeten Furcht vor Verfolgung wegen ihrer Rasse, Religion, Nationalität, Zugehörigkeit zu einer bestimmten sozialen Gruppe oder ihrer politischen Überzeugung ein einfachgesetzlicher Anspruch auf Asyl eingeräumt wurde[27]. Allerdings kam diesen Regelungen kaum mehr praktische Bedeutung zu, nachdem die DDR kurz danach mit Wirkung vom 3. Oktober 1990 ihren Beitritt zur Bundesrepublik Deutschland nach Art. 23 GG a.F. erklärte[28] und damit aufhörte, als eigenständiger Staat zu existieren. Durch den Einigungsvertrag wurden die zu diesem Zeitpunkt in der DDR noch anhängigen Verfahren auf Anerkennung als Asylberechtigter auf das Bundesamt für die Anerkennung ausländischer Flüchtlinge übergeleitet[29]. Zugleich wurde das (west-) deutsche Asylverfahrensgesetz dergestalt geändert[30], daß Ausländer, denen in der DDR Asyl gewährt worden

---

[25] Der Beitritt der DDR wurde am 4. 9. 1990 wirksam, vgl. den Hinweis in United Nations, Multilateral Treaties deposited with the Secretary General (1992), S. 219 Fn. 2 (betreffend das Abkommen von 1951) und ebd., S. 236, Fn. 4 (betreffend das New Yorker Protokoll).

[26] Durchführungsverordnung zum Gesetz über die Gewährung des Aufenthaltes für Ausländer in der Deutschen Demokratischen Republik (Ausländergesetz) über die Gewährung von Asyl (Asylverordnung), GBl. DDR 1990, I, S. 868.

[27] § 1 Abs. 1 Asylverordnung. Nach § 1 Abs. 2 Asylverordnung war der Anspruch allerdings bei selbstgeschaffenen Nachfluchtgründen sowie dann ausgeschlossen, wenn der Ausländer vor seiner Einreise in die DDR in einem anderen Staat vor Verfolgung sicher war. Davon war auszugehen, wenn er sich länger als drei Monate in einem anderen Staat rechtmäßig aufgehalten hatte oder wenn er im Besitze eines Ausweises nach der Genfer Flüchtlingskonvention war.

[28] Zu den asylrechtlichen Bestimmungen in den Verfassungen der fünf neuen Bundesländer vgl. unten S. 345 ff.

[29] Anl. I zum Einigungsvertrag, Kap. I, Abschnitt III, Nr. 6.

[30] Anl. I zum Einigungsvertrag, Kap. II, Abschnitt II, Nr. 1.

war, auch in der Bundesrepublik Deutschland als Asylberechtigte galten[31].

III. Zur Entwicklung des Asylrechts in der Bundesrepublik Deutschland bis zur Verfassungsänderung[32]

A. 1949 bis zur Entstehung der Asylverordnung im Jahre 1953

1. Ausgangslage

Art. 4 Abs. 2 des Herrenchiemseer Entwurfs hatte - insoweit den oben erwähnten Landesverfassungen weitgehend folgend - vorgesehen:

> "Wer unter Nichtbeachtung der in dieser Verfassung niedergelegten Grundrechte von einer Stelle außerhalb des Bundes verfolgt wird, wird nicht ausgeliefert."

Demgegenüber hatte das Redaktionskomitee des Parlamentarischen Rates auf der 4. Sitzung vorgeschlagen zu formulieren:

> "Politisch Verfolgte genießen Asylrecht im Rahmen des allgemeinen Völkerrechts."[33]

Auf Vorschlag des Abgeordneten Dr. *Schmid* wurden die Worte "im Rahmen des Völkerrechts" im späteren Verlauf der Diskussion

---

[31] Vgl. § 3 Abs. 3 AsylVfG.

[32] Es kann an dieser Stelle lediglich ein kursorischer Außriß der bisherigen Entwicklung des Asylrechts in der Bundesrepublik Deutschland geleistet werden. Dazu umfassend für den Zeitraum bis zum Jahre 1987 S. Wolken, Das Grundrecht auf Asyl als Gegenstand der Innen- und Rechtspolitik in der Bundesrepublik Deutschland (1988).

[33] Vgl. auch Art. 14 des von dem Abg. Bergsträsser eingebrachten Grundrechtskatalogs, der lautete:

> "Fremde genießen den Schutz vor Auslieferung und Ausweisung, wenn sie unter Verletzung der in dieser Verfassung niedergelegten Grundrechte im Ausland verfolgt werden und nach dem Geltungsgebiet dieses Grundgesetzes geflohen sind."

zitiert bei Kreuzberg/ Wahrendorf, Anm. 11, S. 26.

gestrichen[34], so daß es damit zu der endgültigen Formulierung des Art. 16 Abs. 2 S. 2 GG a.F. kam, der schlicht lautete:

"Politisch Verfolgte genießen Asylrecht."

Mit dieser eindeutigen Aussage hatte der Verfassungsgesetzgeber den historischen Erfahrungen mit den Schwierigkeiten rassisch und politisch verfolgter Deutscher, nach Etablierung der nationalsozialistischen Diktatur im Ausland Schutz zu finden, Rechnung tragen wollen[35]. Dies wird durch den Umstand belegt, daß im Rahmen der Entstehung der Norm wiederholt auf solche Erfahrungen deutscher Emigranten im Ausland Bezug genommen wurde[36]. Zugleich wurde durch die Norm das Asylrecht als Individualrecht mit dem Rang eines Grundrechts gewährleistet.

Bis in die 50er Jahre hinein wurde die Diskussion in der Bundesrepublik Deutschland um die Aufnahme von Flüchtlingen jedoch nicht von der Frage der Gewährung politischen Asyls beherrscht. Stattdessen stand vielmehr die Frage im Vordergrund, ob und wie es gelingen würde, die nicht zu repatriierenden Displaced Persons[37] und aus

---

[34] Aus dieser Streichung leitet Maunz/ Dürig/ Herzog/ Scholz - Randelzhofer, Art. 16, Rdnr. 101 ab, daß das Völkerrecht das durch Art. 16 Abs. 2 S. 2 GG a.F. gewährte Grundrecht nicht begrenzen konnte; ebenso C. Gusy, Grenzen des Asylrechts, in: W. Beitz/ M. Wollenschläger (Hrsg.), Handbuch des Asylrechts, Bd. 1: Grundlagen (1980), S. 247 ff. (280). Zum Verhältnis zwischen Art. 16 Abs. 2 S. 2 GG und Völkerrecht umfassend E. Reichel, Das staatliche Asylrecht "im Rahmen des Völkerrechts" - Zur Bedeutung des Völkerrechts für die Interpretation des deutschen Asylrechts (1987), *passim*, insbesondere S. 158 ff.

[35] B. Huber, Ausländer- und Asylrecht (1983), S. 151.

[36] Vgl. etwa die Äußerung des Abg. Dr. v. Mangoldt, 23. Sitzung des Ausschusses für Grundsatzfragen des Parlamentarischen Rates, betreffend die Zurückweisung deutscher Flüchtlinge durch die Grenzbehörden der Schweiz, zitiert bei Kreuzberg/ Wahrendorf, Anm. 11, S. 40; Abg. Wagner, 44. Sitzung des Hauptausschusses betreffend die Aufnahme deutscher Widerstandskämpfer durch Frankreich, ebd., S. 52; ähnlich Abg. Renner in der gleichen Sitzung, ebd. S. 56 f.

[37] Zur Definition des Begriffes Displaced Persons Grahl-Madsen, Bd. 1, S. 134 ff. Zu den damit im Zusammenhang stehenden Problemen vgl. Institut für Besatzungsfragen Tübingen, Das DP-Problem - Ein Studie über die ausländischen Flüchtlinge in Deutschland (1950).

der Sowjetischen Besatzungszone flüchtende Deutsche in die Gesellschaft der Bundesrepublik Deutschland einzugliedern.

2. Gesetz über die Rechtsstellung heimatloser Ausländer im Bundesgebiet[38]

Zur Regelung der Rechtsstellung dieser Personen trat bereits am 25. April 1951 das Gesetz über die Rechtsstellung heimatloser Ausländer im Bundesgebiet[39] in Kraft, welches den Rechtsstatus der im Bundesgebiet lebenden Flüchtlinge regelte, die von internationalen Organisation im Auftrag der Vereinten Nationen betreut wurden[40]. Das Gesetz stand insoweit dem Asylrecht für politisch verfolgte Personen nahe, als es in seinem § 23 Abs. 3 ein Refoulement-Verbot für die Fälle enthielt, in denen dem Betroffenen eine Gefahr aus einem der Gründe drohte, wie sie kurz danach dann auch in der Genfer Flüchtlingskonvention normiert wurden[41].

3. Deutsches Auslieferungsgesetz

Daneben galt in der Bundesrepublik Deutschland das "Deutsche Auslieferungsgesetz" aus dem Jahre 1929 fort[42]. Dies hatte zur Folge, daß eine

---

[38] Zu Regelungen durch die Allierten vgl. insbesondere das Gesetz Nr. 23 über die Rechtsverhältnisse verschleppter Personen und Flüchtlinge, dazu O. Kimminich, Der internationale Rechtsstatus des Flüchtlings (1962), (im folgenden zitiert als Kimminich, Rechtsstatus), S. 423 f.

[39] BGBl. 1951, S. 269.

[40] Hierzu E. Jahn, Das Gesetz über die Rechtsstellung heimatloser Ausländer im Bundesgebiet, JZ 1951, S. 326 ff., sowie A. Makarov, Das internationale Flüchtlingsrecht, ZaöRV 1951/52, S. 431 ff. (447 ff.), sowie ferner Kimminich, Rechtsstatus, S. 424 ff.

[41] Auf den entstehungsgeschichtlichen Zusammenhang zwischen der Genfer Flüchtlingskonvention und dem Gesetz über heimatlose Ausländer weist auch Kimminich, Rechtsstatus, S. 426 hin.

[42] Auf das sich hieraus ergebende Auslieferungsverbot kann in dieser Arbeit nicht näher eingegangen werden, vgl. dazu T. Stein, Die Auslieferungsausnahme bei politischen Delikten (1983), S. 283 ff.; ferner den Kommentar von W. Mettgenberg/ K. Doerner, Deutsches Auslieferungsgesetz (2. Aufl., 1953). Das DAG wurde zum 1. 7. 1983 durch das Gesetz über die internationale Rechtshilfe (IRG), BGBl. 1982 I, S. 2071 abgelöst; zu diesem S. Uhlig/ W. Schomburg/ O. Lagodny, Gesetz über die internationale Rechtshilfe in Strafsachen (2. Aufl., 1992), insbesondere die Kommentierung zu § 6 IRG.

Auslieferung bei politischen und damit zusammenhängenden Taten unzulässig war[43].

4. Verordnung über die Anerkennung und die Verteilung von ausländischen Flüchtlingen (Asylverordnung)

Bis zur Ratifikation der Genfer Flüchtlingskonvention im Jahre 1953[44] stand in der Bundesrepublik Deutschland keinerlei Anerkennungsverfahren für politische Flüchtlinge zur Verfügung. Dies ist nur vor dem Hintergrund zu erklären, daß der allergrößte Teil der sich im Bundesgebiet aufhaltenden Flüchtlinge bereits von den Regelungen des Gesetzes über die Rechtsstellung heimatloser Ausländer erfaßt wurde. Mit der Ratifikation der Genfer Flüchtlingskonvention seitens der Bundesrepublik ergab sich nunmehr aber das Problem, in welchem Verfahren der Flüchtlingsstatus nach der Konvention geprüft werden sollte. Hierzu erging am 6. Januar 1953 die "Verordnung über die Anerkennung und die Verteilung von ausländischen Flüchtlingen", die sogenannte Asylverordnung[45]. Sie sah in ihrem § 5 vor, daß als ausländische Flüchtlinge diejenigen Personen anerkannt werden, denen die Flüchtlingseigenschaft nach Art. 1 der Genfer Flüchtlingskonvention zukommt.

Auffällig ist insoweit, daß Art. 16 Abs. 2 S. 2 GG a.F. in der Verordnung keinerlei Erwähnung fand, zumal sich diese ausweislich ihrer Eingangsformel auch ausschließlich auf Art. 119 GG stützte[46]. Dabei lag der Verordnung das Verständnis zugrunde, daß durch sie erst die "Voraussetzungen für die Gewährung des Asylrechts" geschaffen würden[47]. Gemäß Art. 1 A Abs. 2 der Genfer Flüchtlingskonvention in ihrer ursprünglichen Fassung war aber deren Anwendbarkeit auf Flüchtlinge beschränkt, die aufgrund von Ereignissen vor dem 1. Januar 1951 eine begründete Furcht vor Verfolgung hatten. Dies hatte zur Folge, daß Personen, die aus zeitlich später liegenden Gründen fliehen

---

[43] Vgl. auch Stein, Anm. 42, S. 286 f. zu der Frage des Verhältnisses zwischen Asylrecht nach Art. 16 Abs. 2 S. 2 GG a.F. und dem Auslieferungsverbot nach dem DAG.

[44] BGBl. 1953 II, S. 559 ff.

[45] BGBl. 1953 I, S. 3 ff.

[46] Es heißt dort wörtlich:
"Um die Voraussetzungen für die Gewährung des Asylrechts an ausländische Flüchtlinge zu schaffen, (...) verordnet die Bundesregierung (...) auf Grund des Artikels 119 des Grundgesetzes (...)"

[47] Vgl. die soeben zitierte Eingangsformel.

mußten, von der Asylverordnung in Verbindung mit der Genfer Flüchtlingskonvention[48] nicht geschützt waren[49].

Soweit Personen politische Verfolgung im Sinne von Art. 16 Abs. 2 S. 2 GG a.F. geltend machten, die nicht zugleich Verfolgung im Sinne der Genfer Flüchtlingskonvention aus dem Jahre 1951 darstellte, wurde dies von den Ausländerbehörden lediglich als Vorfrage bei der Entscheidung über aufenthaltsgestattende[50] oder -beendende Maßnahmen[51] geprüft[52]. Diese Rechtslage änderte sich erst mit Inkrafttreten des Ausländergesetzes im Jahre 1965.

B. Die Regelung im Ausländergesetz aus dem Jahre 1965

Einer Anregung des Innenausschusses des Bundestages folgend[53] wurde im Rahmen der Arbeiten zum neuen Ausländergesetz im Jahre 1965 in dessen §§ 28 - 46 ein Anerkennungsverfahren geschaffen, welches

---

48 Zu dem Zeitpunkt, in dem die Bundesrepublik Deutschland das New Yorker Protokoll vom 31. 1. 1967 ratifizierte, mit dem diese zeitliche Sperre wegfiel (Gesetz vom 11. 7. 1969, BGBl. 1969 II, S. 1293), war die Asylverordnung bereits ihrerseits durch § 55 des Ausländergesetzes aus dem Jahre 1965 außer Kraft gesetzt worden.

49 Vgl. in diesem Zusammenhang die Versuche der deutschen Gerichte, die im Rahmen des Aufstandes in Ungarn im Jahre 1956 verfolgten Personen in den Schutzbereich der Konvention fallen zu lassen, indem man in dieser Verfolgung eine "Nachwirkung" des Zweiten Weltkriegs sah, vgl. zu diesem Problemkreis F. Franz, Asylrecht und Asylverordnung, DVBl. 1963, S. 125 ff. (127). Demgegenüber wurde etwa im Hinblick auf Algerien ein Bezug zu Ereignissen vor dem 1. 1. 1951 trotz der Verwurzelung des Konflikts in dem französischen Kolonialismus verneint, vgl. etwa VG Ansbach VA 1962, S. 240; dazu kritisch R. Marx, Vom Schutz vor Verfolgung zur Politik der Abschreckung - Zur Geschichte des Asylverfahrensrechts in der Bundesrepublik Deutschland, KJ 1985, S. 379 ff. (380).

50 Vgl. dazu BVerwG, Buchholz 402.22, Art. 1 GK, Nr. 12.

51 Vgl. dazu BVerwG, Buchholz 11, Art. 16 GG, Nr. 1 und 2.

52 Diese Rechtslage ist dargestellt in BVerfGE 56, 216 ff. (237). Es kann an dieser Stelle offen bleiben, ob diese Situation der Aufgabe des Gesetzgebers gerecht wurde, eine dem Grundrecht auf Gewährung politischen Asyls angemessene Verfahrensregelung zu schaffen; hierzu das soeben genannte Urteil des Bundesverfassungsgerichts, BVerfGE 56, S. 216 ff. (235 f. und 238).

53 Vgl. BT.-Drs.IV/3012, S. 2.

sowohl für Flüchtlinge nach der Genfer Flüchtlingskonvention als auch für politisch Verfolgte im Sinne von Art. 16 Abs. 2 S. 2 GG a.F. Geltung beanspruchte[54]. *Formell* entsprach das dort geregelte Verfahren dem bereits in der AsylVO geregelten Verfahren[55]. *Materiell* führte § 28 AuslG 1965 das Konzept des anderweitigen Verfolgungsschutzes ein, indem es diejenigen Personen von der Möglichkeit der Anerkennung als Asylberechtigte ausschloß, die entweder in einem anderen Land Anerkennung nach der Genfer Flüchtlingskonvention oder aber generell anderweitigen Schutz vor Verfolgung gefunden hatten[56]. Bis zu diesem Zeitpunkt war demgegenüber für Konventionsflüchtlinge nach der Rechtsprechung des Bundesverwaltungsgerichts eine Anerkennung als Flüchtling auch dann nicht von vornherein ausgeschlossen, wenn der Betroffene bereits von einem anderen Vertragsstaat der Genfer Flüchtlingskonvention als Flüchtling anerkannt worden war[57].

C. Erstes Gesetz zur Beschleunigung des Asylverfahrens aus dem Jahre 1978[58]

Bereits im Jahre 1977 war die Allgemeine Verwaltungsvorschrift zur Durchführung des Ausländergesetzes[59] dergestalt geändert worden, daß

---

[54] Vgl. hierzu die Kommentierung bei W. Kanein, Ausländergesetz (1. Aufl., 1966), S. 185 ff.

[55] Zu den Unterschieden im einzelnen Wolken, Anm. 32, S. 37 f.

[56] Zur Frage, was unter dem Begriff des anderweitigen Schutzes vor Verfolgung im Sinne des Art. 28 AuslG 1965 zu verstehen war, vgl. K. Schaeffer, Asylberechtigung - Politische Verfolgung nach Art. 16 GG (1980), S. 123 ff, sowie F. Bethäuser, Der anderweitige Schutz vor Verfolgung im Asylrecht (1983), S. 100 ff.

[57] Urteil vom 30. 9. 1958 - 1 C 172.57 - Buchholz 402.21, § 2 HAG, Nr.1; zur Frage, ob in einem solchen Fall die Begründung rechtmäßigen Aufenthalts in der Bundesrepublik Deutschland Anerkennungsvoraussetzung war, vgl. G. Köfner/ P. Nicolaus, Grundlagen des Asylrechts in der Bundesrepublik Deutschland, Bd. 1 (1986), (im folgenden zitiert als Köfner/ Nicolaus, Grundlagen), S. 386 ff.

[58] Hierzu E. Röper, Kritische Bemerkungen zur Asylrechtsnovelle, ZRP 1979, S. 11 ff.; ferner I. v. Pollern, Das Gesetz zur Beschleunigung des Asylverfahrens vom 25. Juli 1978, BWVPr 1979, S. 74 ff. (Teil I) und S. 100 ff. (Teil II), sowie M. Wollenschläger, Das Gesetz zur Beschleunigung des Asylverfahrens, BayVbl. 1979, S. 8 ff.

[59] GMBl. 1977, S. 121 ff.

den Ausländerbehörden trotz der entgegenstehenden Regelung in § 29 Abs. 1 AuslG 1965[60] die Befugnis eingeräumt wurde, in sogenannten Mißbrauchsfällen den Asylantrag nicht an das Bundesamt zur Anerkennung ausländischer Flüchtlinge weiterzuleiten und stattdessen gegebenenfalls gegenüber dem asylbegehrenden Ausländer aufenthaltsbeendende Maßnahmen durchzuführen. Diese Praxis wurde jedoch durch das Bundesverfassungsgericht im Jahre 1981 für verfassungswidrig erklärt[61], da sie zum einen gegen das Rechtsstaatsprinzip verstoße und zum anderen einen unzulässigen Eingriff in den Schutzbereich des Art. 16 Abs. 2 S. 2 GG darstelle.

Vor dem Hintergrund gestiegener Bewerberzahlen[62] verabschiedete der Deutsche Bundestag im Jahre 1978 sodann das Gesetz zur Beschleunigung des Asylverfahrens[63]. Wesentlicher Inhalt der Beschleunigungsnovelle war nach Art. 1 Nr. 2 des Gesetzes die Abschaffung der Widerspruchsausschüsse beim Bundesamt sowie die Beschränkung der Berufungsmöglichkeit auf Asylklagen, die nicht vom Verwaltungsgericht als "offensichtlich unbegründet" abgelehnt worden waren[64].

Kurz darauf kam es aber bereits zur Verabschiedung eines zweiten Gesetzes, mit dem ein erneuter Versuch unternommen wurde, das Asylverfahren zu straffen.

---

60 § 29 Abs. 1 AuslG 1965 lautete:
"Über den Antrag auf Anerkennung als Asylberechtigter wird in einem besonderen Anerkennungsverfahren vor dem Bundesamt für die Anerkennung ausländischer Flüchtlinge (Bundesamt) entscheiden."

61 BVerfGE 56, S. 216 ff. (241 f.)

62 Vgl. dazu Bundesminister des Innern (Hrsg.): betrifft: Ausländerpolitik (2. Aufl., 1983), S. 10.

63 Sogenanntes Erstes Beschleunigungsgesetz, BGBl. 1978 I, S. 1108.

64 Art. 1 Nr. 3 des Gesetzes.

D. Zweites Gesetz zur Beschleunigung des Asylverfahrens aus dem Jahre 1980[65]

Das von vornherein als zeitlich begrenzte Regelung gedachte Gesetz[66] enthielt wiederum zahlreiche Änderungen der verfahrensrechtlichen Regelungen im Bereich des Asylrechts, ohne jedoch auch materielle Änderungen oder Ergänzungen vorzunehmen. So sollten erstmals Einzelentscheider beim Bundesamt für die Anerkennung ausländischer Flüchtlinge über die Anträge entscheiden[67]. Auch wurden sowohl das Bundesamt als auch die befaßten Verwaltungsgerichte ermächtigt, verspätetes Vorbingen des Antragstellers unberücksichtigt zu lassen, wenn sie ihm zuvor eine Ausschlußfrist gesetzt hatten[68].

E. Asylverfahrensgesetz 1982[69]

Noch bevor überhaupt das Zweite Beschleunigungsgesetz in Kraft getreten war, hatten bereits die Länder Baden-Württemberg und Rheinland-Pfalz einen Vorschlag zur Novellierung desselben in den Bundesrat eingebracht[70]. Als Reaktion hierauf legten die damaligen Regierungsfraktionen einen eigenen Gegenvorschlag vor, der insbesondere erstmals die Regelung des Asylverfahrens in einem eigenständigen Gesetz außerhalb des Ausländergesetzes vorsah[71]. Wesentliche Inhalte der gesetzlichen Neuregelung waren insoweit die Einführung der Kategorie "offensichtlich unbeachtlicher"[72]

---

[65] Hierzu J. Henkel, Wege zur Gesundung des deutschen Asylverfahrens, ZRP 1980, S. 67 ff.; ferner H. Fliegauf, Zur Problematik der Behandlung von Asylberwerbern nach dem Zweiten Gesetz zur Beschleunigung des Asylverfahrens, BWVPr 1980, S. 222 ff., sowie F. Schnapp, Lösung der Asylproblematik durch Verfahrensbeschleunigung ?, NJW 1980, S. 2608 ff.

[66] Das Gesetz sollte lediglich bis zum 31. 12. 1983 gelten.

[67] § 2 Abs. 1 des Zweiten Beschleunigungsgesetzes.

[68] § 7 des Zweiten Beschleunigungsgesetzes.

[69] Gesetz über das Asylverfahren vom 16. 7. 1982, BGBl. 1982 I, S. 946; dazu statt aller R. Marx/ G. Strate, Kommentar zum Asylverfahrensgesetz (1. Aufl., 1982).

[70] BRat-Drs. 432/80 vom 10. 7. 1980.

[71] Zur Entstehungsgeschichte und Entwicklung des Asylverfahrensgesetzes ausführlich GK-Asylverfahrensgesetz - Rothkegel, II - 1, Rdnr. 14 ff.

[72] § 10 AsylVfG 1982.

beziehungsweise "offensichtlich unbegründeter"[73] Asylanträge. Unbeachtlich waren dabei nach § 14 Abs. 1 AsylVfG 1982 insbesondere Folgeanträge sowie Anträge von Personen, bei denen offensichtlich war, daß sie bereits in einem anderen Staat Schutz vor Verfolgung gefunden hatten. In einem solchen Fall war nach § 9 AsylVfG 1982 auch die Zurückweisung an der Grenze möglich. Zugleich wurde der anderweitige Verfolgungsschutz dahingehend konkretisiert, daß hierfür der nicht nur vorübergehende Voraufenthalt in einem Drittstaat ausreichend sei.

Materiellrechtlich bedeutsam war auch der Umstand, daß sich nunmehr - anders als noch in § 28 AuslG 1965 - der Anwendungsbereich des AsylVfG 1982 ausschließlich auf politisch Verfolgte im Sinne des Grundgesetzes erstreckte. Damit stand für Personen, die Flüchtlinge im Sinne der Genfer Flüchtlingskonvention waren, ohne daß ihnen zugleich die Eigenschaft eines politisch Verfolgten im Sinne von Art. 16 Abs. 2 S. 2 GG a.F. zukam, kein formelles Anerkennungsverfahren mehr zur Verfügung.

Vor dem Hintergrund zunächst sinkender Bewerberzahlen[74] war die Diskussion um mögliche Änderungen im Bereich des deutschen Flüchtlings- und Asylrechts damit zunächst zu einem Stillstand gekommen, belebte sich aber in den Jahren 1985 und 1986 parallel zu den wieder steigenden Zahlen[75]. Dabei wurden erstmals auch von Mandatsträgern in größerem Umfange Vorstöße zu einer Änderung von Art. 16 Abs. 2 S. 2 GG a. F. unternommen[76]. Allerdings wurden zum damaligen Zeitpunkt von keiner Seite insoweit konkrete Gesetzgebungsiniativen unternommen.

---

[73] § 11 AsylVfG 1982.

[74] Während 1980 insgesamt 107.818 Personen um Asyl nachgesucht hatten, belief sich die Zahl im Jahr 1983 auf 19.737 und im Jahr 1984 auf 35.278 Personen.

[75] 1985: 54 805 Asylanträge (vgl. I. von Pollern, Die Entwicklung der Asylbewerberzahlen im Jahre 1985, ZAR 1986, S. 67 ff.) und 1986: 67 429 Anträge (vgl. ders., Die Entwicklung der Asylbewerberzahlen im Jahre 1986, ZAR 1987, S. 28 ff.).

[76] Dies gilt etwa für Äußerungen das damaligen Bundesminister des Innern Schäuble, vgl. FR vom 16. 7. 1986, S. 2, sowie die bei Wolken, Anm. 32, S. 430 f., Fn. 27 - 31 dargestellten Äußerungen.

F. Asylverfahrensgesetz 1987[77]

Ungeachtet dieser Ansätze zu einer verfassungspolitischen Diskussion wurde die Veränderung des Asylrechts auf einfachgesetzlicher Ebene fortgesetzt. Neben einer Reihe verfahrensrechtlicher Änderungen[78] fallen vor allem nachfolgende materielle Neuregelungen ins Gewicht: Durch die Einführung eines neugeschaffenen § 1 a AsylVfG 1987 wurden selbstgeschaffene Nachfluchtgründe grundsätzlich unbeachtlich[79]. In § 2 des Gesetzes wurde eine widerlegliche Vermutung des anderweitigen Verfolgungsschutzes geschaffen, wenn der Ausländer sich mehr als drei Monate in einem verfolgungssicheren Staat aufgehalten hatte. Schließlich wurde die Befugnis der Grenzbehörden zur Abweisung an der Grenze auf die Fälle ausgedehnt, in denen der Bewerber sich länger als drei Monate in einem Mitgliedsstaat der Europäischen Gemeinschaften, Österreich, der Schweiz, Schweden oder Norwegen aufgehalten hat, es sei denn der Ausländer machte glaubhaft, ihm drohe in einem solchen Fall eine Kettenabschiebung in einen Verfolgerstaat[80].

---

[77] Vgl. dazu M. Wollenschläger/ U. Becker, Das Gesetz zur Änderung asylverfahrensrechtlicher, arbeitserlaubnisrechtlicher und ausländerrechtlicher Vorschriften, ZAR 1987, S. 51 ff.; B. Huber, Das Gesetz zur Änderung asylverfahrensrechtlicher, arbeitserlaubnisrechtlicher und ausländerrechtlicher Vorschriften, NVwZ 1987, S. 391 ff.; ferner Otto-Benecke-Stiftung, Asylrechtsnovelle 1987, *passim*.

[78] So wurden etwa Außenstellen des Bundesamtes zur Anerkennung ausländischer Flüchtlinge geschaffen (§ 4) und die Unterbringung der Asylbewerber in Gemeinschaftunterkünften als Regelfall vorgesehenen (§ 23); bezüglich. der weiteren verfahrensrechtlichen Regelungen vgl. GK-Asylverfahrensgesetz - Rothkegel, II-1, Rdnr. 72.

[79] Zur Frage der Bedeutung subjektiver Nachfluchtgründe *im Rahmen der Genfer Flüchtlingskonvention* vgl. einerseits S. Richter, Selbstgeschaffene Nachfluchtgründe und die Rechtsstellung von Konventionsflüchtlingen nach der Rechtsprechung des Bundesverfassungsgerichts zum Grundrecht auf Asyl und dem Gesetz zur Neuregelung des Ausländerrechts (im folgenden zitiert als Richter, Nachfluchtgründe), ZaöRV 1991, S. 1 ff. (14 ff.) und andererseits C. Bierwirth, Die Erteilung von Reiseausweisen anch Art. 28 der Genfer Flüchtlingskonvention an nicht originär Asylberechtigte nach Artikel 16 Abs. 2 Satz 2 des Grundgesetzes der Bundesrepublik Deutschland, AVR 1991, S. 295 ff. (326) (im folgenden zitiert als Bierwirth, Flüchtlingskonvention).

[80] Die erneute Novellierung des Asylverfahrensrechts durch das Gesetz zur Änderung asylverfahrensrechtlicher und ausländerrechtlicher Vorschriften

G. Änderungen des Asylrechts durch das Ausländergesetz aus dem Jahre 1990[81]

Die wichtigsten materiellen Änderungen des Asylrechts, die im Rahmen der Reform des Ausländergesetzes vorgenommen wurden, waren die Ausdehnung der Asylberechtigung für die Ehegatten und minderjährigen Kinder von Asylberechtigten unabhängig von dem Vorliegen eigener Verfolgungsgründe[82]. Ferner enthielt das Gesetz eine Reihe verfahrensrechtlicher Neuregelungen, welche das Ziel verfolgten, das Asylverfahren weiter zu beschleunigen[83].

Schließlich ist noch auf § 51 des Ausländergesetzes hinzuweisen. Dessen Abs. 1 inkorporierte das Refoulement-Verbot des Art. 33 der Genfer Flüchtlingskonvention in deutsches Recht. In allen Fällen in denen das Vorliegen eines solchen Hindernisses festgestellt wurde, wurde dem Ausländer zugleich die Rechtsstellung eines Flüchtlings nach der Genfer Flüchtlingskonvention eingeräumt.

---

vom 20. 12. 1988, BGBl. 1988, I, S. 2362 betraf nur Marginalien, insbesondere die Aufhebung bestimmter Befristungsvorschriften.

[81] BGBl. 1990 I, S. 1354, 1381

[82] § 7a Abs. 3 AsylVfG; zu diesem Problemkreis W. Koisser/ P. Nicolaus, Das Familienasyl des § 7a Abs. 3 AsylVfG, ZAR 1991, S. 31 ff. und C. Bierwirth, Die Familienasylregelung des § 7 a Abs. 3 AsylVfG unter besonderer Berücksichtigung der Altfälle, in: K. Barwig (Hrsg.), Das neue Ausländerrecht, S. 229 ff.

Zu den Regelungen im Zusammenhang mit der deutschen Wiedervereinigung vgl. bereits oben S. 10.

[83] Durch Gesetz vom 12. 10. 1990 zur Änderung des Gesetzes zur Neuregelung des Ausländerrechts, BGBl. 1990 I, S. 2170, wurden diejenigen Regelungen, welche das Asylrecht betrafen, mit Wirkung zum 15. 10. 1990 vorzeitig in Kraft gesetzt, vgl. zum Ganzen auch G. Schuster, Völkerrechtliche Praxis der Bundesrepublik Deutschland im Jahre 1990, ZaöRV 1992, S. 828 ff. (872 f.).

H. Gesetz zur Neuregelung des Asylverfahrens vom 26. Juni 1992[84]

Den letzten Schritt zur Reform des Asylrechts ohne Veränderung von Art. 16 Abs. 2 S. 2 GG a.F. bildete das Gesetz zur Neuregelung des Asylverfahrens vom 26. Juni 1992. Ziel der Reform war es, über offensichtlich unbegründete oder unbeachtliche Asylanträge in einem Zeitraum von sechs Wochen ab Antragstellung zu einer rechtskräftigen Entscheidung zu gelangen[85]. Von besonderer Bedeutung war die Ausdehnung der Befugnisse der Grenzbehörden, Ausländer, die im Ausland offensichtlich vor Verfolgung sicher gewesen waren[86], etwa weil sie sich dort länger als drei Monate aufgehalten hatten[87], nicht nur wie bisher an der Grenze zurückzuweisen, sondern sie auch in diesen Staat zurückzuschieben, wenn sie im zeitlichem Zusammenhang mit einer unerlaubten Einreise im grenznahen Raum angetroffen wurden.

Als verfahrensorientiertes Mittel zur Erreichung der Einhaltung der Sechs-Wochen-Frist war vorgesehen, daß das Bundesamt zur Anerkennung ausländischer Flüchtlinge eine umfassende Entscheidungskompetenz auch bezüglich aufenthaltsbeendender Maßnahmen erhalten sollte[88]. Ferner war in § 11 des Gesetzes weiter vorgesehen, daß gegen Entscheidungen nach dem neuen Asylverfahrensgesetz ein Widerspruch generell nicht mehr möglich sein sollte. Schließlich wurden die Fristen im verwaltungsgerichtlichen Rechtsschutzverfahren verkürzt[89]. Auch konnte verspätetes Vorbringen in größerem Umfange zurückgewiesen werden.

Angesichts des Umstandes, daß die notwendigen personellen und sachlichen Voraussetzungen für eine vollständige Umsetzung der

---

[84] BGBl. I, S. 1126 - AsylVfNeuregelungsG; vgl. dazu die Kommentierung bei W. Kanein/ G. Renner, Ausländerrecht Kommentar (Nachtrag zur 5. Aufl., 1993); ferner B. Huber, Das neue Asylverfahrensrecht, NVwZ 1992, S. 749 ff., sowie R. Marx, Zum Entwurf eines Gesetzes zur Neuregelung des Asylverfahrens, InfAuslR 1992, S. 109 ff.; vgl. zur Entstehungsgeschichte die umfangreiche, vom Wissenschaftlichen Dienst des Bundestags herausgegebene Dokumentation zum Gesetz zur Neuregelung des Asylverfahrens - Veröffentlichte Gesetzesmaterialien des Parlamentsarchivs (Nr. 25, 1992).

[85] Bt.-Drs. 12/2062, S. 25.

[86] § 18 Abs. 2 Nr. 1 AsylVfNeuregelungsG, der im wesentlichen § 9 Abs. 1 Nr. 1 AsylVfG 1987 entspricht.

[87] § 18 Abs. 2 Nr. 2 AsylVfNeuregelungsG.

[88] § 5 Abs. 1 S. 2 und §§ 34 ff. AsylVfNeuregelungsG.

[89] Zu Einzelheiten vgl. § 36 AsylVfNeuregelungsG.

gesetzlichen Neuregelung nicht sofort geschaffen werden konnten, war vorgesehen, daß wesentliche Teile des Gesetzes erst zum 1. April 1993 in Kraft treten sollten[90]. Damit ergab sich aber zwangsläufig ein Konflikt mit der bis dahin auf das heftigste entbrannten Debatte um eine verfassungsrechtliche Neuregelung des Asylrechts in der Bundesrepublik Deutschland.

IV. Zur Debatte um eine Änderung des Art. 16 Abs. 2 S. 2 GG

Ungeachtet der wiederholten Veränderungen des Asylverfahrensrechts und den damit verbundenen Einschränkungen der Asylgewährleistung in der Bundesrepublik Deutschland auf einfachgesetzlicher Ebene kam es bereits seit Anfang der achtziger Jahre zu Äußerungen im juristischen Schrifttum, auch die verfassungsrechtlichen Grundlagen des Asylrechts in der Bundesrepublik Deutschland zu verändern[91]. Insbesondere wurde diskutiert, ob man Art. 16 Abs. 2 S. GG a.F. um einen Gesetzesvorbehalt zugunsten des einfachen Gesetzgebers ergänzen sollte[92]. Demgegenüber hatte es der 53. Deutsche Juristentag im Jahre 1980 noch mit großer Mehrheit abgelehnt, sowohl Art. 16 Abs. 2 S. 2 GG a.F. als auch Art. 19 Abs. 4 GG anzutasten[93].

---

[90] Art. 5 AsylVfNeuregelungsG.

[91] Vgl. bereits W. Zeidler, Vortrag auf der Tagung der Otto-Benecke-Stiftung, Praktizierte Humanitas: Weltproblem Flüchtlinge - eine europäische Herausforderung (1981), S. 20 ff. (22, 25).

[92] Vgl. dazu den Formulierungsvorschlag von W. Kanein, Die Asylrechtsgarantie, NJW 1980, S. 1985 ff. (1987 Fn. 37):

> "Politisch Verfolgten und Flüchtlingen wird nach Maßgabe der Gesetze Asyl gewährt."

Vgl. auch ders., Gedanken zur Asylrechtsreform, ZAR 1981, S. 37 ff. (39); ferner K. Hailbronner, Zur Reform des Ausländerrechts, ZRP 1980, S. 230 ff.:

> "Die Bundesrepublik Deutschland gewährt Flüchtlingen Asylrecht. Das Nähere regelt ein Bundesgesetz."

[93] Der Antrag, Art. 16 Abs. 2 S. 2 GG a.F. durch die Formulierung "Politisch Verfolgte und andere Flüchtlinge genießen im Rahmen der Gesetze Asylrecht" zu ersetzen, wurde mit großer Mehrheit bei einigen Ja-Stimmen und Enthaltungen abgelehnt, Verhandlungen des 53. Deutschen Juristentages 1980, Bd. II (Sitzungsberichte), S. L 279. Dementsprechend wurde der Antrag, "eine Änderung des Art. 16 Abs. 2 S. 2 GG beziehungsweise des Art. 19 Abs. 4 GG

Gleichwohl verstummte die Diskussion über eine Veränderung der normativen Grundlagen des Asylrechts auch im weiteren Verlaufe der achtziger Jahre nicht[94]. Aber erst zu Beginn der neunziger Jahre kam es zu konkreten Vorstößen einzelner Bundesländer oder Bundestagsfraktionen, welche das Ziel hatten, den Text von Art. 16 Abs. 2 S. 2 GG a.F. einer Änderung zuzuführen.

A. Initiative des Freistaates Bayern[95]

Das Land Bayern hatte zu Beginn des Jahres 1990 eine Initiative unternommen, Art. 16 Abs. 2 S. 2 GG a. F. dergestalt zu ändern, daß das Individualgrundrecht durch eine lediglich institutionelle Garantie ersetzt werden sollte. Zugleich sollte der einfache Gesetzgeber ermächtigt werden, den Rechtsweg auszuschließen. Im einzelnen hieß es dort:

> "Politisch Verfolgten wird nach Maßgabe der Gesetze Asyl gewährt. Entscheidungen über die Asylgewährung und aufenthaltsbeendende Maßnahmen können im Rechtsweg oder anstelle des Rechtswegs durch einen vom Bundestag bestellten unabhängigen Beschwerdeausschuß nachgeprüft werden. Die Aufnahme politisch Verfolgter kann zur Verhinderung schwerwiegender Beeinträchtigungen des Gemeinwohls nach Zahl und Herkunftsgebieten beschränkt werden."[96]

---

nicht zu erwägen", mit 146 zu 39 zu 8 Stimmen beziehungsweise mit deutlicher Mehrheit angenommen. So bereits auch der Tenor des Gutachtens von O. Kimminich, Welche rechtlichen Vorkehrungen empfehlen sich, um die Rechtsstellung von Ausländern in der Bundesrepublik Deutschland angemessen zu gestalten ? (Teilgutachten Aufenthaltsrecht, Asyl, Ausweisung, Auslieferung), Gutachten B zum 53. Deutschen Juristentag, These 13, S. B 67 f.

[94] Vgl. etwa H. Rittstieg, Asylrecht und Flüchtlingspolitik, ZRP 1986, S. 92 ff. (93 f.), sowie ders., Asylrecht gegen Flüchtlinge, InfAuslR 1986, S. 322 ff. (325 f.); ferner M. Wollenschläger/ U. Becker, Änderung des Grundrechts auf Asyl (Art. 16 II S. 2 GG) ? - Verfassungsrechtliche Möglichkeiten und Grenzen, ZRP 1987, S. 326 ff.

[95] BRat-Drs. 175/90 vom 1. 3. 1990.

[96] Außerdem sollten in Art. 18 und 19 Abs. 4 GG Folgeänderungen vorgenommen werden. In Art. 18 S. 1 sollten die Worte "das Eigentum (Art.

Dieser Antrag fand im Bundesrat jedoch keine Mehrheit[97]. In unserem Zusammenhang von besonderem Interesse sind jedoch die Ausführungen des (insoweit federführenden) Finanzausschusses des Bundesrates zu dem Gesetzentwurf. Das Gremium geht davon aus, daß die Rückführung des Asylrechts zu einer lediglich institutionellen Garantie gegen die Grenzen des Art. 79 Abs. 3 GG verstoßen würde[98]. Im übrigen wäre auch zu prüfen - so der Bundesratsausschuß -, ob sich nicht der in Art. 16 Abs. 2 S. 2 GG a.F. verfassungsrechtlich gesicherte subjektiv-öffentliche Anspruch auf Asyl gerade in seiner Ausgestaltung als *status negativus* mit dem Kernbereich des Menschenrechts- und Menschenwürdegehalts deckt. Dies könnte zur Folge haben, daß mithin Art. 16 Abs. 2 S. 2 GG a.F. am Unantastbarkeitsgebot des Art. 1 GG partizipiere[99].

B. Gesetzesinitiativen des Landes Baden-Württemberg[100]

Anders als der bayerische Vorschlag wollte der kurze Zeit später eingebrachte Antrag des Landes Baden-Württemberg dem Prinzip nach am individuellen Grundrecht festhalten. Zugleich wurde erstmals offiziell der Gedanke "verfolgungsfreier Herkunftsstaaten" in die verfassungsrechtliche Diskussion eingeführt. Außerdem war auch bereits vorgesehen, daß asylrechtliche Entscheidungen anderer Staaten, etwa im Rahmen des Schengener oder Dubliner Systems, in der Bundesrepublik Deutschland anerkennungsfähig sein sollten[101]. Die vorgesehene Formulierung wollte Art. 16 Abs. 2 S. 2 GG a.F. daher durch zwei neue Absätze ersetzen:

> "(3): Politisch Verfolgte genießen Asylrecht. Durch Bundesgesetz können die Voraussetzungen geregelt werden, unter denen die Bundesregierung durch eine Rechtsverordnung Staaten benennen kann, in denen nach allgemeiner Überzeugung keine politische

---

14) oder das Asylrecht (Art. 16 Abs. 2)" durch die Worte "oder das Eigentum (Art. 14)" ersetzt werden. Art. 19 Abs. 4 S. 3 sollte die Fassung erhalten: "Art. 10 Abs. 2 Satz 2 und Art. 16 Abs. 3 Satz 2 bleiben unberührt."

97 Beschluß des Bundesrates vom 25. 9. 1992, demzufolge der Gesetzentwurf nicht beim Bundestag eingebracht wurde.

98 BRat-Drs. 627/92 vom 18. 9. 1992, S. 8.

99 Ebd., S. 9.; im einzelnen dazu unten S. 246 ff.

100 BRat-Drs. 684/90 vom 5. 10. 1990.

101 Zur jetzigen Situation in dieser Beziehung näher unten S. 338 ff.

Verfolgung stattfindet. In dem Gesetz kann auch bestimmt werden, daß Asylbewerber aus Staaten, die durch eine Rechtsverordnung nach Satz 2 benannt sind, an der Grenze zurückgewiesen werden können und daß, sofern sie sich im Geltungsbereich des Grundgesetzes aufhalten, ihr Aufenthalt unverzüglich beendet werden kann. Durch Gesetz kann weiter bestimmt werden, daß an die Stelle des Rechtsweges die Nachprüfung von Entscheidungen über die Asylgewährung und aufenthaltsbeendende Maßnahmen durch von der Volksvertretung bestellte Organe und Hilfsorgane tritt. Die Rechtsverordnung nach Satz 2 bedarf der Zustimmung von zwei Dritteln der Stimmen des Bundesrates.

(4) Absatz 3 Satz 1 steht völkerrechtlichen Verträgen nicht entgegen, die Fragen des Asylrechts und des Asylverfahrensrechts mit dem Ziel einer Harmonisierung zwischen Mitgliedsstaaten der Europäischen Gemeinschaften zum Gegenstand haben. Dies gilt auch, soweit in den Verträgen eine gegenseitige Anerkennung von Asylentscheidungen vorgesehen ist."[102]

Im Verlaufe der weiteren Diskussion hat Baden-Württemberg diesen Antrag sodann im Jahre 1992 konkretisiert und in leicht modifizierter Form erneut zum Gegenstand von Beratungen des Bundesrates gemacht[103]. Während der vorgeschlagene Abs. 4 inhaltlich unverändert blieb, griff die Neufassung des Vorschlags in ihrem Abs. 3 erstmals auch das Konzept "sicherer Drittstaaten" auf, wie es mittlerweile auch in Art. 16 a Abs. 2 GG seinen verfassungsrechtlichen Niederschlag gefunden hat. Es hieß nämlich dort jetzt:

"(3) Politisch Verfolgte genießen Asylrecht. Durch Bundesgesetz können die Voraussetzungen geregelt werden, unter denen die Bundesregierung durch eine Rechtsverordnung Staaten benennen kann, in denen nach allgemeiner Überzeugung keine politische Verfolgung stattfindet (Nicht-Verfolger-Staaten) oder in denen Ausländer vor ihrer Einreise in die Bundesrepublik Deutschland Schutz vor politischer Verfolgung hätten finden können (sichere Drittstaaten). In dem Gesetz kann auch bestimmt werden, daß Asylbewerber aus Nicht-Verfolger-Staaten sowie Asylbewerber, die aus einem sicheren Drittstaat einreisen, an der Grenze zurückgewiesen werden können und daß ihr Aufenthalt im Bundesgebiet unverzüglich beendet werden kann. In dem Gesetz

---

102 Auch hier war, wie bereits in dem bayerischen Vorschlag, vorgesehen, in Art. 19 Abs. 4 GG eine Unberührtheitsklausel einzufügen.

> kann weiter bestimmt werden, daß in diesen Fällen an die Stelle des Rechtsweges die Nachprüfung von Entscheidungen über die Asylgewährung und aufenthaltsbeendende Maßnahmen durch von der Volksvertretung bestellte Organe und Hilfsorgane tritt. Die Rechtsverordnung nach Satz 2 bedarf der Zustimmung von zwei Dritteln der Stimmen des Bundesrates."[104]

C. Gesetzentwurf der Bundestagsfraktion der CDU/ CSU[105]

Einen ersten konkreten Gesetzentwurf, der auch im Bundestag eingebracht wurde, legte die CDU/CSU-Fraktion am 18. Februar 1992 vor. Kernpunkt der vorgeschlagenen Lösung war dabei eine Listenregelung für sichere Drittstaaten:

> "Politisch Verfolgte genießen Asylrecht. Asylrecht genießt nicht, wer aus einem Staat einreist, in dem er nicht der Gefahr ausgesetzt ist, politisch verfolgt oder in einen Staat abgeschoben zu werden, in dem ihm politische Verfolgung droht; das Nähere regelt ein Bundesgesetz. Dieses Gesetz kann bestimmen, daß Asylbewerber aus Staaten, auf die die Voraussetzungen des Satzes 2 zutreffen, an der Grenze zurückgewiesen werden können oder ihr Aufenthalt im Geltungsbereich des Grundgesetzes unverzüglich beendet werden kann."

Neben dieser Änderung von Art. 16 GG, dem damit statt des Art. 16 Abs. 2 S. 2 a.F. ein neuer Abs. 3 hinzugefügt werden sollte, war eine Ergänzung des Art. 24 GG durch einen neuen Abs. 2 a vorgesehen, um

---

103 BRat-Drs. 71/92 vom 4. 2. 1992.

104 Der Antrag wurde von der baden-württembergischen Landesregierung später für erledigt erklärt, vgl. BRat-Drs. 625/92, doch hielt Baden-Württemberg in dem stattdessen eingebrachten Entschließungsantrag an dem Listen-Modell fest. In diesem Entschließungsantrag wird auch erstmals der Gedanke geäußert, daß in den sicheren Drittstaaten die Einhaltung der EMRK und der Genfer Flüchtlingskonvention gewährleistet sein müsse. Anders als der derzeit geltende Art. 16 a Abs. 2 GG forderte der Entschließungsantrag aber als zwingende Voraussetzung darüber hinaus, daß mit den betroffenen Drittstaaten völkerrechtliche Verträge über die Rückübernahme der Asylbewerber geschlossen werden müßten.

105 BT-Drs. 12/2112 vom 18. 2. 1992.

dadurch den Weg für eine Asylrechtsharmonisierung innerhalb der Europäischen Gemeinschaften zu bahnen:

> "Art. 16 Abs. 3 steht völkerrechtlichen Verträgen nicht entgegen, die Fragen des Asylrechts und des Asylverfahrensrechts mit dem Ziel einer Harmonisierung zwischen Mitgliedstaaten der Europäischen Gemeinschaften zum Gegenstand haben. Dies gilt auch, soweit in den Verträgen eine gegenseitige Anerkennung von Asylentscheidungen vorgesehen ist."

D. Bayerischer Entwurf zu dem Schengener Durchführungsübereinkommen

Vor dem Hintergrund der Diskussion über eine Ratifikation des Schengener Durchführungsübereinkommens hatte der Freistaat Bayern vorgeschlagen, der Ratifikation nur unter der Voraussetzung zuzustimmen, daß gleichzeitig Art. 16 Abs. 2 S. 2 GG a.F. geändert würde. Stattdessen sollte ein neuer Art. 16 Abs. 3 GG angefügt werden:

> "Politisch Verfolgte genießen Asylrecht. Asylrecht genießt nicht, wer aus einem Staat einreist, in dem er nicht der Gefahr ausgesetzt ist, politisch verfolgt oder in einen Staat abgeschoben zu werden, in dem ihm politische Verfolgung droht; das Nähere regelt ein Bundesgesetz. Dieses Gesetz kann bestimmen, daß Asylbewerber aus Staaten, auf die die Voraussetzungen des Satzes 2 zutreffen, an der Grenze zurückgewiesen werden können, oder ihr Aufenthalt im Geltungsbereich des Grundgesetzes unverzüglich beendet werden kann. Durch dieses Gesetz kann ferner bestimmt werden, daß an die Stelle des Rechtsweges die Nachprüfung der Entscheidung über die Gewährung von Asyl und Beendigung des Aufenthalts durch vom Bundestag bestellte unabhängige Beschwerdeausschüsse treten kann."

Zur verfassungsrechtlichen Absicherung des Rechtswegausschlusses sollte Art. 19 Abs. 4 S. 3 GG um eine Unberührtheitsklausel auch in Bezug auf Art. 16 GG ergänzt werden[106]. Daneben war aber

---

106 Art. 19 Abs. 4 Satz 3 sollte lauten: "Art. 10 Abs. 2 Satz 2 und Art. 16 Abs. 3 Satz 4 bleiben unberührt."

vorgesehen, in Art. 24 GG einen neuen Abs. 2 a einzufügen, der die nunmehr in Art. 16 a Abs. 5 GG geregelten Fragen betraf:

> "Artikel 16 Abs. 3 steht völkerrechtlichen Verträgen nicht entgegen, die Fragen des Asylrechts und des Asylverfahrensrechts mit dem Ziel einer Harmonisierung zwischen Mitgliedsstaaten der Europäischen Gemeinschaften zum Gegenstand haben. Dies gilt auch, soweit in den Verträgen eine gegenseitige Anerkennung von Asylentscheidungen vorgesehen ist."[107]

E. Entschließungsantrag des Landes Schleswig-Holstein[108]

Jede Änderung der verfassungsrechtlichen Grundlagen des deutschen Asylrechts bedurfte der besonderen, von Art. 79 des Grundgesetzes geforderten 2/3-Mehrheit in Bundestag und Bundesrat. Damit war die Zustimmung sowohl (zumindest weiter Teile) der SPD-Fraktion im Deutschen Bundestag als auch die der Mehrzahl der sozialdemokratisch regierten Bundesländer unabdingbare Voraussetzung für jede Neuformulierung des Art. 16 Abs. 2 S. 2 GG a.F. beziehungsweise für die Schaffung des Art. 16 a GG. Einen ersten Schritt zu einer solchen Zustimmung bildete der Beschluß des SPD-Parteivorstandes vom 13. September 1992[109]. Dieser fand kurze Zeit später seinen Niederschlag in einem vom Land Schleswig-Holstein in den Bundesrat eingebrachten Entschließungsantrag[110]. In diesem Antrag wurde erstmals auch von Seiten eines sozialdemokratisch geführten Bundeslandes das Konzept verfolgungssicherer Herkunfts- beziehungsweise sicherer Drittstaaten als Grundlage einer Reform des deutschen Asylrechts akzeptiert[111]. Auch die Möglichkeit der wechselseitigen Anerkennung fremder Asylrechtsentscheidungen wurde in Betracht gezogen, wobei allerdings die Interpretation der in Frage stehenden völkerrechtlichen Verträge dem Europäischen Gerichtshof zustehen sollte.

---

[107] BRat-Drs. 121/2/92 vom 1. 4. 1992.

[108] BRat-Drs. 648/92 vom 23. 9. 1992.

[109] Hierzu FAZ vom 14./15. 9. 1992, S. 1 f.

[110] BRat-Drs. 648/92 vom 23. 9. 1992.

[111] Ebd., S. 2.

V. Zur Entstehung von Art. 16 a GG[112]

A. Parteienkompromiß vom 6. Dezember 1992

Der Kern des Textes des neugeschaffenen Art. 16 a GG beruht nicht so sehr auf parlamentarischen Beratungen, sondern ist in erster Linie das Ergebnis eines politischen Kompromisses[113] zwischen CDU/CSU, SPD und F.D.P., welcher am 6. Dezember 1992 zustande kam. Ungeachtet der rechtlichen Bedeutung dieses Textes kann Art. 16 a GG nur vor dem Hintergrund dieses Kompromisses verstanden werden[114]. Danach sollte statt des bisherigen Art. 16 Abs. 2 S. 2 GG a.F. ein neuer Art. 16 a GG mit folgendem Wortlaut in das Grundgesetz eingefügt werden:

> "(1) Politisch Verfolgte genießen Asylrecht.
> (2) Asylrecht genießt nicht, wer aus einem Mitgliedsstaat der Europäischen Gemeinschaften oder einem anderen Drittstaat einreist, in dem die Anwendung der Genfer Flüchtlingskonvention und der EMRK sichergestellt ist. Die Staaten außerhalb der Europäischen Gemeinschaften, auf die die Voraussetzungen von Satz 1 zutreffen, werden durch Gesetz, das der Zustimmung des Bundesrates bedarf, bestimmt. In diesen Fällen können aufenthaltsbeendende Maßnahmen unabhängig von einem hiergegen eingelegten Rechtsbehelf vollzogen werden.

---

[112] Die Entstehungsgeschichte des neuen Asylverfahrensgesetzes soll an dieser Stelle nicht im einzelnen nachgezeichnet werden. Lediglich insoweit als sich spezifische verfassungsrechtliche Probleme stellen, wird - soweit nötig - jeweils bei den konkreten einzelnen Normen auch auf deren Entstehungsgeschichte eingegangen.

[113] Vgl. dazu die Äußerung des Sachverständigen Badura im Rahmen der Anhörung von Sachverständigen zum Gesetzentwurf der Fraktionen der CDU/CSU, SPD und F.D.P. Entwurf eines Gesetzes zur Änderung des Grundgesetzes (Artikel 16 und 18), 55. Sitzung des Innenausschusses des Deutschen Bundestages, 71. Sitzung des Rechtsausschusses und 8. Anhörung der Gemeinsamen Verfassungskommission, S. 49: "Der Kompromiß ist also damit endgültig zu einem Rechtsbegriff des Verfassungsrechts geworden."

[114] Politische Rahmenbedingung für diese Übereinkunft war der Beschluß des außerordentlichen SPD-Parteitages vom 18.11.1992, der die Bahn für eine Zustimmung der SPD-Fraktion im Deutschen Bundestag zu einer Änderung von Art. 16 Abs. 2 S. 2 GG a.F. freigemacht hatte. Der (auszugsweise) Text dieses Beschlusses findet sich in der FAZ vom 19. 11. 1992, S. 2.

(3) Durch Gesetz, das der Zustimmung des Bundesrates bedarf, können Staaten bestimmt werden, bei denen auf Grund der Rechtslage, der Rechtsanwendung und der allgemeinen politischen Verhältnisse gewährleistet erscheint, daß in diesen Staaten politische Verfolgung oder unmenschliche oder erniedrigende Bestrafung oder Behandlung nicht stattfindet. Ein Ausländer aus einem solchen Staat gilt nicht als politisch verfolgt, es sei denn er trägt Gründe vor, aus denen sich ergibt, daß er entgegen der Vermutung in Satz 1 politisch verfolgt wird.
(4) Die Vollziehung aufenthaltsbeendender Maßnahmen wird in den Fällen des Absatzes 3 durch das Gericht nur ausgesetzt, wenn ernstliche Zweifel an der Rechtmäßigkeit der Maßnahme bestehen. Gleiches gilt für aufenthaltsbeendende Maßnahmen in anderen Fällen offensichtlicher Unbegründetheit. Insoweit kann der Prüfungsumfang eingeschränkt werden und verspätetes Vorbringen unberücksichtigt bleiben. Das Nähere bestimmt ein Gesetz."[115]

Im Gegensatz zu dem später von den Fraktionen der CDU/ CSU, SPD und F.D.P. in den Bundestag eingebrachten Gesetzentwurf sind einige Abweichungen auch materieller Art festzustellen. Zunächst fällt ins Auge, daß - anders als in der jetzt gültigen Fassung des Art. 16 a GG - der gesamte Abs. 5 fehlt. Dies hätte zur Folge gehabt, daß jede Anerkennung ausländischer Asylrechtsentscheidungen allenfalls entweder über Art. 23 GG n.F.[116] oder über Art. 24 GG[117] hätte

---

[115] Der Wortlaut des Kompromisses findet sich bei Giesler/ Wasser, S. 225 ff. Kritisch hierzu bereits W. Grenz, Neues Asylrecht: Abschied vom Schutz für politisch Verfolgte - Anmerkungen zu den Vorschlägen von CDU/CSU, FDP und SPD für eine neues Asylrecht, ASYL 1993/2, S. 41 ff.

[116] Art. 23 Abs. 1 S. 2 GG n.F. dürfte jedoch nur zu Hoheitsübertragungen auf die Europäische Gemeinschaft ermächtigen.

[117] Bei dem Vertragssystem des Schengener Folgeabkommens handelt es sich jedoch - jedenfalls im Hinblick auf die wechselseitige Anerkennung von Asylrechtsentscheidungen und die Vereinbarung von Zuständigkeitskriterien - lediglich um eine zwischenstaatliche Zusammenarbeit und die Einräumung von Hoheitsrechten zugunsten jeweils eines anderen Staates mit der Folge, daß es sich *insoweit* nicht um die Übertragung von Hoheitsrechten im Sinne von Art. 24 GG handelt; so auch O. Dörr, Das Schengener Durchführungsabkommen - ein Fall des Art. 24 Abs. 1 GG, DÖV 1993, S. 696 ff. (701 f.).

Zum Begriff der zwischenstaatlichen Einrichtung zuletzt H. Mosler, Die Übertragung von Hoheitsrechten, in: J. Isensee/ P. Kirchhof, Handbuch des Staatsrechts, Bd. VII (1992), S. 599 ff. (619-621).

verfassungsrechtlich gerechtfertigt werden können[118]. Darüberhinaus hätten sich in den Fällen Widersprüchlichkeiten ergeben, in denen nach dem Schengener Folgeabkommen die Bundesrepublik Deutschland zur Behandlung eines Asylbegehrens verpflichtet wäre, der entsprechende Asylbewerber aber wegen Art. 16 a Abs. 2 GG in der Bundesrepublik Deutschland kein Asylrecht hätte genießen können. Damit wäre die Formulierung der selbst gestellten Aufgabe der Vereinbarkeit mit solchen völkerrechtlichen Abkommen nicht gerecht geworden. Insoweit wären vor allem drei Fallgruppen von Relevanz gewesen:

(1) - Ein Asylbewerber reist aus einem Verfolgerstaat in die Bundesrepublik Deutschland ein, besitzt jedoch ein gültiges Visum eines anderen Vertragsstaates des Schengener beziehungsweise Dubliner Abkommens. Dies hätte zur Folge gehabt, daß der visumsausstellende Staat nach dem Vertragssystem für die Behandlung des Asylantrags zuständig wäre, daß aber gleichwohl eine Zurückweisung in diesen anderen Vertragsstaat nach deutschem Verfassungsrecht unzulässig gewesen wäre, wenn sich der Betroffene gegenüber deutschen Stellen auf sein Individualrecht aus Art. 16 a Abs. 1 GG berufen hätte.

(2) - Ein Asylbewerber reist ausgestattet mit einem deutschen Visum in ein anderes Mitgliedsland des Schengener Vertragssystems ein. Dann wäre die Bundesrepublik Deutschland völkerrechtlich zur Bearbeitung des Asylantrags verpflichtet; gleichzeitig wäre diese Person jedoch wegen Art. 16 a Abs. 2 GG nicht Träger des Grundrechts auf Gewährung politischen Asyls.

---

[118] Hinzuweisen ist ferner auf den Umstand, daß zeitweilig auch diskutiert worden war, in Art. 16 a Abs. 5 GG eine ausdrückliche Ermächtigung zur Harmonisierung im Rahmen der Europäischen Gemeinschaften aufzunehmen. So hatte das Bundesministerium des Innern zunächst vorgeschlagen, Art. 16 a Abs. 5 GG wie folgt zu formulieren:

> "Die Absätze 1 bis 4 stehen einer *Übertragung von Hoheitsrechten auf die Europäischen Gemeinschaften* und völkerrechtlichen Verträgen von Mitgliedsstaaten der Europäischen Gemeinschaften untereinander und mit dritten Staaten nicht entgegen, die unter Beachtung der Verpflichtungen aus dem Abkommen über die Rechtsstellung der Flüchtlinge und der Konvention zum Schutze der Menschenrechte und Grundfreiheiten *eine Harmonisierung des Asylrechts zum Gegenstand haben* oder für die Prüfung von Asylbegehren Zuständigkeitsregelungen treffen."

Hervorhebung durch den Verfasser. Näher zu dieser Frage unten S. 377 ff.

(3) - Ein Asylbewerber, dessen Asylverfahren in einem anderen Mitgliedsstaat des Schengener beziehungsweise Dubliner Systems rechtskräftig in einem negativen Sinne abgeschlossen worden ist, reist zunächst in sein Heimatland zurück und von dort aus zu einem späteren Zeitpunkt direkt in die Bundesrepublik Deutschland ein. Auch für diesen Fall sehen die vertraglichen Regelungen vor, daß die negative Entscheidung des anderen Vertragsstaates anerkannt werden kann. Gerade dieser Ausschluß vom Asylanspruch wäre aber jedenfalls nicht von Art. 16 a Abs. 2 S. 1 GG allein gedeckt gewesen.

Eine weitere Abweichung des eingebrachten Gesetzentwurfs von dem zunächst zwischen den Parteien vereinbarten Text betrifft die Eingangsformulierung des Art. 16 a Abs. 2 GG. Diese Formulierung lautete zunächst noch, daß eine Person, die aus einem sicheren Drittstaat in die Bundesrepublik Deutschland einreist, "kein Asylrecht genießt". Dies wurde später dahingehend geändert, daß sich diese Person "nicht auf Absatz 1 berufen könne". Dies bedeutet möglicherweise nur, daß Personen, auf die diese Feststellung zutrifft, keinen *grundrechtlichen* Anspruch besitzen, daß ihnen in der Bundesrepublik Deutschland politisches Asyl gewährt wird[119]. Demgegenüber dürfte die letztendlich gewählte Formulierung - anders als dies die ursprüngliche Formulierung zumindest nahegelegt hätte - nicht ausschließen, daß Personen, die nach dem Wortlaut in den Regelungsbereich des Art. 16 a Abs. 2 GG fallen, *einfachgesetzlich* politisches Asyl gewährt wird[120], beziehungsweise daß ihr Asylbegehren trotz der Einreise aus einem sicheren Drittstaat von der Bundesrepublik Deutschland eigenständig geprüft wird[121].

---

[119] Noch weitergehender die Begründung zum Entwurf eines Gesetzes zur Änderung des Grundgesetzes, BT-Drs. 12/4152, S. 4: "(...) keinen grundrechtlichen Anspruch hat, daß die von ihm vorgebrachten Argumente in der Bundesrepublik Deutschland geprüft werden. (...)"; zu der Frage, ob und inwieweit die Einreise aus einem Drittstaat die Geltendmachung jedweder Rechtsmittel ausschließt vgl. unten S. 331 ff.

[120] Zu der Frage, ob sich aus der letztendlich gewählten Formulierung des Art. 16 a Abs. 2 GG Rückschlüsse auf das Verhältnis landesverfassungsrechtlicher Bestimmungen über die Gewährung politischen Asyls zu Art. 16 a GG ziehen lassen vgl. unten S. 360.

[121] Dies dürfte insbesondere in den Fällen relevant sein, in denen sich die Bundesrepublik Deutschland gegenüber einzelnen sicheren Drittstaaten, die nicht Mitgliedsstaaten der Europäischen Gemeinschaften sind, bereit erklärt, Asylanträge von Personen trotz Einreise aus diesem sicheren Drittstaat zu

Außerdem war auch die Ursprungsfassung des Art. 16 a Abs. 3 GG an zwei Stellen zumindest unscharf formuliert. Zum einen war vorgesehen, es müsse in den in Bezug genommenen sicheren Herkunftsstaaten sichergestellt erscheinen, daß dort keine "politische Verfolgung *oder* unmenschliche Behandlung oder erniedrigende Bestrafung oder Behandlung (...) stattfindet"[122]. Demgegenüber macht die letztlich in den Bundestag eingebrachte Fassung deutlich, daß in diesen Staaten *weder* politische Verfolgung *noch* unmenschliche oder erniedrigende Bestrafung oder Behandlung stattfinden darf. Des weiteren war zunächst vorgesehen, daß - zumindest nach dem Wortlaut der Ursprungsfassung des Art. 16 a Abs. 3 GG - bereits das Vorbringen von Gründen, aus denen sich eine politische Verfolgung ergibt, ausreichten könnte, um das Vorliegen einer politischen Verfolgung anzunehmen. Demgegenüber stellt der endgültige Text von Art. 16 a Abs. 3 GG nunmehr klar, daß der betroffene Ausländer *Tatsachen* vortragen muß, aus denen sich im Einzelfall in Bezug auf seine Person im Gegensatz zu der gesetzlichen Vermutung der Verfolgungsfreiheit in seinem Herkunftsstaat ergibt, daß für ihn dort eine politische Verfolgungssituation besteht.

Schließlich ergab sich auch bei Art. 16 a Abs. 4 GG insoweit eine Modifikation, als nach der endgültigen Fassung aufenthaltsbeendende Maßnahmen vom Verwaltungsgericht auch in den Fällen, die nur als "offensichtlich unbegründet gelten", nur dann ausgesetzt werden können, wenn ernstliche Zweifel an der Rechtmäßigkeit der Maßnahme bestehen. Demgegenüber hatte sich Art. 16 a Abs. 4 GG in der Fassung des Parteienkompromisses vom 6. Dezember 1992 noch ausschließlich auf

---

prüfen, vgl. etwa Art. 1 Abs. 4 des Abkommens zwischen der Regierung der Bundesrepublik Deutschland und der Regierung der Republik Polen über die Zusammenarbeit hinsichtlich der Auswirkungen von Wanderungsbewegungen vom 7. 5. 1993, wo es heißt:

> "Die Regierung der Bundesrepublik Deutschland wird (...) Asylanträge von Personen prüfen, die bei der Einreise in das Hoheitsgebiet der Bundesrepublik Deutschland die Voraussetzungen für die Einreise erfüllen."

[122] Kritisch hierzu R. Rothkegel, Der Asylbewerber in der Transitfalle, FR vom 24. 2. 1993, S. 12, (Vorabdruck eines auf den Hohenheimer Tagen zum Ausländerrecht 1993: Harmonisierung des Rechts auf Asyl - Diskussionsstand - Probleme - Perspektiven) gehaltenen Vortrags.

die Fälle des Abs. 3 sowie auf die Fälle erstreckt, die offensichtlich unbegründet *sind*[123].

B. Gesetzgebungsverfahren

Der Entwurf eines Gesetzes zur Änderung des Grundgesetzes (Art. 16 und 18) wurde schließlich am 19. Januar 1993 in den Bundestag eingebracht[124] und nach der Ersten Lesung am 21. Januar[125] in die Ausschüsse überwiesen. Am 4. Februar 1993 beriet die nach Art. 5 des Einigungsvertrages eingesetzte Gemeinsame Verfassungskommission von Bundestag und Bundesrat erstmals über die geplante Verfassungsänderung[126]. Am 11. März 1993 fand eine gemeinsame Sachverständigenanhörung von Innen- und Rechtsausschuß sowie der Gemeinsamen Verfassungskommission statt[127]. Im Verlaufe des Gesetzgebungsverfahrens wurde nur eine Änderung vorgenommen: Art. 16 Abs. 3 S. 2 GG, wonach ein Ausländer aus einem sicheren Herkunftsstaat grundsätzlich nicht als politisch verfolgt gilt, es sei denn, er trägt Tatsachen vor, welche in der Lage sind, diese Vermutung zu entkräften, wurde neu formuliert:

> "Es wird vermutet, daß ein Ausländer aus einem solchen Staat nicht verfolgt wird, solange er nicht Tatsachen vorträgt, die die Annahme

---

[123] Daneben sind noch einige, eher technische Unterschiede festzuhalten. So etwa, daß es statt "Europäische Gemeinschaft" in Art. 16 a Abs. 2 (so die Fassung des Parteikompromisses vom 6.12. 1992) nunmehr "Europäische Gemeinschaft**en**" heißt. Vgl. demgegenüber Art. 28 Abs. 1 S. 3 GG n.F., der den Begriff "Europäischen Gemeinschaft" verwendet.

[124] BT.-Drs. 12/4152.

[125] Plenarprotokoll 12/134, S. 11595 ff.

[126] 16. Sitzung der Gem. Verfassungskommission, Sten. Berichte; zur Frage, ob der Auftrag der Verfassungskommission sich auch auf nicht unmittelbar einigungsbedingte Verfassungsänderungen erstreckt vgl. die Äußerungen der Abg. Friedrich einerseits ("unmittelbarer Zusammenhang zwischen diesem Auftrag und dem Asylrecht besteht nicht"), ebd., S. 11 und Vogel andererseits, ebd. S. 28, der darauf hinweist, daß Art. 5 Einigungsvertrag das Wort "insbesondere" enthält.

[127] Vgl. dazu das Sten. Protokoll der 55. Sitzung des Innenausschusses, der 71. Sitzung des Rechtsausschusses und der 8. Anhörung der Gemeinsamen Verfassungskommission.

begründen, daß er entgegen dieser Vermutung politisch verfolgt wird."

Diese Formulierung ist zum einen deutlicher, als sie nicht mehr die Formel "gilt nicht" benutzt, die regelmäßig für unwiderlegliche Vermutungen verwendet wird[128]. Auch müssen nunmehr die vom Antragsteller vorgebrachten Tatsachen nicht mehr etwa anderes "ergeben", sondern müssen nur noch "die Annahme" einer gleichwohl bestehenden Verfolgungssituation "begründen".

Schließlich wurde die Vorlage am 26. Mai 1993 erneut im Bundestag beraten[129] und fand dort die nach Art. 79 Abs. 2 GG erforderliche besondere Mehrheit. Der Bundesrat[130] stimmte der Vorlage schließlich am 28. Mai 1993 ebenfalls zu, so daß die Verfassungsänderung mit Wirkung zum 1. Juli 1993 nach Ausfertigung durch den Bundespräsidenten in Kraft treten konnte[131].

Am 2. März 1993 war zur einfachgesetzlichen Umsetzung von Art. 16 a GG der Entwurf eines Gesetzes zur Änderung asylverfahrens-, ausländer- und staatsangehörigkeitsrechtlicher Vorschriften in den Bundestag eingebracht[132] und am 4. März 1993 in die Ausschüsse verwiesen worden[133]. Am 24. März 1993 fand in diesem Zusammenhang eine Expertenanhörung des Innenausschusses statt[134]. Im Laufe des Gesetzgebungsverfahrens wurde insbesondere noch das besondere Verfahren für die Prüfung von Asylanträgen bei der Einreise auf dem

---

[128] Vgl. dazu bereits die Bemerkung des Abg. Vogel, Sten. Berichte der Gemeinsamen Verfassungskommission, 16. Sitzung vom 4. 2. 1993, S. 28. Auch das vom Bundesministerium der Justiz herausgegebene Handbuch der Rechtsförmlichkeit (1991), S. 38 empfiehlt die Formulierung "gelten" grundsätzlich zu vermeiden und stattdessen stets die Wendung "es wird vermutet, daß (...)" zu benutzen.

[129] Vgl. dazu die Beschlußempfehlung und den Bericht des Innenausschusses, Bt-Drs. 12/4984.

[130] BRat-Drs. 352/93.

[131] BGBl. 1993, S. 1002.

[132] BT-Drs. 12/4450.

[133] Dazu die Beschlußempfehlung und den Bericht des Innenausschusses, BT-Drs. 12/4984.

[134] Vgl. dazu das Sten. Protokoll der 56. Sitzung des Innenausschusses vom 24. 3. 1993.

Luftwege eingefügt[135] sowie sowohl die Liste der sicheren Drittstaaten nach Art. 16 a Abs. 2 GG in Verbindung mit § 26 a AsylVfG 1993 als auch die Liste der sicheren Herkunftsstaaten nach Art. 16 a Abs. 3 GG in Verbindung mit § 29 a AsylVfG erweitert[136]. Am 26. Mai 1993 fand die letzte Lesung im Bundestag statt. Der bei dieser Gelegenheit von der Fraktion der SPD eingebrachte Antrag, im Hinblick auf den im neuen Asylverfahrensgesetz vorgesehenen vollständigen Ausschluß einstweiligen Rechtsschutzes in den Fällen der Einreise aus einem sicheren Drittstaat[137] jedenfalls dann Ausnahmen vorzusehen, in denen die Voraussetzungen hierfür offensichtlich nicht vorliegen[138], fand demgegenüber nicht die erforderliche Mehrheit. Schließlich stimmte der Bundesrat diesem Gesetzesvorhaben am 28. Mai 1993 zu[139]. Es trat ebenfalls am 1. Juli 1993 in Kraft[140].

Bereits am 15. Juli 1993 hat der Deutsche Bundestag auch das Zustimmungsgesetz zum Schengener Folgeabkommen gebilligt[141], so daß

---

[135] Art. 18 a AsylVfG 1993; vgl. dazu nunmehr auch die vorläufigen Anordnungen des Bundesverfassungsgerichts NVwZ 1993, S. 766, NVwZ Beilage Nr. 1/93 zu Heft 8/93, S. 1 f. und S. 2.

[136] Die Liste der sicheren Drittstaaten umfaßt nunmehr - neben den Mitgliedsstaaten der Europäischen Gemeinschaften, bei denen sich dies bereits unmittelbar aus der Verfassung selbst ergibt - Finnland, Norwegen, Österreich, Polen, Schweden, die Schweiz und die Tschechische Republik.

Die Liste der sicheren Herkunftsstaaten umfaßt jetzt Bulgarien, Gambia, Ghana, Polen, Rumänien, Senegal, die Slowakische Republik, die Tschechische Republik, sowie Ungarn.

[137] Vgl. § 34 a Abs. 2 AsylVfG 1993:

"Die Abschiebung in den sicheren Drittstaat darf nicht nach § 80 oder § 123 der Verwaltungsgerichtsordnung ausgesetzt werden."

[138] BT-Drs. 12/5019 vom 25. 5. 1993.

[139] BRat-Drs. 353/93.

[140] BGBl. 1993, S. 1062 ff.; auf das im gleichen Zusammenhang verabschiedete Gesetz zur Neuregelung der Leistungen an Asylbewerber, BT-Drs. 12 /4451 soll im folgenden nicht eingegangen werden.

Zu den praktischen Erfahrungen seit Inkrafttreten von Art. 16 a GG und der Entwicklung der Asylbewerberzahlen vgl. etwa FAZ vom 22.11.1993, S.4 und die Aktuelle Stunde im Deutschen Bundestag vom 12.1.1994, Sten.Ber. 12/201, S. 17392 ff.

[141] Gesetz zu dem Schengener Übereinkommen vom 19. Juni 1990 betreffend den schrittweisen Abbau der Kontrollen an den gemeinsamen Grenzen, BGBl. 1993, II, S. 1010 ff.

damit der Weg zur Ratifikation des Abkommens seitens der Bundesrepublik Deutschland frei war[142].

[142] Die Bundesrepublik Deutschland hat die Ratifikationsurkunde am 30. 7. 1993 hinterlegt, vgl. Bundesministerium des Inneren, Innere Sicherheit, Nr. 5/1993, S. 19.

Zweiter Hauptteil

Vereinbarkeit des deutschen Asylrechts mit der Genfer Flüchtlingskonvention und der Europäischen Menschenrechtskonvention

Im folgenden soll die Frage untersucht werden, ob die deutsche Praxis unter der Geltung des neuen Art. 16 a des Grundgesetzes mit den völkervertraglichen Bindungen der Bundesrepublik Deutschland auf dem Gebiete des Asylrechts, so wie sie insbesondere in der Genfer Flüchtlingskonvention und der Europäischen Menschenrechtskonvention zum Ausdruck kommen, vereinbar sind.

Das System der Gewährung politischen Asyls durch Art. 16 a GG zeichnet sich dabei durch die Aufstellung von Listen von Staaten aus, in denen Asylbewerber (behauptetermaßen) vor politischer Verfolgung sicher sind. Im Hinblick auf solche Listen verfolgungssicherer Staaten muß jedoch stets zwischen zwei verschiedenen Konzepten unterschieden werden.

Zum einen kann es sich um Listen verfolgungssicherer *Herkunfts*staaten, sogenannten *safe countries of origin*, handeln. Dies bedeutet, daß es sich bei diesen Staaten um Länder handelt, in denen keine Verfolgung im Sinne der Genfer Flüchtlingskonvention stattfindet. Dieser Regelungskomplex wird im Rahmen des deutschen Verfassungsrechts nunmehr von Art. 16 a *Abs. 3* GG erfaßt.

Zum zweiten kann es sich aber auch um Listen "sicherer Drittstaaten" handeln[1]. Für diese Staaten wird davon ausgegangen, daß die betroffenen Personen, die in diese Drittstaaten zurückgeschoben werden, von dort aus nicht weiter in das jeweilige Verfolgerland abgeschoben werden. Dieses Konzept hebt also nicht auf die Frage des Bestehens einer Verfolgersituation in dem jeweiligen Drittstaat oder Herkunftsland ab, sondern vielmehr in erster Linie darauf, ob dieser

---

[1] Im Schrifttum werden daneben auch die Begriffe *countries of first refuge* beziehungsweise *countries of first asylum* benutzt.

Drittstaat die Gewähr für die Einhaltung des Non-Refoulement-Gebotes des Art 33 GFK bietet. Eine solche Regelung ist nunmehr in Art. 16 a Abs. 2 GG enthalten.

Vorbemerkung: Beurteilungskompetenz der Bundesrepublik Deutschland

Im Rahmen des neuen Art. 16 a GG wird der Gesetzgeber[2] feststellen, ob einzelne Staaten ihren völkerrechtlichen Verpflichtungen nachkommen. So muß er für die Zwecke des Art. 16 a Abs. 3 GG eine Liste der Staaten aufstellen, in denen weder politische Verfolgung noch unmenschliche oder erniedrigende Behandlung stattfindet. Im Hinblick auf Art. 16 a Abs. 2 GG trifft er die Feststellung, ob die dort genannten Staaten ihren Verpflichtungen aus der Genfer Flüchtlingskonvention und der EMRK nachkommen. Fraglich ist aber, ob die Bundesrepublik Deutschland in der Tat für sich eine solche Feststellungskompetenz in Anspruch nehmen kann. Dies gilt besonders für die EMRK, als dort nach Art. 19 EMRK der Europäischen Kommission und dem Europäischen Gerichtshof für Menschenrechte die Aufgabe übertragen worden ist, die Einhaltung der Konvention zu sichern[3].

Jedoch sind Staaten häufig gezwungen, für die Zwecke des eigenen innerstaatlichen Rechts eine Feststellung darüber zu treffen, ob andere Staaten bestimmte völkerrechtliche Verpflichtungen einhalten. So muß etwa bereits jetzt ein Mitgliedsstaat der EMRK, bevor er eine Person an einen anderen Staat ausliefert, selbständig überprüfen, ob dem

---

[2] Im Hinblick auf die Situation in den Mitgliedsstaaten der Europäischen Gemeinschaften hat dies bereits der verfassungsändernde Gesetzgeber getan. Vgl. dazu auch die Entscheidungen des Bundesverfassungsgerichts vom 13. und vom 20.9.1993, InfAuslR 1993, S. 388 betreffend Griechenland, wo das Gericht die Möglichkeit nicht ausschließt, daß auch Mitgliedsstaaten der Europäischen Union nicht die Vorgaben der Genfer Flüchtlingskonvention einhalten.

Ferner wird die Bundesregierung die Nichteinhaltung dieser Vorgaben feststellen, wenn sie gemäß § 26 a Abs. 3 beziehungsweise 29 a Abs. 3 AsylVfG 1993 einen Staat vorübergehend von der Liste der sicheren Dritt- beziehungsweise Herkunftsstaaten streicht.

[3] Vgl. auch Art. 35 der Genfer Flüchtlingskonvention, wonach es die Aufgabe des UNHCR ist, die Anwendung der Konvention zu überwachen, dazu V. Türk, Das Flüchtlingshochkommissariat der Vereinten Nationen (UNHCR), S. 163 ff.

Betroffenen in diesem Drittstaat nicht Folter droht, um seinerseits durch die Ausführung der aufenthaltsbeendenden Maßnahme keinen Verstoß gegen die EMRK zu begehen[4]. Dabei ist es völkerrechtlich aber irrelevant, ob diese Festlegung nun in jedem konkreten Einzelfall oder aber generell getroffen wird. Dies gilt umso mehr, als im Rahmen der EMRK die Möglichkeit der Staatenbeschwerde nach Art. 24 EMRK gerade voraussetzt, daß ein Mitgliedsstaat eine (angebliche) Verletzung der EMRK durch einen anderen Vertragsstaat rügen kann. Außerdem enthält Art. 33 der Genfer Flüchtlingskonvention auch eine Verpflichtung für den Fall der Kettenabschiebung mit der Folge, daß der jeweilige Vertragsstaat vor jeder Weiterschiebung in einen anderen Staat prüfen muß, ob dieser seinerseits dessen Vorgaben einhält.

Schließlich belegt auch die Staatenpraxis[5] die Inanspruchnahme der Befugnis, für innerstaatliche Zwecke die Einhaltung völkerrechtlicher Standards durch Drittstaaten gerade auch im Bereich der Menschenrechte zu überprüfen. Im übrigen kann der Umstand, daß Staaten im Völkerrechtsverkehr häufig Verletzungen der Menschenrechte durch andere Staaten in internationalen Foren rügen[6], als Argument dafür herangezogen werden, daß sie erst recht dazu berechtigt sind, für Zwecke des nationalen Rechts Feststellungen über die Einhaltung menschenrechtlicher Standards zu treffen.

Nach alledem kann die Bezugnahme auf die Einhaltung der Genfer Flüchtlingskonvention und der EMRK in Art. 16 a GG - auch wenn sie völkerrechts*politisch* verfehlt sein mag[7] - nicht als völker*rechtswidrig* bezeichnet werden.

---

[4] Zu Einzelheiten der Bedeutung der EMRK im Bereich des Asylrechts unten S. 82. Vgl. dazu auch § 53 Abs. 4 des deutschen Ausländergesetzes.

[5] Zur Praxis der USA vgl. S. Cohen, Conditioning U.S. Security Assistance on Human Rights Practices, AJIL 1982, S. 246 ff.

[6] Vgl. dazu die Nachweise bei A. Verdross/ B. Simma, Universelles Völkerrecht (3. Aufl., 1984), S. 303 Fn. 11.

[7] So etwa K. Hailbronner, Stellungnahme zum Entwurf eines Gesetzes zur Änderung des Grundgesetzes (Art. 16 und 18), BT-Drs. 12/4152, in: Stenografisches Protokoll der 55. Sitzung des Innenausschusses, der 71. Sitzung des Rechtsausschusses und der 8. Anhörung der Gemeinsamen Verfassungskommission (im folgenden zitiert als: Hailbronner, Stellungnahme I), S. 296 und J. A. Frowein, (Unveröffentlichte) Stellungnahme zu dem Entwurf zur Änderung des Grundgesetzes (Art. 16 und 18) (abgegeben anläßlich der Expertenanhörung vom 11. März 1993).

Erster Teil:

Sichere Herkunftsländer

Im Hinblick auf die steigende Zahl von Asylbewerbern, die in der Bundesrepublik Deutschland um Asyl nachsuchten, waren seit Beginn der achtziger Jahre Bestrebungen unternommen worden, die Verfahrensdauer der Asylverfahren zu verkürzen[1]. Da aber auch die Einführung des Konzepts "offensichtlich unbegründeter" Asylanträge und die damit verbundenen Veränderungen des Asylverfahrensrechts vor dem Hintergrund der politischen Veränderungen in Osteuropa und den damit einhergehenden Wanderungsbewegungen nicht zu den erwarteten Ergebnissen einer Verkürzung der Asylverfahren führte, wurde sowohl auf nationaler[2] als auch auf internationaler Ebene[3] zunehmend über die Möglichkeiten der Aufstellung von Listen "verfolgungssicherer Herkunftsländer" diskutiert.

Eine erste Umsetzung des Konzepts sicherer Herkunftsstaaten, wie es nunmehr durch Art. 16 a Abs. 3 GG in der Bundesrepublik Deutschland seine Anwendung findet, hatte die Schweiz in Art. 16 ihres

[1] Zur historischen Entwicklung bereits oben Erster Hauptteil.

[2] Vgl. aus der deutschen Literatur etwa K. Schenk, Zum Asylrecht unter Listenvorbehalt, ZRP 1992, S. 102 ff. Zu bereits früher in Belgien und der Schweiz erfolgten *safe country*- Regelungen vgl. unten S. 42.

[3] Vgl. etwa die Schlußfolgerungen der für Einwanderungsfragen zuständigen Minister der Mitgliedsstaaten der Europäischen Gemeinschaften, Tagung vom 30. 11./ 1. 12. 1992 in London, Anlage III (Schlußfolgerungen betreffend Länder in denen im allgemeinen keine ernstliche Verfolgungsgefahr besteht); abgedruckt in: ZDWF (Hrsg.), Art. 16 a GG und seine Folgen (1993), S. 147 ff. (154 f.). Ferner die Arbeiten im Rahmen des Europarates, dazu den Bericht des Expertenkomitees des Europarates vom 4. 9. 1991, CAHAR (91) 2: Ad hoc committee of Experts on the Legal Aspects of territorial Asylum, Refugees and Stateless Persons (CAHAR): "The concept of 'safe country' and expedient asylum procedures", Report prepared by K. Kailbronner, *passim*.

Asylgesetzes vorgenommen. Im Hinblick auf die Beurteilung von Asylanträgen von Personen, die aus bestimmten Staaten stammen, heißt es dort[4]:

> "(2) Der Bundesrat kann Staaten bezeichnen, in welchen nach seinen Feststellungen Sicherheit vor Verfolgung besteht; entsprechende Beschlüsse überprüft er periodisch[5]. Stammt der Gesuchsteller aus einem solchen Staat, wird auf sein Gesuch oder seine Beschwerde nicht eingetreten, außer die Anhörung ergebe Hinweise auf eine Verfolgung".

Eine vergleichbare Regelung- wenn auch ohne Aufstellung formeller Listen - existiert auch im österreichischen Asylgesetz[6]. Auch das

---

[4] Hierzu A. Achermann/ C. Hausammann, Handbuch des Asylrechts (2. Aufl., 1991) (im folgenden zitiert als Achermann, Handbuch), S. 298 f.; W. Kälin, Grundriß des Asylverfahrens (1990), (im folgenden zitiert als Kälin, Grundriß), S. 264 f.

[5] Der Schweizer Bundesrat hatte mit Beschlüssen vom 31. 10. 1990, 18. 3. 1991 und 25. 11. 1991 folgende acht Länder zu *safe countries of origin* erklärt: Polen, Ungarn und die CSFR (31. 10. 1990), Bulgarien, Indien, Algerien (18. 3. 1991), sowie Rumänien und Angola (25. 11. 1991). Mit Beschluß vom 19. 2. 1992 wurde der Beschluß betreffend Algerien zurückgenommen und mit Beschluß vom 25. 11. 1992 derjenige betreffend Angola. Nach Auskunft des Generalsekretariats des Eidgenössischen Justiz- und Polizeidepartements (Stand 13. 4. 1993) ist bislang kein formeller Beschluß im Hinblick auf die Tschechische und Slowakische Republik ergangen, doch wird die Regelung betreffend die CSFR auch weiterhin auf diese beiden Staaten angewandt.

[6] Vgl. § 17 Abs. 3 Nr. 2 des österreichischen Asylgesetzes vom 7. 1. 1991, der wie folgt lautet:

> "Ein Asylantrag ist insbesondere, sofern sich aus der Erstvernehmung nichts anderes ergibt, als (...) offensichtlich unbegründet anzusehen, wenn
> (...)
>
> > 2. der Asylbewerber Staatsangehöriger eines Staates ist, oder - sofern er staatenlos ist - in einem Staat seinen bisherigen Wohnsitz hatte, von dem auf Grund der allgemeinen Erfahrung, seiner Rechtslage und Rechtsanwendung anzunehmen ist, daß in diesem Staat keine begründete Gefahr einer Verfolgung aus einem der im § 1 Ziff. 1 genannten Gründe (die denen der Genfer Flüchtlingskonvention entsprechen, d. Verf.) besteht.(...)"

belgische Asylgesetz aus dem Jahre 1991[7] führte ein solches Listensystem ein. Dessen Art. 52 § 1 lautete:

> "Le Ministre de la Justice (...) peut décider que l'étranger (...) qui se déclare réfugié et demande, à la frontière, à être reconnu comme tel, ne sera pas autorisé à entrer sur le territoire et qu'en conséquence il sera refoulé (...):
> (...)
> (7) si l'étranger est originaire d'un pays d'où provenaient, au cours de l'année civile précédente, 5 % au moins des demandeurs d'asile, et dans la mesure où il ressort du dernier rapport annuel du Commissaire général aux réfugiés et aux apatrides que moins de 5 % des décisions finales qui ont été prises ont attribué le statut de réfugié au demandeurs d'asile originaires dudit pays, et pour autant qu'il ne fournisse aucun élément indiquant un risque sérieux pour sa vie ou sa liberté, dans le sens de la Convention internationale de Genève relative au statut des réfugiés. Après avis du Commissaire général, le Roi fixe, par arrêté royal (...) la date d'éntrée en vigueur et la durée d'application de la présente disposition. Dans les mêmes conditions, le Roi peut, pour un délai qu'il fixe, suspendre la présente disposition, soit pour l'ensemble des pays dont sont originaires les demandeurs d'asile, soit pour un ou plusieurs pays."[8]

Kritisch zu der Nicht-Offenlegung der Liste der *safe countries of origin* A. Holz-Dahrenstaedt, Asyl in Österreich - Ein sicheres Drittland ?, ZAR 1993, S. 174 ff. (176).

[7] Loi du 18 juillet 1991 modifiant la loi du 15 décembre 1980 sur l'accès au territoire, le séjour, l'établissement et l'éloignement des étrangers, Moniteur Belge v. 26. 7. 1991, S. 16602 ff.

[8] Nach L. van Outrive, La politique de migration, des immigrés et le droit d'asile en Belgique, in: K. Hailbronner (Hrsg.), Asyl- und Einwanderungsrecht im europäischen Vergleich (1992), (im folgenden zitiert als: Hailbronner, Vergleich), S. 12 ff. (14) hatte die belgische Regierung bereits am 4. 8. 1992 einen Gesetzentwurf verabschiedet, nach dem das System der sicheren Herkunftsländer wieder beseitigt werden sollte. Vgl. nunmehr die Entscheidung der belgischen Cour d'Arbitrage vom 4. 3. 1993, Moniteur Belge 1993, S. 6409 ff., wodurch diese Bestimmung wegen Verstoßes gegen den Gleichheitssatz der belgischen Verfassung aufgehoben wurde, dazu näher unten S. 112.

Im Hinblick auf die völkerrechtliche Beurteilung der Einführung solcher Listen verfolgungssicherer Herkunftsstaaten muß grundsätzlich zwischen zwei möglichen Alternativen differenziert werden: Auf der einen Seite kann es sich um Listen handeln, die eine materiellrechtliche Einschränkung der entsprechenden Gewährleistung des Asylrechts enthalten - also keinen Gegenbeweis einer im Einzelfall doch bestehenden Verfolgung durch den Antragsteller ermöglichen.

Auf der anderen Seite sind aber auch Listenmodelle denkbar, die lediglich verfahrensrechtlich als bloß antezipierte Tatsachenwürdigung[9] zu verstehen sind. Dies bedeutet mit anderen Worten, daß in diesen Fällen dem Antragsteller stets noch die Möglichkeit verbleibt, geltend zu machen, daß in seinem individuellen Fall trotz der bestehenden Vermutung gleichwohl eine Verfolgungssituation vorliegt[10].

Angesichts des Umstandes, daß die erste Alternative in einem viel größeren Umfang die Beschränkung der Zulassung von Asylbewerbern zu dem jeweiligen nationalen Anerkennungsverfahren mit sich bringt und da Art. 16 a GG möglicherweise nicht in vollem Umfange unzweifelhaft ein System widerleglicher Vermutungen zur Anwendung bringt, soll zunächst deren Vereinbarkeit mit der Genfer Flüchtlingskonvention und der Europäischen Menschenrechtskonvention im einzelnen näher untersucht werden.

1. Kapitel: Länderlisten als materiellrechtliche Ausschlußklausel

Die Einführung von Länderlisten, aufgrund derer Bewerber aus bestimmten Staaten *ipso facto* und unwiderruflich nicht mehr den Status von Flüchtlingen nach der Genfer Flüchtlingskonvention genießen sollen beziehungsweise sie ohne Durchführung eines Prüfungsverfahrens ohne weiteres in ihren Heimatstaat zurückgeschoben werden können, erscheint sowohl vor dem Hintergrund der Genfer Flüchtlingskonvention als auch im Lichte der Europäischen Menschenrechtskonvention problematisch.

---

[9] Zur Rechtsfigur der antezipierten Tatsachenwürdigung vgl. aus dem deutschen innerstaatlichen Emissionsschutzrecht etwa BVerwGE 72, S. 300 ff. (316).

[10] Sowohl bei der schweizerischen als auch bei der (früheren) belgischen Regelung handelt es sich um Regelungen in diesem zweiten Sinne, da in beiden Staaten - wenn auch nur in Ausnahmefällen - eine Anerkennung auch bei Flüchtlingen aus sogenannten verfolgungssicheren Staaten in Betracht kommt.

Erster Abschnitt: Vereinbarkeit mit der Genfer Flüchtlingskonvention

Eine Länderliste, die für alle Personen, die aus bestimmten Staaten einreisen, eine endgültige - auch in Ausnahmefällen nicht zu widerlegende - negative Entscheidung über deren Flüchtlingseigenschaft trifft, könnte im Hinblick auf die Verbürgungen der Genfer Flüchtlingskonvention aus dreierlei Gründen Bedenken begegnen:

Zum ersten könnte es sich um einen unzulässigen territorialen Vorbehalt handeln[11]. *Zum zweiten* könnte eine absolute Geltung beanspruchende Länderliste ohne Widerlegungsmöglichkeit auch im Widerspruch zu der Verpflichtung aus Art. 33 der Genfer Flüchtlingskonvention stehen, wonach kein Flüchtling in eine Verfolgungssituation zurückgeschoben werden darf[12]. *Drittens* schließlich, könnte eine solche unwiderlegliche Vermutung, wonach auf das Vorbringen des Bewerbers in keinster Weise eingegangen werden muß, auch mit den formalen Verpflichtungen der Mitgliedsstaaten aus der Genfer Flüchtlingskonvention inkompatibel sein, sofern die Staaten mit Ratifikation des Abkommens zugleich die implizite Verpflichtung übernommen haben, ein Überprüfungsverfahren dahingehend einzuführen, ob ein Betroffener in der Tat Flüchtling im Sinne der Konvention ist oder nicht[13].

I. Materiellrechtlich wirkende Ausschlußklausel als unzulässiger geographischer Vorbehalt

Materiellrechtlich wirkende Ausschlußklauseln würden dann einen Verstoß gegen die Genfer Flüchtlingskonvention mit sich bringen, wenn zum einen die Konvention ein Verbot geographischer Vorbehalte enthält und zum anderen in der Verwendung solcher Listen auch ein derartiger Vorbehalt zu sehen wäre.

---

[11] Dazu sogleich unten.

[12] Dazu unten S. 50 ff.

[13] Dazu unten S. 76.

A. Verbot geographischer Vorbehalte in der Genfer Flüchtlingskonvention

Nach Art. 1 Abs. 3 des Protokolls über die Rechtsstellung der Flüchtlinge aus dem Jahre 1967 wenden die Vertragsstaaten des Protokolls die Bestimmungen des Protokolls - und damit über den Verweis in Art. 1 Abs. 1 des Protokolls auch die Bestimmungen der Genfer Flüchtlingskonvention selbst - ohne jede geographische Begrenzung an[14]. Die einzige Ausnahme zu diesem Verbot geographischer Einschränkungen bildet Art. 1 B. Abs. 1 der Genfer Flüchtlingskonvention. Danach konnten Vertragsparteien der Genfer Flüchtlingskonvention die Anwendbarkeit der Konvention von vornherein auf Ereignisse in Europa beschränken. Demgegenüber waren anders geartete regionale Vorbehalte[15] auch nach dieser Vorschrift nicht erlaubt[16]. Damit ist die Bundesrepublik Deutschland als Vertragsstaat sowohl der Genfer Flüchtlingskonvention als auch des Protokolls von 1967 verpflichtet, die Bestimmungen der Konvention ohne territoriale Beschränkung einzuhalten.

Dieses Ergebnis, daß - mit Ausnahme des Art. 1 B. Abs. 1 der Ursprungsfassung der Genfer Flüchtlingskonvention - jedwede territoriale Begrenzung des Anwendungsbereichs der Konvention unzulässig ist, wird zusätzlich durch den Umstand bestätigt, daß Vorbehalte zu Art. 33 der Genfer Flüchtlingskonvention beziehungsweise

---

[14] Zur Frage der Erklärung von Vorbehalten im Zusammenhang mit der Genfer Flüchtlingskonvention vgl. S. Blay/ B. Tsamenyi, Reservations and Declarations under the 1951 Convention and the 1967 Protocol Relating to the Status of Refugees, Int. J. Ref. L. 1990, S. 527 ff. Allgemein zu Vorbehalten R. Kühner, Vorbehalte zu multilateralen Verträgen (1986), *passim*, der allerdings seinerseits nicht speziell auf Fragen im Zusammenhang mit der Genfer Flüchtlingskonvention eingeht.

[15] Zur Bezeichnung von Erklärungen, welche den geographischen Anwendungsbereich eines völkerrechtlichen Vertrages einschränken, als Vorbehalte vgl. Kühner, Anm. 14, S. 43 m.w.N. Dessen Aussage bezieht sich direkt zwar nur auf die Anwendung hinsichtlich des Territoriums des jeweiligen Vertragsstaates. Aber auch bezüglich der Anwendbarkeit bezüglich des Territoriums von Drittstaaten kann nichts anderes gelten, da auch insoweit in vergleichbarer Weise der geographische Geltungsbereich des Vertrages eingeschränkt wird.

[16] Die Bundesrepublik Deutschland hat bei ihrem Beitritt zur Genfer Flüchtlingskonvention am 1. 9. 1953, BGBl. II, S. 559, keine solche Erklärung nach Art. 1 B. Abs. 1. der Konvention abgegeben.

zum territorialen Anwendungsbereich des Protokolls nach dem ausdrücklichen Wortlaut von Art. 42 des Vertrages respektive Art. 7 Abs. 1 des Protokolls unzulässig sind[17]. Darüber hinaus könnten Vorbehalte - selbst wenn sie insoweit zulässig wären - nach Art. 7 Abs. 1 des Protokolls von 1967 nur "at the time of accession" angebracht werden[18]. Eine später eingeführte - materiellrechtlich wirkende - Liste sicherer Herkunftsstaaten wäre daher auch aus diesem Grunde unzulässig, wenn ihr die Wirkung eines geographischen Vorbehalts zukäme.
Schließlich hat die Bundesrepublik Deutschland auch in keiner Weise versucht, gegenüber dem Depositar[19] einen solchen Vorbehalt oder eine in eine ähnliche Richtung gehende auslegende Erklärung[20] abzugeben. Sind daher geographische Vorbehalte im Anwendungsbereich der Genfer Flüchtlingskonvention unzulässig, muß nunmehr untersucht werden, ob unwiderlegliche Listen verfolgungsfreier Herkunftsstaaten in der Tat solchermaßen qualifiziert werden können.

---

[17] Der Hinweis von Schenk, Anm. 2, S. 103, daß Italien bis zum 1. 3. 1990 die Genfer Flüchtlingskonvention nur mit einem auf Europa beschränkten Anwendungsbereich angewendet hatte, (vgl. dazu aber jetzt die Bekanntmachung Italiens vom 17.1.1990, BGBl II, S. 713 mit der diese Einschränkung aufgehoben worden ist) übersieht, daß es sich insoweit um eine von Art. 1 B. Abs. 1 der Genfer Flüchtlingskonvention ausdrücklich vorgesehene Möglichkeit handelte; wie hier C. D. Classen, Muß der Rechtsstaat kapitulieren ? in: K. Borgmann/ M.-E. Geis, Verfassungsreform und Grundgesetz (1992), S. 133 ff. (142, Fn. 52) (im folgenden zitiert als Classen, Asylrecht).

[18] Auch nach Art. 42 Abs. 1 der Ursprungsfassung der Genfer Flüchtlingskonvention können Vorbehalte nur zum Zeitpunkt der Unterschrift, der Ratifikation oder des Beitritts erklärt werden. Vgl. auch Art. 19 der Wiener Vertragsrechtskonvention, wonach Vorbehalte nur spätestens bis zum Inkrafttreten des Vertrages im Verhältnis zu dem jeweiligen Staat angebracht werden können.

[19] Depositar ist nach Art. 39 Abs. 1 der Genfer Flüchtlingskonvention beziehungsweise Art. 11 des Protokolls von 1967 der Generalsekretär der Vereinten Nationen. Zu der Frage, welche Rolle dem Depositar in einem solchen Falle zukäme vgl. J. Stoll, Depositary, EPIL (2. Aufl., 1992), Bd. I (A-D), S. 1010 ff. m.w.N.

[20] Zur Bedeutung interpretativer Erklärungen in Bezug auf völkerrechtliche Verträge vgl. D. M. McRay, The Legal Effect of Intepretative Declarations, BYIL 1978, S. 155 ff.

B. Charakterisierung materiellrechtlich wirkender Ausschlußklauseln sicherer Herkunftsstaaten als Vorbehalt

Eine nationale Regelung, welche hinsichtlich bestimmter Staaten ein System unwiderleglicher Vermutungen der Verfolgungsfreiheit einführt, bringt mit sich, daß Asylbewerber aus diesen Ländern aus der Sicht dieses Staates unwiderleglich nicht mehr in den persönlichen Anwendungsbereich des Abkommens fallen. Dies bedeutet aber zugleich, daß Ereignisse in eben diesen Staaten, welche an sich eine im Sinne der Genfer Flüchtlingskonvention relevante Verfolgung darstellen würden, gleichwohl nicht zu deren Anwendbarkeit durch diesen Staat führt. Damit wird also der territoriale Anwendungsbereich der Verbürgungen der Konvention im Verhältnis zu dieser Vertragspartei eingeschränkt, so daß es sich daher um einen mit dem System der Genfer Flüchtlingskonvention unvereinbaren territorialen Vorbehalt handelt[21]. Bereits aus diesem Grunde sind unwiderlegliche Vermutungen der Verfolgungsfreiheit in bestimmten Staaten unzulässig. Daneben kann sich eine Völkerrechtswidrigkeit eines derartigen Listenmodells aber auch aus seiner Unvereinbarkeit mit Art. 33 der Genfer Flüchtlingskonvention ergeben.

II. Unwiderlegliche Vermutungen der Verfolgungssicherheit und Art. 33 GFK

Artikel 33 Abs. 1 der Genfer Flüchtlingskonvention enthält das für das Flüchtlingsvölkerrecht zentrale Gebot des "non-refoulement", also das Verbot der Zurückschiebung einer Person in einen anderen Staat in dem dieser Verfolgung im Sinne der Konvention droht[22]. Bevor überhaupt auf diese Frage eingegangen werden kann, ob die Aufstellung solcher Listen unwiderleglich sicherer Herkunftsstaaten und deren Anwendung in innerstaatlichen Asylverfahren einen Verstoß gegen Artikel 33 der Genfer Flüchtlingskonvention darstellt, muß in einem allerersten Schritt zunächst

---

[21] Classen, Asylrecht, S. 142; ferner der Vertreter des UN-Flüchtlingskommissars in Deutschland, FR vom 18. 10. 1991.

[22] Umfassend dazu W. Kälin, Das Prinzip des Non-Refoulement (1982) (im folgenden zitiert als Kälin, Non-Refoulement); G.-H. Gornig, Das Refoulement-Verbot im Völkerrecht (1987) (im folgenden zitiert als Gornig, Refoulement) und zuletzt G. Stenberg, Non-Expulsion and Non-Refoulement (1989) (im folgenden zitiert als Stenberg, Non-Refoulement).

geprüft werden, welchen personellen Anwendungsbereich diese Norm überhaupt hat.

A. Geltungsumfang des Refoulement-Verbotes

1. Problemstellung

Artikel 33 der Genfer Flüchtlingskonvention bestimmt:

> "(1) Keiner der vertragschließenden Staaten wird einen Flüchtling auf irgendeine Weise über die Grenzen von Gebieten ausweisen oder zurückweisen, in denen sein Leben oder seine Freiheit wegen seiner Rasse, Religion, Staatsangehörigkeit, seiner Zugehörigkeit zu einer bestimmten sozialen Gruppe oder wegen seiner politischen Überzeugung bedroht sein würde.
> (2) Auf die Vergünstigung dieser Vorschrift kann sich jedoch ein Flüchtling nicht berufen, der aus schwerwiegenden Gründen als eine Gefahr für die Sicherheit des Landes anzusehen ist, in dem er sich befindet, oder der eine Gefahr für die Allgemeinheit dieses Staates bedeutet, weil er wegen eines Verbrechens oder eines besonders schweren Vergehens rechtskräftig verurteilt wurde."[23]

Im Hinblick auf die Frage, welchen Geltungsumfang dieses Verbot besitzt, werden zwei Thesen vertreten. Die eher restriktive Position vertritt die Auffassung, daß Artikel 33 der Konvention lediglich eine an die Vertragsstaaten gerichtete Verbotsnorm[24] enthält, einen Flüchtling, der sich bereits *auf dem Territorium* des Zufluchtsstaates befindet, in ein Land zu verbringen, wo ihm Verfolgung im Sinne der Konvention droht,

---

[23] Zu beachten ist, daß nach der Schlußformel des Abkommens lediglich die englische und die französische Fassung (gleichermaßen) authentisch sind; bei der deutschen Fassung handelt es sich lediglich um die im Bundesgesetzblatt abgedruckte offizielle Übersetzung.

[24] Zur Frage, ob sich aus Art. 33 der Genfer Flüchtlingskonvention auch ein subjektives Individualrecht ergibt vgl. Kälin, Non-Refoulement, S. 137; M. Marugg, Völkerrechtliche Definitionen des Ausdrucks "Flüchtling" (1990), S. 245 und wohl bereits auch BVerfGE 80, S. 313 ff. (346) und eindeutig BVerwG AVR 1991, S. 409 ff. (412) m.w.N.

beziehungsweise ihn in ein Land zu verbringen, wo ihm die weitere Verbringung in ein ihn verfolgendes Land droht[25].

Demgegenüber wird auch vertreten, das Verbot des non-refoulement im Sinne des Artikel 33 der Konvention sei dahingehend zu verstehen, daß es den Vertragsstaaten der Konvention auch untersagt sei, einem Flüchtling, der sich bereits *an der Grenze* des potentiellen Aufnahmestaates (aber noch nicht auf dessen Territorium) befindet, den Zugang zu dem potentiellen Aufnahmestaat zu verweigern, mit der Folge, daß der betroffene Flüchtling in einem ihn verfolgenden Land verbleiben müßte oder zumindest damit rechnen müßte, in ein solches Verfolgerland verbracht zu werden[26].

Sollte die erste These zutreffend sein, würde jede - wie auch immer motivierte Zurückweisung an der Grenze - *per se* keinen Verstoß gegen diese Norm darstellen[27].

2. Wortlaut von Artikel 33 GFK

Bei der Entscheidung der Frage, welches die zutreffende Interpretation von Art. 33 der Genfer Flüchtlingskonvention ist, muß zunächst von dem Wortlaut der in Frage stehenden Norm ausgegangen werden[28]. Die entscheidende Passage lautet auf Englisch:

> "No Contracting State shall expel or return ("refouler") a refugee in any manner whatsoever to the frontiers of territories (...)"

---

[25] Im weiteren Verlauf der Arbeit wird dies als "Verbot des non-refoulement im engeren Sinne" bezeichnet.

[26] Im folgenden wird diese Auffassung als "Verbot des non-refoulement im weiteren Sinne" verstanden.

[27] Eine Unvereinbarkeit eines solchen Systems mit der Genfer Flüchtlingskonvention aus anderen Gründen bliebe demgegenüber unberührt.

[28] Vgl. Art. 31 Abs. 1 der Wiener Vertragsrechtskonvention über das Recht der Verträge vom 23. 5. 1969 (BGBl. 1985 II, S. 926), welche zwar unmittelbar wegen der in dessen Artikel 4 angeordneten Nichtrückwirkung nicht zur Anwendung gelangt, in dem jedoch insoweit bereits vorher bestehendes Völkergewohnheitsrecht kodifiziert wurde, vgl. etwa die Entscheidung des Schiedsgerichtshofes für das Abkommen über die deutschen Auslandsschulden vom 16. 5. 1980, GYIL 1980, S. 414 ff (437), in welcher in Bezug auf das Abkommen über die deutschen Auslandsschulden aus dem Jahre 1952 ebenfalls Art. 31 der Wiener Vertragsrechtskonvention zur Anwendung gebracht worden war.

und im Französischen

> "Aucun des Etats Contractants n'expulsera ou ne refoulera, de quelque manière que ce soit, un réfugié sur les frontières (...)

Die Tatsache, daß auch der englische Text den Begriff des "refoulement" verwendet, zeigt, daß diesem Begriff eine maßgebliche Bedeutung zukommen soll. Dabei kann der Begriff des "refoulement" nach seinem Wortsinn grundsätzlich auch eine Nicht-Aufnahme an der Grenze mit umfassen[29].

Angesichts des Umstandes, daß die Norm - anders als etwa die Deklaration der Generalversammlung der Vereinten Nationen aus dem Jahre 1967 über das territoriale Asyl[30] oder die Konvention der Organisation für Afrikanische Einheit aus dem Jahre 1969[31] - aber keinen eindeutigen Hinweis darauf enthält, daß auch die bloße Zurückweisung an der Grenze verboten sein soll[32], liegt es nahe, den *Wortlaut* des Artikel 33 in einem Umkehrschluß dahingehend zu

---

[29] Association H. Capitant, Vocabulaire juridique (1987), S. 66: "refoulement - mesure par laquelle un Etat interdit le franchissement de sa frontière à un étranger qui sollicite l'accès à son territoire".

[30] Declaration on Territorial Asylum 1967, Res. 2312 (XXII), Text in R. Plender, Basic Documents on International Migration Law (1988), (im folgenden zitiert als Plender, Basic Documents), S. 115 ff.

[31] OAU Convention Governing the Specific Aspects of Refugee Problems in Africa, UNTS No. 14691, ebenfalls veröffentlicht in ILM 1969, S. 1288 ff.; zum ganzen Problemkreis zuletzt R. Hofmann, Refugee Law in the African Context, ZaöRV 1992, S. 318 ff.

[32] Die Resolution der UN-Generalversammlung spricht von "rejection at the frontier", die OAU-Konvention von "le refus d'admission à la frontière"; hierzu Gornig, Refoulement, S. 22; vgl. ferner auch die Empfehlung des Ministerrates des Europarates vom 29. 6. 1967 (Text in Consultative Assembly of the Council of Europe, 20th session 1968-69, Doc. 2359 vom 7.3.1968, S. 187), wo es unter Ziffer 2 heißt:

> "They (d.h. die Mitgliedsstaaten, d. Verf.) should (...) ensure that no one shall be subjected to refusal of admission at the frontier (...)."

Vgl. aber auch Council of Europe, Doc. 1986, S. 6 f - Consultative Assembly Documents, Bd. III (1965), wo es heißt, der Begriff "ne pas refouler" lasse sich ohne weiteres als "ne pas refuser l'admission à la frontière" verstehen", vgl. Gornig, Refoulement, S. 20, Fn. 71.

interpretieren, daß nur diejenigen Personen geschützt sein sollen, die bereits Zutritt in das Land gefunden hatten[33].

Dies wird auch weiterhin durch Art. 33 Abs. 2 der Genfer Flüchtlingskonvention belegt, der bestimmte Personen von der Gewährleistung des Art. 33 Abs. 1 der Konvention ausschließt. Denn wäre die Konvention davon ausgegangen, daß auch aufnahmesuchende Flüchtlinge grundsätzlich von Art. 33 Abs. 1 geschützt wären, hätte es nahegelegen, sie dann auch entsprechend in Art. 33 Abs. 2 zu erfassen. Demgegenüber spricht Art. 33 Abs. 2 der Konvention aber nur von Flüchtlingen, die eine Gefahr für das Land darstellen, *in dem sie sich befinden*[34].

Andererseits ist auch der Zusammenhang mit der Regelung zu sehen, wie sie bereits in der 1933 abgeschlossenen Convention Relating to the Status of Refugees getroffen worden war[35]. Dessen Art. 3 lautete:

> "(1) Each of the Contracting Parties untertakes not to remove or keep from its territory by application of police measures, such as expulsions or non-admittance at the frontier *(refoulement)*[36], refugees (...).
> It undertakes in any case not to refuse entry at the frontiers of their countries of origin."

---

[33] Im Hinblick auf die *Wortlaut*interpretation überwiegen im völkerrechtlichen Schrifttum diejenigen Ansichten, die dem engeren Verständnis des Refoulement-Verbotes zuneigen, vgl. statt aller A. Grahl-Madsen, The Status of Refugees in International Law, (Bd. II, 1972), S. 108; I. v. Pollern, Das moderne Asylrecht (1980), (im folgenden zitiert als v. Pollern, Asylrecht), S. 131; weitere Nachweise bei Stenberg, Non-Refoulement, S. 176 Fn. 15-17; das Argument von Kälin, Non-Refoulement, S. 105 f., die betroffene Person habe bereits das Territorium des Verfolgerstaates bei Erreichen der Grenze des Aufnahmestaates verlassen und müsse daher auch bei einer bloßen Zurückweisung "die Grenzen" des Verfolgerstaates passieren, erscheint gekünstelt. Sonderprobleme ergeben sich demgegenüber in der Tat bei der Ankunft des Flüchtlings auf dem Luft- (vgl. hierzu etwa die Äußerung des kolumbianischen Delegierten bei der Konferenz der Vereinten Nationen über Territoriales Asyl, UN Doc. A/CONF. 78/ C.1/ SR. 25 S. 7) beziehungsweise auf dem Seeweg.

[34] Vgl. zu diesem Argument die Entscheidung des US Supreme Court vom 21. 6. 1993, US Law Week 1993, S. 4684 ff. (4691).

[35] LNTS 159, S. 199 ff.

[36] Hervorhebung im Original.

Zum einen spricht Absatz 1 zwar dafür, unter "refoulement" auch die Nichtaufnahme an der Grenze zu verstehen[37]. Andererseits enthält Absatz 2 hierfür ein gesondertes Gebot, so daß es in einem Gegenschluß naheliegen könnte, daß andernfalls eine Einreiseverweigerung nicht verboten gewesen wäre.

3. Ziel und Zweck des Vertrages

Ein Argument für eine weite Interpretation des Refoulement-Verbotes ergibt sich aus dem Zusammenhang mit der Präambel der Genfer Flüchtlingskonvention. Danach handelten die Vertragsparteien "in der Erwägung (...) diesen (d.h. den Flüchtlingen, d. Verf.) in möglichst großem Umfange die Ausübung der Menschenrechte (...) zu sichern". Dieser Intention würde aber dann keineswegs Genüge getan, wenn sie an der Grenze zurückgewiesen werden könnten mit der Folge, daß sie damit der Verfolgung im Sinne des Art. 33 der Konvention ausgesetzt würden[38].

Ein weiteres Argument für ein weites Verständnis von Art. 33 der Genfer Flüchtlingskonvention ergibt sich auch aus einer Zusammenschau mit Art. 32 der Konvention. Nach *Art. 32* dürfen Flüchtlinge, die sich *rechtmäßig* auf dem Gebiet eines Vertragsstaates befinden, aus Gründen der öffentlichen Sicherheit und Ordnung ausgewiesen werden. Demgegenüber enthält *Art. 33* keine solche Beschränkung auf Personen, die sich rechtmäßig in dem jeweiligen Staatsgebiet aufhalten, und schützt mithin auch Flüchtlinge, die illegal eingereist sind[39]. Würde man aber Art. 33 der Genfer Flüchtlingskonvention in einem engen Sinne interpretieren, würde dies bedeuten, daß eine Person, welche die Grenze illegal überschritten hat, über Art. 33 Genfer Flüchtlingskonvention einen größeren Schutz hätte als diejenige, die sich ordnungsgemäß an der Grenze meldet und aufgenommen wird. Da aber kaum davon

---

[37] Das Vereinigte Königreich hatte damals hinsichtlich dieser Verpflichtung einen Vorbehalt eingelegt, vgl. G. Goodwin-Gill, The Refugee in International Law, (1983), (im folgenden zitiert als Goodwin-Gill, Refugee), S. 71, hat diesen Vorbehalt dann 1951 aber nicht wiederholt !

[38] So der US Court of Appeals for the Second District in einem Urteil vom 29. 7. 1991, Haitian Centers Council et al. v. G. McNary, INS-Commissioner et al., F2d 969, S. 1350 ff. (1364).

[39] N. Robinson, Convention relating to the Status of Refugees (1953) (im folgenden zitiert als Robinson, Convention), S. 163; vgl. auch den Avis du Ministre de l'Intérieur de la France du 16 Novembre 1954, p. 210 zitiert bei F. Tiberghien, La Protection des Réfugiés en France (2. Aufl., 1988), S. 486.

ausgegangen werden kann, daß es Ziel der Genfer Flüchtlingskonvention ist, einer Verletzung der staatlichen Souveränität Vorschub zu leisten[40], spricht dieses Argument dafür, das Refoulement-Verbot in einem weiten Sinne zu verstehen.

Für eine weite Interpretation spricht ferner, daß die Konvention dann, wenn sie nur Flüchtlinge meint, die sich bereits auf dem Gebiet einer der Vertragsstaaten befinden, dies ausdrücklich in ihrem Wortlaut zum Ausdruck bringt. So etwa in Art. 4 ("den in ihrem Gebiet befindlichen Flüchtlingen") und ebenso in Art. 27 ("Flüchtling, der sich in ihrem Gebiet befindet"), wo jeweils bestimmte Vergünstigungen an den vorherigen Aufenthalt geknüpft werden[41].

4. Entstehungsgeschichte der Norm

Neben dem Wortlaut sind subsidiär auch die *travaux préparatoires* zu dem Vertrag als ergänzende Auslegungsmittel mit heranzuziehen[42]. Im Hinblick auf die Genfer Flüchtlingskonvention ist insoweit erwähnenswert, daß der schweizerische Delegierte auf der Bevollmächtigtenkonferenz zur Ausarbeitung der Konvention den Ausdruck "return" ausdrücklich nur auf solche Flüchtlinge bezogen hatte, die das Gebiet des Aufnahmestaates bereits betreten hatten[43]. Auf Anregung anderer Delegierter wurde beschlossen, diese Auslegung in das Sitzungsprotokoll aufzunehmen[44]. Allerdings hatte sich der

---

[40] Vgl. zu diesem Punkt Europarat, Doc. 1986 vom 29. 9 1965, S. 6.

[41] Vgl. auch Art. 15, 17 Abs. 1, 18, 19 Abs. 1, 21, 24 Abs. 1, 26 und 28 der Konvention, welche sich jeweils nur auf Flüchtlinge beziehen, die sich rechtmäßig in dem Gebiet eines Vertragsstaates aufhalten.

[42] Vgl. Art. 32 der Wiener Konvention über das Recht der Verträge.

[43] UN Doc. A/CONF.2/SR.16.6.

[44] UN Doc. A/CONF.2/SR.25.21; vgl. dazu umfassend Gornig, Refoulement, S. 21; auf die Bedeutung der Entstehungsgeschichte weisen insbesondere Robinson, Convention, S. 163 und Kimminich, Rechtsstatus, S. 327 (- anders jetzt aber, wenn auch ohne Hinweis auf die Entstehungsgeschichte ders., Völkerrechtliche und grundgesetzliche Grenzen der Asylrechtsreform, in: Festschrift für F. Ermacora (Nowak et. al., Hrsg., 1988), S. 385 ff. (397) -) hin; vgl. ferner K. Hailbronner, Möglichkeiten und Grenzen einer europäischen Koordinierung des Einreise- und Asylrechts (1989), (im folgenden zitiert als Hailbronner, Koordinierung), S. 39.

betreffende Delegierte lediglich auf mögliche Massenfluchtbewegungen bezogen[45].

Außerdem ist ferner noch zu erwähnen, daß ein im Verlaufe der Konferenz gemachter Vorschlag[46], in der Konvention *expressis verbis* eine Pflicht zur Aufnahme von Flüchtlingen zu statuieren, ausdrücklich abgelehnt wurde[47]. Stattdessen findet sich in Teil D des Final Act der Konferenz lediglich eine unverbindliche Empfehlung an die Vertragsstaaten, Flüchtlinge an der Grenze nicht abzuweisen[48].

5. Nachfolgende Staatenpraxis

Bei einer endgültigen Entscheidung der Frage, welche Auslegung von Artikel 33 der Genfer Flüchtlingskonvention die korrekte ist, muß berücksichtigt werden, daß der nachfolgenden Staatenpraxis im Sinne von Art. 31 Abs. 3 der Wiener Vertragsrechtskonvention bei der Interpretation einer völkervertraglichen Regelung eine entscheidende Rolle zukommt[49]. Im Hinblick hierauf lassen sich im einzelnen folgende Feststellungen treffen[50].

---

[45] Vgl. UN Doc. E/CN.4/713 S. 16, wo davon gesprochen wird, daß Artikel 33 "involves no obligation *in the case of mass migration of refugees* across the frontier" (Hervorhebung durch den Verfasser).

[46] Der Vorschlag war von Frankreich und dem Sekretariat der Vereinten Nationen unterbreitet worden, vgl. K. Zink, Das Asylrecht in der Bundesrepublik Deutschland nach dem Abkommen vom 28. Juli 1951 über die Rechtstellung der Flüchtlinge unter besonderer Berücksichtigung der Rechtsprechung der Verwaltungsgerichte (1962), S. 191.

[47] UN Doc. E/AC. 32/2 S. 22; allerdings weist Kälin, Non-Refoulement, S. 108, Fn. 5 zutreffend darauf hin, daß der Vorschlag eine umfassende Pflicht zur Asylgewährung postulierte und damit über die hier zu entscheidende Frage hinausging.

[48] Der Text lautet im englischen Original:

"The Conference (...)

Recommends that Governments continue to receive refugees in their territories (...)";

vgl. dazu Hailbronner, Koordinierung, S. 39.

[49] Vgl. aus der internationalen Gerichtsbarkeit die Stellungnahmen des StIGH, Ser. B., No. 2 (1922), S. 22 und des IGH, ICJ Rep. 1949, S. 25 und zuletzt IGH, ICJ Rep. 1984, S. 411.

[50] Insoweit handelt es sich lediglich um eine Übersicht über die Praxis einiger, insbesondere der wichtigsten, europäischen Staaten. Zur Asylpraxis in Europa vgl. auch A. Fabbricotti, L'ingresso degli stranieri extra-communotari

a) Belgien[51]

Bis vor kurzem war in Belgien die Frage der Aufnahme potentieller Flüchtlinge in § 50 des Ausländergesetzes geregelt[52]. Danach galt der Grundsatz, daß an der Grenze grundsätzlich keine Einreiseverweigerung zulässig war, wenn der Flüchtling andernfalls in ein Land zurückgeschoben werden mußte, in dem ihm nach seinen Angaben eine unmittelbare Gefahr für Leib oder Leben drohte[53].

Am 1. Oktober 1991 ist in Belgien ein neues Asylgesetz in Kraft getreten[54]. Nach § 52 des geänderten Asylgesetzes kann nunmehr ein Ausländer, dessen Antrag auf Anerkennung offensichtlich unbegründet ist, an der Grenze zurückgewiesen werden[55]. Auch nach der neuen

---

ed il trattamento delle domande d'asilo nelle legislazioni dei paesi della C.E.E. Insbesondere die Staatenpraxis der Entwicklungsländer ist kaum nachzuweisen, vgl. für einzelne afrikanische Staaten aber E. Jahn, Die Praxis der Asylgewährung in den europäischen Ländern, mit einem Überblick über die Praxis in Afrika, den Vereinigten Staaten von Amerika (USA), in Kanada und Australien, in: W. Beitz/ M. Wollenschläger, Handbuch des Asylrechts (1981), S. 143 ff. (169 ff.)

51 Dazu J.-Y. Carlier, Droits des Réfugiés (1989); Stenberg, Non-refoulement, S. 185 f.; Hailbronner, Koordinierung, S. 62 ff.; L. Van Outrive, La politique de migration, des immigrés et le droit d'asile en Belgique, in: Hailbronner, Vergleich, S. 12 ff.

52 Loi sur l'accès au territoire, le séjour, l'établissement et l'éloignement des étrangers vom 15. 12. 1980 (Moniteur belge vom 31. 12. 1980), geändert durch das Loi apportant des modifications en ce qui concerne notamment les réfugiés à la loi du 15 décembre 1980 sur l'accès au territoire, le séjour, l'établissement et l'éloignement des étrangers vom 14. 7. 1987 (Moniteur belge vom 18. 7. 1987).

53 Hailbronner, Koordinierung, S. 64; in einem solchen Fall konnte allein der Justizminister die Zurückweisung verfügen, wenn er davon ausging, daß tatsächlich keine solche Gefahr bestand.

54 Loi du 18 juillet 1991 modifiant la loi du 15 décembre 1980 sur l'accès au territoire, le séjour, l'établissement et l'éloignement des étrangers, Moniteur Belge v. 26. 7. 1991, S. 16602 ff., zuletzt geändert durch Gesetz vom 6.5.1993, Moniteur Belge vom 21.5.1993; zu diesen Änderungen vgl. D. Vanheule, Modifications de la procédure de reconnaissance de la qualité de réfugié en Belgique, Documentation Réfugiés 12/26. 10. 1993, Suppl. au No. 227, S. 16 ff.

55 Zu weiteren Zurückweisungsgründen vgl. den Wortlaut von Art. 3 des Änderungsgesetzes, ibid., S. 16603.

Rechtslage bleibt es aber bei dem Grundsatz, daß ein Ausländer, der geltend macht, ihm drohe im Falle der Zurückweisung an der Grenze Verfolgung im Sinne der Konvention, nicht abgewiesen wird.

b) Bundesrepublik Deutschland

Art. 16 Abs. 2 S. 2 Grundgesetz a.F. gewährleistete nach der höchstrichterlichen Rechtsprechung den in seinen Schutzbereich fallenden Personen[56], daß sie an der Grenze der Bundesrepublik Deutschland nicht abgewiesen werden[57]. Darüber hinaus garantierte § 9 Asylverfahrensgesetz a.F. auf einfachgesetzlicher Ebene im Hinblick auf die Zurückweisung an der Grenze die innerstaatliche Normierung des Grundsatzes des non-refoulement[58]. Nach *Kimminich*[59] kann diese Norm als Bestätigung dafür herangezogen werden, daß das Non-Refoulement-Prinzip auch die Zurückweisung an der Grenze umfaßt.

Auch das Gesetz zur Neuregelung des Asylverfahrens vom 26. Juni 1992[60] hielt offenbar an dieser Haltung fest. Nach § 18 Abs. 1 AsylVerfNeuregelungsG hatte die Grenzbehörde den asylsuchenden Ausländer grundsätzlich an die nächstgelegene Aufnahmeeinrichtung weiterzuleiten, ihm also gerade die Einreise in das Bundesgebiet zu ermöglichen. Nur in den Ausnahmefällen des § 18 Abs. 2 des Gesetzes war die Einreise zu verweigern[61].

Darüber hinaus geht das Bundesverwaltungsgericht in seinem Vorlagebeschluß vom 14. April 1992 zu § 18 Abs. 5 S. 1 AuslG 1965 davon aus, daß Art. 33 Genfer Flüchtlingskonvention zwar nicht zur Aufnahme von Flüchtlingen verpflichte, jedoch ein Verbot der Zurückweisung von Flüchtlingen an den Grenzen der Vertragsstaaten

---

[56] Zum Verhältnis der beiden Personengruppen Asylberechtigte nach Art. 16 Grundgesetz und Flüchtlingen im Sinne der Genfer Flüchtlingskonvention vgl. die Nachweise bei Richter, Nachfluchtgründe, S. 7 f. m.w.N. aus der Rechtsprechung.

[57] BVerwGE 49, S. 202 ff. (205).

[58] GK - Fritz, § 9, Rdnr. 4.

[59] Bonner Kommentar-Kimminich, Art. 16, Rdnr. 283.

[60] BGBl. 1992, S. 1126 ff.; dazu R. Marx, Zum Entwurf eines Gesetzes zur Neuregelung des Asylverfahrens, InfAuslR 1992, S. 109 ff.; B. Huber, Das neue Asylverfahrensrecht, NVwZ 1992, S. 749 ff.

[61] Fraglich ist aber, ob sich dieser Anspruch wirklich, wie von Marx, Anm. 60, S. 112 behauptet, direkt aus dem Non-Refoulement - Gebot ergibt oder nicht vielmehr allein aus dem nationalen Recht.

enthalte[62]. Davon scheint auch die Bundesregierung auszugehen, wenn sie in einer Antwort auf eine parlamentarische Anfrage davon spricht, nach der Genfer Flüchtlingskonvention müsse gewährleistet sein, daß sich Ausländer, die sich auf ihre Flüchtlingseigenschaft berufen, die Möglichkeit haben müssen, sich an der Grenze oder im Hoheitsgebiet des betreffenden Staates mit einem Schutzersuchen an die jeweiligen Behörden zu wenden[63].

An dieser Rechtslage hat auch die grundlegende Reform des deutschen Asylrechts und die Schaffung des Art. 16 a GG nichts geändert. Art. 16 a Abs. 1 GG ist mit dem früheren Art. 16 Abs. 2 S. 2 GG a.F. wortgleich, so daß sich an der grundsätzlichen Haltung der Bundesrepublik Deutschland nichts verändert hat und auch die bis zur Reform ergangene Rechtsprechung in dieser Hinsicht ihren Wert behalten hat. Soweit Art. 16 a Abs. 2 GG in Verbindung mit dem hierzu ergangenen § 26 a AsylVfG 1993 die Zurückweisung an der Grenze ermöglicht, betrifft dies lediglich Personen, die aus bestimmten Staaten einreisen wollen, bei denen davon ausgegangen wird, daß die Flüchtlinge dort bereits Schutz gefunden haben oder zumindest hätten finden können. Insoweit handelt es sich bei diesen Fallgruppen also gerade nicht um Fälle des Refoulement in einen Verfolgerstaat.

c) Dänemark[64]

Das Einreiserecht von Flüchtlingen ist in Dänemark im Ausländergesetz aus dem Jahre 1983[65] und einer hierzu ergangenen

---

62 NVwZ 1992, S. 682 ff. (683); noch weitergehender E. Kreßel, Sichtvermerkspflicht und Asylrecht, DÖV 1988, S. 501 ff. (507); wie das BVerwG dagegen Hailbronner, Koordinierung, S. 95 f.

63 Antwort der Bundesregierung auf eine parlamentarische Anfrage, BT-Drs. 12/4422, S. 2.

64 Dazu N. Mallet, Deterring asylum seekers: German and Danish law on political asylum, Immigration and Nationality Law & Practice 1991, S. 115 ff. (120 f.); Hailbronner, Koordinierung, S. 60 f.; L. Langkjaer/ D. Stummel, Review of the Principal Features of the Legal Position of Aliens in Denmark, in: J. A. Frowein/ T. Stein (Hrsg.), Die Rechtsstellung von Ausländern nach staatlichem Recht und Völkerrecht (1987), S. 237 ff. (262 ff.); Innenministerium Nordrhein-Westfalen, Asylrecht in Dänemark, (unveröffentlichte Studie vom 26. 6. 1992), S. 5 f.

65 Lov No. 226 vom 8. 6. 1983, Udländlingeloven; mit späteren Änderungen aus den Jahren 1985/86: Lov No. 232 vom 6. 6. 1985; Lov No. 574 vom 19. 12. 1985; Lov No. 686 vom 17. 10. 1986.

Ausführungsverordnung geregelt[66]. Während das Ausländergesetz in seiner ursprünglichen Fassung vorsah, daß alle Asylbewerber grundsätzlich Aufnahme begehren konnten, ist seit der Reform im Jahre 1986 in § 48 des Ausländergesetzes vorgesehen, daß nur noch diejenigen Personen aufgenommen werden, die unmittelbar aus einem Verfolgerstaat einreisen[67].

d) Frankreich[68]

In Frankreich sind Asylanträge grundsätzlich unmittelbar bei der jeweiligen Grenzbehörde zu stellen[69]. Zwei Verwaltungsanordnungen aus dem Jahre 1981 und 1985 regelten dabei bisher die Frage, ob und unter welchen Voraussetzungen eine betroffene Person bereits dort, d.h. an der Grenze, abgewiesen werden kann[70]. Nach diesen Anordnungen müssen die Grenzbehörden bei ihrer Entscheidung das Non-Refoulement-Prinzip strikt beachten[71]. Jede Entscheidung über eine mögliche Zurückweisung muß durch das Innenministerium im Einvernehmen mit dem Außenministerium erfolgen[72]. Dabei findet sich jedoch keine Festlegung derjenigen Gründe, aus denen eine Aufnahme verweigert

---

66 Bekendtgörelse No. 19 vom 18. 1. 1984.

67 Mallet, Anm. 64, S. 121.

68 Dazu allgemein Tiberghien, Anm. 39, *passim*; C. Norek/ F. Doumic-Doublet, Le droit d'asile en France (1989), *passim*; K. Manfrass, Politische Flüchtlinge und Asylbewerber in Frankreich, in: K. Barwig/ K. Lörcher/ C. Schumacher (Hrsg.), Asylrecht im Binnenmarkt - Die Europäische Dimension des Rechts auf Asyl (1989), (im folgenden zitiert als Barwig, Binnenmarkt), S. 149 ff.; J. Vincent, Le régime juridique des étrangers en droit français, in: Frowein/ Stein, Anm. 64, S. 433 f.; K. Oellers-Frahm, Grundlagen des Asylrechts in Frankreich, in: Hailbronner, Vergleich, S. 29 ff; C. D. Classen, Asylrecht in Frankreich: Zur Bedeutung der verfassungs- und völkerrechtlichen Vorgaben, DÖV 1993, S. 227 ff. (im folgenden zitiert als Classen, Frankreich) und zuletzt F. Julien-Laferrière, Droit d'asile et politique d'asile en France, ASYL 1993/4, S. 75 ff.

69 Jahn, Anm. 50, S. 156.

70 Circulaire du ministre d'Etat, ministre de l'intérieur et de la décentralisation relative au contrôle de la circulation transfrontière vom 5. 8. 1981 (J.O. vom 26. 9. 1981) und Circulaire relative aux demandeurs d'asile vom 17. 5. 1985 (J.O. vom. 23. 5. 1985); hierzu vgl. Stenberg, Non-Refoulement, S. 190 f.

71 Vgl. Abschnitt II.2. der erstgenannten Anordnung.

72 Norek/Doumic-Doublet, Anm. 68, S. 40.

werden darf[73]. In der Praxis scheint aber eine Zurückweisung nur in den Fällen vorgenommen worden zu sein, in denen der Betroffene nicht direkt aus einem Verfolgerstaat einreisen wollte[74].

Im Jahre 1991 ist die Frage der Behandlung von Asylanträgen schon an der Grenze durch zwei - allerdings bislang unveröffentlichte - Runderlasse des Innenministers vom 8. 10. d. J. und des Außenministers vom 24. 10. d. J. neu geregelt worden[75]. Danach sollen die französischen Asylbehörden[76] bereits an der Grenze die Zulässigkeit etwaiger Asylanträge beurteilen, wobei jedoch die Entscheidung über eine Nichtaufnahme weiterhin beim Innenminister verbleibt.

Diese Praxis scheint anzudeuten, daß die französischen Behörden nach wie vor davon ausgehen, daß sie sich bei der Frage der Zurückweisung an der Grenze nicht an Art. 33 der Genfer Flüchtlingskonvention gebunden fühlen - andernfalls würde es wenig sinnvoll erscheinen, das letztendlich entscheidende Innenministerium nicht an gesetzliche Kriterien beziehungsweise die Tatbestandsvoraussetzungen des Art. 33 der Genfer Flüchtlingskonvention zu binden.

Andererseits ist auch die kürzlich ergangene Entscheidung des Conseil Constitutionnel vom 25. Februar 1992 zu berücksichtigen, in der sich das Gericht mit der Frage der Verfassungsmäßigkeit eines Gesetzes zu beschäftigen hatte, welches vorsah, daß Asylbewerber, die auf dem Luftwege einreisen, in sogenannten Transitzonen der Flughäfen festgehalten werden konnten, bis eine Entscheidung über ihren Antrag getroffen wurde[77]. In dieser Entscheidung führt der Conseil Constitutionnel aus, daß ein Ausländer, der bei seiner Ankunft in Frankreich einen Asylantrag gestellt hat, nur dann in solchen Transitzonen festgehalten werden darf, wenn sein Asylantrag offensichtlich unbegründet ist[78]. Daraus scheint umgekehrt implizit zu

---

[73] Norek/Doumic-Doublet, ebd.

[74] Norek/Doumic-Doublet, ebd.

[75] Dazu Oellers-Frahm, Anm. 68, S. 34 f.

[76] Es handelt sich um das Office Français de Protection des Refugiés et Apatrides (O.F.P.R.A.), welches in etwa dem deutschen Bundesamt zur Anerkennung ausländischer Flüchtlinge entspricht; vgl. insoweit zur französischen Behördenstruktur Tiberghien, Anm. 39, S. 143 ff.

[77] Vgl zu dieser Entscheidung B. Génévois, L'entrée des étrangers en France: le rappel des exigences constitutionnelles, RFDA 1992, S. 185 ff. (v. a. S. 193).

[78] Im Original heißt es:

folgen, daß der betroffene Ausländer dann, wenn sein Antrag nicht solchermaßen offensichtlich unbegründet ist, nicht auf diese Weise an der Grenze abgewiesen werden darf.

Auch die vor kurzem in Kraft getretene neue Verfassungsbestimmung[79] und das zu seiner Ausführung ergangene neue Asylgesetz[80] hält daran fest. Selbst der darin vorgesehene Ausschluß von

---

"Considérant qu'il suit de là (d.h. aus der Genfer Flüchtlingskonvention, d. Verf.) qu'un étranger qui a sollicité son admission en France au titre de l'asile ne saurait faire l'objet d'un maintien en zone de transit (...) que s'il apparaît que sa demande d'asile est manifestement infondée (....).";

Wortlaut der Entscheidung in RFDA 1992, S. 198 f.

[79] Der neue in die Verfassung aufgenommene Art. 53 - 1 der französischen Verfassung (vgl. J.O. vom 26.11.1993, S. 16296) lautet:

"La République peut conclure avec les Etats européens qui respectent des engagements identiques aux siens en matière d'asile et de protection des droits de l'homme et des libertés fondamentales, des accords déterminant leurs compétences respectives pour l'examen des demandes d'asile qui leur sont présentées.

Toutefois, même si la demande n'entre pas dans leur compétence en vertu de ces accords, les autorités de la République ont toujours le droit de donner asile à tout étranger persécuté en raison de son action en faveur de la liberté ou qui sollicite la protection de la France pour un autre motif."

[80] Loi No. 93-1417 du 30 décembre 1993 portant diverses dispositions relatives à la maîtrise de l'immigration et modifiant le code civil (J.O. vom 1.1.1994, S. 11). Die Verfassungsänderung war notwendig geworden nachdem der Conseil Constitutionnel zuvor das 'Loi relative à la maitrîse de l'immigration et aux conditions d'entrée, d'accueil et de séjour des étrangers en France', (J.O. vom 29. 8. 1993, S. 12196 ff.) in seinen asylrechtsrelevanten Teilen für verfassungswidrig erklärt hatte, vgl. Entscheidung vom 13. 8. 1993, J.O. vom 18. 8. 1993, S. 11722 ff. (11727 f.), deutscher Text in EuGRZ 1993, S. 508 ff. (vgl. zu diesem Gesetz N. Guimezanes, L' arrêt de l'immigration en France ? - Commentaire de la loi n° 93-1027 du 24 août 1993 sur la maitrîse de l'immigration, La Semaine Juridique 1994, S. 1 ff., zu der Entscheidung des Verfassungsrates B. Génévois, Un statut constitutionnel pour les étrangers - A propos de la décision du Conseil constitutionnel n° 93-325 DC du 13 août 1993, RFDA 1993, S. 881 ff. Umfassend zum ganzen nunmehr C. Grewe/ A. Weber, Die Reform des Ausländer- und Asylrechts in Frankreich - Die Entscheidung des Conseil Constitutionnel vom 13. August 1993, EuGRZ 1993, S. 496 ff.

der Aufnahme, erfaßt lediglich solche Flüchtlinge, für die nach dem Schengener Folgeabkommen beziehungsweise dem Dubliner Übereinkommen ein anderer Vertragsstaat zuständig ist.

e) Großbritannien[81]

Die Einreise in das Vereinigte Königreich wird bislang durch den Immigration Act aus dem Jahre 1971 geregelt. Dieser enthält jedoch keine spezifischen Regeln für Flüchtlinge. Demgegenüber finden sich besondere Regelungen für die hier interessierenden Fragen in den vom Home Secretary herausgegebenen Verwaltungsvorschriften, den Statement of Changes in Immigration Rules (HC 251)[82]. Unter der Nr. 21 heißt es dort, daß im Hinblick auf Flüchtlinge der Genfer Flüchtlingskonvention volle Beachtung zu schenken sei. Die Nr. 75 der Rules beschäftigt sich mit der Frage des Non-Refoulement. Danach wird Asyl gewährt, wenn ansonsten nur eine Rückschiebung in ein Verfolgerland in Betracht käme[83].

Auch der am 1. Juli 1993 in Kraft getretene Asylum and Immigration Appeals Act 1993[84] hat diese Sicht bestätigt, zumal es in Sect. 2 des Gesetzes nunmehr ausdrücklich heißt, daß sich die britischen

---

Zur Notwendigkeit einer Verfassungsänderung, um eine umfassende Teilnahme Frankreichs am Schengener beziehungsweise Dubliner Modell zu ermöglichen vgl. den (unveröffentlichten) Avis No. 355.113 des Conseil d`Etat vom 23. 9. 1993. Zur Diskussion um eine Änderung der Verfassung vgl. bereits auch L. Favoreu, Contribution au débat sur le droit d'asile, Le Figaro vom 3. 9. 1993.

[81] Dazu R. Plender, The Legal Position of Aliens in National and International Law in the United Kingdom, in Frowein/Stein, Anm. 64, S. 1676 ff. (1716); ausführlich I. Macdonald/N. Blake, Immigration Law and Practice in the United Kingdom (3. Aufl., 1991), S. 302 ff.; D. O'Keeffe/R. Pietrowicz, Asylum Law in the United Kingdom, in: Hailbronner, Vergleich, S. 38 ff.

[82] Text bei Macdonald/Blake, Anm. 81, S. 559 ff.

[83] Im englischen Original heißt es:
"Asylum will not be refused if the only country to which the person could be removed is one to which he is unwilling to go owing to a well-founded fear of being persecuted for reasons of race, religion (...)"

[84] Zu diesem vgl. J. Gillespie, The Asylum and Immigration Appeals Bill: a review of the proposed asylum appeal rights, Imm. Nat. L. Pract. 1993, S. 68 ff.

Behörden bei der Behandlung von Asylanträgen im Rahmen der Vorgaben der Genfer Flüchtlingskonvention halten müssen.

f) Italien[85]

Die Lage unter der Konvention war in Italien bis vor kurzem dadurch geprägt, daß Italien zwar Vertragsstaat der Konvention ist, jedoch bei der Ratifizierung des Abkommens von der Möglichkeit Gebrauch gemacht hatte, den Anwendungsbereich des Abkommens auf Flüchtlinge aus Europa zu beschränken[86]. Dementsprechend gab es nur eine geringe Praxis zur Frage der Auslegung des Non-Refoulement Verbotes des Art. 33 der Genfer Flüchtlingskonvention. Im Jahr 1990 hat Italien diesen Vorbehalt zurückgenommen[87]. Zugleich wurde ein neues Asylgesetz verabschiedet[88]. Das Gesetz enthält nunmehr in seinem Art. 7 X ein ausdrückliches Refoulement-Verbot, welches sich auch auf das Verbot der Zurückweisung an der Grenze erstreckt.

g) Kanada[89]

Kanada hat im Jahr 1988 Neuregelungen im Bereich des Flüchtlingsrechts getroffen[90]. Auch dieses Gesetz aber enthält Sicherungen, die verhindern sollen, daß Konventionsflüchtlinge, bei

---

[85] Dazu B. Nascimbene, Law of Asylum in Italy, in: Hailbronner, Vergleich, S. 55 ff., sowie C. Meoli, La situation juridique du demandeur d'asile: Italie, RFDA 1993, S. 773 ff. und zuletzt C. Hein, Asylrecht und Asylpolitik in Italien, ASYL 2/1993, S. 27 ff.; zur früheren Rechtslage vgl. B. Nascimbene, Le régime juridique des étrangers en droit italien, in Frowein/Stein, Anm. 64, S. 659 ff. (706 ff.); Hailbronner, Koordinierung, S. 73 f.

[86] Zu der Möglichkeit dies zu tun, näher bereits oben S. 46.

[87] Vgl. dazu den Hinweis "Italy withdraw Geographic Limitation to the 1951 Convention", Int. J. Ref. Law, 1990, S. 279 f.

[88] Gazetta Ufficiale vom 28. 2. 1990; durch dieses Gesetz wurde die zuvor bestehende Übergangsregelung aus der gesetzesvertretenden Verordnung No. 416 vom 30 12. 1989 übernommen.

[89] Dazu Hailbronner, Koordinierung, S. 77 ff.; J. Hathaway, Selective Concern: An Overview of Refugee Law, McGill Law Journal 1989, S. 354 ff.; B. Segal, Restructuring Canadian Refugee Determination Process: A Look at Bills C-55 and C-84, Cahiers de Droit 1988, S. 733 ff.; J. Grey, Immigration Law in Canada (1985), *passim*.

[90] Gesetz Nr. 55 aus dem Jahre 1988.

denen die Gefahr einer Verfolgung besteht, nicht an der Grenze zurückgewiesen werden[91]. Auch das am 1. Februar 1993 in Kraft getretene neue Einwanderungsgesetz[92] hat an diesem Rechtszustand nichts geändert[93].

h) Niederlande[94]

§ 15 Abs. 2 des niederländischen Ausländergesetzes[95] enthält eine ausdrückliche Regelung, nach der einem Flüchtling nur dann die Einreise in die Niederlande aus einem Verfolgerstaat untersagt werden kann, wenn "gewichtige Gründe des öffentlichen Wohls entgegenstehen". Nach § 6 Abs. 2 des gleichen Gesetzes dürfen die Grenzbehörden einem Flüchtling, dem andernfalls der Aufenthalt in einem Verfolgerstaat droht, die Einreise nur dann versagen, wenn sein Begehren nach Ansicht des Justizministeriums offensichtlich unbegründet ist. Der niederländische Justizminister hat diese Haltung in einem Schreiben an das Parlament ausdrücklich bestätigt[96].

---

[91] Hailbronner, Koordinierung, S. 78.

[92] Act to amend the Immigration Act and other Acts in consequence thereof vom 17. 12. 1992, Canada Gazette, Part III vom 28. 1. 1993, S. 1387 ff.; hierzu den Bericht über das kanadische Flüchtlingsrecht von P. Garant, La situation juridique du demandeur d'asile: Canada, RFDA 1993, S. 274 ff. (276).

[93] Vgl. nunmehr Subsection 53 (1) des Immigration Act, ebd., S. 1441.

[94] Dazu Stenberg, Non-Refoulement, S. 192; Hailbronner, Koordinierung, S. 66. Wissenschaftliche Dienste des Deutschen Bundestages, Asylrecht unter besonderer Berücksichtigung des Verfahrensrechts in 15 europäischen Ländern und in den USA (1991), Landesbericht Niederlande, S. 82 ff.

[95] Vreemdelingenwet, Staatsblad van het Koninkrijk Nederlanden 1965, S. 73.

[96] Brief des Justizministers an das Parlament vom 23. 6. 1987, zitiert in Neth. Yb. Int. L. 1988, S. 327 f.

Zu den derzeitigen Bestrebungen für eine Reform des niederländischen Asylrechts vgl. FAZ vom 17. 9. 1993, S. 6. Nach Aussagen des niederländischen Justizministeriums wird die Neuregelung frühestens Anfang 1994 in Kraft treten.

i) Österreich[97]

Nach § 9 des Fremdenpolizeigesetzes können grundsätzlich Ausländer, bei denen die Voraussetzungen vorliegen, unter denen ein Aufenthaltsverbot erlassen werden könnte[98], an der Grenze zurückgewiesen werden. Nach einem Erlaß des Bundesministeriums des Innern sind die Grenzbehörden hierzu regelmäßig verpflichtet[99]. Allerdings ist Asylbewerbern im Falle der direkten Einreise aus einem Verfolgerstaat nach § 6 Abs. 2 des Bundesgesetzes über die Gewährung von Asyl vom 7. Januar 1991 (Asylgesetz 1991)[100] die Einreise formlos zu gestatten. Dabei genießen nach § 5 Abs. 1 und 3 des o.g. Gesetzes diejenigen Fremde Schutz, die "anläßlich der Einreise in das Bundesgebiet den Wunsch oder die Absicht erkennen lassen, einen Asylantrag zu stellen".

j) Schweiz[101]

Nach der Neuregelung des schweizerischen Asylrechts im Jahre 1990 durch das AsylG 1990[102] sieht dessen Art. 13 c nunmehr vor, daß die Grenzposten das Asylgesuch eines Flüchtlings entgegennehmen und es

---

[97] Vgl. dazu allgemein M. Geistlinger/G. Lebitsch/H. Stolzlechner, Zur Rechtsstellung der Ausländer nach österreichischem Recht, in: Frowein/Stein, Anm. 64, S. 1009 ff.; A. Hermann/F. Hackauf/E. Sellner, Paß-, Fremdenpolizei- und Asylrecht (3. Aufl., 1986), *passim*; zuletzt U. Brandl, Asylrecht und Asylpolitik in Österreich, ASYL 1993/ H. 1, S. 3 ff. Zur Praxis unter dem neuen österreichischen Asylgesetz vgl. Grüner Klub im Parlament (Hrsg.), Menschenrecht in der Praxis - Ein Jahr neues Asylgesetz (1993), v.a. den Beitrag von S. Bodemar, Ein Jahr Asylgesetz - Erfahrungen des UNHCR mit dem neuen Asylgesetz, S. 14 ff.

[98] Nach einem Erlaß des österreichischen Ministerium des Innern - Zl. 87.680-4/60 - kommen für potentielle Flüchtlinge insbesondere Mittellosigkeit, Nichtgesichertsein der Weiterreise und Vorliegen von Anhaltspunkten, daß der Ausländer für längere Zeit in Österreich verbleiben wird, in Betracht; dazu die Übersicht bei Geistlinger/Lebitsch/Stolzlechner, Anm. 97, S. 1149.

[99] Ebd.

[100] Bundesgesetzblatt vom 7. 1. 1991, S. 351 ff.

[101] Dazu allgemein Achermann, Handbuch, S. 175 ff.; Kälin, Grundriß, S. 217 ff.; ferner W. Stöckli, Das Asylrecht in der Schweiz, in: Barwig, Binnenmarkt, S. 211 ff. (214 f.); D. Thürer, Die Rechtsstellung des Ausländers in der Schweiz, in: Frowein/Stein, Anm. 64, S. 1340 ff. (1423).

dem Bundesamt für Flüchtlinge zum Entscheid unterbreiten müssen[103]. Art. 13 c AsylG 1990 lautet:

> "(1) Der Ausländer, der an der Grenze um Asyl nachsucht, erhält (...) die Bewilligung zur Einreise, wenn kein anderes Land staatsvertraglich zur Behandlung eines Asylgesuchs verpflichtet ist und er:
> (...)
> b. im Land, aus dem er direkt in die Schweiz gelangt ist, aus einem Grund nach Artikel 3 Abs. 1[104] gefährdet oder von unmenschlicher Behandlung bedroht erscheint.
> (2) Die Einreise wird vom Bundesamt ferner bewilligt, wenn
> a. der Ausländer glaubhaft macht, daß ihn das Land aus dem er direkt kommt, in Verletzung des Grundsatzes der Nichtrückschiebung zur Ausreise in ein Land zwingen würde, in dem er gefährdet erscheint (...)."

Hieraus ergibt sich, daß die Schweizer Behörden bei Vorliegen der Flüchtlingseigenschaft im Sinne der Genfer Flüchtlingskonvention grundsätzlich zu einer positiven Aufnahmeentscheidung verpflichtet sind und sie keine Abweisung vornehmen dürfen[105]. Aus der Botschaft des Bundesrates zum Bundesbeschluß über das Asylverfahren ergibt sich, daß Abs. 2 a des Gesetzes aus der Sicht des Bundesrates eine "aus dem Grundsatz der Nichtrückschiebung fließende Einreisemöglichkeit" bietet[106].

Darüber hinaus hat das Bundesgericht im Jahre 1990 ausgeführt, angesichts seiner fundamentalen Bedeutung sei der Grundsatz des "non-refoulement" in das schweizerische Asylgesetz aufgenommen und sein Anwendungsbereich auf Personen augedehnt worden, die *an der Grenze*

---

102 Dringlicher Bundesbeschluß über das Asylverfahren vom 22. 6 1990; Text auch bei Kälin, Grundriß und Achermann, Handbuch, jeweils im Anhang.

103 S. Raess-Eichenberger, Das Asylrecht nach schweizerischem Recht und Völkerrecht (1989), S. 40.

104 Art. 3 Abs. 1 AsylG 1990 enthält die Flüchtlingsdefinition, die praktisch wortgleich der Genfer Flüchtlingskonvention entspricht.

105 So auch Achermann, Handbuch, S. 176.

106 BBl. 1990 I, S. 628.

oder im Landesinnern um Asyl nachsuchen"[107]. Mithin scheint ein weites Verständnis des Refoulement-Verbotes der Schweizer Staatspraxis zu entsprechen[108].

k) Spanien[109]

Das spanische Flüchtlingsrecht differenziert zwischen dem Status als Asylberechtigten und dem des Flüchtlings[110]. Das Asylrecht ist nicht als subjektives Recht ausgestaltet und dementsprechend ist auch der Rechtsweg ausgeschlossen[111]. Demgegenüber verweist das Gesetz im Hinblick auf das Flüchtlingsrecht wegen des Prinzips des Non-Refoulement in Art. 39 der Ausführungsverordnung[112] auf Art. 33 der Genfer Flüchtlingskonvention.

Nach Art. 4 Abs. 2 des Asylgesetzes muß ein Ausländer, der sich an der Grenze um Asyl bewirbt, vorläufig zum spanischen Territorium zugelassen werden. Im Gegensatz dazu enthält das Gesetz keine entsprechende Vorschrift für potentielle Konventionsflüchtlinge. Aus dem System des Gesetzes und der dazu erlassenen

---

[107] BGE vom 27. 4. 1990, abgedruckt in ASYL 1990, S. 21; zitiert bei Achermann, Handbuch, S. 176; Hervorhebung durch den Verfasser.

[108] Die Weisungen und Kreisschreiben des Eidgenössischen Justiz- und Polizeidepartements zum Asylgesetz vom 20. 12. 1990 "Asyl 21.2: Weisung zum Asylgesetz über die Entgegennahme und Behandlung von Asylgesuchen am Flughafen" und "Asyl 31: Weisung zum Asylgesetz über den Vollzug der Wegweisung während oder nach Abschluß des Asylverfahrens" lagen dem Verfasser nicht vor; durch diese Weisungen dürften jedoch die von Thürer, Anm. 101, S. 1423 erwähnte "Weisung Nr. 3 vom 19. 7. 1984 des Eidgenössischen Justiz- und Polizeidepartements über die Behandlung von Gesuchen an der Grenze und auf den Flugplätzen" obsolet geworden sein.

[109] Dazu G. Rodriguez Iglesias, Die Rechtsstellung von Ausländern in Spanien, in: Frowein/Stein, Anm. 64, S. 1443 ff. (1454); R. García Macho/ K.-P. Sommermann, Asylrecht in Europa: Der deutsche und der spanische Weg, DÖV 1990, S. 41 ff.; zuletzt L. Martin-Retortillo Baquer, La situation juridique du demandeur d'asile: Espagne, RFDA 1993, S. 557 ff.

[110] Vgl. bereits den Titel des Gesetzes vom 26. 3. 1984 (Ley 5/ 1984 , B.O.E. num. 74 vom 27.3.1984) "Gesetz zur Regelung des Asylrechts und des Flüchtlingsstatus".

[111] Zu Einzelheiten vgl. García Macho/Sommermann, Anm. 109, S. 45 f.

[112] Ausführungsverordnung zum Asylgesetz vom 20. 2. 1985, Real Decreto 511/1985 (B.O.E. num. 94 vom 19.4.1985).

Ausführungsvorschriften ergibt sich aber, daß auch insoweit nach nationalem Recht ein Anspruch auf Zulassung besteht[113]. Denn die Verordnung zur Durchführung des Gesetzes sieht vor, daß der Antrag auf Anerkennung der Flüchtlingseigenschaft unter anderem an den Grenzstellen gestellt werden kann[114] mit der Folge, daß dem Antragsteller eine vorläufige Identitätskarte, die zum Aufenthalt im spanischen Hoheitsgebiet während des Verlaufs des Verfahrens berechtigt, ausgestellt werden muß[115].

l) Tschechische Republik[116]

§ 17 Abs. 1 des Flüchtlingsgesetzes der CSFR aus dem Jahre 1990[117] enthielt in fast wortgleicher Übernahme das Refoulement-Verbot des Art. 33 der Genfer Flüchtlingskonvention. Dieses Gesetz gelangt auch auf dem Gebiet der am 1. Januar 1993 neuentstandenen Tschechischen Republik weiterhin zur Anwendung[118]. Allerdings läßt sich aus dem Wortlaut allein nicht abschließend klären, ob damit das Non-Refoulement-Prinzip in einem engen oder einem weiten Sinne gemeint sein soll. Für ein enges Verständnis spricht jedoch, daß § 17 FlüchtlingsG-CSFR davon spricht, daß nur "Antragsteller"[119] vor einem Refoulement geschützt sind, dieser Status aber erst mit einer nur im Inland möglichen Antragstellung erworben wird. Umgekehrt enthält der ansonsten einschlägige § 5 FlüchtlingsG-CSFR keinen Hinweis auf eine mögliche Abweisungsbefugnis der Grenzbehörden. Eine Klärung dieser Frage durch die behördliche Praxis oder gerichtliche Entscheidungen steht bislang noch aus, da bislang - wenn überhaupt - Asylanträge in der Tschechischen Republik in aller Regel erst nach der Einreise gestellt werden.

---

[113] Rodriguez Iglesias, Anm. 109, S. 1455.

[114] Art. 23 der Ausführungsverordnung.

[115] Rodriguez Iglesias, Anm. 109, S. 1455.

[116] Vgl. M. Hoskova, Das neue Flüchtlingsgesetz der CSFR, ZAR 1991, S. 174 ff.; G. Warning, Das neue Asylrecht der Tschechoslowakei, Monatsschrift für Osteuroparecht 1991, S. 23 ff.

[117] Gesetz Nr. 498 vom 16. 11. 1990, Gesetzblatt der CSFR vom 15. 12. 1990; in Kraft getreten am 1. 1. 1991.

[118] G. Köfner, Die Anwendungspraxis der Genfer Konvention in Polen und in der Tschechoslowakei (bislang unveröffentlichtes Manuskript eines Vortrags auf den Hohenheimer Tagen zum Ausländerrecht 1993), S. 13.

[119] "(Z)adatel" im Original.

m) Ungarn[120]

Ungarn ist der Genfer Flüchtlingskonvention erst zu Beginn des Jahres 1989 beigetreten[121], die durch eine gesetzesvertretende Verordnung in das innerstaatliche Recht umgesetzt wurde[122]. Die Grenzbehörden sind nicht befugt, den Antrag eines potentiellen Konventionsflüchtlings auf Aufnahme nicht anzunehmen oder den Betroffenen zurückzuweisen[123]. Stattdessen muß über seinen Antrag durch das hierfür zuständige Flüchtlingsbüro entschieden werden[124].

n) USA[125]

Die Vereinigten Staaten waren der Genfer Flüchtlingskonvention in seiner ursprünglichen Fassung nicht beigetreten. Erst im Jahre 1968 haben sie das Protokoll zur Genfer Flüchtlingskonvention aus dem Jahre 1967 unterzeichnet und ratifiziert[126]. Bis zu diesem Zeitpunkt war in Section 243 (h) des Immigration and Nationality Act 1952 vorgesehen, daß es im Ermessen des Attorney General stand, ob Ausländer, *die sich bereits auf dem Territorium der Vereinigten Staaten befanden*, nicht zurückgewiesen werden sollen. In einer Entscheidung aus dem Jahre 1958 ging der Supreme Court davon aus, daß sich ein Ausländer, der an der Grenze um Aufnahme als Flüchtling nachsuchte, sich nicht "within

---

[120] Dazu J. Töth, National Report Hungary, in: Hailbronner, Vergleich, S. 84 ff. sowie S. Müller, Flüchtlings- und Asylpolitik in Ungarn bis Anfang 1992, Südosteuropa 1993, S. 434 ff.; zuletzt B. Nagy, The Refugee Situation in Hungary: Where now ?, Paper presented at the 1st European Regional ILA Conference, Budapest, 3.10.1993 (unveröffentlicht).

[121] Zugleich hatte Ungarn durch eine Erklärung nach Art. B. I a) der Genfer Flüchtlingskonvention seine Verpflichtungen auf Flüchtlinge aus Europa beschränkt.

[122] Law-Decree No. 15 of 1989.

[123] Töth, Anm. 120, S. 86.

[124] § 3 der Kabinettsverordnung No. 101 aus 1989, vgl. Töth, Anm. 120, S. 86.

[125] Dazu allgemein T. Aleinikoff/D. Martin, Immigration - Process and Policy (1991), *passim*, (v.a. S. 689 ff.); T. Aleinikoff, United States Immigration, Nationality and Refugee Law, in: Frowein/Stein, Anm. 64, S. 1545 ff (1653 ff), G. Stenberg, Non-Refoulement, S. 196 ff.; Wissenschaftliche Dienste des Deutschen Bundestages, Anm. 94, S. 121 ff.

[126] Vgl. dazu Aleinikoff/ Martin, Anm. 125, S. 732 f.

the United States" im Sinne dieser Norm befand und daher auch keinen Abweisungsschutz genießen könne[127].

Im Verlaufe des Ratifikationsverfahrens wurde davon ausgegangen, daß sich aus Art. 33 der Genfer Flüchtlingskonvention insoweit keine Notwendigkeit der Änderung der innerstaatlichen Rechtslage ergebe. Nach einem Zwischenfall im Jahre 1972 erließ Präsident Nixon jedoch "Guidelines for Asylum Requests"[128]. Dort heißt es:

> "Both within the United States *and abroad*[129], foreign nationals who request asylum (...) owing to persecution or fear of persecution should be given full opportunity to have their requests considered (...).
> A primary consideration in U.S. asylum policy is the Protocol Relating to the Status of Refugees[130] (...). The principle of asylum inherent in this international treaty (...) and its explicit prohibition against the forcible return of refugees to conditions of persecution (...)."

Diese Äußerung legt jedenfalls nahe, daß sich die Vereinigten Staaten vor dem Hintergrund der Verpflichtungen aus Art. 33 der Genfer Flüchtlingskonvention zunächst zu einer Änderung ihrer Refoulement-Praxis bewegt sahen[131]. So geht auch der Supreme Court in seiner Rechtsprechung davon aus, daß es Ziel der Neufassung von Section 243 (h) gewesen sei, das innerstaatliche Recht der USA den Verpflichtungen aus Art. 33 der Genfer Flüchtlingskonvention anzupassen[132]. Entsprechend enthält nunmehr Section 243 (h) des Immigration & Nationality Act in der durch den Refugee Act 1980 geänderten Fassung keine ausdrückliche Beschränkung mehr auf Personen, die sich bereits in den USA befinden[133]. Darüber hinaus ist auch das Ermessen des Attorney General im Hinblick auf die Abweisungsentscheidung weggefallen .

---

[127] Leng May Ma v. Barber, 357 U.S. 185; 78 S.Ct. 1072; 2 L. Ed. 2d 1246 (1958).

[128] "General Policy for Dealing with Requests for Asylum by Foreign Nationals" vom 4. 1. 1971, veröffentlicht in ILM 1972, S. 228 ff.

[129] Hervorhebung durch den Verfasser.

[130] Hervorhebung im Original.

[131] Stenberg, Non-Refoulement, S. 197 f.

[132] INS v. Cardoza-Fonseca, 480 U.S. 436 f.

[133] Aleinikoff/ Martin, Anm. 125, S. 735 f.

In einem Schreiben vom 11. Dezember 1991 an das Büro des amerikanischen Generalstaatsanwalts geht allerdings der Rechtsberater des amerikanischen Außenministeriums davon aus, daß sich Art. 33 der Genfer Flüchtlingskonvention ausschließlich auf Flüchtlinge bezieht, die sich bereits in den USA aufhalten. Es heißt dort:

> "I am writing to provide you with the formal opinion of the Department of State on the question whether the non-refoulement obligation of Article 33 of the 1951 U.N. Convention Relating to the Status of Refugees ("the Refugee Convention") imposes obligations on the United States with respect to refugees outside United States territory. We have previously and publicly taken the position that the obligation applies only to persons within the territory of a Contracting State. This remains our firm view. For the reasons indicated below, the Department respectfully requests that you reconsider and withdraw the apparently contrary legal conclusion reflected in the opinion of the Office of Legal Counsel of August 11, 1981."[134]

Demgegenüber war der Generalstaatsanwalt zumindest seit 1981 davon ausgegangen, daß sich die Verpflichtung auch auf Personen außerhalb der USA erstrecke[135]. In einem Urteil vom 29. Juli 1992 vertrat der US District Court for the Second Circuit die Ansicht, daß sich Art. 33 der Genfer Flüchtlingskonvention auch auf Personen erstreckt, die sich noch nicht auf dem Territorium der USA befinden[136]. Demgegenüber vertrat der US District Court for the Eleventh Circuit in einer Entscheidung vom 4. Februar 1992 im Gegensatz dazu die Meinung, aus Art. 33 der Genfer Flüchtlingskonvention ergebe sich kein Verbot der Abweisung an der Grenze[137]. In einer Entscheidung vom 22. Juni 1993, welche ebenfalls das Vorgehen der amerikanischen Küstenwache gegen Flüchtlinge aus Haiti auf der Hohen See betraf[138], geht der US Supreme Court davon

---

[134] Zitiert in US District Court of Appeals for the Second Circuit, Urteil vom 29. 7. 1992, Haitian Centers Council et al v. G. McNary, Commissioner INS, 969 F 2d, 1350 (1364).

[135] US District Court for the Second Circuit, ibid.

[136] Ibid.

[137] Haitian Refugee Center v. Baker, 953 F.2d 1498 ff.; ebenso bereits US District Court for the D.C. Circuit in der Entscheidung Center v. Gracey, 809 F.2d S. 794 ff. (840).

[138] US Law Week vom 22. 6. 1993, S. 4684 ff. INS v. Haitian Centers Council; zu dieser ganzen Problematik umfassend M. Ragheb, Haitian Centers

aus, daß sich jedenfalls aus Art. 33 der Genfer Flüchtlingskonvention keine Verpflichtung in Bezug auf Personen ergibt, die sich außerhalb des jeweiligen nationalen Territoriums befinden, deutet aber gleichzeitig zumindest an[139], daß er der engen Auffassung folgen will[140].

6. Position des UNHCR

Gemäß der Resolution 428 (V) der Generalversammlung der Vereinten Nationen vom 14. Dezember 1950 und des damit verabschiedeten Statuts ist es Aufgabe des UNHCR, die Anwendung auch der Genfer Flüchtlingskonvention zu überwachen[141]. Nach Art. 35 der Genfer Flüchtlingskonvention und Art. II des Protokolls von 1967 haben sich zudem die Vertragsstaaten verpflichtet, mit ihm zusammenzuarbeiten. Gleichwohl kommt ihm keineswegs die Befugnis zu, die Konvention authentisch auszulegen[142], wenngleich auch seiner Haltung bei der Auslegung der Konvention eine nicht unerhebliche Bedeutung zukommt[143]. Das Büro des UNHCR geht in ständiger Praxis davon aus, daß das Non-refoulement-Prinzip in einem weiten Sinne zu verstehen sei. So heißt es beispielsweise in der auf der 30. Sitzung des Exekutivkomitees des UNHCR angenommenen Entschließung, daß mit Besorgnis davon Kenntnis genommen wird, daß "Flüchtlinge in Mißachtung des Prinzips der Nichtabschiebung (non-refoulement) an der Grenze zurückgewiesen (...) wurden"[144].

Council, Inc. v. McNary: The INA applies extraterritorially, 13 Bridgeport Law Rev. (1992), S. 1 ff.

139 Vgl. etwa S. 4691, v.a. Fn. 40, wo die enge, von Robinson und Grahl-Madsen vertretene Auffassung zustimmend zitiert wird.

140 Vgl. aber auch die abweichende Meinung des Richters Blackmun, ebd., S. 4695: " (...) the majority agrees that the Convention *does* (Hervorhebung im Original) apply to refugees who *have reached the border* (Hervorhebung durch den Verfasser)."

141 Nr. 8 (a) des Statuts des UNHCR.

142 L. Holborn, Refugees: A Problem of our Time, Bd. 1 (1975), S. 161 f.; gleichwohl greift das völkerrechtliche Schrifttum zur Auslegung der Genfer Flüchtlingskonvention regelmäßig auf die Stellungnahme im vom UNHCR herausgegebenen Handbuch zurück.

143 So der US Supreme Court, INS v. Cardoza-Fonseca 480 U.S. 439 Fn. 22. Für eine stärkere Berücksichtigung der Beschlüsse des Exekutivkomitees des UNHCR auch Bierwirth, Flüchtlingskonvention, S. 339 f.

144 UN Doc. A/34/12/Add.1, S. 17.

7. Zwischenergebnis

Zusammenfassend läßt sich konstatieren, daß sich in vielen Staaten das Flüchtlingsrecht derzeit im Flusse befindet. Allerdings kann auch festgehalten werden, daß die allermeisten Staaten in ihrer tatsächlichen Praxis, aber auch in ihren nationalstaatlichen Regelungen, nach wie vor[145] das Non-Refoulement-Prinzip in einem weiten Sinne anwenden. Allerdings lassen sich in dieser Hinsicht nur vereinzelt sichere Feststellungen dahingehend treffen, ob diese Praxis auch einen Rückschluß auf eine dahinterstehende Rechtsüberzeugung der betroffenen Staaten zuläßt oder ob sie sich lediglich auf humanitäre Überlegungen stützt. Denn die Staaten sind ja - wie bereits erwähnt[146] - nach den Empfehlungen in der Schlußakte unabhängig von ihren Verpflichtungen aus Art. 33 aufgefordert, Flüchtlinge in ihrem jeweiligen Gebiet aufzunehmen[147].

Jedenfalls ist aber zu berücksichtigen, daß sich die große Mehrzahl der Staaten vehement gegen spätere Versuche gewandt hat, eine Verpflichtung zur *Aufnahme* von Flüchtlingen *völkervertraglich* zu verankern. So fand auch der auf der Genfer Konferenz über das territoriale Asyl unterbreitete Vorschlag der Bundesrepublik Deutschland, auf der Grundlage einer extensiven Auslegung des Refoulement-Verbots die Staaten zur Gewährung eines Einreiserechts zu verpflichten, keine ausreichende Unterstützung[148].

Ausgehend von diesem Befund kann nicht mit hinreichender Sicherheit festgestellt werden, daß das weite Verständnis des Non-refoulement-Prinzips bereits heute geltendes Völkerrecht ist. Vielmehr dürfte es sich insoweit bislang lediglich um eine Norm "in statu nascendi" handeln[149]. Dies gilt umso mehr, als sich die Staaten kaum ohne weiteres der Möglichkeit begeben, die Einreise in ihr Staatsgebiet zu regeln, was als essentialer Bestandteil staatlicher Souveränität

---

[145] Für die Situation in den 80er Jahren vgl. den zusammenfassenden Bericht von R. Hofmann, Asyl- und Flüchtlingsrecht, in Frowein/ Stein, Anm. 64, S. 2019 ff (2030).

[146] Oben S. 56.

[147] In diesem Sinne auch Richter, Nachfluchtgründe, S. 23.

[148] Vgl. K. Hailbronner, Das Refoulement-Verbot und die humanitären Flüchtlinge im Völkerrecht, ZAR 1987, (im folgenden zitiert als Hailbronner, Refoulement-Verbot), S. 3 ff. (4); A. Grahl-Madsen, Territorial Asylum (1980), S. 61.

[149] Vgl. G. Gornig, Das "non-refoulement"-Prinzip, ein Menschenrecht in "statu nascendi", EuGRZ 1986, S. 521 ff.

begriffen wird[150]. Dies bedeutet aber zugleich, daß Personen, welche an der Grenze um Asyl nachsuchen, weil ihnen in dem Staat, aus dem sie einreisen wollen, behauptetermaßen Verfolgung droht, von vornherein nicht in den Schutzbereich von Art. 33 Genfer Flüchtlingskonvention fallen. Daraus folgt dann aber auch, daß *insoweit* jeglicher Ausschluß dieser Personen aus einem Asyl- oder Flüchtlingsanerkennungsverfahren - auch wenn dies in Form von Listen geschieht, welche unwiderleglich die Verfolgungsfreiheit bestimmter Staaten festlegen - keinen Verstoß gegen Art. 33 der Genfer Flüchtlingskonvention darstellen kann.

Etwas anderes kann sich jedoch im Hinblick auf diejenigen Personen ergeben, die sich bereits auf dem Territorium des Aufnahmestaates - hier also in der Bundesrepublik Deutschland - befinden.

B. Anwendung unwiderleglicher Vermutungen bezüglich "sicherer Herkunftsstaaten" und Refoulement-Verbot

Ein vollständiger Ausschluß von Flüchtlingen, die aus festgelegten sicheren Herkunftsstaaten stammen, aus jeglichem Verfahren, in dem erst die Flüchtlingseigenschaft der Betroffenen geprüft und gegebenenfalls festgestellt werden könnte, führt dazu, daß diese Personen ohne weiteres in ihren Heimatstaat zurückgeschoben werden auch wenn sie behaupten dort verfolgt zu werden. Bei der Beurteilung eines solchen Systems muß aber berücksichtigt werden, daß selbst in *prima facie* verfolgungsfreien Staaten nicht absolut ausgeschlossen werden kann, daß im Einzelfall - gleichwohl eine individuelle politische Verfolgungssituation vorliegt. Denn jede Einstufung eines Staates als verfolgungsfrei setzt notwendig eine generalisierende Wertung voraus und ist nicht in der Lage, alle relevanten Faktoren zu erfassen. Dies gilt insbesondere für die Frage, ob nicht in Einzelfällen Angehörige bestimmter Personengruppen oder Bewohner einzelner Teilgebiete eine wohlbegründete Furcht vor Verfolgung im Sinne der Genfer Flüchtlingskonvention haben können. Diese Feststellung wird auch durch die faktische Lage bestätigt. So kann etwa darauf verwiesen werden, daß im Jahre 1991 in der Bundesrepublik Deutschland vierzehn aus dem generell als sicher angesehenen

---

[150] K. Hailbronner, Non-refoulement and "humanitarian" refugees: customary international law or wishful legal thinking ?, Virg. J. Int. L. 1986, S. 857 ff. (866).

Bulgarien[151] stammende Asylbewerber anerkannt worden sind[152]. Dies bedeutet aber, daß eine Zurückweisung *aller* aus diesem Staat stammender Antragsteller ohne jegliche weitere Sachverhaltsaufklärung und deren Zurückschiebung in ihren Heimatstaat in Bezug auf diese Personen ein nach Art. 33 der Genfer Flüchtlingskonvention verbotenes Refoulement dargestellt hätte[153]. Damit bleibt als Zwischenergebnis festzuhalten, daß jede Anwendung eines Systems *unwiderleglicher* Länderlisten verfolgungsfreier Staaten notwendigerweise einen Verstoß gegen Art. 33 der Genfer Flüchtlingskonvention mit sich bringen würde.

III. Fehlen eines Anerkennungsverfahrens als eigenständiger Verstoß gegen die Genfer Flüchtlingskonvention

Ein weiterer Grund für die Bejahung der Unvereinbarkeit materiell wirkender Länderlisten mit der Genfer Flüchtlingskonvention könnte in dem Umstand gesehen werden, daß die Konvention möglicherweise eine eigenständige Verpflichtung der Vertragsparteien statuiert, die Flüchtlingseigenschaft von Personen, die behaupten, sie würden in konventionsrelevanter Weise verfolgt, zu prüfen.

---

151 Bulgarien ist nunmehr einer der in Anhang II zu § 29 a AsylVfG genannten sicheren Herkunftsstaaten.

152 Vgl. dazu die weiteren Nachweise bei Schenk, Anm 2, S. 105: Jugoslawien: 74854 Bewerber/ 556 Anerkennungen; Marokko 2099 Bewerber/ 9 Anerkennungen; Rumänien 40504 Bewerber/ 116 Anerkennungen (Zahlen jeweils für 1991). Dabei wird nicht übersehen, daß es sich um Zahlen handelt, welche die Anerkennung des Rechtsstatus nach Art. 16 Abs. 2 S. 2 GG a.F. betreffen. Ungeachtet der nicht vollständigen Kongruenz zwischen dem Begriff der politischen Verfolgung i.S. des deutschen Asylrechts und dem Flüchtlingsbegriff der Genfer Flüchtlingskonvention lassen sich aus den Zahlen gleichwohl zumindest indirekt Rückschlüsse auf das Vorliegen konventionsrelevanter Verfolgung ziehen.

153 C. Bierwirth/ R. Göbel-Zimmermann, Handlungsspielräume und Grenzen einer Änderung des Asylrechts, ZRP 1992, S. 470 ff. (472). Dem kann nicht entgegengehalten werden, daß auch jeglichem Überprüfungsverfahren Fehlermöglichkeiten immanent seien mit der Folge, daß es auch bei Durchführung einer Anhörung im Einzelfall zu Fällen von Refoulement kommen könne. Denn dies ist das notwendige und unvermeidbare Ergebnis der eingeschränkten menschlichen Erkenntnisfähigkeit, während eine unwiderlegliche Vermutung schon im System völkerrechtswidrige Fälle von Refoulement anlegt, die ansonsten gerade vermeidbar wären.

A. Funktion des Anerkennungsverfahrens

Im Zusammenhang mit der Frage, ob ein solches System von Länderlisten zulässig ist, muß zunächst geklärt werden, ob die Vertragsstaaten frei darüber befinden können, wer Flüchtling im Sinne der Konvention ist[154]. Angesichts des Umstandes, daß die Konvention in ihrem Art. 1 eine umfassende Definition des Flüchtlingsbegriffes enthält, liegt es nahe, darin einen Ausschluß eines freien Beurteilungsspielraums der Staaten zu sehen. Denn eine solche konventionsautonome Flüchtlingsdefinition würde leerlaufen, wenn die Vertragsstaaten die Begünstigten nach eigenen Kriterien bestimmen dürften. Dieses Ergebnis kann sich darüber hinaus auch auf den Wortlaut von Artikel 9 der Genfer Flüchtlingskonvention stützen. Denn nach dieser Norm kann ein Staat vorläufige Maßnahmen treffen, bis eine Entscheidung darüber gefallen ist, ob die Person *tatsächlich ein Flüchtling ist*[155].

Dieses Ergebnis läßt sich auch aus der generellen Verpflichtung der Parteien eines völkerrechtlichen Vertrages ableiten, nach Treu und Glauben an der Erreichung der Ziele des Vertrages mitzuwirken. Diesem Prinzip des *good faith* würde es aber gerade zuwiderlaufen, wenn die Staaten sich durch ein bloßes Unterlassen eines Anerkennungsverfahrens jedweder Verpflichtung faktisch entziehen könnten[156]. Zudem können die Vertragsstaaten nur durch ein solches Verfahren überhaupt ihren Verpflichtungen aus der Konvention gerecht werden, da sie andernfalls gar nicht in der Lage wären, diejenigen Personen zu identifizieren, denen sie die Rechte aus der Konvention - insbesondere die Beachtung des Non-Refoulement-Gebots - zugute kommen lassen müssen[157].

Ein weiterer, komplementärer Begründungsansatz ergibt sich aus der Überlegung, daß ein völliger Ausschluß eines solchen Verfahrens

---

[154] Zu dieser Frage Richter, Nachfluchtgründe, S. 30 f.

[155] Richter, Nachfluchtgründe, S. 30 f.

[156] C. Avery, Refugee Status Decision Making: the System of Ten Countries, 19 Stanf. J. Int. L. (1983), S. 235 ff. (237); Goodwin-Gill, Refugee, S. 165.

[157] R. Plender, The Present State of Research carried out by the English-Speaking Section of the Centre for Studies and Research, Académie de Droit International de la Haye (1989), S. 63 ff. (83); G. Goodwin-Gill, The Determination of Refugee Status: Problems of Access to Procedures and the Standard of Proof, Yearbook of the International Institute of Humanitarian Law 1985, (zukünftig zitiert als Goowin-Gill, Determination), S. 56 ff. (60).

einem *denial of justice*, einer Rechtsverweigerung, gleichkäme[158]. Fraglich ist demgegenüber, wie ein solches Anerkennungsverfahren mindestens ausgestaltet sein muß, um den Anforderungen der Konvention gerecht zu werden.

B. Mindeststandard für ein Anerkennungsverfahren

Dem Wortlaut der Konvention lassen sich keine verbindlichen Leitlinien darüber entnehmen, welche verfahrensrechtlichen Pflichten die Staaten gegenüber Flüchtlingen übernommen haben[159]. Grundsätzlich bleibt es daher jedem der vertragschließenden Parteien in den Grenzen seiner sonstigen völkerrechtlichen Verpflichtungen[160] überlassen, das Verfahren, welches er aufgrund seiner konstitutionellen und administrativen Struktur für angemessen hält[161], einzuführen und anzuwenden[162].

---

[158] Vgl. die Stellungnahme des Internationalen Gerichtshofes, ICJ Rep. 1970, S. 48, wo ausgeführt wird:

"With regard (...) to human rights, (...) it should be noted that these also include protection against denial of justice".

Ferner auch Plender, Anm. 157, S. 83, der sich auf den Grundsatz der "good administration of justice" bezieht, dazu IGH ICJ Rep. 1956, S. 77 ff. (86) und ICJ Rep. 1982, S. 325 ff (338). Damit ist aber nicht gleichzeitig die Frage beantwortet, ob die Konvention insoweit auch ein individuelles subjektives Recht begründet, hierzu bereits oben die Nachweise bei Anm. 24. Unbegründet erscheint demgegenüber der Hinweis von E. Zoller, Bilan de recherches de la section française du Centre d'étude et de recherche de l'Académie, Académie de Droit International de la Haye (1989), S. 15 ff. (33), die insoweit auf Art. 16 I der Genfer Flüchtlingskonvention verweist, da diese Norm bereits ausweislich ihrer Stellung allein die Rechtsstellung des *anerkannten* Flüchtlings regelt.

[159] Hailbronner, Refoulement-Verbot, S. 6; im Grundsatz ähnlich R. Marx, Konventionsflüchtlinge ohne Rechtsschutz - Untersuchungen zu einem vergessenen Begriff, ZAR 1992, S. 3 ff. (11).

[160] Solche weiteren Verpflichtungen können sich insbesondere aus der EMRK und dem Internationalen Pakt über Bürgerliche und Politische Rechte ergeben.

[161] Weitere Schranken ergeben sich allerdings für die Bundesrepublik Deutschland auch aus den verfassungsrechtlichen Garantien der Art. 16 a, 19 und 20 Grundgesetz, sowie dem Grundsatz, daß Grundrechtsgarantien gerade auch durch verfahrensmäßige Regelungen abgesichert werden müssen, dazu

Empfehlungen für die Einhaltung von gewissen Mindeststandards für solche Verfahren sind jedoch in der im Jahre 1977 verabschiedeten Entschließung des Exekutivkomitees des UNHCR enthalten[163]. Ferner hat das Ministerkomitee des Europarates unter Bezugnahme auf die Genfer Flüchtlingskonvention im Jahre 1981 ebenfalls eine Empfehlung betreffend die Harmonisierung nationaler Asylverfahren angenommen, die weitgehend identische Grundsätze beinhaltet[164]. Schließlich hatte auch bereits Annex 1 des Gründungsvertrages der International Refugee Organization (IRO) folgende Bestimmung enthalten:

> "To ensure the impartial and equitable application of the above principles [regarding eligibility for refugee status, Anmerkung des Verfassers] and of the terms of the definition which follows, some special system of semi-judicial machinery should be created, with appropriate constitution, procedure and terms of reference."[165]

Letztlich könnte jedoch die Frage nach dem Bestehen eines verfahrensrechtlichen Mindesstandards offen bleiben, wenn jedenfalls bei "offensichtlich unbegründeten" Anträgen selbst ein solcher Mindeststandard nicht einzuhalten wäre.

C. Verfahren bei "offensichtlich unbegründeten" Anträgen

Zunächst ist festzustellen, daß es sich auch bei "offensichtlich unbegründeten" Schutzersuchen - und zwar unabhängig davon, ob die Entscheidung im Einzelfall oder im Wege eines Listensystems erfolgt -

---

BVerfGE 53, S. 30 ff. (Mülheim-Kärlich). Zu den verfassungsrechtlichen Anforderungen im einzelnen unten Dritter Hauptteil.

162 Davon geht auch der UNHCR aus, vgl. UNHCR, Handbuch über Verfahren und Kriterien zur Feststellung der Flüchtlingseigenschaft gemäß dem Abkommen von 1951 und dem Protokoll von 1967 über die Rechtstellung der Flüchtlinge (im folgenden zitiert als UNHCR. Handbuch), (1979), S. 55 ff.

163 Deutscher Wortlaut bei J. Henkel, Internationaler und nationaler Rechtsschutz für Flüchtlinge, in: Otto-Benecke-Stiftung, Praktizierte Humanitas: Weltproblem Flüchtlinge - eine europäische Herausforderung (1981), S. 305 ff. (312 f.).

164 Recommendation No. R (81) 16 of the Committee of Ministers to Member States on the Harmonisation of National Procedures relating to Asylum vom 5. 11. 1981.

165 18 UNTS 3.

um eine materielle Entscheidung handelt, die grundsätzlich an die Kriterien der Genfer Flüchtlingskonvention gebunden bleibt[166]. Auch hier muß das Verfahren bestimmten Mindestanforderungen gerecht werden, insbesondere muß dem Antragsteller Gelegenheit gegeben werden, den ersten Anschein einer nicht bestehenden Verfolgung auszuräumen, da ansonsten - wie bereits ausgeführt[167] - der Fall einer unzulässigen territorialen Einschränkung vorliegen würde[168]. Dies deckt sich im übrigen auch mit der Praxis der Schweiz, Belgiens und nunmehr auch der Bundesrepublik Deutschland, wo ebenfalls jeweils eine Einzelfalluntersuchung dahingehend stattfindet, ob sich aus dem Antrag nicht doch Hinweise auf eine konventionsrelevante Verfolgung ergeben.

Auch kann das Anerkennungsverfahren nicht in der Weise generalisiert werden, daß bestimmte Staaten von vornherein als verfolgungssicher angesehen werden mit der Folge, daß deren Staatsangehörige *per se* keine Flüchtlinge sein können[169]. Hiergegen spricht zum einen der Umstand, daß die Konvention dem einzelnen Flüchtling individuelle Rechtspositionen materieller Art einräumt[170]. Damit muß aber notwendigerweise ein Verfahren korrelieren, welches jedenfalls in einem Mindestmaß individualisiert ist. Denn würde man eine lediglich pauschalierte (negative) Entscheidung über den Flüchtlingsstatus ganzer Personengruppen treffen[171], würden zugleich

---

166 So auch die Entschließung des Exekutivkomitees Nr. 30, Report of the 34th session, 1983: UN Doc. A/AC.96/631, par. 97 (2) (e).

167 Oben S. 46 ff.

168 Auch K. Hailbronner/W. Cordes, Grundstrukturen eines neuen Asylrechts, NVwZ 1991, S. 713 ff (716) gehen davon aus, daß ein substantiiertes Vorbringen eines Bewerbers ausreichend sein muß, um das Gesuch einer weiteren Sachverhaltsaufklärung zuzuweisen.

169 Für eine weitgehende Generalisierungsmöglichkeit K. Hailbronner, The Concept of "Safe Country" and expedient Asylum Procedures - a Western European Perspective, erscheint in Kürze im Int J. Ref. L. [bereits vorveröffentlicht im Anhang zu Hailbronner, Stellungnahme I, S. 305 ff. (328); zukünftig zitiert als Hailbronner, Concept], der allerdings zugleich die Notwendigkeit anerkennt, lediglich widerlegliche Vermutungen zu schaffen.

170 Zu der Frage, ob die Genfer Flüchtlingskonvention subjektive Rechte des Einzelnen begründet bereits oben Anm. 24.

171 Grundsätzlich unproblematisch sind demgegenüber die Fälle, in denen ganzen Personengruppen ohne individuelle Prüfung der Rechtsstatus von Konventionsflüchtlingen gewährt wird, so wie dies in der Bundesrepublik Deutschland etwa durch § 1 Abs. 1 des Gesetzes über Maßnahmen für im Rahmen humanitärer Hilfsaktionen aufgenommene Flüchtlinge (sogenanntes

die individuellen materiellen Rechte des einzelnen Flüchtlings nicht mehr gewährt werden. Im übrigen ergibt sich auch aus dem Wortlaut von Art. 9 der Konvention, daß ein irgendwie geartetes *Individual*verfahren eingerichtet werden muß, heißt es dort doch, daß vorläufige Maßnahmen nur solange durchgeführt werden dürfen, bis festgestellt ist, "ob *diese* Person tatsächlich ein Flüchtling ist"[172]. Damit ergibt sich, daß ein System von Listen verfolgungsfreier Herkunftsstaaten, welches dem einzelnen Flüchtling keine Möglichkeit gewährt, etwas zu seinem eigenen Verfolgungsschicksal vorzubringen, auch aus diesem Grunde konventionswidrig wäre.

Kontingentflüchtlingsgesetz vom 22. 7. 1980, BGBl. I, S. 1057, zuletzt geändert durch Gesetz vom 9. 7. 1990) geschieht.

Fraglich ist allerdings, ob auch in solchen positiven Anerkennungsfällen im Verhältnis zu den anderen Vertragsparteien die in § 7 des Anhangs zur Konvention enthaltene Verpflichtung zur Anerkennung von Flüchtlingsausweisen eingreift. Dies dürfte zu bejahen sein. Zwar spricht § 7 nur von Ausweisen, die in Einklang mit Art. 28 der Konvention ausgestellt worden sind. In Teil E der Schlußakte zur Flüchtlings-Konvention werden die Staaten aber gerade aufgefordert auch über den unmittelbaren Anwendungsbereich der Konvention hinaus Flüchtlinge aufzunehmen und diese damit auch in den Anwendungsbereich der Konvention fallen zu lassen.

Die gleiche Feststellung dürfte dann auch für Flüchtlinge im Sinne der OAU-Convention Governing the Specific Asypects of the Refugees Problem in Africa gelten, dazu im einzelnen Bierwirth, Flüchtlingskonvention, S. 321.

172 Hervorhebung durch den Verf.: In der (authenthischen) englischen Fassung heißt es: "(...) pending that that person is in fact a refugee (...)."

Zweiter Abschnitt: Vereinbarkeit mit der Europäischen Menschenrechtskonvention

I. Asylrelevanz der EMRK[173]

Weder in der Europäischen Menschenrechtskonvention selbst noch in den hierzu vereinbarten Zusatzprotokollen findet sich eine ausdrückliche Verbürgung des Asylrechts. Dementsprechend heißt es etwa in dem Urteil des Europäischen Gerichtshofes für Menschenrechte im Falle Vilvarajah u.a. gegen das Vereinigte Königreich auch[174]:

> "(...) ni la Convention ni ses Protocoles ne consacrent le droit à l'asile politique, ce que confirment diverses recommandations de l'Assemblé du Conseil de l'Europe[175] (...) ainsi qu'une résolution et une déclaration ultérieures du Comité des Ministres[176] (...).

---

[173] Im folgenden soll auf den Internationalen Pakt über bürgerliche und politische Rechte und auf die UN-Antifolterkonvention nicht im einzelnen eingegangen werden, da diese keine über Art. 3 EMRK hinausgehenden Verpflichtungen enthalten. Vgl. zum Pakt M. Nowak, UN-Covenant on Civil and Political Rights - CCPR-Commentary (2. Aufl., 1993), Art. 12, Rdnr. 9, sowie den General Comment des UN-Menschenrechtsausschusses vom 22. 7. 1986, § 5 [abgedruckt bei Nowak, ebd., S. 861 ff. (862)], wonach sich aus dem Pakt ein Anspruch auf Aufnahme und Nichtrückschiebung bei drohender unmenschlicher Behandlung ergibt.

Zur UN-Konvention vgl. K. Hailbronner/ A. Randelzhofer, Zur Zeichnung der UN-Folterkonvention durch die Bundesrepublik Deutschland, in: EuGRZ 1986, S. 641 ff.

[174] Urteil vom 30. 10. 1991, Ser. A, vol. 215. Auch die Europäische Kommission für Menschenrechte hat diesen Grundsatz stets betont, vgl. dazu die Nachweise bei v. Pollern, Asylrecht, S. 255, Fn. 1016; ferner aus der Literatur statt aller J. A. Frowein/ W. Peukert, Europäische Menschenrechtskonvention - EMRK-Kommentar (1985), (im folgenden zitiert als Frowein/ Peukert), Art. 3, Rdnr. 18.

[175] Empfehlung 293 (1961) angenommen auf der 30. ordentlichen Sitzung vom 21.- 28. 9. 1961 und Empfehlung 434 (1965), Ann. Conv. 1965, vol. 8, S. 56 f.

[176] Resolution 67 (14), Ann. Conv. 1967, vol. 10, S. 104 f., sowie die Deklaration betreffend das territoriale Asyl, angenommen am 8. 11. 1977, Récueil de textes (1987), S. 202 ; aus der Literatur bereits etwa P. S. Sinha, Asylum and International Law (1971), S. 91.

Die insoweit in Bezug genommene Resolution des Ministerkomitees hatte es im Jahre 1961 entgegen einem Vorschlag der Beratenden Versammlung des Europarates[177] sogar ausdrücklich abgelehnt, einen Asyl-Artikel in ein Zusatzprotokoll zur EMRK aufzunehmen[178], obwohl selbst dieser Vorschlag gerade kein subjektives Asylrecht gewähren wollte[179].

Diese Ansicht, daß die EMRK selbst keine Asylrechtsgewährleistung enthält[180], wird im übrigen auch durch einen Gegenschluß aus Art. 4 des 4. Zusatzprotokolls zur EMRK bestätigt, wonach lediglich *Massen*ausweisungen von Ausländern unzulässig sind. Dies legt nahe, daß individuelle Ausweisungen von Ausländern selbst dann, wenn es sich um politisch Verfolgte handelt, nach der EMRK - unbeschadet einer möglichen Verletzung von Art. 3 EMRK[181] - grundsätzlich nicht verboten sind. Gleichwohl ist in der Praxis der Straßburger Organe seit längerem anerkannt, daß Ausweisungsentscheidungen unter bestimmten Voraussetzungen im Hinblick auf Art. 3 der Konvention Bedenken aufwerfen können.

A. Art. 3 EMRK

Bereits in einer frühen Phase ihrer Praxis hatten sich die Straßburger Organe mit der Frage auseinanderzusetzen, ob Art. 3 EMRK auch auf solche Fälle anwendbar sein kann, in denen das eigentlich von der Norm verbotene staatliche Verhalten nicht durch den der EMRK unterworfenen Staat selbst vorgenommen wird, sondern in denen die Gefahr droht, daß ein Ausländer im Falle der Verbringung in einen anderen Staat *von diesem* gefoltert oder unmenschlich behandelt wird. Dabei hatten sich die Straßburger Organe allerdings bislang konkret nur mit Auslieferungs- und Ausweisungsentscheidungen, nicht aber mit Zurückweisungen an der Grenze zu befassen.

---

[177] Empfehlung Nr. 293 vom 26. 9. 1961.

[178] Vgl. aber auch bereits die Aufforderung des Deutschen Bundestages an die Bundesregierung aus dem Jahre 1952, diese möge auf die Aufname einer Asylrechtsnorm in einem Zusatzprotokoll hinwirken, BT-Protokoll vom 10. 6. 1951, S. 9515 ff (9540).

[179] Zum Ganzen statt aller Kimminich, in Bonner Kommentar, Art. 16, Rdnr. 139.

[180] Vgl. dazu aus der deutschen Rechtsprechung bereits das Urteil BVerwGE 3, 235 f.

[181] Dazu sogleich unten.

1. Bedeutung von Art. 3 EMRK in Auslieferungs- beziehungsweise Ausweisungssituationen

Die Folgerung, daß sich Ausländer auf Art. 3 EMRK berufen können, um Schutz vor einer Ausweisung zu erlangen, wurde von der Europäischen Kommission für Menschenrechte erstmalig in den Jahren 1961[182] und 1962[183] gezogen. Es hieß dort:

> " (...) the Commission held that the deportation of a foreigner to a particular country might in exceptional cases give rise to the question whether there had been "inhuman treatment" within the meaning of Art. 3 of the Convention."[184]

Im Jahre 1972 kam es sodann in der Rechtssache Amekrane zu einem *friendly settlement* im Sinne von Art. 28 (b) der EMRK, nachdem das Vereinigte Königreich eine Person an Marokko ausgeliefert hatte, die dort wegen eines Attentats auf den König gesucht und zum Tode verurteilt wurde. Die Kommission hatte insoweit ebenfalls die Beschwerde wegen eines möglicherweise vorliegenden Verstoßes gegen Art. 3 EMRK für zulässig erachtet[185].

Bereits im Jahre 1989 hat auch der Gerichtshof in seiner *Soering*-Entscheidung[186] anerkannt, daß eine Aus*lieferungs*entscheidung gegen

---

[182] Application 984/61 (unveröffentlicht), auf die jedoch in der Entscheidung X. v. Bundesrepublik Deutschland vom 6. 10. 1962, Yb. Europ. Conv. Human Rights 4 (1962), S. 256 ff. (260), Bezug genommen wird.

[183] Ibid.

[184] Vgl. auch die Zulässigkeitsentscheidung in der Sache X. v. Bundesrepublik Deutschland, Application 2396/65, die später aus anderen Gründen gestrichen wurde, Stocktaking on the European Convention on Human Rights - The First Thirty Years (1954-1984), (Council of Europe, Strasbourg), S. 147 f.

[185] Zum Ganzen Yb. Eur. Conv. Hum Rights 16 (1973), S. 356 ff.; nach Kälin, Non-Refoulement, S. 167, Fn. 4 existieren etwa 40 Kommissionsentscheidungen zu dieser Problematik. Ähnlich wie die Kommission hatten in den 50er Jahren bereits deutsche Gerichte entscheiden, vgl. etwa OVG Münster DÖV 1956, S. 381.

[186] Vgl. zu dieser Entscheidung ausführlich S. Breitenmoser/ G. Wilms, Human Rights v. Extradition: The Soering Case, Mich. J. Int. L. 1990, S. 845 ff.; außerdem R. B. Lillich, The Soering Case, AJIL 1991, S. 128 ff.; C. Wyngaert, Applying the European Convention on Human Rights to Extradition: Opening Pandora's Box ?, ICLQ 1990, S. 757 ff.; W. J. Ganshof

Art. 3 EMRK verstößt, wenn dem Betroffenen in dem Staat, an den er ausgeliefert werden soll, eine nach Art. 3 EMRK verbotene Behandlung droht:

> "(...) the decision by a Contracting State to extradite a fugitive may give rise to an issue under Art. 3, and hence engage the responsibility of that State under the Convention, where substantial grounds have been shown for believing that the person concerned, if extradited, faces a real risk of being subjected to torture or to inhuman or degrading treatment or punishment in the requesting country."[187]

In der Entscheidung im Fall *Cruz Varas*[188] gelangt er dann im Jahre 1991 zu dem Ergebnis, daß auch für Au*sweisungs*entscheidungen grundsätzlich nichts anderes gelten kann[189]:

> "Although the present case concerns expulsion as opposed to a decision to extradite, the Court considers that the above principle[190] also applies to expulsion decisions and a fortiori to cases of actual expulsion."[191]

Diese Rechtsprechung wurde sodann in zwei Entscheidungen betreffend die Ausweisungen von Tamilen nach Sri Lanka in den Jahren 1991[192]

---

van der Meersch, L'extradition et la Convention européenne des droits de l'homme - L'affaire Soering, Rev. Trim. Dt. l'Homme 1990, S. 5 ff.

[187] Soering v. Vereinigtes Königreich, Urteil vom 7.7. 1989, Ser. A, vol. 161, S. 35.

[188] Cruz Varas und andere v. Schweden, Urteil vom 20. 3. 1991, Ser. A, vol. 201; der deutsche Text der Entscheidung findet sich in EuGRZ 1991, S. 203 ff.

[189] Im konkreten Fall verneinte er allerdings eine Verletzung von Art. 3, da der (chilenische) Beschwerdeführer zum einen widersprüchliche Angaben gemacht hatte, zum anderen Flüchtlinge freiwillig nach Chile zurückgekehrt waren und sich generell die Situation in diesem Land im Hinblick auf Menschenrechtsverletzungen verbessert habe.

[190] Gemeint ist der im Soering-Urteil aufgestellte und soeben zitierte Grundsatz, daß eine Auslieferung einen Verstoß gegen Art. 3 EMRK darstellen kann.

[191] Ser. A, vol. 201, S. 28.

[192] Vilvarajah und andere v. Vereinigtes Königreich, Urteil v. 30.10. 1991, Ser. A, vol. 215.

und 1992[193] fortgeführt und bestätigt[194]. Allerdings hatten sich bislang weder der Gerichtshof noch die Kommission mit der Frage zu befassen, ob sich aus Art. 3 EMRK auch eine Verpflichtung ergibt, Ausländern, denen in ihrem Heimatland eine unmenschliche Behandlung droht, an der Grenze nicht zurückzuweisen[195].

2. Anwendbarkeit von Art. 3 EMRK in Fällen der Zurückweisung an der Grenze

Im völkerrechtlichen Schrifttum wird für diese Fallgruppe überwiegend die Auffassung vertreten, aus Art. 3 EMRK ergebe sich ein Verbot der Abweisung an der Grenze, wenn die Person ansonsten Folter oder unmenschlicher oder erniedrigender Strafe oder Behandlung ausgesetzt wäre[196]. Dies scheint auch der Haltung der britischen Regierung im Fall Vilvarajah zu entsprechen, die offenbar ebenfalls davon ausging, daß

---

193 Urteil des Gerichtshofes vom 27. 8. 1992 in der Sache Vijayanathan und Pusparajah v. Frankreich (erscheint in der amtl. Sammlung als vol. 241-B).

194 In beiden Fällen wurde jedoch in concreto ein Verstoß gegen Art. 3 EMRK verneint.

195 Die Kommission sah sich aber wiederholt mit der Frage konfrontiert, ob die Weigerung, Inhaber britischer Pässe schwarzer Hautfarbe nach Großbritannien einreisen zu lassen, eine "erniedrigende Behandlung" im Sinne von Art. 3 EMRK darstellen könne und hat dies bejaht, wenn die Einreisesperre einzig aus Gründen der Rassendiskriminierung erfolgt sei, Appl.4403/70 u.a. East African Asians I. Die Entscheidung ist aber auf die hier zu untersuchende Problematik nicht übertragbar, als ein wesentliches Element bei der Entscheidung der Kommission der Umstand war, daß es sich bei den Betroffenen um Staatsangehörige des Vereinigten Königreichs gehandelt hatte.

196 Kälin, Non-Refoulement, S. 169 f.; R. Seeger, Das Asylrecht als Menschenrecht in: T. Veiter (Hrsg.), Asylrecht als Menschenrecht (1969), S. 1 ff. (13); P. van Dijk/ G. van Hoof, Theory and Practice of the European Convention on Human Rights (2. Aufl., 1990), S. 236; Achermann, Handbuch, S. 187; K. Hailbronner, Perspektiven einer europäischen Asylrechtsharmonisierung nach der Maastrichter Gipfelkonferenz, ZAR 1992, (im folgenden zitiert als Hailbronner, Perspektiven), S. 51 ff. (55), bezeichnet dieses Verständnis von Art. 3 EMRK gar als "mittlerweile unbestritten". In dieser Hinsicht aber noch zweifelnd ders., Refoulement-Verbot, S. 3 zu Art. 3 der UN-Folterkonvention.

sich aus Art. 3 ein Einreiserecht ergeben könne[197]. Schließlich hatte ferner der Gerichtshof bereits im Fall *Soering* ausgeführt, daß Art. 3 eine Interpretation erfordere, die dessen Garantien effektiv umsetze[198]. Da aber die Gefährdung der durch Art. 3 EMRK geschützten Rechtsgüter die gleiche ist, gleichgültig, ob es sich nun um eine Zurückweisung oder eine bloße Abweisung handelt, muß Art. 3 EMRK auch gegen eine im Widerspruch zu dieser Norm erfolgende Abweisung schützen. Zuletzt kann noch darauf verwiesen werden, daß auch die Beratende Versammlung des Europarates davon ausging, daß Art. 3 EMRK ein Verbot der Abweisung an der Grenze umfaßt, wenn andernfalls eine unmenschliche Behandlung oder Folter drohe[199].

3. Art. 3 EMRK und nicht-staatliche Verfolgung

Zwar gibt es noch keine ausdrückliche Spruchpraxis der Straßburger Organe zu der Frage, ob auch nichtstaatliche Verfolgung ausreichen kann, um die Schutzwirkung des Art. 3 auszulösen. In ihrem Bericht im Fall *Altun* betonte die Europäische Kommission für Menschenrechte aber, daß es für Art. 3 lediglich auf das objektive Vorliegen einer nach Art. 3 EMRK zu vermeidenden Situation ankommen kann:

> " (...) the Commission emphasises that *only the existence of an objective danger to the person to be extradited may be considered.*[200] (...) The Commission moreover has taken account, in cases of expulsion, of a danger not arising out of the authorities of the State receiving the person concerned (...)"[201].

---

197 Die britische Regierung hatte in ihren Schlußanträgen den Gerichtshof aufgefordert festzustellen, "*that in the particular circumstances of each of the cases* there has been no violation of Article 3;" (Hervorhebung durch den Autor), Urteil vom 30. 10. 1991, aaO, S. 33 des Umdrucks.

198 Ser. A, vol. 161, S. 34.

199 Recommendation 434 (1965); zur Frage der Zurückweisung in einen Staat, der selbst dem Beschwerdeverfahren nach der EMRK unterliegt vgl. unten S. 96.

200 Hervorhebung durch den Verfasser.

201 Application 10308/83, Yb. Eur. Conv. Hum. Rights 1983, S. 164; in dem Verfahren 7216/75, D.R. 5, 137 ff. (140) hatte es die Kommission noch ausdrücklich offengelassen, ob die Gefahren, die dem Betroffenen in dem Zielland drohen, immer von staatlichen Organen ausgehen müssen, dazu Frowein/ Peukert, Art. 3, Rdnr. 22. Wie hier auch T. Einarsen, The European

Die Einbeziehung nicht-staatlicher Verfolgung in den Schutzbereich von Art. 3 EMRK entspricht auch dem gewöhnlichen Wortsinn der Norm, die lediglich auf das objektive Bestehen einer Gefährdungslage abhebt[202]. Denn aus der Perspektive des potentiellen Opfers - dessen Schutz ja gerade die *ratio legis* der gesamten Konvention ist - macht es keinen Unterschied, wer gegebenenfalls für eine solche unmenschliche Behandlung verantwortlich ist. Dafür, daß auch derartige Gefahren einzubeziehen sind, spricht ferner, daß nicht der fremde Staat in seinem Verhalten an Art. 3 EMRK gebunden ist, sondern der ausweisende Mitgliedsstaat der EMRK die Erhöhung der Gefahr durch sein Verhalten zu vertreten hat. Im übrigen kann auch hier wiederum die Aussage des Gerichtshofes im Fall *Soering* herangezogen werden, daß die Konvention so ausgelegt werden müsse, daß ihre Verbürgungen effektiv und wirksam sind[203]. In Übereinstimmung mit diesem Ergebnis geht auch das Schweizer Bundesgericht davon aus, daß in einem Fall, wo einer Person Blutrache durch Privatpersonen drohe, eine Verletzung von Art. 3 EMRK nicht ausgeschlossen werden könne[204].

B. Art. 2 EMRK

Im Gegensatz zu Art. 3 EMRK spielte Art. 2 EMRK bei der Beurteilung der Frage, ob die Ausweisung einer Person eine Konventionsverletzung darstellen kann, bislang kaum eine Rolle. Hält man sich jedoch die Gefährdungen vor Augen, denen Personen ausgesetzt sein können, welche in Kriegs- oder Bürgerkriegssituationen ausgewiesen werden,

---

Convention on Human Rights and the Notion of an Implied Right to de facto Asylum, Int. J. Ref. Law. 1990, S. 361 ff. (370 m.w.N.).

[202] Dies betont zu Recht Einarsen, ebd.

[203] Vgl das Urteil im Fall Soering, Ser. A, vol. 161, S. 34; wie hier auch Frowein/ Peukert, Art. 3, Rdnr. 22. Entsprechend ist der Gerichtshof auch bislang davon ausgegangen, daß der Staat auch die Beachtung der Konvention durch Dritte sicherzustellen hat, soweit ihm deren Handeln zugerechnet werden kann, vgl. dazu etwa die Entscheidungenen Sér. A, vol. 44, § 49 und Ser. A, vol. 91, § 23.

[204] BGE 111 1b 71; demgegenüber stellt sich jedoch das schweizerische Bundesamt für Flüchtlinge ohne nähere Begründung auf den Standpunkt, eine private Verfolgung sei für Art. 3 EMRK irrelevant, vgl. Vernehmlassung vom 9. 1. 1991 zur Beschwerde Rekurs 90/7166 in Sachen M. J. unter Hinweis auf einen Doktrinrapport BFF vom 6. 12. 1990, ASYL 1991, S. 18; kritisch dazu Achermann, Handbuch, S. 185.

erscheint eine Verletzung von Art. 2 EMRK nicht ausgeschlossen. Insoweit ergeben sich jedoch mehrere Fragen: Zum einen ist zu untersuchen, ob Art. 2 EMRK - ähnlich wie Art. 3 EMRK - überhaupt bei grenzüberschreitenden Sachverhalten anwendbar ist. Zum zweiten setzt die Bejahung einer Verletzung - hält man sich den Wortlaut von Art. 2 Abs. 1 S. 2 EMRK vor Augen - möglicherweise voraus, daß es sich bei der verbotenen Handlung um eine vorsätzliche Tötung gehandelt haben muß[205].

1. Anwendbarkeit von Art. 2 EMRK in Ausweisungssituationen

Zunächst ist festzuhalten, daß die Praxis der Kommission implizit voraussetzt, daß auch eine bloße Lebens*gefährdung* den Schutzbereich des Art. 2 der EMRK berühren kann[206]. Im übrigen erschiene es auch widersinnig und der *ratio legis* der Konvention widersprechend, diese Möglichkeit einer *ex ante* Beschwerde zu verneinen.

In mehreren Fällen, in denen die Beschwerdeführer gegenüber der Europäischen Kommission für Menschenrechte eine Verletzung ihrer in Art. 2 EMRK garantierten Rechte im Falle der Ausweisung in die USA geltend gemacht hatten, prüfte die Kommission jeweils die Frage, ob *in concreto* jeweils eine solche Gefahr bestand beziehungsweise oder ob nicht vielleicht ein Fall einer nach der EMRK zulässigen Todesstrafe vorlag[207]. Dies legt es aber nahe davon auszugehen, daß die Kommission ihrerseits jedenfalls von der grundsätzlichen Anwendbarkeit von Art. 2 EMRK auch für solche Sachverhaltskonstellationen ausgeht. Dies wird zudem durch den Umstand bestätigt, daß die Kommission eine mögliche Gefahr der Verletzung der Konvention in solchen Fällen zwar vor allem - aber gerade nicht ausschließlich (!) - im Hinblick auf Art. 3 EMRK als möglich ansieht:

---

[205] Im englischen Text heißt es:

"No one shall be deprived of his life intentionally (...)"

und im französischen Text:

"La mort ne peut être infligée à quiconque intentionellement (...)".

[206] Frowein/ Peukert, Art. 2, Rdnr. 6.

[207] Appl. 7317/75, D.R. 6, S. 141 ff. (152); ferner Appl. 10227/82 (unveröffentlicht), teilweise dargestellt in Digest of Strasbourg Case-Law relating to the European Convention on Human Rights (Update to vol. 1 (Arts. 1-5), Losbl.).

"(...) l'extradition d'un individu peut néanmoins, dans certains cas exceptionnels, poser un problème délicat sur le terrain de la Convention, *en particulier*[208] de son article 3 (...)[209].

Schließlich sind auch keine grundsätzlichen strukturellen Unterschiede zwischen beiden Normen erkennbar, die es nahelegen würden, gerade Art. 2 EMRK nicht auf solche Ausweisungssachverhalte anzuwenden. Dies gilt umso mehr deshalb, weil der Gewährung des Rechts auf Leben im System der Konvention ein mindestens genauso großer Stellenwert zukommt wie dem Schutz vor unmenschlicher Behandlung oder Folter. Zusätzliche Probleme ergeben sich aber aus dem Umstand, daß Art. 2 Abs. 1 EMRK möglicherweise ein zusätzliches subjektives Tatbestandsmerkmal im Hinblick auf die Gefährdung des dort geschützten Rechtsgutes enthält mit der Folge, daß eine Ausweisungsentscheidung, die tödliche Folgen für den Beschwerdeführer ja allenfalls in Kauf nimmt, möglicherweise auf keinen Fall von Art. 2 EMRK erfaßt wäre.

2. Subjektiver Tatbestand

In einem Fall, der die Tötung eines Demonstranten durch einen belgischen Polizisten betraf, beschränkte sich die Kommission auf die Feststellung, daß die konkreten Umstände nicht den Schluß ermöglichten, es habe sich um eine absichtliche Tötung gehandelt[210]. Aus diesem Grunde, so die Kommission, liege keine Verletzung von Art. 2 EMRK vor[211]. Diese Haltung wurde jedoch in einem späteren Verfahren durch die Kommission aufgegeben und auch unbeabsichtigte Tötungshandlungen in den Schutzbereich von Art. 2 EMRK einbezogen[212]. Gerade auch die Ausnahmevorschriften des Abs. 2 von Art. 2 EMRK zeigen in einem Umkehrschluß, daß grundsätzlich auch eine nicht gewollte Herbeiführung einer Todesgefahr eine Verletzung von Art. 2 EMRK darstellen kann[213]. Denn andernfalls hätte es beispielsweise nicht der Ausnahme aus Art. 2 Abs. 2 lit. b) EMRK

---

[208] Hervorhebung durch den Verfasser.

[209] Appl. 7317/75, D.R. 6, S. 141 ff. (152).

[210] App. 2758/66, Yb. Eur. Conv. Hum. Rights 12, S. 174 ff. (190 f.).

[211] Kritisch hierzu Frowein/ Peukert, Art. 2, Rdnr. 5; J. Velu/ R. Ergec, La Convention Européenne des Droits de l 'Homme (1990), S. 181.

[212] Appl. 10044/82 vom 10.7.1984; hierzu Frowein/ Peukert, Art. 2, Rdnr. 5.

[213] Frowein/ Peukert, Art. 2, Rdnr. 5.

bedurft, da im Rahmen solcher polizeilicher Maßnahmen die Tötung des Betroffenen gerade nicht das gewünschte Ziel darstellt. Art. 2 Abs. 2 S. 2 EMRK wäre also jedenfalls teilweise überflüssig, würde man den Anwendungsbereich des Art. 2 EMRK von vornherein auf gezielte Tötungsakte beschränken.

Auf unsere Problematik übertragen bedeutet dies, daß eine Ausweisung einer Person, die hierdurch einer konkreten Lebensbedrohung ausgesetzt wird, gegen Art. 2 EMRK verstößt, selbst wenn dies nur eine unbeabsichtigte, aber nicht zu vermeidende Rechtsfolge der aufenthaltsbeendenden Maßnahme ist.

II. Unwiderlegliche Vermutungen für Freiheit von unmenschlicher Behandlung oder Folter im Lichte der EMRK

Nach dem soeben Gesagten ist davon auszugehen, daß die Ausweisung von Personen unter bestimmten Voraussetzungen sowohl gegen Art. 3 als auch möglicherweise gegen Art. 2 EMRK verstoßen kann[214]. Daran schließt sich aber die Frage an, ob nicht jedenfalls bezüglich einzelner Staaten eine unwiderlegliche Vermutung des Nichtvorliegens einer solchen Gefahr möglich und konventionsrechtlich zulässig ist.

Aus der Perspektive der EMRK[215] begegnet eine solche unwiderlegliche Vermutung der Freiheit von unmenschlicher Behandlung oder Folter aus zweierlei Gesichtspunkten Bedenken. Zum einen ist es fraglich, ob sich dadurch nicht zwangsläufig Verletzungen von Art. 2 beziehungsweise 3 EMRK durch den ausweisenden Staat ergeben müßten. Zum anderen erscheint eine solche unwiderlegliche Vermutung auch vor dem Hintergrund der Verpflichtungen aus Art. 13 EMRK problematisch.

---

[214] In seiner Entscheidung im Fall Soering hat es der Gerichtshof daneben ausdrücklich offen gelassen, ob Art. 6 EMRK in einer Situation anwendbar sein könnte, wo dem Betroffenen im Heimatstaat ein Strafverfahren unter offensichtlicher Verletzung der durch Art. 6 garantierten Rechte droht, Ser. A, vol. 161, S. 45.

[215] Zu den Fragen, die sich insoweit im Lichte der Genfer Flüchtlingskonvention stellen oben S. 46 ff.

A. Mögliche Verstöße gegen die materiellen Vorschriften der EMRK

Bereits die bisherige Spruchpraxis des Europäischen Gerichtshofes für Menschenrechte macht hinreichend deutlich, daß die Anwendung unwiderleglicher Vermutungen der Freiheit von unmenschlicher Behandlung oder Folter Verletzungen der Konvention nicht mit hinreichender Sicherheit ausschließen könnte. So hatte sich der Gerichtshof im Fall *Soering* mit der Problematik zu beschäftigen, ob eine Auslieferung an die USA - also einen Staat, der wohl *generell* als verfolgungssicher bezeichnet werden kann - nicht doch unter bestimmten Voraussetzungen gegen Artikel 3 EMRK verstoßen kann. Konkret ging es um die Frage, ob die Umstände, unter denen zum Tode verurteilte Personen im Staat Virginia leben müssen, eine unmenschliche Behandlung oder Folter konstituieren[216]. Der Europäische Gerichtshof für Menschenrechte in Straßburg hat dies bejaht und eine Auslieferung durch das Vereinigte Königreich an die USA nur unter der Voraussetzung zugelassen, daß dort die Verhängung und Vollstreckung der Todesstrafe ausgeschlossen ist. Dieses Beispiel zeigt bereits, daß auch in demokratischen und rechtsstaatlich verfaßten Ländern, wie den USA, nicht von vornherein jeder Verstoß gegen Art. 3 EMRK ausgeschlossen werden kann[217].

Schon aus diesem Grunde wäre demnach eine unwiderlegliche Vermutung als konventionswidrig anzusehen. Im übrigen könnte sich insoweit auch ein Widerspruch zu Art. 13 EMRK ergeben, wenn keinerlei Möglichkeit bestünde, eine im Einzelfall doch vorhandene Gefahr der Folter oder unmenschlichen Behandlung geltend zu machen.

---

[216] Zu den Einzelheiten vgl. die Nachweise oben bei Anm. 240. Großbritannien war zum fraglichen Zeitpunkt nicht an das 6. Zusatzprotokoll zur EMRK gebunden, so daß sich nicht die Frage stellte, ob die Auslieferung zur Vollstreckung der Todesstrafe schon *per se* einen Verstoß gegen die EMRK darstellt. Vgl. auch BVerfGE 18, 112 ff. (116), wonach eine Auslieferung zur Vollstreckung der Todesstrafe nicht gegen Art. 102 GG verstößt; dazu aber nunmehr auch BVerwG NJW 1988, S. 662. Ferner OLG Karlsruhe, Beschluß vom 26. 6. 1990 - 1 AK 22/90 -, wonach es kein völkergewohnheitsrechtliches Verbot der Todesstrafe gibt. Vgl. daneben auch die einfachgesetzliche Regelung in § 8 IRG.

[217] So auch die Stellungnahme der Abg. Stocker im Laufe des Gesetzgebungsverfahrens betreffend die Einführung des *safe-country*-Konzepts in das schweizerische Asylrecht, vgl. Bull. NR. 1990, S. 834 f.

B. Unvereinbarkeit mit Art. 13 EMRK

Art. 13 EMRK lautet:

> "Sind die in der vorliegenden Konvention festgelegten Rechte und Freiheiten verletzt worden, so hat der Verletzte das Recht, eine wirksame Beschwerde bei einer nationalen Instanz einzulegen, selbst wenn die Verletzung von Personen begangen worden ist, die in amtlicher Eigenschaft gehandelt haben."

Fraglich ist dabei zunächst, welchen Anwendungsbereich *ratione personae* Art. 13 der EMRK überhaupt hat.

1. Zur von Art. 13 EMRK geschützten Personengruppe

Art. 13 EMRK gewährt nach seinem Wortlaut jeder Person, die in ihren durch die Konvention garantierten Rechten verletzt ist[218], eine wirksame Beschwerde bei einer nationalen Instanz. Diese Formulierung würde es auf den ersten Blick nahelegen, daß Art. 13 die vorherige Feststellung einer solchen Verletzung voraussetzt[219]. Dies würde allerdings die in Art. 13 EMRK enthaltene Garantie faktisch leerlaufen lassen[220] und entspräche auch weder dem Sinn[221] noch einer effektiven Interpretation der Norm[222]. Daher gehen inzwischen sowohl Gerichtshof als auch Kommission davon aus, daß Art. 13 EMRK jedem Beschwerdeführer, der die vertretbare Behauptung aufstellt, in seinen Konventionsrechten verletzt zu sein, das Recht auf Zugang zu einem wirksamen Beschwerdeverfahren garantiert[223]. Insoweit wird davon gesprochen, daß

[218] Eine etwaige Verletzung von Art. 33 der Genfer Flüchtlingskonvention ist also insoweit von vorneherein irrelevant.

[219] In diese Richtung ging die frühere Praxis der Europäischen Kommmission für Menschenrechte, vgl. statt aller etwa Appl. 3798/68, Yb. Europ. Conv. Hum Rights 12, S. 306 ff. (324), sowie die bei Frowein/ Peukert, Art. 13, Rdnr. 2 Fn. 2 angegebenen weiteren Nachweise.

[220] K. Vasak, La Convention européenne des droits de l'homme (1964), S. 28.

[221] Frowein/ Peukert, Art. 13, Rdnr. 2.

[222] J. Velu/ R. Ergec, La Convention Européenne des Droits de l'Homme (1990), S. 91.

[223] Vgl. aus der Rechtsprechung des Europäischen Gerichtshofes für Menschenrechte etwa die Urteile im Fall Boyle and Rice, Urteil v. 27.4.1988,

der Beschwerdeführer einen *arguable claim*, einen *grief défendable* einer Konventionsverletzung vorbringen können müsse, um einen Anspruch auf ein wirksames Beschwerdeverfahren vor einer nationalen Instanz zu haben[224]. Zwar hat der Gerichtshof bislang noch keine festen Maßstäbe dafür entwickelt, wann in der Tat eine solche vertretbare Behauptung einer Konventionsverletzung vorliegt. Vielmehr ist insoweit aus der Sicht des Gerichtshofes auf den jeweiligen konkreten Lebenssachverhalt und die sich damit ergebenden rechtlichen Fragen abzustellen[225]. Die Kommission geht jedoch davon aus, daß die vertretbare Behauptung einer Konventionsverletzung jedenfalls dann vorliegt, wenn die spezifischen Fragen des Falles ein Konventionsrecht tangieren, wenn der Sachvortrag nicht völlig unsubstantiiert ist und wenn die Fragestellung jedenfalls *prima facie* zu Bedenken im Hinblick auf die EMRK Anlaß gibt[226].

Dieser Anspruch auf die Durchführung eines Beschwerdeverfahrens besteht dabei unabhängig davon, ob sich der Beschwerdeführer - anders als etwa für die Zwecke der Verbürgung des Art. 1 des 7. Zusatzprotokolls zur EMRK[227] - rechtmäßig in dem Gebiet des betreffenden Vertragsstaates aufhält oder nicht. Auch Flüchtlingen oder Asylbewerbern, die illegal die Grenze überschritten haben, wird somit dieses Recht gewährt.

Ser. A, vol. 131, S. 21, sowie Plattform Ärzte für das Leben, Ser. A., vol. 139, § 25.

224 Dabei schließt die Tatsache, daß die Kommission eine Beschwerde als für offensichtlich unbegründet im Sinne von Art. 27 Abs. 2 der Konvention erklärt hat, nicht von vorneherein aus, daß ein *arguable claim* einer Konventionsverletzung vorliegt, doch ist hierin ein gewichtiger Anhaltspunkt für den Gerichtshof zu sehen, Urteil im Fall Boyle and Rice v. 27.4.1988, Ser. A, vol. 131, S. 21.

225 Plattform Ärzte für das Leben, Ser. A, vol. 139, § 27.

226 Vgl. den Bericht der Kommission im Fall Boyle and Rice, Ser. A, vol. 131, S. 40. Vgl. auch Frowein/ Peukert, wonach nur mißbräuchliche Berufungen auf mögliche Konventionsverletzungen nicht die Rechtsfolge des Art. 13 EMRK auslösen, Art. 13, Rdnr. 2.

227 Protokoll Nr. 7 zur Konvention zum Schutze der Menschenrechte und Grundfreiheiten vom 22. 11 1984, in Kraft seit 1.11. 1988. Das Protokoll ist von der Bundesrepublik Deutschland bislang nicht ratifiziert worden. Der Text findet sich in ÖBGBl 1988, S. 628.

2. Maßstab des Art. 13 EMRK

Art. 13 EMRK setzt das Recht voraus, eine wirksame Beschwerde bei einer nationalen Behörde einzulegen. Dazu hat der Europäische Gerichtshof für Menschenrechte ausgeführt, daß es sich aber nicht notwendigerweise um gerichtlichen Rechtsschutz handeln muß[228]. Voraussetzung ist aber jedenfalls, daß die angegangene Instanz eine bindende Entscheidung fällen kann[229] und gegenüber der Ausgangsbehörde eine ausreichende Unabhängigkeit besitzt[230]. Insbesondere muß dem Beschwerdeführer auch rechtliches Gehör - wenn auch nicht zwingend in Form einer mündlichen Verhandlung[231] - gewährt werden[232].

Es entspricht im übrigen der Rechtsprechung des Gerichtshofes, daß die Beurteilung der Wirksamkeit einer Beschwerdemöglichkeit im Lichte der tatsächlichen Umstände des Einzelfalls und der Natur der aufgeworfenen Fragen zu beurteilen ist[233]. Für gesteigerte Anforderungen an die Wirksamkeit der Beschwerdemöglichkeiten spricht zunächst, daß es sich sowohl bei Art. 3 EMRK als auch bei Art. 2 EMRK jeweils um besonders hochrangige Rechtsgüter handelt, deren Stellenwert unter anderem dadurch zum Ausdruck kommt, daß sie nicht wie andere Rechte Einschränkungen unterliegen[234] und darüber hinaus auch notstandsfest sind[235]. Auch der irreparable Charakter einer möglichen Verletzung dieser Konventionsrechte im Falle der Zurückweisung in einen Verfolgerstaat ist insoweit zu berücksichtigen[236].

Da aber die Aufstellung unwiderleglicher Listen sicherer Herkunftsstaaten *per definitionem* den Ausschluß jedweder Beschwerdemöglichkeit auch dann mit sich bringt, wenn im obigen Sinne ein *arguable claim* einer Verletzung von Art. 2 oder 3 EMRK vorliegt,

---

[228] Urteil im Fall Klass, Ser. A., vol. 28, S. 30.

[229] Boyle and Rice, Ser. A, vol. 131, § 24; Frowein/ Peukert, Art. 13, Rdnr. 3.

[230] Frowein/ Peukert, Art. 13, Rdnr. 4.

[231] Ebd.

[232] Ebd.

[233] Boyle and Rice, vol. 131, Ser. A, S. 24.

[234] Vgl. demgegenüber Art. 8 Abs. 2, 9 Abs. 2, 10 Abs. 2 und 11 Abs. 2 EMRK.

[235] Vgl. Art. 15 Abs. 2 EMRK. Im Hinblick auf Art. 2 ergibt sich allerdings eine Ausnahme für Kriegssituationen.

[236] Einarsen, Anm. 201, S. 379.

wäre auch in formeller Hinsicht grundsätzlich ein Verstoß gegen Art. 13 EMRK zu bejahen.

III. Unwiderlegliche Vermutungen der Verfolgungsfreiheit anderer EMRK-Vertragsstaaten

Es ist fraglich, ob nicht etwas anderes gilt - also ein Verstoß sowohl gegen Art. 2 beziehungsweise 3 EMRK als auch gegen Art. 13 zu verneinen ist - , wenn solche Staaten unwiderleglich zu sicheren Herkunftsstaaten erklärt werden, die ihrerseits dem Konventionssystem unterliegen und das Individualbeschwerdeverfahren zugelassen haben[237].

In diesen Fällen der Zurückschiebung in einen anderen Mitgliedsstaat der EMRK könnte sich das Individuum unmittelbar gegen das Verhalten des Staates wenden, in den er zurückgewiesen werden soll. Er könnte also mittels einer Beschwerde vor den Straßburger Organen geltend machen, seine Rechte aus Art. 3 EMRK würden durch den Verfolgerstaat selbst verletzt. Für diese Fälle wird teilweise vertreten, eine Beschwerde gegen die Zurückweisungsentscheidung selbst sei bereits unzulässig. In dieser Richtung hat auch der Sekretär der Europäischen Menschenrechtskommission in einem Fall argumentiert, der eine Ausweisung in die Türkei zum Gegenstand hatte[238]. Es ist jedoch zu berücksichtigen, daß nach der Praxis der Kommission die Unterwerfung des potentiellen Verfolgerstaates unter das Verfahren der EMRK lediglich einer unter mehreren Faktoren bei der Beurteilung des individuellen Begehrens ist. So hat auch die Europäische Kommission für Menschenrechte in letzter Zeit in mehreren Fällen, in denen die Gefahr einer Verletzung von Art. 3 EMRK im Falle der Rückführung in die Türkei drohte, von ihrem Recht aus Art. 36 der Verfahrensordnung der Kommission Gebrauch gemacht und vorläufige Maßnahmen bezeichnet, denen zufolge eine Rückführung in die Türkei zu unterbleiben habe. In ihrem Bericht im Fall *Altun v. Bundesrepublik Deutschland* hatte die Europäische Kommission für Menschenrechte im übrigen bereits ausgeführt, daß jedenfalls dann, wenn der betreffende Staat nicht die Individualbeschwerde nach Art. 25 EMRK anerkannt hat, eine Beschwerde wegen einer drohenden Verbringung in einen anderen

---

[237] Insoweit ist derzeit vor allem an die Türkei zu denken, wo das Vorliegen einer Gefahr im Sinne von Art. 3 EMRK, insbesondere im Südosten des Landes, nicht unwahrscheinlich ist.

[238] Vgl. dazu die kritische Anmerkung in ASYL 1989/4, S. 19; dazu auch Achermann, Handbuch, S. 185.

ebenfalls der EMRK unterworfenen Staat nicht schon aus diesem Grunde unzulässig ist[239].

Diese Haltung dürfte auch der Praxis des Gerichtshofes entsprechen, wonach die Verletzung von Art. 3 EMRK im Falle der Auslieferung an einen Verfolgerstaat gerade daran ansetzt, daß der Betroffene *de facto* der Folter oder unmenschlichen Behandlung ausgesetzt wird. Die Möglichkeit, gegen den Verfolgerstaat *nach* der Auslieferung beziehungsweise Ausweisung ein Verfahren wegen einer Verletzung von Art. 3 EMRK durchzuführen, würde in einem solchen Fall leerlaufen und insbesondere in den Fällen möglicherweise zu spät kommen, in denen eine Lebensgefahr besteht. Schließlich ist wiederum die Aussage des Gerichtshofes im Fall *Soering* zu berücksichtigen, wonach Art. 3 dergestalt zu interpretieren sei, daß dessen Garantien effektiv umgesetzt würden[240]. Diese Effektivität wäre aber gerade dann nicht gewährleistet, wenn der Betroffene in den Verfolgerstaat zurückgewiesen würde, wo er beim Eintreten der Verfolgung allenfalls noch *ex post facto* von seinen Rechten aus der Konvention Gebrauch machen könnte. Dies gilt umso mehr auch deshalb, weil einstweilige Maßnahmen der Straßburger Organe für die Mitgliedsstaaten der Konvention nach der Rechtsprechung des Europäischen Gerichtshofes für Menschenrechte im Fall *Cruz Varas*[241] nicht verbindlich sind[242]. Vor diesem Hintergrund ist demnach auch im Verhältnis zu anderen Mitgliedsstaaten der EMRK die Anwendung eines Systems unwiderleglicher Vermutungen der Freiheit von unmenschlicher Behandlung oder Folter unzulässig.

Damit bleibt als Zwischenergebnis also festzuhalten, daß sowohl nach der Genfer Flüchtlingskonvention als auch nach der Europäischen Menschenrechtskonvention unwiderlegliche Vermutungen der Freiheit

---

[239] Entscheidung der Kommission vom 3. 5. 1983; abgedruckt in dem Bericht der Kommission vom 7. 3. 1984, K. Altun gg. Bundesrepublik Deutschland (10308/83), § 15, S. 20 des Umdrucks.

[240] Urteil im Fall Soering, Ser. A, vol. 161, S. 34.

[241] Cruz Varas und andere v. Schweden, Urteil vom 20. 3. 1991, Ser. A., vol. 201, S. 34 ff.; deutscher Text in EuGRZ 1991, S. 203 ff.

[242] Zur Bindungswirkung solcher vorläufigen Maßnahmen vgl. ferner K. Oellers-Frahm, Zur Verbindlichkeit einstweiliger Anordnungen der Europäischen Kommission für Menschenrechte - Anmerkung zum Urteil des EGMR im Fall Cruz Varas gegen Schweden, EuGRZ 1991, S.197 ff.; ferner R. Macdonald, Interim Measures in International Law with Special reference to the European System for the Protection of Human Rights, ZaöRV 1992, S. 703 ff.

unmenschlicher Behandlung oder Folter völkerrechtlich verboten sind. Vor dem Hintergrund dieser Feststellungen sollen nunmehr die vom verfassungsändernden Gesetzgeber getroffenen Regelungen in Art. 16 a GG und das hierzu ergangene Ausführungsgesetz beurteilt werden.

Dritter Abschnitt: Art. 16 a GG und das Verbot unwiderleglicher Vermutungen der Verfolgungsfreiheit

I. Art. 16 a Abs. 3 GG

Art. 16 a Abs. 3 GG ermächtigt den einfachen Gesetzgeber, solche Staaten zu bezeichnen, in Bezug auf die vermutet wird, daß dort weder politische Verfolgung noch unmenschliche oder erniedrigende Bestrafung oder Behandlung stattfindet. Insoweit wird vermutet, daß Ausländer aus solchen Staaten im Falle der Rückkehr dorthin nicht politisch verfolgt werden, es sei denn, sie tragen Tatsachen vor, aus denen sich ergibt, daß sie im Einzelfall entgegen dieser Vermutung doch politisch verfolgt sind. Aus der Eingangsformulierung[243] sowie aus dem zweiten Halbsatz ergibt sich eindeutig, daß es sich um eine widerlegliche Vermutung handelt. *Insoweit* ergeben sich damit aus Art. 16 a Abs. 3 GG im Verhältnis zu dem oben konstatierten Verbot unwiderleglicher Vermutungen keine Bedenken.

Der Wortlaut von Art. 16 a Abs. 3 S. 2 GG legt es demgegenüber auf den ersten Blick nahe, daß der Vortrag drohender oder erlittener unmenschlicher oder erniedrigender Bestrafung oder Behandlung zur Untermauerung des Vorhandenseins politischer Verfolgung abgeschnitten sein könnte. Dies könnte zur Folge haben, daß dann trotz der Gefahr nicht politisch motivierter Folter in dem Heimatstaat - die nach der Rechtsprechung des Bundesverfassungsgerichts keine politische Verfolgung im Sinne von Art. 16 a GG darstellt[244] - unter Umständen aufenthaltsbeendende Maßnahmen durchgeführt werden könnten mit der Folge, daß man es de facto mit einem nach dem oben Gesagten EMRK-widrigen System einer unwiderlegbaren Vermutung zu tun hätte.

---

[243] Zu der ursprünglich geplanten Fassung von Art. 16 a Abs. 3 S. 2 GG "gilt nicht als politisch verfolgt" vgl. bereits oben S. 32 ff.

[244] Dazu BVerfGE 81, S. 142 ff., sowie die weiteren Nachweise bei W. Kanein/ G. Renner, Ausländerrecht - Kommentar (im folgenden zitiert als Kanein/ Renner), § 53 AuslG, Rdnr. 3.

Nun kommt aber der Zufügung von Folter oder sonstiger unmenschlicher Behandlung[245] für das Vorliegen politischer Verfolgung jedenfalls eine Indizfunktion zu[246]. Gleichzeitig läßt der Wortlaut der Norm den Vortrag solcher Tatsachen zu, aus denen sich die Annahme politischer Verfolgung ergeben kann[247]. Art. 16 a Abs. 2 S. 2 GG will also auch den Vortrag, dem Antragsteller drohe eine unmenschliche Behandlung im Sinne von Art. 3 EMRK nicht abschneiden. Dies wird auch durch die Überlegung bestätigt, daß Art. 16 a Abs. 3 GG lediglich eine verfahrensrechtliche Eingrenzung des Art. 16 a Abs. 1 GG enthält, dessen Schutzbereich aber gerade nicht beschränken will. Im übrigen bleiben darüber hinausgehende Verpflichtungen zur Gewährung von Abschiebeschutz, wie sie sich nicht aus Art. 16 a GG selbst, sondern entweder unmittelbar aus Art. 1 GG, aus Art. 102 GG[248] oder aber direkt aus Art. 3 der EMRK oder der UN-Folterkonvention ergeben, unberührt[249] und können von dem eventuell befaßten Verwaltungsgericht - anders als im Rahmen des Art. 16 a Abs. 2 GG - auch berücksichtigt werden, wenn es die Rechtmäßigkeit der aufenthaltsbeendenden Maßnahme für die Zwecke einer möglichen Gewährung einstweiligen

---

245 Zum Stufenverhältnis zwischen Folter - unmenschlicher Behandlung/ Strafe - erniedrigender Behandlung/Strafe vgl. Frowein/ Peukert, Art. 3, Rdnr. 2 unter Bezugnahme auf die Praxis der Europäischen Kommission für Menschenrechte.

246 Grundlegend BVerwGE 67, S. 184 ff. (194); ebenso etwa J. A. Frowein/ R. Kühner, Drohende Folter als Asylgrund und Grenze für Auslieferung und Ausweisung, ZaöRV 1983, S. 537 ff. (560, 565); A. Randelzhofer, Asylrecht, in: Handbuch des Staatsrechts der Bundesrepublik Deutschland (J. Isensee/ P. Kirchhof, Hrsg.), Bd. VI. (1989), S. 185 ff. (193 f.); G. Renner, Schriftliche Stellungnahme zum Entwurf eines Gesetzes zur Änderung des Grundgesetzes (Art. 16 und 18) der Fraktionen der CDU/CSU, SPD und FDP (BT-Drs. 12/4152) (zukünftig zitiert als Stellungnahme I), in: Protokoll der 55. Sitzung des Innenausschusses, der 71. Sitzung des Rechtsauschusses und der 8. Anhörung der Gemeinsamen Verfassungskommission vom 11. 3. 1993, S. 343 ff. (352).

247 Damit stützt jetzt die Verfassung ihrerseits die These von der bloßen Indizwirkung des Vorhandenseins von Folter für die Existenz politischer Verfolgung, Renner, ebd.

248 Zur Frage, ob sich aus Art. 102 GG ein Abschiebehindernis ergibt vgl. bereits oben bei Anm. 216.

249 Renner, Stellungnahme I, S. 352.

Rechtsschutzes prüft[250]. Damit erklärt sich die in Art. 16 a Abs. 3 S. 2 vorgenommene Beschränkung aus dem allein asylbezogenen Regelungszweck der Norm[251] mit der weiteren Folge, daß Art. 16 a Abs. 3 GG auch im Hinblick auf Art. 3 der EMRK keine unzulässige unwiderlegliche Vermutung enthält.

II. Art. 16 a Abs. 2 GG

Nach Art. 16 a Abs. 2 GG kann sich auf Art. 16 a Abs. 1 nicht berufen, wer aus einem sicheren Drittstaat einreist. Nach Art. 16 a Abs. 2 S. 3 GG können aufenthaltsbeendende Maßnahmen unabhängig von einem hiergegen eingelegten Rechtsbehelf vollzogen werden[252]. § 26 a

---

[250] Vgl. § 36 Abs. 4 S. 1 AsylVfG 1993, der eine Beschränkung auf asylrechtsrelevante Abschiebehindernisse gerade nicht vorsieht, so daß daneben der Anwendungsbereich von § 53 AuslG eröffnet ist. Dahin geht offenbar auch die Praxis der Verwaltungsgerichte bei der Anwendung des neuen § 36 AsylVfG, vgl. dazu den Hinweis in der Entscheidung des Bundesverfassungsgerichts vom 27. 7. 1993 in der Sache 2 BvR 1516/93, S. 4 des Umdrucks. Dies gebietet im übrigen auch eine EMRK-konforme Auslegung von § 36 Abs. 4 AsylVfG 1993. Denn würde man danach die Verwaltungsgerichte als gehindert ansehen, Abschiebehindernisse zu prüfen, die außerhalb des unmittelbaren Rahmens politischer Verfolgung liegen, käme auch eine unmittelbare Anwendung von Art. 3 EMRK nicht in Betracht.

[251] Renner, Stellungnahme I, S. 352.

[252] Zur Frage, ob dadurch nur der *ex lege* eintretende Ausschluß der aufschiebenden Wirkung eines Rechtsbehelfs ausgeschlossen werden sollte oder ob darüber hinaus generell auch die Verwaltungsgerichte gehindert werden sollten, Entscheidungen im einstweiligen Rechtsschutz-Verfahren zu erlassen vgl. K. Lotz, Vorläufige Stellungnahme zu Fragen des Entwurfs eines Gesetzes zur Änderung des Grundgesetzes (Art. 16 und 18) - BT-Drs. 12/4152, (zukünftig zitiert als Lotz, Stellungnahme I), in: Protokoll der 55. Sitzung des Innenausschusses, der 71. Sitzung des Rechtsausschusses und der 8. Anhörung der Gemeinsamen Verfassungskommission, S. 245 ff. (251), der einen solchen weitergehenden Ausschluß bejaht; ebenso H.- J. Papier, Stellungnahme zum Entwurf eines Gesetzes zur Änderung des Grundgesetzes (Art. 16 und 18), BT-Drs.12/4152, (zukünftig zitiert als Papier, Stellungnahme I), in: Protokoll der 55. Sitzung des Innenausschusses, der 71. Sitzung des Rechtsausschusses und der 8. Anhörung der Gemeinsamen Verfassungskommission, S. 257 ff. (268); noch weitergehender die von U. Preuß vorgelegte Vorläufige Stellungnahme zu den Gesetzentwürfen BT-Drs. 12/4152, 12/3235, 12/2112, 12/1216, 12/1714

AsylVfG 1993 in Verbindung mit § 34 a Abs. 2 AsylVfG 1993 konkretisiert diese Vorschrift dahingehend, daß auch ein angerufenes Verwaltungsgericht keine Entscheidungen nach § 80 oder § 123 der VwGO erlassen darf[253]. Dies bedeutet, daß Personen, die in den Anwendungsbereich des Art. 16 a Abs. 2 GG fallen, ohne weiteres aus der Bundesrepublik Deutschland abgeschoben werden können, ohne daß eine irgendwie geartete Einzelfallprüfung hinsichtlich ihrer Flüchtlingseigenschaft oder hinsichtlich der Frage stattfindet, ob in dem Drittstaat im Einzelfall nicht doch eine Verfolgung im Sinne der Konvention oder eine EMRK-widrige Behandlung droht. Damit ergeben

---

(neu) und 12/2089, (zukünftig zitiert als Preuß, Stellungnahme), in: Protokoll der 55. Sitzung des Innenausschusses, der 71. Sitzung des Rechtsausschusses und der 8. Anhörung der Gemeinsamen Verfassungskommission, S. 205 ff. (213 f.), der sogar davon ausgeht, daß der einfachen Gesetzgeber gehindert sei, eine solche Möglichkeit einzuräumen. Vgl. auch Renner, Stellungnahme I, der ebenfalls von einem ausnahmslosen Ausschluß des vorläufigen Rechtsschutzes ausgeht, S. 350; verneinend demgegenüber H. Heinhold, Stellungnahme zu den Vorschlägen zur Änderung des Asylgrundrechts (Art. 16 II 2 GG) (BT-Drucksache DS 12/4152, 12/2112) sowie den zu beratenden Anträgen und Gesetzesentwürfen (12/3235, 12/1216,, 12/1714 und 12/2089), (zukünftig zitiert als Heinhold, Stellungnahme), in: Protokoll der 55. Sitzung des Innenausschusses, der 71. Sitzung des Rechtsausschusses und der 8. Anhörung der Gemeinsamen Verfassungskommission, S. 399 ff. (420). Zu der Frage, ob ein solcher Ausschluß in der Tat noch von dem Wortlaut des Art. 16 a Abs. 2 S. 3 gedeckt ist vgl. im einzelnen unten S. 307 ff.

[253] Gegenüber der Entwurfsfassung vom 22. 1. 1993, die bereits einen solchen vollständigen Ausschluß vorgesehen hatte, waren von den Ländern Nordrhein-Westfalen und Niedersachsen Bedenken geäußert worden, ob dieser Ausschluß mit Art. 16 a Abs. 2 S. 3 GG vereinbar sei, vgl. B. Waldmann-Stocker, "Sichere Drittstaaten" und Abschiebung im AsylVfG-E aus anwaltlicher Sicht, in: ZDWF (Hrsg.), Art. 16 a GG und seine Folgen (1993), S. 29 ff. (33 Fn. 14). Weiterhin war es aus der Sicht des Landes Nordrhein-Westfalen fraglich, ob die Regelung auch in Bezug auf Abschiebehindernisse nach den §§ 53, 55 Abs. 3 AuslG angewandt werden kann. Für die Nichtprüfung von sonstigen Abschiebehindernissen spricht aber nunmehr ein *argumentum e contrario* zu § 32 AsylVfG, wo ausdrücklich festgehalten ist, daß für die dort geregelten Fälle Abschiebungshindernisse nach dem Ausländergesetz gesondert zu prüfen sind. Für eine Beschränkung des Anwendungsbereichs von § 34 a AsylVfG in Verbindung mit Art. 16 a Abs. 2 GG auf asylrechtsrelevante Gründe Giesler/ Wasser, S. 41 und ähnlich Marx, Drittstaatenregelung, S. 77 f.

sich aber im Hinblick auf zwei Fragestellungen Bedenken, was mögliche Konflikte mit dem Verbot unwiderleglicher Vermutungen der Freiheit von Verfolgung oder von unmenschlicher Behandlung anbelangt.

Zum einen gilt dies im Hinblick auf die Frage des Verhältnisses von Art. 16 a Abs. 2 GG zu Absatz 3. Denn wenn Staatsangehörige der sicheren Drittstaaten ihrerseits vom Anwendungsbereich des Abs. 2 erfaßt würden, könnte es sich in der Tat um eine nach den obigen Ausführungen unzulässige unwiderlegliche Vermutung handeln.

Zum zweiten geht es um die Frage, ob Personen, die über einen Drittstaat in die Bundesrepublik Deutschland eingereist sind, geltend machen können, ihnen drohe nicht nur in ihrem Heimatstaat, sondern auch in dem Drittstaat Verfolgung im Sinne der Konvention oder aber unmenschliche Behandlung im Sinne der EMRK.

A. Mögliche Anwendbarkeit von Art. 16 a Abs. 2 GG auf Staatsangehörige der Drittstaaten

Auf den ersten Blick und nach dem historischen Kontext scheint Art. 16 a Abs. 2 GG nur die Frage des Erstasyls zu regeln - also die Frage, ob Personen aus Verfolgerstaaten vor ihrer Einreise in einem der dort in Bezug genommenen Drittstaaten Sicherheit vor Verfolgung gefunden haben. Dementsprechend geht die amtliche Begründung zu Art. 16 a GG zunächst auch davon aus, daß die Betroffenen *aus ihrem jeweiligen Herkunftsstaat* über einen sicheren Drittstaat in die Bundesrepublik Deutschland eingereist sind[254]. Gleichzeitig spricht die Begründung aber auch davon, daß "*jeder Ausländer*[255], der aus einem sicheren Drittstaat einreist", keinen Anspruch auf ein vorläufiges Bleiberecht hat und daß gegen diese Personengruppe ungeachtet der Einlegung von Rechtsmitteln aufenthaltsbeendende Maßnahmen durchgeführt werden können[256]. Dies scheint sich auch mit dem Wortlaut von Art. 16 a Abs. 2 S. 1 GG zu decken, wo es lapidar heißt, daß Personen, die aus solchen sicheren Staaten[257] "einreisen", sich unwiderleglich nicht auf Art. 16 a Abs. 1 GG berufen können, also kein Asylrecht genießen sollen. Dies bedeutet aber, daß jedenfalls nach dem Wortlaut der Norm auch Staatsangehörige

---

[254] BT-Drs. 12/ 4152, S. 4.

[255] Hervorhebung durch den Verfasser.

[256] BT-Drs. 12/ 4152, S. 4.

[257] Neben den Mitgliedsstaaten der Europäischen Gemeinschaften sind dies derzeit Finnland, Norwegen, Österreich, Polen, Schweden, die Schweiz und die Tschechische Republik.

dieser Staaten, die eine Verfolgung durch ihre Heimatstaaten behaupten, vom Regelungsbereich des Art. 16 a Abs. 2 GG erfaßt wären. Wenn dies in der Tat der Fall ist, würde es sich bei Art. 16 a Abs. 2 GG *insoweit* um eine nach dem oben Gesagten unzulässige unwiderlegliche Vermutung handeln[258].

Eine Auslegung führt jedoch zu einem anderen Ergebnis. So legt bereits der Umstand, daß Art. 16 a Abs. 2 GG von *Dritt*staaten spricht nahe, daß nur Personen gemeint sind, die gerade nicht die Staatsangehörigkeit dieser Staaten besitzen. Außerdem greift nach Art. 16 a Abs. 3 GG zu Lasten von Antragstellern aus sicheren Herkunftsstaaten lediglich eine widerlegliche Vermutung der Verfolgungsfreiheit ein. Dabei bezieht sich die Vorschrift auf "Ausländer *aus* einem" verfolgungssicheren Herkunftsstaat, meint also wohl Staatsangehörige dieser Staaten sowie staatenlose Personen, die dort ihren gewöhnlichen Aufenthalt haben[259]. Will man aber den Anwendungsbereich von Art. 16 a Abs. 3 GG nicht weitgehend leerlaufen lassen, muß in einem Umkehrschluß Art. 16 a Abs. 2 GG dahingehend verstanden werden, daß er nur Personen erfaßt, welche *nicht* die Staatsangehörigkeit des Staates besitzen, aus dem sie im Sinne von Art. 16 a Abs. 2 GG einreisen. Diese Auffassung wird im übrigen auch durch die bisherige einfachgesetzliche Umsetzung von Art. 16 a GG bestätigt: So werden mehrere Staaten sowohl in der Liste der sicheren Drittstaaten als auch in der Liste der sicheren Herkunftsstaaten aufgeführt[260]. Dies macht aber nur dann Sinn, wenn die eigenen Staatsangehörigen der sicheren Drittstaaten nicht bereits vom Regelungsbereich des Art. 16 a Abs. 2 GG erfaßt werden.

---

[258] Gegen eine Gleichsetzung von sicheren Drittstaaten und sicheren Herkunftsstaaten etwa Heinhold, Stellungnahme, S. 418 und Lotz, Stellungnahme I, S. 255.

[259] Die hier vertretene Ansicht hat auch den Vorteil, daß sie sich in Übereinstimmung mit Art. 1 A. Abs. 2 der Genfer Flüchtlingskonvention befindet, die ebenfalls im Hinblick auf Staatenlose auf den Aufenthaltsstaat ("country of habitual residence") abstellt.

[260] Dies gilt für Polen und die Tschechische Republik, vgl. Anhang I zu § 26 a AsylVfG 1993 und Anhang II zu § 29 a AsylVfG 1993.

B. Art. 16 a Abs. 2 GG und die Behauptung der Verfolgung von Asylsuchenden durch den sicheren Drittstaat

Ein weiteres Problem stellt sich im Hinblick auf die Frage, ob ein Antragsteller, der über einen sicheren Drittstaat einreist, nicht mit dem Einwand gehört werden muß, ihm drohe nicht nur in seinem Heimatstaat, sondern auch in dem sicheren Drittstaat Verfolgung oder unmenschliche Behandlung. Eine solche konventionsrelevante Verfolgung oder unmenschliche oder erniedrigende Behandlung durch einen der sicheren Drittstaaten erscheint nicht von vornherein ausgeschlossen. So ist bereits derzeit die Situation bestimmter ethnischer Gruppen in einzelnen dieser Staaten, etwa die der Roma in der Tschechischen Republik, als nicht völlig unproblematisch zu bezeichnen[261]. Auch muß unter Umständen davon ausgegangen werden, daß sich diese Situation verschärfen könnte, wenn die Zahl der in die sicheren Drittstaaten zurückgewiesenen Asylbewerber in relativ hohem Maße steigt. Darüber hinaus erscheint insbesondere dann, wenn sowohl in dem Verfolgerstaat als auch in dem sicheren Drittstaat eine identische ethnische Minderheit existiert, die Gefahr der Verfolgung auch durch den Drittstaat gegenüber Mitgliedern dieser Minderheit möglich[262].

Unabhängig von der Frage der möglichen Existenz einer Verfolgungssituation in dem sicheren Drittstaat könnten sich zusätzlich auch Bedenken aus Art. 3 EMRK in Verbindung mit Art. 13 EMRK ergeben. Dies gilt insbesondere im Hinblick auf mögliche Probleme bei der Rückverbringung der Betroffenen durch den Drittstaat in den jeweiligen Herkunftsstaat. Vor allem dann, wenn sich entweder die

---

[261] Vgl. dazu etwa den Report on the application by the Czech Republic for membership of the Council of Europe, Parl. Assembly of the Council of Europe, Doc. 6855/93 vom 3. 6. 1993.

[262] In diesem Zusammenhang ist darauf hinzuweisen, daß teilweise diskutiert wurde, die Türkei als sicheren Drittstaat zu bezeichnen. Gerade die Situation in der Türkei zeigt aber sehr deutlich, daß auch die Verfolgung *irakischer* Kurden in der Türkei jedenfalls nicht ohne weiteres und umfassend auszuschließen ist. Ähnlich wie das Bundesministerium des Innern gingen auch Vertreter der bayerischen Verwaltungsgerichtsbarkeit davon aus, daß auch nicht-europäische Staaten grundsätzlich als sichere Drittstaaten angesehen werden könnten, wo die Anwendung der Genfer Flüchtlingskonvention und der Europäischen (!) Menschenrechtskonvention sichergestellt sein könnte. Hierzu sollten etwa auch Indien und Pakistan gezählt werden. Für eine Beschränkung des Anwendungsbereichs von Art. 16 a Abs. 2 GG auf europäische Staaten nunmehr auch Giesler/ Wasser, S. 17.

Heimatstaaten weigern sollten, die Personen aus den sicheren Drittstaaten zurückzunehmen, oder wenn Staaten, durch die ein Transit erfolgen müßte, sich weigern, Durchreisegenehmigungen zu erteilen[263], kann es dazu kommen, daß solche Rückschiebungen im Hinblick auf deren Dauer und sonstige Modalitäten zumindest die Basis für einen *arguable claim* einer Art. 3 EMRK-Verletzung bilden könnten[264]. Hält man sich diese Möglichkeiten vor Augen, könnte dann die Situation auftreten, daß sich die Bundesrepublik Deutschland durch ihre

---

263 Derzeit weigern sich offensichtlich die südlichen und östlichen Nachbarstaaten Polens, zurückzuschiebende Personen im Transit nach Rumänien beziehungsweise Bulgarien durchreisen zu lassen, hierzu A. Zimmermann, Aktuelle Fragen des Flüchtlings- und Asylrechts in Polen, DÖV 1993, S. 559 ff.(563). Zu den Bestrebungen, multilaterale Rückübernahmeabkommen zu schließen, vgl. die Internationale Ministerkonferenz über Fragen der illegalen Zuwanderung am 15. 2. 1993 in Budapest, dazu Bull. BReg. Nr. 14/S. 113 vom 16. 2. 1993; FAZ vom 15. 2. 1993, S. 4; vgl. ferner die sogenannte Prager Initiative zur Frage der Asylbewerber und Flüchtlinge in Mittel- und Osteuropa zwischen der Bundesrepublik Deutschland, Ungarn, Slowenien, der Slowakischen Republik, der Tschechischen Republik und Polen, dazu FAZ vom 18. 3. 1993, S. 6.

Vgl. nunmehr auch den polnisch-bulgarischen Rücknahmevertrag vom 24. 8. 1993, dazu FAZ vom 25.8.1993, S. 5.

264 Als weitere Fallgruppen, in denen eine Rückschiebung in einen sicheren Drittstaat zumindest die Grundlage für einen *arguable claim* eines Verstoßes gegen Art. 3 EMRK bilden könnte, ist an Situationen zu denken, in denen dem Antragsteller in diesem Staat Gefahren durch Private drohen (zur Relevanz nicht-staatlicher Verfolgung im Rahmen von Art. 3 EMRK vgl. bereits oben S. 87 ff.) oder wo er auf medizinische Hilfe angewiesen ist, die ihm im Drittstaat nicht gewährt werden kann und ohne die ihm Todesgefahr droht (zur Frage der Relevanz solcher und ähnlicher Gefahren im Rahmen von Art. 3 EMRK vgl. A. Cassese, Can the Notion of Inhuman and Degrading Treatment be Applied to Socio-Economic Conditions ?, EJIL 1991, S. 141 ff. (v.a. 144). Die Europäische Kommission für Menschenrechte hat insoweit in einer Entscheidung vom 9.5.1990, Appl. 14641/89 (Text der Entscheidung in RUDH 1990, S. 384 f.) eine eher restriktive Haltung eingenommen; kritisch zu dieser Entscheidung F. Sudre, La première décision "quart-monde" de la Commission européenne des droits de l'homme; une "bavure" dans une jurisprudence dynamique, RUDH 1990, S. 349 ff. (352); vgl. ferner auch die Anmerkung von C. Pettiti, Droit Social 1991, S. 87 f. und zuletzt J. A. Frowein, Wirtschaftliche und soziale Rechte in der Rechtsprechung der Straßburger Organe, in: Rev. Europ. Dt. Public 1992, S. 263 ff. (273 f.).

Entscheidung, Personen in die sicheren Drittstaaten zurückzuschieben, im Einzelfall dem Vorwurf ausgesetzt sehen könnte, ihren Verpflichtungen aus der Genfer Flüchtlingskonvention oder der Europäischen Menschenrechtskonvention nicht nachzukommen. Dies gilt umso mehr, als sich aus der Systematik des novellierten Asylverfahrensgesetzes ergibt, daß die Regelung des § 34 a AsylVfG, wonach §§ 80 und 123 VwGO unanwendbar sind, auch hinsichtlich der Abschiebungshindernisse anwendbar ist, die in den § 53 und 55 AuslG, insbesondere aber § 53 Abs. 4 AuslG[265] enthalten sind. Dies bedeutet, daß ein möglicher Verstoß gegen Art. 3 EMRK durch die Rückschiebung *vor der Abschiebung* nicht mehr in einem individuellen gerichtsförmigen Verfahren geltend gemacht werden kann. Die in § 18 Abs. 4 Nr. 2 AsylVfG 1993 vorgesehene Möglichkeit, daß der Bundesminister des Innern aus völkerrechtlichen oder humanitären Gründen anordnet, von einer Einreiseverweigerung oder Zurückschiebung abzusehen, dürfte zum einen nicht geeignet sein, in einzelnen Fällen einen möglichen Verstoß mit hinreichender Sicherheit auszuschließen. Zum anderen aber stellt diese Möglichkeit schon deshalb keine wirksame Beschwerde im Sinne des Art. 13 EMRK dar, weil der Bundesinnenminister in diesem Verfahren die Entscheidung gerade nicht inhaltlich überprüft, sondern lediglich von deren Vollzug absieht.

2. Kapitel: Widerlegliche Vermutung der Verfolgungsfreiheit im Herkunftsstaat - die Regelung des Art. 16 a Abs. 3 GG im Lichte der Genfer Flüchtlingskonvention und der EMRK

Ein System von Listen sicherer Herkunftsstaaten kann nicht nur in der Form eines materiellrechtlich wirkenden Ausschlusses der Asylberechtigung angewandt werden, sondern auch als bloß verfahrensrechtliche Regelung im Sinne einer antezipierten Tatsachenwürdigung[266]. Dies bedeutet mit anderen Worten, daß eine zumindest in Ausnahmefällen widerlegbare Regelvermutung geschaffen wird, daß es sich bei diesen Bewerbern aus den in Frage stehenden Staaten nicht um

---

[265] § 53 Abs. 4 AuslG 1990 lautet:
"Ein Ausländer darf nicht abgeschoben werden, soweit sich aus der Anwendung der Konvention zum Schutze der Menschenrechte und Grundfreiheiten (...) ergibt, daß die Abschiebung unzulässig ist.

[266] Eine Parallele findet sich insoweit etwa im deutschen innerstaatlichen Emissionsschutzrecht, vgl. dazu etwa BVerwGE 72, S. 300 ff. (316).

Flüchtlinge im Sinne der Genfer Flüchtlingskonvention beziehungsweise politisch verfolgte Menschen im Sinne des Art. 16 a Abs. 1 GG handelt. Die Vereinbarkeit eines solchen Systems mit der Genfer Flüchtlingskonvention und der EMRK soll im folgenden untersucht werden.

Erster Abschnitt: Vereinbarkeit mit der Genfer Flüchtlingskonvention

I. Zur Möglichkeit der Widerlegung bei Länderlisten

Die Genfer Flüchtlingskonvention stellt nur geringe Anforderungen an die Ausgestaltung des Verfahrens, im Rahmen dessen überprüft wird, ob ein Antragsteller wirklich - wie von ihm behauptet - vom Schutzbereich der Konvention erfaßt wird. Insbesondere wird ein gerichtlicher Rechtsschutz gegen behördliche Entscheidungen im Bereich des Flüchtlingsrechts von der Genfer Flüchtlingskonvention nicht gefordert. So sieht selbst etwa die Empfehlung Nr. XXVIII des Exekutiv-Komitees des UNHCR[267] nur vor, daß im Falle einer ablehnenden Entscheidung eine Überprüfung stattfinden solle, ohne aber zwingend gerichtlichen Rechtsschutz vorzusehen. Dieses Ergebnis wird auch durch die Staatenpraxis gestützt, die nur in Ausnahmefällen - und nur wenn dies von den nationalen Verfassungen gefordert wird - eine richterliche Überprüfung vorsieht. Etwas anderes zu verlangen würde auch bedeuten, insbesondere die nicht-industrialisierten Staaten, die nach wie vor die Hauptlast von Flüchtlingen in der Welt tragen, zu überfordern[268]. Immerhin muß aber dem Betroffenen vor einer Abschiebung Gelegenheit gegeben werden, darzutun und gegebenenfalls auch Beweismittel dafür vorzulegen, daß in seinem Fall entgegen der Vermutung ein Fall individueller Verfolgung vorliegt, um so eine Rückschiebung in einen Verfolgerstaat verhindern zu können, da andernfalls ja gerade ein Fall einer - jedenfalls vor der Durchführung von Rückführungsmaßnahmen nicht mehr widerlegbaren - unzulässigen unwiderleglichen Vermutung

---

[267] Beschluß Nr. 8 (XXVIII) betreffend die Feststellung der Flüchtlingseigenschaft aus dem Jahre 1977, Text in UNHCR, Internationaler Rechtsschutz für Flüchtlinge (Losebl.) (im folgenden zitiert als UNHCR, Internationaler Rechtsschutz), S. 16 ff.

[268] Gegen eine Gleichsetzung der verfahrensrechtlichen Maßstäben, wie sie sich aus der Genfer Flüchtlingskonvention ergeben mit der Forderung nach gerichtlichem Rechtsschutz auch Hailbronner, Stellungnahme I, S. 294.

der Verfolgungssicherheit[269] vorläge. Demgegenüber ist es konventionsrechtlich aber unbedenklich, ein bloß unsubstantiiertes Vorbringen ohne konkrete Hinweise auf eine bestehende Verfolgungssituation nicht ausreichen zu lassen, um den Weg in das reguläre Anerkennungsverfahren zu eröffnen[270]. Dies wird auch durch den Umstand bestätigt, daß in der Staatenpraxis seit längerem die Möglichkeit der Schaffung spezieller Verfahrensarten für "offensichtlich unbegründete" Asylanträge anerkannt ist[271]. Wird nach alledem das in Art. 16 a Abs. 3 in Verbindung mit Art. 16 a Abs. 4 GG vorgesehene Verfahren diesen Anforderungen gerecht, da es ja auch grundsätzlich weiterhin den Weg zu den Verwaltungsgerichten offen hält, so ergeben sich doch weitere Bedenken im Hinblick auf Art. 3 der Genfer Flüchtlingskonvention, der ein Verbot diskriminierender Behandlung enthält[272].

II. Länderlisten und Art. 3 GFK

Art. 3 der Genfer Flüchtlingskonvention lautet in der deutschen Übersetzung:

> "Die vertragschließenden Parteien werden die Bestimmungen dieses Abkommens auf Flüchtlinge *ohne unterschiedliche Behandlung aus*

---

[269] Dazu ausführlich oben S. 46 ff.

[270] So bereits auch J. A. Frowein/ A. Zimmermann, Der völkerrechtliche Rahmen für die Reform des deutschen Asylrechts (1993), S. 40.

[271] Vgl. hierzu auch den Beschluß Nr. 30 (XXXIV) des Exekutivkomitees des UNHCR aus dem Jahre 1983 zum Problem der offensichtlich unbegründeten oder mißbräuchlichen Anträge auf Anerkennung als Flüchtling oder Asylgewährung (Doc. Nr. 12 A (A/38/12/Add.1), Text in UNHCR, Internationaler Rechtschutz S. 68 f.; ferner die umfangreiche Darstellung der Staatenpraxis in diesem Bereich bei Hailbronner, Concept, S. 312 ff.

[272] So wohl Goodwin-Gill, Determination, S. 58:

"Guidance on the question of access and on related procedural standards can be found in a variety of international sources, including the 1951 Convention (specifically article 3, calling for non-discriminatory application of its provisions)."

> *Gründen* der Rasse, der Religion oder *des Herkunftslandes*[273] anwenden."

Demgegenüber heißt es in der englischen Fassung

> "The Contracting States shall apply the provisions of this Convention to refugees *without discrimination as to* race, religion or *country of origin.*[274]"

und in der französischen Version

> "Les Etats Contractants appliqueront les dispositions de cette convention aux réfugiés *sans discrimination quant à* la race, la religion ou *le pays d'origine*[275]"

In einem ersten Schritt ist zunächst zu prüfen, ob die Norm überhaupt auf Verfahren Anwendung findet, mittels derer gerade erst die Flüchtlingseigenschaft der betroffenen Personen festgestellt werden soll.

A. Anwendbarkeit von Art. 3 GFK auf Statusanerkennungsverfahren

Bereits der Wortlaut der Norm, welcher ihren Anwendungsbereich in keiner Weise qualifiziert, ist ein erster Beleg für eine Anwendbarkeit auf das Feststellungsverfahren selbst. Dafür, daß Art. 3 der Genfer Flüchtlingskonvention auch in diesem Stadium des Verfahrens von Relevanz ist, spricht ferner die Entstehungsgeschichte der Konvention. Der israelische Delegierte hatte im Verlaufe der Regierungskonferenz, die zu der Verabschiedung der Genfer Flüchtlingskonvention führte unwidersprochen ausgeführt, bei Art. 3 handele es sich um eine allgemeine Vorschrift, die grundsätzlich auf alle Teile der Konvention Anwendung finden solle[276]. Dieses Ergebnis wird weiterhin durch die systematische Stellung der Norm unterstrichen, wonach Art. 1 einen Teil

---

[273] Hervorhebung durch den Verfasser.

[274] Hervorhebung durch den Verfasser.

[275] Hervorhebung durch den Verfasser.

[276] A/Conf.2/SR.5, S. 7, veröffentlicht in: A. Takkenberg/C. Tahbaz, The Collected Travaux Préparatoires of the 1951 Geneva Convention Relating to the Status of Refugees, vol. III, S. 238.

des ersten Kapitels bildet[277]. Auch eine teleologische Interpretation ergibt nichts anderes, da die Vertragsparteien die Verbürgungen der Konvention ihrerseits jederzeit ohne Verstoß gegen Art. 3 in einer diskriminierenden Weise anwenden könnten, wenn man nur bei der Feststellung der Flüchtlingseigenschaft eine willkürliche Ungleichbehandlung vornehmen dürfte. Nach alledem ist davon auszugehen, daß Art. 3 Genfer Flüchtlingskonvention auch auf das Anerkennungsverfahren Anwendung findet[278]. Fraglich ist nunmehr aber, ob die Aufstellung von Listen verfolgungssicherer Staaten und die darauf beruhende unterschiedliche Behandlung von Antragstellern aus verschiedenen Staaten in der Tat eine nach dieser Norm verbotene Diskriminierung darstellt.

B. Vorliegen einer Diskriminierung

Art. 3 der Konvention verbietet, anders als die deutsche Übersetzung nahelegen könnte, nicht per se jede unterschiedliche Behandlung, sondern lediglich eine "discrimination". Für das Vorliegen einer danach verbotenen unerlaubten Ungleichbehandlung im Falle der Anwendung widerleglicher Vermutungen der Verfolgungsfreiheit könnte immerhin sprechen, daß es das Ziel der Konvention ist, dem Schutz von Individualrechtsgütern zu dienen, und daß der einzelne betroffene Antragsteller allein aufgrund seines Herkunftslandes anders behandelt wird als Flüchtlinge aus "unsicheren Staaten". Dies wird durch den Umstand unterstrichen, daß dem Antragsteller bei einer widerlegbaren Regelvermutung, so wie sie in Art. 16 a Abs. 3 GG vorgesehen ist, zwar die Möglichkeit bleibt, die Vermutung der Nichtverfolgung zu widerlegen, so daß er also bei einer tatsächlich bestehenden Verfolgungssituation materiell nicht schlechter gestellt wird, doch wird

---

[277] Demgegenüber kann aus dem Umstand, daß das erste Kapitel mit der Überschrift "General Provisions" versehen ist, kein Argument für eine umfassende Geltung des Diskriminierungsverbotes abgeleitet werden, da es in der Schlußerklärung zu der Genfer Flüchtlingskonvention wörtlich heißt:

> "The Conference decided, by 17 votes to 3 with 3 abstentions, that the titles of the chapters and of the articles of the Convention are included for practical purposes only and do not constitute an element of interpretation.",

Text der Erklärung auch bei Goodwin-Gill, Refugee, S. 250.

[278] So auch der belgische Conseil d'Etat in seinem Avis vom 28. 6. 1991, dazu sogleich ausführlich unten.

er jedenfalls im Hinblick auf seine verfahrensrechtliche Situation schlechter behandelt als Personen aus anderen Staaten.

Dies gilt um so mehr, wenn man bedenkt, daß die Aufstellung solcher Listen nur dann den gewünschten Zweck verfolgt, wenn damit zugleich prozedurale Konsequenzen (etwa im Hinblick auf eine Verfahrensverkürzung) verbunden sind. In Übereinstimmung mit dieser Auffassung ging der belgische Conseil d'Etat in einem Avis vom 28. Juni 1991 in der Tat davon aus, daß die in dem neuen belgischen Asylgesetz bislang enthaltene Listenregelung mit Art. 3 der Genfer Flüchtlingskonvention nicht vereinbar sei. Es heißt dort:

> "(...) le Conseil d'Etat est de l'avis que la disposition en projet[279] viole la Convention de Genève, en ce qu'elle permet au Ministre de la Justice, ou à son délégué, de refouler, uniquement parce qu'ils sont originaires d'un pays détérminé, des étrangers entrés illégalement sur le territoire et se déclarant réfugiés.
> En excluant ces étrangers de la procédure "normale" (...), le projet méconnait le principe de non-discrimination inscrit à l'article 3 de la Convention de Genève (...)"[280]

Demgegenüber ging der Vertreter der belgischen Regierung unter Bezugnahme auf eine mündliche Äußerung des örtlichen Vertreters des UNHCR im Verlaufe des Gesetzgebungsverfahrens davon aus, daß in der Regelung keine nach Art. 3 der Genfer Flüchtlingskonvention verbotene Diskriminierung zu sehen ist[281].

---

[279] Gemeint ist Art. 3 No. 7 des Gesetzes, Wortlaut oben bei Anm. 7.

[280] Avis du Conseil d'Etat du 28 juin 1991 sur le Projet de Loi modifiant la loi du 15 décembre 1980 sur l'accès au territoire, le séjour, l'établissement et l'éloignement des étrangers, Doc. Parl. Chambre Repr. 1647/2-90/91, S. 1 ff.; auch der Vertreter der französisch-sprachigen Anwaltskammer Belgiens teilte diese Meinung, vgl. Sénat, Sess. 1990/91, Doc. 1076/2, S. 77 f.: " (...) discrimination contraire à la Convention Européenne des Droits de l'Homme et aux autres instruments internationaux qui font partie de notre droit".

[281] Doc. Parl. Chambre Repr. 1647/4-90/91, S. 5; differenzierter dagegen die Stellungnahme der derzeitigen Hochkommissarin in DER SPIEGEL Nr. 50/1991, S. 223.

Vgl. auch die Entscheidung der Cour d'Arbitrage im einstweiligen Rechtsschutzverfahren vom 12. 3. 1992, Journal des Tribunaux vom 16.5.1992, S. 387, wo das Gericht das Rechtsschutzbedürfnis für eine Entscheidung im einstweiligen Rechtsschutzverfahren verneint hatte. Bereits am 4. 8. 1992 hatte die belgische Regierung einen Gesetzentwurf vorgelegt,

Nachdem diese Regelung ungeachtet dieses Votums in Kraft getreten war, wurde gegen das Gesetz Klage zur belgischen Cour d'Arbitrage erhoben. Der Schiedshof, der nach Art. 107ter § 2 Nr. 2 der belgischen Verfassung insoweit nur berufen ist, Verstöße gegen den in Art. 6 und 6bis enthaltenen Gleichheitssatz festzustellen, kam in einem Urteil vom 4. März 1993[282] zu dem Ergebnis, daß die in Art. 52 § 1 7° enthaltene unterschiedliche Behandlung zwar mit dem verfolgten Zweck zusammenhängt und auch auf objektiven Kriterien beruhe. Gleichwohl verletze die Bestimmung die Verfassung, da sie in keinem angemessenen Verhältnis zu dem angestrebten Zweck stehe, der im übrigen auch bereits durch die allgemeine Regelung für offensichtlich unbegründete Anträge[283] erreicht werde. Insbesondere der Umstand, daß lediglich einer bestimmten Kategorie von Ausländern die Beweislast auferlegt werde, sprenge den zulässigen Rahmen[284]. Demgegenüber hatte sich die Cour d'Arbitrage einer Beurteilung im Lichte des Art. 3 der Genfer Flüchtlingskonvention enthalten, die es nun im folgenden zu beantworten gilt. Dabei dürfte es entscheidend darauf ankommen, was insoweit unter dem Begriff der "Diskriminierung"[285] zu verstehen ist.

Die Entstehungsgeschichte der Genfer Flüchtlingskonvention enthält zu dieser Frage keine weiteren Hinweise. Auch diejenigen Entschließungen des Exekutivkomitees des UNHCR, die den Grundsatz der Nichtdiskriminierung erwähnen, gehen nicht auf die Frage ein, was hierunter im einzelnen zu verstehen ist[286]. Allerdings ist auffällig, daß

---

durch welchen die doppelte 5%-Regelung hätte abgeschafft werden sollen, hierzu Outrive, in: Hailbronner, Vergleich, S. 14.

282 Moniteur Belge 1993, S. 6409 ff.

283 Art. 52 § 1 2° des belgischen Ausländergesetzes.

284 Moniteur Belge ebd., S. 6417. Ein möglicher Verstoß der Regelung des Art. 16 a Abs. 3 GG gegen die parallele Vorschrift des Art. 3 des deutschen Grundgesetzes kommt demgegenüber schon deshalb nicht in Betracht, weil der verfassungsändernde Gesetzgeber an Art. 3 GG unmittelbar nicht gebunden ist. Ein Verstoß gegen den auch in Art. 1 und 20 GG enthaltenen überpositiven Gleichheitssatz ist demgegenüber vorliegend zu verneinen.

285 Beziehungsweise besser "discrimination".

286 Vgl. Beschluß Nr. XXX aus dem Jahre 1979 betreffend Flüchtlinge ohne Asylland, wonach Entscheidungen über Asylgewährung ohne Diskriminierung getroffen werden sollen; Beschluß Nr. XXXII aus dem Jahre 1981 über den Schutz von Asylsuchenden in Fällen von Massenfluchtbewegungen, der unter II., B. 2. e) vorsieht, daß im Hinblick auf

Art. 3 der Genfer Flüchtlingskonvention - anders als etwa Art. 14 der EMRK - auch im französischen Text den Begriff "discrimination" und nicht etwa den Terminus "distinction" verwendet. Bereits dies könnte als Hinweis darauf gewertet werden, daß nicht jede unterschiedliche Behandlung verboten sein muß[287].

Letztendlich kann die Auslegung dieser Norm aber nur vor dem Hintergrund vergleichbarer völkerrechtlicher Regeln vorgenommen werden, die ebenfalls ein Diskriminierungsverbot enthalten[288]. Teilweise war für die Zeit bis zum Zweiten Weltkrieg vertreten worden, das Verbot der "discrimination" untersage jedwede Ungleichbehandlung[289], wobei jedoch häufig auf vertragliche Regelungen Bezug genommen wurde, die in der jeweiligen französischen Fassung die Begriffe "distinction"[290] oder "différence"[291] verwendet hatten[292]. Demgegenüber geht die ganz überwiegende Völkerrechtspraxis seit dem Zweiten

---

die Aufnahme nicht in einer diskriminierenden Weise vorgegangen werden sollte.

[287] So auch die belgische Cour d'Arbitrage im Hinblick auf die belgische Listenregelung für die Zwecke der Art. 6 und 6bis der belgischen Verfassung, Moniteur Belge, 1993, S. 6409 ff. (6416).

[288] Die völkerrechtlichen Verträge aus der Zwischenkriegszeit, die dem Schutz der Flüchtlinge dienen sollten [Abkommen über russische und armenische Flüchtlinge vom 12. 5. 1926 (89 L.N.T.S. S. 47); Arrangement relating to the Legal Status of Russian and Armenian Refugees (89 L.N.T.S. S. 53); Arrangement concerning the Extension to other categories of Refugeesα of certain Measures taken in favour of Russian and Armenian Refugees (89 L.N.T.S. S. 63); Agreement concerning the Functions of the Represantatives of the League of Nations High Commissioner for Refugees (93 L.N.T.S., S. 377) und die Convention Relating to the International Status of Refugees (159 L.N.T.S. S. 201)] enthielten alle keine Diskriminierungsklausel.

[289] So insbesondere G. Jaenicke, Der Begriff der Diskriminierung im modernen Völkerrecht (1940), S. 62 ff. (v.a. 64).

[290] Vgl. etwa Art. 323 des Versailler Friedensvertrages.

[291] Art. 265 des Versailler Friedensvertrages.

[292] Vgl. aber auch das Gutachten des StIGH im Fall betreffend die Behandlung polnischer Staatsangehöriger in Danzig, PCIJ, Ser. A/B, No. 44, S. 4 ff. (41), wo davon ausgegangen wird, daß das Verbot einer diskriminierenden Behandlung nach Art. 104 (5) des Versailler Friedensvertrages ein Verbot jeder unterschiedlichen Behandlung ("differential treatment/ traitement différentiel") enthalte; vgl. auch die Separate Opinion Hurst, der "discrimination" als "any measure or action which placed Poles (...) in a position of inferiority to any other categorie of persons (...)" versteht.

Weltkrieg davon aus, daß vertraglich vereinbarte Diskriminierungsverbote lediglich dahingehend zu verstehen sind, daß willkürliche Ungleichbehandlungen, die keinem damit in einem vernünftigen Zusammenhang stehenden Zweck dienen, verboten sein sollen[293]. So geht beispielsweise die Praxis des unter dem UN-Pakt über bürgerliche und politische Rechte geschaffenen Menschenrechtsausschusses dahin, daß unter der Geltung von Artikel 26 des Paktes nur solche Unterscheidungen verboten sein sollen, die nicht auf vernünftigen und objektiven Kriterien beruhen:

> "The right (...) to equal protection of the law without any discrimination does not make all differences of treatment discriminatory. A differantiation based on reasonable and objective criteria does not amount to prohibited discrimination within the meaning of article 26."[294]

Auch auf regionaler Ebene werden Diskriminierungsverbote in einer ähnlichen Weise einschränkend interpretiert. So sieht der Europäische Gerichtshof für Menschenrechte in ständiger Rechtsprechung eine Diskriminierung im Sinne von Art. 14 EMRK[295] lediglich in den Fällen

---

[293] Selbst Jaenicke hat nach dem Zweiten Weltkrieg seine Meinung jedenfalls insoweit abgeschwächt, als er davon ausging, man müsse im Einzelfall untersuchen, ob das Diskriminierungsverbot stets ein absolutes Verbot der Ungleichbehandlung enthalte; vielmehr komme es auf den einzelnen vertraglichen Regelungzusammenhang an, G. Jaenicke, Diskriminierung in: K. Strupp/ H.J. Schlochauer, Wörterbuch des Völkerrechts (Bd. 1, 1960), S. 387 ff. (390); in diesem Sinne auch C. Tomuschat, Equality and Non-Discrimination under the International Covenant on Civil and Political Rights, in: Staatsrecht - Völkerrecht - Europarecht - Festschrift für H.-J. Schlochauer (v. Münch, Hrsg., 1981), S. 691 ff. (714).

[294] B 172/1984 - Broeks - und 182/1984 - Zwaan-de Vries - , §§ 12 und 15, zitiert bei Nowak, Anm. 173, Art. 26, Rdnr. 21. Ausführliche Sachverhaltsdarstellung beider Entscheidungen bei T. Opsahl, Equality in Human Rights Law with Particular Reference to Article 26 of the International Covenant on Civil and Political Rights, in: Fortschritt im Bewußtsein der Grund- und Menschenrechte - Festschrift für F. Ermacora (M. Nowak et al., Hrsg, 1988), S. 51 ff. (62 f.).

[295] Zwar verwendet Art. 14 EMRK im französischen Wortlaut den Begriff "distinction", doch sollte dies synonym mit dem englischen "discrimination" verstanden werden, vgl. M. Bossuyt, L'interdiction de la discriminiation (1976), S. 22.

als gegeben an, in denen zwischen *vergleichbaren* Personengruppen unterschieden wird, kein Rechtfertigungsgrund hierfür vorliegt und zwischen den eingesetzten Mitteln und dem angestrebten Ziel kein angemessenes Verhältnis besteht[296]. An diese Rechtsprechung hat sich auch der Interamerikanische Gerichtshof für Menschenrechte in seiner Entscheidungspraxis angelehnt[297], indem er ausführte, eine Ungleichbehandlung sei zulässig, wenn hierfür objektive und vernünftige Gründe vorlägen[298].

Für ein eher restriktives Verständnis von Art. 3 der Genfer Flüchtlingskonvention spricht weiter dessen Entstehungsgeschichte. So wurde der Vorschlag, den Anwendungsbereich von Art. 3 durch eine Hinzufügung der Worte "or for other reasons" oder "particularly" zu erweitern, abgelehnt[299]. Vor dem Hintergrund dieser Überlegungen kann nicht davon ausgegangen werden, daß die Vertragsstaaten der Genfer Flüchtlingskonvention im Jahre 1951 über den Standard hinausgehen wollten, wie er sich im Zusammenhang mit anderen völkerrechtlichen Normkomplexen entwickelt hatte. Dies bedeutet aber, daß auch für die Zwecke des Art. 3 der Genfer Flüchtlingskonvention bei deren Anwendung[300] lediglich eine Diskriminierung im Sinne einer sachlich nicht begründeten Unterscheidung verboten ist.

Wendet man nunmehr diesen Standard auf die Frage an, ob die Aufstellung von Listen verfolgungssicherer Staaten eine Diskriminierung im Sinne von Art. 3 der Genfer Flüchtlingskonvention darstellt, so ist zunächst darauf hinzuweisen, daß die Aufstellung einer solchen Liste "verfolgungssicherer Staaten" an das Ausmaß von Verfolgung im Sinne der Konvention in den dort genannten Staaten anknüpft. Hierbei handelt es sich aber gerade um ein Kriterium, welches die Konvention selbst

---

[296] Vgl. aus der Rechtsprechung des Europäischen Gerichtshofes für Menschenrechte etwa die Entscheidungen im belgischen Sprachenfall, Ser. A, vol. 6, S. 34 sowie im Fall Marckx, Ser. A, vol. 313, S. 16; hierzu Frowein/ Peukert, Art. 14, Rdnr. 17 ff.

[297] Gutachten über eine geplante Änderung der Vorschriften über die Staatsangehörigkeit in der Verfassung Costa Ricas, Adv. Op. OC-4/84 vom 19. 1. 1984.

[298] Vgl. zu dieser Entscheidung J. Kokott, Das interamerikanische System zum Schutz der Menschenrechte (1986), S. 148.

[299] So war vorgeschlagen worden, Art. 3 um die Worte "particularly" oder "for any other reasons" zu ergänzen, vgl. Robinson, Convention, S. 74 f.

[300] Daneben bleibt es aber zulässig *außerhalb* des Anwendungsbereichs der Konvention - etwa bei der Aufnahme von Kontingentflüchtlingen - auch ohne sachlichen Grund zu differenzieren.

voraussetzt und verwendet. Im übrigen wird dieses Kriterium lediglich dazu benutzt, in einem modifizierten Verfahren zu überprüfen, ob es sich bei dem Antragsteller um einen *bona fide* Flüchtling handelt. Dies bedeutet mit anderen Worten, daß den Betroffenen nicht *per se* der Zugang zur Anerkennung als Flüchtling abgeschnitten wird, sondern daß sich lediglich deren verfahrensrechtliche Stellung verändert.

Ferner bestätigt auch die Staatenpraxis die Zulässigkeit der Aufstellung solcher Listen verfolgungsfreier Herkunftsstaaten. So wendet etwa die Schweiz bereits seit dem Jahre 1990 ein solches Listensystem an[301]. Dabei war der Schweizer Bundesrat auch - allerdings ohne nähere Begründung - in seiner Botschaft zum geänderten Schweizer Asylgesetz aus dem Jahre 1990[302] davon ausgegangen, daß die Listenregelung mit den völkerrechtlichen Verpflichtungen der Schweiz auf dem Gebiet des Flüchtlingsrechts im Einklang steht[303]. Ferner hatte auch Belgien ein vergleichbares Modell zur Anwendung gebracht, bevor es aus verfassungsrechtlichen Gründen außer Anwendung kam[304]. Schließlich geht auch das Amt des Hochkommissars der Vereinten Nationen für Flüchtlinge davon aus, daß die Aufstellung solcher Listen verfolgungssicherer Staaten als bloß verfahrensbeschleunigendes Element grundsätzlich mit der Genfer Flüchtlingskonvention vereinbar ist[305].

---

[301] Dazu bereits oben S. 42 ff.

[302] Dringlicher Bundesbeschluß über das Asylverfahren vom 22. 6. 1990, AS 1990, S. 938 ff.

[303] BBl. 1990, S. 573 ff. (676).

[304] Dazu oben S. 112. Zuletzt waren aufgrund des königlichen Erlasses vom 7. 5. 1992 Ghana, Nigeria, Pakistan und Rumänien zu sicheren Herkunftsstaaten erklärt worden, vgl. Moniteur Belge vom 20. 5. 1992.

[305] L. Drüke, Refugee Protection in the Post Cold War Europe: Asylum in the Schengen and EC Harmonization Process - UNHCR's Perspectives and Priorities, in: A. Pauly (Hrsg.), Les accords de Schengen: Abolition des frontières intérieures ou menace pour les libertés publiques ? (1993), S. 105 ff. (111 f.); Amt des UNHCR in der Bundesrepublik Deutschland, Initial assessment of the proposed amendment of the asylum law in Germany (unveröffentlicht), S. 3: "(...) no fundamental objections can be made against the provision foreseen in Article 16 a para. 3 of the German Constitution, as the legal assumption may be rebutted." Auch Hailbronner/ Cordes, Anm. 168, S. 716 gehen wohl von einer Vereinbarkeit mit der Genfer Flüchtlingskonvention aus, wenn sie formulieren, daß das Refoulement-Verbot einer generalisierenden Ablehnungspraxis nicht entgegensteht; unklar demgegenüber C. Tomuschat, Menschenrechte als Mindeststandard für

Es kann daher festgestellt werden, daß Listenreglungen, die lediglich eine widerlegliche Vermutung erzeugen und die jeweils periodisch auf ihre Richtigkeit überprüft werden, mit der Genfer Konvention vereinbar sind[306].

III. Zur Frage eines vorläufigen Aufenthaltsrechts

Fraglich ist, ob und gegebenenfalls in welchem zeitlichem Umfange sich auch bei Anwendung einer solchen Liste aus der Genfer Flüchtlingskonvention ein vorläufiges Aufenthaltsrecht bis zu einer Entscheidung ergibt. Art. 33 der Genfer Flüchtlingskonvention führt bei Vorliegen einer begründeten Furcht vor Verfolgung aus einem der dort genannten Gründe zu einem Schutz vor Ausweisung in den Verfolgerstaat. Nach der hier vertretenen Auffassung[307] ergibt sich aus dieser Norm jedoch kein Verbot der Abweisung an der Grenze. Aus diesem Grunde kann daher Personen, die noch nicht auf das Gebiet des potentiellen Aufnahmestaates gelangt sind, kein vorläufiges

---

Menschen ohne Heimat, ZAR 1984, S. 98 ff. (101): "Auf jeden Fall muß der Einzelfall im Blickfeld bleiben."

306 Gleichzeitig muß sichergestellt sein, daß bei möglicherweise abrupt auftretenden Veränderungen der Verfolgungssituation in einem Land entsprechende Staaten aus einer solchen Liste verfolgungssicherer Staaten gestrichen werden; vgl. dazu nunmehr § 29 a AsylVfG 1993, der vorsieht, daß die Bundesregierung im Wege der Rechtsverordnung einen Staat als nicht mehr verfolgungssicher bezeichnen kann.

Zu der vergleichbaren Regelung in der Schweiz vgl. Art. 16 Abs. 2 des dortigen Asylgesetzes, wonach der Bundesrat sogar *verpflichtet* ist, entsprechende Festlegungen auch ohne Änderung der Verhältnisse in den in Frage stehenden Staaten *ex officio* periodisch zu überprüfen.

Problematisch erscheint es demgegenüber aber, die Aufnahme in die Liste verfolgungssicherer Staaten (auch) daran zu knüpfen, wie viele Antragsteller aus einem bestimmten Staat eingereist waren, so aber die frühere belgische Regelung. Vgl. auch den von der Arbeitsgruppe Einwanderung der Kommission der Europäischen Gemeinschaften gemachten Vorschlag, der eben dies vorsieht, dazu FAZ vom 28. 10. 1992. Anders aber nun offenbar die Position des Rates, vgl. dazu die Antwort auf eine Anfrage des Parlaments, ABl. EG Nr. C 292/71 vom 28.10.1993 im Hinblick auf die Bedeutung einer solchen 5 % - Regelung im Rahmen einer Harmonisierung des Asylrechts im Lichte von Art. K. 2 EUV.

307 Vgl. oben S. 50 ff.

Aufenthaltsrecht zukommen, da sie mithin (noch) nicht in den persönlichen Anwendungsbereich des Schutzbereichs der Norm fallen.

Aber auch für die Personen, welche sich bereits auf dem Gebiet des Staates befinden, ergibt sich nach dem oben Gesagten aus den Garantien der Genfer Flüchtlingskonvention jedenfalls kein Anspruch auf ein gerichtliches Überprüfungsverfahren[308]. Immerhin aber sind die Staaten verpflichtet, vor jeder Ausweisungsentscheidung in einen potentiellen Verfolgerstaat im Sinne von Art. 33 der Genfer Flüchtlingskonvention eine Entscheidung über die Flüchtlingseigenschaft des Betroffenen und das Bestehen oder Nichtbestehen einer Verfolgungsgefahr herbeizuführen. Bis zum Ergehen einer solchen behördlichen Erstentscheidung muß damit aber ein vorläufiges Bleiberecht gewährt werden, da ansonsten eine fehlerhafte Abschiebung vor Verfahrensende unter Umständen nicht mehr rückgängig gemacht werden könnte[309]. In Übereinstimmung damit geht auch der französische Conseil d'Etat in zwei Entscheidungen vom 13. 12. 1991 davon aus, daß sich aus der Genfer Flüchtlingskonvention in diesen Grenzen grundsätzlich ein vorläufiges Aufenthaltsrecht ergibt[310]. Dieses

---

[308] Zur Frage der Anwendbarkeit von Art. 6 EMRK auf asylrechtliche Streitigkeiten vgl. unten S. 130.

[309] Classen, Frankreich, S. 234; Norek/ Doumic-Doublet, Anm. 68, S. 75; P. de Bruycker, La compatibilité de la législation belge avec le droit international, in: J. Salmon (Hrsg.), La reconnaissance de la qualité de réfugié et l'octroi de l'asile (1990), S. 200 ff. (216 f.).

[310] RFDA 1992, S. 102 f.; auch der Commissaire du Gouvernment ging in seinem Vortrag davon aus, daß etwas anderes gilt, wenn nach dem Schengener Zuständigkeitssystem in einen sicheren Drittstaat abgeschoben werden kann, ibid. S. 90 ff.; dazu Génévois, Anm. 77, S. 192. So auch Classen, Frankreich, S. 234.

Dabei kann letztlich dahinstehen, ob sich dieses vorläufige Aufenthaltsrecht unmittelbar aus Art. 33 selbst ergibt [so etwa Classen, Frankreich, S. 234] oder aber aus Art. 31 Abs. 2 S. 2 der Genfer Flüchtlingskonvention [so etwa R. Marx, Anforderungen an ein europäisches Asylrecht, KJ 1992, S. 405 ff. (422)]. Gegen letzere Auffassung dürfte aber immerhin sprechen, daß Art. 31 Abs. 2 zum einen lediglich Aufenthaltsbeschränkungen *innerhalb* des betroffenen Staates umfaßt und sich zum anderen für den Fall, daß sich kein anderer Ausnahmestaat findet aus Art. 31 gerade kein Einreiserecht ergibt. Außerdem erfaßt Art. 31 Abs. 2 nur solche Personen, deren Flüchtlingseigenschaft feststeht oder unbestritten ist, während es vorliegend gerade um ein Aufenthaltsrecht *bis* zur Feststellung der Flüchtlingseigenschaft geht.

vorläufige Aufenthaltsrecht dürfte aber in zwei Fallgruppen nicht anzunehmen sein: Zum einen dann, wenn bereits das Vorbringen des Antragstellers nicht schlüssig ist, also auch bei Wahrunterstellung seiner Angaben keine Verfolgung im Sinne der Konvention vorläge[311], da in einem solchen Fall ein Verstoß gegen Art. 33 der Konvention per se ausgeschlossen ist. Zum anderen aber auch dann, wenn der Antrag offenkundig in Verzögerungsabsicht gestellt worden ist, so etwa, wenn er erst nach einem längeren Inlandsaufenthalt gestellt wurde und erst nachdem eine Ausweisungsverfügung erlassen worden war, ohne daß sich die tatsächlichen Umstände in dem Heimatland seitdem geändert hätten[312].

IV. Zum materiellen Standard der Verfolgungssicherheit bei der Anwendung eines Systems "sicherer Herkunftsstaaten"

A. Notwendigkeit der Festlegung materieller Standards

Ungeachtet der bloß verfahrensrechtlichen Würdigung der Verfolgungssicherheit in dem jeweiligen Heimatstaat ergeben sich gleichwohl möglicherweise auch materielle Ansprüche an die Umstände, unter denen eine Verfolgungssicherheit eines bestimmten Herkunftsstaates festgestellt werden kann. Normativ ergibt sich ein solches materielles Mindestmaß an Verfolgungssicherheit wiederum aus Art. 33 der Genfer Flüchtlingskonvention. Denn man muß berücksichtigen, daß die Möglichkeit der Entkräftung der widerleglichen Vermutung der Verfolgungssicherheit - wenn überhaupt - in einem frühen Verfahrensstadium gegeben ist, zumal nach Art. 16 a Abs. 4 S. 1, 2. Hs. GG verspätetes Vorbringen unberücksichtigt bleiben kann. In einem solchen Stadium kurz nach der Flucht wird aber gerade ein *bona fide* Flüchtling häufig nur über unzureichende Beweismittel verfügen, mittels derer er eine individuelle Verfolgung durch seinen Heimatstaat wird nachweisen können. Würde man aber keine - oder nur geringe - Anforderungen an die Verfolgungssicherheit des Heimatstaates stellen,

---

311 Dies ist etwa der Fall, wenn der Antragsteller von sich aus angibt, aus wirtschaftlichen Gründen einreisen zu wollen.

312 So auch der Conseil d'Etat in der soeben erwähnten Entscheidung, oben Anm. 310, wobei allerdings dem Vorliegen eines entsprechenden objektiven Tatbestandes nur Indizcharakter zukommt; vgl. R. Abraham, La reconduite à la frontière des demandeurs d'asile, RFDA 1992, S. 90 ff. (99); ähnlich Grahl-Madsen, Anm. 33, S. 224.

bestünde die Gefahr, daß eine große Anzahl von Flüchtlingen, die *bona fide* Flüchtlinge im Sinne der Genfer Flüchtlingskonvention sind, einem solchen verkürzten Verfahren unterstellt werden mit der damit einhergehenden Gefahr von Verletzungen des Refoulement-Verbotes. Unabhängig von den tatsächlichen Problemen der Beweismittelbeschaffung ergibt sich aber die zusätzliche Gefahr, daß gerade der besonders intensiv verfolgte Flüchtling in einer solch frühen Phase, wo er sich möglicherweise noch nicht vollständig sicher vor Verfolgung fühlt und möglicherweise davon ausgeht, daß Informationen von dem potentiellen Aufnahmestaat in den Verfolgerstaat gelangen können, unter Umständen keine umfassenden und vollständigen Angaben dazu macht, warum in seinem spezifischen Fall trotz der generellen Vermutung dennoch keine Verfolgungssicherheit besteht[313]. Daher muß bei der Festlegung von Listen "sicherer Herkunftsstaaten" in der Tat von dem jeweiligen Aufnahmestaat materiell geprüft werden, ob diese Staaten wirklich jedenfalls generell verfolgungsfrei sind.

B. Mindeststandard für das Verfahren, in denen "safe countries of origin" festgelegt werden

Angesichts des Umstandes, daß die einzelnen Vertragsstaaten der Genfer Flüchtlingskonvention grundsätzlich frei sind, das jeweilige Verfahren festzulegen, in denen die Flüchtlingseigenschaft bestimmter Personen überprüft wird[314], müssen sie erst recht grundsätzlich frei darüber bestimmen können, in welchem Verfahren sie eine solche Liste aufstellen, da es sich ja lediglich um eine Entscheidung im Vorfeld handelt, die das eigentliche Statusbestimmungsverfahren selbst nicht unmittelbar tangiert. Allerdings ergibt sich aus Art. 35 der Genfer Flüchtlingskonvention eine generelle Verpflichtung der Mitgliedsstaaten, mit dem UNHCR zusammenzuarbeiten und dessen Aufgabe, die Anwendung der Konvention sicherzustellen, zu erleichtern[315]. Dies

---

[313] Zu den Problemen der Befragung in einem frühen Verfahrensstadium vgl. Achermann, Handbuch, S. 146 f.; ferner P. Stelkens, Grundsätze des Verwaltungsverfahrens im Asylverfahren, ZAR 1985, S. 15 ff. (20), sowie B. Münch, Wider die Hektik im Asylverfahren, ASYL 1990/3, S. 14 ff.

[314] Hierzu oben bei Anm. 159.

[315] Vgl. neben Art. 35 der Genfer Flüchtlingskonvention, der Art. II des New Yorker Protokolls von 1967 entspricht auch Para. 8 des UNHCR-Status (Res. 428 (V.) der Generalversammlung der Vereinten Nationen vom 14. 12. 1950), wo es heißt:

bedeutet aber, daß dem UNHCR im Rahmen der Aufstellung solcher Listen verfolgungssicherer Staaten Gelegenheit gegeben werden muß, zu der Frage Stellung zu nehmen, ob und inwieweit in dem in Frage stehenden Staat in der Regel Freiheit von Verfolgung besteht oder nicht[316]. Darüber hinaus können sich Hinweise auf eine relative Verfolgungssicherheit eines bestimmten Staates auch aus den Anerkennungsquoten für Flüchtlinge bestimmter Staaten ergeben[317]. Schließlich kann auch Berücksichtigung finden, inwieweit andere Staaten

---

"The High Commissioner shall provide for the Protection of refugees (...) by:

(a) Promoting the conclusion and ratification of international conventions for the protection of refugees, supervising their application (...)"

Text der Resolution auch bei Türk, Anm. 3, S. 306 ff., der an anderer Stelle (S. 161, v.a. Fn. 509) zutreffend darauf hinweist, daß im Verlaufe der Entstehung von Art. 35 der Genfer Flüchtlingskonvention schwächere Formulierungen (wie etwa "(...) undertake to facilitate constant relations (...)") durch die jetzige Fassung von Art. 35 der Genfer Flüchtlingskonvention ersetzt wurden.

[316] Vgl. etwa auch die Entschließung des Europäischen Parlaments vom 18. 11. 1992 - A3-0337/92 - über die Harmonisierung des Asylrechts und der Asylpolitiken in der EG, EuGRZ 1993, S. 105 ff. (107), wo das EP darauf drängt, daß die Mitgliedsstaaten Listen von *safe countries of origin* - wenn überhaupt - nur vor dem Hintergrund der vom UNHCR zur Verfügunng gestellten Informationen aufstellen. Allerdings scheint es der Praxis des UNHCR aufgrund seiner Verpflichtung zur Neutralität zu entsprechen, keine grundsätzlichen Feststellungen über die *generelle* Verfolgungs*freiheit* einzelner Staaten zu treffen.

[317] Vgl. dazu zuletzt den Überblick für das Jahr 1992 bei I. von Pollern, Die Entwicklung der Asylbewerberzahlen im Jahre 1992, ZAR 1993, S. 26 ff. Dabei ist jedoch zu berücksichtigen, daß sich diese Anerkennungsquoten jeweils auf in der Vergangenheit liegende Sachverhalte beziehen mit der Folge, daß sie nur begrenzt für die Beurteilung der aktuellen Situation in einem bestimmten Staat herangezogen werden können. Eine schematische Anwendung einer prozentualen Klausel, die *eo ipso* zur Deklarierung eines Staates als verfolgungssicher führt (vgl. die oben bei Anm. 7 erwähnte belgische Regelung), erscheint demgegenüber verfehlt, da sie der komplexen Frage der Beurteilung einer politischen Situation in einem bestimmten Staat kaum gerecht werden kann.

bestimmte Herkunftsstaaten ebenfalls als sicher betrachten[318] und in welchem Umfange dort die Vermutung widerlegt werden konnte[319].

Neben diesen Verfahrensfragen bei der Aufstellung der Liste spielen aber die materiellen Anforderungen an die politische Situation in dem einzelnen Herkunftsstaaten die wesentliche Rolle bei der Beurteilunng der Frage, ob ein Staat in der Tat als "safe country of origin" angesehen werden kann oder nicht.

---

[318] Dabei lassen sich im Hinblick auf einzelne Staaten, die in die Liste nach § 29 a AsylVfG 1993 aufgenommen wurden, folgende Feststellungen treffen:

- Polen: ebenso in der Schweiz (vgl. Bundesbeschluß vom 31. 10. 1990), sowie in Belgien in der bis 31. 12. 1991 geltenden Liste (vgl. Königl. Erlaß vom 25. 11. 1991).
- Slowakische und Tschechische Republik: Die CSFR war in der Schweiz mit Bundesbeschluß vom 31. 10. 1991 zu einem sicheren Herkunftsland erklärt worden (zur Situation in Bezug auf die Nachfolgestaaten vgl. oben Anm. 5), nicht dagegen in Belgien.
- Ungarn: Schweiz (Bundesbeschluß vom 31.10.1990).
- Ghana: Belgien (Königl. Erlaß vom 31. 12. 1992)
- Bulgarien: Schweiz (Bundesratsbeschluß vom 18. 3. 1991)
- Rumänien: Schweiz (Bundesratsbeschluß vom 25. 11. 1991)
- Indien, für welches auf Initiative der Fraktionen der CDU/CSU und der F.D.P. im Gesetzgebungsverfahren ebenfalls eine Prüfung erfolgt war, ob es zu einem sicheren Herkunftsstaat erklärt werden könnte (vgl. dazu BT-Drs. 12/4450 bei Anlage II zu § 29 a AsylVfG 1993), war sowohl in der Schweiz als auch in Belgien (Bundesbeschluß vom 18.3.1991 beziehungsweise Königl. Erlaß vom 31. 12. 1992) als *safe country of origin* angesehen worden.

Ferner hatte Belgien Pakistan und die Schweiz Angola (Bundesratsbeschluß vom 25. 11. 1991) sowie Algerien (Bundesratsbeschluß vom 18. 3. 1991, zurückgenommen am 19. 2. 1992) als sichere Herkunftsländer angesehen.

[319] Der Umstand, daß in vielen Fällen eine aufgestellte Vermutung von den Betroffenen widerlegt werden konnte, spräche dafür, den Staat insgesamt von der Liste zu streichen. Kritisch zur Schweizer Praxis M. Gattiker, Ist die Schweiz ein sicheres Asylland ? (Anmerkungen zu Art. 16 Abs. 2 Asylgesetz), ASYL 1991/3, S. 2 ff., der zu Recht darauf hinweist, daß eine fünfminütige mündliche Anhörung kaum ausreichend sein dürfte, um den Antragstellern die Möglichkeit zu bieten, die Vermutung der Verfolgungssicherheit zu entkräften.

C. Materielle Beurteilung der Verfolgungssicherheit

1. Charakterisierung eines Landes als "sicherer Herkunftsstaat" trotz bestehender Verfolgungssituation bei Vorliegen einer inländischen Fluchtalternative ?

Im Hinblick auf das Problem der Verfolgungsfreiheit stellt sich zunächst das Problem, ob auch dann, wenn in dem fraglichen Staat an sich eine Verfolgungssituation besteht, zugleich aber die grundsätzliche Möglichkeit einer inländischen Fluchtalternative gegeben war, dieser Staat als "sicherer Herkunftsstaat" bezeichnet werden kann.

Art. 16 Abs. 3 S. 1 GG nimmt für die Staaten eine Beweislastumkehr zu Ungunsten der Asylbewerber vor, bei denen gewährleistet erscheint, daß dort "weder politische Verfolgung noch unmenschliche oder erniedrigende Bestrafung oder Behandlung stattfindet", ohne daß der Begriff der Verfolgungsfreiheit im einzelnen näher definiert wird. Allerdings spricht die Regierungsbegründung zu Art. 16 a GG in diesem Zusammenhang davon, daß die Freiheit von politischer Verfolgung grundsätzlich landesweit bestehen muß[320]. Auch die für Einwanderungsfragen zuständigen Minister der EG-Mitgliedsstaaten waren im Jahre 1992 davon ausgegangen, daß ein Staat nur dann als "sicherer Herkunftsstaat" bezeichnet werden könne, wenn

> "objektiv und überprüfbar nachgewiesen werden kann, daß in der Regel aus dem betreffenden Land keine Flüchtlinge kommen beziehungsweise daß Gegebenheiten, die in der Vergangenheit die Anwendung des Genfer Abkommens von 1951 gerechtfertigt haben können, nicht mehr bestehen"[321].

Demgegenüber setzt die Regelung in der Schweiz lediglich voraus, daß in diesen Staaten "Sicherheit vor Verfolgung" bestehen muß. Dies scheint also nicht ohne weiteres auszuschließen, daß auch bei Bestehen von politischer Verfolgung in einem bestimmten Staat - aber

---

[320] BT-Drs. 12/4152, S. 4.

[321] Schlußfolgerungen der für Einwanderungsfragen zuständigen Minister der EG-Mitgliedsstaaten vom 30.11./1.12. 1992: Anlage III: Schlußfolgerungen betreffend Länder in denen im allgemeinen keine ernstliche Verfolgungsgefahr besteht, Text bei ZDWF, Anm. 253, S. 147 ff.

gleichzeitigem Vorhandensein inländischer Fluchtalternativen - ein Staat zu einem sicheren Herkunftsstaat erklärt werden kann[322].

Grundsätzlich ist Flüchtling im Sinne der Konvention nur der Verfolgte, der den Schutz des Landes seiner Staatsangehörigkeit nicht in Anspruch nehmen kann. Dies bedeutet mit anderen Worten, daß regelmäßig die Flüchtlingseigenschaft einer Person nach Art. 1 Abschnitt A Nr. 2 der Genfer Flüchtlingskonvention verneint werden muß, wenn ein Flüchtling in anderen Teilen seines Heimatstaates eine zumutbare Zuflucht finden kann[323]. Im Rahmen des Art. 33 der Genfer Flüchtlingskonvention darf jedoch darauf abgestellt werden, ob für den Flüchtling *vor* seiner Flucht eine inländische Fluchtalternative bestand. Vielmehr muß es auf die Frage ankommen, ob der Flüchtling *im Falle der Rückschaffung* in sein Heimatland in der Region, in die er abgeschoben werden soll, mit Verfolgung zu rechnen hat. Denn andernfalls würde man den Flüchtling möglicherweise auf einen illusorischen Schutz in einem Gebiet verweisen, welches er nach seiner

---

[322] Nur so dürfte es wohl auch zu erklären sein, daß die Schweiz etwa Indien zu einem sicheren Herkunftsstaat erklärt hatte. Die bei Gattiker, Anm. 319, S. 4 f. nachgewiesene Praxis des Schweizerischen Bundesamtes für Flüchtlinge bezieht sich in der Tat darauf, daß Indien wegen des Bestehens einer inländischen Fluchtalternative ein *safe country* sei. Zur Verfolgungssituation in Teilen Indiens in der Zeit zwischen Januar 1985 und November 1992 vgl. Amnesty International, Stellungnahme zur Anhörung des Innenauschusses des Deutschen Bundestages am 24. März 1993 zu dem Gesetzentwurf der Fraktionen von CDU/CSU, SPD und F.D.P. zur Änderung asylverfahrens-, ausländer- und staatsangehörigkeitsrechtlicher Vorschriften - Drucksache 12/4450, Sten. Protokoll der 56. Sitzung des Innenausschusses vom 24. 3. 1993, (im folgenden zitiert als Amnesty, Stellungnahme), S. 227 ff. (236).

Selbst für den neuen Art. 16 a Abs. 3 GG ging aber der Bayerische Verwaltungsgerichtshof in einer (unveröffentlichten) Stellungnahme vom 14. 1. 1993 zunächst davon aus, daß Verfolgerstaaten, in denen eine inländische Fluchtalternative besteht, zu sicheren Herkunftsstaaten erklärt werden können. Anders jetzt aber der Präsident des Bay VGH Lotz, Stellungnahme I, S. 255 unter Berufung auf Wortlaut und Begründung der Norm.

[323] BVerfGE 80, S. 315 ff. (343); VGH Baden-Württemberg vom 15.4. 1992 - 12 S 2149/90 zu § 51 AuslG; F. Weberndörfer, Schutz vor Abschiebung nach dem neuen Ausländergesetz (1992), S. 84 m.w.N.; K. Hailbronner, Ausländerrecht - Kommentar (Losebl.), § 51 AuslG, Rdnr. 16; J. Hathaway, The Law of Refugee Status (1991), (im folgenden zitiert als Hathaway, Refugee Status), S. 133 f. mit Nachweisen aus der Enstehungsgeschichte der Genfer Flüchtlingskonvention; UNHCR, Handbuch, S. 24.

Rückschaffung gar nicht (mehr) erreichen kann. Dies gilt umso mehr, als die Rückschiebung häufig auf dem Luftwege in bestimmte Städte erfolgen wird, die unter Umständen selbst nicht zu den verfolgungsfreien Gebieten zählen, so daß eine solche Rückschiebung in der Tat einen Verstoß gegen das Refoulement-Verbot darstellen könnte. Diese Bedenken bestehen umso mehr im Rahmen der Festlegung "sicherer Herkunftsstaaten", die notwendigerweise generalisierenden Charakter haben muß.

Dies bedeutet aber, daß das Bestehen einer grundsätzlichen inländischen Fluchtalternative kaum geeignet sein kann, einen Staat trotz ansonsten bestehender Verfolgungssituation *per se* als "sicheren Herkunftsstaat" zu bezeichnen. Dies gilt umso mehr auch deshalb, weil häufig das Bestehen von inländischen Fluchtalternativen nicht nur geographisch beschränkt sein wird, sondern sich zudem - zumindest in bestimmten Staaten - auch persönlich auf bestimmte Gruppen von Flüchtlingen beschränken wird[324]. Gerade diese Kombination von geographisch beschränkter inländischer Fluchtalternative und Schutz lediglich bestimmter Bevölkerungsgruppen vor Verfolgung kann aber in einem solchen Listensystem nicht mit hinreichender Genauigkeit berücksichtigt werden, um Fälle von völkerrechtswidrigen Refoulements zu verhindern.

2. Zur Definition der Verfolgungsfreiheit

Die Frage, ob ein bestimmter Staat *in concreto* als generell verfolgungsfrei bezeichnet werden kann, setzt eine komplexe Analyse der politischen, rechtlichen und gesellschaftlichen Situation in den einzelnen Staaten voraus, die vorliegend - zumal für die neun sicheren Herkunftsstaaten nach Art. 16 a Abs. 3 GG in Verbindung mit Anlage II zu § 29 a AsylVfG 1993[325] - nicht geleistet werden kann. Jedoch lassen

---

[324] Demgegenüber war das bayerische Staatsministerium der Justiz sogar noch darüber hinaus davon ausgegangen, daß es durchaus möglich sei, ein Land nur im Hinblick auf bestimmte Bevölkerungsgruppen zu einem sicheren Herkunftsland zu erklären.

[325] Das sind derzeit Bulgarien, Gambia, Ghana, Polen, Rumänien, Senegal, die Slowakische Republik, die Tschechische Republik und Ungarn. Vgl. zur Menschenrechtssituation in Rumänien aber etwa M. A. Spielmann/ J. A. Frowein, Rapport sur les droits de l'homme en Roumanie, Parl. Vers. des Europarates, Doc. AS/ Bur (44) 94; zur Klassifizierung von Bulgarien, Rumänien, Ghana und Senegal als sichere Herkunftsstaaten Amnesty, Stellungnahme, S. 234 ff. Zur Situation der Minderheiten in Polen, auf dem Gebiet der

sich gewisse Grundstrukturen erkennen, deren Vorliegen dafür spricht, daß ein Land als *grundsätzlich* verfolgungsfrei zu bezeichnen ist.

Erstmals wurde eine materielle Definition für den Begriff "sicherer Herkunftsstaat" von der Schweiz anläßlich der Novelle des Asylrechts im Jahre 1990 vorgenommen. Dabei ist die Schweiz davon ausgegangen, daß ein Land dann als "sicherer Herkunftsstaat" angesehen werden kann, wenn er etwaige Menschenrechtsverletzungen nach rechtsstaatlichen Grundsätzen ahndet[326], oder wenn dort die Menschenrechtslage alle Gewähr bietet, daß man im Normalfall nicht von einer Verfolgung sprechen kann[327]. Insbesondere war vorgesehen, solche Staaten in die aufzustellende Liste aufzunehmen, in denen eine Verbesserung der demokratischen Verhältnisse eingetreten ist[328], insbesondere also die Reformstaaten Ostmitteleuropas[329].

Auch die bereits oben erwähnten Schlußfolgerungen der für Einwanderungsfragen zuständigen Minister der EG-Mitgliedsstaaten vom 30.11./1.12. 1992[330] machen Ausführungen zu den materiellen Kriterien einer Bejahung der generellen Verfolgungssicherheit eines Landes. Wesentliche Bedeutung soll dabei der Frage zukommen, ob die Achtung der Menschenrechte in dem fraglichen Land sichergestellt ist, wobei die formelle Bindung an völkerrechtliche Übereinkommen in diesem Bereich allerdings kein hinreichendes Indiz sein kann[331]. Dabei sei in erster Linie die Einhaltung derjenigen Menschenrechtsverbürgungen von Bedeutung, die einen sachlichen Zusammenhang mit den Verfolgungskriterien und geschützten Rechtsgütern nach Art. 1 und 33 der Genfer

---

früheren Tschechoslowakei und in Ungarn vgl. die Berichte von M. Hoskova (S. 258 ff. und 407 ff.) und G. Nolte (S. 501 ff.), alle in J. A. Frowein/ R. Hofmann/ S. Oeter, Das Minderheitenrecht europäischer Staaten, Teil 1 (1993). Zur Charakterisierung Ghanas als sicherer Herkunftsstaat vgl. nunmehr die Entscheidungen des Bundesverfassungsgerichts oben Anm. 2 betreffend die Anträge auf Erlaß einstweiliger Anordnungen.

326 BBl. 1990 II, S. 626; vgl. auch die Äußerung des Berichterstatters Mühlemann im Nationalrat, Bull. NR 1990, S. 793: "(...) daß bei einer Rückführung die Menschenrechte respektiert werden."

327 Äußerung von Bundesrat Koller, Bull. NR. 1990, S. 838.

328 Ebd.

329 Dementsprechend wurden neben anderen Staaten auch die damalige CSFR, Polen und Ungarn (Bundesratsbeschluß vom 31. 10. 1990), sowie Bulgarien (Bundesratsbeschluß vom 18. 3. 1991) und Rumänien (Bundesratsbeschluß vom 25. 11. 1991) zu "sicheren Herkunftsstaaten" erklärt.

330 Oben bei Anm. 321.

331 Ebd. unter 4. b).

Flüchtlingskonvention haben. Daneben sei aber auch die Einhaltung anderer Standards zumindest als gewichtige Indizien im Hinblick auf die Frage mit heranzuziehen, ob eine generelle Freiheit von Verfolgung besteht. Insbesondere komme es dabei auf diejenigen Rechte an, die in einem engen sachlichen Zusammenhang mit der Gestaltung des politischen Prozesses stehen, wie etwa das Recht auf freie Meinungsäußerung, die Pressefreiheit oder auch die Versammlungsfreiheit[332]. Dies erscheint sinnvoll, da gerade erst durch die Wahrnehmung solcher Rechte auf das Bestehen politischer Verfolgung aufmerksam gemacht werden kann. Auch bildet das Bestehen eines demokratischen Regierungssystems grundsätzlich eine gewisse Garantie für das Nichtvorhandensein von Verfolgung im Sinne der Genfer Flüchtlingskonvention[333]. Ferner dürfte ebenfalls eine Rolle spielen, ob nichtstaatliche Organisationen[334] und unabhängige Gerichte[335] die faktische Einhaltung solcher Standards kontrollieren können.

Auch im Verlaufe des Gesetzgebungsverfahrens zu § 29 a des neuen deutschen Asylverfahrensgesetzes wurden praktisch identische Kriterien herangezogen[336], wobei bei der Frage der Achtung der Menschenrechte insbesondere auch die Beachtung der EMRK und der UN-Konvention gegen Folter[337] mit herangezogen wurden.

---

[332] Ebd. unter 4. c).

[333] Ebd. unter 4 c). Allerdings gilt dies nicht stets für die Frage rassisch oder ethnisch motivierter Verfolgung von Minderheiten, die teilweise auch in demokratischen Staatswesen Verfolgung oder Unterdrückung ausgesetzt sind.

[334] Ebd. unter 4. b).

[335] Ebd. unter 4. c).

[336] Die amtliche Begründung zu § 29 a ASylVfG spricht ausdrücklich davon, daß sich die Kriterien an dem Vorbild der Schweiz und den Vorgaben des o.g. Dokuments der europäischen Einwanderungsminister gehalten haben, BT-Drs. 12/4450, S. 65 f.

[337] Von den als sicher deklarierten Herkunftsstaaten haben Bulgarien, Polen, Rumänien, Senegal und Ungarn, nicht jedoch Ghana, dieses Abkommen ratifiziert. Gambia hat am 23. 10. 1985 das Abkommen zwar gezeichnet, es jedoch bislang ebenfalls (noch) nicht ratifiziert.

Darüber hinaus ist auch eine Bindung der Tschechischen Republik an die Konvention zu bejahen, da zum einen bereits die CSFR das Abkommen ratifiziert hatte und zum anderen die Tschechische Republik insoweit eine Sukzessionserklärung abgegeben hat, vgl. dazu näher M. Hoskova, Die Selbstauflösung der CSFR - Ausgewählte rechtliche Aspekte, ZaöRV 1993, S. 689 ff. (716 ff.).

Zur Beurteilung kann schließlich auch mit herangezogen werden, in welchem Maße in früheren Jahren Asylbewerber aus dem in Frage stehenden Staat als Flüchtlinge anerkannt worden sind, da dies ja gerade einen Überblick über eine bestehende Verfolgungslage gibt. Dies gilt allerdings nur dann, wenn es in diesem Staat seitdem nicht zu wesentlichen politischen Veränderungen gekommen ist[338]. Allerdings sollten insoweit auch Anerkennungszahlen anderer Staaten mit herangezogen werden, um zu verhindern, daß Besonderheiten des jeweiligen nationalen Rechts, sei es im verfahrensrechtlichen Bereich, sei es im Bereich des materiellen Flüchtlingsrechts, zu fehlerhaften Schlußfolgerungen führen. Dabei ist auch zu berücksichtigen, daß negative Entscheidungen wegen Bestehens anderweitigen Verfolgungsschutzes in Drittstaaten im Hinblick auf die Verfolgungssituation in dem jeweiligen Herkunftsstaat ohne Aussagekraft sind, also insoweit unberücksichtigt bleiben müssen[339]. Ferner sollten bei den Anerkennungsquoten auch die Fälle berücksichtigt werden, die erst im Rahmen eines gerichtlichen Rechtschutzverfahrens[340] anerkannt worden sind[341].

Zuletzt aber ist es von wesentlicher Bedeutung, daß die politische Lage in dem behauptetermaßen sicheren Herkunftsstaat auch in zeitlicher Hinsicht hinreichend stabil ist[342], um zu verhindern, daß ein Staat noch als sicher bezeichnet wird, obwohl er mittlerweile zu einem Verfolgerstaat geworden ist. Dies gilt ungeachtet der Möglichkeit, daß die Festlegung dieser Listenstaaten sowohl in der Schweiz als nunmehr auch in der Bundesrepublik Deutschland allein durch einen Akt der Exekutive rückgängig gemacht beziehungsweise zeitweilig außer Kraft gesetzt werden kann[343]. Denn wie das Beispiel Algerien zeigt, dauerte es geraume Zeit, bis der Schweizer Bundesrat dieses Land trotz

---

338 So die Schlußfolgerung der für Einwanderungsfragen zuständigen Minister der Mitgliedsstaaten der EG, Anm. 321 unter 4. a).

339 Classen, Asylrecht, S. 143.

340 Soweit in den einzelnen Aufnahmeländern gerichtlicher Rechtsschutz gewährt wird !

341 Wie hier Classen, Asylrecht, S. 143. Demgegenüber spricht die amtliche Begründung zu Art. 16 a GG, BT-Drs. 12/4152, S. 4 nur von der "Quote der Anerkennung im Verwaltungsverfahren (...)".

342 Schlußfolgerungen der für Einwanderungsfragen zuständigen Minister der EG-Mitgliedsstaaten, Anm. 321, unter 4. d).

343 Vgl. Art. 16 Abs. 2 S. 2 2. Hs. AsylG der Schweiz; § 29 a Abs. 3 AsylVfG 1993.

Verhängung des Ausnahmezustands[344] von der Liste der sicheren Herkunftsstaaten nach § 16 AsylG gestrichen hat.

Zweiter Abschnitt: Vereinbarkeit mit der EMRK

I. Materielle Garantien

Diesbezüglich kommt eine Verletzung von Art. 3 EMRK in zweierlei Hinsicht in Betracht. In einer unterschiedlichen Behandlung von verschiedenen Gruppen von Asylbewerbern aus unterschiedlichen Staaten könnte möglicherweise bereits *ipso facto* eine Verletzung von Art. 3 EMRK zu sehen sein. So hat die Europäische Kommission für Menschenrechte anerkannt, daß eine Einwanderungspolitik, welche aus rassischen Gründen diskriminiert, einen Verstoß gegen Art. 3 der EMRK darstellen kann, weil sie einer erniedrigenden Behandlung gleichkomme[345]. Damit könnte es naheliegen, in einem Analogieschluß auch eine Asylpolitik, die verschiedene Gruppen von Asylbewerbern nach ihrer Herkunft unterschiedlich behandelt, an diesem Maßstab zu messen[346]. Dabei ist allerdings zu berücksichtigen, daß es die Kommission in dem damaligen Fall zum einen als wesentlich erachtet hatte, daß es sich bei den Betroffenen um Staatsangehörige des Vereinigten Königreichs gehandelt hatte[347]. Zum anderen aber ist in dem hier zu diskutierenden Fall ein sachlicher Grund in der unterschiedlichen Verfolgungslage in den verschiedenen Herkunftsländern zu sehen, so daß auch aus diesem Grunde keine erniedrigende Behandlung vorliegt.

---

[344] Der Ausnahmezustand war am 5. 6. 1991 verhängt worden und die Streichung erfolgte erst durch Bundesratsbeschluß vom 19. 2. 1992; kritisch hierzu Gattiker, Anm. 319, S. 5 unter Bezugnahme auf eine Schreiben des UNHCR an den schweizerischen Bundesrat vom 7. 6. 1991. Allerdings soll Algerien in der Praxis bereits vorher nicht mehr als *safe country* behandelt worden sein.

Der Bundesratsbeschluß vom 18. 3. 1991 mit dem Angola zu einem sicheren Herkunftsstaat erklärt worden war, wurde schließlich am 25. 11. 1992 zurückgenommen.

[345] Vgl. dazu den Bericht der Kommission East African Asians v. United Kingdom, 3 E.H.R.R. (1981), S. 76 ff.

[346] Einarsen, Anm. 201, S. 374.

[347] Bericht der Kommission im Fall der East African Asians, Anm. 345, S. 85.

Darüber hinausgehende Verletzungen von Art. 3 EMRK im Falle der Zurückschiebung in ein Land, wo dem Betroffenen Folter oder unmenschliche Behandlung droht, erscheinen aber regelmäßig ausgeschlossen, wenn man - wie bereits oben dargelegt[348] - davon ausgeht, daß der Vortrag von Fakten, die für eine solche Behandlung im Heimatstaat relevant sind, keineswegs abgeschnitten ist[349].

Ungeachtet dieser Feststellung erscheint jedoch ein Verstoß gegen die formellen Garantien der EMRK, insbesondere Art. 6 oder 13 EMRK möglich.

II. Formelle Garantien

A. Art. 6 EMRK

Fraglich ist, ob Art. 16 a Abs. 3 GG in Verbindung mit Art. 16 a Abs. 4 GG möglicherweise deshalb Art. 6 der EMRK verletzt, weil er den gerichtlichen Rechtsschutz in erheblichem Maße einschränkt, insbesondere in der Regel keine aufschiebende Wirkung gewährt. Für die Bejahung einer Verletzung von Art. 6 der EMRK wäre erste Voraussetzung, daß überhaupt der sachliche Anwendungsbereich der Bestimmung eröffnet ist. In Art. 6 Abs. 1 EMRK heißt es auszugsweise:

> "Jedermann hat Anspruch darauf, daß seine Sache (...) von einem unabhängigen und unparteiischen (...) Gericht gehört wird, das über *zivilrechtliche Ansprüche und Verpflichtungen*[350] oder über die Stichhaltigkeit der gegen ihn erhobenen strafrechtlichen Anklage zu entscheiden hat."

Die entscheidenden Begriffe lauten im - allein authentischen[351] - englischen beziehungsweise französischen Text - *"civil rights and obligations/ droits et obligations de caractère civil"*. Auf den ersten Blick erscheint es evident, daß es sich bei der Anerkennung als politisch Verfolgter im Sinne des Art. 16 a GG nicht um eine zivilrechtliche

---

348 Dazu oben S. 98.

349 Entsprechende Überlegungen gelten auch im Hinblick auf Art. 2 EMRK.

350 Hervorhebung durch den Verfasser.

351 Beide Fassungen sind nach der Schlußformel des Abkommens - anders als die deutsche Fassung - gleichermaßen authentisch.

Streitigkeit handelt[352]. Allerdings ist dabei zu beachten, daß dieser Begriff nicht nach dem innerstaatlichen Recht des jeweils betroffenen Mitgliedsstaates der Konvention auszulegen sind. Vielmehr muß nach der Rechtsprechung des Europäischen Gerichtshofes für Menschenrechte die Frage, ob Art. 6 Abs. 1 EMRK erfüllt ist[353], konventionsautonom unter Berücksichtigung von einerseits Sinn und Zweck der EMRK und andererseits der vorherrschenden Auffassungen in den Rechtssystemen aller Vertragsstaaten beantwortet werden[354]. Deshalb ist es insoweit auch irrelevant, daß asylrechtliche Streitigkeiten nach dem innerstaatlichen Recht der Bundesrepublik Deutschland eindeutig dem öffentlichen Recht zuzuordnen und für die Entscheidung solcher Fragen Verwaltungsbehörden beziehungsweise -gerichte zuständig sind[355]. Dennoch ist fraglich, ob es sich in der Tat um zivilrechtliche Ansprüche im Sinne von Art. 6 der EMRK handelt.

Während deutsche Gerichte bis zum heutigen Tage die Frage der Anwendbarkeit des Art. 6 Abs. 1 EMRK auf asylrechtliche Verfahren offen gelassen haben[356], hat dies die Europäische Kommission für Menschenrechte bereits frühzeitig verneint. So führte sie bereits im Jahre 1976 im Fall Agee v. United Kingdom[357] aus, daß eine *Ausweisungs*entscheidung dem öffentlichen Recht im Sinne der Konvention zuzuordnen und damit keine Feststellung zivilrechtlicher Ansprüche oder Verpflichtungen verbunden sei. Dies gelte dabei ungeachtet möglicher Konsequenzen für zivilrechtliche Ansprüche des Betroffenen[358]. Später hat sie diese Spruchpraxis dahingehend

---

[352] So auch B. Huber, Anwendbarkeit des Art. 6 I MRK auf Asylstreitverfahren, NVwZ 1992, S. 856 ff. (856).

[353] Der Gerichtshof geht dabei davon aus, daß sich die beiden Begriffe nicht zwangsläufig wechselseitig ausschließen, daß jedoch für die Bejahung der Verletzung des Art. 6 Abs. 1 EMRK die Anwendbarkeit aus einem der beiden Gründe genügt, EGMR, Ser. A. vol. 58, S. 16.

[354] Vgl. aus der Rechtsprechung des Gerichtshofes die Entscheidung im Fall König, Ser. A, vol. 27, S. 30. ; ferner Frowein/ Peukert, Art. 6, Rdnr. 7.

[355] So wohl auch Huber, Anm. 352, S. 856.

[356] Zuletzt BVerwG Beschluß vom 10. 4. 1992, NVwZ 1992, S. 890; vgl. auch Urteil vom 28. 6. 1983, BVerwG 9 C 15. 83, Buchholz 312 EntlG Nr. 32.

[357] Application 7729/76, Agee v. Vereinigtes Königreich, 7 D.R., S. 164 ff. (175).

[358] Vgl. ferner die Entscheidungen Application 8244/78 Uppal u.a. v. Vereinigtes Königreich, 3 E.H.R.R. (1981), S. 391 ff.; Application 8118/77

konkretisiert, daß auch die Regelung der *Einreise* von Ausländern nicht in den sachlichen Anwendungsbereich von Art. 6 I EMRK falle[359]. Schließlich hat sie im Jahre 1986 ausgeführt, daß die Behandlung eines *Antrags auf Gewährung politischen Asyls* nach dem innerstaatlichen Recht einzelner Mitgliedsstaaten der Konvention nicht in den Anwendungsbereich der Norm falle[360]. Die Kommission führte insoweit aus:

> "The Commission considers that (...) the proceedings by which the United Kingdom authorities refused the applicant political asylum were of an administrative discretionary nature and did not involve the determination of the applicant's civil rights and obligations. It follows that the provisions of Article 6 para. 1 of the Convention are not applicable to such proceedings (...)[361]

Demgegenüber hat sich der Gerichtshof zu der Frage, ob auch asylrechtliche Verfahren *civil rights* betreffen, bislang noch nicht *expressis verbis* geäußert. Jedoch hat er in ständiger Rechtsprechung ausgeführt, daß der Begriff "Streitigkeit über zivilrechtliche Ansprüche und Verpflichtungen" alle diejenigen Verfahren betrifft, "deren Ausgang entscheidend ist für solche Ansprüche und Verpflichtungen"[362]. Dabei

---

Omkarananda v. Vereinigtes Königreich, D.R. 25, 105 ff. (117); Kilic v. Schweiz, D.R. 50, 280 ff. (289).

[359] Vgl. bereits die Entscheidung im Fall X. und Y. v. Schweiz, Application 7289/75 und 7349/76, 9 D.R., S. 57 ff. (76) unter Bezugnahme auf seine frühere Rechtsprechung. Zuletzt etwa die Entscheidung vom 9. 3. 1982, Application 9593/81, dargestellt in Digest of Strasbourg Case-Law relating to the European Convention on Human Rights, Suppl. to vol. 2 (1991) unter 6.0.1.6., S. 1.

[360] Appl. 12122/86 Lukka v. Vereinigtes Königreich, 9 E.H.R.R., S. 552 - 555 = 50 D.R. 268 ff. (271); Appl. 13162/87 P. v. United Kingdom, D.R. 54, S. 211; ferner Appl. 12364/86 A. Kilkic v. Switzerland, D.R. 50, S. 280 und zuletzt K. v. Switzerland, VPB 1987, Nr. 71.

[361] Entscheidung im Fall Lukka, Anm. 360, S. 271. Eine Übersicht über die Entscheidungspraxis der Kommission im Hinblick auf Asylverfahren findet sich bei A. Kley-Struller, Art. 6 EMRK als Rechtsschutzgarantie gegen die öffentliche Gewalt, S. 45.

[362] Eine Übersicht über die insoweit einschlägige Rechtsprechung des Gerichtshofes findet sich bei A. Bleckmann, Zum Begriff der "Civil Rights" in Art. 6 der Europäischen Menschenrechtskonvention, in: G. Ress (Hrsg.), Ent-

reichen aus der Sicht des Gerichtshofes lediglich "schwache Verbindungen oder entfernte Konsequenzen" zivilrechtlicher Art nicht aus, um den Anwendungsbereich von Art. 6 Abs. 1 EMRK zu eröffnen. Vielmehr komme es entscheidend darauf an, daß

> "zivilrechtliche Ansprüche und Verpflichtungen das Objekt - oder eines der Objekte - des Rechtsstreites sind; das Resultat des Verfahrens muß für ein solches Recht *unmittelbar* entscheidend sein[363]."

Dabei hebt der Gerichtshof unter Berücksichtigung des französischen Wortlauts von Art. 6 Abs. 1 EMRK darauf ab, ob zwischen den Parteien des Verfahrens ein Streit (*contestation*) über zivilrechtliche Ansprüche und Verpflichtungen besteht[364], ob also die Entscheidung des Streites für private Rechte und Verbindlichkeiten des betroffenen Individuums maßgeblich ist[365].

In einem Verfahren auf Gewährung politischen Asyls beziehungsweise der Zuerkennung der Flüchtlingseigenschaft nach der Genfer Flüchtlingskonvention ist es demgegenüber zwischen der für die Anerkennung zuständigen Behörde auf der einen Seite und dem Antragsteller auf der anderen Seite nur streitig, ob dem Betroffenen tatsächlich politische Verfolgung droht, er also schutzbedürftig ist. Andererseits stehen die daran anknüpfenden zivilrechtlichen Folgen[366] in

---

wicklungstendenzen im Verwaltungsverfahrensrecht und in der Verwaltungsgerichtsbarkeit (1990), S. 253 ff. (254 - 260).

363 Urteil vom 27. 10. 1987 in der Sache Pudas v. Schweden, Sér. A, vol. 125; deutsche Übersetzung nach NJW 1989, S. 2181 f. (2182); Hervorhebung durch den Verfasser.

364 Vgl. dazu Frowein/ Peukert, Art. 6, Rdnr. 10.

365 Vgl. etwa die Entscheidungen im Fall Ringeisen (behördliche Genehmigung eines Kaufvertrages), Ser. A, vol. 13, § 94 und im Fall König (Erteilung einer Tankstellenkonzession), Ser. A, vol. 27, §§ 89 ff.).

366 § 2 Abs. 1 AsylVfG 1993 sieht vor, daß Asylberechtigten in der Bundesrepublik Deutschland die Stellung von Konventionsflüchtlingen zukommt. Dies bedeutet etwa, daß sie nach Art. 13 Genfer Flüchtlingskonvention hinsichtlich des Erwerbs von Eigentum Meistbegünstigung genießen und daß sie im Hinblick auf gewerbliche Schutzrechte und das Urheberrecht wie Inländer zu behandeln sind (Art. 14 Genfer Flüchtlingskonvention). Vgl. auch Art. 18 Genfer Flüchtlingskonvention betreffend die Ausübung selbständiger Er-

dem behördlichen beziehungsweise gerichtlichen Anerkennungsverfahren regelmäßig außer Streit. Insoweit handelt es sich gerade auch aus der Sicht des betroffenen Antragstellers, dem es primär um seinen Schutz vor weiterer politischer Verfolgung gehen muß, um lediglich mittelbare Auswirkungen. Gerade für solche blosse *teneous connections* beziehungsweise *remote consequences*[367] geht der Gerichtshof davon aus, daß sie keinesfalls eine Anwendung von Art. 6 EMRK rechtfertigen können.

Auch in dem deutschen Asylverfahren ist Streitgegenstand die Schutzgewährung vor politischer Verfolgung durch Aufnahme in der Bundesrepublik Deutschland beziehungsweise die Durchführung aufenthaltsbeendender Maßnahmen[368]. Insoweit handelt es sich um Fragen, die lediglich den öffentlich-rechtlichen Status des Antragstellers direkt tangieren. Soweit sich nach dem innerstaatlichen Recht der Bundesrepublik Deutschland in Übereinstimmung mit deren Verpflichtungen aus der Genfer Flüchtlingskonvention an die Anerkennung als Asylberechtigter zivilrechtliche Folgen knüpfen, ist zu berücksichtigen, daß es sich lediglich um Folgeansprüche handelt, die aber dem Verfahren nicht ihr Gepräge geben und damit auch nicht die Rechtsfolge der Anwendbarkeit von Art. 6 EMRK auslösen können[369]. Eine Anwendbarkeit von Art. 6 Abs. 1 EMRK wäre nur in den Fällen zu bejahen, in denen die Anerkennung als Asylberechtigter bereits erfolgt war, dann aber in einem gerichtlichen Verfahren die daran anknüpfenden zivilrechtlichen Folgen streitig sind[370].

---

werbstätigkeiten und Art. 19 der Genfer Flüchtlingskonvention betreffend die Ausübung freier Berufe.

[367] Vgl. dessen Ausführungen im Fall Le Compte, Ser. A., vol. 43, S. 20 f., § 45 und 47; dazu Frowein/ Peukert, Art. 6, Rdnr. 10.

[368] So auch Huber, Anm. 352, S. 857, der letztendlich aber doch zu einer Bejahung der Anwendbarkeit von Art. 6 Abs. 1 EMRK gelangt.

[369] Ebenso C. Tomuschat, A Right to Asylum in Europe, HRLJ 1992, S. 257 ff. (263); Classen, Frankreich, S. 232 Fn. 61; ebenso der französische Conseil d'Etat in einer Entscheidung vom 7. 11. 1990, RFDA 1990, S. 1099.

[370] Auch das Vorliegen einer strafrechtlichen Anklage im Sinne von Art. 6 EMRK ist zu verneinen. Denn insoweit muß sich der Vorwurf auf eine Straftat beziehen, muß also feststellen, ob eine Handlung begangen wurde, die den Tatbestand eines Strafgesetzes erfüllt - (vgl. hierzu etwa die Entscheidung des Gerichtshofes im Fall Öztürk, Ser. A, vol. 73, § 47.) Dementsprechend hat die Europäische Kommission für Menschenrechte denn auch stets Art. 6 EMRK in Asylverfahren für insgesamt unanwendbar gehalten. Ebenso Miehsler, in: Internationaler Kommentar zur Europäischen Menschenrechtskonven-

B. Art. 13 EMRK[371]

Auch unter der Geltung des Art. 16 a GG bleibt es für Asylbewerber aus sicheren Herkunftsstaaten dabei, daß sie grundsätzlich verwaltungsgerichtlichen Rechtsschutz gegen ablehnende Behördenentscheidungen in Anspruch nehmen können. Da aber der Umfang der Schutzgewährung im Rahmen eines solchen gerichtlichen Rechtschutzverfahrens, welches grundsätzlich den Anforderungen des Art. 6 der Konvention entspricht, über das Maß dessen hinausgeht, was von Art. 13 EMRK gefordert wird[372], entspricht Art. 16 a Abs. 3 in Verbindung mit Art. 16 a Abs. 4 GG insoweit auch im Rahmen möglicher Verletzungen von Art. 2 oder 3 der Konvention *grundsätzlich* den Erfordernissen des Art. 13 EMRK. Konventionsrelevante Bedenken könnten sich aber zum einen aus dem Umstand ergeben, daß der Prüfungsumfang des Gerichts eingeschränkt wird, und daß zum anderen die Gewährung einstweiligen Rechtsschutzes nur bei Erfüllung gewisser Voraussetzungen möglich ist.

1. Präklusion verspäteten Vorbringens und Art. 13 EMRK

Nach Art. 16 a Abs. 4 S. 1, 2. Hs. GG kann der einfache Gesetzgeber den Prüfungsumfang der Verwaltungsgerichte einschränken und verspätetes Vorbringen unberücksichtigt lassen. In § 36 Abs. 4 S. 3 AsylVfG 1993 hat der Gesetzgeber in der Weise von dieser Ermächtigung Gebrauch gemacht, daß Tatsachen, die der Antragsteller im Verwaltungsverfahren nicht angegeben hat, vom Gericht unberücksichtigt bleiben können. Fraglich ist, ob das angerufene Gericht gleichwohl als wirksame Beschwerdeinstanz im Sinne von Art. 13 EMRK angesehen werden kann. Im Fall Vilvarajah[373] war der Europäische Gerichtshof für Menschenrechte in Übereinstimmung mit

---

tion (Losebl., 1.Lfg. 1986), Art. 6, Rdnr. 252 und Einarsen, Anm. 201, S. 377.

[371] Ausführlich zu Art. 13 EMRK bereits oben S. 93 ff.; im folgenden wird hierzu nur noch insoweit Stellung genommen, als sich spezifische Fragen im Hinblick auf Art. 16 a Abs. 3 GG ergeben.

[372] Velu/ Ergec, Anm. 222, S. 89:

> " (...) pas de doutes que le recours qui se déduit de l'article 6, § 1er, présente des garanties plus étendues que celles de l'article 13.";

vgl. auch aus der Entstehungsgeschichte Rec. Trav. Prep. Bd. 2, S. 354 und 490.

[373] Dazu bereits oben bei Anm. 192.

seiner früheren Rechtsprechung[374] zu dem Ergebnis gelangt, daß es auch in Ausweisungssituationen grundsätzlich ausreichend ist, wenn die Überprüfungsinstanz allein die *reasonableness* der erstinstanzlichen Entscheidung überprüfen kann, ohne eine erneute volle Sachverhaltsprüfung vorzunehmen. Immerhin aber ging der Gerichtshof davon aus, daß es der Beschwerdeinstanz offen stehen müsse, "to deal with the substance of the relevant Convention complaint"[375] und daß Entscheidungen, in denen gegebenenfalls das Leben oder die Freiheit eines Betroffenen in Frage stehen, in besonders hohem Maße zu überprüfen seien[376]. Dabei muß nach der Straßburger Spruchpraxis die Effektivität eines Rechtsmittels auch im Hinblick auf den notwendigen Umfang der Tatsachenüberprüfung vor dem Hintergrund der möglicherweise betroffenen Konventionsrechte und den besonderen Umständen des Einzelfalls überprüft werden[377]. Vor dem Hintergrund dieser Überlegungen scheint es zwar grundsätzlich konventionsrechtlich zulässig zu sein, den Betroffenen mit der Geltendmachung zusätzlichen Vorbringens zu präkludieren. Dies gilt umso mehr. als der Konvention selbst der Gedanke einer Präklusion insoweit nicht fremd ist, als sie vor Anrufung der Kommission die Erschöpfung des innerstaatlichen Rechtsweges voraussetzt, dieser aber gerade dann nicht ausgeschöpft ist, wenn innerstaatliche Begründungsfristen versäumt wurden[378].

Für eine Zulässigkeit einer Präklusion spricht ferner, daß der Ausländer nach § 25 Abs. 3 S. 2 AsylVfG 1993 in Verbindung mit § 36 Abs. 4 S. 2 AylVfG 1993 darauf hinzuweisen ist, daß späteres Vorbringen unberücksichtigt bleiben kann. Sobald aber Tatsachen, die eine Gefährdung der Rechte aus Art. 2 beziehungsweise 3 EMRK als möglich erscheinen lassen, überhaupt erst im Rahmen des gerichtlichen Rechtschutzverfahrens vorgebracht werden *können*, etwa weil sich die Situation in dem Heimatland verändert hat, würde eine gleichwohl eintretende Präklusion einen Verstoß gegen Art. 13 EMRK darstellen. Denn Art. 13 EMRK bildet eine akzessorische Verfahrensgarantie[379], die letztendlich dazu dienen soll, eine Verletzung der *materiellen*

---

[374] Urteil im Fall Soering, Anm. 240.

[375] AaO, Anm. 240, S. 39.

[376] Ebd.

[377] Boyle and Rice, Ser. A, vol. 131, S. 24; vgl. auch den ähnlichen Ansatz des US Supreme Court im Hinblick auf die *due process clause* des Fünften und Vierzehnten Zusatzes zur amerikanischen Bundesverfassung, 124 U.S., 319 (1976), Mathews v. Elridge.

[378] Vgl. dazu Frowein/ Peukert, Art. 26, Rdnr. 15.

[379] Frowein/ Peukert, Art. 13 , Rdnr. 1.

Konventionsrechte zu verhindern. Dieser Aufgabe könnte die Norm aber gerade nicht gerecht werden, wenn der Asylbewerber auch mit unverschuldet nicht vorgebrachten neuen Tatsachen präkludiert wäre.

In den Fällen, in denen die Erstentscheidung sich allein auf die Tatsache der Herkunft aus einem verfolgungssicheren Land stützt, wird die Überprüfungsinstanz im Sinne der Konvention, also das Verwaltungsgericht, im übrigen stets auch das materielle Vorbringen des Betroffenen prüfen müssen, um dem Anspruch auf ein effektives Beschwerdeverfahren gerecht zu werden[380]. Ansonsten hätte der Betroffene keinerlei wirksame Möglichkeit, jemals gerade seine (behauptete) individuelle Verfolgungssituation im Sinne von Art. 3 EMRK darzulegen und zum Tragen zu bringen[381].

2. Wegfall der aufschiebenden Wirkung des Rechtsmittels und Art. 13 EMRK

Nach Art. 16 a Abs. 4 S. 1, 1. Hs. GG in Verbindung mit § 36 Abs. 4 S. 1 AsylVfG 1993 kann ein Gericht aufenthaltsbeendende Maßnahmen in den Fällen des Absatzes 3 nur dann aussetzen, wenn ernstliche Zweifel an der Rechtmäßigkeit der Maßnahme bestehen. Damit stellt sich das Problem, ob der Anspruch auf ein Rechtsmittel im Sinne von Art. 13 der EMRK auch voraussetzt, daß diesem Rechtsmittel stets eine aufschiebende Wirkung gegenüber der Ausweisungsverfügung zukommt.

Bei Beschwerden über drohende Ausweisungen, die eine Verletzung des Schutzbereiches von Art. 3 EMRK darstellen können, geht die Kommission stets davon aus, daß es im Rahmen von Art. 26 der EMRK auf die Erschöpfung derjenigen Rechtsbehelfe *nicht* ankommt, die keine aufschiebende Wirkung haben[382]. In einer Entscheidung spricht die Kommission sogar davon, daß die in Frage stehenden Rechtsmittel wegen des Fehlens einer aufschiebenden Wirkung "nicht effektiv

---

[380] Nunmehr geht auch das Bundesverfassungsgericht davon aus, daß auch bei Asylbewerbern aus sicheren Herkunftsstaaten (*in concreto* ging es um Ghana) jeweils auch das individuelle Vorbringen von dem angegangenen Verwaltungsgericht geprüft werden muß, vgl. dazu die einstweilige Anordnung vom 22. 7. 1993, NVwZ, Beil. 1/93 zu Heft 8/93, S. 1.

[381] Kritisch zur Praxis der Schweizer Behörden insoweit, als dort bei Flüchtlingen aus sicheren Herkunftsstaaten eine individualisierte Ablehnungsbegründung fehlt, obwohl Gründe vorgebracht worden waren, welche die Vermutung der Verfolgungssicherheit hätten widerlegen sollen, vgl. Gattiker, Anm. 319, S. 6.

[382] Vgl. die Nachweise bei Frowein/ Peukert, Art. 26, Rdnr. 24.

seien"[383] und nimmt insoweit auf den Wortlaut von Art. 13 EMRK Bezug[384]. Im *Soering*-Fall spricht der Gerichtshof davon, daß jedenfalls *de facto* eine Ausweisungssperre besteht, solange ein Rechtsmittel anhängig ist, und daß aus diesem Grunde kein Verstoß gegen Art. 13 vorliegt[385]. Diese Überlegungen legen es nahe, daß jedenfalls dann, wenn ein *arguable claim* einer möglichen Verletzung von Art. 3 EMRK im Falle der Zurückweisung besteht, bis zum Abschluß des von Art. 13 geforderten Überprüfungsverfahrens ein vorläufiges Aufenthaltsrecht eingeräumt werden muß[386]. Umgekehrt bedeutet dies aber auch, daß in den Fällen, in denen aufgrund der tatsächlichen Sachlage im potentiellen Verbringungsland auch unter Berücksichtigung des Sachvortrags des Betroffenen kein Grund für die Annahme besteht, daß ihm dort Folter oder unmenschliche Behandlung drohen, sich aus Art. 3 der EMRK kein solches vorläufiges Bleiberecht ergibt[387].

---

[383] Application 10564/83, 8 E.H.R.R. (1986), S. 262 ff. (262). Es heißt dort wörtlich:

"(...) the authorities were not prepared to grant these remedies (gegen die Ausweisung, d. Verf.) suspensive effect (...) the applicant could therefore indeed suffer irreparable damage if his allegations were correct. In this respect, the remedies in question were not effective (...)."

[384] Vgl. auch F. Matscher, Das Verfahren vor den Organen der EMRK, EuGRZ 1982, S. 489 ff. (497) und ders., Zur Funktion und Tragweite der Bestimmung des Art. 13 EMRK, in: Völkerrecht - Recht der Internationalen Organisationen - Weltwirtschaftsrecht: Festschrift für I. Seidl-Hohenveldern (Böckstiegel u.a., Hrsg., 1988), S. 315 ff. (327), der davon ausgeht, daß der Begriff des effektiven Rechtsmittels in Art. 13 und 26 EMRK in gleicher Weise zu verstehen ist.

[385] AaO, Anm. 240, §123 f.; ebenso das Urteil im Fall Vilvarajah, Anm. 192, § 125.

[386] Einarsen, Anm. 201, S. 381; R. Plender, Problems raised by certain aspects of the present situation of refugees from the standpoint of the European Convention on Human Rights, Council of Europe, Strasbourg (1984), S. 18, zitiert bei Einarsen, Anm. 201, S. 380 Fn. 102; a.A. aber K. Hailbronner, Ausländerrecht, (2.Aufl. 1989), Rdnr. 679 und 1284 zu Unrecht unter Berufung auf BVerfG EuGRZ 1984, S. 483. Das Gericht führt in seinem Nichtannahmebeschluß ausdrücklich aus, daß in dem von ihm zu entscheidenden Fall eine Bedrohung des Lebens oder der Freiheit des Beschwerdeführers im Fall der Rückführung noch nicht einmal vorgetragen worden war.

[387] Zur Frage, ob sich aus der Einleitung des Verfahrens vor den Straßburger Organen *per se* ein vorläufiges Bleiberecht ergibt, vgl. K. Hailbronner, Ausländerrecht - Kommentar (Losebl.), § 53 AuslG, Rdnr. 41 m.w.N.

Legt man nun aber das Tatbestandsmerkmal "ernstliche Zweifel" so aus, daß in den Fällen, in denen der Beschwerdeführer die vertretbare Behauptung aufgestellt hat, ihm drohe im Falle der Rückschiebung in seinem Heimatstaat unmenschliche Behandlung oder Folter, in aller Regel zugleich auch solche Zweifel an der Rechtmäßigkeit der Vollziehung aufenthaltsbeendender Maßnahmen bestehen[388], wäre das angegangene Verwaltungsgericht auch nach der neuen Verfassungslage nicht gehindert, in diesen Fällen die aufschiebende Wirkung wiederherzustellen. Bei einer solchen Auslegung erscheint ein Verstoß gegen Art. 13 EMRK ausgeschlossen.

Hailbronner, Ausländerrecht - Kommentar (Losebl.), § 53 AuslG, Rdnr. 41 m.w.N.

388 Zum Begriff des ernstlichen Zweifels im einzelnen unten S. 332 ff.

Zweiter Teil:

Sichere Drittstaaten

Im folgenden soll näher untersucht werden, ob das System der Aufstellung sicherer Drittstaaten im Sinne des Art. 16 a Abs. 2 GG mit den völkerrechtlichen Verpflichtungen und Rechten der Bundesrepublik Deutschland kompatibel ist. Dabei sind zwei grundsätzliche Aspekte zu unterscheiden. Zum einen muß die Frage untersucht werden, ob die Bundesrepublik Deutschland *gegenüber den in Frage stehenden Staaten* berechtigt ist, die Einreise dieser Flüchtlinge zu verweigern beziehungsweise sie dorthin zurückzuschicken. Auf der anderen Seite geht es um die Verpflichtungen, wie sie sich insbesondere aus der Genfer Flüchtlingskonvention beziehungsweise der EMRK im Verhältnis zu dem einzelnen Asylbewerber ergeben, mit anderen Worten also um die individualrechtliche beziehungsweise menschenrechtliche Perspektive des Problems.

1. Kapitel: Völkerrechtliche Berechtigung zur Zurückweisung gegenüber dem Drittstaat

Eine völkerrechtliche Berechtigung der Bundesrepublik Deutschland zur Zurückschiebung von Flüchtlingen im Verhältnis zu einzelnen Drittstaaten kann sich dabei entweder bereits aus Völkergewohnheitsrecht oder aber aus vertraglichen Regelungen ergeben. Beide Alternativen müssen berücksichtigt werden, da die Bundesrepublik Deutschland zwar mit den allermeisten - jedoch nicht mit allen - der in Art. 16 a Abs. 2 GG beziehungsweise dem Anhang zu § 26 a AsylVfG genannten sicheren Drittstaaten völkerrechtliche Abkommen über die Rückübernahme von Drittstaatsangehörigen geschlossen hat[1].

---

[1] Zu den Regelungen mit den einzelnen sicheren Drittstaaten unten S. 154 ff.

Erster Abschnitt: Zurückschiebung von Asylsuchenden und Völkergewohnheitsrecht

Bei der Untersuchung der völkergewohnheitsrechtlichen Berechtigung zur Zurückweisung beziehungsweise der Zurückschiebung von Ausländern in einen Drittstaat ist zwischen zweierlei Personengruppen zu unterscheiden.

Soweit es den betroffenen Personen nicht gelungen ist, das Hoheitsgebiet der Bundesrepublik Deutschland zu erreichen, ergibt sich nach dem hier vertretenen Verständnis weder aus Art. 33 der Genfer Flüchtlingskonvention[2] noch aus dem völkergewohnheitsrechtlichen Verbot des Non-Refoulement eine Verpflichtung zur Gewährung der Einreise[3]. Aber auch darüber hinaus besitzen die Staaten - soweit nicht sonstige vertragliche Bindungen bestehen[4] - für die Frage der Zulassung von Ausländern auf ihr jeweiliges Staatsgebiet praktisch vollständige Freiheit[5].

Anders stellt sich aber die Frage für den Fall dar, daß die fraglichen Personen bereits das Gebiet der Bundesrepublik Deutschland erreicht haben. Insoweit stellt sich nämlich das Problem, ob der Transitstaat zur *Rück*übernahme bereits aufgrund Völkergewohnheitsrechts verpflichtet ist. Grundsätzlich besteht nur für den Heimatstaat einer Person eine völkergewohnheitsrechtliche Verpflichtung zur Aufnahme der eigenen Staatsangehörigen[6], während andere Staaten im Grundsatz hierzu

---

[2] Insoweit ist weder der räumliche Geltungsbereich der Norm eröffnet (dazu ausführlich oben S. 50), noch würde es sich um eine Rückschiebung in einen Verfolgerstaat handeln. Zum Problem der Kettenabschiebung ausführlich unten S. 171.

[3] Zur Frage, ob sich aus Art. 3 EMRK eine solche Verpflichtung ergibt, oben S. 86. Allerdings greift eine solche Verpflichtung nur für den Fall ein, daß dem Betroffenen im Falle der Verweigerung der Einreise Folter oder unmenschliche Behandlung droht.

[4] Etwa im Rahmen von (bilateralen) Niederlassungsabkommen.

[5] K. Doehring, Aliens, Admission, EPIL (2. Aufl., 1992), Bd. I (A-D), S. 107 ff. (108) m.w.N. Auf das Sonderproblem staatenloser Personen soll nicht näher eingegangen werden.

[6] Vgl. statt aller G. Goodwin-Gill, International Law and the Movement between States (1978), S. 137; H. van Panhuys, The Role of Nationality in International Law (1959), S. 56; G. Schwarzenberger, International Law, Bd. 1 (3. Aufl., 1957), S. 361; Vgl. ferner auch M. Pellonpää, Expulsion in International Law (1984), S. 26, wonach diese Pflicht des Heimatstaates nicht dem ausweisenden Staat geschuldet wird, sondern anderen Staaten, auf deren Gebiet

nicht verpflichtet sind[7]. Dies wird auch durch die Fülle der abgeschlossenen Rückübernahmeabkommen bestätigt, die weitgehend unnötig wären, wenn sich eine solche Berechtigung schon zwanglos aus Völkergewohnheitsrecht ergebe. Auch enthalten die allermeisten dieser Verträge sehr kurze Fristen[8], binnen derer die Drittausländer zurückgeschoben werden können. Da aber das Völkergewohnheitsrecht - wenn es denn eine Verpflichtung des Transitstaates zur Zurücknahme von Drittausländern kennen würde - kaum solche präzisen Fristen enthielte, würden sich die potentiell zurückschiebenden Staaten kaum auf solche Formvorschriften einlassen, wenn sie nach Völkergewohnheitsrecht in viel umfassenderem Maße zur Zurückschiebung berechtigt wären. Damit besteht grundsätzlich nach Völkergewohnheitsrecht keine Berechtigung zu einer solchen Zurückschiebung von Staatsangehörigen dritter Staaten[9].

Darüber hinaus könnte sich eine Rückübernahmeverpflichtung auch in den Fällen ergeben, in denen es der Drittstaat den Ausländern bewußt ermöglicht hat, sein Territorium als Transitland für eine illegale Einreise in die Bundesrepublik Deutschland zu nutzen. Letztlich dürfte es sich jedoch insoweit um eine kaum praktisch relevante Situation handeln, da zum einen die Drittausländer zum Teil bereits unter Umgehung von Grenzkontrollen in die Drittstaaten einreisen, und zum anderen für ein solches vorsätzliches Handeln der Drittstaaten keinerlei Hinweise vorliegen. Dies bedeutet aber zugleich, daß die Bundesrepublik Deutschland

---

der Ausgewiesene ansonsten abgeschoben würde. Umfassend zum Verhältnis Staatsangehörigkeit - Einreiserecht S. Wiessner, Die Funktion der Staatsangehörigkeit (1989), S. 151 ff. Aus der Staatenpraxis vgl. etwa die Stellungnahme des britischen Lord Chancellors im Zusammenhang mit der Massenausweisung von Personen aus Uganda, zitiert in Oppenheim's International Law (9. Aufl., 1992), Vol. I, Parts 2 - 4, S. 859, Fn. 6.

[7] K. Doehring, Aliens, Expulsion and Deportation, EPIL. (2. Aufl., 1992), S. 109 ff. (111) m.w.N.; Pellonpää, Anm 6, S. 20, der allerdings einschränkend hinzufügt, daß dies nur für solche Drittausländer zutreffe, "with whom the receiving state has nothing to do, for that matter".

[8] Im einzelnen dazu unten S. 154.

[9] So auch UNHCR, Stellungnahme des Hohen Flüchtlingskommissars der Vereinten Nationen zum Entwurf eines Gesetzes zur Änderung asylverfahrens-, ausländer- und staatsangehörigkeitsrechtlicher Vorschriften BT-Drucks. 12/4450, in: Sten. Prot. der 56. Sitzung des Innenausschusses vom 24. 3. 1993, S. 204 ff. (212) (im folgendn zitiert als UNHCR, Stellungnahme) sowie C. Gusy, Neuregelung des Asylrechts - Grundrecht oder Grundrechtsverhinderungsvorschrift, JURA 1993, S. 505 ff. (509 f.) (im folgenden zitiert als Gusy, Neuregelung).

auf vertragliche Regelungen angewiesen ist, um eine Rückführung von asylsuchenden Flüchtlingen in die einzelnen sicheren Drittstaaten in völkerrechtlich zulässiger Weise[10] durchführen zu können[11].

Für den Bereich des Luftverkehrs ergibt sich eine Rückübernahmepflicht aber aus Annex 9 zur Chicagoer Konvention über internationale Zivilluftfahrt[12]. Nach Rule 3. 36. 1 ist der Abflugstaat grundsätzlich zur Rückübernahme von Passagieren verpflichtet, die im Ankunftstaat nicht die notwendigen Einreisevoraussetzungen erfüllen[13].

Im folgenden sollen die darüber hinaus bestehenden vertraglichen Regelungen untersucht werden, aus denen sich Verpflichtungen *einzelner* der in Art. 16 a Abs. 2 in Verbindung mit § 26 a AsylVfG 1993 ge-

---

[10] Darauf, daß eine Zurückweisung von Asylbewerbern nur dann erfolgen kann, wenn die Rückschiebung des Betroffenen in den Staat, in den zurückgewiesen wird, völkerrechtlich zulässig ist, weisen zutreffend Achermann, Handbuch, S. 156 unter Bezugnahme auf die Botschaft des Schweizer Bundesrates zum früheren Asylgesetz, BBl 1977 III, S. 119 hin. Dies kommt im übrigen auch in § 19 Abs. 3 S. 2 AsylVfG 1993 zum Ausdruck, wonach eine Zurückschiebung in einen sicheren Drittstaat erst dann angeordnet wird, wenn sie durchgeführt werden kann.

[11] Weiterhin ist es fraglich, ob ein Flüchtling zur Mitwirkung an der Aufklärung des Fluchtweges verpflichtet werden kann, so wie dies nunmehr in § 30 Abs. 3 Nr. 5 AsylVfG in Verbindung mit § 15 Abs. 3 Nr. 4 AsylVfG vorgesehen ist mit der Folge, daß sein Asylantrag als offensichtlich unbegründet abgelehnt wird. Dagegen spricht, daß die Genfer Flüchtlingskonvention selbst weder in ihrem Art. 1 C. und F. noch in Art. 33 Abs. 2 einen solchen Ausschlußgrund vorsieht. Dies hat zur Folge, daß die Nichtmitwirkung an der Aufklärung allenfalls als Indiz für die Unbegründetheit eines Antrags, nicht aber als automatischer Ausschlußgrund angesehen werden darf, wie hier Classen, Drittstaaten, S. 702.

[12] Alle sicheren Drittstaaten sind Vertragsparteien der Convention on International Civil Aviation.

[13] Rule 3.36.1 lautet:

> "Contracting States shall accept for examination a person being returned from his point of disembarkation after having been found inadmissible if this person previously stayed in their territory before embarkation, other than in direct transit."

Zur rechtlichen Verbindlichkeit solcher Rules bei fehlender Notifizierung der Ablehnung durch einen Vertragsstaat vgl. im einzelnen K. Hailbronner, International Civil Aviation Organization, EPIL, Bd. 5, S. 68 ff. (70). Keiner der sicheren Drittstaaten hat jedoch eine solche Ablehnung notifiziert.

nannten sicheren Drittstaaten ergeben, auch fremde Staatsangehörige zurückzuübernehmen.

Zweiter Abschnitt: Zurückschiebung von Drittausländern und vertragliche Regelungen

Insoweit lassen sich verschiedene Kategorien von Rechtsgrundlagen unterscheiden, aufgrund derer sichere Drittstaaten zur Rückübernahme von Drittausländern verpflichtet sind. Zum einen handelt es sich um die Regelungen im Rahmen des Dubliner beziehungsweise Schengener Systems[14]; zum anderen um bi- oder multilaterale Rückübernahme-Übereinkommen (sogenannten "Schubabkommen[15]"), welche die Bundesrepublik Deutschland mit einer Vielzahl ihrer europäischen Nachbarstaaten bereits seit den fünfziger und sechziger Jahre abgeschlossen hat[16].

---

[14] Dazu im einzelnen sogleich unten.

[15] Zur Terminologie vgl. K. Buschbeck, Verschleierte Auslieferung durch Ausweisung (1973), S. 69 ("Übernahmeabkommen"); P. Knösel, Freiheitlicher Rechtsstaat und Abschiebung (1991), S. 21 ("Schubabkommen"), sowie Grahl-Madsen, Anm 33, S. 317, der von "refoulement-agreements" spricht.

[16] Zu den einzelnen vertraglichen Regelungen vgl. unten S. 154 ff.

Im Hinblick auf die im Verlaufe des Gesetzgebungsverfahrens geäußerte Absicht der Fraktionen der CDU/CSU und der F.D.P., neben den jetzt in Anlage I zu § 26 a AsylVfG aufgeführten Staaten auch die Slowakische Republik und Ungarn zu weiteren sicheren Drittstaaten zu erklären (BT-Drs. 12/4450 vom 2. 3. 1993, S. 27), ist darauf hinzuweisen, daß mit keinem der beiden Staaten Rücknahmeabkommen bestehen.

I. Rückübernahme im Rahmen des Schengener beziehungsweise Dubliner Systems

A. Schengener Folgeübereinkommen[17]

Das am 14. Juni 1985 unterzeichnete Abkomenen zwischen den Regierungen der Staaten der Benelux-Wirtschaftsunion, der Bundesrepublik Deutschland und der Französischen Republik betreffend den schrittweisen Abbau der Kontrollen an den gemeinsamen Grenzen (sogenanntes Schengener Abkommen) enthielt eine allgemeine Absprache zum Abbau der Kontrollen an den Binnengrenzen der Vertragsparteien. Zur konkreten Umsetzung des Abkommens schlossen die Parteien am 19. Juni 1990 das "Übereinkommens zur Durchführung des Übereinkommens von Schengen vom 14. Juni 1985 zwischen den Regierungen der Staaten der Benelux-Wirtschaftsunion, der Bundesrepublik Deutschland und der Französischen Republik betreffend den schrittweisen Abbau der Kontrollen an den gemeinsamen Grenzen vom 19. Juni 1990 (Schengener Folgeübereinkommen). Kapitel 7 des Folgeabkommens enthält insoweit detaillierte Regelungen über die Behandlung von Asylbegehren[18]. Insbesondere wird eine Zuständigkeitsregelung für die Behandlung von Asylbegehren gestellt, die gegenüber einem der Vertragsparteien gestellt wird. Insbesondere verpflichtet Artikel 31 diejenige Vertragspartei, die nach den in Art. 30 aufgeführten Kriterien für die Behandlung des An-

---

[17] Übereinkommen zur Durchführung des Übereinkommens von Schengen vom 14. Juni 1985 zwischen den Regierungen der Staaten der Benelux-Wirtschaftsunion, der Bundesrepublik Deutschland und der Französischen Republik betreffend den schrittweisen Abbau der Kontrollen an den gemeinsamen Grenzen, BGBl. 1993 II, S. 1010 ff.

[18] Zur Bedeutung des Schengener Abkommens für das (west-) europäische Flüchtlingsrecht vgl. vor allem J. Bolten, From Schengen to Dublin: The new frontiers of refugee law, in: Schengen (H. Meijers et al., 1991), (im folgenden zitiert als Bolten, Schengen), S. 8 ff. (35), sowie dies., Das Recht auf Asylsuche in Europa, Sonderbeilage zu ASYL 1989/2, S. 3 ff.; ferner A. Gerlach, Asylverträge in der Europäischen Gemeinschaft - Die asylrechtlichen Regelungen des Dubliner und des Zweiten Schengener Übereinkommen, AWR.-Bull. 1991, S. 34 ff.; G. Ress, Die Auswirkungen der Abkommen von Schengen und Dublin auf die Asylpolitik der EG, in: A. Pauly (Hrsg.), Les accords de Schengen (1993), S. 79 ff.; D. O'Keeffe, European Immigration Law and Policy: The Schengen Conventions and European Community Law, ebd., S. 171 ff.

trages zuständig ist[19], den Asylbewerber aus dem Aufenthaltsstaat zurückzunehmen, wenn das Ersuchen des Aufenthaltsstaates binnen sechs Monaten nach Antragstellung erfolgt[20]. Dies bedeutet, daß diejenigen sicheren Drittstaaten, die Vertragsparteien des Schengener Folgeübereinkommens sind, mit dessen Wirksamwerden gegenüber der Bundesrepublik Deutschland verpflichtet sein werden, Personen, welche in der Bundesrepublik Deutschland einen Asylantrag gestellt haben, zurückzunehmen, wenn sie nach den in Art. 30 genannten Kriterien zur Behandlung des Asylantrages zuständig sind.

Neben den ursprünglichen Unterzeichnerstaaten, zu denen das Königreich Belgien, die Bundesrepublik Deutschland, die Französische Republik, das Großherzogtum Luxemburg und das Königreich der Niederlande zählen, haben mittlerweile auch Italien[21], Portugal[22], Spanien[23]

---

[19] Art. 30 des Abkommens stellt dabei nacheinander darauf ab, welcher Vertragsstaat dem Asylsuchenden ein Visum ausgestellt hat (Art. 30 lit. a-c), über wessen Außengrenze er in das Hoheitsgebiet der Vertragsparteien eingereist ist (Art. 30 lit. d-e), beziehungsweise wo er einen bereits anhängigen oder negativ beschiedenen Erstantrag gestellt hatte (Art. 30 lit. f-g). Kann durch diese Kriterien keine Zuständigkeit bestimmt werden, ist hilfsweise derjenige Vertragsstaat zuständig, bei dessen Behörden ein Asylantrag gestellt wird.

[20] Beachtenswert in diesem Zusammenhang ist aber auch Art. 29 IV des Abkommens, wonach jeder Vertragsstaat aus Gründen insbesondere des nationalen Rechts auch solche Begehren behandeln kann, für die er an sich nicht zuständig ist. Zu den Fragen, die sich in diesem Zusammenhang vor allem aus französischer und niederländischer Sicht gestellt haben unten S. 382 ff.

[21] Vgl. das Übereinkommen über den Beitritt der Italienischen Republik zu dem am 19. Juni in Schengen unterzeichneten Übereinkommen zur Durchführung des Übereinkommens von Schengen vom 14. Juni 1985 zwischen den Regierungen der Staaten der Benelux-Wirtschaftsunion, der Bundesrepublik Deutschland und der Französischen Republik betreffend den schrittweisen Abbau der Kontrollen an den gemeinsamen Grenzen vom 27. 1. 1990, BGBl. 1993, II, S. 1902 ff. (1904 ff.).

[22] Vgl. das Übereinkommen über den Beitritt der Portugiesischen Republik zu dem am 19. Juni in Schengen unterzeichneten Übereinkommen zur Durchführung des Übereinkommens von Schengen vom 14. Juni 1985 zwischen den Regierungen der Staaten der Benelux-Wirtschaftsunion, der Bundesrepublik Deutschland und der Französischen Republik betreffend den schrittweisen Abbau der Kontrollen an den gemeinsamen Grenzen vom 25. 6. 1991, BGBl. 1993, II, S. 1902 ff. (1921 ff.).

sowie Griechenland[24] ihre Bereitschaft erklärt, an dem System mitzuwirken[25].

Nachdem alle ursprünglichen Vertragsstaaten das Abkommen ratifiziert haben[26], ist es gemäß seinem Art. 139 Abs. 2 am 1. September

---

[23] Vgl. das Übereinkommen über den Beitritt des Königreichs Spanien zu dem am 19. Juni in Schengen unterzeichneten Übereinkommen zur Durchführung des Übereinkommens von Schengen vom 14. Juni 1985 zwischen den Regierungen der Staaten der Benelux-Wirtschaftsunion, der Bundesrepublik Deutschland und der Französischen Republik betreffend den schrittweisen Abbau der Kontrollen an den gemeinsamen Grenzen vom 25. 6. 1991, BGBl. 1993, II, S. 1902 ff. (1912 ff.)

[24] Vgl. den Accord d'adhésion de la République Héllenique à la Convention d'application de l'Accord de Schengen du 14 juin 1985 relatif à la suppression graduelle des contrôles aux frontières communes vom 25. 6. 1991 (Text in Tractatenblad 1993, Nr. 18).

[25] Vgl. Art. 140 I des Schengener Folgeübereinkommens, wonach das Abkommen jedem Mitgliedsstaat der Europäischen Gemeinschaften zum Beitritt offensteht.

[26] Belgien: 31. 3. 1993 (Tractatenblad 115/1993, S. 3); Bundesrepublik Deutschland: 30. 7. 1993: BGBl. 1993 II, S. 1010 ff.; Frankreich: 30. 7. 1993, Loi 91-737 du 30. 7. 1991, J.O. 1991, S. 10192.; Luxemburg: 31. 3. 1993, Loi du 3.7.1992, Mém. 1992 A, S. 1574 f.; Niederlande: 30. 7. 1993, Gestez v. 24. 2 .1993, Staatsblad 1993, Nr. 138.

Unter der Geltung des bisherigen Art. 16 Abs. 2 S. 2 GG a.F. wäre eine uneingeschränkte Anwendung des Übereinkommens durch die Bundesrepublik Deutschland sowohl im Hinblick auf anderweitig bereits abgelehnte Asylbewerber als auch bei Zuständigkeit eines anderen Vertragsstaates nach Art. 30 des Abkommens verfassungsrechtlich unzulässig gewesen, M. Wollenschläger/ U. Becker. Harmonisierung des Asylrechts in der EG und Art. 16 Abs. 2 S. 2 GG, EuGRZ 1990, S. 1 ff. (9); H. Säcker, Inhaltliche Anforderungen an ein materielles Asylgesetz, NVwZ 1989, S. 706 ff. (716); ähnlich K. Hailbronner, Perspektiven einer europäischen Asylrechtsharmonisierung nach der Maastrichter Gipfelkonferenz, in: Hailbronner, Vergleich (1992), S. 134 ff. (138): "(...) erhebliche verfassungsrechtliche Risiken (...)". Vgl. zu diesem Problemkreis ferner A. Schraml, Das Schengener Übereinkommen und Artikel 16 Absatz 2 Satz 2 des Grundgesetzes der Bundesrepublik Deutschland, AVR 1990, S. 65 ff.; A. Wilke, Vollendung des EG-Binnenmarktes und Asylrecht, (im folgenden zitiert als Wilke, Asylrecht), ZRP 1989, S. 225 ff. (228), sowie G. Süß, Gemeinschafts- und verfassungsrechtliche Probleme einer europäischen Asylrechtsharmonisierung (im folgenden zitiert als Süß, Probleme), Bay.VBl. 1990, S. 609 ff. (613). Auch die Bayerische Staatsregierung ging

1993 in Kraft getreten. Allerdings setzt das Abkommen nach der anläßlich der Unterzeichnung angenommenen Schlußakte für ein Wirksamwerden neben der Ratifikation durch alle ursprünglichen Vertragsparteien für ein Wirksamwerden weiterhin voraus, daß es durch einen gesonderten Akt der Vertragsparteien in Kraft gesetzt wird[27]. Dies sollte ur-

---

von einer solchen Unvereinbarkeit aus, vgl. BRat-Drs. 121/2/92 vom 1. 4. 1992. Demgegenüber hatte die Bundesregierung die Auffassung vertreten, daß eine vollständige Teilnahme der Bundesrepublik Deutschland am Schengener System auch ohne Änderung von Art. 16 Abs. 2 S. 2 GG möglich gewesen wäre, vgl. die Stellungnahme des Bundesinnenministers, Bull. BReg Nr. 19 (1992), S. 201 f.

Nach der Entscheidung des französischen Conseil Constitutionnel vom 25. 7. 1991, J.O. vom 27. 7. 1991, S. 10001 (Text der Entscheidung auch in RFDA 1992, S. 180 ff.) muß sich Frankreich auf Art. 29 IV des Abkommens berufen, soweit einer Person wegen ihrer "Tätigkeit zugunsten der Freiheit" im Sinne von Abs. 4 der Präambel der französischen Verfassung aus dem Jahre 1946, die durch die Präambel der Verfassung der Fünften Republik rezipiert wird, Verfolgung droht; zu dieser Entscheidung Oellers-Frahm, Anm. 68, S. 37; G. Védel, Schengen et Maastricht, RFDA 1992, S. 173 ff.; P. Gaia, Commentaire de la décision du Conseil constitutionnel no. 91-294 du 25 juillet 1991: loi autorisant l'approbation de la Convention d'application de l'accord de Schengen, Rev. Gen. Dt. Int. Publ. 1991, S. 405 ff.; zuletzt Classen, Frankreich, S. 237 f. Diese Entscheidung hat der Conseil Constitutionnel in einer weiteren Entscheidung vom 13. 8. 1993 (J.O. vom 18. 8. 1993, S. 11722 ff. [11727 f.] bestätigt.

Auch die Niederlande werden nach einer von der niederländischen Regierung an das Parlament gemachten Zusage nur in der Weise an dem Abkommen teilnehmen, daß in anderen Staaten abgelehnte Asylbewerber in den Niederlanden gleichwohl einen neuen Asylantrag stellen können, vgl. FAZ vom 26.6. 1992; K. Hailbronner, Perspektiven einer europäischen Asylrechtsharmonisierung nach der Maastrichter Gipfelkonferenz, ZAR 1992, S. 53, Fn. 53. Vgl. hierzu den zugrundeliegenden Avis des niederländischen Raad van State vom 8.4.1991, veröffentlicht in Tweede Kamer der Staten-Generaal 1990/91, Nr. 22140 ff.

[27] Vgl. die als Nr. 1) der Schlußakte angenommene "Gemeinsame Erklärung zu Artikel 139", wo es heißt:

> "Das Übereinkommen wird erst in Kraft gesetzt, wenn die Voraussetzungen der Anwendung des Übereinkommens bei den Unterzeichnerstaaten gegeben sind und die Kontrollen an den Außengrenzen tatsächlich durchgeführt werden."

sprünglich mit Wirkung zum 1. Dezember 1993 geschehen[28], doch ist dies durch Beschluß der Schengen-Staaten vom 25. Januar 1994 auf unabsehbare Zeit verschoben worden[29], so daß sich derzeit die Rückübernahme von Drittausländern nach wie vor nach den bisherigen Rückübernahmeabkommen richtet.

Soweit die Bundesrepublik Deutschland mit Schengen-Staaten zugleich bi- oder multilaterale Schubabkommen abgeschlossen hat[30], genießt das Schengen-Folgeabkommen - sein Inkrafttreten unterstellt - Vorrang. Denn zum einen handelt es sich insoweit um eine *lex specialis*, die nur auf Asylbewerber Anwendung findet. Zum anderen ergibt sich dieser Vorrang aber auch aus Art. 30 Abs. 3 der Wiener Vertragsrechtskonvention[31], wonach im Verhältnis mehrerer vertraglicher Regelungen jeweils die spätere Regelung Vorrang genießt[32].

Dies hat zur der Folge, daß die in diesen Rückübernahmeübereinkommen vereinbarten Fristen für eine Zurückschiebung[33] mit Inkrafttre-

---

Dies wird auch durch Art. 8 des deutschen Zustimmungsgesetzes bestätigt [BGBl. 1993 II, S. 1010 ff. (1012)], wonach sowohl der Zeitpunkt des Inkraft*tretens* nach Art 139 als auch der Zeitpunkt der Inkraft*setzung* nach der in der Schlußakte aufgenommenen Erklärung zu Artikel 139 im Bundesgesetzblatt bekanntzugeben sind. Vgl. auch die von Frankreich anläßlich der Ratifikation abgegebene Erklärung: "(...) la France déclare que (...) la mise en oeuvre de la Convention est soumise à une décision du comité éxecutif (...)", Text der Erklärung in Tractatenblad, Nr. 115/1993, S. 3.

28 Vgl. EUROPE N° 6074 vom 29. 9. 1993, S. 13.

29 Vgl. dazu Le Monde vom 27.1.1994, S. 1.

30 Dies trifft auf die Benelux-Staaten und Frankreich zu.

31 Wiener Übereinkommen über das Recht der Verträge BGBl. 1985 II, S. 926 ff.

32 Dabei kann es offen bleiben, ob die Wiener Vertragsrechtskonvention aufgrund ihres Art. 4 unmittelbar Anwendung findet, da die verdrängten Verträge bereits vor Inkrafttreten des Wiener Übereinkommens wirksam geworden waren. Jedenfalls dürfte Art. 30 Abs. 3 Wiener Vertragsrechtskonvention insoweit geltendes Völkergewohnheitsrecht kodifiziert haben. Im Verhältnis der Bundesrepublik Deutschland zu den Benelux-Staaten gilt dies umso mehr deshalb, weil nach Art. 11 des Abkommens Übernahmeverpflichtungen aus anderen zwischenstaatlichen Übereinkommen unberührt bleiben.

33 Vgl. beispielsweise Art. 6 Abs. 2 des deutsch-französischen Abkommens beziehungsweise 8 Abs. 2 des Abkommens zwischen der Bundesrepublik Deutschland und den Benelux-Staaten, wonach eine Rückübernahme maximal sechs Monate nach Ausreise aus dem Gebiet der Französischen Republik be-

ten des Schengener Folgeabkommens insoweit keine Geltung mehr beanspruchen werden.

B. Dubliner Abkommen[34]

Ähnlich wie das Schengener Folgeabkommen enthält auch das Übereinkommen über die Bestimmung des zuständigen Staates für die Prüfung eines in einem Mitgliedsstaat der Europäischen Gemeinschaften gestellten Asylantrages vom 15. Juni 1990 (sogenanntes Dubliner Übereinkommen) Regelungen über die Frage, welcher der Mitgliedsstaaten für die Behandlung eines Asylantrags zuständig - und zugleich zu einer etwaigen Zurücknahme von Asylbewerbern verpflichtet - sein soll, der von einer Person auf dem Gebiet eines der Vertragsparteien gestellt wird. Dabei bestimmt sich die Zuständigkeit nach weitgehend ähnlichen, - wenn auch nicht vollständig identischen - Kriterien, wie sie auch in dem Schengener Folgeabkommen enthalten sind[35]. Allerdings ist der danach zuständige Staat nach Art. 10 Abs. 3 dann nicht mehr zur Zurücknahme verpflichtet, wenn der asylbegehrende Ausländer dessen Territorium für mehr als drei Monate verlassen hat. Außerdem fällt nach Art. 11 I des Dubliner Abkommens die Verpflichtung zur Zurücknahme auch dann weg, wenn der derzeitige Aufenthaltsstaat nicht binnen sechs Monaten nach Antragstellung den Antrag auf Rückübernahme bei dem an sich zuständigen Vertragsstaat stellt.

Ähnlich wie bereits für das Schengener Zusatzabkommen ausgeführt, kommt auch dem Dubliner Abkommen nach dessen Inkrafttreten im Verhältnis zu den oben erwähnten Schubabkommen nach allgemeinen völkerrechtlichen Regeln Vorrang vor ersteren zu. Allerdings sind die Aussichten, daß das Dubliner Abkommen auf absehbare Zeit in Kraft treten wird, geringer zu beurteilen als diejenigen für das Schengener Folgeabkommen, da das Abkommen gemäß Art. 22 Abs. 3 erst nach

---

ziehungsweise dem Gebiet der Benelux Staaten stattfindet. Zu den einzelnen dieser Abkommen unten S. 154.

[34] Convention Determining the State Responsible for Examining Applications for Asylum Lodged in one of the Member States of the European Communities, deutscher Text bei Hailbronner, Vergleich, S. 198 ff.; englischer Text in ILM 1991, S. 425 ff.

[35] Zur Frage des Verhältnisses beider Vertragssysteme im Falle von Divergenzen sogleich unten.

Ratifikation durch alle Unterzeichnerstaaten[36] in Kraft tritt und bislang nur von Dänemark[37], Großbritannien[38], Italien[39] und Luxemburg[40] ratifiziert worden ist. Dessen ungeachtet soll im folgenden noch untersucht werden, welches Verhältnis den beiden Abkommen zueinander zukommt, zumal sie beide im wesentlichen identische Sachkomplexe regeln.

C. Verhältnis des Schengener Folgeabkommens zum Dubliner Abkommen

Trotz der weitgehenden Ähnlichkeit der beiden Zuständigkeitsregelungen und der jeweils daran anknüpfenden Rücknahmeverpflichtung decken sich die Regelungen der beiden Verträge nicht vollständig. So ergibt sich beispielhaft eine Divergenz etwa in folgendem Fall: Nach Art. 30 Abs. 1 d), S. 2 des Schengener-Folgeabkommens ist bei Gewährung der visafreien Einreise in das Gebiet der Schengen-Staaten durch einen der Mitgliedsstaaten stets die Vertragspartei zur Antragsbearbeitung und damit gegebenenfalls zur Rücknahme des Betroffenen verpflichtet, die erstmals die Einreise gewährt hat, auch wenn weitere Aufenthaltsstaaten später ebenfalls eine sichtvermerksfreie Einreise gewähren. Demgegenüber ist in einem solchen Fall nach Art. 7 des Dubliner Abkommens vorgesehen, daß der Staat in welchem erstmalig ein Asylantrag gestellt wird, zuständig ist, wenn der Antragsteller dort ebenfalls ohne Sichtvermerk einreisen konnte.

Ferner enthält das Schengener Abkommen - anders als das Übereinkommen von Dublin - spezifische Regelungen über eine fortbestehende Zuständigkeit aufgrund der einmaligen Erteilung eines Sichtvermerks, auch wenn der Betroffene zwischenzeitlich das Hoheitsgebiet der Vertragsstaaten verlassen hatte. Schließlich enthalten beide Verträge unterschiedliche Regelungen für die Fälle, in denen ein Sichtvermerk mit Genehmigung eines anderen Vertragsstaates erteilt worden ist[41].

---

[36] Also die derzeitigen Mitgliedstaaten der Europäischen Gemeinschaften mit Ausnahme Dänemarks.

[37] Däenemark hat bereits am 13. 6. 1991 ratifiziert.

[38] Vgl. Monatsbericht Tractatenblad 7/1992.

[39] Vgl. L. n. 523 vom 23. 12. 1992, Gazz. Uff. 1993, Nr. 3, suppl. S. 8.

[40] Loi du 20. 5. 1993, Mém. A 1993, S. 792.

[41] Vgl. Art. 30 I a) S. 2 des Schengener Folgeabkommens beziehungsweise Art. 5 Abs. 2 a) des Dubliner Übereinkommens.

Diese Beispiele machen deutlich, daß das Verhältnis der beiden Verträge - sollten sie beide in Kraft treten - zueinander zu klären ist. Das Dubliner Übereinkommen enthält insoweit keine Regelung[42]. Demgegenüber spricht Art. 142 des Schengener Folgeabkommens immerhin davon, daß für den Fall, daß zwischen den Mitgliedsstaaten der Europäischen Gemeinschaften Übereinkommen im Hinblick auf die Verwirklichung eines Raumes ohne Binnengrenzen geschaffen werden, zwischen den Vertragsparteien Regelungen dahingehend getroffen werden sollen, wie dieses Abkommen gegebenenfalls anzupassen ist. Insbesondere sollen nach Art. 142 I S. 3 des Schengener Folgeabkommens die Vorschriften, die zu solchen Übereinkommen in Widerspruch stehen, auf jeden Fall angepaßt werden.

Bei dem Dubliner Abkommen dürfte es sich um ein solches Abkommen handeln. Dies ergibt sich bereits aus dem dritten Erwägungsgrund der Präambel des Dubliner Abkommens, wo es heißt, daß es gemeinsames Ziel der Vertragsparteien sei, einen solchen Binnenraum zu schaffen. Dem dürfte auch der sonstige Wortlaut von Art. 142 I des Schengener Folgeabkommens nicht entgegenstehen. Zwar heißt es dort, daß sich diese Anpassungsverpflichtung nur auf Abkommen bezieht, die zwischen "*den* Mitgliedsstaaten der Europäischen Gemeinschaften" geschlossen werden[43]. Dies könnte darauf hindeuten, daß nur solche Verträge gemeint sein könnten, an denen *alle* Mitgliedsstaaten der Gemeinschaft teilhaben, da ansonsten lediglich die Formulierung "zwischen Mitgliedsstaaten der Europäischen Gemeinschaften" gewählt worden wäre. Jedoch ergibt sich aus Art. 142 I S. 1 des Schengener Folgeabkommens, daß dessen Vertragsstaaten gerade für eine europäische Zusammenarbeit im weiteren Rahmen offen sind und daß diesem Ziel auch dann Rechnung zu tragen ist, wenn nur elf der zwölf Mitgliedsstaaten Vertragspartei des weitergespannten Vertrages geworden sind. Dies bedeutet mit anderen Worten, daß für den Fall, daß das Dubliner Abkommen neben dem Schengener Abkommen in Kraft tritt, eine solche Anpassung vorzunehmen sein wird.

---

[42] Allenfalls könnte insoweit an eine Anwendung von Art. 18 Abs. 2 des Dubliner Übereinkommens gedacht werden, wo es heißt, daß das unter dem Vertrag gebildete Komitee auf Antrag eines Vertragsstaates sich mit Fragen der Anwendung oder der Auslegung des Vertrages befassen kann.

[43] Der deutsche Wortlaut ist in Bezug auf die Benutzung des Futurs "geschlossen *werden*" mißverständlich. Wie sich etwa aus dem englischen Wortlaut ergibt, soll sich die Vorschrift auch auf andere Abkommen beziehen, die zeitlich vor dem Schengener Abkommen abgeschlossen worden sind.

Dessen ungeachtet kann es aber bereits zuvor zu Konfliktlagen und Divergenzen kommen. Dabei können sich Probleme allerdings nur für die Fälle ergeben, in denen die beteiligten Staaten beide sowohl Mitglied der Schengener als auch der Dubliner Übereinkunft sind. Denn andernfalls ergibt sich aus allgemeinen vertragsrechtlichen Überlegungen, wie sie in Art. 30 IV b) der Wiener Vertragsrechtskonvention ihren Niederschlag gefunden haben, daß nur die Regelungen desjenigen Vertrages Anwendung finden, dem beide Parteien angehören. Im übrigen würde grundsätzlich nach Art. 30 Abs. 3 Nr. 3 der Wiener Vertragsrechtskonvention der spätere Vertrag Anwendung finden, wobei sich der Begriff des "später" nach dem Zeitpunkt ihrer jeweiligen Annahme und nicht ihres jeweiligen Inkrafttretens richtet[44]. Dies würde dafür sprechen, im Konfliktfall - und mangels einer Anpassung - die Regeln des Schengener Folgeübereinkommens zur Anwendung zu bringen, da dieses in der Tat nach dem Dubliner Abkommen unterzeichnet worden ist[45]. Dem kann auch nicht die Intention der Vertragsparteien des Schengener Folgeübereinkommens entgegen gehalten werden, gerade eine weiter gefaßte Zusammenarbeit zu ermöglichen. Denn zum einen steht auch das Schengener Abkommen allen anderen Mitgliedsstaaten der Gemeinschaft offen. Zum anderen sollte sich die Öffnung gegenüber anderen Abkommen gerade auf die bloße Verpflichtung zur Abänderung und Anpassung beschränken. Dies würde demnach dazu führen, daß bis zu einer Harmonisierung des Schengener mit dem Dubliner Systems sich im Konfliktfall die Zuständigkeiten und damit indirekt auch die Rückübernahmeverpflichtungen stets nach Art. 31 in Verbindung mit Art. 30 des Schengener Folgeabkommens bestimmen[46].

---

[44] Vgl. dazu die Stellungnahme von Sir H. Waldock auf eine entsprechende Frage des britischen Staatenvertreters, Off. Rec. Sec. Sess., UN Doc. A/CONF.39/11/Add.1, S. 253; dazu A. Verdross/ B. Simma, Universelles Völkerrecht (3. Aufl., 1984), (im folgenden zitiert als Verdross/ Simma), S. 502 Fn. 3. Unklar demgegenüber Bolten, Schengen, S. 13, die es offen läßt, welches der spätere Vertrag ist, wohl weil sie auf das Inkrafttreten abheben will.

Für ein umgekehrtes Verhältnis spräche aber immerhin der Umstand, daß es im innerstaatlichen Recht bei Anwendung der *lex posterior*-Regel auf den Zeitpunkt des Inkrafttretens ankäme.

[45] Das Dubliner Übereinkommen wurde am 15. 6. 1990, das Schengener Folgeabkommen am 19. 6. 1990 unterzeichnet.

[46] Auf das Verhältnis zu dem am 29. 3. 1991 unterzeichneten und am 1. 5. 1991 in Kraft getretenen Übereinkommen zwischen den Regierungen des

II. Zurückschiebung in einzelne sichere Drittstaaten

A. Belgien und Luxemburg[47]

Bis zu einem Inkrafttreten des Schengener Folgeabkommens oder des Dubliner Übereinkommens kann sich eine Rückübernahmeverpflichtung Belgiens oder Luxemburgs ausschließlich aus dem im Jahre 1966 zwischen den Benelux-Staaten[48] einerseits und der Bundesrepublik Deutschland andererseits abgeschlossenen Rückübernahmeabkommen ergeben. Danach können Personen, die sich mindestens zwei Wochen im Gebiet der Benelux-Staaten aufgehalten haben und sodann unbefugt in die Bundesrepublik Deutschland eingereist sind, nach Art. 8 des Abkommens binnen sechs Monaten nach Belgien respektive Luxemburg zurückgeschoben werden. Nach Art. 9 I des Abkommens verkürzt sich diese Frist auf einen Monat, wenn dieser Mindestaufenthalt von zwei Wochen im Benelux-Gebiet nicht erfüllt ist. Dabei erstreckt sich die jeweilige Rücknahmeverpflichtung - wie sich aus einem Gegenschluß zu Art. 8 Abs. 2 ergibt, der *anerkannte* Flüchtlinge im Sinne der Genfer Flüchtlingskonvention von dem persönlichen Anwendungsbereich des Abkommens ausnimmt[49] - auch auf (potentielle) Flüchtlinge, solange sie noch nicht als solche anerkannt worden sind. Auffällig ist dabei noch, daß die Rückübernahmeverpflichtung aus Art. 8 nicht nur dem Benelux-Staat obliegt,

---

Königreichs Belgien, der Bundesrepublik Deutschland, der Französischen Republik, der Italienischen Republik, des Großherzogtums Luxemburg, des Königreichs der Niederlande und der Republik Polen betreffend die Rückübernahme von Personen mit unbefugtem Aufenthalt, BGBl. 1993 II, S. 1099 ff. ist vorliegend nicht einzugehen, da nach Art. 5 Abs. 3 des Abkommens die Anwendung der Schengener Abkommen und des Dubliner Übereinkommens zwischen den Vertragsparteien hiervon unberührt bleiben.

[47] Zur Situation in Bezug auf die Niederlande unten S. 158.

[48] Dieses Abkommen hat das zweiseitige deutsch-belgische Abkommen aus dem Jahre 1953 ersetzt, vgl. zu diesem die Bekanntmachung über das Abkommen zwischen der Belgischen Regierung und der Regierung der Bundesrepublik Deutschland zur Regelung der Frage der Abschiebung von Personen von der Bundesrepublik Deutschland nach Belgien und von Belgien in die Bundesrepublik Deutschland vom 10. 2. 1953, Bundesanzeiger Nr. 65/1953, (Text auch bei W. Kanein, Ausländergesetz (1. Aufl., 1966), S. 692 ff.

[49] Insoweit ergibt sich jedoch eine Rücknahmepflicht aus Art. 5 des Europäischen Übereinkommens über die Aufhebung des Sichtvermerkzwangs für Flüchtlinge vom 20. 4. 1959 (BGBl. 1961 II, S. 109).

aus dessen Territorium der Drittausländer eingereist sind, sondern daß hierzu jede der drei Regierungen verpflichtet ist.

B. Dänemark

Dänemark hat weder das Schengener Folgeabkommen unterzeichnet noch wurde insoweit bislang ein Beitrittsabkommen geschlossen. Dänemark wird jedoch mit Inkrafttreten des Dubliner Übereinkommens[50] im Rahmen von dessen Art. 7 zur Rückübernahme solcher Asylbewerber verpflichtet sein, für deren Asylbegehren es zuständig ist. Bis zu diesem Zeitpunkt vollzieht sich jede Rücknahme im Verhältnis zwischen Dänemark und der Bundesrepublik Deutschland nach einem im Jahre 1954 abgeschlossenen Schubabkommen[51], welches in seinem Art. II eine Rücknahmeverpflichtung der dänischen Seite vorsieht, wenn sich der Betroffene mehr als zwei Wochen in Dänemark aufgehalten hat, illegal in die Bundesrepublik Deutschland eingereist ist und der Rücknahmeantrag von den deutschen Behörden innerhalb von sechs Monaten nach der Einreise gestellt wird.

C. Finnland

Mit Finnland besteht weder ein bilaterales Rücknahmeübereinkommen noch ist derzeit beabsichtigt, daß Finnland an das Schengener beziehungsweise Dubliner System angekoppelt werden soll[52]. Derzeit kann die Bundesrepublik Deutschland eine Rückschiebung von Staatsangehörigen dritter Staaten nach Finnland demnach nicht durchsetzen. Dies dürfte in der Praxis allerdings nur von geringer Bedeutung sein, da eine direkte Einreise aus Finnland nur auf dem See- oder dem Luftweg in Betracht kommt und damit regelmäßig eine Einreiseverweigerung unmittelbar an der Grenze möglich ist.

---

[50] Dänemark hat bereits am 13. 6. 1991 das Dubliner Abkommen ratifiziert.

[51] Abkommen vom 31. 5. 1954 zur Regelung der Frage der Abschiebung von Personen von der Bundesrepublik Deutschland nach Dänemark und von Dänemark in die Bundesrepublik Deutschland, Bundesanzeiger Nr. 120/54, UNTS 200, S. 53 (Text auch bei Kanein, Anm. 48, S. 696 ff.).

[52] Etwas anderes könnte sich allerdings im Rahmen eines möglichen Beitritts Finnlands zur Europäischen Gemeinschaft ergeben.

D. Frankreich

Frankreich ist sowohl ursprünglicher Unterzeichner des Schengener Folgeabkommens als auch des Dubliner Erstasylabkommens, so daß sich die Frage, ob Frankreich auch aus anderen Gründen zur Rückübernahme verpflichtet ist, in näherer Zukunft nicht mehr stellen wird. Bis zu diesem Zeitpunkt besteht eine Rückübernahmeverpflichtung der französischen Republik allerdings nur in engen Grenzen. Denn nach Art. 7 des deutsch-französischen Schubabkommens ist eine Rückschiebung nach Frankreich bei einer bloßen Einreise aus Frankreich und keinem nachweislich längerem Voraufenthalt in Frankreich lediglich innerhalb einer Wochenfrist möglich[53]. Zudem beschränkt sich der Anwendungsbereich des Abkommens auf diejenigen Personen, die unbefugt nach Deutschland eingereist waren, erfaßt also nicht solche Asylbewerber, die zunächst legal in die Bundesrepublik Deutschland eingereist waren.

E. Griechenland, Italien, Spanien und Portugal

Griechenland, Italien, Spanien und Portugal befinden sich in einer rechtlich identischen Lage. Alle vier Staaten werden als Mitgliedsstaaten der Europäischen Gemeinschaften unmittelbar durch Art. 16 a Abs. 2 GG zu sicheren Drittstaaten erklärt. Derzeit besteht aber keine Möglichkeit, die aus einem dieser Staaten einreisenden Drittausländer gemäß § 18 Abs. 2 Nr. 1, § 19 Abs. 3 beziehungsweise § 34 a AsylVfG in eines dieser vier Länder zurückzuschieben, da sie in Abwesenheit einer völkervertraglichen Regelung lediglich zur Rücknahme eigener Staatsangehöriger verpflichtet sind. Insbesondere besteht mit keinem der Staaten ein bi- oder multilaterales Rücknahmeabkommen. Sowohl Griechenland und Italien als auch Spanien und Portugal haben aber das Dubliner Übereinkommen unterzeichnet. Außerdem wurden in den Jahren 1990[54], 1991[55] bezie-

---

[53] Art. 7 I des Abkommens vom 22. 1. 1960 über die Übernahme von Personen an der Grenze, Bundesanzeiger Nr. 63/60, (Text auch bei Kanein, Anm. 48, S. 699 ff.).

[54] Accord d'adhésion de la République italienne à la Convention d'application de l'Accord de Schengen (du 14 juin 1985) relatif à la suppression graduelle des contrôle aux frontières communes vom 27. 11. 1990, deutscher Text in BT-Drs. 12/3804.

[55] Accord d'adhésion de la République Portugaise à la Convention d'application de l'Accord de Schengen du 14 juin 1985 relatif à la suppression graduelle des contrôle aux frontières communes vom 25. 6. 1991, Text in Bt-

hungsweise 1992[56] zwischen den ursprünglichen Schengen-Staaten einerseits und dem jeweils anderen Staat andererseits vertragliche Regelungen über den Beitritt zum Schengener Folgeabkommen abgeschlossen, welche allerdings - genauso wie das Ursprungsabkommen - ebenfalls noch nicht in Kraft getreten sind. Dies bedeutet, daß sich erst mit Inkrafttreten eines solchen Abkommens auch die Rückschaffung von Asylbewerbern, die aus einem dieser Staaten in die Bundesrepublik Deutschland eingereist sind, durchsetzen ließe.

Im Hinblick auf die Beurteilung der derzeitigen Lage ist angesichts der geographischen Situation dieser Staaten allerdings darauf hinzuweisen, daß zumindest Personen, die auf dem Landweg von dort nach Deutschland einreisen, zwangsläufig durch ein weiteres sicheres Drittland im Sinne von Art. 16 a Abs. 2 GG reisen müssen, aus dem sie dann in die Bundesrepublik Deutschland einreisen. Damit könnte dann aber eine Rückschiebung in eben dieses Transitland erfolgen.

F. Irland

In Bezug auf Irland besteht eine weitgehend identische Situation. Allerdings ist Irland nicht Unterzeichnerstaat der beiden Schengener Abkommen, sondern hat nur das Dubliner Übereinkommens gezeichnet. Damit wird sich eine Zurückschiebung nach Irland allenfalls erst mit Inkraftreten des Dubliner Abkommens realisieren lassen.

G. Vereinigtes Königreich

Das Vereinigte Königreich hat sich zwar bislang nicht an dem Schengen-Prozeß beteiligt, doch hat es als einer der ersten Staaten das Dubliner

---

Drs. 12/3804, sowie der Accord d'adhésion du Rouyaume d'Espagne à la Convention d'application de l'Accord de Schengen du 14 juin 1985 relatif à la suppression graduelle des contrôle aux frontières communes vom 25. 6. 1991, Text in Bt-Drs. 12/3804. Beide Abkommen sind mittlerweile von Luxemburg ratifiziert worden, vgl. Loi du 3.7.1992, Mém. 1992 A, S. 1574-1575.

[56] Overeenkomst betreffende de toetring van de Hellense Republiek tot de Overeenkomst ter uitvoering van het op 14 juni 1985 te Schengen gesloten Akkoord betreffende dfe geleidelijke afschaffing van de controles aan de gmeenschappelijke grenzen op 19 juni 1990 vom 6.11.1992, Tractatenblad 1993, Nr. 18.

Übereinkommen ratifiziert[57]. Darüber hinaus bestehen keine weitergehenden Vereinbarungen zwischen der Bundesrepublik Deutschland auf der einen und Großbritannien auf der anderen Seite bezüglich der Rückübernahme von Drittstaatsangehörigen[58].

H. Niederlande

Grundsätzlich stellt sich die Situation für die Niederlande ähnlich dar wie für die beiden anderen Benelux-Staaten[59]. Allerdings war eine mögliche Ratifikation des Schengener Folgeabkommens in den Niederlanden auf erheblichen Widerstand gestoßen. So hatte insbesondere der niederländische Staatsrat in einem Avis vom 8. April 1991 Bedenken hinsichtlich der Vereinbarkeit des Abkommens mit der Genfer Flüchtlingskonvention geäußert[60]. Diese Bedenken bezogen sich allerdings im wesentlichen darauf, daß die niederländischen Behörden verpflichtet seien, ihrerseits die Flüchtlingseigenschaft von Antragstellern eigenständig zu überprüfen[61]. Daraufhin hatte die niederländische Regierung dem Parlament zugesagt, nur in der Weise an dem Abkommen teilnehmen zu wollen, daß in anderen Staaten abgelehnte Asylbewerber in den Niederlanden gleich-

---

[57] Monatsbericht Tractatenblad 7/1992.

[58] Die Klassifizierung auch der Slowakischen Republik und Ungarn als weitere sichere Drittstaaten im Sinne von Art. 16 a Abs. 2 GG in Verbindung mit § 26 a AsylVfG 1993, wie dies von den Fraktionen der CDU/CSU und F.D.P. vorgeschlagen worden war, hätte nur geringe Auswirkungen gehabt. Denn zum einen bestehen weder mit der Slowakischen Republik noch mit Ungarn Rückübernahmeabkommen. Zum anderen dürfte die Mehrzahl der Personen, die ursprünglich durch einen dieser Staaten gereist sind, auf dem Landweg weiterreisen. Dies hat dann aber notwendigerweise zur Folge, daß sie durch einen anderen sicheren Drittstaat nach Deutschland einreisen.

[59] Dazu oben S. 154.

[60] Dazu im einzelnen unten S. 222

[61] Der Avis ist veröffentlicht in Tweede Kamer der Staten-Generaal 1990/91, Nr. 22140 ff.; eine englische Übersetzung der relevanten Teile des Gutachtens finden sich bei H. U. Jessurun d'Oliveira, Fortress Europe and (Extra-Communitarian) Refugees: Cooperation in Sealing off the External Borders, in: H. Schermers et al. (Hrsg.), Free Movement of Persons in Europe - Legal problems and Experiences (im folgenden zitiert als Schermers, Movement), S. 166 ff. (176 f.); im einzelnen zur Frage der Vereinbarkeit des Schengener Folgeabkommens mit der Genfer Flüchtlingskonvention unten S. 215.

wohl einen neuen Asylantrag stellen können[62]. Hierdurch wird jedoch die sich aus dem Schengener Abkommen ergebende Zurücknahmepflicht für solche Personen, für deren Asylbegehren die Niederlande zuständig sind, nicht berührt. Unabhängig von den Regelungen des Schengener beziehungsweise Dubliner Abkommens besteht darüber hinaus für die Niederlande eine Rücknahmeverpflichtung aus dem bereits oben erwähnten Schubabkommen[63].

I. Norwegen und Schweden

Die Rückschiebung von Asylbewerbern, die über Norwegen beziehungsweise Schweden in das Bundesgebiet eingereist sind und die sich nach Art. 16 a Abs. 2 GG deshalb nicht auf das Grundrecht auf Gewährung politischen Asyls berufen können, wird sich in Zukunft im jeweiligen bilateralen Verhältnis auf der Grundlage wortgleicher Schubabkommen aus dem Jahre 1954[64] beziehungsweise 1955[65] vollziehen. Nach dessen Abschnitt B, Art. II Abs. 2 ist Norwegen beziehungsweise Schweden zur Rückübernahme illegal eingereister Personen binnen sechs Monaten verpflichtet, wenn diese sich länger als zwei Wochen dort aufgehalten hatten, ansonsten nach dessen Art. II Abs. 3 lediglich binnen einer Frist von sieben Tagen.

J. Österreich

Österreich stellt einen Sonderfall dar, als es (bislang noch) nicht Mitgliedsstaat der Europäischen Gemeinschaften ist und daher auch (noch)

---

[62] Dazu auch unten S. 338 ff.

[63] Dazu oben S. 154.

[64] Vereinbarung zwischen der Regierung der Bundesrepublik Deutschland und der Königlich Schwedischen Regierung zur Regelung der Frage der Abschiebung von Personen von der Bundesrepublik Deutschland nach Schweden und von Schweden in die Bundesrepublik Deutschland vom 22. 6. 1954, Bundesanzeiger Nr. 120/ 1954, UNTS 200, S. 39 ff. (Text auch bei Kanein, Anm. 48, S. 722 ff.).

[65] Vereinbarung zwischen der Regierung der Bundesrepublik Deutschland und der Königlich Norwegischen Regierung zur Regelung der Abschiebung von Personen vom 23. 4. 1955, Bundesanzeiger Nr. 84/1955, UNTS 209, S. 309 ff. (Text auch bei Kanein, Anm. 48, S. 713 ff.).

nicht Mitglied des Schengener beziehungsweise Dubliner Abkommens werden kann. Dessen ungeachtet entspricht das österreichische Fremdengesetz bereits jetzt in wesentlichen Teilen dem Schengener Durchführungsabkommen beziehungsweise dem Übereinkommen von Dublin[66]. Da es aber darüber hinaus auch noch zu keinem formellen Abkommen gekommen ist, mittels derem Österreich in das Schengener beziehungsweise Dubliner System eingebunden werden würde, bestimmen sich etwaige Rücknahmeverpflichtungen im Verhältnis zur Bundesrepublik Deutschland nach wie vor nach der deutsch-österreichischen Vereinbarung über die Übernahme von Personen an der Grenze aus dem Jahre 1961[67]. Dieses Abkommen folgt im wesentlichen dem Modell der deutsch-französischen Übereinkunft. Allerdings setzt das Abkommen bei Personen, die sich weniger als zwei Wochen in der Republik Österreich aufgehalten haben[68], insbesondere also für Personen, die lediglich im Transit durch Österreich durchgereist waren, für eine Rückschiebung neben der illegalen Einreise voraus, daß sie innerhalb von vier Tagen in Deutschland aufgegriffen wurden und daß den österreichischen Behörden in einem Zeitraum von acht Tagen seit dem Aufgriff Angaben über den illegalen Grenzübertritt gemacht werden.

K. Polen

Polen ist dasjenige Land, über welches in der Vergangenheit die meisten Asylbewerber in die Bundesrepublik Deutschland eingereist waren[69]. Deshalb kommt der völkerrechtlichen Zulässigkeit der Rückschiebung von Drittstaatsangehörigen dorthin eine besondere Bedeutung zu. Im Verhältnis zwischen der Bundesrepublik Deutschland und Polen beruht dabei die Rückschiebung von Personen auf dem am 29. März 1991 zwischen den ursprünglichen Schengen-Staaten und Polen abgeschlossenen

---

[66] Vgl. dazu zuletzt Brandl, Anm. 97, S. 8.

[67] Vereinbarung zwischen der Regierung der Bundesrepublik Deutschland und der Bundesregierung der Republik Österreich über die Übernahme von Personen an der Grenze vom 25. 8. 1961, Bundesanzeiger Nr. 169/61, UNTS 414, S. 211 ff. (Text auch bei Kanein, Anm. 48, S. 717 ff.).

[68] Vgl. Abschnitt A III a S. 3 des Abkommens.

[69] Nach Schätzungen deutscher Behörden sind etwa ein Viertel der 440 000 Personen, die im Jahre 1992 in Deutschland um Asyl nachgesucht haben, über Polen eingereist. Demgegenüber geht die polnische Seite nur von etwa 30 000 Personen aus, zu diesen Fragen J. Henkel, Asyl in Polen: Fragen - Pro-

"Übereinkommen betreffend die Rückübernahme von Personen mit unbefugtem Aufenthalt"[70] und dem hierzu zwischen der Regierung der Bundesrepublik Deutschland und der polnischen Regierung am 7. Mai 1993 abgeschlossenen "Abkommen über die Zusammenarbeit hinsichtlich der Auswirkungen von Wanderungsbewegungen"[71]

In Artikel 2 des Abkommens aus dem Jahre 1991 heißt es:

> "(1) Die Vertragspartei, über deren Außengrenze die Person eingereist ist, die im Hoheitsgebiet der ersuchenden Vertragspartei die geltenden Voraussetzungen für die Einreise oder den Aufenthalt nicht oder nicht mehr erfüllt, übernimmt auf Antrag dieser Vertragspartei diese Person.
> (...)
> (3) Die Rückübernahmeverpflichtung (...) besteht nicht gegenüber einer Person, die bei ihrer Einreise in das Hoheitsgebiet der ersuchenden Vertragspartei im Besitz (...) eines gültigen Aufenthaltstitels (..) war oder der nach ihrer Einreise (...) ein Aufenthaltstitel ausgestellt wird.
> (4) Als Aufenthaltstitel (...) zählt nicht die befristete Zulassung zum Aufenthalt (...) im Hinblick auf die Behandlung eines Asylbegehrens (...)."

Schon danach war die Republik Polen grundsätzlich verpflichtet gewesen, auch Drittausländer zurück zu übernehmen, für die nach innerstaatlichem deutschem Recht eine Ausreiseverpflichtung besteht und die über Polen in die Bundesrepublik Deutschland eingereist sind, ohne über einen gültigen Aufenthaltstitel zu verfügen[72]. Allerdings hatten die

---

bleme - Perspektiven, ZAR 1993, S. 79 ff. (81), sowie Zimmermann, oben Anm. 263.

[70] Das Abkommen, welches von Belgien, der Bundesrepublik Deutschland, Frankreich, Italien, Luxemburg, den Niederlanden und der Republik Polen am 29. 3. 1991 unterzeichnet worden war, ist am 1. 5. 1991 für alle ursprünglichen Vertragsparteien mit Ausnahme von Belgien und den Niederlanden in Kraft getreten, BGBL. 1993 II, S. 1099 ff. Spanien ist mit Wirkung zum 1. 1. 1993 beigetreten, Tractatenblad Monatsbericht 12/1992, S. 6.

[71] Text in Giesler/ Wasser, S. 145 ff. sowie in Bull. der Bundesregierung 1993, S. 326 ff.

[72] Art. 2 V macht ausdrücklich klar, daß die befristete Zulassung zum Territorium eines der Vertragsparteien zum Zwecke der Behandlung eines Asylbegehrens keinen Aufenthaltstitel im Sinne des Abkommens darstellt.

Schengen-Staaten[73] bei der Unterzeichnung des Übereinkommens ein Zusatzprotokoll abgeschlossen, in dem sie im Hinblick auf den oben genannten Art. 2 erklären, daß sich die Rückübernahmeverpflichtung aus dem Vertrag vorläufig auf Staatsangehörige der Vertragsstaaten beschränken sollte[74]. Bereits am 11. Dezember 1991 hatten die Bundesrepublik Deutschland und die Republik Polen insoweit aber eine "Absprache zur technischen Durchführung des Übereinkommens betreffend die Rückübernahme von Personen mit unbefugtem Aufenthalt vom 29. März 1991"[75] getroffen. Unter 2.2. dieser Absprache hieß es, daß sich der oben genannte Art. 2 des Übereinkommens vom 29. März 1991 auch auf "Personen bezieht, die nicht Staatsangehörige der Vertragsparteien sind (Drittausländer)"[76]. Durch Art. 1 Abs. 1 des bereits erwähnten Abkommens vom 7. Mai 1993 wurden nun die Verpflichtungen aus dem Abkommen vom 29. März 1991 bestätigt[77]. Gleichzeitig wurde der Anwendungsbereich der Rücknahmeverpflichtung gemäß Art. 1 Abs. 2 des Abkommens auf die Personen beschränkt, die nach Inkrafttreten des neuen deutschen Asylrechts über Polen in die Bundesrepublik Deutschland einreisen. Außerdem erstreckt sich die Verpflichtung der polnischen Seite nur auf solche Personen, die illegal in die Bundesrepublik Deutschland eingereist sind[78]. Schließlich wird die maximale Frist, innerhalb derer eine Rückschiebung erfolgen kann, gemäß Art. 1 Abs. 3 auf sechs Monate begrenzt. Gleichzeitig wurde durch einen Schriftwechsel vom gleichen Tage die Zahl der zurückzuschiebenden Asylbewerber ohne Einschluß der direkt an der

---

[73] Also Belgien, die Bundesrepublik Deutschland, Frankreich, Italien, sowie Luxemburg und die Niederlande.

[74] Text des Protokolls in BGBl. 1993 II, S. 1102.

[75] BGBl. 1993 II, S. 1103.

[76] Zugleich enthält die Absprache detaillierte Regelungen über die Frage, mittels welcher Dokumente die Staatsangehörigkeit der Betroffenen und deren Einreise aus Polen in die Bundesrepublik Deutschland nachgewiesen werden kann.

[77] Allenfalls könnte problematisch sein, ob die Bundesrepublik Deutschland vor dem Hintergrund des oben erwähnten Protokolls legitimiert ist, im Wege eines *bilateralen* Abkommens die Rückübernahmeverpflichtung auf Drittausländer zu erstrecken. Hierfür spricht zum einen, daß durch dieses bilaterale Abkommen keine rechtlichen Interessen der übrigen Staaten berührt werden. Zum zweiten scheinen diese auch gegen die Praxis der Bundesrepublik Deutschland keine Einwände erhoben zu haben.

[78] Art. 1 IV des Abkommens.

Grenze zurückgewiesenen Personen für das Jahr 1993 auf 10 000 beschränkt[79].

L. Schweiz

Zwar wird an verschiedenen Stellen des Schweizerischen Asylgesetzes auf völkerrechtliche Verträge verwiesen gemäß welchen die Zuständigkeit für die Behandlung von Asylanträgen - und damit auch eine korrelierende Rücknahmepflicht - geregelt werden soll[80], doch hat die Schweiz bislang kein solches Erstasylabkommen abgeschlossen[81]. Allerdings haben die Unterzeichnerstaaten des Dubliner Abkommens zumindest Interesse daran bekundet, Verhandlungen über ein Parallelabkommen mit der Schweiz aufzunehmen[82].

---

79 Vor diesem Hintergrund werden rumänische Asylbewerber nach Durchführung eines Asylverfahrens in der Bundesrepublik Deutschland direkt nach Rumänien zurückgeschoben, nicht aber nach Polen. Vgl. dazu die deutsch-rumänische Vereinbarung über die Rückübernahme von deutschen und rumänischen Staatsangehörigen vom 24. 9. 1992, BGBl. 1993, II, S. 220 f.

Vgl. auch die Nr. 2 des deutsch-polnischen Briefwechsels, wonach die Bundesrepublik Deutschland beabsichtigt, im Falle einer übermäßigen Belastung der Republik Polen durch dieses Abkommen Personen unmittelbar in deren Herkunftsländer zurückzuführen; ferner Art. 6 des eigentlichen Abkommens, wonach bei einem sprunghaften oder massiven Zustrom von Flüchtlingen nach Polen die Regierung der Bundesrepublik Deutschland bestimmten Gruppen dieser Personen die Einreise nach Deutschland gestatten wird.

Zur ursprünglichen Kritik der polnischen Regierung an der deutschen Haltung vgl. die Stellungnahme des stellvertretenden polnischen Außenministers Mroziewicz vor der Menschenrechtskommission der Vereinten Nationen, 16. Sitzung vom 16.2.1993, E/CN.4/1993/SR.22, S. 2.

80 Vgl. Art. 13 c I und 13 d II; Art. 16 I lit. c und Art. 19 Abs. 2 lit. a AsylG.

81 Zur Diskussion in der Schweiz vgl. Kälin, Asylverfahren, S. 271 ff. und Achermann, Handbuch, S. 48 ff.

82 Vgl. etwa die Bekundung des irischen Außenministers anläßlich der Unterzeichnung des Dubliner Übereinkommens; zitiert bei Kälin, Asylverfahren, S. 272 Fn. 96; skeptisch im Hinblick auf die Verwirklichbarkeit dieser Möglichkeit vgl. A. Achermann, Das Erstasylabkommen von Dublin, ASYL 1990, S. 12 ff. (17 f.), der zudem zu Recht darauf hinweist, daß ein Beitritt zum Abkommen selbst schon daran scheitert, daß nach Art. 21 I das " (...) Übereinkommen (...) jedem Staat, *der Mitglied der Europäischen Gemein-*

Demgegenüber bestand seit dem Jahre 1955 ein bilaterales Schubabkommen[83], welches allerdings am 20.12.1993 durch ein neues Rückübernahmeabkommen abgelöst wurde[84]. Darin hat sich die Schweiz verpflichtet, binnen zwölf Monaten Drittausländer zurückzunehmen, ohne daß es des Nachweises bedarf, wie lange sie sich zuvor in der Schweiz aufgehalten haben. Dabei erstreckt sich die Rückübernahmeverpflichtung allerdings nur auf solche Personen, die ohne gültigen Aufenthaltstitel in die Bundesrepublik Deutschland eingereist sind, wobei allerdings nach Art. 4 des Abkommens die befristete Zulassung zum Aufenthalt im Hinblick auf die Behandlung eines Asylbegehrens nicht zum Ausschluß der Rückübernahmeverpflichtung führt.

M. Tschechische Republik[85]

Zwischen der Tschechischen Republik und der Bundesrepublik Deutschland existieren bislang keinerlei *formellen* vertraglichen Beziehungen, was die Rückübernahme von Personen anbelangt. Offenbar besteht aber auf Behördenseite eine informelle Absprache, daß Personen, welche die deutsch-tschechische Grenze illegal überschritten haben, von der tschechischen Seite zurückgenommen werden, wenn sie innerhalb von 48 Stunden aufgegriffen und abgeschoben werden[86]. Zwar hatte darüber

---

schaften wird, zum Beitritt offen [steht]". Mittlerweile sind die Verhandlungen über ein Parallelabkommen mit der Schweiz offenbar bis zu einem unterschriftsreifen Text gelangt, doch soll mit der Unterzeichnung gewartet werden, bis das Dubliner Abkommen selbst in Kraft getreten ist.

[83] Bekanntmachung über das Abkommen zwischen der Regierung der Bundesrepublik Deutschland und der Schweizerischen Regierung über die Übernahme von Personen an der Grenze vom 28. 12. 1954, Bundesanzeiger Nr. 19/55, Text auch bei Kanein, Anm. 48, S. 725 ff.

[84] Abkommen zwischen dem Schweizerischen Bundesrat und der Regierung der Bundesrepublik Deutschland über die Rückübernahme von Personen mit unbefugtem Aufenthalt nebst Protokoll und Briefwechsel, Amtlg. Slg. des Schweizer Bundesrechts 1994, S. 385 ff.

[85] Die deutsche Bezeichnung des am 1. 1. 1993 neuentstandenen Staates ist uneinheitlich. Im österreichischen und schweizerischen Schrifttum wird auch die Bezeichnung "Tschechien" verwendet. Die hier benutzte Bezeichnung "Tschechische Republik" orientiert sich demgegenüber an der Sprachpraxis des Auswärtigen Amtes.

[86] (Unveröffentlichtes) 'Protocol on negotiations between the delegations of the Czech and Slovak Federative Republic and the Federal Republic of

hinaus die frühere CSFR im Jahre 1990 mit der Bundesrepublik Deutschland eine Vereinbarung über die Abschaffung der Sichtvermerkspflicht geschlossen[87], doch bezog sich die hierin zugleich enthaltene Rücknahmeverpflichtung nur auf jeweils eigene Staatsangehörige, so daß an dieser Stelle auf Fragen einer möglichen Staatensukzession der Tschechischen Republik in Verträge der ehemaligen CSFR nicht näher eingegangen werden muß.

Dessen ungeachtet kommt der Einreise von Asylbewerbern aus der Tschechischen Republik eine sehr große Bedeutung zu[88]. Vor diesem Hintergrund ist es auch zwischen der Tschechischen Republik und dem deutschen Innenministerium in letzter Zeit wiederholt zu Verhandlungen

---

Germany on introduction of inter-border zone travel, opening and extending of border crossings and other questions concerning cross-border operation, Passau 1./3. 7. 1991, sogenanntes 'Passauer Abkommen', welches unter Nr. 7 davon ausgeht, daß das 'Arrangement between the Foreigners' and Passport Service Department of the Federal Ministry of Foreign Affairs and the Bavarian State Ministry of Interior on return of persons who illegally crossed the state border' vom 21.6.1990 weiterhin in Geltung bleibt, vgl. dazu den Artikel von J. Buchsteiner, Der heimliche Treck durch die Wälder, DIE ZEIT vom 16. 7. 1993, S. 4.

Zur Fortgeltung der zwischen der Budesrepublik Deutschland und der CSFR abgeschlossenen Verträge nach der Auflösung der CSFR und der Bildung der Tschechischen Republik vgl. den Notenwechsel vom 18. 12. 1992/1. 1. 1993 wo beide Parteien übereingekommen sind, diese weiterhin anzuwenden, Bekanntmachung über die Fortgeltung der deutsch-tschechoslowakischen Verträge im Verhältnis zwischen der Bundesrepublik Deutschland und der Tschechischen Republik, BGBl. II, 1993, S. 762.

Vgl. ferner die (unveröffentlichte) Verwaltungsvereinbarung zwischen dem Innenministerium der Tschechischen Republik und dem Bayerischen Staatsministerium des Innern vom 26.2.1991, wo beide Seiten eine generelle Zusammenarbeit im Bereich der Flüchtlingsproblematik vereinbart haben.

[87] Vgl. die Bekanntmachung einer Sichtvermerksvereinbarung zwischen den Regierungen der Bundesrepublik Deutschland und der Tschechischen und Slowakischen Republik vom 29. 8. 1990, Bundesanzeiger 1990, Nr. 170, S. 4669.

[88] So wurden allein im Jahre 1992 mehr als 30 000 Personen bei einem versuchten illegalen Grenzübertritt an der tschechisch-sächsischen Grenze aufgegriffen, davon allein 24 000 Personen durch die tschechische Grenzpolizei. Nach Schätzungen des tschechischen Innenministeriums soll es im Jahr 1992 mehr als 100 000 Personen gelungen sein, die deutsch-tschechische Grenze illegal zu überschreiten, FAZ vom 16. 3. 1993, S. 6.

über den Abschluß eines formellen Rückübernahmeabkommens gekommen[89], wobei die tschechische Seite allerdings zunächst eine Lösung auf multilateraler Ebene anstrebte[90], später jedoch auch eine bilaterale Lösung als annehmbar bezeichnete[91].

III. Ergebnis

Angesichts der obigen Ergebnisse im Hinblick auf die - jedenfalls grundsätzlich - fehlende völkerrechtliche Befugnis der Bundesrepublik Deutschland zur Rückschiebung von Drittstaatsangehörigen kraft Völkergewohnheitsrecht - hängt jede effektive Umsetzung des Konzepts sicherer Drittstaaten von vertraglichen Regelungen mit den betroffenen (Nachbar-) Staaten ab. Dabei werden die in den 50er und 60er Jahren abgeschlossenen Schubabkommen teilweise nicht den Anforderungen gerecht, die sich im Falle der Zurückschiebung großer Zahlen von Personen ergeben, zumal teilweise entweder relativ hohe Anforderungen an die Dauer des Voraufenthalts in dem jeweiligen Drittstaat gestellt werden oder aber die Fristen für eine praktische Durchführung der Rückschiebungen sehr kurz gehalten sind[92].

Will man daher auf völkerrechtlich zulässigem Wege eine solche Rücknahme ermöglichen, dürfte auf Dauer kein Weg an langfristigen vertraglichen Bindungen, insbesondere mit den östlichen und südlichen Nachbarstaaten der Bundesrepublik Deutschland, vorbeiführen, so wie dies nun mit Polen bereits geschehen ist. Selbst dann aber, wenn solche vertraglichen Regelungen bestehen, dürfte es in der praktischen Umsetzung schwierig sein, im einzelnen nachzuweisen, aus welchem Land der Drittausländer eingereist ist, sofern es dem Asylbewerber gelingt den unmittelbaren Grenzbereich zu verlassen. Etwas anderes gilt nur dann, wenn die in Frage stehenden Verträge Beweiserleichterungen vorsehen,

---

[89] FAZ vom 26. 6. 1993, S. 2 und zuletzt etwa FAZ vom 10.7. 1993, S. 5.

[90] FAZ vom 18. 3. 1993, S. 6 mit einem Bericht über eine gemeinsame Konferenz der österreichischen, ungarischen, slowenischen, slowakischen, tschechischen und polnischen Innenminister.

[91] SZ vom 24.3.1993. Vgl. zum Stand der Verhandlungen zuletzt SZ vom 2. 9. 1993, S. 1 und FAZ vom 2.9. 1993, S. 5.

[92] Im einzelnen dazu oben S. 154 ff.

welche den Nachweis der Einreise aus einem bestimmten Land vereinfacht ermöglichen[93].

Dabei ist aber neben der Frage, wozu die Bundesrepublik Deutschland gegenüber diesen Staaten im einzelnen berechtigt ist, stets auch zu prüfen ob und inwieweit eine solche Zurückschiebungspraxis mit der Genfer Flüchtlingskonvention und der EMRK vereinbar ist.

2. Kapitel: Grenzen der Zurückweisung aus der Genfer Flüchtlingskonvention und der EMRK

Erster Abschnitt: Grundsätzliche Berechtigung zur Zurückschiebung in sichere Drittstaaten

Die Genfer Flüchtlingskonvention begründet nach dem oben Gesagten keinen Individualanspruch des Flüchtlings auf Aufnahme, sondern verpflichtet die Staaten lediglich, alle oder gewisse Gruppen von Flüchtlingen in einer bestimmten Art und Weise zu behandeln[94], regelt also zumindest grundsätzlich lediglich das Recht *im* Asyl, nicht aber das Recht *auf* Asyl[95]. Ein Gegenschluß aus Art. 33 der Genfer Flüchtlingskonvention zeigt auch, daß es den Staaten grundsätzlich offensteht, Personen, die aus einem Nicht-Verfolgerstaat eingereist sind, dorthin zurückzuschieben, sofern keine Kettenabschiebung in einen Verfolgerstaat droht[96]. Gleichwohl war vor dem Hintergrund zunehmender Bestrebungen einzelner Staaten, die Antragsstellung von Flüchtlingen, die sich vor

---

[93] Vgl. beispielhaft dazu Punkt 2.5. der deutsch-polnischen Absprache zur technischen Durchführung des Rückübernahmeabkommens vom 29. 3. 1991, wonach die Einreise durch Einreisestempel, Fahrkarten, Flugtickets oder Zeugenaussagen nachgewiesen und durch Angaben der Betroffenen, Rechnungen, Quittungen, sowie Rechnungen und Belege aus dem ersuchten Staat glaubhaft gemacht werden kann.

[94] Vgl. statt aller etwa die Entscheidung des Bundesverwaltungsgerichts, Buchholz 402.22, Art. 1, GK Nr. 5; ferner die Nachweise bei Richter, Nachfluchtgründe, S. 31, Fn. 116.

[95] Dies gilt ungeachtet der Feststellung, daß bestimmte Rechte allen Flüchtlingen zu gewähren sind, auch wenn sie keine Aufnahme in dem jeweiligen Territorialstaat gefunden haben, vgl. etwa Art. 12, 13, 16 I, 25 I, 27, 31 und vor allem Art. 33 der Genfer Flüchtlingskonvention.

[96] Frowein/Kühner, Anm. 246, S. 553, die zutreffend darauf hinweisen, daß sich aus Art. 33 der Genfer Flüchtlingskonvention lediglich eine Unterlassungsverpflichtung ergibt.

ihrer Einreise in einem Drittstaat aufgehalten hatten, zu beschränken und diese in die jeweiligen Drittstaaten zurückzuweisen, in der Literatur vereinzelt geäußert worden, solche Beschränkungen seien völkerrechtlich unzulässig. So hatte etwa *Kanein* formuliert, daß

> "es einem (...) völkerrechtlichen Grundsatz entspricht, daß der Asylbewerber zu entscheiden vermag, in welchem Staat er Zuflucht suchen will (...)"[97].

Teilweise wurde dies dahingehend abgeschwächt, daß zumindest der Ausschluß der Asylgewährung allein aufgrund der Tatsache der Durchreise durch einen Drittstaat unzulässig sei[98]. Ungeachtet dieser Äußerungen hat sich jedoch eine weitgehende Staatenpraxis entwickelt, Antragsteller in ein solches sogenanntes Erstaufnahmeland zurückzuschieben[99]. Diese Staatenpraxis wird auch durch Art. 31 der Genfer Flüchtlingskonvention gestützt. Denn zum einen beschränkt sich der Schutz des Art. 31 auf Personen, welche direkt aus einem Verfolgerstaat einreisen und zeigt so, daß die Genfer Flüchtlingskonvention selbst Personen, die aus einem Drittstaat einzureisen versuchen, schlechter stellt[100]. Zum anderen ergibt sich aus der Entstehungsgeschichte der Konvention sowohl, daß Art. 31 gerade keine Aufnahmeverpflichtung normieren sollte, als auch, daß der Begriff der Strafen gerade Ausweisungen nicht mit umfassen sollte[101]. Diese historische Auslegung von Art. 31 wird auch durch den Zusammenhang mit Abs. 2 der gleichen Norm indirekt bestätigt, indem dort den Staaten die Befugnis zugestanden wird, die Bewegungsfreiheit eines

---

[97] W. Kanein, Gutachten zum Asylrechtsmißbrauch unter Berücksichtigung anderweitigen Verfolgungsschutzes (unveröff. Gutachten, 1982), S. 4; zitiert bei H.-J. Uibopuu, § 7 (2) Asylgesetz und der "anderweitige Schutz" des Asylbewerbers, ÖZaöRV 1984, S. 305 ff. (319). Zum Teil wird dabei versucht dieses Entscheidungsrecht auf Art. 14 I der Allgemeinen Erklärung der Menschenrechte zu stützen, wo es heißt: "Eyeryone has the right to seek and to enjoy in other countries asylum from persecution", so etwa Hathaway, Refugee Status, S. 46. Dabei wird jedoch übersehen, daß unabhängig von der Tatsache, daß der Text nur von einem "right to *seek* asylum" spricht, auch ein Auswahlrecht des Flüchtlings dort in keiner Weise anklingt.

[98] Hathaway, Refugee Status, S. 46.

[99] R. Plender, International Migration Law (1988), S. 424.

[100] Ebd.

[101] Vgl. die ausdrücklichen Stellungnahmen der damaligen Vertreter Kanadas und des Vereinigten Königreichs, SR. 13, S. 12/14; ebenso, Robinson, Convention, S. 153.

Flüchtlings zu beschränken, bis er in einem anderen Staat Aufnahme gefunden hat[102]. Schließlich bestätigt auch Art. 32 der Genfer Flüchtlingskonvention, daß den Staaten die grundsätzliche Kompetenz verblieben ist, Flüchtlinge in sichere Drittstaaten auszuweisen, es sei denn es handelt sich um Flüchtlinge, die sich bereits rechtmäßig in ihrem Gebiet aufhalten.

Zuletzt wird die hier vertretene Position auch durch eine Empfehlung des Exekutivkomitees des UNHCR aus dem Jahre 1979 bestätigt, insoweit als die Vertragsstaaten der Genfer Flüchtlingskonvention aufgefordert werden, sich über die Kriterien für Erstaufnahmeländer zu einigen[103]:

> "(...) Es sollten Bemühungen unternommen werden, durch Festlegung allgemeingültiger Kriterien das Problem der Bestimmung des für die Untersuchung eines Asylgesuchs zuständigen Landes zu lösen. (...)[104]

Die Annahme dieser Resolution mit der darin enthaltenen (bloßen) Bemühensklausel zeigt aber gerade, daß eine Verpflichtung zur Aufnahme bestimmter Flüchtlingsgruppen und deren Nichtrückschiebung in einen sicheren Drittstaat positivrechtlich gerade noch nicht verankert ist[105].

Diese grundsätzlich vorhandene Befugnis zur Zurückschiebung von Asylbewerbern in andere Staaten, in denen ihnen keine Verfolgung droht, besteht indessen nicht unbegrenzt. Insbesondere ergeben sich zum einen Grenzen aus der unbedingten Verpflichtung zur Einhaltung des Refoulement-Gebotes des Art. 33 der Genfer Flüchtlingskonvention auch in der Form der Kettenabschiebung[106]. Darüber hinaus müssen die betroffenen Personen unter Umständen aber auch einen gewissen Anknüpfungspunkt, etwa einen territorialen Mindestkontakt mit dem Staat gehabt haben, in den sie zurückgewiesen werden sollen[107]. Schließlich können

---

[102] Goodwin-Gill, Refugee, S. 84.

[103] UN Doc. A/Ac. 96/572, par. 72 (2); vgl. ferner den Entwurf des Art. 1 der Konvention über Territoriales Asyl aus dem Jahre 1977, der in eine ähnliche Richtung ging.

[104] Doc. Nr. 12 A (A/34/12/Add. 1), Text auch in UNHCR, Internationaler Rechtsschutz für Flüchtlinge, S. 29 ff.

[105] Vgl. beispielhaft auch die einzelnen nationalen Regelungen etwa in Art. 6 I lit. a AsylG Schweiz, sowie in § 2 AsylVfG a.F. der Bundesrepublik Deutschland.

[106] Dazu im einzelnen sogleich unten.

[107] Dazu unten S. 186.

sich auch aus der EMRK und dabei insbesondere aus deren Art. 3 und 8 Begrenzungen der Rückschiebungsbefugnis ergeben[108].

Zweiter Abschnitt: Grenzen der Zurückweisung

I. Genfer Flüchtlingskonvention

A. Vorbemerkung: Vereinbarkeit mit Ziel und Zweck der Konvention ?

Durch die neue deutsche Asylrechtsregelung des Art. 16 a GG in Verbindung mit der Anlage I zu § 26 a AsylVfG 1993 sind alle unmittelbaren Nachbarstaaten der Bundesrepublik Deutschland[109], alle Staaten, mit denen Fährverbindungen nach Deutschland bestehen[110] sowie darüber hinaus noch sechs weitere Staaten[111] zu sicheren Drittstaaten erklärt worden. Dies hat zur Folge, daß alle Personen, die über diese Staaten in die Bundesrepublik Deutschland einreisen, regelmäßig keinen Zugang zu einem Asylverfahren finden werden und damit zugleich nicht als Flüchtlinge im Sinne der Genfer Flüchtlingskonvention anerkannt werden. Hierin könnte ein Verstoß gegen die grundlegende Verpflichtung zu einer *bona fide* Erfüllung der Konvention gesehen werden, da sich damit die Bundesrepublik Deutschland für die Zukunft weitgehend davon freizeichnet, Flüchtlinge aufzunehmen. Diese Feststellung würde aber in der Tat nur dann zutreffend sein, wenn die Genfer Flüchtlingskonvention eine Verpflichtung zur Aufnahme enthielte, wovon nach dem oben Gesagten[112] aber gerade nicht auszugehen ist. Ferner finden zumindest Flüchtlinge, die auf dem Luftweg in die Bundesrepublik Deutschland einreisen, Zugang zu einem Asylverfahren. Weiterhin ist zu berücksichtigen, daß in der Realität nicht alle Flüchtlinge, die über sichere Drittstaaten eingereist sind, dorthin zurückgeschoben werden können[113], so daß auch von diesen Personen ein Teil Zugang zu einem Statusfeststel-

---

[108] Dazu unten S. 204 ff.

[109] Also Belgien, Dänemark, Frankreich, Luxemburg, die Niederlande, Österreich, Polen, die Schweiz, sowie die Tschechische Republik.

[110] Dies umfaßt Norwegen, Schweden und Finnland.

[111] Dies sind Griechenland, Großbritannien, Italien, Irland, Spanien und Portugal.

[112] Dazu oben S. 50 ff.

[113] Zu den völkerrechtlichen Voraussetzungen einer solchen Zurückschiebung oben S. 154 ff.

lungsverfahren und daran anknüpfend gegebenenfalls auch Aufnahme in der Bundesrepublik Deutschland finden wird. Schließlich ist noch zu bedenken, daß sich die Aufnahme von Flüchtlingen nicht nur im Wege individueller Asylverfahren vollzieht, sondern daß bei der Beurteilung stets mit berücksichtigt werden muß, ob und in welchem Umfange ein Staat darüber hinaus Flüchtlinge aufnimmt beziehungsweise aufgenommen hat. Vor diesem Hintergrund kann nicht festgestellt werden, daß sich die Bundesrepublik Deutschland dem Ziel und Zweck der Genfer Flüchtlingskonvention zuwider verhält, wenn sie nunmehr ein System sicherer Drittstaaten zur Anwendung bringt.

B. Bedeutung des Non-Refoulement-Gebotes bei der Zurückschiebung in sichere Drittstaaten

1. Zum Umfang des Refoulement-Verbotes

Bei jeder Rückabschiebung ist das Refoulement-Verbot des Art. 33 zu beachten. Dabei umfaßt dieses Verbot zwei Aspekte: Zum einen darf der Flüchtling in dem Staat, in den er zurückgeschoben wird, nicht einer konventionsrelevanten Verfolgung ausgesetzt sein. Zum anderen aber umfaßt Art. 33 der Genfer Flüchtlingskonvention auch das Verbot der sogenannten Kettenabschiebung, das heißt also das Verbot, einen Flüchtling in einen Staat zu verbringen, wo ihm zwar nicht selbst unmittelbar Verfolgung droht, ihm jedoch die Weiterschiebung in einen Verfolgerstaat bevorsteht[114]. Dies ergibt sich aus einer an Ziel und Zweck der Norm orientierten Auslegung, wie sie Art. 31 Abs. 1 a.E. der Wiener Vertragsrechtskonvention entspricht, da nur so das übergreifende Ziel des Schutzes der Flüchtlinge vor Verfolgung sichergestellt werden kann[115]. Außerdem entspricht diese weite Auslegung auch dem Wortlaut der Norm, der davon spricht, daß ein Flüchtling nicht "in any manner whatsoever"[116] an die Grenzen von Gebieten verbracht werden soll, wo ihm Verfolgung droht. Schließlich wird diese Auslegung des Art. 33 der

[114] Statt aller etwa C. Bierwirth/ R. Göbel-Zimmermann, Handlungsspielräume und Grenzen einer Änderung des Asylrechts, ZRP 1992, S. 470 ff. (474); W. Kälin, Non-Refoulement, S. 216; V. Lieber, Die neuere Entwicklung des Asylrechts im Völkerrecht und Staatsrecht, S. 23 Fn. 18.

[115] Zur Bedeutung dieser Zielvorstellung im Rahmen der Genfer Flüchtlingskonvention vgl. den zweiten Erwägungsgrund der Präambel der Konvention.

[116] "[D]e quelque manière que ce soit" im französischen Text.

Genfer Flüchtlingskonvention auch durch nachfolgende Staatenpraxis gedeckt[117].

Fraglich ist nunmehr aber, ob der abschiebende Staat in jedem Einzelfall die konkrete Sicherheit des Drittstaates in einem individuellen Verfahren überprüfen muß oder ob er stattdessen - wie in der Bundesrepublik Deutschland durch Art. 16 a Abs. 2 GG nunmehr geschehen - solche Staaten in Form von Listen sicherer Drittstaaten festlegen darf.

2. Festlegung sicherer Drittstaaten durch Listen

Erstmalig fand ein System sicherer Drittstaaten, welche mittels einer generellen Liste festgelegt wurden, in dem neuen kanadischen Flüchtlingsgesetz aus dem Jahre 1988[118] Verwendung[119]. In dessen Section 46.01. heißt es:

> "(1) A person who claims to be a Convention refugee is not eligible to have the claim determined by the Refugee Division if the person
> (...)
> (b) came to Canada from a country, other than the country of the claimant's nationality or, where the claimant has no country of nationality, the country of the claimant's habitual residence, that is a prescribed country under paragraph 114 (1) (s);

Dementsprechend heißt es dann weiter in Section 114 (1) (s) des gleichen Gesetzes:

> "The Governor in Council may make regulations

---

[117] Vgl. etwa Art. 45 I des Schweizerischen Asylgesetzes:
" (...) in dem [der Flüchtling] gefährdet [ist] oder in dem die Gefahr besteht, daß er zur Ausreise in ein solches Land gezwungen wird.",
sowie die Weisung des österreichischen Innenministeriums vom 15. 5. 1992, 70 027/10-III/16/92 zu § 2 AsylG:
"(...) entscheidend (...), ob dem Fremden im Drittstaat selbst Verfolgung droht, sowie ob er zu befürchten hat, von den Behörden des Drittstaates in jenen Staat zurückgestellt zu werden, in dem er verfolgt zu werden behauptet."

[118] In der Fassung des Act to amend the Immigration Act aus dem Jahr 1992, zu diesem bereits oben bei Anm. 92.

[119] Speziell zu der Frage der sicheren Drittstaaten Hathaway, Anm. 89, S. 355 f.); Segal, Anm. 89, S. 743 ff.; R. Fairweather, Canada's New Refugee Determination System, Can. Yb. Int. L. 1989, S. 295 ff. (298 f.).

(...)
prescribing, for the purposes of Section 46.01 (1) (b), any country as a country that complies with Article 33 of the Convention either universally or with respect to persons of a specified class of persons of which the claimant is a member, having regard to whether the country is a party to the Convention, the country's policies and practices with respect to Convention refugee claims and the country's record with respect to human rights;[120]
(...)"[121]

Fraglich ist hier zunächst, welche Kriterien angelegt werden müssen, um einen Staat als "sicheren Drittstaat" bezeichnen zu können. Die kanadische Regelung spricht insoweit davon, daß die Beurteilung unter Berücksichtigung der Tatsache erfolgen müsse, ob der in Frage stehende Staat die Genfer Flüchtlingskonvention ratifiziert hat, welche Haltung und Praxis dieser Staat in der Vergangenheit in Bezug auf Anträge auf Anerkennung als Flüchtling eingenommen hat sowie schließlich, welche Erfahrungen es mit dem Schutz der Menschenrechte dort gibt.

In ähnlicher Art und Weise ergibt sich aus der Entstehungsgeschichte zu Art. 16 a Abs. 2 GG, insbesondere aus einem von den beteiligten Ministerien aufgestellten Kriterienkatalog, daß neben den meisten Kriterien, wie sie auch für die Bestimmung sicherer Herkunftsstaaten gelten[122], vor allem darauf abzuheben ist, ob der Schutzsuchende jeweils Zugang zu einem Asylverfahren hat, daß keine Zurückweisungen ohne vorherige Überprüfung der Flüchtlingseigenschaft stattfinden sowie ferner, ob auch ein Aufenthaltsrecht besteht und ob - soweit vorhanden - Rechtsmittel aufschiebende Wirkung genießen. Außerdem sei zu prüfen, ob UNHCR in ausreichender Weise an den Verfahren betreffend die Feststellung der Flüchtlingseigenschaft von Asylsuchenden beteiligt wird[123].

---

[120] Vgl. auch Sect. 46.03 (1) (a), wonach in einem solchen Fall eine Abschiebung in den sicheren Drittstaat erfolgen kann und - falls dies nicht möglich ist - ein Statusfeststellungsverfahren durchgeführt wird.

[121] Allerdings ist diese Vorschrift bis heute nicht praktisch relevant geworden, da die kanadische Regierung bislang keine solche Liste sicherer Drittstaaten aufgestellt hat.

[122] Dazu bereits oben S. 136 ff.

[123] Dabei ist jedoch auffällig, daß lange bevor dieser Kriterienkatalog aufgestellt wurde und ohne daß zuvor Kontakte mit UNHCR stattgefunden hatten, bereits der Parteienkompromiß von Anfang Dezember ausführt, es bestehe "Einigkeit darüber, daß für Polen, die CSFR, Österreich und die Schweiz

Offen bleibt dabei jedoch, in welchem Verhältnis der jeweilige "sichere Drittstaat" zur Genfer Flüchtlingskonvention stehen muß, um als solcher bezeichnet werden zu können, ob also insbesondere die formelle Bindung an die Konvention notwendige Bedingung für eine solche Qualifikation ist. Zunächst muß davon ausgegangen werden, daß die *alleinige* Tatsache, daß ein Drittstaat völkerrechtlich an die Genfer Flüchtlingskonvention gebunden ist, nicht ausreichend sein kann, um ihn als sicher zu qualifizieren. Dies allein wohl schon deshalb, weil mittlerweile die Konvention in Verbindung mit dem New Yorker Protokoll von 1967 für mehr als 100 Staaten in Kraft ist, zu denen etwa die Volksrepublik China, der Iran, das ehemalige Jugoslawien und der Tschad zählen, Staaten also, bei denen eine Beachtung der sich daraus ergebenden völkerrechtlichen Verpflichtungen zumindest fraglich ist. Für die darüber hinausgehende Forderung, jeder sichere Drittstaat müsse aber auf jeden Fall Vertragspartei sein, könnte zunächst sprechen, daß es Art. 33 der Genfer Flüchtlingskonvention lediglich darum geht zu verhindern, daß ein Flüchtling *de facto* in einen Verfolgerstaat zurückgeschoben wird. Jedoch ergibt sich bei einem Nicht-Konventionsstaat zunächst das Problem, daß er - da nicht an Art. 1 der Genfer Flüchtlingskonvention gebunden - einen anderen Flüchtlingsbegriff zugrundelegen kann als der ausweisende Staat mit der Folge, daß er Konventionsflüchtlinge auch bei Bestehen einer Verfolgungssituation im Heimatstaat möglicherweise dorthin zurückschiebt. Auch spricht gegen eine Anerkennung solcher Staaten als sichere Drittstaaten, daß nach wie vor die Herausbildung eines völkergewohnheitsrechtlichen Verbots des Refoulement teilweise bestritten wird. Dies bedeutet aber, daß ein Drittstaat, der nicht Vertragspartei der Genfer Flüchtlingskonvention ist, zumindest wird behaupten können[124], er sei nicht verpflichtet, von einer Rückschiebung in den Verfolgerstaat abzusehen[125]. Schließlich besteht in Bezug auf einen solchen Staat auch keine Möglichkeit einer internationalen Instanz, gegen Fälle von Refoulement einzuschreiten, wie dies dem UNHCR im Rah-

---

die Feststellung gilt, daß sie sichere Drittstatten sind.", vgl. Giesler/ Wasser, S. 225 ff. (226).

[124] Zur möglichen gewohnheitsrechtlichen Geltung des Refoulement-Verbots vgl. Kälin, Non-Refoulement, S. 59 ff.

[125] Segal, Anm. 89, S. 745 unter Bezugnahme auf M. Schelew, Minutes of Proceedings and Evidence of the Legislative Committee on Bill C-55, Iss. No. 6, S. 131.

men seines Mandats zumindest ansatzweise möglich ist[126]. Dies bedeutet also, daß jeder sichere Drittstaat notwendigerweise den Bindungen aus der Genfer Flüchtlingskonvention in der Fassung des New Yorker Protokolls aus dem Jahre 1967 unterworfen sein muß[127]. Auch darf der potentielle sichere Drittstaat keine Erklärung im Sinne von Art. 1 B. I lit. b der Genfer Flüchtlingskonvention abgegeben haben mittels derer er für sich die Bindungswirkung auf Ereignisse in Europa beschränkt hat, da ansonsten für den Drittstaat im Hinblick auf außereuropäische Flüchtlinge gerade keine vertragliche Verpflichtung zur Nichtabschiebung in den Verfolgerstaat besteht[128]. Diese letzte Überlegung wird im übrigen auch durch den Wortlaut von Art. 2 des Dubliner beziehungsweise Art. 28 des Schengener Folgeabkommens bestätigt, worin die jeweiligen

---

[126] Zur Überwachungstätigkeit des UNHCR vgl. Türk, Anm. 3, S. 163 ff., der zu Recht auf den zweiten Satzteil des Art. 35 der Genfer Flüchtlingskonvention hinweist, wonach es die Aufgabe des UNHCR ist, die Einhaltung der Konvention zu überwachen und wonach die *Vertrags*staaten - und nur sie ! - hierbei mit dem UNHCR kooperieren müssen.

[127] Demgegenüber bezogen sich sowohl die Äußerung bei Frowein/ Zimmermann, Anm. 270, S. 46 als auch im GK- AsylVfG, § 2, Rdnr. 47 lediglich auf *individuell* getroffene Entscheidungen, einen Flüchtling in einen Drittstaat zurückzuweisen. Verfehlt daher H. Fliegauf, Anmerkungen zum Asylkompromiß, DÖV 1993, S. 984 ff. (992), wenn er davon ausgeht Frowein/ Zimmermann hielten Art. 16 a Abs. 2 GG in seiner Konkretisierung durch § 34 a AsylVfG 1993 für völkerrechtskonform.

Wie hier für die Aufstellung von Listen sicherer Drittstaaten Segal, Anm. 89, S. 745 unter Bezugnahme auf R. Girard, Minutes of Proceedings and Evidence of the Legislative Committee on Bill C-55, Iss. No. 6, S. 24.

[128] Schon aus diesem Grunde wäre die Qualifikation Ungarns als sicherer Drittstaat - wie von den Fraktionen der CDU/CSU und F.D.P. im Laufe des Gesetzgebungsverfahrens zum AsylVfG 1993 gefordert , vgl. Bt-Drs. 12/4450 v. 2. 3. 1993, S. 27 - völkerrechtlich unzulässig, da Ungarn bei seinem Beitritt am 14.3.1989 eine solche Erklärung abgegeben hat, vgl. United Nations, Multilateral Treaties deposited with the Secretary General, Status as of 31 December 1991, S. 209. Auf dieses Problem wurde offenbar auch die deutsche Botschaft in Budapest durch UNHCR aufmerksam gemacht. Vgl. hierzu Nagy, Anm. 120, S. 20 f.

Vor diesem Hintergrund hält auch B. Huber, Das Asylrecht nach der Grundgesetzänderung, NVwZ 1993, S. 736 ff. (738) die Aufnahme Österreichs in die Liste der sicheren Drittstaaten nach Art. 16 a Abs. 2 GG für problematisch, da Österreich seinerseits Flüchtlinge nach Ungarn zurückschiebt.

Vertragsparteien ihre Verpflichtung bekräftigen, die Genfer Flüchtlingskonvention *ohne geographische Beschränkung* anzuwenden[129].

Neben der formellen Bindung an die Genfer Flüchtlingskonvention muß der sichere Drittstaat aber die Gewähr dafür bieten, daß er sich auch in der Realität entsprechend des Maßstabes des Art. 33 der Genfer Flüchtlingskonvention verhält. Dies bedeutet zum einen, daß auch in dem Drittstaat ein Anerkennungsverfahren durchgeführt wird, welches den Mindestsanforderungen genügt, wie sie sich aus der Konvention ergeben[130], da nur so in ausreichendem Maße sichergestellt ist, daß es zu keinen Fällen von Refoulement kommt. Selbst wenn generell die Verfahrensgarantien der Genfer Flüchtlingskonvention eingehalten werden, besteht jedoch für den zurückschiebenden Staat ein Verpflichtung zu überprüfen, ob der Empfangsstaat *bona fide* seinen Verpflichtungen aus Art. 33 der Genfer Flüchtlingskonvention nachkommt[131]. Falls daher konkrete Anzeichen dafür bestehen, daß der jeweilige sichere Drittstaat trotz seiner formellen Bindung an die Genfer Flüchtlingskonvention in der Praxis das Refoulement-Verbot des Art. 33 nicht beachtet, ist die Bundesrepublik Deutschland verpflichtet zu prüfen, ob ein Staat weiterhin auf der Liste der sicheren Drittstaaten verbleiben kann[132]. Dabei dürfte eine stark abweichende Asyl- oder Zurückweisungspraxis des Drittstaates zumindest als Indiz für eine mögliche Verletzung des Refoulement-Verbotes gewertet werden können[133].

Fraglich ist aber, ob nicht darüber hinaus auch ein Verfahren eingerichtet werden muß, im Rahmen dessen *im Einzelfall* dargelegt werden kann, daß *in concreto* trotz grundsätzlicher Sicherheit des Drittstaates gleichwohl ein Refoulement droht.

---

129 Dementsprechend mußte Italien auch seine bis zum Jahre 1990 bestehende Erklärung nach Art. 1 B I lit. a der Genfer Flüchtlingskonvention zurücknehmen, vgl. dazu den Hinweis 'Brazil, Italy withdraw Geographic Limitation to the 1951 Convention', Int. J. Ref. L. 1990, S. 279 f.

130 Dazu oben S. 78 ff.

131 Davon geht auch die vom kanadischen Employment and Immigration Office herausgegebene Broschüre Explaining the New Immigration Bill aus, S. 4.

132 Die kanadische Praxis scheint sogar noch weitergehend davon auszugehen, daß ein Staat immer nur für zwei Jahre als sicherer Drittstaat bezeichnet werden könne und dann eine neuerliche Festlegung erfolgen müsse, ebd.

133 A. Achermann, Das Erstasylabkommen von Dublin, ASYL 1990/4, S. 12 ff. (17); ähnlich Kälin, Grundriß, S. 216.

3. Notwendigkeit einer individuellen Entkräftungsmöglichkeit

Das Exekutiv-Komitee des UNHCR hatte sich im Jahre 1989 mit der Frage der Rückschiebung in sichere Drittstaaten befaßt und in seinem Beschluß Nr. 58[134] ausgeführt:

> "Wo immer Flüchtlinge und Asylsuchende (...) ein Land verlassen, in dem sie bereits Schutz gefunden haben, können sie in dieses zurückgesandt werden, wenn
> (i) sie dort vor Refoulement geschützt sind (...)".

Allerdings scheint sich hieraus auf den ersten Blick nur ableiten zu lassen, daß gewährleistet sein muß, daß in der Tat keine Weiterschiebung in den Verfolgerstaat durch den Drittstaat erfolgt. Zugleich scheint der Beschluß jedoch davon auszugehen, daß in den Fällen, wo konkrete, auf den Einzelfall bezogene Tatsachen - etwa durch Erfahrungen mit gleichgelagerten Fällen oder Familienmitgliedern - es nahelegen, daß der Schutzsuchende entgegen der Rechtslage und der im Drittstaat sonst üblichen Praxis keinen Zugang zu einem Asylverfahren findet und ihm die Abschiebung oder Ausweisung in seinen Heimatstaat droht, diese Person von der Bundesrepublik Deutschland gerade nicht in diesen Drittstaat verbracht werden darf[135]. Allerdings kommt dem Beschluß des Exekutivkomitees keine unmittelbare normative Wirkung zu[136]. Aber auch die

---

[134] Nr. 58 (XL) Beschluß über das Problem der Flüchtlinge und Asylsuchenden, die in irregulärer Weise von einem Land, in dem sie bereits Schutz gefunden haben, weiterwandern, Text in UNHCR, Internationaler Rechtsschutz, S. 136 ff.

[135] Ähnlich die Stellungnahme des Hohen Flüchtlingskommissars der Vereinten Nationen zum Entwurf eines Gesetzes zur Änderung des Grundgesetzes vom 19. 01. 1993, BT.-Drucks. 12/4151, in: Protokoll der 55. Sitzung des Innenausschusses, der 71. Sitzung des Rechtsausschusses und der 8. Anhörung der Gemeinsamen Verfassungskommission, (im folgenden UNHCR, Stellungnahme I), S. 217 ff. (227).

[136] Zu der völkerrechtlichen Bedeutung der "conclusions" des Komitees J. Sztucki, The Conclusions on the International Protection of Refugees Adopted by the Executive Commitee of the UNHCR Programme, Int. J. Ref. L. 1989, S. 285 ff., der sich skeptisch zu deren normativen Bedeutung äußert:

> "(...) whatever the legal relevance of General Assembly resolutions, the Conclusions are hardly on an equal footing with them",

ebd., S. 308. Vgl. auch die dort zitierte Stellungnahme eines Staatenvertreters: "(...) could only be considered as mere orientations, guidelines (...)",

Entschließung der für Einwanderungsfragen zuständigen Minister der Europäischen Gemeinschaften ging in ihren Schlußfolgerungen vom 30. November/1.Dezember 1992 davon aus, daß für den Fall der Zurückschiebung in einen sicheren Drittstaat

> "*in jedem Einzelfall*[137] von dem Mitgliedsstaat zu beurteilen wäre, [ob] [d]er Asylbewerber (...) im Aufnahmeland einen tatsächlichen Schutz gegen Aus- oder Zurückweisung im Sinne des Genfer Abkommens genießt".[138]

Auch die bisherige Staatenpraxis belegt diese Sicht. So wurden bislang Entscheidungen über eine mögliche Zurückschiebung von Asylbewerbern von den betroffenen Staaten stets durch Individualentscheidungen im Lichte der Situation des jeweiligen Asylbewerbers und des in Frage stehenden Erstasyllandes getroffen. Auch in Bezug auf die geplante kanadische Regelung war davon ausgegangen worden, daß der Flüchtling Beweismittel im Hinblick auf seine persönliche Situation vorbringen könne[139].

Daß eine solche individuelle Widerlegungsmöglichkeit auch deshalb notwendig ist, um Verstöße der Bundesrepublik Deutschland gegen das Refoulement-Verbot des Art. 33 der Genfer Flüchtlingskonvention zu verhindern, wird durch konkrete Fallkonstellationen belegt. So muß etwa in der Tschechischen Republik binnen 48 Stunden nach der Einreise ein Asylantrag gestellt werden. Für Asylbewerber aber, die sich länger als zwei Tage in der Tschechischen Republik aufgehalten haben und dann in die Bundesrepublik Deutschland weiterreisen und von der Grenzpolizei gemäß § 18 Abs. 3 AsylVfG 1993 in Verbindung mit Art. 16 a Abs. 2 GG unmittelbar zurückgeschoben werden, stellt sich

---

UN Doc. A/AC.96/717, 3. 10. 1988, S. 2. Weitergehend aber Bierwirth, Flüchtlingskonvention, S. 339 f., der auf den im Rahmen des Art. 31 Abs. 3 lit. a der Wiener Vertragsrechtskonvention relevanten norminterpretierenden Charakter der Beschlüsse hinweist.

[137] Hervorhebung durch den Verfasser.

[138] Text in ZDWF, Anm. 253, S. 153.

[139] Hathaway, Anm. 89, S. 356.

potentiell die Gefahr einer Kettenabschiebung[140], zumal außerhalb eines anhängigen Asylverfahrens kein Abschiebeschutz gewährt wird[141].

Aber auch in Bezug auf die Mitgliedsstaaten der Europäischen Gemeinschaften ist die Bundesrepublik Deutschland vor dem Auftreten ähnlicher Problem nicht von vornherein gefeit. So erhält beispielsweise ein Asylsuchender in Belgien nur dann Zugang zum Asylverfahren, wenn zwischen der Ausreise aus seinem Herkunftsland und der Einreise nach Belgien nicht mehr als drei Monate verstrichen sind. Wird nun aber ein Flüchtling, dem unzweifelhaft in seinem Heimatstaat Verfolgung in Sinne der Genfer Flüchtlingskonvention droht, von den deutschen Behörden nach Belgien zurückgeschoben, weil er von dort aus in die Bundesrepublik Deutschland eingereist war, ist die Gefahr einer Kettenabschiebung zumindest sehr hoch[142].

Weiterhin kann in diesem Zusammenhang noch auf das Beispiel Italiens[143] verwiesen werden, wo im Jahre 1991 nach einer massenweisen Einreise albanischer Staatsangehöriger diese nach Albanien zurückgeschoben wurden, ohne daß in irgendeiner Form die Flüchtlingseigenschaft überprüft wurde, obwohl in manchen - wenn wohl auch möglicherweise nur singulären - Fällen dies einem nach Art. 33 der Genfer

---

140 Beispiel nach UNHCR, Vorläufige Anmerkungen des UNHCR zur Asylrechtsnovelle 1993, in: ZDWF, Anm. 253, (inskünftig zitiert als UNHCR, Anmerkungen), S. 66 ff. (68).

141 Vgl. dazu die Entscheidung des VG Regensburg vom 2. 9. 1993 - RN 7 E 93 31704, S. 8 f. unter Hinweis auf eine Stellungnahme des UNHCR. Das Gericht hält diese Praxis - wohl zu Recht - für konventionswidrig und hatte vor diesem Hintergrund eine Zurückschiebung in die Tschechische Republik ausgesetzt, da in solchen Fallkonstellationen die Tschechische Republik kein sicherer Drittstaat mehr sei. Vgl. ferner die (entgegengesetzte) Entscheidung des Bundesamtes in der gleichen Sache C 1 768 179-423 vom 4. 9. 1993, sowie die weiteren Beschlüsse des VG Regensburg vom 8. und vom 15. 9. 1993 (RN 7 E 93 31781 bzw. RN 7 E 93 31767).

Anders nunmehr aber der Beschluß der BayVGH vom 28.10.1993, Az. 24 CE 93.31582, der zu dem entgegengesetzten Ergebnis gelangt.

142 Vgl. J. Henkel, Stellungnahme zum Entwurf eines Gesetzes zur Änderung asylverfahrens-, ausländer- und staatsangehörigkeitsrechtlicher Vorschriften (Bundestagsdrucksache 12/4450), in: Stenographisches Protokoll über die 56. Sitzung des Innenausschusses am 24. 3. 1993, (inskünftig zitiert als Henkel, Stellungnahme), S. 309 ff. (312 f.).

143 Zum italienischen Flüchtlings- und Asylrecht bereits oben S. 64.

Flüchtlingskonvention verbotenen Refoulement gleichkam[144]. Wäre es nun einem der betroffenen albanischen Staatsangehörigen ohne sonstigen zwischenzeitlichen Gebietskontakt zu einem anderen sicheren Drittstaat gelungen, nach Deutschland zu gelangen[145], wäre er von vornherein grundsätzlich aus dem deutschen Asylverfahren ausgeschlossen gewesen und wäre ohne weitere Einzelfallprüfung nach Italien zurückgeschoben worden[146]. Dies hätte dann aber aller Voraussicht nach zur Folge gehabt, daß ohne weitere Prüfung seitens der italienischen Behörden eine Rückschiebung erfolgt wäre.

Ähnliche Probleme stellen sich auch in Griechenland. Nach den dortigen asylrechtlichen Vorschriften ist ein Asylantrag von vorneherein zurückzuweisen und der Zugang zu jeglichem Asylverfahren zu verweigern, wenn der Asylantrag nicht unmittelbar nach der Einreise gestellt wird oder wenn der Bewerber nicht direkt aus dem Verfolgerland eingereist ist[147].

Aus diesen Überlegungen ergibt sich, daß auch dann, wenn lediglich die Rückschiebung in einen grundsätzlich sicheren Drittstaat zur Diskussion steht, ein individualisiertes Verfahren stattfinden muß, um zu verhindern, daß es zu Fällen des Refoulement kommt. Dies bedeutet allerdings nicht, daß wegen der bloßen *Möglichkeit* der Verletzung des Non-Refoulement-Prinzips durch den sicheren Drittstaat die Rückschiebung immer erst nach materieller Prüfung des Asylbegehrens stattfinden

---

[144] Dazu B. Nascimbene, The Albanians in Italy: The Right of Asylum under Attack ?, Int. J. Ref. L. 1991, S. 714 ff. (v.a. 719 ff. und besonders 720).

[145] Etwa auf dem Luftweg.

[146] Auf dieses Problem weist auch Heinhold, Stellungnahme I, S. 404 f. hin.

[147] Vgl. dazu P. Spiliotopoulos/ A. Brédimas, La situation juridique du demandeur d'asile, RFDA 1993, S. 767 ff. (769). Vor diesem Hintergrund hat das Bundesverfassungsgericht auch im Wege eintweiliger Anordnungen angeordnet, daß Asylbewerber, die aus Griechenland einreisen und Griechenland nicht unmittelbar aus dem (behaupteten) Verfolgerland kommend erreicht haben nicht dorthin zurückgeschoben werden dürfen, InfAuslR 1993, S. 388 ff. Vgl. in diesem Zusammenhang auch den Beschluß des VG Frankfurt vom 20.8.1993, durch den die Behörden in dem gleichen Verfahren überhaupt erst aufgegeben worden war, die entsprechenden Anträge entgegen zu nehmen, InfAuslR 1993, S. 394 ff.

Zur Charakterisierung Frankreichs als sicherer Drittstaat vgl. den Beschluß des Bundesverfassungsgerichts vom 28.9.1993, NVwZ 1993, Beil. 3, S. 17 f.

muß. Eine solche Prüfung ist vielmehr im Lichte des Art. 33 der Genfer Flüchtlingskonvention nur dann notwendig, wenn ernsthafte Gründe für die Annahme bestehen, der sichere Drittstaat werde seinerseits nicht seinen Verpflichtungen aus Art. 33 der Genfer Flüchtlingskonvention nachkommen[148].

Allerdings können dabei - behauptetermaßen - falsch entschiedene Einzelfälle in einem sicheren Drittstaat nicht dazu führen, daß von einer Zurückschiebung in den Drittstaat abgesehen wird[149]. Denn insoweit handelt es sich letztlich um die gleiche Problematik, die sich auch bei einer divergierenden Entscheidungspraxis innerhalb eines Staates - etwa im Instanzenzug - stellt[150]. Auch der Umstand, daß in dem Drittstaat generell eine weniger großzügigere Anerkennungspraxis besteht ist irrelevant, wenn sich diese noch im Rahmen des völkerrechtlich Zulässigen hält. Denn auch die Bundesrepublik Deutschland selbst ist jedenfalls aus völkerrechtlicher Sicht nicht gezwungen bei der Anerkennung der Flüchtlingseigenschaft einen großzügigen Maßstab anzulegen.

Umgekehrt muß eine Widerlegungsmöglichkeit aber zumindest für die Fallkonstellationen gegeben sein, in denen eine ganze Gruppe von Asylbewerbern, sei es aufgrund der innerstaatlichen Gesetzeslage[151], sei es aufgrund einer allgemeinen Praxis[152] in dem Drittstaat keinen Zugang zu einem Asylverfahren findet, sondern stattdessen Gefahr läuft, ohne Prüfung der Flüchtlingseigenschaft in den (behaupteten) Verfolgerstaat verbracht zu werden.

Zu untersuchen ist nunmehr, ob die Neuregelung des deutschen Asylrechts dieser Anforderung gerecht wird. Zunächst ist festzuhalten,

---

148 Kälin, Grundriß, S. 216 f.; so auch die von J. A. Frowein anläßlich der Expertenanhörung der Gemeinsamen Verfassungskommission und des Innen- und Rechtsausschusses abgegebene (unveröffentlichte) Stellungnahme zu dem Entwurf zur Änderung des Grundgesetzes (Art. 16 und 18), S. 2; ebenso Heinhold, Stellungnahme I, S. 404 f.; Henkel, Stellungnahme, S. 317 f.; UNHCR, Stellungnahme des Hohen Flüchtlingskommissars der Vereinten Nationen zum Entwurf eines Gesetzes zur Änderung asylverfahrens-, ausländer- und staatsangehörigkeitsrechtlicher Vorschriften, (inskünftig zitiert als UNHCR, Stellungnahme II), S. 209.

149 So auch C. D. Classen, Der Verweis auf Drittstaaten - eine offene Flanke der europäischen Asylrechtsabkommen ? (erscheint demnächst im Archiv des Völkerrechts) Ms.- S. 9 (im folgenden zitiert als Classen, Verweis).

150 Classen, Verweis, S. 8

151 So im Falle Griechenlands, Belgiens und der Tschechischen Republik.

152 Dies gilt für das oben angeführte italienische Beispiel.

daß das neue Asylverfahrensrecht in § 31 Abs. 4 in Verbindung mit § 34 a AsylVfG grundsätzlich keine materielle Prüfung vorsieht, sondern stattdessen der Antrag aufgrund der Einreise aus einem sicheren Drittstaat von vorneherein abzulehnen ist. Dennoch ist nicht von vorneherein jede Möglichkeit einer individuellen Prüfung ausgeschlossen. Zum einen könnte dies durch die Gewährung der Möglichkeit verwaltungsgerichtlichen Rechtsschutzes geschehen. Zum zweiten durch die Möglichkeit des Absehens von der Zurückschiebung aufgrund einer Anweisung des Bundesministers des Innern im Rahmen des § 18 IV Nr. 2 AsylVfG 1993 und schließlich drittens durch die Möglichkeit der Einlegung einer Verfassungsbeschwerde.

Auch noch nach Inkrafttreten von Art. 16 a GG und des zu seiner Ausführung erlassenen modifizierten Asylverfahrensgesetzes steht dem über einen sicheren Drittstaat eingereisten Asylbewerber gegen die Anordnung der Abschiebung die Klage vor einem deutschen Verwaltungsgericht offen. Allerdings kommt dieser nach dem ausdrücklichen Wortlaut des Art. 34 a Abs. 2 AsylVfG 1993 weder eine aufschiebende Wirkung zu noch kann das Verwaltungsgericht diese anordnen. Dies bedeutet, daß auch der einstweilige Rechtsschutz immer nur vom Ausland her geltend gemacht werden kann. Gerade in den Konstellationen aber, in denen eine Weiterschiebung in einen Verfolgerstaat droht, dürfte sich diese Möglichkeit jedoch als illusorisch erweisen. Denn könnte der Asylbewerber während des Verfahrens in dem Drittstaat verbleiben, wäre seine Klage entweder wegen Fehlens des Rechtsschutzbedürfnisses bereits unzulässig oder aber zumindest stets unbegründet, da sich der Drittstaat dann ja gerade als sicher erwiesen hat. Hat der Drittstaat aber unter Verstoß gegen Art. 33 der Genfer Flüchtlingskonvention den Flüchtling in einen Verfolgerstaat abgeschoben, wäre die Klage zwar begründet; das für den Betroffenen positive Ergebnis könnte aber den zugrundeliegenden Verstoß der Bundesrepublik Deutschland gegen Art. 33 der Genfer Flüchtlingskonvention nicht mehr revidieren. Dies gilt umso mehr deshalb, weil häufig Rückschiebemaßnahmen durch den Drittstaat - sollten sie beabsichtigt sein - im direkten Anschluß an die Übernahme des Betroffenen aus dem deutschen Gewahrsam erfolgen dürften um zu verhindern, daß sich der Antragsteller solchen aufenthaltsbeendenden Maßnahmen des Drittstaates entzieht[153]. Dies bedeutet mit anderen Worten, daß die mit dieser Einschränkung erfolgte

---

[153] Außerdem ist es fraglich, ob ein solches - aus dem Ausland zu betreibendes Verfahren - den oben erwähnten Mindestanforderungen an das Verfahren, insbesondere im Hinblick auf die Gewährung rechtlichen Gehörs, gerecht würde.

Gewährung gerichtlichen Rechtsschutzes nicht ausreichend ist, um die in Einzelfäll [illegible] stellen.

Etwas anders könnte jedoch für die Aussetzung der Abschiebung durch den Bundesinnenminister nach § 18 IV Nr. 2 AsylVfG 1993 gelten. Es heißt dort:

> "Von der Einreiseverweigerung oder Zurückschiebung ist im Falle der Einreise aus einem sicheren Drittstaat (§ 26`a)[154] abzusehen, soweit
> (...)
> 2. der Bundesminister des Innern es aus völkerrechtlichen oder humanitären Gründen oder zur Wahrung politischer Interessen der Bundesrepublik Deutschland angeordnet hat."

Wollte man diese Möglichkeit als ein Verfahren ansehen, in welchem im Einzelfall die konkrete Gefahr einer Kettenabschiebung geltend gemacht werden kann, würde das Bundesministerium des Innern mit einer nicht geringen Zahl von Verfahren belastet werden, ohne hierfür personell ausreichend ausgestattet zu sein. Dies gilt umso mehr, als nach § 18 Abs. 3 in Verbindung mit § 18 Abs. 2 AsylVfG Ausländer, die nach einer Einreise aus einem sicheren Drittstaat in unmittelbarem zeitlichen Zusammenhang im grenznahen Raum angetroffen werden, zurückzuschieben sind, wobei es in der praktischen Durchführung auf ganz erhebliche Schwierigkeiten stoßen dürfte, eine gegenteilige Anordnung nach § 18 IV AsylVfG 1993 überhaupt zu beantragen[155]. Die in § 18 IV AsylVfG gegebene Möglichkeit wäre demnach nur dann als den obigen Ansprüchen gerecht werdend anzusehen, wenn in der Tat eine solche Überprüfung stattfindet, sobald die konkrete, individualisierte Gefahr einer Kettenabschiebung besteht.

Schließlich bliebe noch die Möglichkeit einer Verfassungsbeschwerde. Dabei stellen sich aber erneut die soeben geschilderten Pro-

---

[154] § 26 a AsylVfG 1993 sieht in Ausführung von Art. 16 a Abs. 2 GG vor, daß im Falle der Einreise aus einem sicheren Drittstaat keine Asylberechtigung besteht, es sei denn, Deutschland ist aufgrund von völkerrechtlichen Verträgen zur Behandlung des Antrags verpflichtet oder es liegt eine Anordnung des Bundesinnenministers nach § 18 IV AsylVfG 1993 vor.

[155] So bereits W. Kanein/ G. Renner, Ausländerrecht-Kommentar, Nachtrag zur 5. Auflage (1993), § 18 AsylVfNG 1992, Rdnr. 7 betreffend die Parallelproblematik des Zugangs zu einem Gericht. Teilweise wird diese Möglichkeit denn auch als bloß theoretisch angesehen, so etwa UNHCR, Anmerkungen, S. 68.

bleme des faktischen Zugangs zum Gericht, bevor aufenthaltsbeendende Maßnahmen durchgesetzt werden. Dies gilt umso mehr deshalb, weil anders als bei Asylbewerbern aus sicheren Herkunftsstaaten die Einreise nicht über Flughäfen erfolgen wird[156], sondern regelmäßig über Landgrenzen, wo dann unverzüglich nach einem Aufgriff aufenthaltsbeendende Maßnahmen durchgeführt werden[157], so daß der faktische Zugang zum Verfassungsbeschwerdeverfahren zumindest fraglich ist. Auch die grundsätzliche Möglichkeit der Verfassungsbeschwerde kann also der hier geforderten individuellen Entkräftungsmöglichkeit nicht in vollem Umfange gerecht werden.

Damit gelangt man zu dem Ergebnis, daß das derzeitige Verfahren in der Bundesrepublik Deutschland völkerrechtlichen Bedenken ausgesetzt ist. Dieser Befund muß jedoch nicht auf Art. 16 a Abs. 2 GG durchschlagen, wenn dieser entweder selbst keinen vollständigen Ausschluß des einstweiligen Rechtsschutzes ermöglichen wollte oder wenn er einschränkend ausgelegt werden könnte[158].

C. Mindestmaß des vorherigen Kontakts mit dem sicheren Drittstaat

1. Ausgangslage

Ein weiteres Problem stellt sich jedoch im Hinblick auf die Frage, ob die Genfer Flüchtlingskonvention eine Rückschiebung in jeden beliebigen si-

---

[156] Mit der Folge, daß die betroffenen Personen jedenfalls über mehrere Tage im Transitbereich verbleiben und von dort aus mittels rechtlichem Beistand gegebenenfalls Verfassungsbeschwerde einlegen können !

[157] Auch ist fraglich, ob der Beschwerdeführer, da er sich wegen der Einreise aus einem sicheren Drittstaat nicht auf Art. 16 a I GG berufen kann, überhaupt insoweit noch Verfassungsbeschwerde erheben kann. Implizit wird dies bejaht vom Bundesverfassungsgericht in seiner Entscheidung vom 22. 7. 1993 in den Verfahren 2 BvR 1507/93 und 2 BvR 1508/93, wo dem Antrag zweier Ghanaer auf Erlaß einer einstweiligen Anordnung stattgegeben wird, obwohl sie über London in die Bundesrepublik Deutschland gekommen waren. Allerdings bleibt offen, ob angesichts des bloßen Transits in London nicht bereits das Vorliegen einer Einreise aus einem sicheren Drittstaat verneint wurde. Das Vorliegen einer Einreise aus einem sicheren Drittstaat verneint in einer solchen Konstellation Marx, Drittstaatenregelung, S. 39. Zum Mindestkontakt mit dem Drittstaat sogleich unten.

[158] Dazu im einzelnen unten S. 307 ff.

cheren Drittstaat zuläßt oder ob die Konvention voraussetzt, daß die (behauptetermaßen) verfolgte Person sowohl in zeitlicher als auch in räumlicher Hinsicht mit dem Drittstaat ein Mindestmaß an Kontakt gehabt haben muß, um eine Rückschiebung dorthin unter der Geltung der Genfer Flüchtlingskonvention rechtfertigen zu können. Nach bisheriger deutscher Rechtslage war in § 27 Abs. 3 S. 1 AsylVfNG 1992[159] vorgesehen, daß ein Ausländer, der bereits in einem anderen Staat vor politischer Verfolgung sicher war, nicht als Asylberechtigter anerkannt wurde. Dabei löste ein Mindestaufenthalt von drei Monaten in einem verfolgungsfreien Staat die widerlegliche Vermutung aus, daß der Betroffene in dem Drittstaat vor Verfolgung sicher war[160]. Demgegenüber heißt es in Art. 16 a Abs. 2 GG in Verbindung mit § 26 a I AsylVfG 1993 nunmehr lapidar, daß die "Einreise" aus einem solchen Staat genüge, um die Asylberechtigung des Flüchtlings zu verneinen. Die Begründung zu Art. 16 a Abs. 2 GG gibt keine näheren Hinweise darauf, was insoweit im einzelnen zu verstehen ist. Im Zusammenhang mit § 26 a I S. 3 Nr. 2 AsylVfG 1993 wird aber in der Begründung zumindest davon gesprochen, daß unter den dort genannten Voraussetzungen ein "Voraufenthalt" in einem Drittstaat zum Ausschluß des Asylrechts führt[161]. Dies würde zumindest nahelegen, davon auszugehen, daß aus der Sicht des historischen Gesetzgebers ein gewisses Mindestmaß an Kontakt zu dem Drittstaat bestanden haben muß, ohne daß sich aus dieser Formulierung jedoch nähere Rückschlüsse auf Art und Dauer des Voraufenthalts ziehen ließen.

Anders als in Deutschland ist in Kanada diese Frage ausdrücklich geregelt[162]. Insbesondere soll insoweit ein bloßer Transitaufenthalt auf einem Flughafen eines sicheren Drittstaates nicht zum Ausschluß aus dem Verfahren führen:

---

[159] Die Norm entspricht § 2 Abs. 2 AsylVfG 1987.

[160] Umfassend zum ganzen Problemkreis vgl. F. Bethäuser, Der anderweitige Schutz vor Verfolgung im Asylrecht (1983), *passim*, dort auch auf S. 145 ff. rechtsvergleichende Hinweise.

[161] BT-Drs.12/4450, S. 61.

[162] Allerdings scheint es eine Weisung des Bundesminister des Innern zu geben, wonach bereits das bloße Verlassen des Flugzeugs beziehungsweise des Schiffes in einem sicheren Drittstaat ausreichen soll - auch wenn der jeweilige Transitbereich nicht verlassen wurde - , um dann bei einer Weiterreise in die Bundesrepublik Deutschland das Tatbestandsmerkmal der Einreise aus einem sicheren Drittstaat zu erfüllen.

"For the purposes of paragraph (1) (b)[163],

(a) subject to any agreement entered into pursuant to section 108.1[164], a person who is in a country solely for the purpose of joining a connecting flight to Canada shall not be considered as coming to Canada from that country (...)"[165]

Vor diesem Hintergrund ist es fraglich, ob sich nicht auch bereits aus der Genfer Flüchtlingskonvention das Erfordernis ergibt, daß der territoriale Kontakt mit dem sicheren Drittland aus dem die Einreise erfolgt, ein bestimmtes Ausmaß erreicht haben muß, um den Betroffenen auf einen anderweitigen Verfolgungsschutz in diesem Staat verweisen zu können oder ob ein solches Erfordernis stattdessen möglicherweise nur humanitären Überlegungen entsprang[166].

2. Wortlaut und Entstehungsgeschichte der Konvention

Dem Wortlaut der Konvention lassen sich zu der Frage, ob der Flüchtling mit dem Drittstaat in den er zurückgeschoben werden soll einen territorialen Kontakt gehabt haben muß keine konkreten Anhaltspunkte entnehmen. Insbesondere wird der aus einem Drittstaat einreisende Flüchtling nicht durch Art. 32 der Genfer Flüchtlingskonvention erfaßt. Hierfür wäre nämlich Voraussetzung, daß dieser auf dem Gebiet des Einreisestaates, also der Bundesrepublik Deutschland, einen rechtmäßigen Aufenthalt begründet hatte. Dies setzt aber ein wie immer geartetes Einverständnis des (potentiellen) Aufenthaltstaates voraus[167].

Auch Art. 31 der Genfer Flüchtlingskonvention regelt diesen Fall nicht unmittelbar, da dort ja gerade Voraussetzung ist, daß der Flüchtling

---

[163] Der Wortlaut von Sect. 46.01 (1) (b) findet sich oben bei Anm. 119.

[164] Section 108.1 nimmt auf völkerrechtliche Verträge nach dem Muster des Dubliner Übereinkommens Bezug. Allerdings hat Kanada bislang noch kein solches Abkommen unterzeichnet, doch bestehen Überlegungen, insbesondere mit den USA ein solches Abkommen abzuschließen.

[165] Section 46.03 (a).

[166] In letzterem Sinne Hailbronner, Concept S. 332 f.: "*[f]rom a humanitarian point of view* (...) unacceptable (...), (Hervorhebung durch den Verfasser).

[167] Zu Einzelheiten A. Grahl-Madsen, The Status of Refugees in International Law (Bd. 1, 1966), S. 350 ff.

direkt aus dem Verfolgerstaat eingereist ist[168]. Allerdings gibt diese Norm insoweit einen Hinweis auf die Teleologie der Konvention, als diejenigen Personen, welche nur indirekt in den von ihnen gewünschten Aufnahmestaat einreisen, gegenüber direkt einreisenden Flüchtlingen schlechter gestellt werden können, etwa was die Sanktionen für eine illegale Einreise anbelangt. Darüber hinaus aber lassen sich der Entstehungsgeschichte von Art. 31 der Genfer Flüchtlingskonvention aber auch zusätzlich Hinweise darauf entnehmen, was noch unter "direkter Einreise aus dem Verfolgerstaat" verstanden werden kann. Damit lassen sich dann aber indirekt auch Rückschlüsse darauf ziehen, ob eine Rückschiebung in einen Drittstaat zulässig ist. Denn ist der Flüchtling in der Tat im Sinne der Konvention direkt aus einem Verfolgerstaat eingereist, erscheint es im Lichte des Art. 31 der Genfer Flüchtlingskonvention auch unzulässig, ihn dann auf den Schutz durch einen Drittstaat zu verweisen.

Der ursprüngliche Entwurf des Ad hoc Committee on Refugees and Stateless Persons[169] zu dem späteren Art. 31 der Genfer Flüchtlingskonvention hatte lediglich vorgesehen, daß Flüchtlinge wegen einer illegalen Einreise keinen Sanktionen unterworfen werden dürfen, ohne allerdings eine Beschränkung auf solche Flüchtlinge vorzusehen, die direkt aus einem Verfolgungsland eingereist sind. Demgegenüber hatte die Konferenz der Staatenvertreter zunächst vorgeschlagen, daß nur die Personen geschützt seien, denen es nicht gelungen war "to find asylum even temporarily in a country other than the one in which his life or freedom would be threatened"[170]. Hierzu war die Konferenz davon ausgegangen, daß ein Voraufenthalt im Sinne dieser Formulierung nur dann vorliege, wenn der Flüchtling sich in dem Drittstaat zeitweilig niedergelassen hatte[171], während dies bei einem lediglich ein- oder zweiwöchigen Aufenthalt fraglich sei[172]. Auf einen britischen Vorschlag hin[173] wurde sodann jedoch stattdessen die Formulierung "coming directly" gewählt.

---

[168] Auch Art. 31 Abs. 2 der Genfer Flüchtlingskonvention bezieht sich ausschließlich auf Flüchtlinge, welche direkt aus dem Verfolgerstaaten kommen, wie die dort benutzte Formulierung "such refugees" deutlich macht.

[169] Art. 26 des Entwurfs, Text bei Takkenberg/ Tahbaz, Anm. 276, Bd. II, S. 209 ff. (217 f.).

[170] Diese Fassung war zunächst mit 15 Stimmen bei keiner Gegenstimme und 8 Enthaltungen angenommen worden, A/CONF.2/SR.14, S. 13.

[171] Vgl. etwa die Formulierungen des französischen Vertreters: "(...) a refugee who had settled temporarily (...), A/CONF.2/SR.14, S. 10, , sowie des griechischen Vertreters: "(...) temporary residence (...)", ebd.

[172] Stellungnahme des belgischen Vertreters, ebd., S. 12.

[173] A/CONF.2/SR.35, S. 15.

Auf die Frage des Vertreters von UNHCR, ob diese Formulierung bedeute, daß sie auch Flüchtlinge betreffe, die sich im Drittstaat lediglich im Transit befunden haben[174], äußerte sich der britische Vertreter lediglich dahingehend, daß er die Formulierung bewußt restriktiv gewählt habe. Er habe damit dem französischen Wunsch nachkommen wollen, all die Flüchtlinge von dem Verbot der Bestrafung auszunehmen, die aus einem Drittstaat einreisen[175]. Diese Entstehungsgeschichte würde es nahelegen davon auszugehen, daß grundsätzlich auch ein bloßer Transit durch einen Drittstaat ausreichend ist, um den Flüchtling auf den Schutz durch eben diesen Staat zu verweisen.

3. Systematische Interpretation

Die Befugnis zur Rücküberstellung in einen sicheren Drittstaat wird im übrigen auch nicht durch Art. 1 E der Genfer Flüchtlingskonvention ausgeschlossen. Danach ist zwar vorgesehen, daß der Flüchtling den Flüchtlingsstatus unter anderem dann verliert[176], wenn er in einem anderen Staat dessen Staatsangehörigen gleichgestellt wird. Daraus läßt sich jedoch keineswegs der Gegenschluß ziehen, daß nur unter dieser Voraussetzung die Rückschiebung in eben diesen Staat - aber gerade nicht in andere Staaten, wo eine solche Behandlung nicht gewährt wird - in Betracht komme. Denn daraus kann nur der Schluß gezogen werden, daß der um Schutz angegangene Zweitaufnahmestaat dem Flüchtling die Rechte gewähren muß, die *allen* Flüchtlingen zukommen[177]. Während aber darüber hinaus Flüchtlinge, die sich rechtmäßig in einem Staat aufhalten, nach Art. 32 Abs. 1 der Genfer Flüchtlingskonvention grundsätzlich[178] nicht ausgewiesen werden dürfen, gilt zugunsten der übrigen Flüchtlinge nur der Schutz aus Art. 33 der Genfer Flüchtlingskonvention[179]. Dies bedeutet mit anderen Worten, daß aus der Tatsache, daß einer Person die Flüchtlingseigenschaft zukommt und er diese durch einen lediglich kurzen Aufenthalt in einem Drittstaat in Übereinstimmung mit Art. 1 E. auch nicht verloren hat[180], noch nicht geschlossen werden

---

[174] A/CONF.2/SR.35,S. 16.

[175] Ebd.

[176] Vgl. auch die in Art. 1 C. genannten Ausschlußgründe, die in unserem Zusammenhang allerdings irrelevant sind.

[177] Vgl. beispielsweise etwa Art. 4, 12, 16 I und 27 der Genfer Flüchtlingskonvention.

[178] Allerdings mit der in Art. 32 Abs. 2 vorgesehenen Ausnahme.

[179] GK-AsylVfG, § 2, Rdnr. 19.5.

[180] So auch Bierwirth, Flüchtlingskonvention, S. 315.

kann, er könne nicht in diesen Drittstaat zurückgeschoben werden und der nunmehr um Asylgewährung angegangene Staat sei völkerrechtlich zur Gewährung dauernden Aufenthalts verpflichtet[181].

Letztendlich kann die Frage, welches Mindestmaß an territorialem Kontakt mit dem Drittstaat gefordert werden muß damit nur vor dem Hintergrund der insoweit einschlägigen Praxis beantwortet werden.

4. Arbeiten im Rahmen internationaler Organisationen

a) Arbeiten im Rahmen des Europarates

Im Rahmen des Europarates hatte sich das dort gebildete "Ad hoc Committee on Legal Aspects of Territorial Asylum and Refugees of the Council of Europe" seit dem Jahre 1977 mit dem Entwurf eines "Agreement on the Responsibility for Examining an Asylum Request" beschäftigt[182]. Dabei war eine Zuständigkeitsregelung vorgesehen, nach der eine Rückschiebung in einen Voraufenthaltsstaat nur bei einem längeren Aufenthalt in diesem Staat möglich gewesen wäre. Demgegenüber sollte die Tatsache allein, daß der Bewerber nicht direkt aus dem Verfolgerstaat geflohen war, nicht ausreichen, um den Antrag auf Asylgewäh-

---

[181] Zutreffend J. Rühmann, Die Genfer Flüchtlingskonvention und das "Zweitasyl" in der Bundesrepublik Deutschland, EuGRZ 1981, S. 385 ff. (386); ferner GK-AsylVfG, § 2, Rdnr. 19.5; Köfner/ Nicolaus, Grundlagen, Bd. 1, S. 385; G. Hildner, Untersuchung zur Frage des Schutzes vor Verfolgung afghanischer Flüchtlinge in Pakistan (1982), S. 132.

Die in der Literatur zitierte Entscheidung des französischen Conseil d'Etat vom 5. 12. 1980, EuGRZ 1981, S. 395 ff. hatte sich lediglich mit der Frage zu beschäftigen, ob ein mehrjähriger Voraufenthalt in einem Drittstaat, *in concreto* im Senegal, zum Verlust der Flüchtlingseigenschaft führte und hat dies zu Recht verneint. Demgegenüber ergab sich der Anspruch auf Gewährung dauernden Aufenthalts in Frankreich in Form politischen Asyls gerade nicht mehr aus der Konvention selbst, sondern aus dem innerstaatlichen Recht Frankreichs. Dieser Punkt wird übersehen bei E. Vierdag, The Country of "First Asylum": Some European Aspects, in: D. Martin, The New Asylum Seekers: Refugee Law in the 1980's (1988), S. 73 ff. (79), ihm folgend aber Hathaway, Refugee Status, S. 46. Wie der französische Conseil d'Etat bereits auch die frühen Entscheidungen des Bundesverwaltungsgerichts, Urt. v. 30. 9. 1958 - 1 C 172.57 - Buchholz 402.21 - 2, HAG Nr. 1 und Urt. v. 25. 11. 1958 - 1 C 122.57 - Buchholz 402.22, Art. 1 GK, Nr. 3.

[182] Dazu Vierdag, Anm. 181, S. 80 ff.

rung nicht entgegenzunehmen[183]. Das Übereinkommen scheiterte dann aber aufgrund des Widerstands betroffener potentieller Zweitasylstaaten[184], zu denen auch die Bundesrepublik Deutschland gehört haben dürfte. Hätten sich aber die Staaten bereits nach Völkergewohnheitsrecht oder nach der Genfer Flüchtlingskonvention verpflichtet gesehen, einen Flüchtling nur in den Fällen zurückzuweisen, in denen dieser in dem Erstasylland bereits längere Zeit verbracht hatte, wäre kaum mit einem solchen Widerstand zu rechnen gewesen. Daher kann das Scheitern immerhin als Indiz für die Überzeugung der Staaten gewertet werden, in dieser Frage über ein weites Ermessen zu verfügen.

b) Beschlüsse des Exekutiv-Komitees des UNHCR

Auf universeller Ebene beschäftigte sich das Exekutiv-Komitee des UNHCR zweimal mit den Problemen der Erstasylstaaten. So hat es sich zur Frage des Schutzes in einem Drittstaat auf seiner 30. Sitzung[185] wie folgt geäußert:

> "(...)
> Es sollten Bemühungen unternommen werden, durch Festlegung allgemeingültiger Kriterien das Problem der Bestimmung des für die Untersuchung eines Asylgesuchs zuständigen Landes zu lösen. Bei der Ausarbeitung solcher Kriterien sollten die folgenden Grundsätze beachtet werden:
> (...)
>
> > (ii) Die Kriterien (...) sollten der Dauer und der Art des *Aufenthalts*[186] eines Asylsuchenden in anderen Ländern Rechnung tragen.
> > (iii) Die Vorstellungen des Asylsuchenden hinsichtlich des Landes, in welchem er um Asyl nachsuchen möchte, sollten soweit wie möglich berücksichtigt werden.
> > (iv) Es sollte der Grundsatz beachtet werden, daß Asyl nicht lediglich aus dem Grund verweigert werden sollte, daß in einem anderen Staat darum ersucht werden könnte. Wo es je-

---

[183] Vgl. dazu die Stellungnahme von Dr. Wiederkehr vom Europarat, wiedergegeben in: Raoul Wallenberg Institute of Human Rights and Humanitarian Law, Responsibility for Examining an Asylum Request, Rep. No. 1 (1986), S. 20 f.

[184] Wiederkehr, Anm. 183, S. 21.

[185] Doc. Nr. 12 A (A/34/12/Add. 1), Text auch in UNHCR, Internationaler Rechtsschutz, S. 29 ff.

> doch deutlich wird, daß eine Person vor der Stellung des Asylantrags schon *Bindungen in oder enge Beziehungen*[187] zu einem anderen Staat hat, sollte sie, wenn es fair und vernünftig erscheint, aufgefordert werden, zuerst in jenem Staat Asyl zu beantragen."

Ungeachtet der geringen normativen Wirkungen solcher Beschlüsse[188] zeigt der Wortlaut doch, daß ein bloß kurzfristiger Voraufenthalt in einem Drittstaat nicht genügen sollte, um einen Flüchtling auf den Schutz durch eben diesen zu verweisen. Dies kommt in der Benutzung des Begriffes "Aufenthalts" zum Ausdruck, der eine gewisse Verfestigung voraussetzt, so daß ein bloßer Transit nicht ausreicht, um dieses Merkmal zu erfüllen. Auch sollte offenbar die bloße Möglichkeit der Nachsuche um Asylgewährung nicht ausreichen, um eine Person zurückschieben zu können.

Allerdings hat das Exekutiv-Komitee seinerseits seine Haltung im Jahre 1989 modifiziert. Es heißt in einem von dem gleichen Gremium verabschiedeten Beschluß nämlich[189]:

> " (...)
>
> e) Flüchtlinge und Asylsuchende, die in einem bestimmten Land *Schutz gefunden haben*[190], sollten dieses normalerweise nicht in irregulärer Weise verlassen, um anderswo eine Dauerlösung zu finden.
>
> f) Wo immer Flüchtlinge und Asylsuchende trotzdem in irregulärer Weise ein Land verlassen, in dem sie bereits Schutz gefunden haben, können sie in dieses zurückgesandt werden, wenn
>
> (i) sie dort vor Refoulement geschützt sind und
>
> (ii) ihnen gestattet ist, dort zu verbleiben und sie im Einklang mit anerkannten fundamentalen humanen Maßstäben behandelt werden, bis eine Dauerlösung für sie gefunden ist. (...)

---

186 Hervorhebung durch den Verfasser.

187 Hervorhebung durch den Verfasser.

188 Dazu bereits oben Anm. 136.

189 40. Sitzung des Exekutiv-Komitees, Beschluß Nr. 58 (XL) über das Problem der Flüchtlinge und Asylsuchende, die in irregulärer Weise von einem Land, in dem sie bereits Schutz gefunden hatten, weiterwandern, Text auch in UNHCR, Internationaler Rechtsschutz, S. 136 ff.

190 Hervorhebung durch den Verfasser.

Zwar wird auch hier zunächst auf den Begriff des gewährten Schutzes hingewiesen, dem eine gewisse Dauerhaftigkeit innewohnt. Zugleich wird aber die Möglichkeit der Rückschiebung dann lediglich an den Schutz vor einem Refoulement und die Einhaltung fundamentaler Menschenrechte geknüpft ohne darüber hinaus noch weitere Voraussetzungen aufzustellen.

5. Praxis einzelner Staaten

a) Belgien[191]

Das neue belgische Ausländergesetz aus dem Jahre 1991[192] regelt die Frage des Erstasyls in seinem Art. 52. Danach kann jedenfalls bei einem Voraufenthalt in einem oder mehreren Drittstaaten, welcher länger als drei Monate dauerte, die Einreise oder der weitere Aufenthalt von Asylbewerbern verweigert werden.

b) Dänemark[193]

Nach § 48 Abs. 2 des im Jahre 1986 novellierten Ausländergesetzes ("Udlaendingelov")[194] können Asylbewerber ohne gültige Einreisepapiere, welche nicht unmittelbar aus einem Verfolgerland sondern aus einem Land eingereist sind, in dem sie sich "faktisch in einer sicheren

---

[191] Dazu neben den bereits oben Anm. 51 genannten Autoren ferner Deutscher Bundestag, Wissenschaftliche Dienste, Anm. 94, Landesbericht Belgien, S. 8 ff., sowie die (unveröffentlichte) Studie des Innenministeriums des Landes Nordrhein-Westfalen vom 11. 5. 1992 "Asylrecht in Belgien".

[192] Loi sur l'accès au territoire, le séjour, l'établissement et l'éloignement des étrangers vom 15. 12. 1980 (Moniteur belge vom 31. 12. 1980), geändert durch das Loi apportant des modifications en ce qui concerne notamment les réfugiés à la loi du 15 décembre 1980 sur l'accès au territoire, le séjour, l'établissement et l'éloignement des étrangers vom 14. 7. 1987 (Moniteur belge vom 18. 7. 1987).

[193] Dazu neben den oben Anm. 64 genannten Titeln ferner Deutscher Bundestag, Wissenschaftliche Dienste, Anm. 94, Landesbericht Dänemark, S. 43 ff.

[194] Lov No. 226 vom 8. 6. 1983, mit späteren Änderungen aus den Jahren 1985/86: Lov No. 232 vom 6. 6. 1985; Lov No. 574 vom 19. 12. 1985; Lov No. 686 vom 17. 10. 1986.

Lage" befanden, zurückgewiesen werden. Nach der berichteten Praxis[195] wurden im Jahre 1990 von den über die Land- und Seegrenzen einreisenden Personen 54 % in ein sicheres Land zurückgewiesen[196].

c) Frankreich[197]

In Bezug auf Asylbewerber, die an der Grenze um Asyl nachsuchen, trifft die Entscheidung über eine Einreiseerlaubnis im Einzelfall das Innenministerium nach Anhörung des Außenministeriums[198]. Insoweit haben sowohl der Conseil d'Etat[199] als auch der Conseil Constitutionnel[200] stets betont, daß bei jeder Entscheidung über die Einreise die Genfer Konvention Beachtung finden muß. Nach Aussagen des französischen Innenministeriums wird Asylbewerbern die Einreise bei Ankunft aus einem sicheren Drittstaat, in welchem ein Asylgesuch hätte eingereicht werden können und in welchem sichergestellt ist, daß dieser Staat die Vorgaben des Art. 33 der Genfer Flüchtlingskonvention einhält, verweigert. Dabei wird keine Mindestaufenthaltdauer vorausgesetzt[201], ohne daß diese Praxis bislang von französischen Gerichten beanstandet worden wäre.

---

195 Vgl. dazu die (unveröffentlichte) Studie des Innenministeriums des Landes Nordrhein-Westfalen vom 24. 6. 1992 "Asylrecht in Dänemark", S. 5. Nach M. Schweitzer/ R. Streinz, Vergleichende Untersuchung des Asylrechts und der Asylpraxis in der Bundesrepublik Deutschland, im Königreich Dänemark, in der Republik Frankreich, in der Republik Österreich und im Vereinigten Königreich von Großbritannien und Nordirland (1990), S. 55 f. soll es dabei sogar irrelevant sein, ob das Voraufenthaltsland zur Wiederaufnahme bereit ist.

196 Studie des Innenministeriums Nordrhein-Westfalen, Anm. 195, S. 6.

197 Dazu neben den bereits oben Anm. 39 genannten Autoren zuletzt Classen, Frankreich, *passim*.

198 Art. 12 des Décret 82-442 vom 27. 5. 1982.

199 Entscheidung vom 27. 9. 1985 (Rec. S. 2639 - France terre d'asile).

200 Entscheidung Nr. 86-216 vom 3.9.1986 (Rec. S. 135).

201 (Unveröffentlichte) Studie des Innenministeriums des Landes Nordrhein-Westfalen vom 29. 5. 1992 "Asylrecht in Frankreich", S. 9; so auch Deutscher Bundestag, Wissenschaftliche Dienste, Anm. 94, Landesbericht Frankreich S. 50 ff. (53) und Norek, Anm. 68, S. 40.

d) Großbritannien[202]

Maßgeblich ist in Großbritannien für die Asylentscheidung, ob der Asylbewerber bei einer ablehnenden Entscheidung zur Rückkehr in ein Verfolgerland gezwungen wäre. Dabei wird jedoch grundsätzlich dann kein Asyl gewährt, wenn der Asylsuchende die Möglichkeit hat, in einem sicheren Drittland Zuflucht zu erhalten oder sich bereits dort aufgehalten hat. Allerdings steht dabei der bloße Transit durch ein sicheres Drittland noch nicht in jedem Fall der Einreise und der Asylgewährung entgegen[203]. Jedoch heißt es in den insoweit relevanten Verwaltungsvorschriften, den Immigration Rules[204], lediglich, daß eine Abschiebung beziehungsweise Nichteinreise nur dann in Betracht kommt, wenn ansonsten eine Verbringung in das Verfolgerland drohte, ohne daß sonstige Voraussetzungen aufgestellt werden[205].

e) Italien[206]

Nach Art. 1 IV des Gesetzes vom 28. Februar 1990[207] wird asylsuchenden Ausländern dann die Einreise nach Italien verweigert, wenn der Asylbewerber aus einem nicht verfolgenden Drittstaat kommt, der seinerseits Vertragspartei der Genfer Flüchtlingskonvention ist[208]. Voraus-

---

[202] Dazu neben den oben Anm. 81 genannten Titeln zuletzt J. P. Gardner, Cooperation in the Field of Aliens Law in the United Kingdom and Ireland, in: Schermers, Movement, S. 199 ff.

[203] Hailbronner, Koordinierung, S. 90.

[204] In der Fassung vom 23. 3. 1990, Statement of Changes in Immigration Rules, Cmnd. Paper Nr. 251; Text auch bei Macdonald/Blake, Anm. 81, S. 559 ff.

[205] Para. 75, 140 und 173 der Rules.

[206] Dazu neben den oben Anm. 85 genannten Titeln ferner Deutscher Bundestag, Wissenschaftliche Dienste, Anm. 94, Landesbericht Italien, S. 72 ff.

[207] Gazetta Ufficiale vom 28. 2. 1990; durch dieses Gesetz wurde die zuvor bestehende Übergangsregelung aus der gesetzesvertretenden Verordnung No. 416 vom 30. 12. 1989 übernommen.

[208] Nach Angaben des italienischen Innenministeriums prüfen die Grenzbeamten lediglich, ob der Drittstaat Vertragspartei ist, nicht aber ob er sie auch beachtet, kritisch dazu Hein, Anm. 85, S. 30.

Das Verwaltungsgericht der Region Latium (Rom) hat dem italienischen Verfassungsgericht die Frage der Verfassungsmäßigkeit dieser Bestimmung vorgelegt, vgl. dazu den Nachweis in der (unveröffentlichten) Studie des Insetzung ist allerdings, daß sich der Antragsteller dort "eine Zeitlang aufgehalten hat"[209], so daß offenbar eine reiner Transit für sich genommen noch nicht als Aufenthalt im Sinne dieser Bestimmung anzusehen ist.

f) Kanada[210]

Mit der Reform des kanadischen Flüchtlingsrechts im Jahre 1988 durch das Gesetz C 55[211] werden Personen nicht mehr zum Asylverfahren zugelassen, die aus sicheren Drittstaaten eingereist sind, sofern ausreichend Schutz vor Refoulement im Rahmen der Genfer Flüchtlingskonvention gesichert ist[212]. Dabei wird allerdings ein bloßer Flughafentransit in einem solchen sicheren Drittstaat nicht als ausreichend angesehen, um den Betroffenen vom Asylverfahren auszuschliessen[213].

g) Niederlande[214]

Nach Art. 6 Abs. 2 des niederländischen Ausländergesetzes dürfen Ausländer, die an der Grenze um Asyl nachsuchen, grundsätzlich nicht zurückgewiesen werden. Dies gilt regelmäßig auch dann, wenn sie aus einem Drittstaat kommen. Die Zurückweisung ist aber zum einen dann möglich, wenn sich der Flüchtling in einem sicheren Drittstaat mindestens 30 Tage aufgehalten hat, dort einen Asylantrag hätte stellen können und nicht der Gefahr der Abschiebung in einen Verfolgerstaat ausgesetzt ist[215]. Darüber hinaus scheint es aber der Praxis der niederländischen Behörden zu entsprechen, jedenfalls Asylbewerber an der deutsch-niederländischen Grenze sofort in die Bundesrepublik Deutschland zurück-

---

nenministeriums des Landes Nordrhein-Westfalen vom 16. 3. 1992 zum Thema "Asylrecht in Italien", S. 5.

[209] Das italienische Original spricht von "trascorso un periode di soggiorno".

[210] Dazu die oben Anm. 89 genannten Titel.

[211] Dazu bereits oben S. 64.

[212] Hailbronner, Koordinierung, S. 78.

[213] Kritisch hierzu Hathaway, Refugee Status, S. 47, sowie D. McAllister, Refugees and Public Access to Immigration Hearings: A Clash of Constitutional Values, Int. J. Ref. L. 1990, S. 562 ff. (564 f.).

[214] Dazu neben den oben Anm. 94 genannten Titeln ferner zuletzt die (unveröffentlichte) Studie des Innenministeriums des Landes Nordrhein-Westfalen vom 6. 3. 1992, "Asylrecht in den Niederlanden".

[215] Studie des Innenministeriums Nordrhein-Westfalen zum Asylrecht in den Niederlanden, Anm. 214, S. 4.

zuweisen und ihnen anheimzustellen, bei der niederländischen Botschaft in der Bundesrepublik ihren Asylantrag zu stellen[216], ohne daß dabei offensichtlich auf eine bestimmte Mindestaufenthaltsdauer abgestellt wird[217].

h) Österreich[218]

Vor Inkrafttreten des neuen österreichischen Asylgesetzes waren solche Bewerber, die bereits in einem anderen Staat Schutz vor Verfolgung gefunden hatten, in Österreich nicht asylberechtigt (§ 5 Abs. 3 AsylG 1990)[219]. Nunmehr heißt es in dem § 2 Abs. 2 Nr. 3 des Bundesgesetzes über die Gewährung von Asyl vom 7. Januar 1991 (Asylgesetz 1991)[220], daß einem Asylbewerber dann kein Asyl gewährt wird, wenn er bereits "in einem anderen Staat vor Verfolgung sicher war". Außerdem enthält § 6 AsylG eine Privilegierung derjenigen Asylbewerber, die direkt aus einem Verfolgungsstaat nach Österreich eingereist sind.

Für die frühere Rechtslage war der österreichische Verwaltungsgerichtshof davon ausgegangen, daß "anderweitiger Verfolgungsschutz" begrifflich zumindest voraussetze, daß der Aufenthalt des Bewerbers den Behörden des Erstasyllandes bekannt war und von ihnen geduldet wurde[221]. Demgegenüber hatte das österreichische Bundesinnenministerium einen restriktiveren Standpunkt vertreten. Es war bereits in einem Erlaß aus dem Jahre 1985[222] davon ausgegangen, daß eine Zurückweisung in einen Drittstaat zulässig sei, wenn "auf Grund einer ihm nach den allgemeinen Erfahrungen zumutbar gewesenen Antragstellung an die Behörden seines damaligen Aufenthaltsstaates der Antragsteller die Sicherheit erlangt hätte".

---

216 Ebd., S. 5.

217 Nach Hailbronner, Koordinierung, S. 67 gilt dies darüber hinaus bei jeder Einreise aus Belgien, Kanada, Dänemark, Frankreich, Großbritannien, Luxemburg, Norwegen, Österreich, den USA oder der Schweiz.

218 Vgl. dazu die oben Anm. 97 genannten Titel.

219 ÖBGBl. Nr. 83/1990, S. 1961 ff.

220 Bundesgesetzblatt Nr. 8 vom 7. 1. 1992.

221 Erkenntnis vom 22. 5. 1985, Zl. 84/01/0255; zitiert bei Geistlinger/ Lebitsch/ Stolzlechner, Anm. 97, S. 1137.

222 Erlaß 7. 5. 1985, Zl. 79.390/13-II/14/85, geändert durch Erlaß des BMI vom 26. 7. 1985, Zl. 79. 390/16-II/14/85 (beide unveröffentlicht), zitiert bei Geistlinger/ Lebitsch/ Stolzlechner, Anm. 97, S. 1137.

Unter der Geltung des neuen Asylgesetzes unterscheidet das österreichische Innenministerium[223] in Bezug auf die Frage, wann eine Einreise aus einem Verfolgerstaat vorliegt, zwischen der Einreise auf dem Landweg und der Einreise auf dem Luftweg. Eine direkte Einreise aus einem Verfolgerstaat soll bei der Ankunft per Flugzeug dann vorliegen, wenn

a) - der Flug ohne Zwischenlandung in einem Drittstaat erfolgte

b) - zwar eine Zwischenlandung erfolgte, das Flugzeug jedoch nicht verlassen wurde

c) - zwar das Flugzeug verlassen wurde, jedoch der Transitaufenthalt nur wenige Stunden dauerte.

Im letzten Fall soll eine direkte Einreise nur dann nicht mehr vorliegen, wenn die Grenzkontrollen des Drittstaates passiert wurde. Demgegenüber wird bei der Einreise auf dem Landweg[224] von den österreichischen Behörden davon ausgegangen, daß in der Regel Verfolgungssicherheit erlangt werden konnte[225].

i) Schweiz[226]

Das innerstaatliche Recht der Schweiz kennt verschiedene Fallgruppen, in denen wegen eines vorher bestehenden Kontakts mit einem sicheren Drittstaat ein Asylgesuch abgelehnt wird. Zum einen heißt es in Art. 6

---

223 Erlaß 70 027/10-III/16/92 vom 15. 5. 1992. Vgl. auch den Erlaß 70.027/14-III/16/92 vom 12.8.1992, wo der soeben genannte Erlaß bestätigt wird und zugleich im Hinblick auf Jugoslawien eine großzügigere Vorgehensweise als angebracht angesehen wird.

224 Entsprechendes dürfte bei der Einreise auf der Donau gelten, ohne daß hierzu jedoch in dem Erlaß gesondert Stellung genommen wird.

225 Der Erlaß problematisiert insoweit jedoch zum einen die Situation in Slowenien und zum anderen die Situation außereuropäischer Flüchtlinge in Ungarn, die sich in Ungarn nur transitweise aufgehalten haben., da Ungarn die Genfer Flüchtlingskonvention nur beschränkt auf Ereignisse in Europa ratifiziert hat. Zu dieser Problematik auch bereits oben bei Anm. 128 im Hinblick auf die Frage, ob Ungarn zu einem sicheren Drittstaat hätte erklärt werden können.

226 Dazu neben den oben Anm. 101 genannten Titeln zuletzt G. Zürcher, Landesbericht Schweiz, in: Hailbronner, Vergleich, S. 74 ff.

des Schweizer Asylgesetzes[227], daß Ausländern kein Asyl gewährt wird, die sich vor ihrer Einreise in die Schweiz "einige Zeit" in einem Drittstaat aufgehalten haben. Dabei wird dieser Begriff nach Art. 2 der Asylverordnung aus dem Jahre 1991[228] dahingehend verstanden, daß er einen Zeitraum von zumindest zwanzig Tagen umfassen muß.

Allerdings ist darüber hinaus Art. 13 c AsylG zu beachten, wonach Ausländern, die an der Grenze um Asyl nachsuchen nur dann die Einreise bewilligt wird, wenn der Betroffene entweder direkt aus einem Verfolgerstaat einreist[229] oder er glaubhaft machen kann, daß ihm im Falle der Rückschiebung in den Drittstaat durch diesen die Weiterschiebung in den Verfolgerstaat droht. In diesem Fall der Abweisung an der Grenze hängt die Durchführung der Zurückschiebung gerade nicht davon ab, innerhalb welchen Zeitraums sich der Bewerber vorab in dem Nachbarstaat der Schweiz aufgehalten hatte. Schließlich ist in diesem Zusammenhang noch Art. 13 e AsylG zu erwähnen, wonach ein Flüchtling, der die Grenze illegal überschreitet und im grenznahen Raum aufgegriffen wird, ohne weitere Voraussetzungen formlos den Behörden des Nachbarstaates übergeben werden kann.

Bei der Einreise auf dem Luftweg ist unter dem Staat, aus dem der Antragsteller direkt eingereist ist, derjenige Staat zu verstehen, aus dem der Abflug in die Schweiz erfolgte[230]. Dabei bleibt jedoch auch bei dazwischenliegenden kurzen Transitaufenthalten in Drittstaaten die Einreise eine direkte im Sinne des Gesetzes[231], so daß in diesen Fällen keine direkte Zurückschiebung in den Transitstaat erfolgt.

j) Vereinigte Staaten[232]

Das Recht der Vereinigten Staaten unterscheidet zwischen zwei Gruppen, die beide wegen begründeter Furcht vor Verfolgung in den USA Aufnahme finden. Zum einen handelt es sich um Flüchtlinge, die aufgrund von Sect. 243 [h] des Immigration and Nationality Act (INA) Schutz vor Abschiebung in ihren Heimatstaat genießen. Zum anderen aber um Per-

---

227 Dringlicher Bundesbeschluß über das Asylverfahren vom 22. 6. 1990; Text auch bei Kälin, Grundriß und Achermann, Handbuch, jeweils im Anhang.

228 Text bei Achermann, Handbuch, S. 455.

229 Was bei der Schweiz bei der Einreise auf dem Landweg *de facto* unmöglich ist, vgl. Achermann, Handbuch, S. 241.

230 Art. 4 I der Asylverordnung.

231 Achermann, Handbuch, S. 246.

232 Vgl. dazu die oben bei Anm. 125 genannten Nachweise.

sonen, denen aufgrund des Vorliegens der Flüchtlingseigenschaft im Rahmen einer Ermessensentscheidung durch die amerikanischen Behörden nach Sect. 208 INA Asyl gewährt wird. Dabei wird nach der Ausführungsverordnung zu Sect. 208 INA denjenigen Personen kein Asyl gewährt, die sich bereits zuvor in einem anderen Staat fest niedergelassen hatten[233]. Demgegenüber führt die Tatsache eines vorherigen territorialen Kontakts zu einem Drittstaat nicht *per se* zu einem Ausschluß der Gewährung von Abschiebeschutz nach Sect. 243 INA oder der Aberkennung des Flüchtlingsstatus[234]. Allerdings wurde in der Praxis die Einreise aus einem Drittstaat als Indiz dafür gewertet, daß es sich bei dem Antragsteller nicht um einen *bona fide* Flüchtling handelt[235].

6. Ergebnis

Eine Gesamtschau der bisherigen Ausführungen ergibt, daß fast alle Staaten irgendwie geartete Beschränkungen im Hinblick auf die Gewährung politischen Asyls für Personen in Anwendung bringen, die zuvor in einem Drittstaat einen gewissen Zeitraum verbracht hatten. Da diese Praxis noch zudem sowohl durch die Entstehungsgeschichte der Genfer Flüchtlingskonvention als auch durch eine systematische Interpretation des Abkommens gestützt wird, bestehen hiergegen keine völkerrechtlichen Bedenken.

Allerdings fällt zugleich auf, daß selbst diejenigen Staaten, die auch einen kurzfristigen Aufenthalt in einem Drittstaat grundsätzlich genügen lassen, um eine Anerkennung zu versagen, bei einem bloßen Transitaufenthalt in einem Flughafen des Drittstaates keinen solchen Ausschluß vornehmen[236]. Dies dürfte - geht man von einer teleologischen Interpretation der Konvention aus - auch völkerrechtlich geboten sein. Denn einer solchen Drittstaatenregelung liegt der Gedanke zugrunde, daß der Antragsteller in dem in Frage stehenden Drittstaat bereits um Asyl beziehungsweise den Schutz vor Rückschiebung in den Verfolgerstaat hätte nachsuchen können. Nun ergibt sich aber gerade in solchen Transitsituationen für den jeweiligen Bewerber das Problem, daß er häufig keinen Zugang zu dem jeweiligen nationalen Asylverfahren hat,

---

[233] 8 C.F.R. § 208.14 (c) (2) spricht von einem "firm resettlement"; dazu im einzelnen S. Legomsky, Immigration Law and Policy (1992), S. 936.

[234] Aleinikoff/ Martin, Anm. 125, S. 776 f.

[235] Aleinikoff, Anm. 125, S. 1642 f., der sich dazu allerdings kritisch äußert.

[236] Dies gilt insbesondere für Österreich, die Schweiz sowie die kanadische Regelung.

da ihm regelmäßig das Verlassen des Transitbereiches unmöglich gemacht wird. Ist dies aber der Fall oder läßt sich dies jedenfalls nicht mit hinreichender Sicherheit ausschließen, erscheint es unangemessen, dem Antragsteller einen Umstand entgegen zu halten, den er sich nicht zurechnen lassen muß. Im Falle der Zurückschiebung in einen bloßen Transitstaat ergeben sich darüber hinaus zwei weitere Gefahren. Zum einen dürfte sich in der Praxis häufig das Problem ergeben, daß der Transitstaat den Flüchtling in einen anderen Staat, insbesondere den Abflugstaat, weiterschiebt mit der Folge, daß dem Betroffenen eine Refugee-in-Orbit-Situation droht[237]. Zum zweiten ist die Gefahr nicht von der Hand zu weisen, daß der Transitstaat seinerseits auf das Begehren des Antragstellers nicht näher eingeht und ihn direkt in dessen Heimatland weitertransportiert, was aber einem Verstoß gegen das Refoulement-Verbot gleichkäme.

Dies bedeutet also, daß der Flüchtling nicht in einen Transitstaat zurückgeschoben werden darf, wenn er sich dort nur für kurze Zeit und ohne weiteren territorialen Kontakt aufgehalten hat. Vor dem Hintergrund der *ratio* dieser Überlegungen gilt der Ausschluß aber lediglich für einen kurzfristigen Transit bei Zwischenlandungen auf dem Luftweg, nicht jedoch für die Durchreise durch einen sicheren Drittstaat auf dem Landweg, da dem Flüchtling in diesem Falle in aller Regel[238] ausreichend Gelegenheit geboten ist, in dem fraglichen Transitland um Asyl nachzusuchen. Selbst diese Beschränkung dürfte aber dann nicht greifen, wenn der Transitstaat seinerseits völkerrechtlich - etwa im Rahmen des Schengener oder Dubliner Systems - zur Behandlung des Asylantrags verpflichtet ist, da dann die oben geschilderten Gefahren mit hinreichender Sicherheit ausgeschlossen sind[239].

Fraglich bleibt nunmehr aber noch, ob der Drittstaat - damit eine Zurückschiebung dorthin zulässig ist - lediglich seiner Verpflichtung aus Art. 33 der Genfer Flüchtlingskonvention nachkommen muß oder ob er

---

[237] Zur Frage eines möglichen Verstoßes gegen die EMRK für solche Fälle ausführlich unten S. 208.

[238] Allenfalls könnte man noch argumentieren, daß im Falle eines Zuges, der keinen Zwischenaufenthalt in dem Drittstaat hatte, eine vergleichbare Situation besteht. Eine ähnliche Problematik besteht in den Fällen in denen die Flucht durch den Drittstaat unter vollständiger Kontrolle eines Schleppers vonstatten geht und jeglicher Kontakt zu den Behörden des Transitstaates unmöglich ist.

[239] Vgl. auch in diesem Sinne die bereits oben zitierte kanadische Bestimmung.

darüber hinaus den Betroffenen einen gewissen Mindestaufenthaltsstandard gewährleisten muß.

D. Einhaltung der übrigen Bestimmungen der Genfer Flüchtlingskonvention in dem Drittstaat

Bereits unter der Geltung des bisherigen Art. 16 Abs. 2 S. 2 GG a.F. in Verbindung mit § 2 des früheren AsylVfG war es streitig gewesen, ob und welche Rechte dem Flüchtling in dem Drittstaat zustehen müssen, um diesen auf den Schutz durch den Erstzufluchtsstaat verweisen zu können[240]. Vor dem Hintergrund der Genfer Flüchtlingskonvention ist zunächst grundsätzlich davon auszugehen, daß jeder Staat selbst - also auch der jeweilige Drittstaat - für deren Einhaltung verantwortlich ist. Dies gilt umso mehr, als in Gestalt des UNHCR auch eine internationale Instanz besteht, welche die Einhaltung der Konvention im einzelnen überwachen und garantieren soll. Lediglich für Art. 33 der Genfer Flüchtlingskonvention, in dem der Kernbereich des völkerrechtlichen Flüchtlingsschutzes seinen Niederschlag gefunden hat, ist davon auszugehen, daß auch der zurückschiebende Staat für dessen Einhaltung durch den Drittstaat verantwortlich ist, um sich nicht dem Vorwurf der verbotenen Kettenabschiebung ausgesetzt zu sehen[241]. Eine darüber hinausgehende Forderung, eine Rückschiebung in den Drittstaat völkerrechtlich nur bei einer umfassenden und vollständigen Einhaltung *aller* Bestimmungen der Genfer Flüchtlingskonvention durch den Drittstaat zuzulassen, würde letztendlich darauf hinauslaufen, daß *alle* Vertragsparteien sozusagen als Gesamtschuldner für die Nichteinhaltung der Konvention durch einen von ihnen einstehen müßten[242].

---

240 Vgl. dazu etwa GK-AsylVfG, § 2, Rdnr. 63 m.w.N.; aus der Rechtsprechung etwa BVerwG, DVBl. 1988, S. 637 ff. (642) und DVBl. 1988, S. 1028 ff. (1029). Allerdings war die Frage jeweils nur im Hinblick auf die Grundrechtsverbürgung des Art. 16 Abs. 2 S. 2 GG a.F. diskutiert worden.

241 Zum Verbot der Kettenabschiebung bereits oben bei Anm. 114.

242 Ablehnend gegenüber einer solchen Forderung bereits im Rahmen von Art. 16 Abs. 2 S. 2 GG a.F. GK-AsylVfG, § 2, Rdnr. 63, der ausdrücklich an seiner weitergehenden Position, wie er sie in Die Genfer Flüchtlingskonvention und das "Zweitasyl" in der Bundesrepublik Deutschland, EuGRZ 1981, S. 385 ff. (386 f.) geäußert hatte, nicht mehr festhält; ferner etwa G. Hildner, Der Ausschluß der Asylanerkennung bei anderweitigem Schutz vor Verfolgung, ZAR 1983, S. 132 ff. (136).

Aber selbst wenn man - wie hier vertreten - diese Beschränkung auf die Einhaltung von Art. 33 der Konvention durch den Drittstaat vornimmt[243], ergeben sich gleichwohl indirekt weitere Anforderungen an den Aufenthaltsstatus in diesem Staat. Insbesondere muß den Betroffenen in dem jeweiligen Drittstaat die Möglichkeit zu einer zumutbaren Existenz gesichert sein, um somit durch den Aufenthalt in dem Drittstaat von dem Zwang befreit zu sein, trotz befürchteter weiterer Verfolgungsmaßnahmen in den Verfolgerstaat zurückkehren zu müssen[244]. Das Bestehen auf einem solchen Mindeststandard, der die Sicherung elementarer Bedürfnisse umfaßt, ergibt sich auch aus der weiteren Überlegung, daß ansonsten der Verfolgerstaat - wenn auch auf Umwegen - sein Ziel der physischen Vernichtung des politischen Gegners doch noch erreicht hätte[245]. Dies bedeutet mit anderen Worten, daß auch im Rahmen der Genfer Flüchtlingskonvention die Rückschiebung in einen Drittstaat, wo die Unterbringung in slumähnlichen Flüchtlingslagern droht, unzulässig ist. Demgegenüber lassen sich aber weitere Anforderungen an die Situation der Flüchtlinge in dem Drittstaat - etwa nach der Gewährung der Rechte gemäß Art. 12 ff. der Genfer Flüchtlingskonvention - nicht begründen.

Grenzen für eine solche Rückschiebung können sich aber nicht nur aus der Genfer Flüchtlingskonvention ergeben, sondern darüber hinaus möglicherweise auch aus der Europäischen Menschenrechtskonvention.

II. Grenzen der Zurückweisung aus der EMRK

Ein Zurückschiebungsverbot kann sich aus der EMRK unter mehreren Gesichtspunkten ergeben. Zum einen, wenn Art. 3 EMRK in ähnlicher Weise wie Art. 33 der Genfer Flüchtlingskonvention auch ein Verbot der Kettenabschiebung enthält. Zum anderen, wenn der Betroffene permanent zwischen verschiedenen Nichtverfolgerstaaten hin- und hergescho-

---

243 So nunmeht auch J. Henkel, Das neue Asylrecht, NJW 1993, S. 2705 ff. (2707).

244 So bereits B. Huber, Ausländer- und Asylrecht (1983), S. 163; ferner Henkel, Anm. 243, S. 2707).

245 Köfner/ Nicolaus, Grundlagen, S. 387; M. Wollenschläger/ U. Becker, "Anderweitiger Verfolgungsschutz" oder "anderweitige Sicherheit vor Verfolgung" im Asylrecht, DÖV 1987, S. 1096 ff. (1099); ferner die Stellungnahme des UNHCR im Rahmen der Anhörung des Innenauschusses des Deutschen Bundestages am 17. 3. 1986, zitiert bei F. Bethäuser, Bestandsaufnahme und Überlegungen zu § 2 AsylVfG (1988), S. 37 Fn. 161.

ben wird, also die Gefahr besteht, daß er zu einem *refugee in orbit*[246] gemacht wird. Schließlich sind auch die Grenzen zu beachten, die sich aus Art. 8 der EMRK für solche Asylbewerber ergeben, die als Teil einer Familie um Schutz nachsuchen.

A. Art. 3 EMRK und das Verbot einer Kettenabschiebung

Ähnlich wie im Rahmen des Refoulement-Verbotes des Art. 33 der Genfer Flüchtlingskonvention[247] stellt sich auch bei Art. 3 EMRK das Problem, ob er Kettenabschiebungen untersagt. Es ist also fraglich, ob nach Art. 3 EMRK Abschiebungen in einen Drittstaat verboten sind, in dem selbst zwar nicht unmittelbar Folter oder unmenschliche Behandlung droht, jedoch die konkrete Gefahr der Weiterschiebung in eine Foltersituation vorhanden ist.

In der Praxis der Straßburger Organe hat sich dieses Problem in dieser Form bislang noch nicht gestellt. Bei den in der Vergangenheit zur Entscheidung anstehenden Fällen bei denen es um eine Anwendbarkeit von Art. 3 EMRK in Auslieferungs- oder Ausweisungssituationen gegangen war, hatte es sich stets um Situationen gehandelt, in denen der Beschwerdeführer geltend gemacht hatte, ihm drohe unmittelbar im *Erst*verbringungsstaat Folter oder unmenschliche Behandlung. Auch dem Wortlaut der Norm lassen sich für die Entscheidung dieser Frage keine konkreten Hinweise entnehmen, da Art. 3 lediglich allgemein davon spricht, daß niemand Folter oder erniedrigender oder unmenschlicher Behandlung oder Strafe unterworfen werden darf. Letztendlich können aber - jedenfalls im Grundsatz - auch im Hinblick auf Art. 3 EMRK die gleichen Argumente herangezogen werden, die bereits dazu geführt hatten, Art. 33 der Genfer Flüchtlingskonvention als eine Norm zu verstehen, die auch Kettenabschiebungen verbietet. Darüber hinaus kann zusätzlich auf das bereits wiederholt angeführte *dictum* des Europäischen Gerichtshofs für Menschenrechte hingewiesen werden, der in seiner

---

[246] Dazu ausführlich G. Melander, Refugees in Orbit in: Amnesty International (Hrsg.), Bewährungsprobe für ein Grundrecht (1978), S. 67 ff.; zu einer solchen Konstellation nach Inkraftreten des neuen deutschen Asylrechts im Verhältnis zwischen Frankreich und der Bundesrepublik Deutschland, wo mehrere libanesische Asylbewerber wiederholt hin- und hergeschoben worden sind, SZ vom 25. 8. 1993, S. 2.

[247] Dazu bereits oben S. 187 ff.

Rechtsprechung zu Art. 3 EMRK betont hat, die Konventionsverbürgungen müßten dergestalt interpretiert werden, daß sie effektiv seien[248].

Zugleich ergeben sich aber gegen die Anwendung des Art. 3 EMRK in Situationen, in denen Kettenabschiebungen drohen, Bedenken. Zum einen hat der Straßburger Gerichtshof in seiner Rechtsprechung stets betont, daß jede Bejahung der Anwendbarkeit von Art. 3 in Abschiebe- oder Auslieferungssituationen voraussetzt, daß der Beschwerdeführer in der Lage ist

> "[to show] *substantial grounds* (...) for believing that the person concerned, if extradited, faces a *real risk* of being subjected to torture or to inhuman or degrading treatment or punishment in the requesting country[249].

Dies bedeutet, daß in Situationen, in denen eine nur indirekte Gefahr der Abschbiebung in den Folterstaat - nämlich erst durch einen dritten Staat - droht, das geforderte Maß an Wahrscheinlichkeit für eine solche Verbringung besonders hoch sein muß. Insbesondere müßte der Beschwerdeführer zunächst hinreichende Hinwise dafür beibringen, daß ihm in seinem Heimatstaat Folter oder unmenschliche Behandlung droht. Darüber hinaus aber müßte er in dem gleichen Maß schlüssig vortragen können, warum ihn der Drittstaat trotz entgegenstehender völkerrechtlicher Verpflichtungen[250] in eine Foltersituation zurückschieben würde. Zugleich ist auch für die Fälle, in denen der Drittstaat seinerseits der EMRK unterworfen ist, weiteren Besonderheiten des Systems des europäischen Menschenrechtsschutzes Rechnung zu tragen. Zum einen zeichnen sich die Mitgliedsstaaten - verglichen mit der Zusammensetzung der Vertragsstaaten der Genfer Flüchtlingskonvention - durch ein wesentlich höheres Maß an Homogenität aus, welches auch die Einhaltung genereller

---

[248] Vgl. etwa das Urteil im Fall Soering, Anm. 240, S. 34.

[249] Urteil im Fall Soering, 240, S. 35; Urteil im Fall Cruz Varas, Ser. A, No. 201, S. 28, wo der Gerichtshof den Grundsatz auf Abschiebungen ausgedehnt hat. Hervorhebungen durch den Verfasser.

[250] Solche Verpflichtungen können sich für den Drittstaat selbst aus Art. 3 EMRK ergeben sowie ferner aus Art. 3 des UN-Übereinkommens gegen Folter und andere grausame, unmenschliche oder erniedrigende Behandlung oder Strafe vom 10. 12. 1984 (BGBl. 1990 II, S. 246). Zur Frage des *völkergewohnheitsrechtlichen* Verbotes der Abschiebung im Falle drohender unmenschlicher Behandlung oder Folter vgl. bejahend bereits F. Berber, Lehrbuch des Völkerrechts, Bd. I (1975), S. 420; ferner Frowein/ Kühner, Anm. 246, S. 558, die ein solches Verbot als Norm des *jus cogens* ansehen.

demokratischer und rechtsstaatlicher Standards umfaßt. Schon aufgrund dieser Tatsache dürfte die Gefahr des Zurückschiebens in eine Foltersituation durch einen Mitgliedsstaat der EMRK ungleich geringer sein als im Rahmen des Anwendungsbereiches von Art. 33 der Genfer Flüchtlingskonvention. Dies gilt umso mehr dann, wenn - wie häufig[251] - der Einzelne in der Lage ist, sich vor innerstaatlichen Behörden und Gerichten[252] auf die Bestimmungen der EMRK zu berufen. Außerdem bleibt dem Betroffenen jedenfalls in den Staaten, welche das Individualbeschwerdeverfahren nach Art. 25 EMRK akzeptiert haben[253], stets die Möglichkeit, bei einer drohenden Verletzung von Art. 3 EMRK durch den Drittstaat die Kommission um den Erlaß einstweiliger Maßnahmen nach Art. 36 von deren Verfahrensordnung[254] anzugehen. Selbst wenn

---

[251] Zur Anwendbarkeit der EMRK im innerstaatlichen Recht der einzelnen Mitgliedsstaaten vgl. J. Polakiewicz/ V. Jacob-Foltzer, The European Human Rights Convention in domestic law: The impact of the Strasbourg case-law in States where direct effect is given to the Convention (first part), HRLJ 1991, S. 65 ff. und dies., (second part), ebd., S. 125 ff.

[252] Auch wenn Art. 6 EMRK auf asylrechtliche Entscheidungen keine Anwendung findet (dazu bereits oben S. 130), gewähren doch gleichwohl einige Mitgliedsstaaten der EMRK insoweit gerichtlichen Rechtsschutz.

[253] Dies ist mittlerweile bei allen Vertragsstaaten der EMRK mit Ausnahme Estlands, Litauens und Sloweniens der Fall. Im Hinblick auf die Tschechische und die Slowakische Republik gilt die von der früheren CSFR abgegebene Erklärung nach Art. 25 EMRK aufgrund einer von der Regierung der Tschechischen Republik beziehungsweise der Regierung der Slowakischen Republik gegenüber dem Generalsekretär des Europarates abgegebenen Nachfolgeerklärung sowie dazu ergangenen Entscheidungen des Ministerkomitees vom 30. 6. 1993 (Res. (93) 32 bzw. (93) 33) rückwirkend zum 1. 1. 1993 fort. Das gleiche gilt auch für die Konvention selbst sowie für die bereits von der früheren CSFR ratifizierten Zusatzprotokolle. Dazu im einzelnen Hoskova, Anm. 337, S. 722 f.

[254] Art. 38 VerfO der Europäischen Kommission lautet in der deutschen Übersetzung:

> "Die Kommission oder, falls sie nicht tagt, der Präsident kann den Parteien jede vorläufige Maßnahme bezeichnen, die im Interesse der Parteien oder der sachgemäßen Durchführung des Verfahrens wünschenswert erscheint.".

Allgemein zu einstweiligen Maßnahmen der Europäischen Kommission für Menschenrechte vgl. Macdonald, Anm. 242; ferner K. Rogge, Einstweilige Maßnahmen im Verfahren vor der Europäischen Kommission für Menschenrechte NJW 1977, S. 1570 ff.

man berücksichtigt, daß diese für den betroffenen Staat nach der Rechtsprechung des Europäischen Gerichtshofes für Menschenrechte nicht verbindlich sind[255], werden sie gleichwohl von den Mitgliedsstaaten der EMRK fast ausnahmslos[256] befolgt[257]. Vor dem Hintergrund dieser Überlegungen dürfte Art. 3 EMRK bei einer drohenden Verbringung in einen sicheren Drittstaat, der selbst Mitgliedsstaat der EMRK ist, im Hinblick auf die Gefahr einer Kettenabschiebung[258] kaum jemals praktisch relevant werden, es sei denn, es ist evident, daß der in Frage stehende Drittstaat in der Vergangenheit regelmäßig Anordnungen der Europäischen Kommission für Menschenrechte mißachtet hätte.

Daneben kommt eine Verletzung von Art. 3 EMRK aber auch insoweit in Betracht, als der Betroffene möglicherweise der Gefahr ausgesetzt wird, auf unabsehbare Zeit zwischen verschiedenen Staaten hin- und hergeschoben zu werden.

B. Art. 3 EMRK und das Problem von Refugees-in-orbit

Grundsätzlich ist auch der sichere Drittstaat, in den der Flüchtling zurückgeschoben wird, nach der Genfer Flüchtlingskonvention nicht ver-

---

[255] Urteil im Fall Cruz Varas, Anm. 249, S. 32 ff.; zu diesem Urteil neben den bereits oben Anm. 242 genannten Titeln ferner G. Cohen-Jonathan, De l'effet juridique des "mesures provisoires" dans certaines circonstances et de l'efficacité du droit de recours individuel: à propos de l'arrêt Cruz Varas de la Cour Européenne des Droits de l'Homme, RUDH 1991, S. 205 ff.

[256] Vgl. aber neben dem Fall Cruz Varas auch den Fall Lynas gg. die Schweiz, Beschwerde Nr. 7317/75, D.R. 6, S. 141 ff., wo allerdings der Vollzug der Ausweisungsverfügung bei Erlaß der Anordnung bereits begonnen hatte. Ferner die gütliche Einigung im Fall Mansi gg. Schweden, Bericht der Kommission vom 9. 3. 1990, HRLJ 1991, S. 170 ff., wo die schwedische Regierung Bedauern über eine Nichtbeachtung geäußert hatte. Zuletzt die Ausweisung von drei Tamilen nach Sri Lanka durch die französische Regierung trotz einer entgegenstehenden Anordnung der Kommission, Text des Kommissionberichts vom 16. 10. 1992, Beschwerde-Nr. 18560/91 in RUDH 1993, S. 74 ff.

[257] Dabei sehen die Staaten dies teilweise sogar als ihre Rechtspflicht an, vgl. etwa K. Rogge, Nachwort zum Brückmann-Fall, EuGRZ 1976, S. 451 f. (451 Fn. 8, sowie 452 bei Fn. 9).

[258] Etwas anderes dürfte gelten, wenn geltend gemacht wird, *in dem Drittstaat selbst* drohe möglicherweise unmenschliche oder erniedrigende Behandlung.

pflichtet, diesem Aufnahme zu gewähren oder seinen Asylantrag materiell zu prüfen[259]. Vielmehr steht es ihm ebenfalls frei, ihn in einen anderen Staat zurückzuschieben, sofern und solange ihm dort weder Verfolgung im Sinne der Genfer Flüchtlingskonvention noch unmenschliche Behandlung im Sinne der EMRK droht. Unter bestimmten Voraussetzungen kann dies jedoch dazu führen, daß der Betroffene über längere Zeit hinweg zwischen mehreren Staaten hin- und hergeschoben wird. Ein solches Phänomen kann sich dabei vor allem aufgrund einer unterschiedlichen Anerkennungspraxis, Bestimmungen über anderweitigen Schutz vor Verfolgung in den jeweiligen nationalen Asylverfahrensgesetzen, nicht aufeinander abgestimmten Refoulement-Abkommen mit unterschiedlichen Fristen sowie der Anwendung von *En route*-Bestimmungen[260] ergeben[261].

Die Europäische Kommission für Menschenrechte ist in ihrer bisherigen Rechtsprechung davon ausgegangen, daß die Tatsache, daß eine Personen wiederholt von mehreren Staaten ausgewiesen wurde, ohne daß eine der beteiligten Parteien den aufenthaltsrechtlichen Status des Betroffenen auf zumindest gewisse Dauer stabilisiert, zu Bedenken im Hinblick auf Art. 3 der EMRK Anlaß geben kann[262]. So etwa im Fall Dolani v. Belgien[263], wo ein albanischer Beschwerdeführer, der sich darauf berufen hatte, er könne wegen einer bestehenden Verfolgungslage nicht in sein Heimatland zurückkehren, wiederholt in verschiedene Nachbarstaa-

---

[259] Dies gilt selbst im Rahmen des Schengener beziehungsweise Dubliner Systems, vgl. Art. 29 Abs. 2 S. 2 Schengener Folgeabkommen beziehungsweise Art. 3 V des Dubliner Übereinkommens, wo es jeweils heißt, daß der danach zuständige Staat sich das Recht vorbehält, nach Maßgabe des jeweiligen nationalen Rechts den Betroffenen in einen Drittstaat weiterzuschieben.

[260] Hierunter versteht man gesetzliche Regelungen, wonach Voraussetzung für die Gewährung von Asyl ist, daß der Flüchtling seinen Asylantrag innerhalb einer bestimmten Frist nach der Ausreise aus dem Verfolgerstaat stellt, vgl. zu dieser Definition Melander, Anm. 246, S. 72. Solch eine Bestimmung kennt etwa das belgische Asylrecht, dazu Henkel, Stellungnahme, S. 312.

[261] Zu den einzelnen Konstellationen vgl. Melander, Anm. 246, S. 72 - 78.

[262] Vgl. hierzu Einarsen, Anm. 201, S. 374; Frowein/ Peukert, Art. 3, Rdnr. 25.

[263] Application 5399/72; eine Übersicht über die Fallgeschichte und die Entscheidung der Kommission findet sich in Stocktaking, Anm. 184, S. 233; umfassend zu diesem Problembereich Einarsen, Anm. 201, S. 374; ferner Frowein/ Peukert, Art. 3, Rdnr. 25.

ten Belgiens abgeschoben worden war[264]. In einem ähnlich gelagerten Fall wurde eine Beschwerde von der Kommission im Hinblick auf einen möglichen Verstoß gegen Art. 3 zunächst angenommen[265], erledigte sich sodann aber. Auch ein Verfahren gegen die Bundesrepublik Deutschland aus dem Jahre 1977[266] führte zu keiner endgültigen Entscheidung in der Sache[267]. Im Jahre 1986 bestätigte aber die Kommission ihre bisherige Haltung zu solchen *refugee-in-orbit*-Situationen[268], wonach die wiederholte Ausweisung eines Ausländers in einen oder mehrere Staaten, in denen seine Aufnahme nicht sichergestellt ist, eine Verletzung von Art. 3 EMRK darstellen kann. Dies gelte umso mehr dann, wenn dies über eine längere Zeit geschehe, ohne daß einer der beteiligten Staaten Schritte unternimmt, den Status des Betroffenen zu legalisieren[269]. Aus dieser Praxis kann der Schluß gezogen werden, daß jedenfalls dann, wenn der Betroffene nicht selbst die Situation mit verschuldet hat[270] und es zu wiederholten Abschiebungen kommt, ohne daß sich die Situation des Betroffenen über eine längere Zeit stabilisiert, eine Verletzung von Art. 3 EMRK angenommen werden kann.

Konkret für die Situation der Bundesrepublik Deutschland bedeutet dies, daß jedenfalls dann, wenn der Betroffene wiederholt von den deutschen Behörden in sichere Drittstaaten zurückgeschoben worden war und von diesen sodann - sei es direkt, sei es über vierte Staaten - nach Deutschland zurückgeschoben worden ist, sie verpflichtet wäre, ihm den Zugang zu einem Asylverfahren zu gewähren, um ihn nach

---

264 Im Ergebnis wurde die Beschwerde als offensichtlich unbegründet zurückgewiesen, da dem Beschwerdeführer mittlerweile der dauernde Aufenthalt in Belgien gestattet worden war.

265 Application 7612/76, Manitu Giama v. Belgien, Sachverhaltsdarstellung in Stocktaking, Anm. 184, S. 134.

266 Application 8100/77, X. v. Bundesrepublik Deutschland, Sachverhaltsdarstellung in Stocktaking, Anm. 184, S. 239 f.

267 Vgl. auch die Beschwerden 7823/77 und 7824/77 gegen die Bundesrepublik Deutschland beziehungsweise die Niederlande betreffend eine Gruppe von Sinti und Roma, D.R. 11, S. 221 ff. (231 f.). Die Beschwerden wurden wegen Nichterschöpfung des Rechtsweges zurückgewiesen.

268 Application 10798/85 Harabi v. Niederlande, 46 D.R. (1986), S. 112 ff.

269 Ibid., S. 116; eine Entscheidung des Europäischen Gerichtshofes für Menschenrechte zur Vereinbarkeit solcher Situationen mit Art. 3 EMRK liegt bislang jedoch noch nicht vor.

270 Darauf weist die Kommission in der Sache Harabi hin, Anm. 268, S. 117.

(negativem) Abschluß entweder in seinen Heimatstaat zurückschieben zu können oder ihm aber politisches Asyl zu gewähren. Dabei könnte gegebenenfalls berücksichtigt werden, ob es dem Betroffenen ohne sein Verschulden unmöglich war, in einem der Drittstaaten Zugang zu einem Asylverfahren zu finden.

C. Zurückweisung in sichere Drittstaaten und Art. 8 EMRK

Besondere Probleme können sich im Zusammenhang mit der Zurückweisung in sichere Drittstaaten ergeben, wenn verschiedene Familienmitglieder in die Bundesrepublik Deutschland entweder aus unterschiedlichen Drittstaaten einreisen, wenn einzelne Familienmitglieder unmittelbar aus dem Verfolgerstaat einreisen oder aber wenn die Anwendung des Schengener Durchführungsabkommens beziehungsweise des Dubliner Abkommens dazu führt, daß ihre jeweiligen Anträge auf Aufnahme als politisch Verfolgte von verschiedenen Staaten zu prüfen sind, etwa weil sie Sichtvermerke verschiedener Staaten erhalten hatten. Außerdem sind Fälle denkbar, in denen eines der Familienmitglieder bereits in der Bundesrepublik Deutschland einen gesonderten aufenthaltsrechtlichen Status genießt.

Im Hinblick auf diese Frage muß zunächst festgehalten werden, daß die Genfer Flüchtlingskonvention selbst kein ausdrückliches Recht auf den Schutz der Familie enthält. Zwar kommt in der Schlußakte der Genfer Flüchtlingskonvention zum Ausdruck, daß es sich insoweit für die Betroffenen um eine Frage von essentieller Bedeutung handelt:

> "The Conference,
> Considering that the unity of the family (...) *is an essential right of the refugee*[271] (...)
> Recommends Governments to take the necessary measures for the protection of the refugees family, especially with a view to:
> (1) Ensuring that the unity of the refugees family is maintained (...) "

Gleichwohl zeigt die Formulierung "recommends Governments", daß an eine bloß politische Bindung gedacht war. Ähnlich werden in einer späteren Resolution des Exekutivkomitees des UNHCR die Vertragsstaaten aufgefordert, die Familienzusammenführung "soweit wie möglich zu er-

---

271 Hervorhebung durch den Verfasser.

leichtern"[272]. Mithin ergeben sich aus diesen Dokumenten keine Verpflichtungen für die Vertragsstaaten der Genfer Flüchtlingskonvention im Sinne einer unmittelbaren rechtlichen Bindung[273]. Demgegenüber sind die Vertragsstaaten der EMRK nach Art. 8 verpflichtet, das Privat- und Familienleben der Personen zu schützen, die ihrer Herrschaftsgewalt unterstehen[274]. Zunächst ist festzuhalten, daß das Recht auf Achtung des Privat- und Familienlebens auch für Asylsuchende besteht, denen in einem Vertragsstaat ein vorläufiges Aufenthaltsrecht zur Durchführung eines Asylverfahrens eingeräumt wird[275]. Dies bedeutet, daß auch staatliche Einreise- und Aufenthaltsbeschränkungen zu Lasten solcher Personen potentiell das Recht auf Achtung des Familienlebens im Sinne von Art. 8 der Konvention verletzen können[276]. Geschützt wird dabei von Art. 8 vor allem die Beziehung zwischen Ehegatten aus einer ehelichen Beziehung sowie die Beziehung zwischen Eltern und ihren Kindern[277]. Ausnahmsweise kommt jedoch nach der Praxis der Straßburger Organe auch der Schutz der erweiterten Familie in Betracht, wobei dann jedoch jeweils auf das *de facto* bestehende Familienverhältnis abzustellen ist[278]. Andererseits kann der Einzelne aus Art. 8 EMRK als solchem kein Aufenthaltsrecht in einem bestimmten Staat ableiten[279]. Gleichwohl kann

---

[272] No. 24 (XXXII) Familiy Reunification - Conclusion endorsed by the Executive Committee of the High Commissioner's Programme upon the Recommandation of the Sub-Committee of the whole on International Protection of Refugees.

[273] Weitergehend aber Bierwirth, Flüchtlingskonvention, S. 336 ff.

Ein ähnlicher Befund läßt sich im Hinblick auf Art. 12 der Allgemeinen Erklärung der Menschenrechte treffen. Zu Art. 17 des Paktes über bürgerliche und politische Rechte vgl. Nowak, Anm. 173, S. 287 ff.

[274] Dazu umfassend L. Wildhaber/ S. Breitenmoser, Kommentierung des Art. 8 EMRK in: Internationaler Kommentar zur EMRK (Golsong et al., Hrsg., Loseblatt. Stand April 1992), *passim*.

[275] Hailbronner, Koordinierung, S. 109.

[276] Vgl. aus der Rechtsprechung des EGMR die Entscheidungen im Fall Abdulaziz, Cabales und Balkaandali, Urteil vom 28. 5. 1985, Ser. A, vol. 94, §§ 90-91; Fall Berrehab, Urteil vom 21. 6. 1988, Ser. A, vol. 138, §§ 30-31; EGMR Fall Cruz Varas, Anm. 249,§§ 69-84.

[277] Frowein/ Peukert, Rdnr. 13 unter Bezugnahme auf den Wortlaut von Art. 12 EMRK.

[278] Vgl dazu die Nachweise aus der Praxis von Kommission und Gerichtshof bei Wildhaber/ Breitenmoser, Anm. 274, Art. 8, Rdnr. 388 - 391.

[279] Vgl. die umfangreichen Rechtsprechungs- und Literaturhinweise bei Wildhaber/Breitenmoser, Anm. 274, Art. 8, Rdnr. 416 Fn. 41.

dennoch die Vorenthaltung eines Aufenthaltsrechts zum Zwecke der Durchführung eines Asylverfahrens unter bestimmten Voraussetzungen als Verstoß gegen die Konvention zu werten sein, da im Falle von politisch Verfolgten im Sinne der Genfer Flüchtlingskonvention eine Wiederherstellung der Familieneinheit im Heimatstaat unzumutbar ist[280]. Allerdings kann grundsätzlich auch die Durchsetzung einer Einwanderungskontrolle mit der Verteidigung der öffentlichen Ordnung gerechtfertigt werden und so im Rahmen von Art. 8 Abs. 2 EMRK eine Einschränkung des in Art. 8 I EMRK garantierten Rechts ermöglichen[281]. Bei der Beantwortung der Frage, ob eine daraus resultierende Trennung der Familie noch als eine in einer demokratischen Gesellschaft notwendige Maßnahme angesehen werden kann, kommt es dabei nach der Rechtsprechung der Straßburger Organe auf die voraussichtliche Dauer der Trennung, die Konsequenzen für die jeweilige familiäre Beziehung, die Möglichkeit der Aufrechterhaltung der Familienbande durch Besuche sowie schließlich auch auf die Zahl und das Alter etwaiger Kinder an[282]. Unter Würdigung all dieser Faktoren dürfte sich aus Art. 8 EMRK kein *unbeschränktes* Recht eines Ehegatten, in dem gleichen Staat wie sein Ehepartner seinen Asylantrag zu stellen, ableiten lassen[283]. Entscheidend dürfte es dabei auf die jeweilige Dauer des Verfahrens und die Zahl möglicher Kinder ankommen. Auch müssen in einem solchen Fall möglicherweise vorhandene besondere staatliche Interessen an der Nichtaufnahme eines bestimmten Betroffenen Berücksichtigung finden. Insbesondere im Verhältnis zu minderjährigen Kindern kann im Hinblick auf Art. 8 der EMRK aber bereits eine verhältnismäßig kurze Trennung zu Bedenken Anlaß geben. So hat es der Straßburger Gerichtshof als eine Verletzung von Art. 8 angesehen, daß es einem Vater durch seine Abschiebung unmöglich gemacht wurde, zu seiner minderjährigen Tochter regelmäßige Kontakte aufrechtzuerhalten[284].

---

[280] Vgl. Hailbronner, Ausländerrecht (2. Aufl., 1989), Rdnr. 405 ff. zu der Frage, unter welchen Umständen eine Rückkehr in den Heimatstaat zumutbar erscheint.

[281] H. Storey, The Right to Family Life and Immigration Case Law at Strasbourg, ICLQ 1990 1990, S. 328 ff. (337 - 340).

[282] Vgl. aus der Rechtsprechung etwa die Entscheidung des EGMR vom 21. 6. 1988 im Fall Berrehab, Anm. 276, §§ 30-31.

[283] Enger dagegen wohl Hailbronner, Koordinierung, S. 110: "(...) kein allgemeines Recht (...)".

[284] Vgl. dazu die Entscheidung des EGMR im Fall Berrehab, Anm. 276. Allerdings betont der Gerichtshof, daß insoweit nicht über einen Familiennach-

Zusammenfassend kann festgestellt werden, daß unter bestimmten Umständen eine strikte Zurückweisungsregelung zu einer Verletzung von Art. 8 EMRK führen könnte. Dies gilt insbesondere für die Zurückweisung in diejenigen Staaten, mit denen (noch) keine Zuständigkeitsregelung nach Schengener beziehungsweise Dubliner Modell besteht, da in diesen Fällen die Zurückweisung schematisch stets nur vor dem Hintergrund der Einreise aus einem bestimmten sicheren Drittstaat erfolgt. Sollten sich daher in solchen Situationen Konstellationen ergeben, in denen im Falle der Zurückschiebung nach dem oben Gesagten eine Verletzung von Art. 8 EMRK droht, wäre der Bundesminister des Innern insoweit verpflichtet, von seinem durch § 18 Abs. 4 Nr. 2 AsylVfG eingeräumten Ermessen Gebrauch zu machen. Demgegenüber enthalten sowohl das Schengener Durchführungsabkommen als auch das Dubliner Abkommen Ausnahmeklauseln für Situationen, in denen Familien betroffen sind. So heißt es etwa in den Art. 35 und 36 des Schengener Durchführungsabkommens:

> "Artikel 35
> (1) Die Vertragspartei, die einem Drittausländer den Flüchtlingsstatus zuerkannt und den Aufenthalt gewährt hat, ist verpflichtet, sofern die Betroffenen dem zustimmen, die Zuständigkeit für die Behandlung des Asylbegehrens eines Familienangehörigen zu übernehmen.
> (2) Als Familienangehörige nach Absatz 1 gelten der Ehegatte oder das ledige Kind unter achtzehn Jahren des Flüchtlings oder, wenn der Flüchtling ein lediges Kind unter achtzehn Jahren ist, dessen Vater oder Mutter.
>
> Artikel 36
> Jede für die Behandlung des Asylbegehrens zuständige Vertragspartei kann bei Vorliegen humanitärer, insbesondere familiärer oder kultureller Gründe eine andere Vertragspartei um die Übernahme der Zuständigkeit bitten, sofern der Asylbegehrende dies wünscht. Es liegt im Ermessen der ersuchten Vertragspartei, ob sie diesem Ersuchen stattgibt."

Ähnlich heißt es in Artikel 4 des Dubliner Abkommens:

---

zug, sondern über eine Abschiebung einer Person zu entscheiden war, die über lange Jahre hinweg unbeanstandet in den Niederlanden gelebt hatte.

> "Hat der Asylbewerber einen Familienangehörigen, dem in einem Mitgliedsstaat die Flüchtlingseigenschaft im Sinne des Genfer Abkommens in der Fassung des Protokolls von New York zuerkannt worden ist und der seinen legalen Wohnsitz in diesem Mitgliedsstaat hat, so ist dieser Staat für die Prüfung des Asylantrags zuständig, sofern die betroffenen Personen dies wünschen.
> (...)"

Dies bedeutet also, daß nur für Familienmitglieder von anerkannten Flüchtlingen vorgesehen ist, daß deren Asylanträge ebenfalls von dem Staat zur Bearbeitung entgegengenommen werden müssen, in dem das andere Familienmitglied Aufnahme gefunden hat. Im Gegensatz dazu ist für Situationen, in denen mehrere Familienmitglieder gleichzeitig einen solchen Antrag stellen oder in denen ein Familienmitglied aus einem anderen Rechtsgrund einen Aufenthaltsanspruch hat, in der Dubliner Konvention überhaupt keine Regelung getroffen worden, während das Schengener Durchführungsabkommen insoweit immerhin eine Vorschrift enthält, wonach bei Vorliegen familiärer Gründe eine andere Vertragspartei um die Übernahme der Zuständigkeit gebeten werden kann. Würde in einer solchen Situation die Aufnahme von Familienmitgliedern durch den zuständigen Staat im Widerspruch zu Art. 8 der EMRK verweigert, müßte die Bundesrepublik den Antrag eines Asylbewerbers unter Inanspruchnahme der Ausnahmeklausel des Art. 29 IV Schengener Durchführungsabkommen/Art. 3 IV Dubliner Abkommen entgegennehmen und den Asylbewerber trotz Art. 16 a V GG AsylVfG 1993 ihn in die Bundesrepublik Deutschland aufnehmen, wenn nur so ein Verstoß gegen Art. 8 EMRK verhindert werden könnte. Denn nur bei Beachtung dieser Grundsätze ist sichergestellt, daß die Durchführung der Zuständigkeitsregelung in den beiden hier in Frage stehenden Asylabkommen mit der EMRK vereinbar ist.

Dritter Abschnitt: Vereinbarkeit von Erstasylabkommen mit der Genfer Flüchtlingskonvention

Art. 16 a V GG eröffnet den Weg für eine uneingeschränkte Teilnahme der Bundesrepublik Deutschland an der Schaffung eines europäischen Zuständigkeitssystems für die Behandlung von Asylanträgen, die im Geltungsbereich des jeweiligen Vertrages gestellt werden. Dabei enthalten diese vertraglichen Regelungen zwei Grundelemente: Zum einen wird die Zuständigkeit jeweils eines Vertragsstaates für die

Durchführung von Asylverfahren nach bestimmten objektiven Kriterien begründet[285]. Einhergehend mit dieser Zuständigkeitsverteilung ist weiterhin vorgesehen, daß der danach zuständige Vertragsstaat den Asylbewerber zu übernehmen und ein Asylverfahren nach seinen jeweiligen nationalen Vorschriften durchzuführen hat[286]. Zum anderen werden sowohl positive als auch negative Entscheidungen des nach dem Vertrag jeweils zuständigen Staates betreffend den Flüchtlingsstatus einer Person auch von den jeweils anderen Vertragsparteien anerkannt und deren Geltung damit auf diese erstreckt[287]. Beide Facetten des Schengener beziehungsweise Dubliner Systems sollen im folgenden auf ihre Kompatibilität mit der Genfer Flüchtlingskonvention untersucht werden.

I. Festlegung von Zuständigkeitskriterien und Überstellung an den zuständigen Vertragsstaat

Die Regelungen sowohl des Schengener Durchführungsübereinkommens als auch die des Dubliner Abkommens bedeuten nicht, daß der jeweilige Aufnahmestaat dem einzelnen Asylbewerber ein ständiges Aufenthaltsrecht gewähren muß[288]. Vielmehr ist er lediglich verpflichtet, dessen Asylgesuch überhaupt zu behandeln[289], beziehungsweise es zu prüfen[290]. Im übrigen ist ausdrücklich vorgesehen, daß die Vertragsstaaten zumindest in den Grenzen ihrer sonstigen völkerrechtlichen Verpflichtungen[291] in der Ausgestaltung des Asylverfahrens frei sind.

---

285 Art. 29 Abs. 3 und 30 des Schengener Durchführungsabkommens beziehungsweise Art. 4 ff. des Dubliner Abkommens.

286 Art. 31 Abs. 2 Schengener Durchführungsabkommen beziehungsweise Art. 11 des Dubliner Abkommen.

287 Vgl. dazu Art. 34 I des Schengener Folgeabkommens beziehungsweise Art. 10 I e) des Dubliner Übereinkommens, die vorsehen, daß im Falle eines negativ erledigten Asylantrags der zuständige Staat den abgelehnten Asylbewerber zurückzunehmen hat.

288 Darauf weist zutreffend Bolten, Schengen, S. 35 hin.

289 Art. 29 I des Schengener Folgeabkommens.

290 Art. 1 I des Dubliner Abkommens.

291 Art. 3 Abs. 3 des Dubliner Abkommens; vgl. ferner die allgemeinen Vorbehaltsklauseln zugunsten der Genfer Flüchtlingskonvention in Art. 2 des Dubliner Abkommens beziehungsweise Art. 28 des Schengener Durchführungsabkommens.

Bedenken könnten sich dabei aus der Tatsache ergeben, daß sich die Vertragsparteien das Recht vorbehalten haben, einen Asylbegehrenden in einen Drittstaat, der nicht dem Vertragssystem angehört, zurück- oder auszuweisen. Allerdings gilt insoweit das oben zur Zulässigkeit der Zurückweisung in einen sicheren Drittstaat Gesagte entsprechend. Denn da die Bundesrepublik Deutschland auch bereits jetzt - also außerhalb eines solchermaßen vereinbarten Zuständigkeitssystems - in Übereinstimmung mit der Genfer Flüchtlingskonvention berechtigt ist, Betroffene in den Grenzen des Refoulement-Verbotes des Art. 33 der Genfer Flüchtlingskonvention in einen aufnahmewilligen Staat zurückzuweisen[292], ändert sich durch die Regelung im Schengener Durchführungsabkommen nichts am bisherigen Rechtszustand[293]. Im Gegenteil ist vielmehr festzuhalten, daß dem jeweiligen Asylbewerber im Rahmen des Schengener beziehungsweise Dubliner Abkommens der Zugang zu dem jeweiligen nationalen Asylverfahren sichergestellt wird[294], er also im Vergleich zu einer Zurückschiebung in einen sonstigen sicheren Drittstaat, wo lediglich die Einhaltung der Verpflichtung aus Art. 33 der Genfer Flüchtlingskonvention sichergestellt sein muß, besser gestellt wird.

Darüber hinaus ist auch zu berücksichtigen, daß das Problem der *refugees in orbit* durch die Festlegung von bindenden Zuständigkeitskriterien jedenfalls innerhalb der Vertragsstaaten des Systems verhindert wird[295]. Vor diesem Hintergrund hat auch das Amt des Hohen Flüchtlingskommissars der Vereinten Nationen diese Zuständigkeitsregelung begrüßt, da sie die Gewähr dafür bietet, daß dieses Phänomen bekämpft wird[296].

Allerdings ist auch hier wiederum zu betonen, daß sichergestellt sein muß, daß auch der Staat, der nach der Zuständigkeitsordnung für die Behandlung des Antrags zuständig ist, in vollem Umfang seinen Verpflichtungen aus Art. 33 der Genfer Flüchtlingskonvention und der

---

[292] Dazu ausführlich oben S. 167 ff.

[293] Hailbronner, Perspektiven, S. 54.

[294] Art. 29 I des Schengener Folgeabkommens beziehungsweise Art. 10 I b) des Dubliner Übereinkommens.

[295] P. Weckel, La Convention Additionnelle à l'accord de Schengen, Rev. Gen. Dt. Int. Publ. 1991, S. 404 ff. (417); zuzugestehen ist allerdings Bolten, Schengen, S. 35, daß das Problem solcher Situationen jedenfalls im Verhältnis zu Drittstaaten, ungelöst bleibt und von der Konvention nicht angesprochen wird.

[296] Vgl. dazu den Nachweis bei A. Gerlach, Asylverträge in der Europäischen Gemeinschaft - Die asylrechtlichen Regelungen des Dubliner und des Zweiten Schengener Übereinkommens, AWR.-Bull. 1991, S. 34 ff. (36).

EMRK nachkommt, damit sich die Zurückweisung in diesen Staat seitens der Bundesrepublik Deutschland nicht ihrerseits als Verstoß gegen die Genfer Flüchtlingskonvention respektive die EMRK darstellt[297].

II. Wirkungserstreckung nationaler Asylentscheidungen

Bevor auf die Frage eingegangen werden kann, ob die nach dem Schengener Folgeabkommen beziehungsweise dem Dubliner Übereinkommen vorgesehene extraterritoriale Wirkung nationaler Asylrechtsentscheidungen unter Umständen nicht mit der Genfer Flüchtlingskonvention kompatibel ist, muß vorab untersucht werden, ob sich nicht bereits *de lege lata* eine solche aus der Genfer Flüchtlingskonvention selbst ergibt. Denn hätten nationale Entscheidungen bereits gemäß der Genfer Flüchtlingskonvention selbst extraterritorriale Wirkung in anderen Konventionsstaaten würde dies bedeuten, daß den Bestimmungen des Schengener Folgeabkommens beziehungsweise des Dubliner Übereinkommens dann nur eine deklaratorische Wirkung zukäme und sie somit von vorneherein zulässig wären.

A. Situation de lege lata

Im Hinblick auf eine möglicherweise sich bereits aus der Genfer Flüchtlingskonvention selbst ergebende extraterritoriale Wirkung nationaler Asylrechtsentscheidungen ist zwischen positiven (anerkennenden) und negativen (die Anerkennung verweigernden) Entscheidungen zu unterscheiden.

1. Erstreckung positiver Feststellungsbescheide

Damit ist die Frage gestellt, inwiefern die Anerkennung der Flüchtlingseigenschaft durch einen Staat für andere Staaten eine Bindungswirkung entfaltet[298]. Zunächst kann festgestellt werden, daß die Konvention nur

---

[297] Zu den dabei erforderlichen Standards vgl. ausführlich oben S. 167 ff.; zur Vereinbarkeit des Schengener/ Dubliner Systems mit Art. 8 EMRK oben S. 209 ff.

[298] Dazu allgemein P. Nicolaus, Extraterritorialität in der Genfer Flüchtlingskonvention, in: Barwig, Binnenmarkt, S. 133 ff.; H.-J. Uibopuu, Extraterritorial Effects of the Recognition of Refugee Status by Virtue of the 1951 Convention with Special Regard to European States, in: Staatsrecht - Völker-

in Art. 28 I in Verbindung mit § 7 des Anhangs die Vertragsstaaten verpflichtet, die Gültigkeit eines von einem anderen Vertragstaat ausgestellten Reiseausweises anzuerkennen. Daneben enthält sie lediglich in Art. 16 und 17 Regelungen, die Rechtsbeziehungen und Rechtsansprüche von Flüchtlingen gegenüber Drittstaaten zum Gegenstand haben[299]. Dagegen gibt sie keine Antwort auf die Frage, ob die Vertragsstaaten an den die Flüchtlingseigenschaft feststellenden Verwaltungsakt eines anderen Staates *generell* gebunden sind. Es liegt jedoch nahe, aus den oben genannten Regelungen den Umkehrschluß zu ziehen, daß die Konventionsstaaten bei Vertragsabschluß nicht davon ausgingen, eine rechtliche Bindungswirkung der in einem Staat erfolgten Anerkennung verstehe sich für alle anderen Staaten von selbst[300]. Dies wird auch durch die Enstehungsgeschichte der Konvention bestätigt. Es war im Verlaufe der Regierungskonferenz vorgeschlagen worden, dem jetzigen Art. 16 einen Zusatz hinzuzufügen, der für die Zwecke dieser Norm die anderen Vertragsstaaten ausdrücklich an eine Erstentscheidung binden würde. Nachdem aber klar geworden war, daß es sich um ein generelles Problem handelt, wurde der Vorschlag zurückgenommen, ohne daß später darauf zurückgekommen wurde, obwohl die insoweit an sich bestehende Regelungsnotwendigkeit klar erkannt worden war[301]. Auch verbietet es die Achtung der staatlichen Souveränität der Vertragsstaaten, sie ohne ausdrückliche Regelung an Entscheidungen anderer Staaten zu binden[302].

Demgegenüber ist die nachfolgende Staatenpraxis in dieser Hinsicht uneinheitlich. So hat das Exekutivkomitee des UNHCR im Jahre 1978 einstimmig einen Beschluß gefaßt, in dem es unter anderem heißt[303]:

" Das Exekutiv-Komitee

(...)

---

recht - Europarecht: Festschrift für H.-J. Schlochauer (v. Münch, Hrsg., 1981), S. 717 ff.; Bolten, Schengen, S. 26 ff.; Kälin, Grundriß, S. 213 ff. und Bierwirth, Flüchtlingskonvention, S. 315 ff.

299 Zu diesen Vorschriften vgl. Nicolaus, Anm. 298, S. 135 f.

300 So ausdrücklich auch das Bundesverfassungsgericht, BVerfGE 52, S. 391 ff. (403).

301 Vgl. Doc. A/CONF.2/SR.8; Text auch bei Takkenberg/ Tahbaz, Anm. 276, vol. III, S. 270 f.

302 Bolten, Schengen, S. 27.

303 Nr. 12 (XXIX) Extraterritoriale Wirkung der Feststellung der Flüchtlingseigenschaft, Doc. Nr. 12 A (A/33/12/Add.1), Text in UNHCR, Internationaler Rechtsschutz, S. 23 f.

f) war der Auffassung, daß der Zweck des Abkommens von 1951 und des Protokolls von 1967 impliziert, daß die von einem Vertragsstaat festgestellte Flüchtlingseigenschaft auch von anderen Vertragsstaaten anerkannt wird

(...)"

Zugleich wird an derselben Stelle aber auch festgestellt, daß "mehrere Bestimmungen des Abkommens es einem Flüchtling (...) ermöglichen, *bestimmte Rechte*[304] - als Flüchtling - auch in einem anderen Vertragsstaat auszuüben, und daß die Ausübung *solcher Rechte*[305] nicht einer neuen Feststellung seiner Flüchtlingseigenschaft unterworfen ist[306]. Dies scheint darauf hinzudeuten, daß eben gerade nur den oben erwähnten Art. 14, 16 und 28 in Verbindung mit § 7 des Anhangs extraterritoriale Wirkung zukommen sollte[307].

Gegen die Anerkennung einer generellen extraterritorialen Wirkung haben sich auch das deutsche Bundesverfassungsgericht[308] und das deutsche Bundesministerium der Justiz[309] ausgesprochen[310]. Auch die Schweiz scheint lediglich im Hinblick auf die Ausübung diplomatischen Schutzes zugunsten eines Flüchtlings anzunehmen, daß einer nationalen Anerkennungsentscheidung eine extraterritoriale Wirkung zukommt[311]. Schließlich geht auch der frühere Hochkommissar der Vereinten Nationen für Flüchtlinge *Snyder* davon aus, daß eine solche Entschei-

---

304 Hervorhebung durch den Verfasser

305 Hervorhebung durch den Verfasser.

306 Ebd. unter b).

307 So auch Köfner/ Nicolaus, Grundlagen, Bd. 1, S. 145.

308 BVerfGE 52, S. 391 ff. (403).

309 Ibid., S. 395 f. unter Bezugnahme auf weitergehende Staatenpraxis; so auch bereits früher das Bundesverwaltungsgericht in BVerwGE 7, S. 333 ff. (334 f.); der Bay. VGH, Urteil vom 25. 9. 1956 (- 204 VIII 55; dazu Grahl-Madsen, Anm. (?), S. 337 f.). Demgegenüber ist die Haltung des VG Ansbach (vgl. z. Bsp. das Urteil v. 8. 7. 1958 - 3437/39 II/57; Urteil vom 11. 5. 1960 - 5202-III/59, dazu Grahl-Madsen, ebd. und K. Zink, Das Asylrecht in der Bundesrepublik Deutschland nach dem Abkommen vom 28. Juli 1951 über die Rechtsstellung der Flüchtlinge unter besonderer Berücksichtigung der Rechtsprechung der Verwaltungsgerichte (1962), S. 215) vereinzelt geblieben.

310 Vgl. seit 1990 aber § 51 Abs. 2 Nr. 2 AuslG, wonach eine im Ausland als Flüchtling anerkannte Person auch im Bundesgebiet automatisch die Rechtsstellung eines Konventionsflüchtlings genießt.

311 Schweiz. Jb. Int. R. 1978, S. 111 ff.

dung gegenüber den anderen Vertragsstaaten der Genfer Flüchtlingskonvention lediglich eine nicht-rechtliche Verpflichtungswirkung entfalte[312].

2. Erstreckung negativer Entscheidungen

Grundsätzlich gilt auch für negative Entscheidungen das oben Gesagte, so daß auch insoweit grundsätzlich eine Bindungswirkung zu verneinen ist. Dies wird im übrigen durch die Rechtsprechung des Bundesverfassungsgerichts bestätigt, welches auch für diese Fallgruppe eine solche Wirkung verneint[313]. Auch gerichtliche Entscheidungen anderer Staaten sind wiederholt diesem Grundsatz gefolgt[314], so daß insgesamt auch für negative Entscheidungen jedenfalls *de lege lata* keine extraterritoriale Erstreckungswirkung nachzuweisen ist[315].

B. Situation de lege ferenda

Unabhängig von der damit geklärten Frage, ob die Genfer Flüchtlingskonvention schon aus sich heraus eine Anerkennung ausländischer Entscheidungen fordert, stellt sich das zusätzliche Problem, ob eine zwi-

[312] F. Snyder, Les aspects juridiques du problème des réfugiés, RdC 1965, S. 335 ff. (369): "(...) conforme aux usages et aux règles de la *courtoisie* internationale (...)" (Hervorhebung durch den Verfasser). Auch das Bundesverfassungsgericht geht davon aus, daß es den völkerrechtlichen Verpflichtungen aus der Genfer Flüchtlingskonvention entspricht, grundsätzlich die ausländische Anerkennungsentscheidung bei der Beurteilung des Vorliegens der Flüchtlingseigenschaft *faktisch* mit zu berücksichtigen, BVerfGE 52, S. 391 ff. (406). Für die Annahme einer bloßen Indizwirkung auch Kimminich, Rechtsstatus, S. 77. Für eine solche *de lege lata* bestehende Bindungswirkung demgegenüber Zink, Anm. 309, S. 217.

[313] BVerfGE 9, S. 174 ff. (181). Allerdings ist zu berücksichtigen, daß das Bundesverfassungsgericht diese Ansicht auf das Argument stützte, der Begriff des "politisch Verfolgten" im Sinne von Art. 16 Abs. 2 S. 2 GG a.F. sei weiter als der des Flüchtlings im Sinne der Genfer Flüchtlingskonvention und "deshalb seien Entscheidungen, die eine Anerkennung als Flüchtling versagen für die Frage der Asylgewährung an politisch Verfolgte nicht präjudiziell."

[314] Vgl. etwa die Entscheidung des niederländischen Kassationshofes vom 29. 5. 1987, Nederlands Juristenblad 1988, No. 56 mit Anmerkung Swart; zitiert bei Bolten, Schengen, S. 20 Fn. 22.

[315] Aber auch hier gilt das oben Gesagte, d.h. es ist gleichwohl von einer Indizwirkung auch für das spätere Verfahren auszugehen.

schen einzelnen Vertragsparteien getroffene *inter se* Vereinbarung über die Anerkennung ausländischer Asylrechtsentscheidungen, mit der Genfer Flüchtlingskonvention vereinbar ist.

1. Problemstellung

Die im Schengener Folgeabkommen beziehungsweise dem Dubliner Übereinkommen vorgesehene Wirkungserstreckung ausländischer Asylrechtsentscheidungen führt nach dem oben Gesagten im Verhältnis der Vertragsparteien des neuen Abkommens zu einer Modifikation der ansonsten geltenden Regelungen der Genfer Flüchtlingskonvention. Der niederländische Staatsrat war in einem Gutachten im Jahre 1991 in der Tat zu dem Ergebnis gelangt, daß das Schengener Übereinkommen mit der Genfer Flüchtlingskonvention unvereinbar sei:

> "The system in the Convention on Refugees assumes that the obligations apply to each of the States which are signatories to the Treaty separately, when a foreigner seeks asylum. (...) This specific, independent responsibility means that each of the Treaty States makes its own judgement about the basis for a decision about refusal or deportation, without there being any mention of consistency with other Treaty States. (...) The State cannot pass on to another State its responsibility towards an applicant for asylum, and accordingly it cannot hide behind another State's decision either[316]. (...) In the opinion of the Council, the system under the Implementing Agreement[317], in as far as it leads to the transfer of responsibility to another state, which then decides on refugee status according to its own law on asylum (Art. 32 of the Implementing Agreement), has no basis in the Convention on Refugees, and thus according to Ar-

---

[316] Hier erfolgt dann eine Bezugnahme auf die Entscheidung des Hoogen Raads vom 29. 5. 1987, Nederlands Juristenblad 1988, No. 56.

[317] Gemeint ist das Schengener Folgeabkommen.

ticle 135 of the Implementing Agreeement[318], it cannot be applied. (...)"[319]

Zur Beurteilung, ob dieser Aussage des niederländischen Staatsrates zuzustimmen ist, muß auf Art. 41 der Wiener Vertragsrechtskonvention rekurriert werden[320], wo es heißt:

---

[318] Art. 135 des Schengener Folgeabkommens lautet:
"Die Bestimmungen dieses Übereinkommens gelten vorbehaltlich der Bestimmungen der Genfer Konvention vom 28. Juli 1951 über den Flüchtlingsstatus in der Fassung des Protokolls von New York vom 31. Januar 1967."

[319] Der volle niederländische Text des Gutachtens findet sich in Tweede Kamer der Staten General 1990/91, Ds. 22140. Das obige Zitat befindet sich dort auf den S. 15 ff. zusammen mit den Erwiderungen der niederländischen Regierung. Die Übersetzung wurde entnommen Jessurun d'Oliveira, Anm. 61, S. 176 f. Vgl. dazu auch die Haltung der deutschen Bundesregierung BT-Drs. 12/585, S. 7 f., welche die Kritik nicht teilt.

[320] Demgegenüber ist Art. 30 Abs. 4 des Wiener Übereinkommens über das Recht der Verträge *nicht* anwendbar, da sich dieser nicht mit der Zulässigkeit von solchen *inter se* Abkommen, sondern mit der dahinter liegenden Frage der *Anwendung* einmal geschlossener aufeinander folgender Verträge über denselben Gegenstand befaßt, vgl. dazu Verdross/ Simma, S. 508.

Bedenken hinsichtlich einer Anwendbarkeit von Art. 41 der Wiener Vertragsrechtskonvention auf das Verhältnis Genfer Flüchtlingskonvention - Schengener Folgeabkommen/ Dubliner Übereinkommen könnten sich allenfalls aus Art. 4 der Wiener Vertragsrechtskonvention ergeben, wonach die Regeln der Konvention nur auf solche Verträge Anwendung finden, die von Staaten geschlossen werden, *nachdem* die Wiener Vertragsrechtskonvention ihrerseits für sie in Kraft getreten ist. Für eine Bejahung der Anwendbarkeit der Wiener Vertragsrechtskonvention spricht immerhin, daß die modifizierenden späteren Verträge, also das Schengener beziehungsweise Dubliner Abkommen ihrerseits - anders als die Genfer Flüchtlingskonvention - unzweifelhaft vom zeitlichen Anwendungsbereich der Wiener Vertragsrechtskonvention erfaßt werden und Art. 41 primär die Rechtsfolgen der späteren modifizierenden Verträge regeln will, wie hier S. Rosenne, The Temporal Application of the Vienna Convention on the Law of Treaties, Corn. Int. L. J. 1970, S. 1 ff. (6).

Letztlich kann die Frage jedoch offen bleiben, da Art. 41 auch Völkergewohnheitsrecht kodifiziert haben dürfte, vgl. bereits etwa den ähnlich strukturierten Kodifikationsvorschlag in Art. 22 der Harvard Draft Convention on the Law of Treaties, Text bei I. Stabreit, Die Revision multilateraler Verträge durch eine begrenzte Anzahl der Vertragsparteien (1964), S. 53. Vgl. außer-

"1. Zwei oder mehrere Vertragsparteien eines mehrseitigen Vertrages können eine Übereinkunft schließen, um den Vertrag ausschließlich im Verhältnis zueinander zu modifizieren,

a) wenn die Möglichkeit einer solchen Modifikation in dem Vertrag vorgesehen ist oder

b) wenn die betreffende Modifikation durch den Vertrag nicht verboten ist und

i) die anderen Vertragsparteien in dem Genuß ihrer Rechte auf Grund des Vertrags oder in der Erfüllung ihrer Pflichten nicht beeinträchtigt und

ii) sich nicht auf eine Bestimmung bezieht, von der abzuweichen mit der vollen Verwirklichung von Ziel und Zweck des gesamten Vertrags unvereinbar ist.

(...)"

2. Ausdrückliches Verbot in der Genfer Flüchtlingskonvention ?

Zunächst ist festzustellen, daß die Genfer Flüchtlingskonvention selbst keine ausdrückliche Regelung einer solchen *inter se* wirkenden Modifikation zwischen einzelnen seiner Vertragsparteien im Sinne des Art. 41 I lit a) der Wiener Vertragsrechtskonvention vorsieht. Die einzige in diese Richtung gehende Regelung des Art. 45 der Genfer Flüchtlingskonvention[321] erfaßt einen anderen Fall, nämlich den der formellen Änderung des Vertragstextes mit Wirkung für *alle* Vertragsparteien, so wie es in Art. 40 der Wiener Vertragsrechtskonvention geregelt ist[322]. Daß von den Parteien des Schengener Folgeabkommens beziehungsweise des Dubliner Übereinkommens nur eine personell begrenzte Modifikation -

---

dem das Gutachten des IGH zur Genozid-Konvention, wo ebenfalls Ziel und Zweck eines multilateralen Vertrages als Grenze einer inter-se wirkenden Modifizierung angesehen werden:

"(...) none of the contracting parties [of a multilateral convention] is entitled to impair or frustrate, by means of (...) particular agreements, the purpose or *raison d'être* of the Convention"

ICJ Rep. 1949, S. 21.

[321] Art. 45 lautet in seinem insoweit einschlägigen Abs. 1:

"Any Contracting State may request revision of this Convention at any time by a notification adressed to the Secretary General of the United Nations."

[322] Zur Unterscheidung zwischen beiden Situation vgl. bereits Yb. ILC 1966 II, S. 235; ferner I. Sinclair, The Vienna Convention on the Law of Treaties (2.Aufl., 1984), S. 106 f.

nicht aber eine Revision der Genfer Flüchtlingskonvention im Verhältnis zu allen Vertragsparteien - gewollt ist, belegt schon der Wortlaut von Art. 28 des Schengener Folgeabkommens beziehungsweise Art. 2 des Dubliner Übereinkommens, worin die Vertragsparteien jeweils ihre Verpflichtungen aus der Genfer Flüchtlingskonvention bekräftigen[323].

Weiterhin ist festzustellen, daß die Genfer Flüchtlingskonvention keine sonstigen Normen enthält, die *ausdrücklich* der Ausdehnung der Wirkung negativer Entscheide für die nationale Rechtsordnung eines anderen Vertragsstaates entgegenstehen. Damit wäre somit aber die Vereinbarung eines Systems nach Schengener beziehungsweise Dubliner Modell unter der Geltung der Genfer Flüchtlingskonvention im Lichte des Art. 41 der Wiener Vertragsrechtskonvention nur dann unzulässig, wenn entweder[324] die anderen Vertragsparteien in dem Genuß ihrer Rechte auf Grund des Vertrags oder in der Erfüllung ihrer Pflichten beeinträchtigt würden[325] oder wenn sich die Abkommen auf Bestimmungen beziehen würden, von denen abzuweichen mit der vollen Verwirklichung von Ziel und Zweck der Genfer Flüchtlingskonvention unvereinbar wäre[326].

3. Mögliche Beeinträchtigungen der Rechte der anderen Vertragsparteien der Genfer Flüchtlingskonvention

Die International Law Commission ging in ihrem Kommentar zu Art. 41 I lit b) i) der Wiener Vertragsrechtskonvention[327] davon aus, spätere *inter se* Abkommen dürften weder die Rechte dritter Staaten verletzen noch ihnen zusätzliche Belastungen auferlegen[328]. Im Hinblick auf die Anerkennung *positiver* Asylrechtsentscheidungen scheint nicht Anlaß für Bedenken zu bestehen. Zum einen führt eine solche Erstreckung lediglich

---

[323] Vgl. auch den zweiten Erwägungsgrund der Präambel des Dubliner Übereinkommens, wonach die Parteien entschlossen sind, "(...) gemäß den Bestimmungen des Genfer Abkommens (...) den Flüchtlingen einen angemessenen Schutz zu bieten".

[324] Zu dem Umstand, daß alle Tatbestandsvoraussetzungen von Art. 41 Wiener Vertragsrechtskonvention erfüllt sein müssen, vgl. R. Dixit, Amendment or Modification of Treaties, Ind. J. Int. L. 1970, S. 37 ff. (44).

[325] Dazu sogleich unten.

[326] Dazu unten S. 225.

[327] Damals Art. 37 des Entwurfs, YbILC 1966 II, S. 235 = Art. 67 Entwurf 1964.

[328] "[M]ust not prejudice their rights or add to their burdens.", Yb.ILC 1966 II, S. 235.

eine Besserstellung des einzelnen Flüchtlings herbei; zum anderen wird dadurch auch die rechtliche Stellung der anderen Vertragsparteien der Genfer Flüchtlingskonvention nicht verschlechtert. Vielmehr handelt es sich um eine Modifikation, welche ausschließlich die rechtlichen Interessen der Vertragsparteien des Schengener Folgeabkommens tangiert, denn nur diese sind verpflichtet, Entscheidungen anderer Vertragsparteien anzuerkennen[329]. Vor diesem Hintergrund bietet das Schengener Folgeabkommen also keinen Anlaß für völkerrechtliche Bedenken. Darüber hinaus wird die Zulässigkeit derartiger Wirkungserstreckungen auch durch einen Beschluß des Exekutiv-Komitees des UNHCR bestätigt, wonach eine solche Anerkennung als wichtiger Schritt zur weiteren Verwirklichung der Konvention angesehen wird[330]. Anders verhält es sich jedoch möglicherweise mit der Anerkennung negativer Entscheidungen.

Durch eine im Schengener Folgeabkommen beziehungsweise dem Dubliner Übereinkommen vorgesehene Anerkennungsvereinbarung wird eine Mehrzahl von Ablehnungsentscheidungen durch eine einzelne ersetzt. Hiervon werden jedoch die Interessen von Drittstaaten ebenfalls nicht berührt, da sich auch aus einer solchen ablehnenden Entscheidung für sie keine rechtlichen Konsequenzen ergeben, sie insbesondere nicht an diese - genauso wenig wie an sonstige einzelstaatliche Entscheidungen - gebunden sind. Der faktische Umstand allein, daß sich Asylbewerber aufgrund dieser einheitlichen Ablehnungspraxis möglicherweise verstärkt an andere Staaten mit der Bitte um Aufnahme wenden könnten, ist insoweit irrelevant. Denn hierin - selbst wenn man davon ausgeht, daß diese Folge wirklich eintreten sollte - ist keine unrechtmäßige Belastung zu sehen, die denjenigen Staaten zurechenbar wäre, welche ein solches Anerkennungssystem *inter partes* vereinbart haben[331]. Im übrigen wird die Zulässigkeit solcher Vereinbarungen auch durch die weitere Staatenpraxis belegt. So waren bereits im Rahmen des Europarates Anfang der achtziger Jahre Vorarbeiten zu einem ähnlichen Vertrag unternommen

---

329 Zu diesem "principle of separability" vgl. bereits E. Hoyt, The Unanimity Rule in the Revision of Treaties (1959), S. 113 f.; Beispiel für eine solche Trennbarkeit bei G. Dahm, Völkerrecht, Bd. 3 (1961), S. 129.

330 Nr. 12 (XXIX) Extraterritoriale Wirkung der Feststellung der Flüchtlingseigenschaft, Doc. Nr. 12 A (A/33/12/Add.1), Text in UNHCR, Internationaler Rechtsschutz, S. 23 f.

331 Soweit sich überhaupt Äußerungen zu diesem Problemkreis finden lassen, gehen sie davon aus, daß eine solche Erstreckung mit der Genfer Flüchtlingskonvention kompatibel ist, so etwa Hailbronner, Perspektiven, S. 115; auch Uibopuu, Anm. 298, S. 718 scheint dieser Ansicht zu sein.

worden[332]. Außerdem öffnen sich auch Staaten außerhalb der Europäischen Gemeinschaften wie etwa die Schweiz[333] oder Kanada[334] zunehmend für solche Vorhaben. Dies bedeutet, daß durch die Erstreckung der Wirkungen nationaler Verwaltungsakte im Bereich der Asylanerkennung die Rechte anderer Unterzeichnerstaaten der Genfer Flüchtlingskonvention grundsätzlich nicht tangiert werden[335].

4. Vereinbarkeit mit Ziel und Zweck der Genfer Flüchtlingskonvention

Die Dubliner beziehungsweise Schengener Vereinbarungen wären nach Art. 41 I b) ii) der Wiener Vertragsrechtskonvention dann völkerrechtlich unzulässig[336], wenn sie von Bestimmungen der Genfer Flüchtlingskonvention abweichen würden, die zur Verwirklichung von Ziel und Zweck des Vertrages notwendig sind. Grundsätzlich überläßt es die Gen-

---

[332] Draft Agreement on the Responsibility for Examining an Asylum Request, vgl. dazu den vom Raoul Wallenberg Institute of Human Rights and Humanitarian Law herausgegebenen Report Nr. 1 - Responsibility for Examining an Asylum Request (1986), *passim* und dort vor allem die bereits oben 183 erwähnte Stellungnahme von M. O. Wiederkehr. Der Entwurf scheiterte lediglich aus politischen Gründen, da sich die Staaten nicht auf Zuständigkeitskriterien einigen konnten.

[333] Vgl. etwa Art. 13 c I, 16 I lit. c und 19 Abs. 2 lit. a Schweizer Asylgesetz. Die Vorarbeiten zu einem Parallelabkommen zwischen der Schweiz und den Vertragsparteien des Dubliner Übereinkommens sind bereits weitgehend abgeschlossen.

[334] Vgl. Sect. 114 (5) des kanadischen Immigration Act, wonach bei der Zurückschiebung in einen sicheren Drittstaat Berücksichtigung findet,

> "(...) whether the country is a party to an agreement with Canada concerning the sharing of responsibility for examining refugee claims (...)".

[335] A.A. aber Bolten, Schengen, S. 28. Etwas anderes würde nur im Falle der Anerkennung eklatant falscher Entscheidungen gelten, da Art. 33 der Genfer Flüchtlingskonvention eine *erga omnes*-Verpflichtung gegenüber allen anderen Vertragsparteien der Konvention enthält.

[336] Zur Rechtsfolge im Falle des Verstoßes gegen die Regelungen des Art. 41 der Wiener Vertragsrechtskonvention vgl. Verdross/ Simma, S. 508, wonach nur in den Grenzen des Art. 53 der Wiener Vertragsrechtskonvention die Nichtigkeitsfolge eintritt.

fer Flüchtlingskonvention - in den oben dargestellten Grenzen[337] - den einzelnen Vertragsstaaten, in welcher Art und Weise sie das Anerkennungsverfahren durchführen. Entscheidend kommt es der Konvention - auch nach ihrer gesamten *ratio legis*, nämlich dem Schutz der Flüchtlinge zu dienen, - lediglich darauf an, daß ihre materiellen Vorschriften, insbesondere das Refoulement-Verbot, eingehalten werden. Unterstellt man aber, daß auch der Staat, dessen negative Entscheidung anerkannt werden soll, die Mindestgarantien für die Überprüfung der Flüchtlingseigenschaft und des Bestehens oder Nicht-Bestehens einer Gefahr im Sinne von Art. 33 der Genfer Flüchtlingskonvention eingehalten hat, stellt sich die Situation für den Betroffenen nicht schlechter dar, als wenn der anerkennende Staat selbst ein solches Verfahren unter Einhaltung dieser Mindestgarantien durchgeführt hätte.

Daß die Vereinbarung einer engeren zwischenstaatlichen Zusammenarbeit zwischen einzelnen Vertragsparteien auch mit Ziel und Zweck multilateraler Verträge zum Schutz von Menschenrechten vereinbar sein kann, wird im übrigen auch durch die Praxis der Europäischen Kommission für Menschenrechte im Rahmen der EMRK belegt. So hat die Kommission mittlerweile anerkannt, daß die Mitgliedsstaaten der EMRK jedenfalls dann ohne Verstoß gegen die Konvention Rechte auf zwischenstaatliche Entscheidungen übertragen dürfen und deren Entscheidungen auch ohne weitere Prüfung vollstrecken dürfen, wenn diese Einrichtung - *in concreto* die Europäischen Gemeinschaften - ihrerseits einen äquivalenten Schutz der Rechte aus der EMRK gewährleistet[338]. Dabei fällt auf, daß eine solche Anerkennung und Vollstreckung fremder Entscheidungen im Schutzbereich der EMRK für zulässig erachtet wurde, ohne daß - genausowenig wie im Rahmen der Genfer Flüchtlingskonvention - eine entsprechende Erlaubnisnorm *expressis verbis* in der Konvention verankert ist.

Schließlich zeigen Regelungen in anderen, vergleichbaren Bereichen, daß Beschränkungen der Zusammenarbeit zwischen einzelnen Mitgliedstaaten eines multilateralen Vertrages auch im Bereich des Menschenrechtsschutzes, sofern sie von den Vertragsparteien des ursprünglichen Vertrages gewollt sind, besonders festgelegt werden. So enthält etwa Art. 12 des 3. Genfer Rotkreuzabkommens über die Behandlung

---

[337] Zum Mindeststandard für das Anerkennungsverfahren vgl. oben S. 78.

[338] Application 13258/87 M & Co v. Bundesrepublik Deutschland, Wortlaut der Entscheidung in ZaöRV 1990, S. 865 ff.; dazu umfassend T. Giegerich, Luxemburg, Karlsruhe, Straßburg - Dreistufiger Grundrechtsschutz in Europa ?, ibid., S. 836 ff. (860 ff.).

von Kriegsgefangenen[339] die Ermächtigung, Kriegsgefangene nur dann an einen Drittstaat zu überstellen, wenn dieser Drittstaat selbst Vertragsstaat ist und sichergestellt ist, daß der übernehmende Staat willens und in der Lage ist, die Bestimmungen der Konvention einzuhalten[340].

Nach alledem läuft das im Schenger Folgeabkommen beziehungsweise dem Dubliner Übereinkommen vorgesehene System nicht Ziel und Zweck der Genfer Flüchtlingskonvention zuwider. Darüber hinaus steht dieses Vorgehen der europäischen Staaten aber auch in Übereinstimmung mit den sonstigen Bestimmungen der Genfer Flüchtlingskonvention.

5. Vereinbarkeit mit Art. 39 GFK

Art. 39 der Genfer Flüchtlingskonvention sieht vor, daß nur Staaten Vertragsparteien der Konvention werden können[341]. Vor diesem Hintergrund wurde teilweise vertreten, die Einführung eines Zuständigkeitssystems nach dem Schengener Modell ersetze die Mitgliedschaft der einzelnen Schengen-Staaten jedenfalls *de facto* durch eine Mitgliedschaft der Europäischen Gemeinschaften und sei aus diesem Grunde unzulässig[342]. Diese Überlegung erscheint jedoch verfehlt. Denn die Vereinbarung einer Erstreckungswirkung führt gerade nicht dazu, daß eine überstaatliche Organisation an die Stelle der einzelnen Vertragsstaaten tritt. Vielmehr bleibt es grundsätzlich bei der individuellen Mitgliedschaft der einzelnen Schengen- beziehungsweise Dublin-Staaten, die lediglich über die Genfer Flüchtlingskonvention hinausgehend eine engere Zusammenarbeit vereinbaren. Entsprechend geht etwa auch die Europäische Kommission für Menschenrechte im Hinblick auf die Integration im Rahmen des eigentlichen Gemeinschaftsrechts, - die noch dazu weit über die Kooperation im Rahmen des Schengener beziehungsweise Dubliner Systems hinausgeht - davon aus, daß gleichwohl keine Auswechslung der Vertragsparteien der

---

[339] BGBl. 1954 II, S. 838.

[340] Zu Einzelheiten dieser Bestimmung vgl. IKRK (Hrsg.), La Convention de Genève Relative au Traitement des Prisonniers de Guerre (1959), S. 140 ff.

[341] Daher ist *de lege lata* auch ein Beitritt der Europäischen Gemeinschaft oder der Europäischen Union, sofern diese überhaupt Völkerrechtspersönlichkeit besitzt, zur Genfer Flüchtlingskonvention unzulässig. Davon zu unterscheiden ist eine selbstauferlegte Bindung an die Vorgaben der Genfer Flüchtlingskonvention, wie sie sich nunmehr aus Art. K. 2 des Vertrages über die Europäische *Union* ergibt. Zur Frage einer möglichen Bindung der Europäischen *Gemeinschaft* vgl. unten S. 364 ff..

[342] Insoweit einen Verstoß bejahend Bolten, Schengen, S. 27.

EMRK zu Lasten der Mitgliedsstaaten und zu Gunsten der Europäischen Gemeinschaften stattgefunden hat[343]. Bleibt es damit aber bei der Mitgliedsschaft der einzelnen Vertragsstaaten des Schengener- beziehungsweise Dubliner Abkommens, ist auch ein Verstoß gegen Art. 39 der Genfer Flüchtlingskonvention ausgeschlossen.

6. Ergebnis

Aus den obigen Überlegungen ergibt sich damit, daß keine grundsätzlichen völkerrechtlichen Bedenken dagegen bestehen, die Wirkung einer für den einzelnen Betroffenen positiven oder negativen Asylentscheidung auf mehrere Staaten zu erstrecken, so daß als Folge auch Art. 16 a V GG im Lichte der Genfer Flüchtlingskonvention als völkerrechtlich zulässig angesehen werden kann. Allerdings muß dabei sichergestellt werden, daß die anzuerkennende Entscheidung konventionsgemäß zustande gekommen ist und deren materielle Vorgaben beachtet hat. Würde ein Mitgliedsstaat der Genfer Flüchtlingskonvention einschließlich der Bundesrepublik Deutschland auch Entscheidungen, welche der Konvention zuwiderlaufen, als wirksam behandeln und sie sich damit zu eigen machen, würde er sich selbst einer Völkerrechtsverletzung schuldig machen[344]. Da aber die anderen Schengen-Staaten, deren Entscheidungen potentiell anzuerkennen sind, ihrerseits an die Genfer Flüchtlingskonvention gebunden sind, wobei deren Einhaltung nicht nur vom UNHCR überwacht, sondern auch im Rahmen des jeweiligen nationalen Asylverfahrens geltend gemacht werden kann, dürfte es jedenfalls im Regelfall zu konventionsgemäßen Entscheidungen kommen.

Soweit allerdings einzelne der Vertragsparteien im Hinblick auf bestimmte Flüchtlingsgruppen keinen Zugang zu einem geordneten Anerkennungsverfahren gewährleisten, sondern stattdessen die Betroffenen ohne nähere Prüfung in die jeweiligen Verfolgerstaaten verbringen[345] muß den Betroffenen - in ähnlicher Weise wie bei anderen Drittstaaten[346]

---

[343] Vgl. dazu die Entscheidung der Kommission im Fall C.F.D.T. gg. Europäische Gemeinschaften, Beschwerde 8030/77, vom 10. 7. 1978, Text in EuGRZ 1979, S. 431 f. (431).

[344] Allgemein zu diesem Problemkreis der "Übernahme" fremder Völkerrechtsverletzungen G. Dahm, Völkerrecht, Bd. I (1958), S. 264; F. Berber, Lehrbuch des Völkerrechts, Bd. III (1977), S. 17.

[345] Zu Beispielen, wo sich diese Gefahren auch im Hinblick auf (potentielle) Vertragsparteien des Schengener Systems stellen näher oben S. 179.

[346] Dazu im einzelnen oben S. 177 ff.

- die Möglichkeit geboten werden geltend zu machen, der andere Vertragsstaat komme seinen Verpflichtungen aus der Genfer Flüchtlingskonvention nicht nach. Eine solche Praxis wäre von dem Schengener beziehungsweise Dubliner Übereinkommen auch gedeckt. Denn zum einen bleibt es den einzelnen Vertragsparteien gemäß Art. 29 Abs. 4 des Schengener Folgeabkommens beziehungsweise Art. 3 Abs. 4 des Dubliner Übereinkommens stets unbenommen, einen Asylantrag trotz an sich nicht bestehender Zuständigkeit zu prüfen. Zum anderen aber ergibt sich dies aus Art. 135 des Schengener Folgeabkommens bzw. Art. 2 des Dubliner Übereinkommens, wonach die Bestimmungen der Genfer Flüchtlingskonvention - also insbesondere das in Art. 33 enthaltenen Verbot der Kettenabschiebung - vorbehalten bleiben.

Ausgehend von diesem Befund beschränkt sich die grundsätzliche Anerkennungsfähigkeit dann aber nicht nur auf materielle Entscheidungen, sondern erstreckt sich auch auf diejenigen Entscheidungen, die lediglich aus verfahrensrechtlichen Gründen ergangen sind. So etwa solche Entscheidungen, die darauf beruhen, daß der Asylbewerber Antrags- oder Einspruchsfristen nicht eingehalten hat. Denn nach dem oben Gesagten muß davon ausgegangen werden, daß die Mitgliedsstaaten der Genfer Flüchtlingskonvention *eigene* rechtskräftige, flüchtlingsrelevante Entscheidungen durchsetzen und vollstrecken können, auch wenn sie darauf beruhen, daß Rechtsmittelfristen ungenutzt geblieben waren[347]. Folgen von Nachlässigkeiten und Unterlassungen des Gesuchstellers, die zum Eintritt der Rechtskraft der Entscheidung des Erstasyllandes führen, können dann aber prinzipiell auch nicht als Anlaß genommen werden, ihm in jedem weiteren Staat die Möglichkeit einer erneuten sachlichen Prüfung zu gewähren[348].

---

347 Voraussetzung ist allerdings, daß das Verfahren insgesamt den oben skizzierten Mindestanforderungen entspricht.

348 S. Werenfels, Der Begriff des Flüchtlings im schweizerischen Asylrecht (1987), S. 346. Etwas anderes könnte allenfalls dann gelten, wenn sich die Lage im Aufnahmeland während des Verfahrens signifikant verschlechtert mit der Folge, daß die Durchsetzung einer zuvor - rechtmäßig - ergangenen Entscheidung sich aufgrund veränderter Umstände nunmehr als im Sinne von Art. 33 der Genfer Flüchtlingskonvention unzulässiges Refoulement darstellen würde.

Dritter Hauptteil

Verfassungsrechtliche Rahmenbedingungen

Im folgenden soll nunmehr der Frage nachgegangen werden, ob sich die Neuregelung des deutschen Asylrechts noch in dem Rahmen der rechtlichen Vorgaben bewegt, die auch im Verhältnis zum verfassungsändernden Gesetzgeber Geltung beanspruchen.

Erster Teil: Vereinbarkeit von Art. 16 a GG mit Art. 79 GG

In diesem Teil soll geprüft werden, ob die Neuregelung des Asylrechts für politisch Verfolgte, so wie sie in dem neugeschaffenen Art. 16 a des Grundgesetz für die Bundesrepublik Deutschland ihren Platz gefunden hat, mit Art. 79 Abs. 3 GG in Verbindung mit den in Artikel 1 und 20 Grundgesetz enthaltenen Grundsätzen vereinbar ist, ob also möglicherweise die dadurch herbeigeführte Änderung des Grundgesetzes die in den Artikeln 1 und 20 niedergelegten Grundsätze berührt[1].

Bevor jedoch diese materiellen Probleme im einzelnen einer Lösung zugeführt werden, soll zunächst auf die Frage eingegangen werden, ob die sich aus Art. 79 *Abs. 1* GG ergebenden formellen Bindungen des verfassungsändernden Gesetzgebers die ihnen gebührende Beachtung gefunden haben.

---

[1] Die anderen, in Art. 79 Abs. 3 GG angesprochenen materiellen Grenzen für eine Verfassungsänderung kommen im vorliegenden Fall als Sperre offensichtlich nicht in Betracht.

1. Kapitel: Zur Beachtung des Art. 79 Abs. 1 GG

Gemäß Art. 16 a Abs. 2 S. 3 GG können gegenüber einem aus einem der dort genannten oder in Bezug genommenen sicheren Drittstaaten eingereisten Asylbewerber aufenthaltsbeendende Maßnahmen unabhängig von einem hiergegen eingelegten Rechtsbehelf vollzogen werden. Damit könnte eine inhaltliche Änderung des Art. 19 Abs. 4 GG stattgefunden haben[2], ohne daß *insoweit* der Text der Verfassung geändert wurde, wenn zum einen Art. 19 Abs. 4 GG auch eine Garantie des einstweiligen Rechtsschutzes mit umfaßt[3] und wenn zum anderen Art. 16 a Abs. 2 S. 3 GG in der Tat einen vollständigen Ausschluß des einstweiligen verwaltungsgerichtlichen Rechtsschutzes ermöglicht, so wie dies nunmehr in § 34 a Abs. 2 AsylVfG 1993 vorgesehen ist.

Auf diese beiden Problemkreise vorliegend einzugehen erübrigt sich aber dann, wenn Art 79 Abs. 1 GG gerade nicht erfordern würde, daß die Änderung des Grundgesetzes nur an der Stelle erfolgen darf und zugleich aber auch muß, wo eine Veränderung des materiellen Gehalts stattfindet[4]. Für ein solches Erfordernis spricht zwar, daß bereits im Rahmen der Einfügung von Art. 10 Abs. 2 S. 2 GG im Jahre 1968 zugleich auch Art. 19 Abs. 4 GG um einen weiteren Satz ergänzt wurde, wonach Art. 10 Abs. 2 S. 2 GG unberührt bleibt. Demgegenüber ergibt sich aus dem Wortlaut von Art. 79 Abs. 1 S. 1 GG aber keineswegs, daß alle Grundgesetznormen, welche durch eine Verfassungsänderung in irgendeiner Form tangiert werden können, in der oder den neu hinzutretenden Verfassungsnorm(en) ausdrücklich genannt werden müssen. Darüber hinaus belegt die Entstehungsgeschichte des Grundgesetzes, daß die in Art. 79 Abs. 1 S. 1 GG gewählte Formulierung lediglich sicherstellen sollte, daß der Wortlaut des Grundgesetzes

---

[2] Vgl. dazu die (allerdings nur verfassungs*politisch* motivierte) Kritik bei B. Schlink, Stellungnahme zum Entwurf eines Gesetzes zur Änderung des Grundgesetzes (Artikel 16 und 18), 55. Sitzung des Innenausschusses, 71. Sitzung des Rechtsausschusses und 8. Anhörung der Gemeinsamen Verfassungskommission vom 11. 3. 1993 (inskünftig zitiert als Schlink, Stellungnahme), S. 425 ff. (425); ebenso bereits die Äußerung des nordrhein-westfälischen Innenministers Schnoor im Rahmen der 16. Sitzung der Gemeinsamen Verfassungskommission vom 4. 2. 1993, Sten. Bericht, S. 15 f., der hierin zumindest eine Problem der Rechtskultur sieht.

[3] Dazu im einzelnen unten S. 305.

[4] So aber Bonner Kommentar - Hoffmann, Art. 79 Abs. 1 und 2, Rdnr. 44 unter Berufung auf H. Ehmke, Verfassungsänderung und Verfassungsdurchbrechung, AöR 79 (1953/54), S. 385 ff. (417).

nicht implizit sondern stets nur *expressis verbis* geändert werden kann[5]. Hierdurch sollte nämlich gerade die noch unter der Geltung der Weimarer Reichsverfassung übliche bloße Verfassungsdurchbrechung[6] unmöglich gemacht werden. Diese Auffassung dürfte auch in vollem Umfange der Teleologie der Norm gerecht werden. Denn Sinn von Art. 79 Abs. 1 S. 1 GG ist es, zu gewährleisten, daß sich jede Änderung der Verfassungsrechtslage in dem besonderen Prozedere eines Verfahren vollzieht, in dem die bisherige und die neue Verfassungslage gegenübergestellt werden[7]. Weiterhin bleibt auch der Grundsatz der Urkundlichkeit und Einsichtbarkeit jeder Verfassungsänderung[8] gewahrt. Schließlich läßt sich auch häufig nicht von vornherein übersehen, welche einzelnen Bestimmungen der Verfassung - wenn auch möglicherweise nur mittelbar - durch eine Veränderung berührt werden. Schon aus pragmatischen Gründen dürfte daher ein Hinweis an jeder einzelnen Stelle der Verfassung an der durch die Hinzufügung einer weiteren Norm oder eine Neuformulierung einer bereits bestehenden Bestimmung eine materielle Änderung eintritt, unmöglich erscheinen[9]. Auch erscheint es unangemessen, dem verfassungsändernden Gesetzgeber ein Mehr als Formenstrenge zuzumuten, als sich der originäre Verfassungsgeber selbst auferlegt hat[10]. Zuletzt kann auch darauf verweisen werden, daß auch das Bundesverfassungsgericht in seiner Entscheidung zur Regelung der Eigentumsfrage nach der deutschen Wiedervereinigung Art. 143 Abs. 3 GG für verfassungsrechtlich zulässig gehalten hat und ausführte eine Verfassungsänderung müsse - wenn überhaupt - allenfalls grundsätzlich erkennen lassen in welcher Hinsicht das Grundgesetz geändert wird[11].

---

[5] Dazu die Nachweise aus der Entstehungsgeschichte in JöR 1, S. 576 und L. Meyer-Arndt, Rechtsfragen der Grundgesetzänderung, AöR 82 (1957), S. 275 ff.

[6] Der Begriff wurde erstmals definiert von E. Jacobi, Die Diktatur des Reichspräsidenten nach Art. 48 der Reichsverfassung, in: VVDStRL 1 (1924), S. 105 ff. (109, 118); zur historischen Entwicklung dieser Rechtsfigur vgl. A. Roßnagel, Die Änderungen des Grundgesetzes - Eine Untersuchung der politischen Funktion von Verfassungsänderungen (1981), S. 5 ff.

[7] Hierzu P. Kirchhof, Die Identität der Verfassung in ihren unabänderlichen Inhalten, in: J. Isensee/ P. Kirchhof, Handbuch des Staatsrechts, Bd. I (1987), S. 773 ff. (795).

[8] Zur Bedeutung dieses Grundsatzes im Rahmen von Art. 79 vgl. den Hinweis bei BVerfGE 9, S. 334 ff. (336).

[9] H. Schneider, Fünf Jahre Grundgesetz, NJW 1954, S. 937 ff. (938).

[10] Meyer-Arndt, Anm. 5, S. 278.

[11] Es heißt dort wörtlich:

Nach alledem ist davon auszugehen, daß durch die Neueinführung des Art. 16 a GG das Erfordernis des Art. 79 Abs. 1 GG in vollem Umfange beachtet worden ist, selbst wenn die hierdurch geschaffene Neuregelung des deutschen Asylrechts auch Art. 19 Abs. 4 GG modifiziert haben sollte[12].

2. Kapitel: Grenzen des Art. 79 Abs. 3 GG

Erster Abschnitt: Grundsätzliche Fragen

I. Zur Fortgeltung des Art. 79 Abs. 3 GG nach der deutschen Wiedervereinigung

Art. 79 GG enthält nicht nur besondere formelle Voraussetzungen für mögliche Verfassungsänderungen, sondern entzieht darüber hinaus einen bestimmten normativen Kernbestand dem Zugriff auch des verfassungsändernden Gesetzgebers[13]. Dabei ist zunächst festzuhalten,

---

> "Ob eine Verfassungsänderung darüber hinaus grundsätzlich erkennen lassen muß, in welcher Hinsicht und in Bezug auf welche konkrete Regelung das Grundgesetz geändert wird und was in Zukunft gelten soll (...) kann dahingestellt bleiben;"

BVerfGE 84, S. 90 ff. (119). Allerdings läßt es daß Verfassungsgericht in dieser Entscheidung ausdrücklich offen, ob die Eigentumsgarantie überhaupt berührt sein kann, vgl. einerseits BVerfGE 84, S. 90 ff. (126): "Selbst wenn die Eigentumsgarantie berührt wäre (...)" und andererseits ebd, S. 122: "(...) bestand keine Rechtsposition der Betroffenen mehr, in die der Gesetzgeber (...) eingegriffen hätte."

[12] Anders demgegenüber aber B. Pieroth/ B. Schlink, Art. 16 a GG am Maßstab des Art. 79 des Grundgesetzes, Rechtsgutachten im Auftrag von Amnesty International (1993), S. 8 ff. (12).

[13] In diesem Zusammenhang soll nicht auf die (bislang theoretisch gebliebene) Streitfrage eingegangen werden, ob Art. 79 Abs. 3 GG seinerseits veränderungsfest ist oder nicht. Für eine Änderungsfestigkeit auch des Art. 79 Abs. 3 GG selbst: Maunz/ Dürig/ Herzog/ Scholz - Dürig, Art. 79, Rdnr. 50; Stern, Staatsrecht I, S. 115 ff; Alternativkommentar - Ridder, Art. 79, Rdnr. 29; D. Murswiek, Die verfassungsgebende Gewalt nach dem Grundgesetz für die Bundesrepublik Deutschland (1978), S. 247 ff; V. Anding, Das Spannungsverhältnis zwischen Art. 20 IV GG und Art. 79 Abs. 3 GG (1973), S. 106 ff. ; P. Häberle, Verfassungsrechtliche Ewigkeitsklauseln als verfassungsstaatliche Identitätsgarantien, in: Völkerrecht im Dienste des

daß diese sogenannte "Ewigkeitsgarantie des Grundgesetzes"[14] auch noch nach der deutschen Wiedervereinigung Geltung beansprucht. Denn auch der gesamtdeutsche verfassungsändernde Gesetzgeber, handelt nicht als *pouvoir constituant* in den Formen des Art. 146 GG[15] und bleibt daher auch an die formellen und materiellen Vorgaben des Art. 79 GG gebunden. Dies wurde zumindest indirekt auch durch das Bundesverfassungsgericht bestätigt, als es die Verfassungsänderungen im Rahmen der Wiedervereinigung, insbesondere Art. 143 Abs. 3 GG, gerade auch an dem Maßstab des Art. 79 Abs. 3 GG gemessen hat[16].

II. Bindung auch des verfassungsloyalen verfassungsändernden Gesetzgebers an Art. 79 Abs. 3 GG

Darüber hinausgehend ist festzuhalten, daß die Verbotsnorm des Art. 79 Abs. 3 GG sich nicht nur an den revolutionären Gesetzgeber richtet, der sich bewußt von der verfassungsrechtlichen Ordnung des Grundgesetzes abwenden will[17], sondern sich auch an den verfassungsändernden Gesetzgeber wendet, der sich verfassungsloyal[18] innerhalb der Schranken

---

Menschen - Festschrift für Hans Haug (Y. Hanggartner, Hrsg., 1986), S. 81 ff. (100); vgl. ferner die bei B. Even, Die Bedeutung der Unantastbarkeitsgarantie des Art. 79 Abs. 3 GG für die Grundrechte (1988), S. 98, Fn. 238 aufgeführten weiteren Nachweise. So wohl auch BVerfGE 84, S. 90 ff. (120).

Zur Gegenansicht vgl. K. Doehring, Das Staatsrecht der Bundesrepublik Deutschland (3. Aufl., 1984), S. 126; P. Siegenthaler, Die materiellen Schranken der Verfassungsrevision als Problem des positiven Rechts (1970), S. 185; H. Haug, Die Schranken der Verfassungsrevision (1947), S. 182 ff.; C. Tomuschat, Verfassungsgewohnheitsrecht ? (1972), S. 109 ff.; L. Meyer-Goßner, Die Verfassungsmäßigkeit des Art. 79 I S. 2 des Grundgesetzes für die Bundesrepublik Deutschland (1962), S. 51; Bonner Kommentar - Evers, Art. 79 Abs. 3, Rdnr. 133 ff. m.w.N.

[14] Die allerdings ihrerseits ihre Grenzen in Art. 146 Grundgesetz findet.

[15] Zur Befugnis des verfassungsändernden Gesetzgebers auch Art. 146 GG jedenfalls nach erfolgter Wiedervereinigung geschehen modifizieren vgl. bereits Murswiek, Anm. 13, S. 252.

[16] BVerfGE 84, S. 90 ff. (v.a. S. 120 ff.).

[17] In diese Richtung argumentiert jedoch BVerfGE 30, S. 1 ff. (24); vgl. hierzu aber auch das Sondervotum BVerfGE 30, S. 1 ff. (38).

[18] Zu diesem Begriff M. Selk, Asylrecht und Verfassung - Erforderlichkeit beziehungsweise Möglichkeiten einer Änderung des Art. 16 II S. 2 GG (1990), S. 192.

des Art. 79 Abs. 3 GG bewegen will. Dies erscheint auch folgerichtig. Zwar mag sich die zunächst vom Bundesverfassungsgericht eingenommene restriktive Haltung[19] auf die Entstehungsgeschichte des Art. 79 Abs. 3 GG berufen[20], doch kommt dieser nach mehr als vierzigjähriger demokratischer Normalität in der Bundesrepublik Deutschland gerade in dieser Frage nur noch eine geringere Bedeutung zu. Darüber hinaus läßt sich dem Wortlaut des Art. 79 Abs. 3 GG eine solche Beschränkung gerade nicht entnehmen[21]. Denn durch Art. 79 Abs. 3 GG wird jede Änderung, welche die in den Art. 1 und 20 GG niedergelegten Grundsätze auch nur berührt verboten. Gerade auch bei einem verfassungsändernden Gesetzgeber, welcher an sich verfassungskonform handeln will, liegt es nahe, daß er unter Umständen sozusagen *en passant* diese Grundsätze zwar lediglich nur berührt, sie dadurch aber doch in ihrem Wirkungsumfang tangiert und beeinträchtigt. Darüber hinaus hätte es auch systematisch nahegelegen, eine sich lediglich an Revolutionäre richtende Norm eher in der Präambel oder den Schlußvorschriften zu verorten[22]. Stattdessen findet sich die Norm im VII. Abschnitt des Grundgesetzes, also in dem Abschnitt der generelle Normen über das gesamte Gesetzgebungsverfahren des Bundes enthält.

Dies bedeutet mit anderen Worten, daß von jedem verfassungsändernden Gesetzgeber, also auch von demjenigen, der sich selbst subjektiv im Rahmen des Art. 79 Abs. 3 GG halten will, die materiellen Vorgaben des Art. 79 Abs. 3 GG einzuhalten sind[23].

---

[19] B.-O. Bryde, Verfassungsentwicklung: Stabilität und Dynamik im Verfassungsrecht der Bundesrepublik Deutschland (1982), S. 239 spricht insoweit gar von einer "minimalistischen Auslegung" des Art. 79 Abs. 3 GG durch das Bundesverfassungsgericht.

[20] Vgl. etwa die bei Even, Anm. 13, S. 39 f. nachgewiesenen Äußerungen im Rahmen der Entstehungsgeschichte.

[21] Bryde, Anm. 19, S. 241.

[22] Selk, Anm. 18, S. 193 unter Bezugnahme auf Bryde, Anm. 19, S. 241.

[23] Dies wurde zuletzt auch vom Bundesverfassungsgericht in seinem Bodenreformurteil (E 84, S. 90 ff. [120 ff.] bestätigt, als es auch die Handlungen des verfassungsändernden Gesetzgebers, der unzweifelhaft zur Verwirklichung des Verfassungsziels der Wiedervereinigung handelte, am Maßstab des Art. 79 Abs. 3 GG gemessen hat.

III. Verhältnis von Art. 79 Abs. 3 GG zu Art. 19 Abs. 2 GG

Teilweise wird in der Literatur vertreten, die in Art. 19 Abs. 2 GG enthaltene Wesensgehaltsgarantie entfalte auch im Verhältnis zum verfassungsändernden Gesetzgeber in vollem Umfange Wirkung. Insoweit sind zwei mögliche Argumentationslinien denkbar.

Zum einen ist denkbar, daß Art. 19 Abs. 2 GG, demzufolge *in keinem Falle* ein Grundrecht in seinem Wesensgehalt angetastet werden dürfe[24], auch den verfassungsändernden Gesetzgeber binden könne und wolle. Zum anderen wird die Ansicht vertreten, daß der Wesensgehalts eines Grundrechts im Sinne des Art. 19 Abs. 2 GG mit dem durch Art. 79 Abs. 3 GG in Bezug genommenen Menschenwürdekern identisch sei und deshalb an der Ewigkeitsgarantie teilhabe[25].

A. Unmittelbare Bindung des verfassungsändernden Gesetzgebers an Art. 19 Abs. 2 GG ?

Zunächst spricht bereits die Entstehungsgeschichte des Art. 79 Abs. 3 GG gegen die These, der jeweilige Wesensgehalt des einzelnen Grundrechts, wie er durch Art. 19 Abs. 2 GG in Bezug genommen wird, sollte auch gegenüber dem verfassungsändernden Gesetzgeber geschützt sein. Denn in Art. 21 Abs. 1 des Herrenchiemseer Entwurfes[26] hatte es noch geheißen, daß die Grundrechte nicht beseitigt werden dürfen[27]. Auch der Allgemeine Redaktionsausschuß des Parlamentarischen Rates wollte noch *jede* Änderung des Grundgesetzes, welche die "unmittelbare Geltung der Grundrechte" antasten würde, für unzulässig erklären. Im Gegensatz dazu beschränkte sich der (dann endgültige) Wortlaut des Art. 79 Abs. 3 GG aber darauf, nur bestimmte Normen für grundsätzlich veränderungsfest zu erklären, nämlich gerade lediglich Art. 1 und 20 GG. Schließlich ist von besonderer Bedeutung, daß während der Vorarbeiten zum Art. 79 GG mehrere Anträge auf ausdrückliche

---

[24] Dazu sogleich unten.

[25] Dazu näher unten S. 238.

[26] Vgl. auch bereits die Vorarbeiten, welche in der Denkschrift des Zonenbeirats vom 30. Juli 1948 enthalten war, wo es hieß, der verfassungsändernde Gesetzgeber sei "an die Institution des Reichstages, sein Gesetzgebungsrecht und an die Grundrechte" zu binden, vgl. dazu die bei Even, Anm. 13, S. 36 nachgewiesenen Äußerungen.

[27] Zur Frage, ob Art. 21 des Entwurfes auch den verfassungsändernden Gesetzgeber hatte binden wollen vgl. Even, Anm. 13, S. 37.

Einbeziehung des Wesensgehalts der jeweiligen Grundrechte in den Schutzbereich des Art. 79 Abs. 3 GG[28] keine Mehrheit fanden.

Diese historische Auslegung wird im übrigen auch durch eine systematische Auslegung bestätigt. Art. 19 Abs. 1 GG beschränkt lediglich den einfachen Gesetzgeber[29], indem er vorschreibt, daß es sich bei jedem grundrechtseinschränkenden Gesetz um ein allgemeines Gesetz handeln muß, welches nicht nur für einen Einzelfall Geltung beanspruchen darf. Nun enthält aber Art. 19 Abs. 2 GG wiederum Schranken-Schranken. Dies bedeutet aber zugleich, das die Norm lediglich gerade den grundrechtseinschränkenden *einfachen* Gesetzgeber des Art. 19 Abs. 1 GG seinerseits zu begrenzen sucht[30].

Ferner kann auch auf den systematischen Zusammenhang mit Art. 1 Abs. 3 GG abgestellt werden. Art. 1 Abs. 3 GG enthält die Grundnorm für die Bindung (auch) der gesetzgebenden Gewalt an die Grundrechte. Da aber auch Art. 19 Abs. 2 GG eine Ausformung dieser Bindung an die einzelnen Grundrechte ist und sie lediglich nur noch im einzelnen umschreibt, muß davon ausgegangen werden, daß der persönliche Anwendungsbereich beider Normen identisch ist[31]. Nun ist es aber im Rahmen des Art. 1 Abs. 3 GG gerade anerkannt, daß unter "Gesetzgeber" nur der einfache, vom Grundgesetz verfaßte Bundesgesetzgeber gemeint ist[32] mit der Folge, daß auch nur dieser unmittelbar an Art. 19 Abs. 2 GG gebunden sein kann.

Schließlich ist in diesem Zusammenhang noch zu erwähnen, daß die auch materielle Beschränkung des verfassungsändernden Gesetzgebers in einer Verfassung, welcher auf der Souveränität des Volkes basiert[33], eine Ausnahmeerscheinung bildet. Enthält nun aber eine solchermaßen legitimierte Verfassung eine Norm, welche auch den verfassungsändernden Gesetzgeber *expressis verbis* einschränkt, wie dies

---

[28] Vgl. etwa den Antrag des Abgeordneten Seebohm, Parlamentarischer Rat, Plenum, Stenographische Berichte, S. 184.

[29] So wohl statt aller Maunz/ Dürig/ Herzog/ Scholz - Herzog, Art. 19 Abs. 1 GG, Rdnr. 14.

[30] Wie hier B. Even, Lösung der Asylproblematik durch Änderung von Art. 16 II 2 GG ?, VR 1987, S. 256 ff. (258), a.A. allerdings ohne nähere Begründung aber Selk, Anm. 18, S. 194.

[31] Selk, Anm. 18, S. 194 f.

[32] Vgl. etwa H. von Mangoldt/ F. Klein/ C. Starck, Das Bonner Grundgesetz - Kommentar (3. Aufl.,1985), Bd. 1 (Präambel, Art. 1 - 5 GG), Art. 1 Abs. Abs. 3, Rdnr. 141.

[33] Zum Grundsatz der Volkssouveränität vgl. den Wortlaut der Präambel, sowie Art. 20 GG.

in Art. 79 Abs. 3 GG der Fall ist, liegt es nahe, dies als abschließende Regelung im Hinblick auf Einschränkungen der Möglichkeiten der Verfassungsrevision anzusehen[34]. Zuletzt wird diese Auslegung auch durch den im Rahmen der deutschen Wiedervereinigung eingeführten Art. 143 Abs. 1 S. 2 GG bestätigt. Denn er zeigt, daß der verfassungsändernde Gesetzgeber seinerseits davon ausging, daß er von Art. 19 Abs. 2 GG abweichen beziehungsweise hierzu ermächtigen kann, da andernfalls das in Art. 143 Abs. 1 S. 2 GG enthaltene besondere Verbot überflüssig gewesen wäre.

Damit bleibt als Zwischenergebnis festzuhalten, daß Art. 19 Abs. 2 GG nicht davor schützt, daß der verfassungsändernde Gesetzgeber in den Wesensgehalt eines Einzelgrundrechts eingreift.

B. Wesensgehaltsgarantie des Art. 19 Abs. 2 GG und Menschenwürdekern des einzelnen Grundrechts

Ungeachtet des obigen Ergebnisses wird argumentiert, die in Art. 19 Abs. 2 GG enthaltene Wesensgehaltsgarantie sei mit den durch Art. 79 Abs. 3 GG geschützten, in Art. 1 Abs. 1 GG enthaltenen Grundsätzen identisch, der jeweilige Menschenwürdegehalt eines Grundrechts und sein Wesensgehalt würden also zusammenfallen[35]. Dieser Auffassung ist aber zunächst erneut die Entstehungsgeschichte des Grundgesetzes entgegen zu halten[36]. Daneben ist auch bereits der unterschiedliche Wortlaut von Art. 79 Abs. 3 GG ("Grundsätze des Art. 1") auf der einen und Art. 19 Abs. 2 GG auf der anderen Seite ("Grundrecht in seinem Wesensgehalt") als ein gewichtiges Indiz dafür zu werten, daß beide Normen auch unterschiedliche Bedeutungsinhalte umfassen[37]. Auch zeigen Untersuchungen für einzelne Grundrechte, daß sich Wesensgehalt und Menschenwürdekern nicht decken, so etwa im Hinblick auf Art. 14

---

[34] Im Ergebnis ebenso Selk, Anm. 18, S. 195, der allerdings auf den Grundsatz der Spezialität rekurriert.

[35] So bereits Maunz/ Dürig/ Herzog/ Scholz - Dürig, Art. 1 Abs. 2, Rdnr. 81; ders., Der Grundrechtssatz von der Menschenwürde, in: AöR 81 (1956), S. 117 ff. (136), vgl. aber auch S. 157.

[36] Dazu oben bei Anm. 28.

[37] Dies entspricht auch der ganz überwiegenden Auffassung in der Literatur vgl. statt aller etwa Bonner Kommentar - Evers, Art. 79 Abs. 3, Rdnr. 174; v. Münch - Bryde, Art. 79, Rdnr. 36 und bereits W. Zeidler, Die Unverbrüchlichkeit der Grundrechte, DVBl. 1950, S. 598 ff. (600).

GG[38]. Auch die These, *allen* Grundrechten der Art. 2 ff GG sei ein Menschenwürdekern inhärent[39], so wie dies insbesondere *Dürig* in seiner Kommentierung zu Art. 79 GG vertreten hat, wenn er schreibt:

> "Obwohl die dem Art. 1 *nachfolgenden Grundrechte*[40] in Art. 79 Abs. 3 nicht genannt sind, ist zu beachten, daß *jedes dieser Einzelgrundrechte*[41] einen unantastbaren *Menschenrechtsgehalt* = *Menschenwürdegehalt*[42] besitzt."[43]

kann nicht überzeugen. So ist beispielsweise anerkannt, daß einzelnen Grundrechten, deren Wesensgehalt gleichwohl über Art. 19 Abs. 2 GG geschützt ist, gerade kein Menschenwürdekern innewohnt, so etwa dem

---

[38] So vertritt etwa v. Münch - Bryde, Art. 79, Rdnr. 36 die Auffassung, daß der Wesensgehalt von Art. 14 GG über dessen Menschenwürdekern hinausgeht.

[39] Auf die ursprünglich von Warnicke in seiner Erstkommentierung im Bonner Kommentar, Art. 1, Erl. II, 5 b vertretene Theorie über Art. 1 Abs. 3 in Verbindung mit Art. 79 Abs. 3 zu einer Unantastbarkeit aller "nachfolgenden" Grundrechte in ihrer Gesamtheit zu gelangen, soll schon wegen ihrer Unvereinbarkeit mit dem Wortlaut von Art. 79 Abs. 3 GG ["(...) die in Art. 1 *und* 20 GG niedergelegten Grundsätze (...)"] nicht näher eingegangen werden. Im übrigen müßte man - würde man dieser Auffassung folgen - auch für die anderen durch Art. 79 Abs. 3 GG in Bezug genommenen Grundsätze, etwa das Demokratieprinzip eine parallele Kettenreaktion annehmen, so daß man letztlich zu einer Unabänderbarkeit fast der gesamten Verfassung gelangen würde, so Even, Anm. 13, S. 111. Zur Kritik an dieser "Kettentheorie" vgl. bereits Zeidler, Anm. 37, S. 599; Bonner Kommentar - Evers (Zweitbearbeitung), Art. 79, Abs. 3, Rdnr. 172; K. Stern, Die Bedeutung der Unantastbarkeitsgarantie des Art. 79 Abs. 3 GG für die Grundrechte, JuS 1985, S. 329 ff. (336); sowie die weiteren Nachweise bei Even, Anm. 13, S. 111, Fn. 14.

[40] Hervorhebung im Original.

[41] Hervorhebung durch den Verfasser.

[42] Hervorhebung im Original.

[43] Art. 79, Rdnr. 42 unter Bezugnahme auf die Kommentierung bei Art. 1, Rdnr. 79 - 81. Ansatzweise ähnlich das Bundesverfassungsgericht im Hinblick auf Art. 1 Abs. 2 GG in Verbindung mit Art. 1 Abs. 3 GG, BVerfGE 84, S. 90 ff. (121); speziell im Zusammenhang mit dem Asylrecht hierzu auch Classen, Asylrecht, S. 135.

Petitionsrecht des Art. 17 GG[44] oder auch Art. 7 Abs. 4 GG[45]. Schließlich versagt die These der Identität von Wesensgehalt und Menschenwürdekern bei denjenigen Grundrechten, welche ausschließlich Deutschen garantiert sind. Denn würde man dieser Ansicht folgen, würden alle Bürgerrechte jedenfalls in dem von dem Wesensgehalt garantierten Kern zugleich zu Menschenrechten auf welche sich auch Ausländer berufen könnten. Eine solche Ausdehnung des Schutzbereiches der Bürgerrechte erscheint aber nur dann möglich, wenn andernfalls eine so vom Verfassungsgeber nicht gewollte Schutzlücke entstünde[46]. Da aber der Schutzbereich der Bürgerrechte im Verhältnis zu Ausländern grundsätzlich über Art. 2 Abs. 1 GG abgedeckt wird[47], widerspricht es der Wertung der Verfassung Teile der Bürgerrechte über die These der Identität zwischen Menschenwürdekern und Wesensgehalt zu allgemeinen Menschenrechten aufzuwerten.

Ergibt sich damit, daß der Wesensgehalt eines Grundrechts nicht mit dem in ihm (möglicherweise) enthaltenen Menschenwürdekern identisch ist[48], so ist damit jedoch noch nicht gesagt, daß der Verbürgung des Wesensgehalts in Art. 19 Abs. 2 GG nicht gleichwohl eine eigenständige Bedeutung bei der Auslegung des Art. 79 Abs. 3 GG zukäme. So scheint das Bundesverfassungsgericht davon auszugehen, daß dem Wesensgehalt eines Grundrechts jedenfalls ein weiterer Schutzbereich zukommt, als dem jeweiligen Menschenwürdekern des Grundrechts. Dementsprechend hat es in einer Entscheidung zur Beschlagnahme einer Patientenkartei ausgeführt:

> "Bei der Bestimmung von Inhalt und Reichweite dieses Grundrechts[49] muß berücksichtigt werden, daß nach der Grundnorm des Art. 1 Abs. 1 GG die Würde des Menschen

---

[44] Dies kann etwa in Bezug auf das in Art. 17 GG garantierte Petitionsrecht angenommen werden, vgl. die bei Even, Anm. 13, S. 240 f. Fn. 739 nachgewiesenen Meinungen.

[45] In Bezug auf Art. 7 Abs. 4 GG vgl. etwa Stern, Anm. 39, S. 338; E.-A. Bleibaum, Das Verfassungsminimum im Bonner Grundgesetz (1951), S. 97, Even, Anm. 13, S. 180 und die dort bei Fn. 430 genannten weiteren Nachweise.

[46] So zu Recht T. Geddert-Steinacher, Menschenwürde als Verfassungsbegriff (1990), S. 182.

[47] BVerfGE 35, S. 382 ff. (399).

[48] So aber *expressis verbis* das Bundesverwaltungsgericht in seiner Entscheidung BVerwGE 47, S. 331 ff. (357) unter Bezugnahme auf die Dürig'sche Auffassung.

unantastbar ist und gegenüber aller staatlichen Gewalt Achtung und Schutz beansprucht. *Überdies*[50] darf nach Art. 19 Abs. 2 GG auch das Grundrecht des Art. 2 Abs. 1 GG nicht in seinem Wesensgehalt angetastet werden."[51]

Dieser Befund wird auch von einer anderen Überlegung gestützt. Denn ist bereits der einfache Gesetzgeber befugt, in eine grundrechtlich geschützte Position einzugreifen, weil der Wesensgehalt des insoweit einschlägigen Grundrechts nicht tangiert wird, muß es erst recht dem verfassungsändernden Gesetzgeber umso mehr erlaubt sein muß, einen Eingriff vorzunehmen, da er insoweit wegen seiner erhöhten demokratischen Legitimation, wie sie in den besonderen Mehrheitsanforderungen des Art. 79 Abs. 2 GG zum Ausdruck kommt, nicht strikteren Bindungen unterworfen sein kann[52].

Damit ist aber bislang nur eine *negative* Abgrenzung dessen gelungen, was sich aus Art. 19 Abs. 2 GG für den jeweiligen Menschenwürdekern des einzelnen Grundrechts ableiten läßt. Demgegenüber dürften sich aus Art. 19 Abs. 2 GG und dem jeweiligen Wesensgehalt des einzelnen Grundrechts kaum *positive* Aussagen darüber ableiten lassen, wann in der Tat der jeweilige Menschenwürdekern im Sinne des Art. 79 Abs. 3 GG berührt ist. Denn im Bereich des Art. 19 Abs. 2 GG muß jeweils der eigene spezifische

---

49 Gemeint ist Art. 2 Abs. 1 GG.

50 Hervorhebung nicht im Original.

51 BVerfGE 32, S. 373 ff. (378 f.). Die Stellungnahme des Bundesverfassungsgerichts in der Entscheidung BVerfGE 30, S. 1 ff. (24), wo es heißt:

> "Die Formel, jene Grundsätze dürfen 'nicht berührt' werden, hat also keine striktere Bedeutung als die ihr verwandte Formel in Art. 19 Abs. 2 GG, wonach in keinem Fall ein Grundrecht 'in seinem Wesensgehalt angetastet' werden darf"

steht der hier vertretenen Auffassung nicht entgegen, da das Gericht an dieser Stelle primär auf das Gegensatzpaar "berühren" - " antasten" abhebt.

52 T. Maunz/ R. Zippelius, Deutsches Staatsrecht, (28. Aufl., 1991), S. 161; ferner Even, Anm. 13, S. 131. Allerdings stellt sich damit das Problem, inwieweit überhaupt der einfache Gesetzgeber einen Eingriff in ein vorbehaltlos garantiertes Grundrecht, wie es der Art. 16 Abs. 2 S. 2 GG a.F. war, vornehmen darf. Nach Ansicht des BVerwG, BVerwGE 49, S. 202 ff. (203 und 209) war eine Einschränkung aufgrund Völkerrechts unzulässig und konnte vielmehr nur durch kollidierendes Verfassungsrecht gerechtfertigt werden, wobei nach Ansicht des Gerichts allerdings auch auf Sicherheitsinteressen des Staates und der Allgemeinheit abgestellt werden konnte.

Wesensgehalt der einzelnen Grundrechtsverbürgung herausgearbeitet werden, wobei auch die Ausstrahlungen anderer verfassungsrechtlich geschützter Normen mit einzubeziehen sind[53]. Demgegenüber beansprucht die Menschenwürdeverbürgung des Art. 1 Abs. 1 GG und damit auch deren Garantie im Rahmen des Art. 79 Abs. 3 GG absolute Geltung[54]. Dies bedeutet demnach, daß in der Antastung des Wesensgehalts nicht mehr als ein Indiz - aber immerhin auch ein solches - dafür gesehen werden kann, daß auch der Menschenwürdekern des jeweiligen Grundrechts berührt sein kann[55]

Zweiter Abschnitt: Menschenwürdekern des Asylrechts[56]

Eine Grenze für den verfassungsändernden Gesetzgeber im Hinblick auf eine Veränderung des Art. 16 Abs. 2 S. 2 GG a.F. konnte sich aus Art. 79 Abs. 3 GG in Verbindung mit Art. 1 Abs. 1 GG nur dann ergeben, wenn dem Asylrecht für politisch Verfolgte ein Menschenwürdekern innewohnt. Im Hinblick auf den neugestalteten Art. 16 a GG hat die insoweit angezeigte Prüfung in mehreren Schritten zu erfolgen. Zunächst muß geprüft werden, ob Schutz vor politischer Verfolgung in Form eines Individualgrundrechts vom Grundgesetz gefordert wird. Bejaht man einen solchen materiellen Menschenwürdekern des Asylrechts, ist sodann fraglich, welche Personengruppe vor dem Hintergrund von Art. 1 Abs. 1 GG notwendigerweise in den Schutzbereich einzubeziehen ist, ob insbesondere - so wie dies in Art. 16 a Abs. 2 GG durch den Verweis auf Drittstaaten implizit geschehen ist - der Schutz vor Verfolgung auf Flüchtlinge nach der Genfer Flüchtlingskonvention beschränkt werden kann. Schließlich ist in einem weiteren Schritt zu prüfen, ob die sich möglicherweise aus Art. 1 Abs. 1 GG ergebende Schutzverpflichtung auch durch den Verweis anderweitigen Verfolgungsschutzes in dritten Staaten erfüllt werden kann.

Darüber hinaus müssen aber auch die sich im Rahmen des Art. 16 a GG stellenden formellen Fragen, insbesondere was das Procedere des Überprüfungsverfahrens und die teilweise Beschränkung des

---

53 So wohl auch Geddert-Steinacher, Anm. 46, S. 189, die von einer "ganzheitlichen" Verfassungsinterpretation" spricht.

54 In diese Richtung argumentierend auch L. Schneider, Der Schutz des Wesensgehalts von Grundrechten nach Art. 19 II GG (1983), S. 193.

55 Bonner Kommentar - Evers, Art. 79 Abs. 3, Rdnr. 174.

56 Hierzu umfassend vor allem Selk, Anm. 18, *passim*, v.a. S. 154 ff. und S. 220 ff., sowie Even, Anm. 13, S. 220 ff.

gerichtlichen Rechtsschutzes anbelangt, einer Überprüfung unterzogen werden.

I. Begriff der Menschenwürde

Es würde den Rahmen vorliegender Arbeit sprengen, eine umfassende Analyse des verfassungsrechtlichen Begriffs der Menschenwürde leisten zu wollen[57]. Es sollen daher im folgenden nur kursorisch die wichtigsten der zahlreichen Versuche[58] einer solchen Definition dargestellt werden, bevor sodann auf die konkrete Frage der Relevanz der Menschenwürde im Bereich des Schutzes vor politischer Verfolgung eingegangen wird.

Aus der Sicht des Bundesverfassungsgerichts umfaßt die Menschenwürde im Sinne des Grundgesetzes den unverzichtbaren Eigenwert einer Person, die jedem Menschen schon aufgrund seines Menschseins zukommt[59]. Dieser Eigenwert kommt dabei in dem Wert- und Achtungsanspruch zum Ausdruck, der ihm um seinetwillen auch gegenüber der staatlichen Gemeinschaft zukommt und der auch gegenüber bestimmten Zugriffen des Staates und der Gesellschaft unverrückbare Grenzen setzt[60]. Der einzelne wird insoweit in seiner Personalität, Individualität und seinem Subjektsein geschützt, so daß es nach Ansicht des Bundesverfassungsgerichts - insoweit der klassischen Formel *Günter Dürig's* folgend[61] - der menschlichen Würde widerspricht, den Einzelnen zum bloßen Objekt im Staate zu machen[62]. Der einzelne Mensch muß daher immer Zweck an sich bleiben[63] und

---

[57] Umfassend dazu zuletzt Geddert-Steinacher, Anm. 46, *passim*.

[58] Eine Übersicht über die verschiedenen Theoriebildungen zum in Art. 1 Abs. 1 GG vorausgesetzten Menschenwürdebegriff finden sich bei v. Mangoldt/ Klein/ Starck - Starck, Art. 1, Rdnr. 1 ff., sowie bei Geddert-Steinacher, Anm. 46, S. 110 ff.

[59] Vgl. hierzu etwa BVerfGE 5, S. 85 ff. (204); 12, S. 45 ff. (51); 21, S. 362 ff. (369 und 371) und 48, S. 127 ff. (161).

[60] So etwa die Formulierung des Bay.VerfGH BayVerfGH 11, 164 ff. (181); 14, 49 ff. (57) und 29, 38 ff. (42).

[61] Maunz/ Dürig/ Herzog/ Scholz - Dürig, Art. 1 Abs. 1 GG, Rdnr. 28.

[62] Vgl. die Formulierungen bei BVerfGE 5, S. 85 ff. (204); 7, S. 198 ff. (205); 27, S. 1 ff. (6); 28, S. 386 ff. (391); 30, S. 1 ff. (26) und zuletzt etwa 74, S. 102 ff. (122).

[63] BVerfGE 45, S. 187 ff. (228).

darf keiner Behandlung ausgesetzt werden, welche seine Subjektqualität grundsätzlich in Frage stellt[64].

Anders als das Bundesverfassungsgericht[65] versteht ein eher empirisch-soziologisches Würdekonzept[66] den Charakter der Menschenwürde als Staatslegitimationsnorm im Sinne eines Gesellschaftsvertrages. Die Würde des Einzelnen ist demnach notwendige Bedingung einer demokratischen Gesellschaftsform und damit der Verfügungsbefugnis des Gesetzgebers entzogen[67]. Bedingungen für den Erhalt individueller menschlicher Würde wären demnach insbesondere die Sicherung individuellen und sozialen Lebens, die Beachtung normativer Gleichheit der Menschen, der Wahrung menschlicher Identität und Integrität, der Begrenzung staatlicher Gewaltanwendung, sowie schließlich auch der Achtung der körperlichen Kontingenz des Menschen[68].

Schließlich sei hier noch das Konzept von *Niklas Luhmann* anzuführen[69], der die menschliche Würde nicht so sehr als natürliche vorgegebene Qualität menschlicher Existenz begreift, sondern stattdessen menschliche Würde primär als Ergebnis und Bedingung gelungener Selbstdarstellung des Individuums begreift[70], mithin also in der jeweiligen Herstellung und Aufrechterhaltung selbstbewußter Individualität des Einzelnen die eigentliche Würdeleistung jedes Menschen erkennt[71].

---

[64] BVerfGE 30, S. 1 ff. (26) und 50, S. 166 ff. (175).

[65] Zum Einfluß dieser empirisch-soziologischen Konzeption auf die Rechtsprechung des Bundesverfassungsgerichts bei der Entwicklung des Grundrechts auf "informationelle Selbstbestimmung" vgl. aber Geddert-Steinacher, Anm. 46, S. 117.

[66] Diese Bezeichnung für die von Podlech, Alternativkommentar, Art. 1 Rdnr. 16 ff. entwickelte Konzeption findet sich bei Geddert-Steinacher, Anm. 46, S. 116.

[67] Alternativkommentar - Podlech, Art. 1, Rdnr. 16.

[68] Alternativkommentar - Podlech, Rdnr. 17-67; ansatzweise bereits auch W. Maihofer, Rechtsstaat und menschliche Würde (1968), S. 56 ff.

[69] Zu weiteren Konzepten, insbesondere dem herrschaftsfunktionalen Konzept Denningers, dem kulturwissenschaftlichen Ansatz Häberle und marxistischen Würdemodellen vgl. statt aller Geddert-Steinacher, Anm. 46, S. 120 ff. (120 - 122; 122 - 124 bzw. 125 f.).

[70] N. Luhmann, Grundrechte als Institution (1965), S. 68.

[71] N. Luhmann, Soziale Systeme (1984), S. 346 f. Zur Kritik des dadurch ungenügend ausgebildeten Schutzes derjenigen Personen, die handlungs- oder willensunfähig sind vgl. B. Pieroth/ B. Schlink, Staatsrecht II - Grundrechte, S. 88 aber auch Geddert-Steinacher, Anm. 46, S. 119.

Letztlich stößt aber jeder Versuch einer generell-abstrakten Definition dessen, was menschliche Würde ausmacht, an Grenzen. Denn man muß sich insoweit stets vor Augen halten, daß der Begriff der "Würde" entscheidend von der jeweiligen konkreten geschichtlichen, gesellschaftlichen aber auch weltanschaulichen Situation geprägt wird und ist[72]. Daher gelangt auch das Bundesverfassungsgericht in seinem Urteil im 30. Band betreffend die Überwachung des Brief- und Postverkehrs zutreffend zu dem Ergebnis, es könne nicht *generell* festgestellt werden, unter welchen Voraussetzungen die Menschenwürde verletzt sein kann. Vielmehr müsse eine solche Feststellung stets in Ansehung der Umstände des konkreten Falles getroffen werden[73]. Dessen ungeachtet lassen sich aus Art. 1 Abs. 1 GG vor dem Hintergrund der Entstehungsgeschichte der Norm[74] - wenn schon keine umfassende positive Definition - jedenfalls konkrete Schlußfolgerungen dahingehend ableiten, wann in konkreten Fallkonstellationen eine Verletzung der Menschenwürde erfolgt[75].

Vor diesem Hintergrund soll nunmehr im einzelnen untersucht werden, welcher Zusammenhang zwischen der Gewährung politischen Asyls einerseits und dem Schutz menschlicher Würde im Sinne von Art. 1 Abs. 1 GG andererseits, besteht. Eine solche Analyse hat dabei in zwei Schritten zu erfolgen: Zunächst muß geklärt werden, ob und gegebenenfalls unter welchen Voraussetzungen in politischer Verfolgung durch den jeweiligen Verfolgerstaat überhaupt eine Verletzung der Menschenwürde der Betroffenen zu sehen ist. Danach muß aber zusätzlich untersucht werden, ob auch in der möglichen Nichtgewährung politischen Asyls durch Träger deutscher Staatsgewalt in Fällen ansonsten drohender politischer Verfolgung eine davon unabhängige eigenständige Menschenwürdeverletzung gesehen werden kann.

---

[72] BVerfGE 45, S. 187 ff. (229); ähnlich v. Münch - Kunig, Art. 1, Rdnr. 7: " (...) aktualisiert sich durch immer neue Bedrohungen (...)".

[73] BVerfGE 30, S. 1 ff. (25).

[74] Zur Bedeutung der 'existenziellen Negativlage' der Erfahrungen mit der nationalsozialistischen Diktatur, dem Art. 1 Abs. 1 GG seine Entstehung 'verdankt' vgl. W. Graf Vitzthum, Gentechnologie und Menschenwürdeargument, ZRP 1987, S. 33 ff. (34).

[75] Vgl. auch bereits Kontrollratsgesetz Nr. 10, wonach beispielhaft Ausrottung, Versklavung, Zwangsverschleppung und Folter als Verletzungen der Menschenwürde angesehen wurden.

II. Politische Verfolgung und Menschenwürde der Verfolgten

Politisch Verfolgter im Sinne des bisherigen Art. 16 Abs. 2 S. 2 GG a.F. beziehungsweise des neugeschaffenen Art. 16 a Abs. 1 GG[76] ist *zunächst*, wer aus politischen[77] Gründen gezielten[78] staatlichen[79] Verfolgungsmaßnahmen mit Gefahr für Leib und Leben oder Beschränkungen seiner persönlichen Freiheit ausgesetzt ist[80].

Zu dem asylrechtlich geschützten Bereich der persönlichen Freiheit gehören unter bestimmten qualifizierenden Umständen aber auch die Rechte auf freie Religionsausübung[81] und ungehinderte berufliche und wirtschaftliche Betätigung[82]. Allgemein gesagt besteht eine politische Verfolgungssituation im Sinne von Art. 16 Abs. 2 S. 2 GG a.F./ Art. 16 a Abs. 1 GG dann, wenn der Staat an unverfügbare Merkmale des Einzelnen anknüpfend, die sein Anderssein prägen, gezielt Rechtsverletzungen zufügt, die den einzelnen Betroffenen[83] durch ihre Intensität aus der übergreifenden Friedensordnung der staatlichen Einheit

---

[76] Angesichts des Umstandes, daß der jeweilige Wortlaut beider Normen identisch ist und daß die Aufnahme einer anderen Definition politischer Verfolgung - insbesondere durch eine Bezugnahme auf die Flüchtlingsdefinition der Genfer Flüchtlingskonvention - ausdrücklich abgelehnt wurde, ist davon auszugehen, daß die beiden Normen auch inhaltlich vollständig kongruent sind. Vgl. dazu auch BT-Drs. 12/4152, S. 3: "übernimmt *unverändert* den Wortlaut des bisherigen Art. 16 Abs. 2 Satz 2 GG" (Hervorhebung durch den Verfasser).

[77] Zur Frage des politischen Charakters der Verfolgung vgl. etwa BVerfGE 54, S. 341 ff. (357).

[78] Zur notwendigen Zielgerichtetheit der Verfolgung vgl. BVerfGE 80, S. 315 ff. (335): Ausschluß der Nachteile, die eine Person aufgrund der allgemeinen Zustände in seinem Heimatstaat zu erleiden hat, wie Hunger, Naturkatastrophen, aber auch bei den allgemeinen Auswirkungen von Unruhen, Revolutionen und Kriegen.

[79] Vgl. BVerfGE 80, S. 315 ff. (333 f.), wonach die Verfolgung von einem "Träger überlegener, in der Regel hoheitlicher Macht" ausgehen muß, um politische Verfolgung im Sinne von Art. 16 Abs. 2 S. 2 GG a.F./ Art. 16 a Abs. 1 GG zu konstituieren.

[80] BVerfGE 54, S. 341 ff. (357) unter Bezugnahme auf BVerfGE 9, S. 174 ff. (180 f.) und 15, S. 249 ff. (251).

[81] Dazu im einzelnen unten S. 252.

[82] Im einzelnen hierzu sogleich unten S. 253.

[83] Zur Rechtsfigur der Gruppenverfolgung vgl. das Jeziden-Urteil des Bundesverfassungsgerichts BVerfGE 83, S. 216 ff. (v.a. 231).

ausgrenzen[84]. Im folgenden soll untersucht werden, ob in allen Fällen politischer Verfolgung zugleich eine Menschenwürdeverletzung vorliegt. Dabei wird zunächst die Situation untersucht, in dem der Verfolgerstaat politisch motivierte Eingriffe in Leib oder Leben oder die persönliche Freiheit des Betroffenen vornimmt.

A. Politisch motivierte Eingriffe in Leib, Leben oder die persönliche Freiheit des Einzelnen

Politische Verfolgung im Sinne von Art. 16 Abs. 2 S. 2 GG zeichnet sich grundsätzlich dadurch aus, daß ein Ausländer in seinem Heimatland durch das dortige politische System seiner Freiheit, seines Lebens oder seiner Güter beraubt wird[85]. Diese Definition politischer Verfolgung leitet sich dabei aus der Sicht des Bundesverfassungsgerichts unmittelbar aus dem Menschenwürdekonzept ab:

> "Diesem Aufsuchen der "politischen" Verfolgungsgründe liegt die von der Achtung der Unverletzlichkeit der Menschenwürde bestimmte Überzeugung zugrunde, daß kein Staat das Recht hat, Leib, Leben oder die persönliche Freiheit des Einzelnen aus Gründen zu gefährden oder zu verletzen, die allein in seiner politischen Überzeugung oder religiösen Grundentscheidung oder in unverfügbaren, jedem Menschen von Geburt an anhaftenden Merkmalen liegen."[86]

Dieses Verständnis, daß politische Verfolgung grundsätzlich zugleich stets auch einen Menschenwürdeverstoß durch den Verfolgerstaat darstellt, wird auch von den obigen allgemeinen Definitionen des Menschenwürdebegriffs gedeckt. Denn wird eine Person allein wegen bestimmter für sie unverfügbarer Merkmale oder ihrer politischen Überzeugung aus der staatlichen Schutzgemeinschaft ausgegrenzt und droht ihr deshalb die Gefahr der Inhaftierung oder gar Gefahren für Leib oder Leben, wird ihr dadurch zugleich die Stellung als gleichwertiges Glied mit Eigenwert in der Gemeinschaft abgesprochen. In einer solchen Nichtachtung der grundsätzlichen rechtlichen Gleichheit bestimmter

---

[84] BVerfGE 76, S. 157 ff. (157) und 80, S. 315 ff. (333 f.).

[85] Parl. Rat, Verhandlungen des Hauptausschusses, Sten. Ber. 74. Sitzung vom 19. 1. 1949, S. 582, Abgeordneter Wagner.

[86] Vgl. zuletzt BVerfGE 80, S. 315 ff. (333); 76, 143 ff. (157 f.), sowie BVerwGE 67, S. 184 ff. (187).

Individuen oder Mitgliedern bestimmter Bevölkerungsgruppen und einer dadurch bedingten Zielgerichtetheit der Verfolgung[87] ist aber stets immer auch ein Menschenwürdeverstoß zu sehen[88], da die betroffenen Personen nur noch als Objekt im politischen Prozeß benutzt werden.

Diese Feststellung, daß eine solche politische Verfolgung zugleich einen Menschenwürdeverstoß durch den Verfolgerstaat konstituiert[89], wird auch nicht durch den Umstand ausgeschlossen, daß umgekehrt nicht jeder Menschenwürdeverstoß immer auch politische Verfolgung darstellt. Denn wie das Gericht näher ausgeführt hat, schützt Art. 16 Abs. 2 S. 2 a.F. und nunmehr Art. 16 a Abs. 1 GG nicht schlechthin vor *jeder* Mißachtung der Menschenwürde[90]. Vielmehr müssen politische Motive des Verfolgerstaates hinzutreten. Zumindest aber ist ein Menschenwürdeverstoß umgekehrt stets notwendige, wenn auch nicht hinreichende Bedingung für die Bejahung politischer Verfolgung.

---

[87] Zur Frage, ob diese Zielgerichtetheit nach den Motiven des Verfolgerstaates zu bestimmen ist, was zu verneinen ist, vgl. BVerfGE 80, S. 315 ff. (335 und 348), sowie 76, S. 143 ff. (157 und 166 f.). Dem Bundesverfassungsgericht folgend BVerwGE 85, S. 139 ff. (141); 87, S. 141 ff. (144 f.) und 88, S. 367 ff. (369 f.).

[88] Vgl. BVerfGE 45, S. 187 ff. (228), wonach grundsätzlich jeder Einzelne als gleichberechtigtes Glied mit Eigenwert anerkannt werden muß, will eine staatliche Gemeinschaft keinen Menschenwürdeverstoß begehen.

[89] Zum Zusammenhang zwischen Gewährung politischen Asyls und Menschenwürde vgl. umfassend R. Marx, Eine menschenrechtliche Begründung des Asylrechts, *passim*.

[90] Vgl. dazu aus der Rechtsprechung des Bundesverfassungsgerichts das Urteil BVerfGE 80, S. 315 ff. (335) und BVerfG InfAuslR 1990, S. 122 ff.; zu dieser Rechtsprechung M. Selk, Zum Tamilenbeschluß des BVerfG, NVwZ 1990, S. 331 ff. (331 f.) und P. Weides/ P. Zimmermann, Neubestimmung des politischen Charakters einer Verfolgung im Sinne des Art. 16 Abs. 2 Satz 2 GG - Anmerkungen zu dem Beschluß des BVerfG vom 10. 7. 1989, DVBl. 1990, S. 410 ff. (v.a. 414 f.); ferner Maunz/ Dürig/ Herzog/ Scholz - Randelzhofer, Art. 16, Rdnr. 34 f. und Kanein/ Renner, § 1 AsylVfG, Rdnr. 37.

Kritisch demgegenüber zu diesem G. Köfner/ P. Nicolaus, Die Genfer Flüchtlingskonvention im Schatten des Grundgesetzes, ZAR 1986, S. 11 ff.; R. Marx, Grundstruktur der Asylentscheidung, ZAR 1981, S. 42 ff. und A. Roth, Die Genfer Flüchtlingskonvention im Schatten des Grundgesetzes, ZAR 1988, S. 164 ff. Umfassend zur ganzen Problematik W. Treiber, Die Asylrelevanz von Folter, Todesstrafe und sonstiger unmenschlicher Behandlung (1990), *passim*.

Aber auch in anderen Fallkonstellationen, in denen keine Bedrohung der Freiheit oder von Leib oder Leben des Einzelnen vorliegt, kann ein Menschenwürdeverstoß nicht ausgeschlossen werden.

B. Verfolgung im Bereich der Religionsausübung

Im Bereich der Verfolgung religiöser Minderheiten und der Unterdrückung bestimmter Formen der Religionsausübung hat das Bundesverfassungsgericht deutlich gemacht, daß eine Menschenwürdeverletzung insoweit notwendigerweise konstitutive Voraussetzung der Bejahung einer politischen Verfolgung ist[91]. Dies ergibt sich aus dem Umstand, daß nicht jeder Eingriff in die Religionsfreiheit, - wie sie durch Art. 4 Abs. 1 und Abs. 2 GG gegenüber den Träger deutscher Staatsgewalt geschützt wird[92] - , zugleich in den elementaren Bereich der sittlichen Person eingreift. Jedenfalls aber die Religionsausübung im häuslich-privaten Bereich gehört unter dem Gesichtspunkt der Menschenwürde zu dem elementaren Bereich, den der Mensch als "religiöses Existenzminimum" zu seinem Leben- und Bestehen können als sittliche Person benötigt[93]. Jedenfalls dann aber, wenn in diesen Kernbereich[94] der Religionsausübung eingegriffen wird mit der Folge des Zwangs zur Verleugnung und Preisgabe tragender Glaubensinhalte und dem Raub der religiösen Identität[95], ist ein menschenwürdiges Dasein in Selbstbestimmung nicht mehr möglich und werden die metaphysischen Grundlagen menschlicher Existenz zerstört[96]. Eine solche auf die religiöse Selbstaufgabe des Einzelnen hinzielende staatliche Verfolgung dieser Intensität und Schwere stellt politische Verfolgung im Sinne des deutschen Asylrechts dar[97]. Zugleich wird

---

[91] BVerfGE 76, S. 143 ff. (158 ff., v.a. 158); ferner bereits OVG Münster, OVGE 39, S. 62 ff. (63).

[92] Vgl. dazu BVerfGE 24, S. 236 ff. (245 f. und 248).

[93] BVerfGE 76, S. 143 ff. (159) unter Bezugnahme auf BVerwGE 74, S. 31 ff. (38 und 40), sowie BVerwG DVBl. 1986, S. 834 ff. (836).

[94] Dazu gehört nach Ansicht des Bundesverfassungsgerichts insbesondere die Religionsausübung im häuslich-privaten Bereich, sowie das Gebet und der Gottesdienst abseits der Öffentlichkeit in persönlicher Gemeinschaft mit anderen Gläubigen, BVerfGE 76, S. 143 ff. (157 ff., speziell 159).

[95] BVerwGE 80, S. 321 ff. (325).

[96] BVerfGE 76, S. 143 ff. (158) unter Bezugnahme auf BVerwGE 74, S. 31 ff. (40).

[97] BVerfGE 76, S. 143 ff. (160).

dadurch aber auch durch den jeweiligen Verfolgerstaat der materielle Schutzbereich von Art. 1 Abs. 1 GG berührt, also die menschliche Würde des hiervon Betroffenen in Mitleidenschaft gezogen[98].

C. Zerstörung der beruflichen und wirtschaftlichen Existenz

Nicht jeder Ausländer, der in seiner Heimat aus politischen Gründen benachteiligt wird und deshalb in materieller Not leben muß, kann das Grundrecht auf politisches Asyl in Anspruch nehmen[99]. Allerdings können Eingriffe in die wirtschaftliche Betätigungsfreiheit - sofern sie dem Staat zurechenbar sind[100] - dann von asylrechtlicher Relevanz sein, wenn sie eine besondere Intensität erreichen. So hat das Bundesverwaltungsgericht zur Verfolgung der Ahmadis in Pakistan ausgeführt:

> "Schließlich rechtfertigen auch die für Ahmadis in Pakistan bestehenden beruflichen und wirtschaftlichen Behinderungen keine Anerkennung des Klägers als Asylberechtigter. (...) Solche Benachteiligungen sind jedoch nur dann asylrechtlich erheblich, *wenn sie sich nach Intensität und Schwere als Eingriff in die Menschenwürde darstellen*[101], wenn also die wirtschaftliche Existenz der Ahmadis bedroht und damit *jedes Existenzminimum nicht mehr gewährleistet ist, das ein menschenwürdiges Dasein erst ausmacht*[102]."[103]

Dies bedeutet also, daß auch politische Verfolgung, die sich in dem Entzug *jeder* wirtschaftlichen Handlungsmöglichkeit äußert, einen Eingriff in den Schutzbereich des Art. 1 Abs. 1 GG darstellt. Aber auch politische Verfolgung, die sich nicht an religiöser, ethnischer oder

---

[98] BVerwGE 80, S. 321 ff. (325).

[99] BVerfGE 56, S. 216 ff. (235) unter Bezugnahme auf BVerfGE 54, 341 (356 f.).

[100] Zum Erfordernis der Zurechenbarkeit bei Verfolgungsmaßnahmen Dritter vgl. statt aller BVerfGE 76, S. 143 ff. (169).

[101] Es folgt eine Bezugnahme auf Beschluß vom 5. April 1983 - BVerwG 9 CB 12.80 - Buchholz 402.23 § 28 AuslG Nr. 45. Hervorhebung durch den Verfasser.

[102] Es folgt eine Bezugnahme auf BVerfGE 45, S. 187 ff. (228).

[103] BVerwGE 74, S. 41 ff. (46 f.).

politischer Ausrichtung der Betroffenen orientiert, kann möglicherweise zugleich den von Art. 1 Abs. 1 GG geschützten Lebensbereich tangieren.

D. Verfolgung im Hinblick auf sonstige unverfügbare Merkmale, insbesondere im Falle der Homosexualität

Auch neigungsgemäße homosexuelle Veranlagung kann unter besonderen Umständen politische Verfolgung auslösen[104], insbesondere wenn die Veranlagung an sich oder ein entsprechendes Verhalten unverhältnismäßig bestraft wird. Allerdings ist fraglich, ob auch insoweit der Schutzbereich von Art. 1 Abs. 1 GG eröffnet ist. Dies gilt umso mehr, als sowohl das Bundesverfassungsgericht in seiner frühen Rechtsprechung[105] als auch zunächst die Europäische Kommission für Menschenrechte[106] eine Pönalisierung homosexuellen Verhaltens auch zwischen Erwachsenen für prinzipiell zulässig gehalten haben[107]. Andererseits geht das Bundesverfassungsgericht davon aus, daß der "Intim- und Sexualbereich des Menschen als Teil der Privatsphäre unter den verfassungsrechtlichen Schutz des Art. 2 Abs. 1 in Verbindung mit Art. 1 Abs. 1 GG gestellt" ist[108]. Zumindest dann aber wenn der Verfolgerstaat eine unabänderliche sexuelle Orientierung nicht nur als Anlaß für eine noch verhältnismäßige Pönalisierung nimmt, um die öffentliche Ordnung und Moral zu sichern, sondern vielmehr gravierende Sanktionen - im Extremfall sogar die Todesstrafe - verhängt, um eine ganze Personengruppe aus der staatlichen Schutzgemeinschaft vollständig

---

[104] Vgl. aus der Rechtsprechung etwa BVerwGE 79, 143 ff. und NVwZ-RR 1990, S. 275, sowie Bay. VGH, Urteil vom 7. 10. 1988, auszugsweise veröffentlicht bei R. Marx, Asylrecht, Bd. 2 (5. Aufl., 1991), S. 856 f.; ferner bereits Hess. VGH. InfAuslR 1987, S. 24 ff. mit Anmerkung K.-U. Ventzke, ebd., S. 29 ff.

[105] BVerfGE 6, S. 389 ff.

[106] Vgl. dazu die Nachweise bei Frowein/ Peukert, Art. 8, Rdnr. 10. Vgl. aber auch die späteren Entscheidungen des Europäischen Gerichtshofes für Menschenrechte im Fall Dudgeon, EuGRZ 1983, S. 488 ff. und zuletzt die Entscheidung im Fall Modonos gg. Zypern vom 22. 4. 1993, Ser. A, vol. 259, wo in beiden Fällen ein Verstoß gegen Art. 8 EMRK bejaht worden war.

[107] Das Bundesverfassungsgericht vor dem Hintergrund von Art. 2 Abs. 1 GG; die Europäische Kommission für Menschenrechte im Rahmen von Art. 8 EMRK.

[108] BVerfGE 47, S. 46 ff. (73).

auszuschließen und schlimmstenfalls sogar auszurotten[109], ist ein Menschenwürdeverstoß auch in solchen Fällen zu bejahen[110].

Zusammenfassend läßt sich festhalten, daß eine solchermaßen definierte Verfolgung durch den jeweiligen Heimatstaat nicht nur das Tatbestandsmerkmal "politische Verfolgung" im Sinne von Art. 16 Abs. 2 S. 2 GG/ Art. 16 a Abs. 1 GG erfüllt, sondern zugleich auch eine Verletzung der Menschenwürde der Betroffenen konstituiert. Nun muß aber zusätzlich geklärt werden, ob auch in der möglichen Nichtgewährung politischen Asyls in solchen Fällen durch einen (potentiellen) Aufnahmestaat ebenfalls eine - davon unabhängige - eigenständige Menschenwürdeverletzung gesehen werden kann.

III. Gewährung politischen Asyls und Gebot der Achtung der Menschenwürde

A. Verhältnis von Asylgewährung und Menschenwürdeschutz

Das Bundesverfassungsgericht hat in seiner Rechtsprechung nicht nur betont, daß beim Aufsuchen der "politischen" Verfolgungsgründe von der Achtung der Menschenwürde auszugehen ist[111], sondern zugleich auch deutlich gemacht, daß auch die Gewährleistung eines Grundrechts auf Asyl in einem engen sachlichen Zusammenhang mit dem Gebot der Achtung der Menschenwürde steht:

> "Voraussetzungen und Umfang des politischen Asyls sind wesentlich bestimmt von der Unverletzlichkeit der Menschenwürde, die als oberstes Verfassungsprinzip nach der geschichtlichen Entwicklung des Asylrechts die Verankerung eines weitreichenden Asylanspruchs im Grundgesetz entscheidend beeinflußt hat."[112]

---

[109] Zu dieser Intention der staatlichen Stellen im Iran vgl. BVerwGE 79, S. 143 ff. (154).

[110] So wohl auch der Hess. VGH, InfAuslR 1987, S. 24 ff. (29); vgl. auch BVerwGE 79, S. 143 ff. (154 f.), welches die Situation im Iran mit der Behandlung von Homosexuellen in den Konzentrationslagern des Dritten Reiches vergleicht.

[111] Dazu oben S. 247.

[112] Ständige Rechtsprechung seit BVerfGE 54, S. 341 ff. (357); 76, S. 143 ff. (157 f.); 80, S. 315 ff. (333).

Später ist das Bundesverfassungsgericht noch über diese Aussage hinausgegangen und hat ausgeführt, daß der Schutz der Menschenwürde die Gewährung eines subjektiven Rechts auf die Gewährung politischen Asyls nicht nur beinflußt, sondern maßgeblich mit hervorgebracht[113] und bestimmt[114] habe. Zugleich präge die *rechtliche* Überzeugung, daß die Würde des Menschen unverletzlich sei und daß kein Staat das Recht besitze, Leib oder Leben eines Menschen aus politischen Gründen zu gefährden oder zu verletzen, auch den Inhalt des Asylrechts[115].

Diese Auffassung wird im übrigen auch durch eine frühe Entscheidung des Bundesverfassungsgerichts bestätigt[116], in der das Gericht im Kontext mit einer Auslieferung in die Türkei auch Art. 1 Abs. 1 GG geprüft hat[117]. Diese Haltung des Bundesverfassungsgerichts wird auch durch das Bundesverwaltungsgericht bestätigt, welches betont, daß bei ausländerrechtlichen Entscheidungen über Ausweisung und Abschiebung - also auch bei der Abschiebung von Personen nach der Ablehnung eines Asylgesuchs ! - der Grundsatz der Menschenwürde als oberstes Prinzip unserer Rechtsordnung zu beachten ist. Mit diesem Grundsatz sei es nicht vereinbar, wenn deutsche Behörden an der menschenrechtswidrigen Behandlung eines Betroffenen durch dessen zwangsweise Übersiedlung in ein Land mitwirken würden, in dem ihm dann die eigentliche Verletzung seiner Menschenwürde, - die sich nach dem oben Gesagten auch in politischer Verfolgung manifestieren kann[118] - droht[119]. Bereits früher hat das Bundesverwaltungsgericht auch - wenn auch nicht *expressis verbis* auf Art. 1 Abs. 1 GG bezugnehmend - davon

---

113 BVerfGE 76, S. 143 ff. (158).

114 BVerfGE 80, S. 315 ff. (333); so auch BVerwGE 67, S. 184 ff. (187).

115 BVerfGE 76, S. 143 ff. (158).

116 BVerfGE 15, S. 249 ff. (v.a. 255); die Feststellung von Classen, Asylrecht, S. 135, das Bundesverfassungsgericht habe - anders als das Bundesverwaltungsgericht - Art. 1 Abs. 1 GG im Kontext von Abschiebungen bislang nicht herangezogen, ist demnach inkorrekt.

117 Im Ergebnis allerdings einen Verstoß verneint, da dem Beschwerdeführer keine menschenwürdewidrige Behandlung drohe.

118 Dazu oben S. 247 ff.

119 BVerwGE 67, S. 184 ff. (194); so auch Hailbronner, Perspektiven, S. 46 mit Fn. 64 f.; J. Frowein/ R. Kühner, Drohende Folter als Asylgrund und Grenze für Auslieferung und Ausweisung, ZaöRV 1983, S. 537 ff.(562 ff.); Gusy, Asylrecht, S. 97; Selk, Anm. 18, S. 220 ff.; ferner E. Reichel, Das staatliche Asylrecht "im Rahmen des Völkerrechts" (1987), S. 186 f. m.w.N. (S. 186 Fn. 100).

gesprochen, daß dem Grundrecht auf Gewährung politischen Asyls für politisch Verfolgte ein "unverzichtbarer Kern" innewohne, der insbesondere verbürge, daß der Verfolgte und Schutzbedürftige weder direkt noch indirekt in einen Verfolgungsstaat zurückgeschoben werde[120].

Allerdings ist die These, daß dem individuellen Asylrechtsanspruch des Grundgesetzes ein Menschenwürdekern zukommt in der Literatur nicht unumstritten geblieben[121]. Gegen einen

---

[120] BVerwGE 49, S. 202 ff. (205).

[121] Die Existenz eines solchen Menschenwürdekerns des Asylrechts bejahen: R. Rothkegel, Ewigkeitsgarantie für das Asylrecht, ZRP 1992, S. 222 ff. (227); Geddert-Steinacher, Anm. 46, S. 144; A. Bleckmann, Verfassungsrechtliche Probleme einer Beschränkung des Asylrechts (1992), S. 59 und *passim*; D. Hörnig, Verfassungswidrigkeit des Grundrechts auf Asyl ?, VR 1982, S. 146 ff. (146 Fn. 18.); C. Bierwirth/ R. Göbel-Zimmermann, Handlungsspielräume und Grenzen einer Änderung des Asylrechts, ZRP 1992, S. 470 ff. (472); E. Schmidt-Jortzig, Schriftliche Stellungnahme zur gemeinsamen Öffentlichen Anhörung von Innenauschuß und Rechtsausschuß des Deutschen Bundestages sowie der Gemeinsamen Verfassungskommission zu den verfassungsrechtlichen Bedingungen einer Änderung des Asylrechts, Bonn, 11. März 1993, Sten. Prot. der 55. Sitzung des Innenauschusses, der 71. Sitzung des Rechtsausschusses und der 8. Anhörung der Gemeinsamen Verfassungskommission (im folgenden zitiert als Schmidt-Jortzig, Stellungnahme), S. 389 ff. (392): "Ausprägung spezieller Menschenwürdeachtung"; Schlink, Stellungnahme, S. 433; E. Denninger/ F. Rachor, Asylrecht und Sichtvermerkszwang, ZAR 1988, S. 51 ff. (54): "(...) Menschenwürdegehalt des Asylrechts ist mit diesem praktisch identisch."; P. Lerche, Das Asylrecht ist unverwirkbar, in: Festschrift für A. Arndt (H. Ehmke et al., Hrsg., 1969), S. 199 ff. (203): "(...) daß Art. 16 Abs. 2 S. 2 GG den Schutzanspruch des Art. 1 Abs. 1 S. 2 GG fortsetzt, ja im Grunde nur auf eine besondere Materie umschlägt, ihn 'konkretisiert'".; J. Kühling, in: DER SPIEGEL, Nr. 47/1992, S. 53 ff. (55); R. Marx/ G. Strate/ V. Pfaff, Asylverfahrensgesetz (2. Aufl., 1987), § 1, Rdnr. 416; B. Huber, Verfassungsrechtliche Aspekte einer Asylrechtsharmonisierung in Europa - Zum CDU/CSU-Entwurf eines Gesetzes zur Änderung der Art. 16 und 24 GG, ZRP 1992, S. 123 ff. (124); J. Kremer, Der Entwurf der Fraktion der CDU/CSU, SPD und F.D.P. zur Änderung des Grundgesetzes vom 19. 01. 1993, in: ZDWF (Hrsg.), Art. 16 a GG und seine Folgen (1993), S. 14 ff. (15); zuletzt S. Hehl, Die Neuregelung des Asylrechts, ZRP 1993, S. 301 ff. (302).

Einen solchen Menschenwürdekern verneinen demgegenüber etwa R. Steinberg, Anhörung Gemeinsame Verfassungskommission, Sten. Prot. der 55.

solchen Menschenwürdekern wurden dabei im wesentlichen folgende Argumente vorgebracht:

Das Dictum des Bundesverfassungsgerichtes im 54. Band[122] sei lediglich als Hinweis auf die Entstehungsgeschichte von Art. 16 Abs. 2 S. 2 GG a.F. und auf die bloßen Motive des originären Verfassungsgebers zu verstehen[123]. Insbesondere habe die Verknüpfung des Grundrechts auf Asyl mit der Menschenwürdegarantie in der Rechtsprechung des Bundesverfassungsgerichts lediglich dazu gedient, den humanitären Gehalt des Asylrechts aufzuzeigen[124].

Auch spreche die kurze Geschichte des Asylrechts politisch verfolgter Menschen in der heutigen Form gegen die Bejahung eines Menschenwürdegehalts des Grundrechts[125].

Angesichts des Umstandes, daß das Verfassungsgericht in ständiger Rechtsprechung zur Auslegung von Art. 16 Abs. 2 S. 2 GG a.F. auf das völkerrechtlich vorgegebene Institut des Asyls verweise, könne kaum davon ausgegangen werden, daß es zugleich das Verhalten

---

Sitzung des Innenausschusses, der 71. Sitzung des Rechtsausschusses und der 8. Anhörung der Gemeinsamen Verfassungskommission (im folgenden zitiert als Steinberg, Stellungnahme), S. 357 ff. (364); K. Hesse, Grundzüge des Verfassungsrechts der Bundesrepublik Deutschland (1992), Rdnr. 704; Hailbronner, Stellungnahme I, S. 287 ff.; H.-J. Papier, Stellungnahme zum Entwurf eines Gesetzes zur Änderung des Grundgesetzes (Art. 16 und 18), BT-Drs.12/4152, Anhörung Gemeinsame Verfassungskommission, Sten. Prot. der 55. Sitzung des Innenausschusses, der 71. Sitzung des Rechtsausschusses und der 8. Anhörung der Gemeinsamen Verfassungskommission (im folgenden zitiert als Papier, Stellungnahme), S. 257 ff. (262); und ders., Asyl - Rechtsfragen im Spannungsfeld von Verfassungsrecht, Verwaltungsrecht und Politik, in: H.-J. Papier/ E. Kutscheidt, Asyl - Rechtsfragen im Spannungsfeld von Verfassungsrecht, Verwaltungsrecht und Politik (1992), (im folgenden zitiert als Papier, Rechtsfragen), S. 1 ff. (13) und ders., Rechtliche Möglichkeiten und Grenzen einer Änderung des Asylgrundrechts (Art. 16 Abs. 2 Satz 2 GG), (im folgenden zitiert als Papier, Asylgrundrecht), Staat 1988, S. 31 ff. (34 ff.); ferner Even, Anm. 13, S. 221 f. und ders., Anm. 30, S. 260.

Die Frage wurde offen gelassen bei M. Wollenschläger/ U. Becker, Änderung des Grundrechts auf Asyl (Art. 16 II 2 GG) - Verfassungsrechtliche Möglichkeiten und Grenzen, ZRP 1987, S. 326 ff. (330).

122 Oben S. 252.

123 Hailbronner, Stellungnahme I, S. 287.

124 Ebd.

125 Wollenschläger/ Becker, Anm. 121, S. 330; ähnlich H. Quaritsch, Recht auf Asyl (1985), S. 67 f.

könne kaum davon ausgegangen werden, daß es zugleich das Verhalten anderer Staaten, die völkerrechtskonform keinen Individualanspruch auf Asyl gewähren, als Verletzung der Menschenwürde ansehen wollen[126].

Aus der Rechtsprechung zum Refoulement-Verbot bei Folter und unmenschlicher Behandlung ergebe sich zumindest indirekt, daß eine allgemeine Schutzpflicht für alle Asylsuchenden - also unabhängig von einer solchen unmittelbaren Gefahr für das Leben oder drohender Folter - nicht aus Art. 1 GG abgeleitet werden könne[127].

Da Art. 16 Abs. 2 S. 2 GG a.F./ Art. 16 a Abs. 1 GG nicht vor jeder Verletzung der Menschenwürde schütze, sondern lediglich vor politisch motivierter Verfolgung bestehe zwischen dem Kernbereich des Art. 16 Abs. 2 S. 2 GG a.F. und dem Schutzbereich der Menschenwürde keine Identität. Art. 16 Abs. 2 S. 2 GG a.F. und nunmehr Art. 16 a Abs. 1 GG wolle den politisch Verfolgten lediglich privilegieren. Auch im Falle einer vollständigen Abschaffung des Grundrechts auf politisches Asyl bleibe darüber hinaus der unabhängig davon bestehende Schutz, wie er sich unmittelbar aus Art. 1 Abs. 1 GG ergebe, stets erhalten[128], so daß von vornherein selbst bei einer vollständigen Abschaffung des Grundrechts auf Gewährung politischen Asyls kein Verstoß gegen die Verpflichtung zum Schutz der Menschenwürde denkbar sei[129].

Schließlich wäre die Achtung der Menschenwürde des Asylsuchenden auch dann gesichert, wenn über sein Asylbegehren allein aufgrund einfachen Rechts zu entscheiden wäre oder wenn die Behörden lediglich nach Maßgabe einer institutionellen Garantie des Asylrechts zu entscheiden hätten[130].

Keines dieser Argumente kann jedoch überzeugen. Gegen die These, die vom Bundesverfassungsgericht vorgenommene Verknüpfung zwischen der Verankerung des Asylgrundrechts in der Verfassung einerseits und dem Schutz der Menschenwürde andererseits sei lediglich als Hinweis auf die Entstehungsgeschichte zu verstehen, spricht bereits, daß bei den Beratungen des Parlamentarischen Rates die mögliche Verbindung zwischen Menschenwürde und Asylrecht weder gesehen noch diskutiert worden war[131]. Ferner spricht das Gericht in späteren

---

[126] Hailbronner, Stellungnahme I, S. 289.

[127] Ebd., S. 289.

[128] Even, Anm. 30, S. 260 f. und ähnlich Papier, Asylgrundrecht, S. 38 f.

[129] Gusy, Neuregelung, S. 513.

[130] Papier, Stellungnahme, S. 262.

[131] So zutreffend Quaritsch, Anm. 125, S. 68.

Entscheidungen - in denen es zunächst die Formulierung aus dem 54. Band wiederaufnimmt - zugleich davon, bei der Verknüpfung von Art. 16 Abs. 2 S. 2 GG a.F. handele es sich um eine rechtliche Überzeugung[132], die insoweit in der Verfassung zum Ausdruck komme. Durch die Betonung des rechtlichen Gehalts seiner Aussage, was den Menschenwürdegehalt des Asylrechts anbelangt, widerlegt das Gericht selbst auch die These, es habe lediglich metajuristische, humanitäre Überlegungen zur menschenrechtlichen Natur des Asylrechts anstellen wollen.

Auch die Tatsache, daß es sich bei der Gewährung eines individuellen Rechts auf Asyl um eine historisch relativ neue Entwicklung handelt, spricht nicht von vornherein gegen die Anerkennung eines Menschenwürdekern. Denn zum einen würde die gleiche Überlegung auch für andere Grundrechte gelten, die ebenfalls erstmals im Jahre 1949 im Grundgesetz als individuelles Grundrecht verankert worden sind. So fand etwa auch die grundrechtliche Garantie individuellen Rechtsschutzes gegenüber der Verwaltung in Art. 19 Abs. 4 S. 1 GG erstmals im Jahre 1949 ihren Weg in die Verfassung[133]. Gleichwohl ist es nahezu unbestritten, daß der Norm ein Menschenwürdekern innewohnt[134]. Zum anderen führt diese historische Sicht bei der Bestimmung des Menschenwürdekerns einzelner Grundrechte zu einer statischen Menschenwürdekonzeption des Grundgesetzes, obwohl sie gerade in mancherlei Hinsicht als bewußte Abkehr von früheren Vorstellungen gedacht war. Insoweit kann vergleichsweise darauf hingewiesen werden, daß auch das Verbot der Todesstrafe, wie es - ebenfalls erst seit dem Jahre 1949 ! - in Art. 102 GG enthalten ist, in gleicher Weise aufgrund des Art. 1 Abs. 1 GG änderungsfest ist[135].

---

132 Vgl. etwa BVerfGE 76, S. 143 ff. (158) und 80, S. 315 ff. (333).

133 Die Vorläuferbestimmung zu Art. 19 Abs. 4 S. 1 GG, Art. 107 der Weimarer Reichsverfassung:

> "Im Reiche und in den Ländern müssen nach Maßgabe der Gesetze Verwaltungsgerichte zum Schutze der einzelnen gegen Anordnungen und Verfügungen der Verwaltungsbehörden bestehen."

war demgegenüber nicht als Individualrecht, sondern als bloßer Gesetzgebungsauftrag verstanden worden, vgl. G. Anschütz, Die Verfassung des Deutschen Reiches vom 11. August 1919 - Kommentar (14. Aufl., 1933), S. 497.

134 BVerfGE 30, S. 1 ff. (27) und *passim*.

135 Vgl. etwa v. Münch - Kunig, Art. 102, Rdnr. 16; BVerwG NJW 1988, S. 662. Damit ist jedoch nicht zugleich geklärt, ob auch jede Ausliefe-

Das Argument, durch die Anerkennung eines Menschenwürdekerns des Asylrechts würde man anderen Staaten, die ein solches Recht nicht kennen, unzulässigerweise die Verletzung der Menschenwürde vorwerfen, kann nicht durchgreifen. Denn der Menschenwürdebegriff des deutschen Verfassungsrechts muß sich nicht notwendigerweise mit dem anderer Staaten oder dem des Völkerrechts decken, sondern kann in seinem Schutzgebot auch darüber hinausgehen. Insoweit impliziert die Feststellung eines Menschenwürdekern des Asylgrundrechts nicht zwangsläufig den Vorwurf eines solchen Verhaltens durch dritte Staaten[136]. Im übrigen wird der Kern dessen, was *in allen* Rechtsordnungen als unverzichtbare Menschenrechte angesehen werden muß, nicht durch Art. 1 Abs. 1 GG bestimmt, sondern vielmehr allein durch Art. 1 Abs. 2 GG. Nur bei einem Verstoß gegen die dort enthaltene unverletzlichen und unveräußerlichen Menschenrechte - zu denen das individuelle Asylrecht möglicherweise gerade nicht gehören muß ! - würde aber das Grundgesetz das behauptete Unrechtsurteil über die anderen Staaten fällen, nicht aber bereits dann, wenn es *für sich* einen Menschenwürdekern des Grundrechts auf Asyl anerkennt.

Der Umstand, daß bei drohender Folter und unmenschlicher Behandlung von der Rechtsprechung ein unmittelbar aus Art. 1 Abs. 1 GG abgeleiteter Abschiebeschutz gewährt wird, schließt einen Menschenwürdekern des Asylrechts nicht aus. Denn dadurch wird nur gesagt, daß auch bei anderen - nicht politisch motivierten - Menschenwürdeverletzungen im Heimatstaat, die damit auch keinen Asylgrund bilden, *zusätzlich* ebenfalls Abschiebeschutz besteht[137]. Demgegenüber läßt sich hieraus aber nicht der Umkehrschluß ziehen, daß die Abschiebung in ein Verfolgerland bei politisch motivierter

rung zur Vollstreckung der Todesstrafe durch einen anderen Staat einen Verstoß gegen Art. 1 GG darstellen muß, vgl. hierzu BVerfGE 18, S. 112 ff. (116 ff.); offen gelassen in BVerfGE 60, S. 248 ff. (254); vgl. aber auch § 8 IRG, wonach eine Auslieferung bei drohender Todesstrafe einfachgesetzlich unzulässig ist, sowie die Entscheidung des Europäischen Gerichtshofes für Menschenrechte im Fall Soering zur Frage des Verstoßes gegen Art. 3 EMRK bei Auslieferung im Falle drohender Todesstrafe.

[136] Vgl. auch die parallele Argumentation des Bundesverfassungsgerichts BVerfGE 18, S. 112 ff. (117) zur Todesstrafe, wonach das in Art. 102 GG enthaltene Verbot zwar eine verfassungsrechtliche Entscheidung von großem Gewicht enthält, keineswegs aber ein Werturteil über andere Rechtsordnungen enthält, die ein solches Verbot (noch) nicht kennen.

[137] Selk, Anm. 18, S. 160.

Verfolgung auch dann, wenn keine Folter oder unmenschliche Behandlung droht, sondern "nur" etwa das völlige Verbot jeglicher Religionsausübung, im Lichte des Art. 1 Abs. 1 GG zulässig wäre. Denn der Verfassungsgesetzgeber und nunmehr auch der verfassungsändernde Gesetzgeber hat durch die Kodifizierung des Asylrechts für politisch Verfolgte lediglich eine bestimmte Fallgruppe menschenunwürdiger Behandlung in einem Einzelgrundrecht noch zusätzlich konkretisiert[138].

Das damit eng im Zusammenhang stehende Argument, der Abschiebeschutz aus Art. 1 Abs. 1 GG bleibe auch bei einer vollständigen Abschaffung des Asylrechts stets erhalten, so daß auch bei einer kompletten Streichung des Art. 16 Abs. 2 S. 2 GG a.F. beziehungsweise des Art. 16 a GG denknotwendig ein Verstoß gegen die Menschenwürde ausgeschlossen sei, verkennt das Verhältnis zwischen Art. 1 Abs. 1 GG in Verbindung mit Art. 79 Abs. 3 einerseits und dem jeweiligen Einzelgrundrecht und dessen jeweiligen Menschenwürdekern andererseits. Denn würde man diese These auf alle Grundrechte anwenden - auch auf solche, die unzweifelhaft einen Menschenwürdekern besitzen - könnten alle Einzelgrundrechte faktisch beseitigt werden, ohne daß jemals Art. 1 Abs. 1 GG tangiert wäre, da stets ein unmittelbarer Rekurs zumindest zum Bundesverfassungsgericht unter Berufung auf Art. 1 Abs. 1 GG möglich wäre[139]; ein Ergebnis, was kaum mit der Intention von Art. 79 Abs. 3 GG in Übereinstimmung gebracht werden kann. Auch die These, Art. 16 Abs. 2 S. GG a.F./ Art. 16 a Abs. 1 GG stelle eine bloße Privilegierung der politisch Verfolgten[140] dar, überzeugt nicht, verlangt man mit dem Bundesverfassungsgericht für die Bejahung politischer Verfolgung eine menschenunwürdige Behandlung[141].

Schließlich würde auch eine bloß einfachgesetzliche Garantie des Asylrechts Art. 1 Abs. 1 GG nicht gerecht. Denn es entspricht gerade der Konzeption des Grundgesetzes, daß - soweit der Menschenwürdekern eines Grundrechts reicht - es eben als solches nicht beseitigt werden darf. Im übrigen würde das angeführte Argument zwangsläufig zu einem Zirkelsschluß führen: Weil das Grundrecht auf Asyl (behauptetermaßen) keinen Menschenwürdekern besitzt, genügt in dieser eine einfachgesetzliche Garantie oder eine bloße institutionelle Garantie den verfassungsrechtlichen Anforderungen und weil dies ausreichend ist, besitzt das Grundrecht eben keinen Menschenwürdekern.

---

[138] Selk, Anm. 18; S. 160.
[139] Selk, Anm. 18, S. 161.
[140] Even, Anm. 30, S. 260.
[141] Dazu näher oben S. 247.

Nach alledem sind die Argumente, welche *gegen* die Bejahung eines Menschenwürdekern sprechen, hinreichend entkräftet. Will man sich jedoch nicht mit der etwas apodiktischen Begründung des Bundesverfassungsgerichts begnügen, was die Verknüpfung von Asylrecht und Menschenwürde anbelangt, muß nunmehr versucht werden den Menschenwürdegehalt des individuellen Grundrechts auf Asyl auch positiv zu begründen.

B. Zurechnung der ausländischen Menschenwürdeverletzung im Falle der Verweigerung von Schutz ?

1. Problemstellung

Im Falle des Bestehens einer politischen Verfolgungssituation geht die "eigentliche" Menschenwürdeverletzung[142] zunächst von dem ausländischen Heimatstaat des Verfolgten aus[143]. Dieser ist es, der durch sein Verhalten primär die existentiellen Grundrechte des Betroffenen gefährdet und bedroht. Dies bedeutet zugleich - will man unter Menschenwürdegesichtspunkten einen Aufnahmeanspruch oder zumindest einen Anspruch auf Verbleiben im Bundesgebiet politisch verfolgter Menschen bejahen -, daß man in der Lage sein müßte, die Bundesrepublik Deutschland für diese Menschenwürdeverletzung verantwortlich zu machen[144].

Grundsätzlich bestehen dabei zwei mögliche Argumentationslinien mittels derer eine solche Verantwortlichkeit der deutschen Staatsgewalt für Menschenwürdeverletzungen durch andere Staaten bejaht werden kann. Entweder sieht man dies als ein Zurechnungsproblem an, untersucht also die Frage, ob die Bundesrepublik Deutschland für die durch den Verfolgerstaat erfolgende Menschenwürdeverletzung einstehen muß. Die Bejahung einer solchen Zurechnung hätte zur Folge, daß eine Zurückweisung oder eine Abschiebung durch deutsche Behörden in eine Verfolgersituation ihrerseits eine Menschenwürdeverletzung darstellen würde[145].

Eine andere Möglichkeit besteht darin, diese Frage als ein Problem des möglicherweise grenzüberschreitenden Geltungsumfangs

---

[142] Zum Vorliegen einer Menschenwürdeverletzung im Falle politischer Verfolgung oben S. 247.

[143] Selk, Anm. Anm. 18, S. 158 f.

[144] Insoweit zutreffend Rothkegel, Anm. 121, S. 226.

[145] So etwa Rothkegel, Anm. 121, S. 226.

des jeweiligen Grundrechts anzusehen. Dies würde bedeuten, daß sich - und zwar unabhängig von einer Zurechnung fremder Grundrechtseingriffe - aus Art. 1 GG selbst eine unmittelbare Verpflichtung der Träger deutscher Staatsgewalt ergebe, Menschenwürdeverletzungen zu verhindern.

Letztlich kann jedoch offen bleiben, welcher Ansatz gewählt wird. Denn es kommt darauf an, nach materiellen Kriterien zu suchen, mittels derer die Frage zu beantworten ist, ob Art. 1 Abs. 1 GG sich selbst auch auf Lebenssachverhalte angewendet wissen will, bei denen die eigentliche Menschenwürdeverletzung auf dem Gebiet eines fremden Staates durch den dortigen Hoheitsträger oder mit dessen Billigung[146] vorgenommen wird. Dies entspricht auch der Rechtsprechung des Bundesverfassungsgerichts, das davon ausgeht, daß die sich aus der Verfassung selbst zu entwicklende Bestimmung der Reichweite der Grundrechte jeweils durch Auslegung der entsprechenden Verfassungsnorm - in unserem Falle also durch Auslegung von Art. 1 Abs. 1 GG - ergibt[147]. Dies bedeutet, daß im einzelnen zu ermitteln ist, ob nach Wortlaut, Sinn und Zweck der Norm jede denkbare Anwendung deutscher Staatsgewalt an das in Frage stehende Grundrecht gebunden sein soll oder ob die Norm bei Sachverhalten mit mehr oder weniger intensiver Auslandsbeziehung eine Differenzierung zuläßt oder verlangt[148].

---

[146] Zum grundsätzlichen Erfordernis der Staatlichkeit der Verfolgung vgl. BVerfGE 80, S. 315 ff. (333 f.).

[147] BVerfGE 31, S. 58 ff. (77) unter Bezugnahme auf W. Wengler, Urteilsanmerkung in JZ 1965, S. 100.

[148] Es würde den Rahmen vorliegender Arbeit sprengen, eine umfassende Theorie zu entwickeln, ob und gegebenenfalls unter welchen Voraussetzungen eine Grundrechtsverletzung durch einen Drittstaat - in unserem Fall also eine Verletzung der Menschenwürde durch den Verfolgerstaat - der Bundesrepublik Deutschland zugerechnet werden kann mit der Wirkung, daß sich hieraus eine Erstreckung des Schutzumfangs deutscher Grundrechte ergibt. Umfassend zur Anwendbarkeit der Grundrechte bei Vorliegen grenzüberschreitender Sachverhalte nunmehr R. Hofmann, Grundrechte und grenzüberschreitende Sachverhalte (im Erscheinen begriffen, im folgenden zitiert als Hofmann, Grundrechte); vgl. darüber hinaus aus der früheren Literatur bereits G. Elbing, Zur Anwendbarkeit der Grundrechte bei Sachverhalten mit Auslandsbezug (1991); M. Heintzen, Auswärtige Beziehungen privater Verbände (1988), S. 96 ff.; T. Oppermann, Transnationale Ausstrahlungen deutscher Grundrechte ?, in: F. Kronek/ T. Oppermann (Hrsg.), Festschrift für W. Grewe (1981), S. 521 ff.; M. Schrö-

Zunächst ist dabei zu untersuchen, ob der grundrechtliche Anspruch aus Art. 1 Abs. 1 GG auch in Fällen grenzüberschreitenden Charakters besteht. Bejaht man dies, ist sodann zu prüfen, ob sich das Grundrecht lediglich auf Personen bezieht, die sich bereits auf dem Gebiet der Bundesrepublik Deutschland befinden oder darüber hinaus auch auf diejenigen Menschen, die in diesem Sinne noch keinen Gebietskontakt mit der deutschen Staatsgewalt aufgenommen haben. Schließlich ist dann noch zu untersuchen, ob der materielle Standard des Art. 1 Abs. 1 GG, also das Konzept der Menschenwürde, in grenzüberschreitenden Fällen möglicherweise nur modifizierend zur Anwendung gelangen kann.

2. Geltung des Art. 1 Abs. 1 GG bei grenzüberschreitenden Sachverhalten

Das Bundesverfassungsgericht geht im Grundsatz davon aus, daß die einzelnen Grundrechte in ihrem jeweiligen sachlichen Geltungsumfang die deutsche öffentliche Gewalt auch insoweit binden, als Wirkungen ihrer Betätigung außerhalb des Hoheitsbereichs der Bundesrepublik Deutschland eintreten[149]. So hat es etwa in seinem Beschluß zur Stationierung US-amerikanischer C-Waffen auf dem Gebiet der Bundesrepublik Deutschland[150] nicht grundsätzlich die Verantwortlichkeit der deutschen Staatsgewalt für Akte us-amerikanischer Stellen, die mit Billigung und maßgeblicher Mitwirkung deutscher Stellen vorgenommen werden verneint, sondern die Verfassungsbeschwerden lediglich deshalb verwor-

---

der, Zur Wirkkraft der Grundrechte bei Sachverhalten mit grenzüberschreitenden Elementen, in: v. Münch (Hrsg.), Festschrift für H.-J. Schlochauer (1981), S. 137 ff.; K. Stern, Das Staatsrecht der Bundesrepublik Deutschland, Bd. III/1 (1988), S. 1227 ff.; ferner zuletzt H.-J. Cremer, Asylrechtsunabhängiger Schutz vor den Auslandsfolgen aufenthaltsbeendender Maßnahmen nach dem Ausländergesetz - Zugleich ein Beitrag zur Bestimmung der Reichweite der grundrechtlichen Verantwortung für die Auslandsfolgen deutscher Hoheitsakte (im Erscheinen begriffen, im folgenden zitiert als Cremer, Auslandsfolgen).

[149] BVerfGE 57, S. 9 ff. (23). Skeptisch gegenüber einer Generalisierung des Aussagehalts dieses Zitats jedoch Oppermann, Anm. 148, S. 524, sowie H. von Olshausen, Grundrechte und Anwendbarkeit ausländischen Rechts, DVBl. 1974, S. 652 ff. (654 f.).

[150] BVerfGE 77, S. 170 ff.; hierzu Cremer, Auslandsfolgen, S. 274 ff.

fen, weil das zulässige Maß von Grundrechtseingriffen nicht überschritten sei[151].

Auch in Bezug auf die verfassungsrechtliche Beurteilung der Stationierung atomarer Mittelstreckenraketen seitens der USA auf dem Gebiet der Bundesrepublik Deutschland[152] geht das Bundesverfassungsgericht nicht von einer von vornherein räumlich beschränkten Geltung der Grundrechte - hier Art. Art. 2 Abs. 2 GG - aus[153], sondern verneint stattdessen eine Zurechnung einer möglichen Grundrechtsverletzung durch den Einsatz sowjetischer Nuklearwaffen nur deshalb, weil die Bundesrepublik Deutschland aus rechtlichen und tatsächlichen Gründen gehindert war, auf den grundrechtsrelevanten Geschehensablauf wesentlich steuernd einzuwirken[154].

Aber auch in anderen Zusammenhängen hat das Bundesverfassungsgericht *im Grundsatz* akzeptiert, daß Träger deutscher Staatsgewalt durch ihre Beteiligung an grundrechtswidrigem Tun eines fremden Staates ihrerseits Grundrechte verletzen können[155]. Speziell für die Verbringung von Personen aus dem Gebiet der Bundesrepublik Deutschland in das Ausland haben sowohl das Bundesverfassungs- als auch das Bundesverwaltungsgericht wiederholt die Notwendigkeit der Beachtung speziell des Art. 1 Abs. 1 GG betont. So hatte das Bundesverfassungsgericht bereits im Jahre 1963 Gelegenheit auszuführen, daß bei einer Auslieferung - neben Art. 16 Abs. 2 S. 2 GG a.F. - stets auch Art. 1 Abs. 1 GG zu beachten sei[156]. Auch im (früheren) innerdeutschen Rechtsverkehr war aus der Sicht des Bundesverfassungsgerichtes Art. 1 GG Rechnung zu tragen[157].

---

[151] BVerfGE 77, S. 170 ff. (226).

[152] BVerfGE 66, S. 39 ff.

[153] Zutreffend Cremer, Auslandsfolgen, S. 242.

[154] BVerfGE 66, S. 39 ff. (62) unter Bezugnahme auf BVerfGE 55, S. 349 ff. (362 f.) und 57, S. 9 ff. (23 f.).

[155] Vgl. etwa die Entscheidung BVerfGE 43, S. 203 ff. (209) zum deutsch-tschechoslowakischen Vertrag vom 25. 1. 1977 (dazu näher Cremer, Auslandsfolgen, S. 275) und den Beschluß der 3. Kammer des Zweiten Senats vom 5. 6. 1992, EuGRZ 1992, S. 306 ff (die Bezug nimmt auf BVerfGE 40, S. 141 ff.) zum deutsch-polnischen Grenzvertrag. In beiden Fällen wird bereits verneint, daß der Abschluß des jeweiligen Vertrages die Beschwerdeführer überhaupt in ihren Grundrechten betreffe.

[156] BVerfGE 15, S. 249 ff. (255).

[157] BVerfGE 37, S. 57 ff. (66); dazu statt aller Cremer, Auslandsfolgen, S. 281.

Auch nach Ansicht des Bundesverwaltungsgerichts ist "bei ausländerrechtlichen Entscheidungen über Ausweisung und Abschiebung stets auch der Grundsatz der Menschenwürde als oberstes Prinzip unserer Rechtsordnung zu beachten"[158]. Mit dieser Sicht wäre es danach unvereinbar, wenn deutsche Behörden an der menschenwürdewidrigen Behandlung eines Betroffenen durch dessen zwangsweise Überstellung in ein Land mitwirken, wo ihm eine Menschenwürdeverletzung droht[159].

Diese These der grundsätzlichen Anwendbarkeit auch des Art. 1 Abs. 1 GG bei grenzüberschreitenden Sachverhalten wird auch durch folgende weitere Überlegungen bestätigt. Zum einen ist es überhaupt erst die Maßnahme der Bundesrepublik Deutschland, welche - jedenfalls bei zuvor bestehenden Gebietskontakt mit der Bundesrepublik Deutschland - die Menschenwürdeverletzung durch den fremden Staat ermöglicht, indem sie ihm zur Ausreise in den Verfolgerstaat[160] zwingt[161]. Ferner ist die Frage, ob dem Flüchtling im Heimatstaat eine Verletzung seiner Menschenwürde durch politische Verfolgung droht auch - wie die jahrzehntelange Praxis deutscher Gerichte belegt - hinsichtlich der Wahrscheinlichkeit ihrer Realisierung jedenfalls grundsätzlich verifizierbar[162]. Schließlich kann vorliegend auch nicht das - im Zusammenhang mit anderen grenzüberschreitenden Sachverhalten zu Recht vorgebrachte - Argument[163] rekurriert werden, eine solche Erstreckung des Geltungsbereichs deutscher Grundrechte stehe im Widerspruch zur grundsätzlich völkerrechtsfreundlichen Grundhaltung des Grundgesetzes, die vor allem die (grundsätzliche) Achtung vor fremden Rechtsordnungen und deren Rechtsanschauungen fordert[164]. Denn zum einen handelt es sich bei dem völkerrechtlichen Institut der Gewährung politischen Asyls wenn auch nicht um ein Individualrecht, so

---

158 BVerwGE 67, S. 184 ff. (194).

159 Ebd., konkret ging es um drohende Folter, die aus der Sicht des Gerichts jedoch keinen Asylgrund gebildet hatte. Vgl. ferner BVerwGE 78, S. 243 ff. (249) mit weiteren Nachweisen aus der Rechtsprechung des Bundesverwaltungsgerichts.

160 Jedenfalls wenn man davon ausgeht, daß kein Drittstaat zur Aufnahme bereit ist.

161 Cremer, Auslandsfolgen, S. 256.

162 Dazu Cremer, Auslandsfolgen, S. 257, der insoweit zutreffend zur Situation im Pershing-Urteil (BVerfGE 66, S. 39 ff.) differenziert, wo das Gericht eine lediglich psychisch vermittelte Kausalität zu untersuchen hatte.

163 Vgl. etwa BVerfGE 18, 113 ff. (121) und BVerfGE 63, S. 343 ff. (378 f.).

164 BVerfGE 18, S. 112 ff. (121).

doch aber um ein souveränes Recht des asylgewährenden Staates. Dies bedeutet, daß eine solche Gewährung von dem Heimatstaat des betroffenen Individuums grundsätzlich nicht als völkerrechtlich unzulässige Handlung angesehen werden kann. Außerdem dürfte der Achtungsanspruch zugunsten der Rechtsordnung des Heimatstaates zugleich dadurch entfallen sein, daß dieser den Betroffenen unter Verstoß gegen bestehende völkervertragliche[165] oder völkergewohnheitsrechtliche[166] Bindungen einer unter menschenrechtlichen Gesichtspunkten völkerrechtlich unzulässigen Behandlung unterzieht[167]. In einer solchen Schutzgewährung zugunsten politisch verfolgter Personen liegt demnach weder im Falle der Nichtrückschiebung noch im Falle der Aufnahme unmittelbar an der Grenze eine unzulässige Beeinträchtigung der Gebiets- oder Personalhoheit des fremden Staates[168].

Damit ist zumindest für die Personen, die bereits in das Gebiet der Bundesrepublik Deutschland eingereist sind, aus Art. 1 Abs. 1 GG die Existenz einer Verpflichtung abzuleiten, sie nicht in eine Situation in denen ihnen politische Verfolgung - und damit eine Menschenwürdeverletzung - droht, ab- beziehungsweise zurückzuschieben. Dies bedeutet also, daß zumindest insoweit ein Menschenwürdekern des Grundrechts auf Gewährung politischen Asyls anzuerkennen ist[169].

Demgegenüber erscheint es jedoch fraglich, ob sich der Schutzbereich verfassungsrechtlicher Gewährleistungen, im vorliegenden Zusammenhang also der Schutzbereich von Art. 1 Abs. 1 GG - abgesehen von der weiterhin grundsätzlich fortbestehenden Garantie der Einreisefreiheit

---

165 Soweit diese für den Verfolgerstaat etwa aufgrund Beitritts zu dem Pakt über bürgerliche und politische Rechte, das UN-Folterabkommen oder vergleichbare Abkommen bestehen.

166 Zum völkergewohnheitsrechtlichen Geltungsumfang menschenrechtlicher Verbürgungen vgl. statt aller L. Henkin, Human Rights, EPIL., vol. 8, S. 268 ff. (269 f.).

167 Daran, daß die staatlichen Verhaltensweisen, die als politische Verfolgung in Betracht kommen, zugleich einer Unterschreitung des - auch gewohnheitsrechtlich - völkerrechtlich gebotenen Menschenrechtsstandards gleichkommen, dürften kaum Zweifel bestehen.

168 Auf den Sonderfall der Asylgewährung in Botschaftsgebäuden soll vorliegend nicht eingegangen werden.

169 Zu dessen genauem Umfang unten S. 274; zur Frage, ob es insoweit relevant ist, ob die Personen legal oder illegal auf das Gebiet der Bundesrepublik Deutschland gelangt sind vgl. unten S. 272.

aus Art. 16 a Abs. 1 GG[170] - auch auf einreisewillige Ausländer erstreckt, die noch nicht in den räumlichen Hoheitsbereich der Bundesrepublik Deutschland gelangt sind[171]. Es ist also zu fragen, ob sich aus einer drohenden Gefahr einer Menschenwürdeverletzung im Heimatstaat ein *Aufnahme*anspruch ergibt. Dies würde zugleich bedeuten, daß sich aus Art. 1 Abs. 1 GG auch eine Verpflichtung zur Beibehaltung des grundrechtlich geschützten Anspruchs auf Gewährung politischen Asyls für Personen, die sich (noch) nicht in der Bundesrepublik Deutschland befinden und die unmittelbar aus einer Verfolgungssituation kommen, ableiten ließe[172].

3. Anspruch auf Aufnahme aus Art. 1 Abs. 1 GG im Falle drohender Menschenwürdeverletzung im Heimatstaat ?

Der Wortlaut von Art. 1 Abs. 1 GG kann als Indiz für ein weites Verständnis von Art. 1 Abs. 1 GG und damit seine Erstreckung auf Personen, die an der Grenze um Schutz nachsuchen, gewertet werden. Denn Art. 1 Abs. 1 GG spricht davon, daß *alle* staatliche Gewalt zur Achtung und zum Schutz der menschlichen Würde verpflichtet ist, will also offenbar den Geltungsanspruch des Grundrechts nicht auf solche Manifestationen deutscher Staatsgewalt beschränken, die ihre Wirkungen lediglich im Inland haben. Ferner spricht für eine Erstreckung des Geltungsumfangs der Norm, daß es sich um ein Menschenrecht handelt. Dies kann im Zweifel als Hinweis auf eine extensive Deutung auch ihres sachlichen Geltungsbereichs verstanden werden[173]. Auch könnte es naheliegen, einen Umkehrschluß zu Art. 19 Abs. 3 GG zu ziehen, der

---

[170] Zu dem sich aus dem Asylgrundrecht ableitenden Recht auf Einreise politisch Verfolgter vgl. statt aller die Nachweise bei Kanein/ Renner, § 9 AsylVfG, Rdnr. 7.

[171] BVerfGE 76, S. 1 ff. (46) unter Bezugnahme auf J. Isensee, Die staatsrechtliche Stellung der Ausländer in der Bundesrepublik Deutschland, VVDStRL 32, S. 49 ff. (62 ff.).

[172] Davon unberührt bleibt allerdings die Frage, ob die Verpflichtung zur Schutzgewährung dann entfällt, wenn ein Drittstaat bereits Schutz gewährt hat oder zumindest dort eine solche Möglichkeit besteht oder bestand, dazu unten S. 274 ff.

[173] Oppermann, Anm. 148, S. 529 im Hinblick auf Art. 2 II, 14, 17 und 103 GG. Für Art. 1 Abs. 1 GG kann aber erst Recht nichts anderes gelten.

juristische Personen mit Sitz im Ausland[174] von der Grundrechtsträgerschaft ausschließt[175]. Schließlich spricht Art. 1 Abs. 1 GG nicht nur von einer Verpflichtung zur Achtung der Menschenwürde - was einem Verbot unmittelbarer Menschenwürdeeingriffe durch die deutsche staatliche Gewalt gleichkommt - sondern enthält zugleich auch eine Schutzverpflichtung gegenüber Menschenwürdeeingriffen durch Dritte[176].

Gegen eine solche Erstreckung auf Personen, die sich noch nicht in der Bundesrepublik Deutschland selbst befinden, spricht jedoch bereits ein faktisches Argument. Eine umfassende Erstreckung des Schutzgebots des Art. 1 Abs. 1 in Verbindung mit Art. 1 Abs. 3 GG auf alle ausländischen Staatsangehörigen auch ungeachtet eines zuvor bestehenden Gebietskontakts mit der Bundesrepublik Deutschland[177] könnte die realen Möglichkeiten der durch das Grundgesetz verfaßten staatlichen Gewalt übersteigen[178]. Außerdem bedeutete dies, daß selbst der verfassungsändernde Gesetzgeber rechtlich gehindert wäre, gebietsfremden Personen den Zuzug in das Bundesgebiet zu verweigern, die über noch keinen Gebietskontakt mit der Bundesrepublik Deutschland verfügen und denen in ihrem Heimatstaat Menschenwürdeverletzungen drohen. Dies würde aber dazu führen, daß - über die sich aus Art. 1 und 20 (in Verbindung mit Art. 79 Abs. 3 GG) ergebenden Schranken hinaus - jeder Gesetzgeber gehindert wäre, die Zusammensetzung der Wohnbevölkerung der Bundesrepublik Deutschland zu bestimmen. Daß aber grundsätzlich sogar bereits der einfache Gesetzgeber befugt sein

---

174 Hierauf kommt es für die Qualifizierung einer Gesellschaft als ausländische an, vgl. BVerfGE 21, S. 207 ff. (209), sowie Bonner Kommentar - v. Mutius, Art. 19 Abs. 3, Rdnr. 54 mit vielfältigen Nachweisen.

175 Oppermann, Anm. 148, S. 529.

176 Vgl. dazu zuletzt BVerfGE, Urteil vom 28. 5. 1993, EuGRZ 1993, S. 229 ff. (242). Zum Bestehen einer objektivrechtlichen Schutzverpflichtung gegenüber Individuen im Verhältnis zu anderen Staaten im Rahmen der Gewährung diplomatischen Schutzes vgl. BVerfGE 6, S. 290 ff. (299); 40, S. 141 ff. (177 f.), 41 S. 126 ff. (182) und 55, S. 349 ff. (364 ff.); grundlegend hierzu K. Doehring, Die Pflicht des Staates zur Gewährung diplomatischen Schutzes (1959), *passim*.

177 Zu diesem Erfordernis vgl. Isensee, Anm. 171, S. 62 f.

178 Isensee, Anm. 171, S. 63 und Classen, Asylrecht, S. 135. Zwar könnte argumentiert werden, auch aus Art. 3 EMRK könnte sich bei der hier vertretenen Auffassung zum Schutzumfang der Norm ein praktisch identisches Ergebnis ergeben, doch blieb der Bundesrepublik Deutschland insoweit jedenfalls stets noch die Möglichkeit der Kündigung.

soll, den Zugang von Ausländern zum Gebiet der Bundesrepublik Deutschland zu regeln, zeigen die Art. 74 Nr. 4 beziehungsweise Art. 73 Nr. 3 GG, wonach der (einfache) Bundesgesetzgeber in der Lage ist, das Aufenthalts- und Niederlassungsrecht der Ausländer beziehungsweise deren Einwanderung zu regeln[179].

Schließlich zeigt auch ein Gegenschluß zu Art. 11 GG, wonach lediglich für Deutsche im Sinne des Art. 116 GG ein - allerdings selbst für sie nicht unbeschränktes - Zuzugsrecht bestehen soll[180], daß die Einreise von Ausländern grundsätzlich - abgesehen von Art. 16 Abs. 2 S. 2 GG a.F./ Art. 16 a GG - nicht grundrechtlich geschützt sein soll[181]. Dieses Ergebnis, daß Personen, denen eine Menschenwürdeverletzung in ihrem Heimatstaat droht und die sich noch nicht im Bundesgebiet befinden, über kein *aus Art. 1 Abs. 1 GG*[182] abgeleitetes Recht auf Einreise verfügen, wird im übrigen auch durch die Rechtsprechung des Bundesverfassungsgerichts zu einzelnen Grundrechten bestätigt. So stellt etwa die Abweisung eines Fremden an der Grenze keinen Grundrechtseingriff dar, da insoweit der Schutzbereich von Art. 2 Abs. 1 GG (noch) nicht eröffnet ist[183]. Außerdem ergibt sich aus Art. 6 Abs. 1

---

179 Zur Bedeutung solcher Kompetenznormen als Anerkennung verfassungsrechtlicher Wertentscheidungen vgl. BVerfGE 48, 127 ff. (159). Danach ist in Art. 87 a Abs. 1 S. 1 GG *und Art. 73 Nr. 1 GG* eine verfassungsrechtliche Grundentscheidung für eine militärische Landesverteidigung zu sehen.

180 Daß Art. 11 GG auch das Recht auf Zuzug in das Bundesgebiet mit umfaßt ist seit den Entscheidungen BVerfGE 2, S. 266 ff. (271) und 43, S. 203 ff. (211) fast einhellig anerkannt. Grundlegend bereits G. Dürig, Freizügigkeit, in: Neumann/ Nipperdey/ Scheuner (Hrsg.), Die Grundrechte, Bd. II (1954), S. 507 ff. (516 f.). Zur Frage, ob sich dieses Zuzugsrecht möglicherweise nicht bereits (auch) aus dem Innehaben der Staatsangehörigkeit als solcher ergibt vgl. K. Doehring, Das Staatsrecht der Bundesrepublik Deutschland (3. Aufl., 1984), S. 337 f.

181 BVerfGE 76, S. 1 ff. (47).

182 Etwas anderes gilt aufgrund der Gewährleistung des Art. 16 a Abs. 1 GG für politisch Verfolgte zumindest sobald sie die Grenze der Bundesrepublik Deutschland erreicht haben. Zur Frage, ob sich der Schutzbereich des Art. 16 Abs. 2 S. 2 GG a.F. beziehungsweise der des Art. 16 a Abs. 1 GG auch auf Personen im Ausland erstreckt vgl. den Vorlagebeschluß des Bundesverwaltungsgerichts vom 14. 4. 1992, JZ 1993, S. 90 ff. und dazu die Anmerkung von O. Kimminich, ebd., S. 92 ff.

183 Vgl. BVerfGE 49, S. 168 ff. (183 f.) und BVerwGE 56, S. 256 ff. (258).

GG[184] nur deshalb für den gebietsfremden Ausländer ein Anspruch auf Einreise[185], weil und soweit er mit einer anderen Person, die ihrerseits bereits Gebietskontakt mit der Bundesrepublik Deutschland hergestellt hatte in Ehe und Familie - also verfassungsrechtlich geschützt - verbunden ist[186]. Außerdem wird diese Überlegung auch durch einen Vergleich mit parallelen völkerrechtlichen Abkommen zum Schutz der Menschenrechte gestützt, die ebenfalls jeweils ihren Schutzumfang grundsätzlich auf die Bereiche begrenzen, die der Hoheitsgewalt der einzelnen Vertragsparteien unterstehen[187].

Nach alledem ist davon auszugehen, daß sich der Menschenwürdekern des Asylrechts allenfalls auf diejenigen Personen erstreckt, die bereits einen Gebietskontakt zur Bundesrepublik Deutschland hergestellt haben[188].

Fraglich bleibt insoweit dann aber, ob nicht die Personen, die über keinen gültigen Aufenthaltstitel für die Bundesrepublik Deutschland verfügen in dieser Hinsicht nicht vielleicht gebietsfremden Personen

---

[184] Zu Art. 5 Abs. 3 S. 1 GG vgl. das *obiter dictum* in BVerfGE 76, S. 1 ff. (47):

"(...) von niemanden ernsthaft erwogen, daß Art. 5 Abs. 3 Satz 1 GG (...) einen Anspruch auf Einreise und Aufenthalt vermittelt."

[185] Die unmittelbare Berufung des gebietsfremden Ausländers auf Art. 6 Abs. 1 GG wegen fehlender territorialer Verbundenheit verneinen etwa G. Schwerdtfeger, Welche rechtlichen Vorkehrungen empfehlen sich, um die Rechtsstellung von Ausländern in der Bundesrepublik Deutschland angemessen zu gestalten ?, Gutachten A, in: Verhandlungen des 53. Deutschen Juristentages (1980), Bd. I, S. 29 ff., sowie K. Meyer-Teschendorf, Herabsetzung der Altershöchstgrenze für den Kindernachzug auf 6 Jahre - Verstoß gegen Grundrechte ?, ZRP 1987, S. 149 ff. (151).

[186] BVerfGE 76, S. 1 ff. (46); zu möglichen unterschiedlichen Deutungen der in Frage stehenden Passage vgl. Hofmann, Grundrechte, S. 376.

[187] Vgl. etwa Art. 1 EMRK, wo es heißt, daß sich die Garantien der Konvention nur auf solche Personen erstrecken, die sich "within the jurisdiction" einer der Vertragsparteien befinden.

[188] Eine Erstreckung des Schutzbereichs von Art. 1 Abs. 1 GG auch auf gebietsfremde Ausländer bejahen demgegenüber K. Hailbronner/ A. Randelzhofer, Zur Zeichnung der UN-Folterkonvention durch die Bundesrepublik Deutschland, EuGRZ 1986, S. 641 ff. (644), sowie G. Kreppel, Verfassungsrechtliche Grenzen der Ausweisung und Auslieferung unter besonderer Berücksichtigung der Auslieferung bei Todesstrafe (1965), S. 52 f. und 105; zweifelnd demgegenüber Cremer, Auslandsfolgen, S. 430 ff. (432). Offen gelassen bei Funke-Kaiser, Beurteilung, S. 29.

gleichgestellt werden müssen[189]. Im Zusammenhang mit der Frage der Anwendbarkeit von Art. 6 GG in Fällen des Zuzugs von Ausländern zu ihren im Bundesgebiet lebenden Ehegatten hat das Bundesverfassungsgericht ausgeführt:

> "Die Beschwerdeführer haben durch ihren Besuchsaufenthalt bei ihren Angehörigen zwar Gebietskontakt zur Bundesrepublik Deutschland hergestellt. Mit Ablauf der Gültigkeit ihrer Sichtvermerke standen sie jedoch außerhalb des Bundesgebiets weilenden, Einreise (...) begehrenden, Ausländern gleich (...)"

Diese Aussage könnte dafür sprechen, auch bei der Bestimmung des Menschenwürdekerns des Asylrechts illegal eingereiste Flüchtlinge solchen Personen gleichzustellen, die an der Grenze um Schutz nachsuchen, also auch insoweit einen Menschenwürdekern zu verneinen. Hiergegen spricht aber, daß damit dem einfachen Gesetzgeber - oder gar der Exekutive - die Möglichkeit eröffnet würde, den Kreis der Grundrechtsträger des Art. 1 Abs. 1 GG zu bestimmen, indem er bestimmten Personen den Zugang zum Territorium gewährt oder ihnen diesen verweigert. Da aber Art. 1 Abs. 1 GG selbst dem Zugriff des verfassungsändernden Gesetzgebers entzogen ist, erscheint es erst recht unzulässig, den einfachen Gesetzgeber als ermächtigt anzusehen, insoweit eine umfassende Definition des personellen Schutzbereichs von Art. 1 Abs. 1 GG vorzunehmen. Auch würde eine Gleichstellung von im Inland befindlichen Personen mit Gebietsfremden für die Zwecke der Bestimmung des Menschenwürdekern des Asylrechts zu einem Zirkelschluß führen. Denn die bewußte und gewollte Zulassung zum Territorium der Bundesrepublik Deutschland seitens deutscher Stellen führt ja bereits dazu, daß der Betroffene vor politischer Verfolgung geschützt ist, es also gar nicht mehr der Bejahung eines Menschenwürdekerns bedürfte, um diesen Schutz zu gewährleisten. Außerdem würde Art. 1 Abs. 1 GG gerade seines Charakters als *unbedingten Individualrechts* entblößt, wenn man die Möglichkeit sich hierauf zu berufen, davon abhängig machen würde, daß der Staat zuvor eine positive Zulassungsentscheidung getroffen hat.

Nach alledem ist davon auszugehen, daß sich der Menschenwürdekern des Asylrechts in personeller Hinsicht auf all die Personen erstreckt, die Zugang zum Territorium der Bundesrepublik Deutschland gefunden haben. Dieser Schlußfolgerung steht auch nicht entgegen, daß im Falle des Vorliegens grenzüberschreitender Sachverhalte die deutsche

---

[189] So Classen, Asylrecht, S. 136.

Grundrechtsordnung nur modifiziert zur Anwendung gelangt[190]. Zwar ist es grundsätzlich richtig, davon auszugehen, daß bei grenzüberschreitenden Sachverhalten nicht die gesamte deutsche Grundrechtsordnung unverändert zur Anwendung gelangen soll, sondern stattdessen nur das, was zum unabdingbaren Inhalt des materiell-rechtlichen Gehalts der deutschen Grundrechtsordnung gehört[191]. Dabei müssen aber - im Verhältnis zum *einfachen* Gesetzgeber - zum einen der jeweilige Wesensgehalt des einzelnen Grundrechts nach Art. 19 Abs. 2 GG, aber auch der für das jeweilige Grundrecht festzustellende völkerrechtliche Mindeststandard Berücksichtigung finden[192]. Nun erlegt aber das Grundgesetz auch dem verfassungsändernden Gesetzgeber äußerste Grenzen für dessen Handlungskompetenz auf und verpflichtet ihn die Menschenwürde zu achten. Dieser unbedingte Geltungsanspruch würde aber leerlaufen, ginge man davon aus, daß der verfassungsändernde Gesetzgeber bei Vorliegen transnationaler Sachverhalte diese Grenzen, wie sie sich aus Art. 79 Abs. 3 in Verbindung mit Art. 1 und 20 GG ergeben, nicht einzuhalten hätte. Dies wird im übrigen auch durch die Parallelproblematik im Zusammenhang mit der Übertragung von Hoheitsrechten nach Art. 24 GG bestätigt, wo ebenfalls anerkannt ist, daß jedenfalls Art. 79 Abs. 3 GG die äußerste Grenze einer solchen Übertragungsmöglichkeit bildet[193].

Damit bleibt festzuhalten, daß das Asylrecht insoweit einen Menschenwürdegehalt aufweist, als hiervon politisch verfolgte Ausländer erfaßt werden, die sich im Bundesgebiet aufhalten. Ist damit der *personelle* Menschenwürdekern des Asylrechts bestimmt, kommt es nun darauf an zu untersuchen, welchen materiellen und formellen Gehalt dieser Kern besitzt[194].

---

[190] Vgl. für diesen Ansatz bereits R. Bernhardt, Bundesverfassungsgericht und völkerrechtliche Verträge, in: Festgabe aus Anlaß des 25jährigen Bestehens des Bundesverfassungsgerichts (1976), Bd. II, S. 154 ff. (184) sowie Stern, Staatsrecht, Bd. 1, S. 1231 f.

[191] Hofmann, Grundrechte, S. 70.

[192] Hofmann, ebd.

[193] Vgl. statt aller M. Herdegen, Europäisches Gemeinschaftsrecht und die Bindung deutscher Verfassungsorgane an das Grundgesetz - Bemerkungen zu neueren Entwicklungen nach dem "Solange II-Beschluß, EuGRZ 1989, S. 309 ff. (310).

[194] Weitergehender demgegenüber aber Pieroth/ Schlink, Anm. 12, S. 12 ff.

C. Materieller Menschenwürdekern des Asylrechts

Mit der Bejahung eines Menschenwürdekerns des Asylrechts und der Feststellung, daß dieser zumindest für diejenigen Personen Platz greift, welche das Territorium der Bundesrepublik Deutschland erreicht haben, ist aber noch nicht gesagt, welche materiellen Mindestfolgen sich hieraus ergeben müssen[195].

Das Bundesverwaltungsgericht geht davon aus, daß das Grundrecht auf Asyl einen klaren und umrissenen Kerngehalt besitzt, der

> "verbürgt, daß er [gemeint ist der politisch Verfolgte, der Verf.] nicht in einen möglichen Verfolgerstaat abgeschoben wird, was einschließt, daß er auch in keinen Staat abgeschoben werden darf, in dem die Gefahr der weiteren Abschiebung in einen Verfolgerstaat besteht"[196].

Wenn in der Entscheidung auch kein ausdrücklicher Bezug auf den Begriff der Menschenwürde erfolgt, macht doch die Benutzung der Worte "unverzichtbar" und "Kerngehalt" deutlich, daß ein Bereich gemeint ist, der nicht nur gegenüber dem einfachen Gesetzgeber Schutz genießen soll. Daß gerade dieser Abschiebungsschutz menschenwürderechtlichen Charakter hat, wird deutlich, hält man sich die Situation eines Betroffenen vor Augen, der gegen seinen Willen dorthin zurückverbracht wird, wo ihm unmittelbar eine Verfolgung droht, die mit der Garantie des Art. 1 Abs. 1 GG unvereinbar ist[197]. Durch ein solches Vorgehen deutscher Stellen würde es gerade erst ermöglicht, daß der Verfolgerstaat die persönliche physische oder psychischen Integrität und Identität des Betroffenen bricht, sei es durch Bedrohung von Leib oder Leben[198], sei es durch bewußte Vernichtung jeglicher wirtschaftlicher Existenzmöglichkeit[199], sei es durch Zerstörung jeglicher metaphysischen, religiöser Freiheiten[200]. Gerade die Möglichkeit zu haben, einem Staat - und noch dazu einer staatlichen Gewaltherrschaft - entkommen zu können und nicht unentrinnbar diesem

---

195 So auch Selk, Anm. 18, S. 157.

196 BVerwGE 49, S. 202 ff. (205 f.); darüber hinaus geht das Gericht davon aus, daß auch der Schutz vor Abweisung an der Grenze hiervon umfaßt sei.

197 Selk, Anm. 18, S. 158.

198 Dazu oben S. 247.

199 Dazu oben S. 250.

200 Dazu oben S. 249.

ausgeliefert zu sein, wird im übrigen auch in anderen Zusammenhängen als unmittelbar mit der Menschenwürde verknüpft angesehen[201].

Eng verknüpft mit diesem materiell-rechtlichen Verbot der Rückschiebung in eine Verfolgungssituation, wie es sich aus der hier vertretenen Auffassung als Menschenwürdegehalt des Art. 16 Abs. 2 S. 2 GG a.F. herauskristallisieren läßt, muß aber denknotwendig auch ein - wie immer geartetes Statusfeststellungsverfahren - gekoppelt sein[202]. Denn anders als im Bereich anderer Grundrechte[203] bedarf der Ausländer, der sich auf das Asylrecht beruft, immer erst des statusfeststellenden Aktes, damit seine Eigenschaft als politisch Verfolgter[204] gegenüber den Trägern öffentlicher Gewalt wirksam werden kann[205]. Würde die Notwendigkeit einer solchen Feststellung verneint, hätte es der Gesetzgeber zugleich auch in der Hand, sich der materiellen Bindungen, wie sie sich nach den obigen Ausführungen aus Art. 1 Abs. 1 GG ergeben, zu entledigen[206].

Fraglich ist ferner, ob neben dem oben erwähnten *status negativus* Aspekt des Asylrechts auch leistungsrechtliche Komponenten noch von dem Menschenwürdekern des Art. 16 Abs. 2 S. 2 GG a.F. erfaßt werden. Das Bundesverwaltungsgericht geht in der obigen Entscheidung davon aus, daß sich der Kernbereich des Asylrechts in der abwehrrechtlichen Komponente erschöpft und die darüber bestehende

---

201 Vgl. Maunz/ Dürig/ Herzog/ Scholz - Dürig, Art. 1 Abs. 2, Rdnr. 89 zur Ausreisefreiheit.

202 Vgl. dazu aus umgekehrter Perspektive (keine Verfahrensgarantie, wenn Menschenwürdekern des Asylrechts verneint wird) Even, Anm. 30, S. 260.

203 So etwa die Meinungs- oder die Religionsfreiheit.

204 Eine ähnliche Feststellung gilt auch für das Grundrecht des Art. 4 Abs. 3 GG auf Verweigerung des Kriegsdienstes mit der Waffe.

205 Damit ist allerdings nicht gesagt, ob eine solche Feststellung notwendigerweise zentralisiert erfolgen muß oder ob nicht im Rahmen des jeweiligen konkreten Verwaltungsverfahrens die einzelnen Behörde ermächtigt werden kann, die Verfolgteneigenschaft zu prüfen. Ein Erfordernis für eine zentrale Prüfung könnte mittelbar jedoch daraus abgeleitet werden, daß dezentrale Behörden möglicherweise nicht in der Lage wären, die rechtlich und tatsächlich schwierige Prüfung der Flüchtlingseigenschaft durchzuführen. Vgl. zu der bis zum Ausländergesetz 1965 bestehenden Situation die Ausführungen oben S. 15.

206 Zu dem Mindeststandard, den auch der verfassungsändernde Gesetzgeber insoweit einhalten muß und zu einem möglichen Verweis auf ausländische Anerkennungsverfahren näher unten S. 311 ff.

Verpflichtung der Schaffung einer Möglichkeit zu beruflicher und persönlicher Entfaltung nur den weiteren Rahmen des Asylrechts bilden[207]. Daß nur die abwehrrechtliche Komponente des Asylrechts auch den Menschenwürdekern ausmachen kann, wird zudem durch die Entstehungsgeschichte belegt, wonach Maßnahmen im Hinblick auf die konkreten Lebensumstände der Flüchtlinge durch den Bundesgesetzgeber zu regeln seien und Art. 2 GG insoweit den Asylberechtigten hinreichende Rechte gewähren[208]. Weiterhin ist zu berücksichtigen, daß sich der Verfassungsgeber bei der *Ausgestaltung* des politischen Asyls[209] im Rahmen des Völkerrechts bewegen wollte[210], daß aber alle völkerrechtlichen Asylformen grundsätzlich nur Schutz und Zuflucht vor Verfolgung zum Inhalt haben[211].

Dritter Abschnitt: Verweis auf Schutz durch Drittstaaten: Art. 16 a Abs. 2 GG und Art. 1 Abs. 1 GG

I. Problemstellung

Zu prüfen bleibt aber noch, ob aus dem Anspruch auf Schutz und Zuflucht vor Verfolgung, wie er sich aus Art. 1 Abs. 1 GG ergibt, auch der Anspruch abgeleitet werden kann, diesen Schutz *in der Bundesrepublik Deutschland* zu suchen und zu finden oder ob der Gesetzgeber auf den

---

[207] BVerwGE 49, 202 ff. (206); vgl. aber auch BVerwG NVwZ 1983, S. 38 ff. (40), wo nur noch davon gesprochen wird, dem Asylberechtigten müsse eine Existenz auf "zumutbarem Niveau" gesichert werden.

[208] So F. Franz, Das Asylrecht der politisch Verfolgten nach internationalem und deutschem Recht (1961), S. 58; v. Pollern, Asylrecht, S. 296, sowie C. Bierwirth, Zugang zum Asylverfahren, ZAR 1987, S. 64 ff. (68), die sich alle auf die Stellungnahmen der Abgeordneten Wagner und Schmid in der 44. Sitzung des Hauptausschusses des Parlamentarischen Rates vom 19. 1. 1949 berufen, PR HA S. 282 f.

[209] Gerade nicht jedoch bei der Rechtsnatur als subjektives Recht !

[210] Vgl. dazu die Darstellung der Diskussion im JöR 1951, S. 165 und allgemein E. Reichel, Das staatliche Asylrecht "im Rahmen des Völkerrechts", *passim*.

[211] v. Pollern, Asylrecht, S. 296 und ihm folgend Bierwirth, Anm. 208, S. 68. Zugleich ergibt sich jedoch aus dem Verbot der Auslieferung oder Abschiebung als Korrelat ein gesicherter aufenthaltsrechtlicher Status (so auch Bierwirth, ebd.), es sei denn, ein Drittstaat erklärt sich seinerseits zur Aufnahme bereit.

Schutz in Drittstaaten verweisen kann, wie er dies nunmehr in Art. 16 a Abs. 2 GG getan hat[212]. Der Hessische VGH[213] und ihm folgend Teile der Literatur[214] haben dazu ausgeführt:

> "Es dürfte wohl mit dem letztlich aus dem Gebot der Achtung der Menschenwürde fließenden Selbstbestimmungsrecht des Menschen nicht in Einklang zu bringen sein, wollte man einem Menschen, der gerade noch vor einer politischen Verfolgung entkommen ist, die Entscheidung darüber nehmen, in welchem Staat er um Schutz vor Verfolgung nachsucht. Schließlich trägt er allein das Risiko mit seinem Schutzersuchen abgewiesen zu werden oder gar in dem betreffenden Staat politischer Verfolgung ausgesetzt oder von dort in den Verfolgerstaat abgeschoben zu werden."

Wäre dies zutreffend, würde der in Art. 16 a Abs. 2 GG vorgesehene Verweis auf den Schutz in einem sicheren Drittstaat seinerseits gegen Art. 1 Abs. 1 GG verstoße und würde somit verfassungswidriges Verfassungsrecht darstellen.

Demgegenüber ist zunächst festzustellen, daß bereits nach früherem Recht ein Voraufenthalt in einem Drittstaat nach § 2 AsylVfG dazu führte, daß ein Ausländer nicht als Asylberechtigter anerkannt wurde[215]. Bereits für das damalige einfache Recht war aber in Rechtsprechung[216] und Literatur[217] mit Billigung des Bundesverfassungsgerichts anerkannt, daß der Feststellung des anderweitigen Verfolgungsschutzes allein nach objektiven Kriterien sowie nach Maßgabe

---

[212] Zur Frage der zeitlichen Geltung von Art. 16 a Abs. 2 GG vgl. nunmehr den Beschluß des Bundesverfassungsgerichts vom 13.10.1993 InfAuslR 1993, S. 390 ff., wonach sich Art. 16 a Abs. 2 GG nur auf solche Personen bezieht, die nach Inkrafttreten der Verfassungsänderung in die Bundesrepublik Deutschland eingereist sind. Zu den Übergangsbestimmungen des einfachen Rechts vgl. §§ 87 f. AsylVfG 1993.

[213] Urteil vom 23. 6. 1983, DVBL. 1984, S. 102 ff. (105); ähnlich das unveröffentlichte Urteil des OVG Münster, Urteil vom 12.3. 1984 - 20 A 10221/83.

[214] GK-AsylVfG, § 2 AsylVfG, Rdnr.. 26.5.; Marx/ Strate/ Pfaff, Anm. 121, § 2, Rdnr. 37.

[215] Vgl. auch bereits § 28 2. Hs. AuslG 1965, wonach die Anerkennung in einem Drittstaat oder ein anderweitiger Verfolgungsschutz die Asylgewährung ausschloß.

[216] Vgl. statt aller etwa BVerwGE 79, S. 347 ff. (352).

[217] Vgl. etwa Hailbronner, Ausländerrecht (2. Aufl., 1984), Rdnr. 1229.

des vom Drittstaat erkennbar tatsächlich gewährten Verfolgungsschutzes verfassungsrechtliche Bedenken nicht entgegenstehen[218]. Außerdem ist darauf hinzuweisen, daß die verfassungsgerichtliche Rechtsprechung auch in sonstigen Fällen einer drohenden Verletzung von Art. 1 Abs. 1 GG im Falle der Abschiebung oder Ausweisung[219] anerkannt hat, daß der Schutz nicht jeweils notwendigerweise durch die Bundesrepublik Deutschland realisiert werden muß, sondern daß dies auch durch vertragliche Abstimmungen zwischen den (potentiellen) Aufnahmeländern geschehen kann[220].

Entscheidend kommt es jedoch darauf ab, ob auch im Falle des Verweises auf Schutz in dem Drittstaat der oben näher dargestellte Kernbereich des Asylrechts gewährleistet ist. Dies bedeutet, daß im Falle der Zurückschiebung in einen solchen sicheren Drittstaat gewährleistet sein muß, daß dort weder politische Verfolgung stattfindet, noch daß der politisch Verfolgte im Sinne des Art. 16 a GG dort der Gefahr der Zurückschiebung, Abschiebung oder Auslieferung einschließlich aller aufenthaltsbeendenden Maßnahmen, die auch eine Kettenabschiebung in den Verfolgerstaat ermöglichen, ausgesetzt ist[221]. Insoweit stellen sich jedoch im Lichte des Art. 16 a Abs. 2 GG mehrere Probleme, die zum Teil materieller, zum Teil formeller Natur sind.

So sind Fallgruppen denkbar, bei denen aus der Sicht des deutschem Verfassungsrechts eine politische Verfolgung droht, die nach dem oben Gesagten zugleich auch eine Menschenwürdeverletzung impliziert, ohne daß die Betroffenen weder unter den Flüchtlingsbegriff

---

[218] BVerfGE 71, S. 276 ff. (298).

[219] Insbesondere also bei "unpolitischer" Folter oder unmenschlicher Behandlung.

[220] BVerfGE 80, S. 315 ff. (346). Gegen die Ableitung eines Aufenthaltsrechts gerade in der Bundesrepublik Deutschland aus Art. 1 Abs. 1 GG auch Funke-Kaiser, Beurteilung, S. 29.

[221] Selbst wenn man entgegen der hier vertretenen Auffassung davon ausginge, daß sich entweder aus Art. 33 der Genfer Flüchtlingskonvention ein Aufnahmeanspruch für Personen an der Grenze ergibt (dazu oben S. (?) ff.) oder daß der Menschenwürdekern des Asylrechts auch diese Personen schützt (dazu oben S. 266) müßte der Drittstaat aus der Sicht des deutschen Verfassungsrechts seinerseits nicht auch Schutz vor Abweisung an der Grenze gewährleisten. Denn der Flüchtling wird ja von den deutschen Behörden regelmäßig *in den* sicheren Drittstaat zurückgewiesen oder -geschoben, befindet sich also in keinem Fall in der Situation, wo er erst *an der Grenze* des Drittstaats um Schutz nachsuchen muß.

der Genfer Flüchtlingskonvention fallen noch von Art. 3 EMRK geschützt sind.

Weiterhin ermöglicht Art. 16 a Abs. 2 S. 3 GG jedenfalls nach dem Wortlaut der Verfassungsnorm die Durchführung aufenthaltsbeendender Maßnahmen, ohne daß das Zielland einer solchen Maßnahme auf einen sicheren Drittstaat beziehungsweise den sicheren Drittstaat aus dem der Asylbewerber eingereist ist, beschränkt wird[222].

Zuletzt ergeben sich auch prozedurale Probleme. Zum einen betrifft dies die Frage, ob gegen die Anordnung und Durchsetzung der aufenthaltsbeendenden Maßnahmen noch *von der Bundesrepublik Deutschland* aus Rechtsschutz ermöglicht werden muß. Zum zweiten geht es um die Frage, ob und gegebenenfalls welchen Mindeststandards das Flüchtlingsanerkennungsverfahren in den einzelnen sicheren Drittstaaten entsprechen muß[223], damit der Asylbewerber auf den Schutz in dem Drittstaat verweisen werden kann.

II. Zur Frage des Ziellandes im Falle des Art. 16 a Abs. 2 S. 3 GG

In den Fällen in denen ein Schutzsuchender über einen sicheren Drittstaat in die Bundesrepublik Deutschland eingereist ist, kann sich der Schutzsuchende nicht mehr auf das Asylrecht berufen. Gleichzeitig können aufenthaltsbeendende Maßnahmen gegen ihn eingeleitet werden, bevor geprüft wird, ob er in der Tat in seinem Herkunftsland verfolgt wird oder nicht - ohne daß also geprüft wird, ob er in der Tat "an sich" Grundrechtsträger wäre oder nicht. Fraglich ist dabei, ob insoweit Art. 16 a Abs. 2 GG auch die Zurückschiebung in den (behaupteten) Verfolgerstaat ermöglicht.

Durch den Voraufenthalt in einem sicheren Drittstaat entfiel zwar die Schutzbedürftigkeit des Betroffenen zumindest zeitweilig. Zugleich wird er auch bei Rücküberstellung in den Drittstaat vor Verfolgung geschützt, wenn dieser Drittstaat keine Weiterschiebung in den Verfolgerstaat vornimmt. Demgegenüber entfällt aber durch die

---

[222] Zu dieser Kritik vgl. G. Renner, Schriftliche Stellungnahme zum Entwurf eines Gesetzes zur Änderung des Grundgesetzes (Art. 16 und 18) der Fraktionen der CDU/CSU, SPD und FDP (BT-Drs. 12/4152), Sten. Prot. der 55. Sitzung des Innenausschusses, der 71. Sitzung des Rechtsausschusses und der 8. Anhörung der Gemeinsamen Verfassungskommission (im folgenden zitiert als Renner, Stellungnahme I), S. 343 ff. (347).

[223] Dazu näher unten S. 312.

potentielle anderweitige Schutzgewährung nicht die *aktuelle* Schutzbedürftigkeit vor Rücküberstellung in den Verfolgerstaat und auch nicht die Eigenschaft des Betroffenen als politisch Verfolgter. Gerade aber durch die Ermöglichung der Rücküberstellung in den Verfolgerstaat - wenn sie denn gewollt wäre - würde der verfassungsändernde Gesetzgeber in unzulässiger Weise in den Kernbereich des Asylgrundrechts eingreifen und den Asylsuchenden zumindest der Gefahr von Verfolgung aussetzen. Diese Differenzierung zwischen Verweigerung der förmlichen Asylanerkennung im Falle anderweitigen Verfolgungsschutzes einerseits bei gleichzeitig fortbestehendem Verbot der Rückschiebung in den Verfolgerstaat andererseits lag auch dem bisherigen Asylverfahrensrecht zugrunde. So war nach § 31 AsylVfG 1992 bei ablehnenden Entscheidungen stets auch zusätzlich zu prüfen, ob nicht trotz der fehlenden Asylberechtigung Abschiebehindernisse bestehen[224]. Diese Bedenken, daß es bei einer rein wortlautorientierten Auslegung zu - im übrigen auch völkerrechtlich unzulässigen - Abschiebungen in den potentiellen Verfolgerstaat kommen könnte, werden auch durch die fortbestehenden Bestimmungen des Ausländergesetzes[225], die Bestimmungen der Genfer Flüchtlingskonvention oder der EMRK nicht ausgeräumt, da nach § 31 Abs. 4 AsylVfG 1993 ansonsten bestehende Abschiebungshindernisse nicht geprüft werden sollen[226].

Wäre demnach eine klarstellende Formulierung des Art. 16 a Abs. 2 GG sinnvoll gewesen, die von vornherein eine solche Möglichkeit der unmittelbaren Rückschiebung in den Heimatstaat in diesen Fällen ausgeschlossen hätte[227], so ergibt eine über den Wortlaut hinausgehende Interpretation, daß lediglich die Möglichkeit eröffnet werden sollte, die Rückverbringung in den Drittstaat - gerade aber nicht in den Heimatstaat - zu ermöglichen. So heißt es bereits in der amtlichen Begründung zu Art. 16

---

[224] Renner, Stellungnahme I, S. 347.

[225] Insbesondere also §§ 51 ff. AuslG.

[226] Renner, Stellungnahme I, S. 347; § 31 Abs. 4 AsylVfG 1993 lautet: "Wird der Asylantrag nur nach § 26 a [also wegen der Einreise aus einem sicheren Drittstaat, d. Verf.] abgelehnt, ist *nur* [Hervorhebung durch den Verfasser] festzustellen, daß dem Ausländer auf Grund seiner Einreise aus einem sicheren Drittstaat kein Asylrecht zusteht."

[227] Vgl. etwa den Vorschlag von Renner, Stellungnahme I, S. 347 wonach Art. 16 a Abs. 2 GG wie folgt hätte formuliert werden sollen: " Als Asylberechtigter wird nicht anerkannt, wer(...)".

a Abs. 2 GG, daß die Norm es ermögliche, "die Betroffenen unverzüglich *in den sicheren Drittstaat* zurückzubringen."[228].

Auch spricht nichts dafür, daß der verfassungsändernde Gesetzgeber sehenden Auges Verstöße gegen das Refoulement-Verbot des Art. 33 der Genfer Flüchtlingskonvention und die damit verknüpfte Pflicht vor einer Rückschiebung in einen behaupteten Verfolgerstaat zu prüfen, ob eine Person in der Tat Flüchtling ist oder nicht, in Kauf nehmen wollte. Dies gilt umso mehr, als nach der Rechtsprechung des Bundesverfassungsgerichts eine Nichtbeachtung völkerrechtlicher Normen durch Träger deutscher öffentlicher Gewalt, die eine völkerrechtliche Verantwortlichkeit der Bundesrepublik Deutschland begründen könnte, nach Möglichkeit verhindert und gegebenfalls beseitigt werden soll[229]. Dies bedeutet im Hinblick auf die Auslegung nationaler Rechtsnormen, daß diese wenn immer und soweit möglich im Einklang mit den völkerrechtlichen Verpflichtungen der Bundesrepublik Deutschland auszulegen und anzuwenden sind und zwar selbst dann, wenn sie zeitlich später erlassen worden sind, als ein für die Bundesrepublik Deutschland Geltung beanspruchender völkerrechtlicher Vertrag[230]. Insoweit kann auch nicht angenommen werden, daß der Gesetzgeber, sofern er dies nicht klar bekundet hat, von den völkerrechtlichen Verpflichtungen der Bundesrepublik Deutschland abweichen oder die Verletzung solcher Verpflichtungen ermöglichen will[231]. Zudem geht das Bundesverfassungsgericht davon aus, daß bei der Auslegung des Grundgesetzes grundsätzlich auch Inhalt und Entwicklungsstand der Europäischen Menschenrechtskonvention in Betracht zu ziehen sind[232]. Vor dem Hintergrund dieser Überlegungen muß auch für das Verhältnis der deutschen nationalen Asylrechtsrechtsregelungen zu einerseits den Verpflichtungen aus der Genfer Flüchtlingskonvention und andererseits den Verbürgungen der EMRK davon ausgegangen werden, daß die gleichen Überlegungen Anwendung finden, wenn nur so eine ansonsten bestehende Konfliktlage zwischen den völkerrechtlichen Verpflichtungen der Bundesrepublik

---

[228] BT-Drs. 12/ 4152, S. 4.; Hervorhebung durch den Verfasser.

[229] BVerfGE 58, S. 1 ff. (34); 59, S. 63 ff. (89); hierzu J. A. Frowein, Federal Republic of Germany, in: F.G. Jacobs/ S. Roberts, The Effect of Treaties in Domestic Law (1987), S. 63 ff. (68).

[230] BVerfGE 74, S. 358 ff. (370).

[231] Ebd.

[232] Ebd.

Deutschland und innerstaatlichen Rechtsnormen aufgelöst werden kann[233].

Schließlich macht auch die einfachgesetzliche Regelung des neuen Asylverfahrensgesetzes, welche die Verfassungsnorm konkretisiert und die in unmittelbarem zeitlichen und sachlichen Zusammenhang damit entstanden ist, in seinen § 34 a in Verbindung mit § 26 a AsylVfG 1993 deutlich, daß lediglich an eine Rückschiebung in einen sicheren Drittstaat gedacht ist und war[234].

Damit ist allerdings noch nicht die Frage beantwortet, ob die Ausschlußwirkung des Art. 16 a Abs. 2 GG und die daran anknüpfende Möglichkeit der Rückschiebung nur dann erfolgen kann, wenn feststeht, über welchen *konkreten* Drittstaat der Schutzsuchende eingereist ist[235] oder ob es darüber hinausgehend ausreichen sollte festzustellen, daß der Betroffene jedenfalls über *irgendeinen* Drittstaat eingereist ist[236]. Zunächst ist festzuhalten, daß für die jeweiligen Drittstaaten eine vertragliche völkerrechtliche Verpflichtung zur Rücknahme nur dann besteht, wenn nachgewiesen oder zumindest glaubhaft gemacht werden kann, daß die in Frage stehende Person über eben diesen Drittstaat in die

---

233 Andererseits geht das Bundesverfassungsgericht seit seiner Entscheidung im 36. Band zum Grundlagenvertrag davon aus, daß vertragliche Bindungen der Bundesrepublik Deutschland soweit möglich in Übereinstimmung mit den verfassungsrechtlichen Vorgaben des Grundgesetzes zu interpretieren sind [BVerfGE 36, S. 1 ff. (25, 35 und *passim*)]. Allerdings ist vorliegend die Situation in gewisser Weise anders gelagert, als es sich bei Art. 16 a GG im Verhältnis zu sowohl der Genfer Flüchtlingskonvention als auch der EMRK um eine *lex posterior* handelt, bei der der Gesetzgeber davon ausging die Norm sei in vollem Umfange und ohne weiteres mit diesen völkerrechtlichen Vorgaben kompatibel, vgl. dazu etwa die Äußerungen der Abgeordneten Marschewski (S. 11596), van Essen (S. 11599 und 11600), Otto (S. 11619), alle in Deutscher Bundestag, Sten. Berichte, 134. Sitzung vom 21. 1. 1993; vgl. aber auch die Äußerung des Abgeordneten Hirsch, Deutscher Bundestag, Sten. Berichte 160. Sitzung vom 26. 5. 1993, S. 13545, der eine Vereinbarkeit mit der Konvention bestreitet.

234 Vgl. dazu auch die amtliche Begründung zu § 34 a AsylVfG 1993, BT-Drs. 12/4450, S. 20: " Die Drittstaatenregelung hat (...) die Rückkehr des Betroffenen in den schutzbietenden Drittstaat zum Ziel."

235 So die Auffassung der Fraktionen von SPD und F.D.P. im Gesetzgebungsverfahren, BT-Drs. 12 /4450, S. 20.

236 So die Auffassung der CDU/ CSU, ebd.

Bundesrepublik Deutschland eingereist war[237]. Dies bedeutet mit anderen Worten, daß jedenfalls eine in der Praxis relevante Durchsetzung aufenthaltsbeendender Maßnahmen stets zur Voraussetzung hat, daß Feststellungen über den Reiseweg getroffen werden. Fraglich ist aber, ob diese Auslegung auch von Verfassungs wegen geboten ist. Nach dem oben Gesagten ist der von Art. 1 Abs. 1 GG geschützte Kern des Asylrechts der Schutz vor Rückschiebung auch in Form der Kettenabschiebung in eine Situation, wo politische Verfolgung droht. Folglich kommt es daher in erster Linie *aus der Sicht von Art. 1 Abs. 1 GG* darauf an, ob der Drittstaat in den die Rückschiebung erfolgt, in der Tat einen solchen Abschiebeschutz garantiert. Nun ist aber nicht ersichtlich, warum der in Frage stehende Drittstaat - hat er sich einmal bereiterklärt eine Person zurückzunehmen, obwohl zuvor kein territorialer Kontakt mit diesem Drittstaat bestanden hatte - für bestimmte Personengruppen weniger sicher sein soll, als für andere, die sich zuvor auf seinem Territorium aufgehalten hatten. Dies bedeutet also, daß auch bei einer weiten Interpretation des Art. 16 a Abs. 2 GG kein Verstoß gegen die Bindungen des Art. 1 Abs. 1 GG in Verbindung mit Art. 79 Abs. 3 GG vorliegt[238].

III. Exkurs: Zum Begriff Mitgliedsstaat der Europäischen Gemeinschaft

Nach dem Wortlaut des Art. 16 a Abs. 2 GG sollen sich auf Absatz 1 unter anderem diejenigen Personen nicht berufen können, die aus einem Mitgliedsstaat der Europäischen Gemeinschaften einreisen.

Dabei ist jedoch fraglich, ob der Begriff "Mitgliedsstaat der Europäischen Gemeinschaften" statisch oder dynamisch zu verstehen ist, ob also ein neuer Mitgliedsstaat der Gemeinschaften zugleich *ipso facto* zu einem sicheren Drittstaat im Sinne von Art. 16 a Abs. 2 S. 1 GG würde. Hiergegen könnte zunächst der Wortlaut der Norm sprechen, insoweit als dort von Europäischen Gemeinschaften gesprochen wird, mit

---

237 Dazu ausführlich oben S. 168 ff; etwas anderes kann im Einzelfall nur dann gelten, wenn aufgrund der Zuständigkeitskriterien des Schengener/ Dubliner Modells ein Staat trotz ungeklärten Reisewegs (etwa wegen der Erteilung eines Sichtvermerks) zur Rückübernahme des Asylbewerbers verpflichtet ist.

238 Das bedeutet aber nicht automatisch, daß die Interpretation des Art. 16 a Abs. 2 GG selbst nicht dennoch dazu führen kann, daß der sichere Drittstaat feststehen muß, über den der Asylbewerber eingereist ist.

Inkrafttreten des Maastrichter Vertragswerkes aber nur noch eine Europäische Gemeinschaft existiert[239], also ein Beitritt zu *den* Europäischen Gemeinschaften danach nicht mehr möglich ist. Insoweit dürfte es sich jedoch lediglich um eine sprachliche Unschärfe handeln[240]. Demgegenüber ist erwähnenswert, daß ein im Vorfeld geäußerter Wunsch einiger Bundesländer, ausdrücklich einen statischen Begriff der Mitgliedsstaaten der Europäischen Gemeinschaften in dem Wortlaut der Norm zu verankern, abgelehnt wurde. Weiter kennt das Grundgesetz auch an anderen Stellen ähnliche dynamische Elemente, etwa im Rahmen des Art. 2 Abs. 1 bei der Bezugnahme auf das Sittengesetz[241], im Rahmen des Art. 25 bei der Bezugnahme auf die jeweils existierenden allgemeinen Regeln des Völkerrechts[242].

Auch ist der Zusammenhang mit den Art. K. 1 Nr. 1 und K. 2 des Vertrages über die Europäische Union zu sehen, wonach die Asylpolitik von den Mitgliedsstaaten unter Beachtung sowohl der Genfer Flüchtlingskonvention als auch der EMRK behandelt wird. Dies bedeutet aber zumindest indirekt, daß die Bindung neu beitretender EG-Mitgliedsstaaten an die Genfer Flüchtlingskonvention und die EMRK nicht nur politische, sondern auch rechtliche Voraussetzung für deren Beitritt ist. Damit ist aber die Einhaltung der materiellen Kriterien des Art. 16 a Abs. 2 GG bei einem Hinzutreten weiterer Staaten gegeben.

Ferner stellt sich auch bei dem neugefaßten Art. 28 Abs. 1 Satz 3 GG das parallele Problem. Nun würde es aber den Verpflichtungen der Bundesrepublik Deutschland aus Art. 8 b Abs. 1 des EG-Vertrages widersprechen, wenn Staatsangehörigen neu hinzutretender Mitgliedsstaaten das Kommunalwahlrecht verweigert würde. Ist demnach also der Begriff Mitgliedsstaaten der Europäischen Gemeinschaft im Rahmen von Art. 28 Abs. 1 S. 3 GG dynamisch zu verstehen, kann aber auch bei Art. 16 a Abs. 2 GG nichts anderes gelten[243].

---

239 Vgl. Art. 1 des Vertrages zur Gründung der Europäischen Gemeinschaft.

240 Vgl. dazu den Hinweis des Abgeordneten Vogel auf der 16. Sitzung der Gemeinsamen Verfassungskommission vom 4. 2. 1993, Sten. Berichte, S. 29.

241 Zur Dynamik dieses Begriffes vgl. G. Erbel, Das Sittengesetz als Schranke der Grundrechte, S. 51 ff. m.w.N.

242 Dazu Steinberger, Allgemeine Regeln, Rdnr. 7; BVerfG, st. Rspr., zuletzt etwa NJW 1988, S. 1462.

243 Für ein dynamisches Verständnis auch Marx, Drittstaatenregelung, S. 7.

Schließlich kann noch darauf verwiesen werden, daß - sollte die Einhaltung dieser Abkommen durch einen beitrittswilligen Staat nicht gewährleistet sein - zumindest das Zustimmungsgesetz zu dem Neubeitritt wegen Verstoßes gegen Art. 16 a Abs. 2 GG einer verfassungsgerichtlichen Kontrolle unterzogen werden könnte. Nach alledem ist der Begriff "Mitgliedsstaat der Europäischen Gemeinschaften" also dynamisch zu verstehen.

IV. Divergenzen zwischen dem Begriff der politischen Verfolgung und dem Flüchtlingsbegriff der Genfer Flüchtlingskonvention

Besondere Probleme im Zusammenhang mit dem Verweis auf den Schutz in einem sicheren Drittstaat können sich dann ergeben, wenn es sich um Personengruppen handelt, bei denen zwar das Vorliegen politischer Verfolgung im Sinne von Art. 16 a Abs. 1 GG bejaht werden muß, diese zugleich aber nicht unter den Flüchtlingsbegriff der Genfer Flüchtlingskonvention fallen. Dies würde dann nämlich bedeuten - wenn zugunsten der Betroffenen auch nicht der Schutzbereich von Art. 3 der EMRK eröffnet wäre -, daß der jeweilige sichere Drittstaat in völkerrechtlich zulässiger Weise den Betroffenen in den Verfolgerstaat zurückschieben könnte. Im folgenden sei dies beispielhaft anhand der Verfolgung Homosexueller exemplifiziert.

Nach den obigen Ausführung kann auch die Bestrafung homosexuellen Verhaltens durch einen Staat, jedenfalls wenn sie ein Mindestmaß an Intensität überschreitet und von einer bestimmten Motivation getragen ist, politische Verfolgung im Sinne des deutschen Asylrechts und zugleich eine Menschenwürdeverletzung darstellen[244]. Demgegenüber ist es jedoch fraglich, ob es sich insoweit auch um Verfolgung im Sinne von Art. 33 der Genfer Flüchtlingskonvention handelt mit der Folge, daß nur dann die Refoulement-Sperre greifen könnte. Zwar wird in der Literatur - soweit die Frage überhaupt erörtert wird - überwiegend bejaht, daß es sich bei der Verfolgung Homosexueller um eine Verfolgung handelt, die an der Zugehörigkeit zu einer bestimmten sozialen Gruppe im Sinne der Genfer Flüchtlingskonvention anknüpft[245], doch lassen sich auch gewichtige Stimmen nachweisen, die den Begriff der sozialen Gruppe auf

---

[244] Dazu im einzelnen bereits oben S. 251.

[245] Vgl. etwa Marx/ Strate/ Pfaff, Anm. 121, § 1, Rdnr. 184-187; Kälin, Grundriß, S. 97 f.; Achermann, Handbuch, S. 98; Hathaway, Refugee Status, S. 163; Köfner/ Nicolaus, Grundlagen, S. 455.

solche Personengruppen beschränkt wissen will, die durch gemeinsame Herkunfts- Erziehungs- Besitz- oder Berufsmerkmale miteinander verbunden sind[246]. Auch lassen sich praktisch keine Hinweise finden[247], daß auch die Staatenpraxis[248] die an Homosexualität anknüpfende Verfolgung als konventionsrelevanten Tatbestand ansieht. Dies gilt umso mehr, als nach wie vor viele Staaten, insbesondere solche islamischer Prägung, auch die Homosexualität zwischen Erwachsenen bestrafen[249]. All dies spricht dafür, daß die Vertragsstaaten der Genfer Flüchtlingskonvention in zulässiger Weise eine Verfolgung wegen Vorliegens einer bestimmter sexuellen Orientierung nicht als konventionsrelevante Verfolgung ansehen müssen[250], zumal - angesichts des Fehlens eines zur verbindlichen Auslegung der Konvention berufenen

---

246 K. Schaeffer, Asylberechtigung - Politische Verfolgung nach Art. 16 GG (1980), S. 42; ähnlich Goodwin-Gill, Refugee, S. 30; vgl. auch UNHCR, Handbuch über Verfahren und Kriterien zur Feststellung der Flüchtlingseigenschaft, S. 21, welches Homosexuelle bei der Definition der "sozialen Gruppe" nicht erwähnt.

247 Vgl. aber die Entscheidung des niederländischen Staatsrates vom 13. 8. 1981, dargestellt in Int. J. Ref. L. 1989, S. 246 f., die davon ausgeht, daß grundsätzlich auch Homosexualität einen konventionsrelevanten Verfolgungsgrund bildet, sowie die dort nachgewiesene Stellungnahme des UNHCR.

248 Zur Entstehungsgeschichte der Konvention vgl. insoweit Grahl-Madsen, Bd. 1, S. 219.

249 Zur Praxis im Iran vgl. die obigen (Anm. 109) Nachweise aus der Rechtsprechung.

250 Vgl. auch die parallele Problematik bezüglich der Verfolgung von Frauen, wo das Exekutiv-Komitee des UNHCR davon ausgeht, daß es den Vertragsstaaten freisteht - sie aber gerade nicht dazu verpflichtet sind ! - diese Gruppe als "besondere soziale Gruppe" im Sinne von Art. 1 A (2) der Genfer Flüchtlingskonvention anzusehen.

Vgl. dazu nunmehr auch die vom Bundesminister des Innern vor dem Innenausschuß des Deutschen Bundestages abgegebene Erklärung, wo es heißt:

> "Der Bundesminister des Innern erklärt, daß nach seiner Auffassung geschlechtsspezifische Verfolgungen dann Ausdruck von politischer Verfolgung sind, wenn sie vom Staat veranlaßt werden oder in dem Staat zurechenbarerweise als Mittel politischer Unterdrückung erfolgen (...)".

zitiert durch die Abgeordnete Schmidt, Sten. Berichte, Deutscher Bundestag, 160. Sitzung vom 26. 5. 1993, S. 13590.

Organs - grundsätzlich primär die Staaten aufgerufen sind, den Inhalt des Vertrages durch nachfolgende Staatenpraxis näher zu konkretisieren[251].

Damit ergibt sich also insoweit[252] eine mögliche "Schutzlücke" zwischen dem Menschenwürdekern des deutschen Asylrecht einerseits und der Genfer Flüchtlingskonvention andererseits[253], die allerdings möglicherweise durch die Schutzverpflichtungen, wie sie sich aus der EMRK für die Drittstaaten ergeben, beseitigt wird. Dies würde allerdings voraussetzen, daß an Homosexualität anknüpfende politische Verfolgung auch "unmenschliche oder erniedrigende Behandlung oder Folter" darstellen müßte[254]. In seiner bisherigen Praxis hat der Europäische Gerichtshof für Menschenrechte aber die Bestrafung

---

[251] Zu der sich daraus ergebenden Problematik eines *dédoublement fonctionnel* vgl. W. Wengler, Völkerrecht I (1964), S. 88 - 90.

[252] Eine ähnliche Problemlage ergibt sich möglicherweise bei straffällig gewordenen politisch Verfolgten, wenn man davon ausgeht, daß gleichwohl der Anspruch auf Gewährung politischen Asyls nach deutschem Verfassungsrecht fortbesteht. Denn entweder fallen solche Personen bereits wegen Art. 1 F. (a) und (b) nicht in den Flüchtlingsbegriff der Konvention (zur Bedeutung von Art. 1 F der Konvention aus der Sicht der deutschen Rechtsprechung vgl. BVerwGE 67, S. 184 ff. (192) und BVerwG NVwZ 1984, S. 183) oder sind zumindest wegen Art. 33 Abs. 2 der Konvention vom Schutz des Refoulement-Verbotes ausgenommen.

Zur Frage, ob Straffälligkeit zum Ausschluß vom Schutzbereich des Art. 16 Abs. 2 S. 2 a. F. beziehungsweise 16 a Abs. 1 GG führen kann vgl. BVerwGE 67, S. 184 ff. (192), wonach dem Grundgesetz der Ausschluß Asylunwürdiger fremd ist. Anders demgegenüber BVerwGE 49, S. 202 ff., wonach jedenfalls die Gefährdung der Sicherheit des Zufluchtsstaates oder in ihm lebenden Menschen zu einem Ausschluß des Asylrechtes führen können. Vgl. hierzu nunmehr auch § 18 Abs. 2 Nr. 3 AsylVfG 1993.

[253] Allgemein zur Frage, ob der Begriff der politischen Verfolgung über den Flüchtlingsbegriff der Genfer Flüchtlingskonvention hinausgehen kann bereits bejahend BVerfGE 9, S. 174 ff. (181) und 54, S. 341 ff. (356). Vgl. aus der Literatur zur Frage der Deckung der Verfolgungsbegriffe nach der Genfer Flüchtlingskonvention und des Art. 16 Abs. 2 S. GG a.F./ 16 a Abs. 1 GG n.F. statt aller bereits Schaeffer, Anm. 246, S. 12 ff.

[254] Da es im folgenden lediglich darum geht, festzustellen, ob in diesen Fällen hinreichender Schutz in den sicheren Drittstaaten gewährleistet ist, ist im folgenden lediglich auf die Staatenpraxis beziehungsweise die Praxis der Straßburger Organe abzustellen.

Allgemein zur Bedeutung von Art. 3 EMRK bei Vorliegen asylrechtlich relevanter Sachverhalte bereits oben S. 88 ff.

homosexuell veranlagter Personen stets und ausschließlich am Maßstab des Art. 8 EMRK gemessen[255], ist insoweit aber nie auf Art. 3 EMRK eingegangen. Andererseits kommt zwar auch Art. 8 EMRK im Zusammenhang mit der Ausweisung von Ausländern Bedeutung zu[256], doch hat der Europäische Gerichtshof für Menschenrechte eine Anwendung dieser Norm bei grenzüberschreitenden Sachverhalten bislang nur dann angenommen, wenn zum einen der Betroffene seit langer Zeit in dem ausweisenden Staat seinen ständigen Wohnsitz gehabt hat und wenn ferner eine Beschränkung des Familienlebens stattfand[257]. Nach alledem erscheint es zumindest zweifelhaft, ob der Gerichtshof auch im Falle der Abschiebung eines Ausländers in der hier zu untersuchenden Konstellation zur Bejahung einer Verletzung von Art. 8 EMRK gelangen würde.

Aber auch eine Verletzung von Art. 3 EMRK in einer solchen Situation - und damit das Bestehen eines Abschiebeverbots für den Drittstaat - erscheint fraglich. Nach der Rechtsprechung des Gerichtshofes stellt selbst die Verhängung der Todesstrafe - sieht man einmal von etwaigen Bindungen nach Art. 1 des Sechsten Zusatzprotokolls zur EMRK ab[258] - nicht *per se* eine Verletzung der Konvention dar[259]. Andererseits können aber auch Sanktionen unterhalb der Todesstrafe nach Art. 3 EMRK unzulässige staatliche Maßnahmen darstellen mit der Folge, daß eine aufenthaltsbeendende Maßnahme durch den Drittstaat verboten wäre und der Asylbewerber gegen eine solchermaßen drohende Abschiebung in den Verfolgerstaat Beschwerde nach Straßburg erheben könnte. Letztlich hängt diese Beurteilung aber von einer Vielzahl von Faktoren, namentlich der Natur der Sanktion, der Art und Weise ihrer Ausführung, ihrer Dauer und, ihren psychischen

---

[255] Vgl. zuletzt das Urteil im Fall Modinos gegen Zypern vom 22. 4. 1993, Ser. A, vol. 259.

[256] Vgl. etwa das Urteil im Fall Moustaquim gegen Belgien vom 18. 2. 1991, Ser. A., vol. 193.

[257] Vgl. dazu etwa die Entscheidung im Fall Moustaquim, ebd.

[258] Von den sicheren Drittstaaten nach Art. 16 a Abs. 2 GG in Verbindung mit § 26 a AsylVfG 1993 haben Belgien, Griechenland, Irland, Polen und das Vereinigte Königreich das Sechste Zusatzprotokoll (noch) nicht ratifiziert. Für die Tschechische Republik ergibt sich die Bindung aus ihrer Position als Sukzessorstaat und der Praxis sowohl des Europarates als auch der Tschechischen Republik selbst.

[259] So das Urteil im Fall Soering, Ser. A, vol. 161, S. 40 f.

und physischen Auswirkungen ab[260]. Jedenfalls besteht aber keine gesicherte Rechtsprechung dahingehend, daß jede Situation, die im Hinsicht auf diese Fallgruppe politische Verfolgung im Sinne von Art. 16 a Abs. 1 GG statuieren würde, zugleich und stets auch unmenschliche Behandlung nach Art. 3 EMRK darstellt. Im Gegenteil hat die Europäische Kommission für Menschenrechte die Ausweisung einer Person, der in ihrem Heimatland eine Bestrafung aufgrund homosexuellen Verhaltens eine langjährigen Freiheitstrafe drohte, nicht als Auslieferungshindernis nach Art. 3 EMRK angesehen[261].

Somit kann nicht vollständig ausgeschlossen werden, daß es zu Fällen kommt, in denen bei einer drohenden Menschenwürdeverletzung eine Rückabschiebung durch den Drittstaat in den Verfolgerstaat trotz bestehender Bindungen an die Genfer Flüchtlingskonvention und die EMRK auch bei Vertragstreue des Drittstaates nicht immer ausgeschlossen werden kann[262].

V. Art. 16 a Abs. 2 GG und fehlende Schutzbereitschaft des Drittstaates

Es ist darüber hinaus aber auch denkbar, daß einzelne Drittstaaten ihren völkerrechtlichen Verpflichtungen aus der Genfer Flüchtlingskonvention und der EMRK nicht oder jedenfalls nicht in vollem Umfange nachkommen. Dies betrifft nicht nur die vom einfachen Gesetzgeber in die Liste der sicheren Drittstaaten aufgenommenen Staaten[263], sondern potentiell auch Mitgliedsstaaten der Europäischen Gemeinschaft. Bereits in einer Entscheidung des Bundesverwaltungsgerichts aus dem Jahre 1991 war zum Ausdruck gekommen, daß es keineswegs von vornherein und generell auszuschließen sei, daß ein Flüchtling selbst bei einem länger andauernden Aufenthalt in einem Mitgliedsstaat der Europäischen Gemeinschaft dort keine Sicherheit vor Verfolgung findet[264]. Umso

---

[260] Vgl. aus der Rechtsprechung des Gerichtshofes zuletzt die Entscheidung im Fall Costello-Roberts gegen das Vereinigte Königreich, Urteil vom 25. 3. 1993, Ser. A, vol. 247, unter Bezugnahme auf seine eigene frühere Rechtsprechung.

[261] *In concreto* ging es um ein Auslieferungersuchen der USA.

[262] J. Henkel, Das neue Asylrecht, NJW 1993, S. 2705 ff. (2710).

[263] Zur Situation in der Tschechischen Republik vgl. beispielhaft nunmehr den Beschluß des VG Regensburg vom 2. 9. 1993 - RN 7 E 93 31704.

[264] NVwZ 1992, S. 380 ff. (382).

mehr muß dies aber dann gelten, wenn bereits ein Transit durch einen sicheren Drittstaat[265] den Anspruch auf Asylgewährung in der Bundesrepublik Deutschland entfallen läßt. Das Bundesverfassungsgericht hat diese Möglichkeit vor kurzem im Hinblick auf Griechenland bestätigt. Danach sollen jedenfalls solche Asylbewerber, die nicht unmittelbar aus dem Verfolgerland nach Griechenland eingereist sind, dort keinen wirksamen Schutz vor Rückschiebung in den Herkunftsstaat genießen[266].

Fraglich ist jedoch, welche rechtlichen Konsequenzen sich daraus ziehen lassen. Geht man - wie vorliegend vertreten[267] - davon aus, daß eine Rückschiebung politisch verfolgter Menschen in den Verfolgerstaat durch den Drittstaat eine der Bundesrepublik Deutschland zurechenbare Verletzung ihrer Menschenwürde darstellt, ist es unabdingbar, daß die Träger deutscher Staatsgewalt in einer solchen Situation ihrerseits von einer Rückschiebung in den Drittstaat absehen.

Dieses Ziel kann jedoch auf verschiedenen Wegen erreicht werden. Im Hinblick auf die sonstigen sicheren Drittstaaten könnte man daran denken, die Aufnahme des in Frage stehenden Drittlandes in die Liste der sicheren Drittstaaten in Anhang I zu § 26 a AsylVfG für verfassungswidrig zu halten[268]. Dies würde jedoch dazu führen, daß für *alle* Asylbewerber, die aus eben diesem sicheren Drittstaat im Sinne des Art. 16 a Abs. 2 GG in die Bundesrepublik Deutschland eingereist sind, der Ausschlußtatbestand des Art. 16 a Abs. 2 GG nicht mehr eingreifen würde, obwohl für die allermeisten betroffenen Personen dort weiterhin Schutz vor Verfolgung bestünde[269]. Außerdem liefe diese Lösung für die Mitgliedsstaaten der Europäischen Gemeinschaft leer, da hier der verfassungsändernde Gesetzgeber selbst die Reduktion des personellen

---

[265] Zum Begriff der Einreise im völkerrechtlichen Sinne oben S. 141 ff.

[266] Beschlüsse vom 13. 9. 1993 (Az.: 2 BvR 1938/93 und vom 21. 9. 1993 (Az.: 2 BvR 1953/ 93 und 1954/93) [bislang unveröffentlicht].

Zu weiteren Konstellationen, wo eine solche Gefahr konkret besteht und den sich daraus ergebenden *völkerrechtlichen* Schlußfolgerungen vgl. bereits oben S. 194 ff.

[267] Dazu oben S. 260 ff.

[268] So wohl das VG Regensburg, Anm. 263, S. 7 des Umdrucks im Hinblick auf die Tschechische Republik.

[269] So betrifft etwa die Konstellation, welche den Beschlüssen des Bundesverfassungsgerichts vom 13. und vom 21. 9. 1993 zugrunde lag nur solche Asylbewerber, die nicht direkt aus dem Verfolgerstaat kommend Griechenland erreicht haben. Demgegenüber dürfte Griechenland für die übrigen Asylbewerber nach wie vor Sicherheit vor Abschiebung gewährleisten.

Anwendungsbereiches von Art. 16 a Abs. 1 GG vorgenommen hat. Insoweit käme hier lediglich in Betracht, die Verfassungsnorm selbst - jedenfalls im Hinblick auf einzelne Mitgliedsstaaten der EG - für verfassungswidrig zu erklären.

Stattdessen erscheint es vielmehr möglich, Art. 16 a Abs. 2 GG im Falle einer tatsächlich festgestellten fehlenden Schutzbereitschaft des Drittstaates in verfassungskonformer Weise im Lichte des Art. 16 a Abs. 1 GG einschränkend auszulegen[270]. Eine solche geltungserhaltende Auslegung der Verfassungsnorm selbst beziehungsweise des hierzu ergangenen einfachen Gesetzes entspricht auch Teleologie, Wortlaut und Entstehungsgeschichte der Norm.

Sinn und Zweck des Art. 16 a Abs. 2 GG ist es, diejenigen Ausländer von der Gewährung politischen Asyls in der Bundesrepublik Deutschland auszuschließen, die in einem anderen Staat Schutz vor Verfolgung finden können. Fehlt es aber in dem in Frage stehenden sicheren Drittstaat an dieser Möglichkeit, besteht die von Art. 16 a Abs. 1 GG vorausgesetzte Schutzbedürftigkeit des Asylsuchenden fort.

Dementsprechend spricht die Regierungsbegründung zu Art. 16 a GG denn auch davon, daß es Ziel der Novellierung sei, nach wie vor solchen Ausländern Asyl in der Bundesrepublik Deutschland zu gewähren, die des Schutzes durch die Bundesrepublik Deutschland bedürfen[271]. Auch war der verfassungsändernde Gesetzgeber davon ausgegangen, daß in allen Fällen der Zurückschiebung in einen sicheren Drittstaat dort eine effektive Schutzgewährung vorhanden ist, weil in diesen Staaten die Anwendung der Genfer Flüchtlingskonvention und der EMRK sichergestellt ist[272].

Dies bedeutet, daß Art. 16 a Abs. 2 GG dahingehend zu verstehen ist, daß in den Fällen in denen der Drittstaat nicht schutzwillig oder aber schutzunfähig ist, dem Betroffenen Zugang zu einem materiellen Asylverfahren in der Bundesrepublik Deutschland eröffnet werden muß. Nur dieses Verständnis von Art. 16 a Abs. 2 GG wird auch dem Erfordernis gerecht, alle Verfassungsbestimmungen so auszulegen, daß sie mit den elementaren Grundsätzen des Grundgesetzes - zu denen der

---

270 Diese Möglichkeit deutet auch das Bundesverfassungsgericht in seinen beiden Beschlüssen betreffend Griechenland (oben Anm. 266, jeweils S. 5) an. Ebenso F. Schoch, Das neue Asylrecht gemäß Art. 16 a GG, in: DVBl 1993, S. 1161 ff. (1166).

271 BT-Drs. 12/4152, S. 3.

272 BT-Drs. 12/4152, S. 3.

Schutz der Menschenwürde unzweifelhaft gehört - und seiner Wertordnung vereinbar sind[273].

Schließlich spricht für diese Auslegung des Art. 16 a Abs. 2 GG auch die Notwendigkeit, das deutsche Verfassungsrecht in Übereinstimmung mit den völkerrechtlichen Bindungen der Bundesrepublik Deutschland und insbesondere auch der EMRK[274] zu interpretieren. Denn nur bei einer solchen Auslegung von Art. 16 a Abs. 2 GG können Fälle von Refoulement in Form der Kettenabschiebung und damit Verstöße der Bundesrepublik Deutschland gegen Art. 33 der Genfer Flüchtlingskonvention effektiv vermieden werden[275].

Eine solche Möglichkeit, in Ausnahmefällen trotz der Einreise aus einem sicheren Drittstaat gleichwohl Asyl gewährt zu bekommen, wird im übrigen von Art. 16 a Abs. 2 GG selbst vorausgesetzt. Neben der Eingangsformulierung des Art. 16 a Abs. 2 GG, die eine Asylgewährung auch und gerade in solchen Fallkonstellationen ermöglicht[276], ergibt sich dies insbesondere aus Art. 16 a Abs. 2 S. 3 GG. Denn würde man davon ausgehen, daß in den Fällen des Art. 16 a Abs. 2 S. 1 GG ausnahmslos und ohne jede Prüfung Asyl zu verweigern wäre, ergäbe es keinen Sinn, dann gleichwohl jedenfalls im Hauptsacheverfahren den Rechtsschutz gegen aufenthaltsbeendende Maßnahmen zu eröffnen. Insoweit setzt Art. 16 a Abs. 2 S. 3 GG voraus, daß auch in den Fällen der Einreise aus einem sicheren Drittstaat ein subjektives Recht fortbesteht, welches im Klageweg geltend gemacht werden kann. Gleichzeitig können die angerufenen Verwaltungsgerichte aber weder die verfassungsrechtliche Festlegung der EG-Mitgliedsstaaten als sichere Drittstaaten, noch die einfachgesetzliche Festlegung der sonstigen sicheren Drittstaaten selbst in Frage stellen. Damit impliziert die Norm, daß die Verwaltungsgerichte jedenfalls die Möglichkeit besitzen müssen im Einzelfall darüber zu entscheiden, ob nicht gleichwohl ein Anspruch auf Asylgewährung trotz der Einreise aus einem sicheren Drittstaat besteht, wenn sich dieser im konkreten Fall als unsicher erweist. Denn andernfalls liefe der Anwendungsbereich der Norm leer oder würde sich zumindest auf die

---

273 BVerfGE 30, S. 1 ff. (19) unter Bezugnahme auf BVerfGE 19, S. 206 ff. (220).

274 Zur Notwendigkeit der konventionskonformen Auslegung deutschen Rechts vgl. BVerfGE 74, S. 358 ff. (370).

275 Zur Notwendigkeit der Schaffung einer individuellen Widerlegungsmöglichkeit der Sicherheit eines Drittstaates aus völkerrechtlicher Sicht oben S. 177 ff.

276 Zur Bedeutung der Eingangsformulierung von Art. 16 a Abs. 2 im einzelnen unten S. 296 ff.

Fälle beschränken in denen lediglich die Tatsache der Einreise aus einem sicheren Drittstaat streitig ist.

Aber selbst bei einer solchen materiellen Bindung der deutschen Behörden stellt sich dann gleichwohl das weitere Problem, ob nicht die Gewährung von Rechtsschutz vor deutschen Gerichten *noch vor Durchführung der aufenthaltsbeendenden Maßnahme* auch im Verhältnis zu dem verfassungsändernden Gesetzgeber gefordert wird. Insoweit handelt es sich jedoch nicht nur um ein Problem der Vereinbarkeit des neugeschaffenen Art. 16 a GG mit Art. 1 Abs. 1 GG (in Verbindung mit Art. 79 Abs. 3 GG), sondern zugleich um die Frage, ob nicht möglicherweise auch Art. 20 (wiederum in Verbindung mit Art. 79 Abs. 3 GG) tangiert sein könnte[277].

VI. Ausschluß des aufschiebenden Rechtsschutzes durch Art. 16 a Abs. 2 S. 3 GG ?

Ungeachtet der Frage, ob ein vollständiger Ausschluß des einstweiligen Rechtsschutzes vor der Durchführung aufenthaltsbeendender Maßnahmen im Lichte des Art. 79 Abs. 3 GG überhaupt zulässig ist, ist darüber hinaus zweifelhaft, ob Art. 16 a Abs. 2 S. 3 GG seinerseits einen vollständigen Ausschluß einstweiligen Rechtsschutzes ermöglichen soll, so wie dies nunmehr § 34 a Abs. 2 AsylVfG 1993 vorgesehen ist[278] oder ob stattdessen nicht vielleicht nur lediglich der Ausschluß des automatischen Eintritts der aufschiebenden Wirkung der

---

[277] Maunz/ Dürig/ Herzog/ Scholz- Schmidt-Aßmann, Art. 19 IV, Rdnr. 30.

[278] So H. J. Papier, Äußerung im Rahmen der Expertenanhörung zum Gesetzentwurf der Fraktionen der CDU/CSU, SPD und F.D.P. Entwurf eines Gesetzes zur Änderung des Grundgesetzes (Artikel 16 und 18), Protokoll der 55. Sitzung des Innenausschusses, der 71. Sitzung des Rechtsausschusses und der 8. Anhörung der Gemeinsamen Verfassungskommission vom 11. 3. 1993 (im folgenden zitiert als Expertenanhörung I), S. 59; so auch P. Badura, ebd., S. 116; ferner K. Hailbronner, ebd., S. 119; Lotz, S. 156 und Stellungnahme I, S. 251; Preuß, Stellungnahme, S. 214; Renner, Stellungnahme I, S. 350; ferner E. Kutscheidt, Äußerung im Rahmen der Expertenanhörung zum Gesetzentwurf der Fraktionen der CDU/CSU, SPD und F.D.P. Entwurf eines Gesetzes zur Änderung asylverfahrensrechtlicher-, ausländer- und staatsangehörigkeitsrechtlicher Vorschriften - Drucksache 12/4450 - , Sten. Protokoll der 56. Sitzung des Innenausschusses vom 24. 3. 1993 (im folgenden zitiert als Expertenanhörung II), S. 137 und 165.

Anfechtungsklage gegen die Abschiebungsandrohung verfassungsrechtlich abgesichert werden sollte[279]. Bevor jedoch auf diese Frage der Interpretation des Art. 16 a Abs. 2 S. 3 GG im einzelnen näher eingegangen werden soll, muß zuvor geklärt werden, ob überhaupt ein solcher vollständiger Ausschluß verfassungsrechtlich zulässig wäre.

Denn wäre dies nicht der Fall, müßte Art. 16 a Abs. 2 S. 3 GG auf jeden Fall im Lichte des Art. 79 Abs. 3 GG dahingehend ausgelegt und verstanden werden[280], daß es sich lediglich um den Ausschluß einer *automatisch* eintretenden aufschiebenden Wirkung handelt[281].

Dabei ist vorab zunächst festzustellen, daß auch im Falle des Art. 16 a Abs. 2 GG auf keinen Fall der Rechtsschutz insgesamt ausgeschlossen werden sollte. Denn nach dem oben Gesagten kommt als "Zielland" für eine Abschiebung nach Art. 16 a Abs. 2 GG in Verbindung mit § 34 a AsylVfG stets nur ein sicherer Drittstaat in Betracht, von dem aus dann - jedenfalls im Prinzip - das weitere Rechtsschutzverfahren betrieben werden kann. Allerdings befindet sich die um Schutz nachsuchende Person insoweit in einer ausweglosen Situation: Denn gelingt es über längere Zeit hinweg das Verfahren vor dem deutschen Verwaltungsgericht auch aus dem sicheren Drittstaat heraus zu betreiben, belegt dies gerade, daß der Drittstaat - jedenfalls im

---

279 So der Änderungsantrag der Fraktion der SPD zum neuen AsylVfG, BT-Drs. 12/ 5019 vom 25. 5. 1993. Danach sollte eine Abschiebung in einen sicheren Drittstaat nach § 34 a AsylVfG 1993 vom Gericht auf Antrag ausgesetzt werden können, wenn deren Voraussetzungen offensichtlich nicht vorliegen. Ebenso wohl Schmidt-Jortzig, Expertenanhörung I, S. 146; Steinberg, ebd., S. 150; Rothkegel, ebd., S. 166; Heinhold, ebd., S. 420.; vgl. ferner K. Weingärtner, Expertenanhörung II, S. 36; ebenso M. Hund, ebd., S. 94.

Offen gelassen bei Giesler/ Wasser, S. 18 und 41.

280 Insoweit würde es sich um einen Parallelfall zur verfassungskonformen Auslegung einfacher Gesetze handeln; für die Anwendbarkeit dieser Begrifflichkeit auch bezüglich der Auslegung von Verfassungsnormen selbst vgl. etwa H. Bauer, Gerichtsschutz als Verfassungsgarantie (1973), (im folgenden zitiert als Bauer, Gerichtsschutz), S. 156. Generell zur Frage, ob eine solche grundgesetzkonforme Auslegung auch verfassungsändernder Normen möglich ist vgl. einerseits bejahend BVerfGE 30, S. 1 ff. (19 ff.); ablehnend demgegenüber das Minderheitsvotum ebd., S. 34; ferner etwa P. Häberle, Die Abhörentscheidung des Bundesverfassungsgerichts vom 15. 12. 1970, JZ 1971, S. 145 ff. (146 und 148 f.), sowie H. H. Rupp, Anmerkung zu BVerfGE 30, 1 ff., NJW 1971, S. 275 ff. (276).

281 Ein solcher Ausschluß wäre aber verfassungsrechtlich unbedenklich.

Hinblick auf seine Person - sicher ist. Verletzt demgegenüber der Drittstaat seine Verpflichtungen aus der Genfer Flüchtlingskonvention oder der EMRK und schiebt den Betroffenen in eine Verfolgungssituation zurück, wäre die Klage zwar begründet, nur käme ein solcher Erfolg faktisch zu spät.

Im folgenden soll nunmehr in einem ersten Schritt untersucht werden, ob ein vollständiger Ausschluß gerichtlichen Rechtsschutzes verfassungsrechtlich möglich und zulässig gewesen wäre. Denn wäre dies in der Tat der Fall, wäre natürlich erst recht ein vollständiger Ausschluß lediglich des einstweiligen Rechtsschutzes verfassungsrechtlich unbedenklich.

A. Zulässigkeit eines vollständigen Ausschlusses gerichtlichen Rechtsschutzes im Asylrecht ?

Art. 19 Abs. 4 GG garantiert den Individualrechtsschutz gegen jegliche Akte öffentlicher Gewalt. Allerdings unterfällt die Norm selbst im Verhältnis zum verfassungsändernden Gesetzgeber nicht dem besonderen Schutz des Art. 79 Abs. 3 GG. Dessen ungeachtet ist aber gleichwohl umstritten, ob und inwieweit einzelne Materien durch Verfassungsänderung von der Garantie gerichtlichen Rechtsschutzes ausgenommen werden können oder nicht[282]. Für eine solche Möglichkeit spricht immerhin, daß Art. 19 Abs. 4 GG selbst, wie bereits erwähnt, durch Art. 79 Abs. 3 GG nicht ausdrücklich in Bezug genommen wird[283]. Vielmehr wurde ein entsprechender Vorstoß während der

---

282 Vgl. dazu aus der Rechtsprechung des Bundesverfassungsgerichts die Entscheidung im 30. Band zu Art. 10 Abs. 2 S. 2 GG, BVerfGE 30, S. 1 ff. (24 ff. - Mehrheitsmeinung) und das hiervon abweichende Minderheitenvotum, ebd. S. 38 ff.; aus der Literatur etwa Bauer, Gerichtsschutz, S. 155 - 175; K.-A. Bettermann, Die Rechtsweggarantie des Art. 19 Abs. 4 GG in der Rechtsprechung des Bundesverfassungsgerichts, AöR 1971, S. 528 ff. (561 ff.); G. Dürig/ H.-U. Evers, Zur verfassungsändernden Beschränkung des Post-, Telefon- und Fernmeldegeheimnisses (1969), S. 50 ff., sowie die einschlägigen Kommentierungen zu Art. 19 Abs. 4 GG, so etwa Maunz/ Dürig/ Herzog /Scholz - Schmidt-Aßmann, Art. 19 IV, Rdnr. 30 m.w.N. (Fn. 80).

283 Maunz/ Dürig/ Herzog/ Scholz - Schmidt-Aßmann, Art. 19 Abs. 4 GG, Rdnr. 30.

Entstehungsphase des Grundgesetzes ausdrücklich abgelehnt[284]. Auch hatte die Verfassung selbst von vornherein in ihrem Art. 44 Abs. 4 S. 1 GG vorgesehen, bestimmte Akte von der Garantie individuellen Rechtsschutzes auszunehmen[285]. Ferner war das Rechtsstaatsprinzip, wie es sich in seiner historischen Bedingtheit entwickelt hat, nie durch einen lückenlosen gerichtlichen Rechtsschutz gegenüber allen Akten der öffentlicher Gewalt gekennzeichnet, sondern war vielmehr von einem reinen Enumerationsprinzip geprägt[286]. Eben deswegen bildete ja gerade Art. 19 Abs. 4 GG insoweit eine Novität[287], als er umfassenden und lückenlosen Rechtsschutz garantiert. Im übrigen wäre Art. 19 Abs. 4 GG redundant, wenn sich eine umfassende Garantie eines solchen Rechtsschutzes bereits unmittelbar aus Art. 20 ergeben würde[288].

Schließlich ergibt sich eine solche Garantie umfassenden Rechtsschutzes auch nicht unmittelbar aus dem Gewaltenteilungsprinzip des Art. 20 Abs. 2 der Verfassung[289]. Zwar bildet die Garantie gerichtlichen Rechtsschutzes einen wesentlichen Pfeiler der grundgesetzlichen Gewaltenteilung[290], doch ist das System der Gewaltenteilung unter der Geltung des Grundgesetzes nicht vollständig und umfassend ausgebaut, sondern enthielt - und enthält - von vornherein Überschneidungen. Auch ist der Gedanke der Gewaltenteilung und die damit verknüpfte Trennung von Verwaltung und Rechtsprechung viel älter als die Rechtsweggarantie, ist ihr also vorgelagert und umfaßt sie gerade nicht[291]. Auch bildet richterliche Kontrolle nicht die einzige Möglichkeit und Gestaltungsform von Kontrolle in einer parlamentarischen Demokratie. Denn daneben bieten auch parlamentarische Foren die

---

[284] Beratungen des Parlamentarischen Rates, 9. Sitzung vom 6. 5. 1949, Sten. Ber. S. 184, dazu JöR 1951, S. 587.

[285] Maunz/ Dürig/ Herzog/ Scholz - Schmidt-Aßmann, Art. 19 Abs. 4 GG, Rdnr. 30.

[286] Bonner Kommentar - Schenke, Art. 19 Abs. 4 GG, Rdnr. 72.

[287] Ebd.; so läßt sich auch die Formel verstehen, Art. 19 Abs. 4 GG bilde den Schlußstein - gerade aber nicht unabdingbares Fundament - im Gewölbe des Rechtsstaates.

[288] Bonner Kommentar - Evers, Art. 19 Abs. 4 GG, Rdnr. 72; zum Verhältnis zwischen Art. 19 Abs. 4 und 20 GG vgl. auch E. Schmidt-Aßmann, Art. 19 Abs. 4 GG als Teil des Rechtsstaatsprinzips, NVwZ 1983, S. 1 ff.

[289] So aber das Minderheitsvotum BVerfGE 30, S. 1 ff (41); ferner Dürig/ Evers, Anm. 282, S. 100 f; Häberle, Anm. 280, S. 152.

[290] Vgl. bereits BVerfGE 4, S. 331 ff. (346); 9, S. 268 ff. (279) und 22, S. 106 ff. (111).

[291] Bettermann, Anm. 282, S. 564.

Möglichkeit zu einer (wenn auch anders strukturierten) externen Kontrolle der Verwaltung[292], die auch von dem einzelnen Betroffenen, etwa im Rahmen des Petitionsrechts des Art. 17 GG[293], initiiert werden kann.

Auch der Grundsatz der Gesetzmäßigkeit der Verwaltung, wie er durch Art. 20 Abs. 2 GG verfassungsrechtlich abgesichert wurde, führt nicht zwangsläufig zu der Schlußfolgerung, die Garantie umfassenden Rechtsschutzes sei über Art. 20 in Verbindung mit Art. 79 Abs. 3 GG in allen Fällen vor Eingriffen auch des verfassungsändernden Gesetzgebers gefeit[294]. Denn die Bindung der Verwaltung besteht unabhängig von der Existenz einer externen Kontrollinstanz[295]. Im übrigen gilt auch für Art. 20 Abs. 3 GG das bereits oben zu Art. 20 Abs. 2 GG Gesagte entsprechend: Der in Art. 20 Abs. 3 GG verankerte Grundsatz der Gesetzmäßigkeit der Verwaltung galt längst, bevor seine Verletzung gerichtlich überprüft werden konnte, hat demnach also einen Inhalt, der die in Art. 19 Abs. 4 GG enthaltene Rechtsschutzgarantie gerade nicht mit umfaßt[296].

Ist demnach nicht der Gesamtbereich des Art. 19 Abs. 4 GG von Art. 20 GG in Verbindung mit Art. 79 Abs. 3 GG geschützt, bedeutet das gleichwohl nicht, daß ein vollständiger Ausschluß des Rechtsschutzes gegen Akte der öffentlichen Gewalt durch den verfassungsändernden Gesetzgeber stets zulässig wäre. Denn "die Rücksicht auf die Subjektqualität des Menschen verlangt in aller Regel, daß er nicht nur Träger subjektiver Rechte ist, sondern daß er auch zur Verteidigung und Durchsetzung seiner Rechte den Prozeßweg beschreiten und vor Gericht seine Sache vertreten kann"[297]. Zwar mag man ausnahmsweise Einschränkungen dieses Grundsatzes zum Schutze überragend wichtiger anderer Verfassungsgüter hinnehmen, wenn zugleich ein anderes

---

[292] Hierzu Bauer, Gerichtsschutz, S. 170 f., der allerdings zutreffend darauf hinweist, daß es sich insoweit um eine primär politische - und nicht so sehr rechtliche - Kontrolle handelt.

[293] Zu dieser Funktion des Petitionsrechts vgl. W. Graf Vitzthum, Petitionsrecht und Volksvertretung (1985), S. 29 ff.

[294] Anders jedoch Dürig/ Evers, Anm. 282, S. 62.

[295] Dazu in diesem Zusammenhang die Äußerung des Sachverständigen Lotz in der Anhörung der Verfassungskommission zum neuen Art. 16 a GG, Expertenanhörung I, S. 157.

[296] Bettermann, Anm. 282, S. 564.

[297] BVerfGE 30, S. 1 ff (27).

adäquates Kontrollinstrument geschaffen wird[298]. Letztlich kann die Frage, in welchem Umfange ein solcher Ausschluß im Lichte des Art. 1 Abs. 1 GG zulässig ist jedoch offen bleiben. Zum einen hat im Rahmen des neugeschaffenen Art. 16 a GG weder der verfassungsändernde noch der einfache Gesetzgeber ein solches Surrogat geschaffen[299]. Zum anderen aber darf zumindest in den für die Menschenwürde unverzichtbaren Bereichen der Verteidigung des Lebens, der elementaren Freiheiten und der körperlichen Unversehrtheit der Weg zum Richter auch durch Verfassungsänderung nicht ausgeschlossen werden[300]. Da aber das Asylrecht gerade dem Schutz der soeben genannten Rechtsgüter dient[301], erscheint die Eröffnung des Rechtsweges aus diesem Grunde[302] von Verfassungs wegen grundsätzlich unabdingbar[303].

---

[298] BVerfGE 30, S. 1 ff. (27); ebenso statt vieler etwa Maunz/ Dürig/ Herzog/ Scholz - Schmidt-Aßmann, Art. 19 Abs. 4 GG, Rdnr. 30.

[299] Das in § 18 Abs. 4 Nr. 2 AsylVfG 1993 vorgesehene Anordnungsrecht des Bundesministerium des Innern wird den in BVerfGE 30, S. 1 ff. aufgestellten Kriterien für eine solche unabhängige Überprüfungsinstanz sicher nicht gerecht, zumal es sich noch dazu gerade nicht um eine Überprüfung der Erstentscheidung handelt.

[300] Maunz/ Dürig/ Herzog/ Scholz - Schmidt-Aßmann, Art. 19 Abs. 4 GG, Rdnr. 30; Steinberg, Stellungnahme, S. 367 f.

[301] Zu dieser Frage, sowie zu der Frage des Verhältnisses zu Art. 1 Abs. 1 GG oben S. 242 ff.

[302] Darüber hinaus kann sich ein grundsätzlicher Anspruch auf die Gewährung verwaltungsgerichtlichen Rechtsschutzes auch aus Art. 25 GG ergeben, vgl. dazu BVerfGE 60, S. 253 ff. (303 f.) und 67, S. 43 ff. (63) unter Bezugnahme auf G. Jaenicke, Die Grundsätze über den gerichtlichen Rechtsschutz des Einzelnen im System der Völkerrechtsordnung, in: H. Mosler (Hrsg.), Gerichtsschutz gegen die Exekutive (Bd. 3, 1971), S. 286 ff. (304) und G. Dahm, Völkerrecht, Bd. 1 (1958), S. 509 ff. Ebenso Steinberg, Stellungnahme, S. 13. Ob eine solche Verpflichtung kraft Völkerrechts in der Tat besteht, erscheint aber gerade für den Bereich des Asylrechts deshalb fraglich, weil insoweit in vielen nationalen Rechtsordnungen gar kein individuelles Recht auf die Gewährung politischen Asyls besteht und aufgrund Völkerrechts auch nicht bestehen muß. Vgl. in diesem Zusammenhang aber auch BVerfGE 60, S. 253 ff. (304), wonach ein solcher Rechtsschutz lediglich "nach Maßgabe und in den Grenzen allgemein eröffneter Rechtswege gewährt werden muß".

[303] Steinberg, Stellungnahme, S. 12; sehr zurückhaltend demgegenüber BVerfGE 60, S. 253 ff. (295). Für eine Unzulässigkeit eines vollständigen Ausschlusses des Rechtsweges im Asylrecht auch zuletzt C. Feddersen, Be-

Nun ergibt sich aber möglicherweise das weitere Problem, daß die Garantie gerichtlichen Rechtsschutzes stets an das Vorhandensein subjektiver Rechte anknüpft und daß die Personen, welche aus sicheren Drittstaaten eingereist sind, unter Umständen gar nicht mehr Träger des Grundrechtes aus Art. 16 a Abs. 1 GG sind.

B. Zur Frage der Grundrechtsträgerschaft der Personen, die aus einem sicheren Drittstaat eingereist sind

Nach Art. 16 a Abs. 2 S. 1 GG kann sich auf Abs. 1 des Art. 16 a GG derjenige nicht berufen, der aus einem Mitgliedstaat der Europäischen Gemeinschaft oder einem sonstigen sicheren Drittstaat eingereist ist. Hierin könnte in der Tat auch ein Ausschluß von der materiellen Grundrechtsträgerschaft gesehen werden. Hiergegen spricht jedoch zunächst der Wortlaut der Norm, da gerade nicht eine Formulierung gewählt wurde, die einen klaren Ausschluß der Grundrechtsträgerschaft herbeigeführt hätte. Denn wäre dies beabsichtigt gewesen, hätte es nahegelegen zu formulieren, daß Abs. 1 nicht für solche Personen gilt, die aus einem solchen Staat eingereist sind. Auch belegt die Entstehungsgeschichte, daß mit der Formel "kann sich nicht berufen" weniger als ein vollständiger Grundrechtsausschluß gewollt war. In dem zugrundeliegenden Parteienkompromiß vom 6. Dezember 1992[304] hatte es noch geheißen, daß diese Personen kein Asylrecht genießen sollten[305]. Damit hätte es sich um eine zusätzliche *negative* Beschreibung des Schutzbereichs des Grundrechtes gehandelt[306], vergleichbar etwa dem Verhältnis von Art. 9 Abs. 1 zu Art. 9 Abs. 2 Grundgesetz[307]. Art. 16 a Abs. 2 GG hätte dann also in der Tat einen Ausschluß aus dem materiellen Bereich des Asylgrundrechts enthalten[308]. In bewußter Abkehr hiervon wurde in der endgültigen Fassung von Art. 16 a Abs. 2

---

schwerdeausschuß versus Menschenwürde und Rechtsstaatsprinzip: ein unvereinbarer Gegensatz ?, ZRP 1993, S. 479 ff. (482).

[304] Dazu bereits oben S. 30.

[305] Wörtlich hieß es dort: "Asylrecht genießt nicht, wer (...)".

[306] Lotz, Stellungnahme, S. 250.

[307] Hierzu BVerfGE 80, S. 244 ff. (253) m.w.N., wonach die Vereinigungsfreiheit eben nur mit dieser Einschränkung überhaupt garantiert ist.

[308] So auch der Abgeordnete Schmude, Sten. Bericht der 16. Sitzung der Gemeinsamen Verfassungskommission vom 4. 2. 1993, S. 3. Aber selbst bei dieser Formulierung wäre das Asylrecht insoweit jedenfalls als institutionelle Garantie erhalten geblieben.

S. 1 GG demgegenüber lediglich formuliert, der Betroffene könne sich auf die Norm nicht mehr berufen. Letztlich hat sich die endgültige Fassung an anderen während der Entstehungsgeschichte diskutierten Formulierungen orientiert. Diese sollten entweder lauten, daß "ein Recht auf Asyl nicht beanspruchen kann, wer [aus einem sicheren Drittstaat einreist] (...)" oder die lediglich vorsehen wollten, daß "einen Asylantrag nicht stellen kann, wer ..." in diese Kategorie fällt. Auch während der weiteren Entstehungsgeschichte wurde wiederholt die Meinung vertreten, Art. 16 a Abs. 2 S. 1 GG führe lediglich zu verfahrensrechtlichen Konsequenzen, bewirke aber gerade keinen materiellen Grundsrechtsausschluß. So hatte etwa der Abgeordnete Schmude in der Gemeinsamen Verfassungskommission ausgeführt:

> Meines Erachtens muß es unsere Absicht sein, das "*Grundrecht auf Asyl*"[309] auch bestimmten Gruppierungen zugänglich zu machen, die unter Abs. 2 fallen, wenn das von uns gewollt ist, wenn etwa durch einfaches Gesetz eine solche Regelung vorgesehen ist. Andernfalls würde sich der Staat weitergehende Handlungsmöglichkeiten vorbehalten, mit denen er gleichwohl das Asylrecht nicht zugänglich machen könnte, sondern ein gesondertes, möglicherweise einfachgesetzliches Recht auf Zuflucht und Aufnahme schaffen würde. Das kann aber systematisch keine glückliche Lösung sein. Ich denke, es wird auch praktisch nicht gewollt sein."[310]

Auch die übrigen dort gemachten Äußerungen stehen dem nicht entgegen. Zwar hat der Abgeordnete Friedrich im späteren Verlauf der Sitzung ausgeführt, die Norm schließe "den grundrechtlichen *Anspruch* auf Asylgewährung bei allen Flüchtlingen aus, die aus einem sicheren Drittstaat einreisen"[311]. Selbst dies dürfte aber nur bedeuten, daß eben lediglich der sich unmittelbar aus dem Grundgesetz ergebende Anspruch suspendiert ist, gleichwohl die Grundrechtsträgerschaft aber durch einen Akt des einfachen Gesetzgebers aktualisiert werden kann. In eine ähnliche Richtung ging auch die Äußerung des nordrhein-westfälischen Innenministers Schnoor bei der gleichen Gelegenheit, der davon sprach, das Individualrecht könne lediglich in der Bundesrepublik Deutschland

---

309 Hervorhebung durch den Verfasser.

310 Sten. Bericht der 16. Sitzung der Gemeinsamen Verfassungskommission vom 4. 3. 1993, S. 3.

311 Ebd., S. 13.

nicht "geltend gemacht werden"[312]. Noch deutlicher kam die Sicht, Art. 16 a Abs. 2 S. 1 GG bewirke keinen Verlust der Grundrechtsträgerschaft, dann während der Debatte des Plenums des Deutschen Bundestages zum Ausdruck, wo der Abgeordnete Stübgen ausführte:

> "Es wird auch zukünftig in Art. 16 a stehen 'Politisch Verfolgte genießen Asylrecht.' Alles, was in den nachfolgenden Sätzen steht, ist lediglich eine Konkretisierung der Definition (...). An keiner einzigen Stelle der darauffolgenden Sätze gibt es eine materielle Einschränkung des Asylrechts, sondern *es gibt lediglich eine verfahrensrechtliche Konkretisierung*[313]. Das ist für mich wichtig. Sonst würde ich nicht zustimmen."[314]

Darüber hinaus zeigt aber auch ein Vergleich mit ähnlichen Regelungen in anderen Normbereichen, daß die Formulierung keinen Ausschluß von der Grundrechtsträgerschaft bewirken muß. So heißt es beispielsweise in der Hessischen Landesverfassung[315], daß sich auf die Meinungsfreiheit "nicht berufen kann", wer den verfassungsmäßigen Zustand angreift oder gefährdet (Art. 17) oder wer Gesetze zum Schutze der Jugend verletzt (Art. 18)[316]. Für diese Norm[317] ist es aber anerkannt, daß sie lediglich

---

312 Ebd., S. 16.

313 Hervorhebung durch den Verfasser.

314 Deutscher Bundestag, Sten. Berichte, 160. Sitzung vom 26. 5. 1993, Plenarprotokoll 12/160, S. 13587.

315 Verfassung des Landes Hessen vom 1. 12. 1946 (GVBl. S. 229), zuletzt geändert durch Gesetz vom 23. März 1970 (GVBl. S. 281).

316 Vgl. auch (den mittlerweile allerdings aufgehobenen) Art. 133 der Verfassung von Rheinland-Pfalz, wonach derjenige, der die sittlichen und politischen Grundlagen des Gemeinschaftslebens aufheben will, sich "nicht auf die Grundrechte berufen kann".

317 Ähnlich lautet Art. 24 der Verfassung des Landes Berlin (Verfassung vom 1. 9. 1950, VBl. I, S. 433 in der Fassung vom 5. 10. 1990, GVBl. S. 2316), wonach man sich unter gewissen Umständen weder auf die Meinungs- noch auf die Versammlungsfreiheit "berufen darf". Der Kommentar von G. Pfennig/ M. Neumann, Verfassung von Berlin (2. Aufl., 1987), Art. 24, Rdnr. 3 spricht insoweit aber etwas ambivalent von einem "Verlust" der Grundrechte.

die *Ausübung* des Grundrechts für den konkreten Tatbestand suspendiert, das Grundrecht aber an sich als solches weiter fortbestehen läßt[318].

Ähnliches gilt auch für Art. 18 des Grundgesetzes. Die Norm hatte noch in der Fassung von Art. 20 des Herrenchiemseer Entwurfs eine ähnliche Formulierung enthalten, wie sie nunmehr auch Art. 16 a Abs. 2 S. 1 GG vorsieht,

> "Wer die Grundrechte (...) zum Kampf gegen die freiheitliche und demokratische Grundordnung mißbraucht, verwirkt damit das Recht, *sich auf diese (...) zu berufen*"[319],

ohne daß durch die letztlich vorgenommene Formulierung eine sachliche Änderung vorgenommen werden sollte[320]. Nun ist aber anerkannt, daß Art. 18 GG seinerseits keinen Verlust des Grundrechts selbst bewirkt[321], sondern lediglich das subjektiv-öffentliche Recht auf Rechtsschutzgewährung in Bezug auf bestimmte Grundrechte betroffen wird[322]. Dies gilt umso mehr als nach § 39 Abs. 1 S. 2 BVerfGG das Gericht die Verwirkung zeitlich befristen kann und ein Wiederaufleben des materiellen Rechts nach dem Ablauf der Frist kaum konstruierbar erscheint.

Für eine Beschränkung von Art. 16 a Abs. 2 S. 1 GG auf lediglich prozessuale Wirkungen spricht auch, daß ansonsten zwei

---

318 G. Zinn/ E. Stein, Verfassung des Landes Hessen - Kommentar (Losebl.), Kommentierung zu Art. 17, S. 146 f.; unklar demgegenüber die Stellungnahme des Hess. Staatsgerichtshofs, wonach im Rahmen von Art. 17 Hess. Landesverfassung der "Verfassungsschutz hinfällig" wird.

319 Hervorhebung durch den Verfasser. Der Herrenchiemseer Entwurf folgte damit Art. 124 der früheren badischen Landesverfassung, wo es hieß:

> "Wer es unternimmt, die (...) Grundrechte (...) zu mißbrauchen, verwirkt damit das Recht, sich auf [diese] zu berufen.(...).

320 Vgl. etwa die Kommentierung von H. von Mangoldt, Grundgesetz - Kommentar, 1. Aufl., S. 115, der selbst an der Neuformulierung beteiligt gewesen war und der davon spricht, daß der Betroffene sich "nicht mehr auf das Grundrecht berufen kann."; ebenso Maunz/ Dürig/ Herzog/ Scholz - Dürig, Art. 18, Rdnr. 63

321 Maunz/ Dürig/ Herzog/ Scholz - Dürig ebd.; D. Umbach/ T. Clemens, Bundesverfassungsgerichtsgesetz (1993), § 39, Rdnr. 4; T. Maunz/ B. Schmidt-Bleibtreu/ F. Klein/ G. Ulsamer, Bundesverfassungsgerichtsgesetz - Kommentar (Losebl.), § 39, Rdnr. 27.

322 G. Dürig, Die Verwirkung von Grundrechten nach Artikel 18 des Grundgesetzes, JZ 1952, S. 513 ff. (517).

unterschiedliche Arten von Asylverfahren geschaffen würden: solche denen eine grundrechtliche Verbürgung zugrunde liegt und solche bei denen dies nicht der Fall ist. Dies deshalb, weil trotz der Einreise aus einem sicheren Drittstaat[323] bestimmten Personengruppen Zugang zu einem Asylverfahren gewährt wird, etwa weil der Ausländer nach § 26 a Abs. 1 Nr. 1 AsylVfG 1993 im Zeitpunkt der Einreise in den sicheren Drittstaat im Besitz seiner Aufenthaltsgenehmigung für die Bundesrepublik Deutschland war oder weil er aufgrund einer Anordnung des Bundesministers des Innern nach § 18 Abs. 4 Nr. 2 AsylVfG in Verbindung mit § 26 a Abs. 1 Nr. 3 AsylVfG 1993 aus völkerrechtlichen[324] oder humanitären Gründen nicht zurückgewiesen worden ist[325].

Nach alledem ist davon auszugehen, daß Personen trotz ihrer Einreise aus einem der in Art. 16 a Abs. 2 GG in Bezug genommenen Drittstaaten potentiell[326] Träger des Grundrechts aus Art. 16 a Abs. 1 GG sind und daß Art. 16 a Abs. 2 S. 1 GG lediglich einen verfahrensrechtliche Wirkungen entfaltenden Ausschluß vom Anerkennungsverfahren zum Gegenstand hat[327/328].

---

[323] Und zwar unabhängig von Art. 16 a Abs. 5 GG !

[324] Vgl. dazu etwa Art. 1 Abs. 4 des deutsch-polnischen Abkommens über die Zusammenarbeit hinsichtlich der Auswirkungen von Wanderungsbewegungen vom 7. 5. 1993, worin sich die Bundesrepublik Deutschland verpflichtet, auch nach Inkrafttreten von Art. 16 a GG Asylanträge von solchen Personen zu prüfen, die bei der Einreise in das Hoheitsgebiet der Bundesrepublik Deutschland die Voraussetzungen für die Einreise erfüllt haben. Art. 1 Abs. 4 geht insoweit in zweierlei Hinsicht über § 26 a Abs. 1 Nr. 1 AsylVfG 1993 hinaus: erstens erfaßt er alle Fälle in denen die Einreise legal erfolgte (also nicht nur dort, wo eine Aufenthaltsgenehmigung vorlag); zweitens ist es ausreichend, wenn diese Voraussetzung erst bei der Einreise nach Deutschland gegeben war (also nicht bereits bei der Einreise in den Drittstaat wie in § 26 a AsylVfG 1993).

[325] Vgl. aber Heinhold, Stellungnahme, S. 416, der eine solche einfachgesetzliche Erweiterung des Schutzbereiches von Art. 16 a Abs. 1 GG für unzulässig hält. Ebenso Preuß, Stellungnahme, S. 211:

> "Der Gesetzgeber könnte also nicht abweichend von der Regelung des Abs. 2 Flüchtlingen, die aus einem (...) sicheren Drittstaat einreisen, das Recht auf ein Asylverfahren einräumen."

[326] Nämlich dann, wenn sie in der Tat politisch Verfolgte sind !

[327] A.A. demgegenüber Preuß, Stellungnahme, S. 211; Heinhold, Stellungnahme I, S. ; Lotz S. 248; wie hier wohl aber C. D. Classen, Sichere

Sind demnach auch Personen, die aus einem sicheren Drittstaat in die Bundesrepublik Deutschland eingereist sind Grundrechtsträger, ist auch ihnen grundsätzlich gerichtlicher Rechtsschutz nicht zu verwehren. Gleichwohl ist aber denkbar, daß jedenfalls die Einräumung einstweiligen Rechtsschutzes vor der Durchführung aufenthaltsbeendender Maßnahmen ausgeschlossen werden könnte.

C. Zur Möglichkeit des vollständigen Ausschlusses einstweiligen Rechtsschutzes

Dies könnte umso mehr deshalb gelten, weil lediglich die Rückführung in Staaten vorgesehen ist, für die entweder der verfassungsändernde Gesetzgeber selbst[329] oder aber der einfache Gesetzgeber[330] eine Feststellung bezüglich deren Sicherheit getroffen hat.

Im übrigen ist zu berücksichtigen, daß bereits dem einfachen Gesetzgeber - und umso mehr muß dies dann für den verfassungsändernden Gesetzgeber gelten - bei der Ausgestaltung gerichtlichen Rechtsschutzes eine weite Gestaltungsfreiheit zukommt. Insbesondere kann er zwischen Erfordernissen der Rechtssicherheit und möglichen Einbußen an Chancen, materiale Gerechtigkeit herzustellen,

---

Drittstaaten - ein Beitrag zur Bewältigung des Asylproblems, (im folgenden zitiert als Classen, Drittstaaten) DVBl. 1993, S. 700 ff. (701):

"Der betroffene Personenkreis wird also nicht von Verfassungs wegen vom Asylrecht ausgeschlossen."

[328] Es kann vorliegend dahingestellt bleiben, ob damit Personen denen trotz Einreise aus einem sicheren Drittstaat aufgrund einfachen Rechts Zugang zu einem Asylverfahren gewährt wird, bei rechtswidriger Versagung der Anerkennung als Asylberechtigter auch Verfassungsbeschwerde erheben können. Dafür spricht immerhin aber, daß § 26 a Abs. 1 S. 1 AsylVfG 1993 bei einer Einreise aus einem sicheren Drittstaat wiederholt, daß dann eine Berufung auf Art. 16 a Abs. 1 GG entfällt, zugleich dieser Satz 1 aber dann nicht gilt, wenn einfachgesetzlich aufgrund von § 26 a Abs. 1 S. 3 AsylVfG 1993 gleichwohl Zugang zu einem Asylverfahren eröffnet wird. Demgemäß müßte in einem solchen Fall bei Bejahung des Vorliegens politischer Verfolgung in dem Anerkennungsbescheid auch tenoriert werden, daß der Betroffene als politisch Verfolgter Asyl genießt [wie hier Giesler/ Wasser, S. 35]. Stattdessen wird aber lediglich tenoriert, daß der Betroffene nach § 51 AuslG die Rechtsstellung eines Konventionsflüchtlings genießt.

[329] Dies betrifft die Mitgliedsstaaten der Europäischen Gemeinschaften.

[330] Dies betrifft die sonstigen sicheren Drittstaaten.

abwägen[331]. Vor allem kann auch zur Wahrung anderer Verfassungsnormen und -grundsätze - zu denen auch die Bewahrung eines Handlungsspielraumes bei Fragen der Zulassung von Ausländern zum Territorium der Bundesrepublik Deutschland gehört[332] - eine bestimmte Ausgestaltung des Rechtsschutzverfahrens gerechtfertigt sein[333]. Auch gehört zu den Belangen, welche der Gesetzgeber bei seiner Tätigkeit berücksichtigen darf, nicht nur der Schutz politisch Verfolgter, sondern auch die Abwehr unberechtigter Asylbegehren[334]. Ferner spricht für eine Einschränkungskompetenz des Gesetzgebers der Umstand, daß es durch häufig unberechtigte Asylbegehren zu einer Überlastung eines ganzen Zweiges der Gerichtsbarkeit gekommen ist[335].

Vor dem Hintergrund dieser Überlegung erscheint es auf den ersten Blick angemessen und verfassungsrechtlich zulässig, auch einen vollständigen Ausschluß des einstweiligen Rechtsschutzes vorzunehmen, führt doch eine solche Gewährung immer auch jedenfalls zu einer teilweisen faktischen Vorwegnahme der Hauptsache und einer die Ver-

---

331 BVerfGE 60, S. 253 ff. (268) zur Zurechnung des Verschuldens des Prozeßvertreters bei Beurteilung eines Antrags auf Wiedereinsetzung in den vorigen Stand im Rahmen von Asylverfahren. Allerdings betont das Gericht an anderer Stelle (ebd., S. 300), daß stets der Schutz vor einer Abschiebung in einen Verfolgerstaat nach § 14 Abs. 1 AuslG a.F. fortbestehe.

332 Zur Bedeutung von Kompetenznormen (vorliegend Art. 73 Nr. 3 und 74 Nr. 4 GG) als Wertentscheidungen der Verfassungen bereits oben bei Anm. 179.

333 BVerfGE 60, S. 253 ff. (267). Ähnlich Maunz/ Dürig/ Herzog/ Scholz - Schmidt-Aßmann, Art. 19 Abs. 4 GG, Rdnr. 229, der von dem Erfordernis der "Ausgewogenheit des Rechtsschutzes" spricht.

334 BVerfGE 60, S. 253 ff. (296).

335 Zu diesem Argument BVerfG NVwZ 1983, S. 405 f. (406); zu Recht weist Steinberg, Stellungnahme, S. 370 darauf hin, daß dieses Argument bei der zuletzt stark angestiegenen Zahl von Asylbewerbern (Vgl. zur Entwicklung im Jahre 1992 I. v. Pollern, Die Entwicklung der Asylbewerberzahlen im Jahre 1992, ZAR 1993, S. 26 ff. (26): 438 191 Asylbewerber im Jahre 1992 gegenüber 19 737 Asylbewerbern im Jahre 1983, dem Jahr der soeben zitierten Entscheidung des Bundesverfassungsgerichts) ein noch stärkeres Gewicht zukommt. Insoweit geht es letztlich nicht nur um die Belastung der öffentlichen Haushalte, sondern ebenso auch um eine Verzögerung der Verfahren von anderen rechtsschutzbegehrenden Personen !

Zur Entwicklung der Asylbewerberzahlen nach Inkrafttreten von Art. 16 a GG vgl. Bull. der Bundesregierung Nr. 67 vom 7. 9. 1993, S. 740 f.

Doppelbelastung[336]. Dies gilt umso mehr deshalb, weil nach der Rechtsprechung des Bundesverfassungsgerichts bereits der einfache Gesetzgeber im Lichte des Art. 19 Abs. 4 GG nicht schlechthin gehindert ist, einstweiligen Rechtsschutz auszuschließen, um zur Wahrung überwiegender öffentlicher Belange unaufschiebbare Maßnahmen im Interesse des allgemeinen Wohles in die Wege zu leiten[337]. Ferner geht die verfassungsgerichtliche Rechtsprechung davon aus, daß es prinzipiell noch nicht einmal eine Verkürzung des in Art. 19 Abs. 4 S. 1 GG gewährleisteten Rechtsschutzes - geschweige denn eine Verletzung von Art. 20 GG in Verbindung mit Art. 79 Abs. 3 GG - oder eine generell unzumutbare Erschwerung des Zugangs zu den Gerichten darstellt, wenn ein von einer aufenthaltsbeendenden Maßnahme betroffener Ausländer darauf verwiesen wird, seinen Rechtsschutz durch die Gerichte der Bundesrepublik Deutschland vom Ausland her zu betreiben[338].

In diesem Sinne hat das Bundesverfassungsgericht auch den Ausschluß der aufschiebenden Wirkung der Anfechtungsklage im Asylverfahren als zumindest in den Fällen im Einklang mit Art. 16 Abs. 2 S. 2 GG a.F. stehend angesehen, in denen es sich um unbeachtliche oder offensichtlich unbegründete, also um eindeutig aussichtslose[339], Asylanträge handelte[340]. Auch hatte bereits der noch unter der Herrschaft des Art. 16 Abs. 2 S. 2 GG handelnde Gesetzgeber in § 18 Abs. 3 AsylVfG 1992 die Befugnis der Grenzbehörden vorgesehen, einen Ausländer aus dem grenznahen Raum zurückzuschieben, wenn er

---

336 Maunz/ Dürig/ Herzog/ Scholz - Schmidt-Aßmann, Art. 19 Abs. 4 GG, Rdnr. 273.

337 BVerfGE 35, S. 382 ff. (402). und 69, S. 220 ff. (228); vgl. aber auch BVerfGE 37, S. 150 ff. (153), wonach sich aus Art. 19 Abs. 4 GG für den Bürger grundsätzlich ein Anspruch auf tatsächlich wirksame gerichtliche Kontrolle und damit auch in der Regel der Anspruch auf eine Form einstweiligen Rechtsschutzes ergibt.

338 BVerfGE 69, S. 220 ff. (229). Allerdings hebt das Gericht insoweit entscheidend auf die Umstände des Einzelfalls ab. Außerdem ist dem Rechtsmittelführer gegebenenfalls für die Zwecke der Fortführung des gerichtlichen (Hauptsache-) Verfahrens eine (befristete) Wiedereinreise zu ermöglichen. Diese Notwendigkeit ergibt sich in Asylverfahren umso mehr deshalb, als im Asylverfahren der Antragsteller selbst ein wesentliches Beweismittel darstellt.

339 BVerfGE 67, S. 43 ff. (61 f.).

340 BVerfGE 67, S. 43 ff. (59).

offensichtlich bereits anderweitigen Verfolgungsschutz gefunden hatte[341]. Nach alledem ist ein Ausschluß einstweiligen Rechtsschutzes bei der Rückschiebung in einen sicheren Drittstaat *im Grundsatz* verfassungsrechtlich zulässig.

Es bleibt aber fraglich, ob nicht in Ausnahmefällen etwas anderes gelten muß, ob also nicht doch unter gewissen Umständen *vor* der Abschiebung in den sicheren Drittstaat gerichtlicher Rechtsschutz zu gewähren ist. Ausgangspunkt muß dabei die Überlegung sein, daß im Schutzbereich des Art. 16 a GG die Einräumung gerichtlichen Rechtsschutzes von Verfassungs wegen unabdingbar geboten ist[342]. Wenn aber trotz der generellen Qualifizierung eines Staates als sicherer Drittstaat im Einzelfall *definitiv* voraussehbar ist, daß eine Abschiebung in den Heimatstaat durch eben diesen Drittstaat erfolgen wird[343] und zugleich der Antragsteller schlüssig vorträgt, ihm drohe im Herkunftsstaat politische Verfolgung, würde aber diese Garantie vollständig leerlaufen. Denn jede für ihn positive Hauptsacheentscheidung würde in einer solchen Konstellation notwendigerweise leerlaufen: Weder hätte der Betroffene die Möglichkeit sein Heimatland zu verlassen[344], noch könnten die Behörden der Bundesrepublik Deutschland gegenüber den staatlichen Stellen des Verfolgerstaates dessen Ausreise erzwingen[345]. Dies würde bedeuten, - würde man Art. 16 a Abs. 2 S. 3 GG in der Tat dahingehend interpretieren, er ermögliche einen umfassenden und vollständigen Ausschluß einstweiligen

---

[341] Kanein/ Renner, § 18 AsylVfG, Rdnr. 5 halten die Norm jedenfalls bei einer engen Auslegung offenbar als in Übereinstimmung mit Art. 16 Abs. 2 S. 2 GG a.F. stehend.

[342] Dazu oben S. 293.

[343] Etwa wenn bereits Familienmitglieder des Betroffenen durch den Drittstaat in den Heimatstaat verbracht worden waren und diese sodann dort Verfolgungsmaßnahmen ausgesetzt wurden.

[344] Zur Frage des Bestehens eines völkerrechtlichen Anspruchs auf Ausreise vgl. statt aller R. Hofmann, Die Ausreisefreiheit nach Völkerrecht und staatlichem Recht (1988), *passim*, v.a. S. 9 ff. Selbst wenn man das Bestehen eines solchen Anspruchs bejaht, wäre er aber jedenfalls in der Praxis gegenüber dem verfolgenden Staat von dem betroffenen Individuum nicht durchzusetzen.

[345] Insoweit würde es sich zwar - eine Menschenrechtsverletzung durch den Heimatstaat immer unterstellt - nach geltendem Völkergewohnheitsrecht nicht mehr um eine unerlaubte Einmischung in die inneren Angelegenheiten des Verfolgerstaates handeln, doch mangelt es auch insoweit an einer faktischen Möglichkeit, gegebenenfalls die Wiederausreise durchzusetzen .

Rechtsschutzes, - daß ein Gericht qua seiner Bindung an § 34 a Abs. 2 AsylVfG 1993 gezwungen wäre, einen Antrag auf Gewährung einstweiligen Rechtsschutzes abzulehnen, selbst wenn es dadurch sehenden Auges eine Kettenabschiebung in eine Verfolgungssituation hinnehmen müßte. Damit würde aber der Asylbewerber einer menschenwürdeverletzenden Situation in Form politischer Verfolgung ausgesetzt[346]. Zugleich würde aber auch sein über Art. 1 Abs. 1 GG geschützter Anspruch auf Gewährung gerichtlichen Rechtsschutzes vollständig leerlaufen.

Eine solche Situation könnte sich insbesondere dann ergeben, wenn sich die innenpolitische Situation in einem sicheren Drittstaat relativ schnell ändert - dieser also an sich nicht mehr die Kriterien des Art. 16 a Abs. 2 GG erfüllt -, ohne daß die Bundesregierung von ihrer Verordnungsermächtigung nach § 26 a AsylVfG 1993 Gebrauch macht. Zwar ist bei der verfassungsrechtlichen Beurteilung einer Norm keineswegs von einer fehlerhaften Umsetzung auszugehen; vielmehr ist bei der Auslegung und Würdigung stets zu unterstellen, daß sie in einer freiheitlich-rechtsstaatlichen Demokratie korrekt und fair angewendet wird[347]. Doch ergeben sich möglicherweise allein schon zeitliche Probleme, bis die entsprechende Meinungsbildung im Kabinett herbeigeführt ist und die notwendige Zustimmung des Bundesrates eingeholt sowie die Verordnung in Kraft getreten ist. Insoweit kann auf das Beispiel der Schweiz verwiesen werden, wo es mehrere Wochen dauerte, bis nach dem Militärputsch in Algerien dieses Land von der Liste der sicheren Herkunftsstaaten gestrichen wurde[348].

Ein ähnliches Problem könnte sich darüber hinaus auch dann stellen, wenn überhaupt die Frage der "Einreise aus einem sicheren Drittstaat" streitig ist und gegen den Asylbewerber aufenthaltsbeendende Maßnahmen ergriffen werden sollen, obwohl er in Wirklichkeit gar nicht aus einem solchen sicheren Drittstaat eingereist ist[349].

---

[346] Dazu oben S. 242 ff.

[347] BVerfGE 30, S. 1 ff (27).

[348] Dazu bereits oben S. 43, Anm. 5 und die dortigen Nachweise.

[349] Eine solche Unsicherheit kann sich dabei sowohl aus tatsächlichen als auch aus rechtlichen Gründen ergeben. Denn zunächst ist der Begriff der "Einreise aus einem sicheren Drittstaat" keineswegs eindeutig, etwa im Falle des bloßen Aufenthalts im internationalen Transitbereich eines Flughafens eines solchen Drittstaates. Das Bundesministerium des Innern hatte im Verlaufe des Gesetzgebungsverfahrens zu Art. 16 a GG sogar vertreten, es sei zur Erfüllung des Tatbestandsmerkmals ausreichend, wenn der Asylbewerber irgendwann einmal im Verlaufe seiner Flucht, territorialen Kontakt mit einem sicheren

Zuletzt kann sich das weitere Problem ergeben, daß dem Betroffenen zwar keine politische Verfolgung droht, daß aber jede Rückschiebungsentscheidung einen anderweitigen Grundrechtsverstoß darstellen würde, etwa weil er unaufschiebbar medizinische Hilfe benötigt, die im Falle der Durchführung einer aufenthaltsbeendenden Maßnahme nicht mehr gewährleistet werden könnte.

Dies bedeutet also, daß schon wegen der sich aus Art. 79 Abs. 3 GG ergebenden Bindungen auch des verfassungsändernden Gesetzgebers Art. 16 a Abs. 2 S. 3 GG so interpretiert werden muß, daß er jedenfalls in gewissen Ausnahmefällen der Gewährung einstweiligen Rechtsschutzes durch die Verwaltungsgerichte nicht entgegensteht[350]. Selbst wenn man jedoch der hier vertretenen Auffassung nicht folgt[351], erscheint dennoch fraglich, ob Art. 16 a Abs. 2 S. 3 GG selbst einen vollständigen Ausschluß des einstweiligen Rechtsschutzes, wie er nunmehr in § 34 a AsylVfG 1993 vorgesehene ist, deckt.

D. Zur Auslegung von Art. 16 a Abs. 2 S. 3 GG

Der Wortlaut von Art. 16 a Abs. 2 S. 3 GG, wonach aufenthaltsbeendende Maßnahmen "unabhängig von einem hiergegen

---

Drittstaat gehabt habe, also etwa bei einer Fluchtroute Irak - Polen - Slowakei - Deutschland. Zutreffend aber Pfaff, Änderungen, S. 13 und ebenso wohl Marx, Drittstaatenregelung, S. 39, wonach der letzte Gebietskontakt mit dem Territorium eines sicheren Drittstaates bestanden haben muß. Zum Begriff der "Einreise aus einem sicheren Drittstaat" aus völkerrechtlicher Sicht oben S. 202 ff.

[350] Vgl. dazu die Formulierungsvorschläge der SPD-Fraktion zu § 34 a AsylVfG 1993 beziehungsweise § 123 VwGO in BT-Drs. 12/ 5019. Danach hätte § 34 a Abs. 2 AsylVfG 1993 wie folgt gefaßt werden sollen:

> "(2) Die Abschiebung in den sicheren Drittstaat darf nicht nach § 80 der Verwaltungsgerichtsordnung ausgesetzt werden."

Zugleich sollte es in § 123 Abs. 1 S. 2 VwGO heißen:

> "Eine Abschiebung nach § 34 a des Asylverfahrensgesetzes darf nur dann ausgesetzt werden, wenn dessen Voraussetzungen *offensichtlich* nicht vorliegen." (Hervorhebung durch den Verfasser).

Die Möglichkeit einer solchen verfassungskonformen Auslegung von Art. 16 a Abs. 2 GG verneinen demgegenüber Pieroth/ Schlink, Anm. 12, S. 46 ff.

[351] Wie hier Marx, Drittstaatenregelung, S. 84 sowie - allerdings abgeleitet aus Art. 20 GG - Funke-Kaiser, Beurteilung, S. 30. Ebenso ferner Henkel, Anm. 262, S. 2708.

eingelegten Rechtsbehelf vollzogen werden können" ist insoweit nicht eindeutig. Für eine weite Interpretation spricht zwar, daß nicht eine der ansonsten üblichen Formulierungen gewählt wurde, mit denen in anderen Fällen die aufschiebende Wirkung von Widerspruch und Klage ausgeschlossen werden[352], obwohl dies nahegelegen hätte. Andererseits spricht gegen einen so weitreichenden Einschnitt in die Gewährung einstweiligen Rechtsschutzes, daß die Norm lediglich davon spricht aufenthaltsbeendende Maßnahmen könnten unabhängig von *Rechtsbehelfen*[353] vollzogen werden, gerade nicht aber auf gerichtliche *Entscheidungen* abhebt[354].

Andererseits erschiene es aber auch ungewöhnlich, eine solche Formulierung in die Verfassung aufzunehmen, wenn sie lediglich den Ausschluß der *ipso facto* eintretenden aufschiebenden Wirkung herbeiführen wollte, wenn man bedenkt, daß hierzu grundsätzlich auch der einfache Gesetzgeber befugt gewesen wäre[355]. Die amtliche Begründung zu Art. 16 a GG ist ebenfalls ambivalent, da sie zunächst einfach den Wortlaut der Norm wiederholt und dann lediglich feststellt, daß die Betroffenen das Hauptsacheverfahren vom Ausland her weiterbetreiben können, ohne allerdings auf die Frage des einstweiligen Rechtsschutzes von der Bundesrepublik Deutschland aus näher einzugehen[356]. Die übrigen im Verlaufe des Gesetzgebungsverfahrens abgegebenen Äußerungen spiegeln demgegenüber lediglich die Nichteinigung zwischen den verschiedenen Fraktionen wider[357]. Dieser

---

352 Vgl. dazu die Beispiele bei K. Finklenburg/ K. Jank, Vorläufiger Rechtsschutz im Verwaltungsstreitverfahren (3. Aufl., 1987), Rdnr. 559 ff.

353 Als Rechtsbehelf ist dabei jedes prozessuale Mittel zur Verwirklichung eines Rechts zu verstehen (K. Redeker/ H.-J. v. Oertzen, Verwaltungsgerichtsordnung - Kommentar, 9. Aufl., 1988, § 124, Rdnr. 1; ähnlich E. Eyermann/ L. Fröhler, Verwaltungsgerichtsordnung - Kommentar, 9. Aufl., 1988, § 58, Rdnr. 3) und umfaßt daher sowohl *Anträge* nach § 80 Abs. 5 VwGO (so ausdrücklich Redeker/ v. Oertzen, ebd.) als auch solche nach § 123 VwGO.

354 In diesem Sinne bereits die Äußerung des Abgeordneten Schmude, Expertenanhörung I, S. 171.

355 Dazu Finklenburg/ Jank, Anm. 352, Rdnr. 484.

356 BT-Drs. 12/ 4152, S. 4.

357 Vgl. dazu die Sten. Berichte des Deutschen Bundestages, 160. Sitzung vom 26. 5. 1993, Plenarprotokoll 12/ 160: Äußerung des Fraktionsvorsitzenden H. U. Klose, S. 13510 und insbesondere die Auseinandersetzung zwischen dem (damaligen) Bundesminister des Innern Seiters und dem Abgeordneten Schmude, ebd., S. 13521.

Dissens zeigt aber zumindest, daß ein vollständiger Ausschluß des einstweiligen Rechtsschutzes von der hierfür notwendigen besonderen, von Art. 79 GG geforderten, 2/3 Mehrheit des Deutschen Bundestages nicht getragen war.

Schließlich ist weiter zu berücksichtigen, daß der verfassungsändernde Gesetzgeber den Wortlaut von Art. 19 Abs. 4 GG selbst nicht geändert hat[358]. Dies könnte aber zur Folge haben, daß bei einer an der Einheit der Verfassung orientierten Auslegung[359] die neue Verfassungsnorm im Wege der praktischen Konkordanz[360] im Lichte dieser Norm dahingehend zu verstehen wäre, daß sie lediglich ermöglichen wollte, eine automatisch eintretende aufschiebende Wirkung möglicher Rechtsbehelfe insoweit auszuschließen[361]. Andererseits wäre es aber auch möglich, Art. 16 a Abs. 2 S. 3 GG gerade als *lex specialis* zu Art. 19 Abs. 4 GG zu verstehen. Dies würde bedeuten, daß insoweit gerade der Anwendungsbereich von Art. 19 Abs. 4 GG beschränkt werden sollte[362]. Dies gilt umso mehr, als zugunsten von Art. 16 a Abs. 2 S. 3 GG nicht nur der *lex specialis* Gedanke spricht, sondern daß darüber hinaus auch der Umstand zu berücksichtigen ist, daß Art. 16 a Abs. 2 S. 3 GG als *lex posterior* grundsätzlich Vorrang genießt.

Für eine enge Interpretation des Art. 16 a Abs. 2 S. 3 GG spricht jedoch noch eine weitere Überlegung. Der verfassungsändernde Gesetzgeber hat an der grundsätzlichen Garantie des Individualrechts auf Gewährung politischen Asyls durch die Formulierung des Art. 16 a Abs. 1 GG ausdrücklich festgehalten. Dies bedeutet aber, daß er gewährleisten wollte, daß für politische Verfolgte jedenfalls der Kernbereich politischen Asyls, also vor allem der Schutz vor Abschiebung in eine Verfolgungssituation, - wenn auch nicht in unbedingt in und durch die Bundesrepublik Deutschland - gesichert ist. Dies bedeutet aber zugleich, daß die Einschränkungen dieser Garantie in den Absätzen 2 bis 5 des Art. 16 a GG nicht von der grundsätzlichen Gewährleistung des

---

[358] Zu der Frage der Notwendigkeit, dies zu tun bereits oben S. 231.

[359] Zu diesem Auslegungstopos vgl. aus der Rechtsprechung des Bundesverfassungsgerichts etwa BVerfGE 34, S. 165 ff. (183) m.w.N.

[360] Hierzu K. Hesse, Grundzüge des Verfassungsrechts der Bundesrepublik Deutschland, Rdnr. 71 f.

[361] Zur grundsätzlichen Garantie eines aus Art. 19 Abs. 4 GG abgeleiteten einstweiligen Rechtsschutzes, insbesondere bei drohender Gefahr für die Rechtsgüter Freiheit, körperliche Unversehrtheit und Leben vgl. Bonner Kommentar - Schenke, Art. 19 IV, insbesondere Rdnr. 415 zur Irreparabilität einer Maßnahme.

[362] Dazu R. Rothkegel, Expertenanhörung I, S. 41.

Grundrechts gelöst werden dürfen, sondern im Gegenteil stets im Lichte dieser Grundentscheidung auszulegen sind. Insoweit handelt es sich letztendlich um eine ähnliche Problematik wie die der Wechselwirkung zwischen Grundrechtsnorm und einschränkendem einfachen Gesetz[363], da zum einen auch die beschränkenden (einfachen) Gesetze nur eine in der Verfassung bereits vorhandene und vorausgesetzte Schranke aktualisieren und zum anderen auch Art. 16 a Abs. 2 - Abs. 5 GG auf die Verwirklichung durch den einfachen Gesetzgeber angelegt sind. Geht man aber von dieser Prämisse aus, ist weiter zu berücksichtigen, daß nicht in allen Fällen des Vorliegens politischer Verfolgung zugleich der Schutz nach der Genfer Flüchtlingskonvention beziehungsweise der EMRK in den sicheren Drittstaaten gewährleistet ist[364]. Dann muß aber auch prozessual der Weg eröffnet sein, daß politisch Verfolgte das Nichtvorliegen anderweitigen Schutzes vor einer aufenthaltsbeendenden Maßnahme[365] geltend machen können, zumal Grundrechtsschutz - auch im Bereich des Asylrechts - stets auch seinen Ausdruck in dem jeweiligen Verfahrensrecht finden muß[366].

Eine solche Interpretation des Art. 16 a Abs. 2 S. 3 GG dürfte auch der Teleologie der Drittstaatenregelung nicht zuwiderlaufen. Sinn und Zweck der Neuformulierung des Asylrechts sollte insoweit sein, nur dem wirklich Schutzbedürftigen ein Aufenthaltsrecht in der Bundesrepublik Deutschland zu gewähren, ansonsten aber schutzsuchende Personen auf den Schutz in Drittstaaten zu verweisen und darüber hinaus unberechtigte Asylanträge zu verhindern. Diesem Ziel kann aber auch die vorliegend vorgeschlagene enge Auslegung von Art. 16 a Abs. 2 S. 3 GG durchaus gerecht werden. Denn auch dann bleibt es in aller Regel bei der unmittelbar erfolgenden Rückschiebung in den sicheren Drittstaat und nur in Ausnahmefällen wird diese von dem

---

363 Zu dieser Wechselwirkungslehre des Bundesverfassungsgerichtes vgl. statt aller Pieroth/ Schlink, Rdnr. 677.

364 Dazu bereits oben S. 283 ff.

365 Etwas anderes würde natürlich dann gelten, wenn der jeweilige in Betracht zu ziehende Drittstaat aus welchen Gründen auch immer klar machen würde, er würde seinerseits keine Rückführung in den Verfolgerstaat vornehmen.

366 BVerfGE 37, 132 (141 und 148); 46, 325 (334); 49, 220 ff. (225) [alle zu Art. 14 Abs. 1 GG]; BVerfGE 39, S. 276 ff. (294); 44, 105 ff. (119 ff.) 45, 422 ff. (430 ff.) [zu Art. 12 Abs. 1 GG] und vor allem BVerfGE 53, S. 30 ff. (65) [zu Art. 2 Abs. 2 GG].

Zur Bedeutung der Verfahrensgestaltung speziell im Asylrecht vgl. BVerfGE 56, S. 216 ff. (236) und 60, S. 253 ff. (295).

potentiell anzurufenden Verwaltungsgericht bis zu einer Entscheidung in der Hauptsache ausgesetzt. Im übrigen führt das auch materiell letztlich zu keiner anderen Entscheidung, als wenn der Bundesminister des Innern in solchen Fällen von seiner Ermächtigung nach § 18 Abs. 4 AsylVfG 1993 Gebrauch machen würde[367].

Nach alledem bleibt als Ergebnis festzuhalten, daß auch die Interpretation von Art. 16 a Abs. 2 S. 3 GG - unabhängig von der Frage der Grenzen des Art. 79 Abs. 3 GG[368] - ergibt, daß ein vollständiger und umfassender Ausschluß einstweiligen Rechtsschutzes, wie er nunmehr in § 34 a AsylVfG 1993 vorgesehen ist und der auch in Ausnahmefällen keine Ausnahmen vorsieht[369], in hohem Maße verfassungsrechtliche Bedenken aufwirft[370]. § 34 a AsylVfG 1993 ist auch keiner verfassungskonformen Auslegung zugänglich, die es ermöglichen würde ihn in Übereinstimmung mit der vorliegend vertretenen Auslegung des Art. 16 a Abs. 2 S. 3 GG zu bringen, nachdem es in § 34 a Abs. 2 AsylVFG lapidar heißt, daß eine Abschiebung in einen sicheren Drittstaat nicht in Betracht komme. Denn selbst wenn man es für möglich hielte, gleichwohl einen Beschluß nach § 80 Abs. 5 GG zu fassen, wenn der durch den einfachen Gesetzgeber festgelegte sichere Drittstaat im Einzelfall nicht sicher ist[371], würde dieser Weg jedenfalls bei den EG-Staaten versagen, wo die Verfassung selbst den Asylrechtsausschluß vorgenommen hat.

Daneben ist aber auch fraglich, welchen Mindeststandard das jeweilige Asylverfahren in dem einzelnen sicheren Drittstaat einhalten

---

[367] Dies gilt umso mehr, wenn man eine Ermessens-reduzierung auf Null in den problematischen Fallgruppen in Erwägung zieht. So Kanein/ Renner, § 53 AuslG, Rdnr. 15 zur Parallelproblematik des § 53 Abs. 6 AuslG.

[368] Dazu bereits oben S. 302.

[369] Die Frage, ob die Verwaltungsgerichte unter der Geltung von § 34 a AsylVfG 1993 jedenfalls dann eine Abschiebung aussetzen dürfen, wenn das Tatbestandsmerkmal der Einreise aus einem sicheren Drittstaat nach § 26 a nicht vorliegt (auf den § 34 a verweist) kann hier nicht näher untersucht werden. Ähnliches gilt für die Frage, ob - wenn schon nicht einstweiliger - so doch jedenfalls möglicherweise vorbeugender Verwaltungsrechtsschutz möglich ist. Demgegnüber gehen Pieroth/ Schlink, Anm. 12 davon aus, daß Art. 16 a Abs. 2 GG an sich - also ohne Berücksichtigung des Art. 79 Abs. 3 GG - einen solchen vollständigen Ausschluß an sich ermöglichen würde.

[370] Für eine Verfassungswidrigkeit von § 34 a Abs. 2 AsylVfG 1993 nunmehr auch Funke-Kaiser, GK-AsylVfG, § 34 a, Rdnr. 31.

[371] So das VG Regensburg (Beschluß vom 2. 9. 1993, RN 7 E 93 31704) im Hinblick auf die Tschechische Republik.

muß, damit der Schutzsuchende in verfassungsrechtlich zulässiger Weise hierauf verwiesen werden kann.

VII. Verfahrensrechtlicher Mindeststandard in den sicheren Drittstaaten

A. Problemstellung

Ob ein Antragsteller gegebenenfalls - wie von ihm behauptet - in der Tat politisch verfolgt ist oder aber nicht, kann nur in einem besonderen Verfahren geprüft und gegebenenfalls festgestellt werden. Nun ist aber fraglich, welchen verfahrensrechtlichen Mindeststandard das deutsche Verfassungsrecht verlangt, damit ein Asylbewerber in der Tat darauf verweisen werden kann, er möge in einem solchen Drittstaat um Schutz vor Rückschiebung in den (behaupteten) Verfolgerstaat nachsuchen. Zwar enthält Art. 16 a Abs. 2 GG selbst *materielle* Vorgaben für die sicheren Drittstaaten, insoweit als er davon spricht, daß in diesen Staaten die Anwendung sowohl der EMRK als auch der Genfer Flüchtlingskonvention sichergestellt sein muß. Gleichwohl bleiben Fragen offen[372], da die Genfer Flüchtlingskonvention ihrerseits keine spezifischen Verfahrensvorschriften enthält [373], während die Verfahrensgarantien der EMRK auf asylrechtliche Sachverhalte nicht[374] oder nur dann Anwendung finden, wenn zugleich Art. 3 EMRK[375] tangiert ist[376]. Daher ist zunächst zu prüfen, ob und gegebenenfalls welche *verfahrensrechtlichen* Mindeststandards sich für im Ausland durchzuführende Asylverfahren ergeben, damit die um Schutz in der

---

372 Nicht umsonst hatte auch Amnesty International versucht, darauf hinzuwirken nach dem Wort "Grundfreiheiten" in Art. 16 a Abs. 2 S. 1 GG die Worte "einschließlich der Überprüfung getroffener Entscheidungen durch eine unabhängige Stelle" einzufügen.

373 Zu den gleichwohl aus der Genfer Flüchtlingskonvention abzuleitenden Mindeststandards für ein Feststellungsverfahren vgl. bereits oben S. 85.

374 Dies gilt etwa für Art. 6 EMRK, dazu bereits oben S. 130 ff.

375 Nicht jede asylrechtlich relevante politische Verfolgung bringt aber zwangsläufig immer auch eine unmenschliche Behandlung oder Folter im Sinne der Konvention mit sich.

376 Dies gilt für Art. 13 EMRK, dazu oben S. 93.

Bundesrepublik Deutschland nachsuchende Person auf ein solches Verfahren verwiesen werden kann[377].

Dabei ist die grundsätzliche Problematik, daß Personen auch bei Vorliegen grundrechtsrelevanter Tatbestände auf Verfahren verwiesen werden, die entweder durch andere Staaten oder eine zwischenstaatliche Organisation durchgeführt werden mit der Folge, daß für sie auch das jeweilige Verfahrensrecht Anwendung findet, keine neue Erscheinung. Vielmehr hat sich dieses Problem bereits wiederholt im Rahmen der Übertragung von Hoheitsrechten auf zwischenstaatliche Einrichtungen oder der zwischenstaatlichen Zusammenarbeit, so etwa im Bereich der Strafrechtspflege gestellt. Nun ergibt sich vorliegend aber eine Besonderheit aus dem Umstand, daß im Rahmen des Art. 16 a GG der verfassungsändernde Gesetzgeber selbst - also etwa anders als bei Auslieferungsverträgen oder bei der Übertragung von Hoheitsrechten auf zwischenstaatliche Einrichtungen, wo jeweils der einfache Gesetzgeber handelt - den Verweis auf das Verfahren in den Drittstaaten vorgenommen hat.

B. Grenzen eines Verweises auf ausländischen Grundrechtsschutz

Das Bundesverfassungsgericht hatte bereits in seinem Solange I - Beschluß[378] ausgeführt, daß die Öffnung der deutschen Rechtsordnung für eine andere Hoheitsgewalt nicht unbeschränkt erfolgen könne. Insoweit ging es zwar in dieser Entscheidung unmittelbar um die Frage der Übertragung von Hoheitsrechten auf zwischenstaatliche Einrichtungen auf der Grundlage von Art. 24 GG. Auf den ersten Blick trifft sie daher nicht den Kern der vorliegend zu diskutierenden Problematik. Jedoch liegt der Entscheidung die *ratio* zugrunde, daß der Zugriff einer ausländischen Staatsgewalt auf eine Person, die Grundrechtsträger ist, durch die deutsche Staatsgewalt nicht unbegrenzt ermöglicht und

---

[377] Für die alte Rechtslage gemäß Art. 16 Abs. 2 S. 2 GG in Verbindung mit § 2 AsylVfG 1982 beziehungsweise § 27 AsylVfG 1992 stellte sich diese Frage nicht, da dort entweder Voraussetzung war, daß die schutzsuchende Person im Besitz eines von dem Drittstaat ausgestellten Reiseausweises nach der Genfer Flüchtlingskonvention war (§ 27 Abs. 2 AsylVfG 1992), also bereits ein Verfahren durchlaufen hatte oder durch einen Aufenthalt von mehr als drei Monaten in dem Drittstaat deutlich geworden war, daß sie auch auf längere Zeit dort würde verbleiben können (§ 27 Abs. 3 AsylVfG 1992).

[378] BVerfGE 37, S. 271 ff. (insbesondere 279 f.).

zugelassen werden kann. Insbesondere dürfen hierdurch die konstituierenden Strukturen der Verfassung der Bundesrepublik Deutschland aufgegeben werden, zu deren Essentialien gerade auch der Grundrechtsteil des Grundgesetzes gehört[379]. Diese Rechtsprechung hat das Gericht dann später näher ausdifferenziert und teilweise modifiziert. In seinem Solange II - Beschluß[380] hat es zunächst ausgeführt, daß der Grundrechtsteil ein unverzichtbarer Bestandteil der Verfassung ist und daß Art. 24 Abs. 1 GG nicht vorbehaltlos gestatte, diese Rechtsprinzipien zu relativieren. Sofern und soweit es die deutsche Staatsgewalt einem anderen Träger hoheitlicher Gewalt[381] ermögliche, potentiell den Wesensgehalt der vom Grundgesetz anerkannten Grundrechte zu beeinträchtigen, müßte ein Grundrechtsschutz bestehen, der nach Inhalt und Wirksamkeit dem Grundrechtsschutz des Grundgesetzes im wesentlichen gleichkommt[382], jedenfalls dem unabdingbar gebotenen Grundrechtsschutz im wesentlichen gleichzuachten sei[383].

Auch in seinem Maastricht-Urteil vom 12. Oktober 1993[384] hat das Bundesverfassungsgericht erneut betont, daß ein wirksamer Schutz der Grundrechte des Grundgesetzes auch gegenüber Akten fremder Hoheitsgewalt sichergestellt sein müsse. Außerdem müsse auch bei der Gewährung von Einwirkungsmöglichkeiten auf deutsche Grundrechtsträger der Wesensgehalt der Grundrechte des Grundgesetzes generell verbürgt sein[385].

Was den einzuhaltenden Verfahrensstandard bei der Überstellung von Personen zur Vollstreckung eines ausländischen Strafurteils anbelangt, hat sich das Bundesverfassungsgericht im Zusammenhang mit Verurteilungen *in absentia* geäußert[386]. Danach sind deutsche Stellen von Verfassungs wegen verpflichtet zu prüfen, ob eine Auslieferung und die ihr zugrunde liegenden Akte - also die Durchführung des Verfahrens im ersuchenden Staat - mit dem nach Art. 25 GG in der Bundesrepublik Deutschland verbindlichen völkerrechtlichen Mindeststandard und mit den unabdingbaren verfassungsrechtlichen Grundsätzen ihrer öffentlichen

---

379 Ebd.

380 BVerfGE 73, S. 339 ff. (376).

381 In concreto ging es um die Europäische Wirtschaftsgemeinschaft.

382 BVerfGE 73, S. 339 ff. (376).

383 BVerfGE 73, S. 339 ff. (387).

384 2 BvR 2134/92 und 2 BvR 2159/92, EuGRZ 1993, S. 429 ff.

385 Ebd., S. 434 f.

386 BVerfGE 63, S. 332 ff. (337 f.).

Ordnung vereinbar sind[387]. Das Bundesverfassungsgericht geht sodann davon aus, daß sich für ein *deutsches* Strafverfahren aus den elementaren Anforderungen des Rechtsstaates insbesondere ergebe, daß der Einzelne nicht zum bloßen Gegenstand des Verfahrens gemacht werde und daß durch das Verfahren die Menschenwürde des Betroffenen nicht verletzt werde[388]. Der wesentliche Kern dieser Gewährleistungen muß dabei aus der Sicht des Verfassungsgerichts auch in dem ausländischen Verfahren zum Tragen kommen beziehungsweise gekommen sein, um eine Unterstellung des Betroffenen unter diese fremde Rechtsordnung verfassungsrechtlich zu ermöglichen. Insoweit handele es sich sowohl um den "unverzichtbaren Bestand der deutschen öffentlichen Ordnung" als auch um den über Art. 25 GG in der deutschen Rechtsordnung wirksam werdenden völkerrechtlichen Mindeststandard[389] [390].

Ebenfalls in einem auslieferungsrechtlichen Zusammenhang hat das Verfassungsgericht in einem Beschluß aus dem Jahre 1987[391] zu diesem Problemkreis erneut Stellung genommen. Die Mitwirkung der Bundesrepublik Deutschland an einer Vollstreckung eines Strafurteils im Widerspruch zum Grundsatz des *ne bis in idem* verstoße nicht gegen den Grundsatz der Rechtsstaatlichkeit[392]. Nur der *Kernbereich*[393] rechtsstaatlicher Gewährleistungen zähle zu den unabdingbaren Grundsätzen der verfassungsrechtlichen Ordnung des deutschen Staates. Nur dieser Kernbereich sei auch bei der Überstellung an einen

---

387 BVerfGE 63, S. 332 ff. (337); ähnlich bereits der Beschluß des Zweiten Senats nach § 32 Abs. 1 BVerfGG, BVerfGE 59, S. 280 ff. (286 f.), wo von dem "völkerrechtlich verbindlichen Mindeststandard an elementarer Verfahrensgerechtigkeit" gesprochen wird.

388 Daraus leitet das Gericht dann das zwingende Gebot ab, der Beschuldigte müsse grundsätzlich die Möglichkeit haben, auf das Verfahren einzuwirken, sich persönlich zu den gegen ihn erhobenen Vorwürfen äußern um deren Nachprüfung und gegebenenfalls Berücksichtigung erreichen zu können, BVerfGE 63, S. 332 ff. (337 f.).

389 Zur Frage des Verhältnisses beider Konzepte, vgl. Hofmann, Grundrechte, S. 69, der insoweit von einer Deckungsgleichheit ausgeht.

390 Vgl. zuletzt den praktisch wortgleichen Beschluß der 3. Kammer des Zweiten Senats vom 24.1. 1991, NJW 1991, S. 1411 f., welcher allerdings einen Verstoß gegen den völkerrechtlichen Mindeststandard verneint, wenn der Beschwerdeführer von dem Strafverfahren wußte, sich ihm durch Flucht entzogen hatte und durch einen Pflichtverteidiger vertreten worden war.

391 BVerfGE 75, S. 1 ff. (v.a. 16 f.).

392 BVerfGE 75, S. 1 ff. (16).

393 Hervorhebung im Original.

ausländischen Staat zu beachten[394]. Allerdings müsse insoweit bei der Beurteilung dessen, was unabdingbare Grundsätze der deutschen verfassungsrechtlichen Ordnung bei der internationalen Zusammenarbeit seien, neben dem Rechtsstaatsprinzip auch Art. 1 Abs. 1 GG Berücksichtigung finden[395].

Dieser Auffassung des Bundesverfassungsgerichts ist auch für den Bereich des Asylrechts und das Problem, welchen verfahrensrechtlichen Mindeststandard die einzelnen sicheren Drittstaaten einzuhalten haben, zu folgen[396]. Denn die Bundesrepublik Deutschland ist in der Tat, wie vom Gericht zu Recht herausgestellt, in die Völkerrechtsordnung integriert[397]. Dies nimmt das deutsche Verfassungsrecht nicht nur hin, sondern bejaht in verschiedenen Normen, so etwa in der Präambel[398], nunmehr in Art. 16 a Abs. 2 und Abs. 5 selbst, in dem neugeschaffenen Art. 23, sowie schließlich auch in den Art. 24 bis 26 ausdrücklich diese Offenheit der deutschen Staatlichkeit im Verhältnis zur Völkerrechtsordnung. Diese Offenheit gebietet aber zugleich fremde Rechtsordnungen und -anschauungen jedenfalls im Normalfall zu achten. Das hat aber weiterhin zur Folge, daß deutsche Vorstellungen über verfahrensrechtliche Mindeststandards - etwa auch solche im Bereich der Verwaltung und eines eventuellen Rechtsschutzes gegen die Exekutive - nur insoweit zur Geltung zu bringen sind, als eine Derogation hiervon zwingende und unter keinen Umständen abdingbare verfassungsrechtliche Grundsätze der Bundesrepublik Deutschland verletzen würde[399].

Würde man insoweit eine unbedingte und umfassende Bindung an die deutschen Grundrechte annehmen, wäre die Bundesrepublik Deutschland auf außenpolitischen Gebiet auch weitgehend "vertragsunfähig". Zum einen wird sie bei vertraglichen Verhandlungen ihre Grundrechtsvorstellungen praktisch nie vollständig zum Tragen bringen

---

[394] BVerfGE 75, S. 1 ff. (16) unter Bezugnahme auf BVerfGE 63, S. 332 ff. (337 ff.).

[395] BVerfGE 75, S. 1 ff. (16 f.) konkret zum Verbot grausamer, unmenschlicher oder erniedrigender Bestrafung.

[396] Für eine Verallgemeinerungsfähigkeit dieser Position auch Hofmann, Grundrechte, S. 69.

[397] BVerfGE 75, S. 1 ff. (17).

[398] Zur normativen Bedeutung der Präambel des Grundgesetzes vgl. etwa BVerfGE 36, S. 1 ff. (17).

[399] BVerfGE 75, S. 1 ff. (17). Zur Möglichkeit einer Modifikation der positivrechtlichen Ausprägungen dieser Grundsätze vgl. aber BVerfGE 84, S. 90 ff. (121) unter Bezugnahme auf BVerfGE 30, S. 1 ff. (24).

können. Zum anderen aber könnte sie sich an hiervon abweichenden vertraglichen Vereinbarungen nie beteiligen[400]. Schließlich bestünde die Gefahr, daß es in einem stärkeren Maße zu einem Auseinanderklaffen zwischen völkerrechtlicher Verpflichtung der Bundesrepublik Deutschland und verfassungsrechtlicher Zulässigkeit kommen könnte. Denn das Bundesverfassungsgericht würde bei der Anwendung strengerer Kontrollmaßstäbe auch häufiger von der Verfassungswidrigkeit völkerrechtlicher Verträge ausgehen müssen, obwohl die Bindung für die Bundesrepublik Deutschland auf völkerrechtlicher Ebene bereits eingetreten war[401]. Gerade im Bereich des Asylrechts sind aber vertragliche Regelungen, die zur Kanalisierung der auftretenden Flüchtlingsströme beitragen und welche eine gleichmäßige Verteilung der Betroffenen auf mehrere Staaten ermöglichen, nicht nur sinnvoll, sondern sowohl im Interesse der betroffenen Staaten als letztlich auch im Interesse der Flüchtlinge selbst besonders geboten.

Für die Erstreckung der vom Bundesverfassungsgericht für das Strafrecht entwickelten Kriterien auf das Asylrecht spricht noch eine weitere Überlegung: Ähnlich wie im Strafverfahren drohen den Betroffenen auch im Asylverfahren Eingriffe in den Schutzbereich essentieller Rechtsgüter, nicht zuletzt auch im Bereich der persönlichen Freiheit[402]. Gerade dies legt es aber nahe, daß insoweit auch identische Prüfungsmaßstäbe bei der Zusammenarbeit im internationalen Bereich anzulegen sind[403].

Fraglich ist jedoch, ob diese Kategorien der Bindung der deutschen Staatsgewalt auch im Bereich des Art. 16 a Abs. 2 GG Beachtung finden, wiewohl hier der verfassungsändernde Gesetzgeber tätig geworden ist. Zunächst ist festzuhalten, daß jedenfalls die für den

---

400 Zu diesem Argument bereits ansatzweise BVerfGE 58, S. 1 ff. (28) in Bezug auf eine zwischenstaatliche Organisation; vgl. auch BVerfGE 63, S. 343 ff. (378) zur Aufrechterhaltung des Rechtshilfeverkehrs; vgl. hierzu ferner Hofmann, Grundrechte, S. 45.

401 Zur Möglichkeit der antezipierten verfassungsgerichtlichen Überprüfung von Zustimmungsgesetzen zu völkerrechtlichen Verträgen vgl. BVerfGE 1, 396 ff. (411 ff.) und 36, S. 1 ff. (15); hierzu R. Geiger, Grundgesetz und Völkerrecht (1985), S. 176.

402 Zu den einzelnen vom Asylrecht geschützten Rechtsgütern vgl. oben S. 242.

403 Dabei wird allerdings nicht verkannt, daß - insoweit anders als im strafrechtlichen Bereich - der Eingriff im Flüchtlingsrecht weder unmittelbar von der Bundesrepublik Deutschland noch von dem jeweiligen Drittstaat ausgeht.

verfassungsändernden Gesetzgeber bestehenden Grenzen, wie sie sich aus Art. 79 Abs. 3 GG in Verbindung mit Art. 1 und 20 GG ergeben, auch im Hinblick auf die völkerrechtliche Zusammenarbeit der Bundesrepublik Deutschland Wirkung entfalten. Dies ist für die Übertragung von Hoheitsrechten auf zwischenstaatliche Einrichtungen praktisch unumstritten[404], muß aber auch für die völkerrechtliche Zusammenarbeit gelten. Würde man aber Bindung an Art. 79 GG insoweit verneinen, würde der unbedingte Vorrang des Art. 79 Abs. 3 GG ausgehöhlt. Auch könnte der verfassungsändernde Gesetzgeber diese für ihn als unüberwindlich gewollte Hürde auf völkerrechtlichem Wege umgehen. Nun enthalten aber die vom Bundesverfassungsgericht aufgestellten Kriterien deutliche Anklänge an Art. 79 Abs. 3 GG, wenn dort etwa davon gesprochen wird, es handele sich um den "wesentlichen Kern des Rechtsstaates"[405], um die sich aus Art. 1 Abs. 1 GG ergebenden "unabdingbaren Grundsätze der deutschen verfassungsrechtlichen Ordnung[406]" oder um die Erfüllung "gewisser Mindestanforderungen an Rechtsstaatlichkeit[407]". Angesichts dieser Formulierung ist davon auszugehen, daß das Bundesverfassungsgericht damit Bezug auf die Kategorien des Art. 79 Abs. 3 GG nehmen wollte.

Die Beschränkung der völkerrechtlichen Handlungsmöglichkeiten des Gesetzgebers engt auch die außenpolitische Handlungsmöglichkeit der Bundesrepublik Deutschland - wenn überhaupt - so doch allenfalls marginal ein. Denn diese Grenzen werden jedenfalls in der Regel mit den Grenzen identisch sein, wie sie sich schon bereits kraft Völkerrechts für den jeweiligen Drittstaat ergeben. Deshalb kann und darf von diesem

---

[404] In diesem Sinne im Hinblick auf die Übertragung von Hoheitsrechten vgl. bereits E. Benda/ Klein, Das Spannungsverhältnis von Grundrechten und übernationalem Recht, DVBl. 1974, S. 389 ff. (393 f.); K. Doehring, Das Staatsrecht der Bundesrepublik Deutschland (3. Aufl., 1984), S. 83; R. Streinz, Bundesverfassungsgerichtlicher Grundrechtsschutz und Europäisches Gemeinschaftsrecht (1989), S. 221 ff., sowie die weiteren Nachweise bei Bonner Kommentar - Tomuschat, Art. 24, Rdnr. 50 f. und M. Herdegen, Europäisches Gemeinschaftsrecht. Anders demgegenüber H.-U. Erichsen, Zum Verhältnis von EWG-Recht und nationalem öffentlichen Recht der Bundesrepublik Deutschland, Verw. Arch 1973, S. 101 ff (108), der aber immerhin insoweit eine Bindung an Art. 1 Abs. 1 GG bejaht.

[405] BVerfGE 63, S. 332 ff. (337 f.), wo das Gericht zunächst von den "elementaren Anforderungen des Rechtsstaates" spricht und sodann den "wesentlichen Kern" hiervon als unverzichtbar ansieht.

[406] BVerfGE 75, S. 1 ff (16 f.).

[407] BVerfGE 63, S. 343 ff. (378).

regelmäßig die Einhaltung dieser Maßstäbe erwartet werden. Selbst wenn man jedoch davon ausgehen würde, daß der *verfassungsändernde* Gesetzgeber in dieser Hinsicht nicht den sich aus Art. 79 Abs. 3 GG ergebenden Schranken unterworfen ist, wäre zumindest der durch Art. 16 a Abs. 2 S. 2 GG berufene einfache Gesetzgeber bei der Aufstellung der Liste der sonstigen sicheren Drittstaaten an die sich dann unmittelbar aus der dargestellten Rechtsprechung des Bundesverfassungsgerichts ergebenden Mindestbedingungen gebunden. Dies bedeutet dann aber zugleich, daß bei einem Verweis auf asylrechtliche Verfahren in Drittstaaten diese aus der Sicht des deutschen Verfassungsrechts einen gewissen prozeduralen Mindeststandard einhalten müssen.

C. Konkretisierung des Verfahrensstandards[408]

Im Hinblick auf die Vollstreckung eines ausländischen Titels in der Bundesrepublik Deutschland hat das Bundesverfassungsgericht zur Frage, was im Lichte des Art. 19 Abs. 4 GG mindestens erforderlich ist, damit dieser in der Bundesrepublik Deutschland vollstreckt werden darf ausgeführt:

> "Zu diesem Mindestmaß gehört die Möglichkeit des Rechtswegs vor unabhängige und unparteiische Gerichte, ein Mindestmaß an gehörigem Verfahren, insbesondere die Gewährleistung des rechtlichen Gehörs und rechtskundigen Beistand, sowie eine hinreichende, dem Rechtschutzbegehren angemessene Prüfungs- und Entscheidungsmacht der Gerichte."[409]

In einem Verfassungsbeschwerdeverfahren betreffend eine Auslieferung zur Vollstreckung eines in Abwesenheit erfolgten Strafurteils hat das Gericht die Einhaltung des wesentlichen Kerns der folgenden Verbürgungen sowohl im Lichte des deutschen Verfassungsrechts als auch für die Einhaltung des völkerrechtlichen Mindeststandards für unabdingbar geboten gehalten:

- das Verbot, eine Person zum bloßen Objekt des Verfahrens zu degradieren
- die Gewährung rechtlichen Gehörs

---

408 Vgl. dazu auch Amnesty International, Zur Sicherheit von Drittstaaten, (Unveröffentl. Stellungnahme vom 13.9.1993).

409 BVerfGE 63, S. 343 ff. (378).

- die Gewährung der Möglichkeit auf das Verfahren einzuwirken und die Berücksichtigung vorgetragener Tatsachen zu erreichen[410].

Überträgt man diese Kriterien auf den Asylbereich[411] - wo es sich potentiell um ähnlich gravierende Grundrechtseingriffe wie bei Strafverfahren handelt - so ist vor dem Hintergrund der soeben erwähnten drei Mindestbedingungen die Einhaltung gewisser Verfahrensstandards in den Drittstaat zu verlangen, damit auf diese verwiesen werden darf. So muß der Antragsteller die nötigen Hinweise über die Art des einzuhaltenden Prozedere erhalten, etwa was Fristen anbelangt, will man verhindern, daß er zum bloßen Spielball des Verfahrens gemacht wird. Auch muß sichergestellt sein, daß ihm rechtliches Gehör in Form einer Anhörung gewährt wird. Dort muß er die Möglichkeit besitzen vorzutragen, in welcher Form er verfolgt wurde. Hierbei wird man zugleich fordern müssen, daß gegebenenfalls ein Dolmetscher beigezogen wird, will man diese Anhörung nicht zu einer reinen Formalie machen. Auch müssen die beteiligten Beamten über die nötige Sachkunde verfügen, um die Relevanz etwaiger Tatsachen hinsichtlich der Flüchtlingseigenschaft des Antragstellers beurteilen zu können.

Soweit der Drittstaat seinerseits ein System sicherer Herkunftsstaaten anwendet, muß insbesondere die Möglichkeit geboten werden, die dann bestehende *prima facie* Vermutung der Freiheit von Verfolgung zu widerlegen. Auch müssen Belege für eine Verfolgung geprüft werden und dürfen nicht von vornherein unberücksichtigt bleiben. Eventuell vorhandene Präklusionsfristen für den Tatsachenvortrag und mögliche Rechtsmittelfristen dürfen nicht unangemessen kurz sein und müssen dem Antragsteller auch bekannt sein.

Demgegenüber kann die Gewährung *gerichtlichen* Rechtsschutzes nicht als unabdingbare Voraussetzung für den Verweis auf ein Drittstaatsverfahren gefordert werden. Denn zum einen fordert selbst die EMRK im Bereich des Art. 3 EMRK - also bei einer ganz massiven Gefährdung essentieller Rechtsgüter - lediglich ein verwaltungsinternes Überprüfungsverfahren nach Art. 13 EMRK. Zum zweiten ist gerade im Asylbereich die Gewährung von Rechtsschutz durch Gerichte der Staatenpraxis bislang weitgehend fremd geblieben[412].

---

410 BVerfGE 63, S. 332 ff. (338).

411 Zum einzuhaltenden Mindeststandard aus völkerrechtlicher Sicht vgl. bereits oben S. 78.

412 Selbst die Empfehlung XXVII des Exekutiv-Komitees des UNHCR aus dem Jahre 1977 spricht lediglich davon, die formelle Überprüfung der

Ist damit geklärt, welche prozeduralen Standards der Drittstaat seinerseits einhalten muß[413], bleibt als letztes Problem in dieser Hinsicht

---

Erstentscheidung müsse *entweder* durch eine Verwaltungsbehörde *oder* durch ein Gericht erfolgen.

[413] Es würde den Rahmen vorliegender Arbeit sprengen zu allen 18 sicheren Drittstaaten eine umfassende Untersuchung der Asylpraxis zu leisten. Vgl. daher lediglich die Nachweise bereits oben S. 61 ff. Ferner im Hinblick auf

- Finnland: T. Modeen, La situation du demandeur d'asile: Finlande, RFDA 1993, S. 565 f.

- Griechenland: P. D. Dagtoglou, Die Rechtsstellung von Ausländern nach staatlichem Recht und Völkerrecht in Griechenland, in: J. A. Frowein/ T. Stein, Die Rechtsstellung von Ausländern nach staatlichem Recht und Völkerrecht (1988), S. 529 ff. (562 ff.); Hailbronner, Harmonisierung, S. 57 ff., sowie Deutscher Bundestag - Wissenschaftliche Dienste, Asylrecht, S. 58 ff.; ferner T. Antoniou, Issues and problems in the Greek law of aliens, in: Schermers, Movement, S. 125 ff. (139 ff.), sowie P. Spiliotopoulos/ A. Brédimas, La situation juridique du demandeur d'asile, RFDA 1993, S. 767 ff. insbesondere zur Novelle des griechischen Flüchtlingsrechts. Vgl. auch die einstweiligen Anordnungen des Bundesverfassungsgerichts vom 13. und vom 20. 9. 1993 (2 BvR 1938/93, 2 BvR 1953/93 und 2 BvR 1954/93), in denen das Gericht eine Rückschiebung solcher Asylbewerber, die nicht unmittelbar aus dem behaupteten Verfolgerstaat kommend Griechenland erreicht haben ausgesetzt hat, da diese Personengruppe in Griechenland keinen Zugang zu einem Asylverfahren hat, sondern von den griechischen Behörden direkt in den behaupteten Verfolgerstaat zurückgeschoben wird.

- Irland: M. Robinson, Report on Legal Position in Ireland, in: Frowein/Stein, aaO, S. 615 ff. (633 f.); Hailbronner, Harmonisierung, S. 56; Deutscher Bundestag-Wissenschaftliche Dienste, Asylrecht, S. 70 f., sowie zuletzt das Editorial, Detaining Immigrants, Irish Law Times 1993, S. 69 zur Entscheidung des irischen Supreme Court in der Sache Gutrani vom 2. 7. 1992, ebd., S. 88, wo das Gericht vor dem Hintergrund einer Absprache mit dem UNHCR davon ausging, der einzelne könne sich in Irland auf die Bestimmungen der Genfer Flüchtlingskonvention berufen.

- Luxemburg: G. Schleder, Die Rechtsstellung von Ausländern nach staatlichem Recht und Völkerrecht im Großherzogtum Luxemburg, in: Frowein/ Stein, ebd., S. 839 ff. (862 ff.), sowie Bundestag - Wissenschaftliche Dienste, Asylrecht, S. 79 ff.

- Norwegen: A. Grahl-Madsen, The Legal Position of Aliens in Norway, in: Frowein/ Stein, ebd, S. 983 ff. (1004 ff.); E. Smith/ C. Bergland, La situation du demandeur d'asile: Norvège, RFDA 1993, S. 776 ff.

noch zu klären, welche Bedeutung dem Umstand zukommt, daß viele Drittstaaten ihrerseits auf den Schutz vor Verfolgung in anderen Staaten, aus der Sicht der Bundesrepublik Deutschland also in "Viertstaaten", verweisen.

- Polen: J. Henkel, Asyl in Polen: Fragen - Probleme - Perspektiven, ZAR 1993, S. 79 ff.; G. Köfner, Die Anwendungspraxis der Genfer Konvention in Polen und der Tschechoslowakei, (bislang unveröffentlichtes Manuskript eines Vortrags auf den Hohenheimer Tagen zum Ausländerrecht 1993: Harmonisierung des Rechts auf Asyl in Europa Diskussionsstand - Probleme - Perspektiven); M. Gottstein, Polen und die Tschechische Republik - sichere Drittländer ?, in: ZDWF (Hrsg.), Art. 16 a GG und seine Folgen (1993), S. 92 ff., sowie A. Zimmermann, Aktuelle Fragen des Flüchtlings- und Asylrechts in Polen, DÖV 1993, S. 559 ff. Vgl. auch die (unveröffentlichte) Entscheidung der 1. Kammer des 2. Senats des Bundesverfassungsgerichts vom 22. 7. 1993 (2 BvQ 26/93), wo diese den Antrag auf Erlaß einer einstweiligen Anordnung im Hinblick auf eine drohende Rückschiebung nach Polen abgelehnt hatte. Die Antragssteller hatten geltend gemacht, Polen sei zu Unrecht in die Liste der sicheren Drittstaaten aufgenommen worden.

- Portugal: L. Silveira, Le régime juridique des étrangers en droit portugais, in: Frowein/ Stein, ebd. S. 1257 ff. (1291 ff.); Deutscher Bundestag - Wissenschaftliche Dienste, Asylrecht, S. 95 ff., sowie bereits früher W. Beitz/ M. Wollenschläger, Handbuch des Asylrechts, Band 1 (1980), S. 164 f. Zuletzt J. Caupers, La situation juridique du demandeur d'asile: Portugal, RFDA 1993, S. 778 f. Allerdings ist in Portugal vor kurzem ein neues Asylgesetz in Kraft getreten, vgl. dazu FAZ vom 20.8.1993, S. 6.

- Schweden: G. Melander, The Legal Position of Aliens in Sweden, in: Frowein/ Stein, ebd., S. 1303 ff. (1329 ff.).

- Schweiz: W. Schmid, Das neue Asylrecht der Schweiz, ZAR 1993, S. 81 ff., sowie die Entscheidung der 1. Kammer des 2. Senats des Bundesverfassungsgerichts, wo dem Antrag auf Erlaß einer einstweiligen Anordnung wegen der behaupteten Verfassungswidrigkeit der Qualifizierung der Schweiz als sicherer Drittstaat nicht nachgekommen wurde (Beschluß vom 10. 8. 1993, 2 BvR 1644/93).

- Tschechische Republik: (unveröffentlichter) Beschluß des VG Regensburg vom 2. 9. 1993, Az.: RN 7 E 93 31 704, in dem das Gericht davon ausgeht, daß die Tschechische Republik jedenfalls für diejenigen Asylbewerber kein sicherer Drittstaat ist, die es dort versäumt haben binnen 48 Stunden einen Asylantrag zu stellen. Zu diesem Problemkreis bereits oben S. 178 f.

VIII. Zur Weiterschiebung in "Viertstaaten" durch die sicheren Drittstaaten

Häufig werden die Drittstaaten ihrerseits kein volles materielles flüchtlingsrechtliches Anerkennungsverfahren durchführen (wollen), sondern die Antragsteller auf den Schutz in weiteren Nachbarstaaten verweisen. Selbst im Rahmen des Schengener[414] beziehungsweise Dubliner Systems[415] bleibt dies den Vertragsparteien grundsätzlich unbenommen. Nun wird aber teilweise vertreten, es sei aus verfassungsrechtlichen Gründen[416] geboten, durch völkerrechtliche Verträge sicherzustellen, daß die Drittstaaten ihrerseits die Durchführung eines "vollen" Asylverfahrens garantieren[417], da der Verfahrensmaßstab in den Viertstaaten vom deutschen Gesetzgeber nicht kontrolliert werden könne[418].

Für diese Auffassung spricht immerhin der Vergleich mit der Regelung des § 36 des Gesetzes über die internationale Rechtshilfe in Strafsachen (IRG), der die Weiterlieferung regelt. Dort muß in gleicher Weise auch im Verhältnis zu dem Endverbleibsstaat die Einhaltung des auf dem Geltungsanspruch der Grundrechte beruhenden § 73 IRG[419] sichergestellt sein[420]. Dessen ungeachtet dürfte ein solches Erfordernis des Nicht-Verweises auf einen Viertstaat aber abzulehnen sein. Zum

---

[414] Art. 29 Abs. 2 S. 2 des Schengener Folgeabkommens lautet:
"Jede Vertragspartei behält sich das Recht vor, einen Asylbegehrenden nach Maßgabe ihres nationalen Rechts und unter Berücksichtigung ihrer internationalen Verpflichtungen in einen Drittstaat zurück- oder auszuweisen."

[415] Art. 3 Abs. 5 des Übereinkommens von Dublin lautet:
"Jeder Mitgliedsstaat behält das Recht, einen Asylbewerber nach seinen innerstaatlichen Rechtsvorschriften unter Wahrung des Genfer Abkommens in der Fassung des New Yorker Protokolls in einen Drittstaat zurück- oder auszuweisen.

[416] Und zwar zur Wahrung "verfassungsänderungsfester Kerngehalte", vgl. Classen, Drittstaaten, S. 703.

[417] Ebd.

[418] Classen, Drittstaaten, S. 702. Ähnlich Renner, Asylrechtsreform, S. 120. der davon ausgeht, die sicheren Drittstaaten dürften die Betroffenen nur in solche Staaten weiterschieben, die ebenfalls in Anlage I zu § 26 AsylVfG enthalten sind.

[419] S. Uhlig/ W. Schomburg/ O. Lagodny, Gesetz über die internationale Rechtshilfe in Strafsachen (IRG), (2. Aufl., 1992), § 73, Rdnr. 1.

[420] Uhlig/ Schomburg/ Lagodny, Anm. 419, § 36, Rdnr. 8.

einen würde dies den außenpolitischen Handlungsrahmen der Bundesrepublik Deutschland in hohem Maße einschränken. Denn sie müßte dann gegenüber den Drittstaaten darauf drängen, daß diese auf jeden Fall zum Endverbleibsland der Flüchtlinge werden, worauf diese sich regelmäßig kaum einlassen werden. Auch besteht die Befugnis, Asylbewerber in sichere Drittstaaten zurückzuschieben, völkerrechtlich nicht unbegrenzt[421]. Damit sind die Betroffenen aber grundsätzlich davor geschützt, von dem jeweiligen Drittstaat seinerseits in "unsichere" (Viert-) Staaten abgeschoben zu werden. Dabei kann insbesondere keineswegs unterstellt werden, daß die Drittstaaten völkerrechtswidrig handeln werden. Darüber hinaus bestehen aber auch - sollte sich die Gefahr einer Weiterschiebung in einen unsicheren Viertstaat nach der Rückschiebung in den sicheren Drittstaat konkret ergeben - Möglichkeiten auf völkerrechtlicher Ebene hiergegen vorzugehen, sei es im Rahmen des Rechtsschutzsystems der EMRK, sei es durch eine Intervention des UNHCR. Schließlich spricht gegen die Annahme, die Bundesrepublik Deutschland müsse die Drittstaaten generell verpflichten, die Betroffenen nicht ihrerseits weiterzuschieben auch, daß damit faktisch versucht würde, außenpolitische Betätigungen der Staatsgewalt der Drittstaaten dem Geltungsanspruch deutscher Verfassungsnormen zu unterstellen. Auch würde sich die Bundesrepublik Deutschland dem Vorwurf widersprüchlichen Verhaltens ausgesetzt sehen: Sie würde zwar ihrerseits in großem Umfange die Befugnis in Anspruch nehmen, Flüchtlinge in sichere Drittstaaten zurückzuschieben, würde aber anderen Staaten eben dieses Recht verwehren wollen.

Etwas anderes muß allerdings dann gelten, wenn bereits *ex ante*, also vor der Rückschiebung in den sicheren Drittstaat, sicher davon auszugehen ist, daß dieser den Betroffenen zwar nicht unmittelbar in den Verfolgerstaat aber in einen Viertstaat weiterschiebt, wo kein Schutz vor einer Verbringung in den Heimatstaat besteht[422]. Denn es macht es

---

[421] Dazu bereits ausführlich oben S. 170 ff.

[422] Das Vorliegen einer solchen Situation wurde für Österreich im Hinblick auf Ungarn behauptet, da zum einen Österreich regelmäßig Flüchtlinge nach Ungarn zurückschiebe und zum anderen Ungan die Genfer Flüchtlingskonvention nur begrenzt auf europäische Flüchtlinge ratifiziert habe, so etwa B. Huber, Das Asylrecht nach der Grundgesetzänderung, NVwZ 1993, S. 736 ff. (738).

Allerdings ist darauf hinzuweisen, daß Ungarn im Hinblick auf außereuropäische Flüchtlinge von Österreich nur dann als sicher angesehen wurde, wenn die Betroffenen in Ungarn mehr als einen reinen Transitaufenthalt gehabt

keinen Unterschied, ob der Drittstaat selbst den Flüchtling in den Verfolgerstaat verbringt oder aber auf dem Umweg über den Viertstaat. Nur dieses Ergebnis wird im übrigen auch dem Erfordernis einer völkerrechtskonformen Auslegung deutschen Rechts gerecht. Denn im Rahmen des Art. 33 der Genfer Flüchtlingskonvention macht es keinen Unterschied - eine nachzuweisende Kausalität unterstellt - ob die verbotene Kettenabschiebung sich in zwei oder drei Stufen vollzieht.

Nach alledem ist mithin davon auszugehen, daß der grundrechtlichen Verantwortung der Bundesrepublik Deutschland grundsätzlich in ausreichendem Maße dadurch Rechnung getragen wird, wenn sichergestellt ist, daß der Drittstaat im Rahmen seiner völkerrechtlichen Verpflichtungen und seines innerstaatlichen Rechtssystems den Betroffenen allenfalls in einen Viertstaat zurückschiebt in dem er (ebenfalls) vor Verfolgung und der Gefahr der Kettenabschiebung sicher ist.

Vierter Abschnitt: Widerlegliche Vermutung der Verfolgungsfreiheit bestimmter Staaten: Das Verhältnis von Art. 16 a Abs. 3 GG iVm Art. 16 a Abs. 4 GG zu Art. 79 Abs. 3 GG

Art. 16 a Abs. 3 in Verbindung mit Art. 16 a Abs. 4 GG setzt das Konzept sicherer Herkunftsstaaten um und ermöglicht eine erleichterte Durchführung aufenthaltsbeendender Maßnahmen mit dem Ziel der Rückführung in den Herkunftsstaat. Gleichzeitig wird die Möglichkeit der Erlangung einstweiligen Rechtsschutzes eingeschränkt. Im folgenden soll zunächst untersucht werden, ob das Konzept als solches mit den Bindungen, wie sie sich für den verfassungsändernden Gesetzgeber aus Art. 79 Abs. 3 in Verbindung mit Art. 1 und 20 GG ergeben, kompatibel ist, bevor sodann die verfahrensrechtliche Seite näher untersucht wird.

I. Zulässigkeit der Schaffung widerleglicher Vermutungen von Verfolgungsfreiheit

Art. 16 a Abs. 3 GG bewirkt keine materielle Einschränkung der Asylrechtsverbürgung des Art. 16 a Abs. 1 GG. Vielmehr zwingt er den

---

hatten (vgl. dazu den Erlaß des österreichischen Bundesministerium des Innern vom 15. 5. 1992 [Az.: 70 027/10-III/16/92], S. 3.

Antragsteller nur dazu, sein individuelles Verfolgungsschicksal[423] substantiiert darzulegen[424]. Insoweit dürfte sich die neue verfassungsrechtliche Lage materiell nicht grundlegend von der bis dahin geltenden Rechtslage unterscheiden, wo ebenfalls verlangt worden war, daß der asylbegehrende Antragsteller sein Schutzgesuch unter Angabe individueller Einzelheiten näher begründet[425]. Dies gilt umso mehr deshalb, weil der Asylbewerber bereits unter der Geltung von Art. 16 Abs. 2 S. 2 GG a.F. grundsätzlich die Beweislast für sein Begehren trug[426]. Schließlich war die verwaltungsgerichtliche Praxis auch vor der formellen Einführung eines Systems sicherer Herkunftsstaaten davon ausgegangen, daß jedenfalls Asylbewerber aus bestimmten Herkunftsstaaten nur bei plausiblem Vortrag eines absoluten Sonderschicksals eine Chance auf Anerkennung als politisch Verfolgte haben konnten[427], sie also eine höhere Darlegungslast traf[428]. Auch war es vom Bundesverfassungsgericht nicht als Verfassungsverstoß angesehen worden, für offensichtlich unbegründete Asylanträge auch unterschiedliche Konsequenzen für das jeweilige Verfahren zu ziehen[429].

---

[423] In den Fällen des Art. 16 a Abs. 3 GG kann aber fraglich sein, ob insoweit noch das Konzept der Gruppenverfolgung zur Anwendung gelangen kann, nachdem der Gesetzgeber festgestellt hat, das jeweilige Herkunftsland sei in der Tat generell verfolgungsfrei. Etwas anderes gilt jedoch dann, wenn diese Feststellung als solche vor dem Bundesverfassungsgericht angegriffen wird.

[424] Renner, Stellungnahme I, S. 350.

[425] Renner, Stellungnahme I, S. 350.

[426] Vgl. aus der Rechtsprechung des Bundesverwaltungsgerichts etwa BVerwGE 79, S. 347 ff. (356); 71, S. 180 ff. (181 f); 67, S. 195 ff. (199) und bereits 55, S. 82 ff. (86). Zu dieser Rechtsprechung vgl. M. Bertrams, Die Rechtsprechung des Bundesverwaltungsgerichts zu den Beweisgrundsätzen und Wahrscheinlichkeitsmaßstäben im Asylverfahren vor dem Hintergrund der allgemeinen Asylproblematik, DVBl. 1987, S. 1181 ff.

Dabei waren und sind jedoch gegebenenfalls "asyltypische Beweisschwierigkeiten" zu berücksichtigen (dazu BVerfGE 54, S. 356 ff. (360); 76, S. 143 ff. (167 f.) und zuletzt 80, S. 315 ff. (344 ff.). Insgesamt zum Problemkreis der Beweislast im Asylverfahren vgl. J. Dürig, Beweislast im Asylrecht (1990), S. 81 ff. und vor allem S. 125 ff., sowie zuletzt J. Kokott, Beweislastverteilung und Prognoseentscheidungen bei der Inanspruchnahme von Grund- und Menschenrechten, S. 317 ff.

[427] K. Schenk, Zum Asylrecht unter Listenvorbehalt, ZRP 1992, S. 102 ff. (106).

[428] Classen, Asylrecht, S. 145.

[429] Vgl. etwa die Entscheidung BverfGE 67, S. 43 ff.

Dies bedeutet aber, daß bei einer entsprechenden unterschiedlichen Situation im Tatsächlichen auch bereits nach dem bis zum 1. Juli 1993 geltenden Verfassungsrecht unterschiedliche Verfahren für Personen aus sicheren Herkunftsstaaten mit einer widerleglichen Vermutung der Verfolgungssicherheit sowohl im Lichte des Art. 16 Abs. 2 S. 2 als auch im Lichte des Art. 3 GG zulässig gewesen wären[430]. Noch viel mehr muß dies dann aber für Art. 16 a Abs. 3 GG gelten, zumal durch die *widerlegliche* Vermutung der Verfolgungsfreiheit die Geltendmachung gleichwohl bestehender politischer Verfolgung[431] nicht in unzumutbarer Weise erschwert wird[432].

Auch der scheinbare Widerspruch zwischen Art. 16 a Abs. 3 S. 1 GG einerseits und Art. 16 a Abs. 3 S. 2 GG andererseits ist verfassungsrechtlich[433] unbedenklich. Nach dem Wortlaut des Satzes 1 muß in den sicheren Herkunftsstaaten nicht nur gewährleistet erscheinen, daß dort keine politische Verfolgung stattfindet, sondern daß zusätzlich auch das Vorhandensein von unmenschlicher oder erniedrigender Bestrafung oder Behandlung ausgeschlossen ist. Demgegenüber kann der asylbegehrende Ausländer die Vermutung, daß er nicht politisch verfolgt wird, nur dadurch widerlegen, daß er asylrechtsrelevante Tatsachen vorträgt. Dies würde zwar *prima facie* darauf hindeuten, daß der Vortrag drohender oder erlittener Folter oder unmenschlicher Behandlung insoweit unbeachtlich wäre. Da aber davon auszugehen ist, daß ein solcher Tatsachenvortrag zulässig ist, um politische Verfolgung nachzuweisen[434] und da darüber hinaus auch weitergehende Verpflichtungen zur Gewährung von Abschiebeschutz, wie sie sich entweder unmittelbar aus Art. 1 GG oder aber aus Art. 102 GG[435] bzw.

---

430 Classen, Asylrecht, S. 145.

431 Oder einer insoweit bestehenden konkreten Gefahr, dazu statt aller Maunz/ Dürig/ Herzog/ Scholz - Randelzhofer, Art. 16 II S. 2, Rdnr. 50. Zu der Frage, ob und in welchem Umfange dabei die subjektive Furcht vor Verfolgung relevant ist vgl. BVerfGE 54, S. 341 ff. (359) und Maunz/ Dürig/ Herzog/ Scholz - Randelzhofer, Art. 16 Abs. II S. 2, Rdnr. 51.

432 Renner, Stellungnahme I, S. 352; zu den einzelnen verfahrensrechtlichen Regelungen des Art. 16 a Abs. 4 GG betreffend die Einschränkung des Prüfungsumfangs und die Präklusion verspäteten Vorbringens näher unten S. 325.

433 Zur völkerrechtlichen Sicht bereits oben.

434 Dazu bereits oben S. 98 ff.

435 Zur Frage, ob sich aus Art. 102 GG ein Abschiebehindernis ergeben kann vgl. BVerfGE 18, S. 112 ff., aber auch zweifelnd BVerfGE 60, S. 348 ff. (354), sowie nunmehr das einfachgesetzliche Verbot des § 8 IRG.

Art. 3 der EMRK oder der UN-Folterkonvention ergeben können, unberührt bleiben[436], ist insoweit ein Verstoß gegen Art. 1 Abs. 1 GG nicht ersichtlich.

Zusammenfassend läßt sich festhalten, daß Art. 16 a Abs. 3 GG als solcher keineswegs mit dem Makel verfassungswidrigen Verfassungsrecht behaftet ist. Fraglich ist jedoch, ob nicht die verfahrensrechtlichen Einschränkungen, wie sie in Art. 16 a Abs. 4 GG vorgesehen sind, möglicherweise nicht doch zu einem anderen Ergebnis führen können.

II. Zur Einschränkung des Prüfungsumfangs in Art. 16 a Abs. 4 GG

Gemäß Art. 16 a Abs. 4 S. 1 2. Halbsatz kann der Umfang der gerichtlichen Überprüfung aufenthaltsbeendender Maßnahmen für das einstweilige Rechtsschutzverfahren[437] eingeschränkt werden. Hintergrund ist, daß das Bundesverfassungsgericht unter der Geltung des früheren Rechts davon ausgegangen war, daß die verwaltungsgerichtliche Überprüfung aufenthaltsbeendender Maßnahmen im Rahmen des einstweiligen Rechtsschutzverfahrens mehr als eine nur summarische Prüfung verlangt, wie sie ansonsten im Verwaltungsprozeß bei der Abwägung der für und gegen den Sofortvollzug sprechenden Interessen üblich und genügend ist[438]. Insbesondere konnte es dabei geboten sein, auch im Eilverfahren Beweise zu erheben oder dem Antragssteller Gelegenheit zur Anhörung zu geben[439]. Vor diesem Hintergrund ergeben sich gegen die in Art. 16 a Abs. 4 S. 1 2. Halbsatz GG getroffene Einschränkung der Kontrolldichte[440] trotz des unpräzisen Ausmaßes möglicher Ein-

---

[436] Renner, Stellungnahme I, S. 352.

[437] Das nur das einstweilige Rechtsschutzverfahren gemeint ist ergibt sich aus dem Wortlaut und insbesondere der systematischen Stellung des 2. Halbsatzes, so zutreffend Lotz, Stellungnahme, S. 253. Hätte man auch das Hauptsacheverfahren einbeziehen wollen, hätte die Norm umgestellt werden müssen; vgl. dazu den Formulierungsvorschlag von Lotz, ebd.

[438] BVerfGE 67, S. 43 ff. (62); zu Details im Hinblick auf die sich hieraus ergebenden Anforderungen vgl. Kanein/ Renner, § 2 AsylVfG, Rdnr. 28 m.w.N.

[439] BVerfGE 67, S. 43 ff. (62).

[440] Eine umfassende Analyse des Problemkreises, wann und unter welchen Voraussetzungen eine Beschränkung der verwaltungsgerichtlichen Kontrolldichte behördlicher Entscheidungen in Betracht kommt, würde den

schränkungen[441] keine verfassungsrechtlichen Bedenken[442]. Denn dadurch wird der gerichtliche Kontrollmaßstab für die Fälle des § 80 Abs. 5 VwGO auch im Bereich des Asylrechts lediglich auf das Maß zurückgefahren, wie es in anderen Konstellationen üblich ist. Auch hat das Bundesverfassungsgericht das *grundsätzliche* Erfordernis einer in rechtlicher und tatsächlicher Hinsicht vollständigen richterlichen Rechtskontrolle[443] stets entweder aus der einzelnen materiellen Grundrechtsverbürgung[444] oder aber aus Art. 19 Abs. 4 GG[445] abgeleitet. Nun verändert aber Art. 16 a Abs. 4 S. 1 2. Halbsatz GG den verfahrensrechtlichen Status des Betroffenen gerade und bildet im Verhältnis zu Art. 19 Abs. 4 GG eine diesen insoweit einschränkenden *lex specialis*[446].

Rahmen vorliegender Arbeit bei weitem sprengen, zumal die allermeisten Arbeiten sich ausschließlich auf Art. 19 Abs. 4 GG konzentrieren, der im vorliegenden Kontext als solcher ja gerade gegenüber dem verfassungsändernden Gesetzgeber keine Bindungen entfaltet, vgl. daher statt aller lediglich K. Redeker, Verfassungsrechtliche Vorgaben zur Kontrolldichte verwaltungsgerichtlicher Rechtsprechung, NVwZ 1992, S. 305 ff. und spezifisch zu Art. 20 K. Stern, Staatsrecht, Bd. 1, § 20 IV 5 f).

441 Renner, Stellungnahme I, S. 355. Über den jetzt in § 36 Abs. 4 AsylVfg 1993 enthaltenen Umfang hinaus könnte etwa eine Beschränkung "auf im Bundesgebiet bekannte Umstände und zugängliche Erkenntnisse", wie sie das allgemeine Ausländerrecht in § 67 Abs. 1 S. 1 AuslG für die Entscheidung über die Aufenthaltsgewährung kennt, erfolgen, vgl. Renner, ebd.

442 Vgl. aber die Äußerung des Sachverständigen Heinhold, Stellungnahme, S. 423, wonach die Beschränkung des Prüfungsumfangs "verfassungsrechtlich sehr bedenklich" ist.

443 Vgl. dazu aus der Rechtsprechung des Gerichts etwa BVerfGE 15, S. 275 ff. (282); 18, S. 203 ff. (212); 21, S. 191 ff. (194 f.); 31, S. 113 ff. (117); 35, S. 263 ff. (274); 51, S. 304 ff. (312), sowie 64, S. 261 ff. (274); aus der Literatur statt aller die Kommentierung von Schmidt-Aßmann in Maunz/ Dürig/ Herzog/ Scholz, Art. 19 IV, Rdnr. 182 ff.

444 So BVerfGE 83, S. 130 ff. (148) zur Kunstfreiheit und BVerfG NJW 1991, 2005 zu Art. 12 GG und Redeker, Anm. 440, S. 308.

445 Vgl. etwa BVerfGE 67, S. 43 ff. (62) speziell zur Frage der Gewährung einstweiligen Rechtsschutzes; vgl. auch BVerfGE 71, S. 276 ff. (292 f.): Art. 16 Abs. 2 S. 2 GG in Verbindung mit Art. 19 Abs. 4 S. 1 GG.

446 Ähnlich Hailbronner, Stellungnahme I, S. 293: "Einschränkung des Art. 19 Abs. 4 GG durch Art. 16 a Abs. 4 GG im Wege der praktischen Konkordanz."

Auch im übrigen ist ein Verstoß gegen Art. 20 GG und das dadurch garantierte Rechtsstaatsprinzip nicht ersichtlich. Denn Art. 20 GG verbietet es lediglich wesensbestimmte Merkmale des betroffenen Funktionsbereichs, hier also der rechtsprechenden Gewalt, anzutasten[447]. Nur dann, wenn ein Einbruch in zentrale Gestaltungsbereiche der Rechtsprechung erfolgen würde, käme ein Verstoß gegen Art. 20 GG in Betracht[448]. Vorliegend wird aber an dem Prinzip richterlicher Kontrolle behördlicher Entscheidungen nicht gerüttelt, sondern lediglich das "wie" dieser Kontrolle näher ausgestaltet. Zudem wird diese Einschränkung der gerichtlichen Überprüfungsbefugnis auch nur für das einstweilige Rechtsschutzverfahren vorgenommen[449], während im Hauptsacheverfahren eine umfassende Überprüfung gegebenenfalls nachgeholt werden kann. Im übrigen kann auch nicht übersehen werden, daß in den von Art. 16 a Abs. 4 S. 1 GG erfaßten Fällen bereits ein hohes Maß an vorheriger Überprüfung der Richtigkeit der jeweiligen Entscheidung stattgefunden hat[450]: Für die Personen aus verfolgungsfreien Herkunftsstaaten ergibt sich dies aus der gesetzgeberischen Untersuchung der menschenrechtlichen Situation in dem jeweiligen Staat und für die anderen offensichtlich unbegründeten Fälle aus der Einzelfallüberprüfung durch das Bundesamt für die Anerkennung von Flüchtlingen[451]. Schließlich ist noch zu berücksichtigen, daß die Verfassungsnorm in Art. 16 a Abs. 4 S. 2 GG nur eine Ermächtigung des einfachen Gesetzgebers enthält, daß dieser den Prüfungsumfang einschränken *kann*, also durchaus auch Raum dafür läßt, es beim normalen Überprüfungsstandard zu belassen[452].

III. Zulässigkeit der Präklusion verspäteten Vorbringens

Auch die in Art. 16 a Abs. 4 S. 1, 2. Halbsatz GG vorgesehene Möglichkeit der Präklusion verspäteten Vorbringens ist verfassungsrechtlich unbedenklich. Insoweit kann zunächst auf einzelne bereits oben näher ausgeführte Argumente verweisen werden: Wiederum

---

447 BVerfGE 9, 268 ff. (280); 30, 1. ff. (27 f.) und 68, S. 1 ff. (87).

448 E. Schmidt-Aßmann, Der Rechsstaat, in P. Kirchhof/ J. Isensee, Handbuch des Staatsrechts, Bd. I, § 24, Rdnr. 56.

449 Dazu bereits oben bei Anm. 437.

450 Zutreffend Hailbronner, Stellungnahme I, S. 292.

451 Hailbronner, Stellungnahme I, S. 292 f.

452 Vgl. dazu das parallele Argument in BVerfGE 30, S. 1 ff. (21) zu Art. 10 Abs. 2 S. 2 GG.

sind Wirkungen nur für das einstweilige Rechtsschutzverfahren intendiert und es hat vorab von anderer Seite, sei es durch die Exekutive im Falle offensichtlich unbegründeter Asylanträge, sei es durch die Legislative bei der Bestimmung sicherer Herkunftsstaaten, eine Richtigkeitskontrolle stattgefunden.

Darüber hinaus ergibt sich die verfassungsrechtliche Zulässigkeit der Vorschrift aus dem Umstand, daß bereits einfachgesetzlich eine solche Präklusion möglich gewesen wäre. Dabei ist im Hinblick auf die verfassungsrechtliche Zulässigkeit der Präklusion bestimmten Vorbringens grundsätzlich zwischen formeller und materieller Präklusion zu differenzieren: Schließt erstere lediglich die Geltendmachung von Einwendungen im weiteren *Verwaltungs*verfahren aus[453], bewirkt letzere auch den Ausschluß von Einwendungen für das *Gerichts*verfahren[454]. Vorliegend handelt es sich um eine dazwischen liegende Fallgruppe, insoweit als ein Ausschluß nur für das gerichtliche Eilverfahren nach § 80 Abs. 5 VwGO stattfindet, die Geltendmachung des entsprechenden Vorbringens im Hauptsacheverfahren aber weiterhin möglich bleibt[455]. Folglich ist mit der Präklusion auch kein Verlust des materiellen Rechts verbunden. Gleichwohl wäre eine solche Präklusion - hätte sie der einfache Gesetzgeber vorgenommen - an dem Maßstab für eine materielle Präklusion zu prüfen gewesen, da eine faktische und effektive Durchsetzung des danach *de jure* fortbestehenden Rechts nach der Rückführung in den Verfolgerstaat nicht mehr möglich ist. Aber auch eine solche materielle Präklusion kann in verfassungsrechtlich zulässiger Weise[456] durch den einfachen Gesetzgeber erfolgen, wenn im

---

453 Vgl. als Beispiel aus dem Asylverfahrensrecht etwa § 8 a Abs. 1 S. 2 AsylVfG in der Fassung aus dem Jahre 1990. Nach § 8 a Abs. 2 AsylVfG a.F. blieb das Recht des Ausländers, sich im verwaltungsgerichtlichen Verfahren auf solches verspätetes Vorbringen zu berufen, allerdings unberührt.

454 Vgl. etwa § 10 Abs. 3 S. 3 BImSchG und § 7 Abs. 1 S. 2 Atomrechtliche Verfahrensverordnung. Zu dieser Differenzierung vgl. statt aller Maunz/ Dürig/ Herzog/ Scholz - Schmidt-Aßmann, Art. 19 IV, Rdnr. 259 f. m.w.N. Zum Begriffspaar formelle - materielle Präklusion ferner P. Köppl, Die Ausschlußfristen im öffentlichen Recht (1970), S. 25 - 27 und 82 -86.

455 Zu dieser Beschränkung des Anwendungsbereichs der Norm bereits oben bei Anm. 437.

456 Dabei ist umstritten, ob Prüfungsmaßstab insoweit Art. 19 Abs. 4 GG (so Maunz/ Dürig/ Herzog/ Scholz - Schmidt-Aßmann, Art. 103, Rdnr. 132 und ders., ebd., Art. 19 IV, Rdnr. 260 f.) oder aber Art. 103 Abs. 1 GG ist (so das BVerwG NVwZ 1984, S. 234 f. und F.-L. Knemeyer, Rechtliches

Verwaltungsverfahren keine unzumutbaren oder unverhältnismäßigen Anforderungen an das fristgemäße Vorbringen von Einwendungen im Verwaltungsverfahren gestellt werden[457]. Hält man sich aber vor Augen, daß ein Eilverfahren - auch im Interesse des Betroffenen - per Definition auf die Erreichung einer schnellen Entscheidung angelegt ist und daß ein staatliches Interesse an der Aufenthaltsbeendigung für solche Personen besteht, die sich zu Unrecht auf das durch Art. 16 a Abs. 1 GG geschützte Grundrecht berufen, erschiene eine solche Präklusion durchaus auch einfachgesetzlich zulässig[458]. Ist dies aber der Fall, ist natürlich umso mehr der verfassungsändernde Gesetzgeber ermächtigt, eine solche Präklusion verspäteten Vorbringens vorzunehmen.

IV. Aussetzung des Vollzugs aufenthaltsbeendender Maßnahmen bei Vorliegen ernstlicher Zweifel an der Rechtmäßigkeit: Die Regelung des Art. 16 a Abs. 4 S. 1, 1. Halbsatz GG

Der Vollzug aufenthaltsbeendender Maßnahmen kann in den Fällen in denen der Asylbewerber aus einem der als verfolgungsfrei eingestuften Herkunftsstaaten stammt durch ein angerufenes Verwaltungsgericht nur ausgesetzt werden, wenn ernstliche Zweifel an der Rechtmäßigkeit der aufenthaltsbeendenden Maßnahme bestehen. Zu dieser Regelung hatte die Justizsenatorin der Freien und Hansestadt Hamburg in der Gemeinsamen Verfassungskommission ausgeführt:

> "Ich halte diese vorgeschlagene Regelung (...) für mit der Verfassung nicht vereinbar. (...) Wir sind damit im Begriff - das ist die Folge - den klassischen Fall einer verfassungswidrigen Verfassungsnorm zu schaffen; denn die vorgeschlagene Bestimmung verstößt gegen Art. 1 GG in Verbindung mit Art. 19

Gehör im Gerichtsverfahren, in: P. Kirchhof/ J. Isensee, Handbuch des Staatsrechts, Bd. VI, § 155, Rdnr. 60).

[457] BVerfGE 61, S. 82 ff. (110 ff., v.a. 114); BVerwG NVwZ 1984, S. 234 f. (234).

[458] Die grundsätzliche *Möglichkeit* des einfachen Gesetzgebers auch im Abschiebeverfahren des Ausländergesetzes eine materielle Präklusion einzuführen wird (wohl) bejaht von Kanein/ Renner, § 70 AuslG, Rdnr. 10, wonach es hierfür "einer ausdrücklichen Bestimmung bedurft hätte".

> Abs. 4 (...). Das ist, meine ich, nicht zulässig, mag in Art. 19 Abs. 4 auch grundsätzlich eine Einschränkung zugelassen sein."[459]

Ungeachtet der verfehlten Bezugnahme auf Art. 19 Abs. 4 GG[460] ist dennoch zu überprüfen, ob dieser Stellungnahme im Ergebnis zuzustimmen ist. Zunächst ist festzuhalten, daß eine solche Formulierung, wonach eine Aussetzung des Vollzugs eines Verwaltungsaktes nur dann in Betracht kommt, wenn "ernstliche Zweifel an der Rechtmäßigkeit der Maßnahme bestehen" der deutschen Rechtsordnung keineswegs fremd ist. So heißt es beispielsweise in § 80 Abs. 4 S. 3 VwGO:

> "Die Aussetzung [der Vollziehung] soll bei öffentlichen Abgaben und Kosten erfolgen, *wenn ernstliche Zweifel an der Rechtmäßigkeit des angegriffenen Verwaltungsaktes bestehen* (...)"[461]

und in ähnlicher Weise auch in § 69 Abs. 2 S. 2 der Finanzgerichtsordnung:

> "Auf Antrag soll die Aussetzung [der Vollziehung] erfolgen, *wenn ernstliche Zweifel an der Rechtmäßigkeit des angefochtenen Verwaltungsaktes bestehen* (...)".[462]

Demgegenüber war unter der Geltung des bisherigen Art. 16 Abs. 2 S. 2 GG a.F. davon ausgegangen worden, daß das verfassungsrechtlich gewährleistete vorläufige Bleiberecht nur in den Fällen gegenüber dem staatlichen Interesse an der Aufenthaltsbeendigung zurücktritt, wo ein eindeutig aussichtsloser Asylantrag vorliegt[463]. Nur für diese Fälle konnte auch durch Gesetz die Zuständigkeit zur Prüfung und Entscheidung des Asylantrags den Ausländerbehörden übertragen und diese zugleich ermächtigt werden, im Falle der Ablehnung eines derartigen Begehres sogleich aufenthaltsbeendende Maßnahmen einzuleiten[464]. In Übereinstimmung hiermit hatte auch der Gesetzgeber bei unbeachtlichen

---

[459] Sten. Bericht der 16. Sitzung der Gemeinsamen Verfassungskommission vom 4. 2. 1993, S. 27.

[460] Bereits ausweislich des insoweit eindeutigen Wortlauts von Art. 79 Abs. 3 GG ist der verfassungsändernde Gesetzgeber an Art. 19 Abs. 4 GG gerade nicht gebunden, dazu bereits oben S. 236 ff.

[461] Hervorhebung durch den Verfasser.

[462] Hervorhebung durch den Verfasser.

[463] Dazu BVerfGE 67, S. 43 ff.

[464] BVerfGE 56, S. 216 ff. (236).

oder offensichtlich unbegründeten Asylanträgen nach § 11 Abs. 2 in Verbindung mit § 10 Abs. 3 S. 2 AsylVfG 1982 beziehungsweise zuletzt §§ 75, 36 AsylVfNeuregelungsG 1992 die aufschiebende Wirkung der Anfechtungsklage in verfassungsrechtlich zulässiger Weise[465] ausgeschlossen.

Dieser Ausschluß der aufschiebenden Wirkung konnte bereits einfachgesetzlich erfolgen, weil auch Art. 19 Abs. 4 GG die aufschiebende Wirkung von Rechsbehelfen im Verwaltungsprozeß nicht schlechthin garantiert[466]. Vielmehr können es überwiegende öffentliche Belange rechtfertigen, den Rechtsschutzanspruch des jeweiligen Grundrechtsträgers einstweilen zurückzustellen, um unaufschiebbare Maßnahmen im Interesse des allgemeinen Wohls rechtzeitig in die Wege zu leiten[467]. Hierzu gehört auch die Abwehr unbegründeter Asylanträge und die damit verbundene Beendigung des Aufenthalts von Personen, die sich dann materiell unberechtigt in der Bundesrepublik Deutschland aufhalten. In ähnlicher Weise dürfte sich weder Art. 19 Abs. 4 GG - geschweige denn Art. 20 GG - ein *grundsätzliches* Verbot entnehmen lassen, daß eine Aussetzung der Vollziehung aufenthaltsbeendender Maßnahmen bereits bei bloßen einfachen "Zweifeln" an der Rechtmäßigkeit der behördlichen Anordnung zu erfolgen habe[468].

Nun ergibt sich vorliegend aber - anders als bei Art. 16 a Abs. 2 GG, wo lediglich eine Abschiebung in einen sicheren Drittstaat durchgeführt wird - das Problem, daß hier eine aufenthaltsbeendende Maßnahme mit dem Ziel der Rückführung in den (potentiellen) Verfolgerstaat ins Auge gefaßt wird. Wenn aber der Beschwerdeführer vor einer gerichtlichen Entscheidung in der Hauptsache in den Staat zurückkehren muß, in dem er - nach seiner Behauptung - politisch verfolgt wird, ist ihm auch bei einem späteren Erfolg seiner Asylklage faktisch die Möglichkeit genommen, von seinem Grundrecht Gebrauch zu machen. Zugleich käme dem Urteil in der Hauptsache unabhängig von seinem Inhalt nur noch die Bedeutung des prozessualen Abschlusses des gerichtlichen Verfahrens zu[469].

Bereits im Zusammenhang mit Art. 16 a Abs. 2 GG war aber ausgeführt worden[470], daß die Gewährung einstweiligen Rechtsschutzes auch und gerade von Art. 1 Abs. 1 GG - und damit auch im Verhältnis

---

[465] BVerfGE 67, S. 43 ff. (59).

[466] BVerfGE 11, S. 232 ff. (233) und 35, S. 263 ff. (274).

[467] BVerfGE 35, S. 382 ff. (402).

[468] Papier, Stellungnahme, S. 270.

[469] BVerfGE 56, S. 216 ff. (243 f.).

[470] Dazu oben S. 302.

zu dem verfassungsändernden Gesetzgeber - gefordert wird, wenn ansonsten die Gefahr einer Menschenwürdeverletzung im Verfolgerstaat in der Form politischer Verfolgung droht. Nun will aber Art. 16 a Abs. 3 GG in Verbindung mit Art. 16 a Abs. 4 GG die Gewährung einstweiligen Rechtsschutzes gerade nicht *in toto* ausschließen, sondern begnügt sich damit, die Gerichte darauf zu beschränken, aufenthaltsbeendende Maßnahmen nur dann zu untersagen, wenn "ernsthafte Zweifel" hinsichtlich der Rechtmäßigkeit des Verwaltungsakts bestehen. Jedenfalls dann, wenn man den tradierten Begriff der Worte "ernsthafte Zweifel", so wie in der gefestigten Rechtsprechung zu § 80 Abs. 4 S. 3 VwGO Verwendung findet, ohne Modifikationen anwenden würde, könnte dies zu einer erheblichen Beschränkung des Rechtsschutzes führen.

So geht das Bundesverwaltungsgericht davon aus, daß "ernstliche Zweifel", die zu einer Aussetzung des Vollzugs eines Verwaltungsaktes führen können, nur dann vorliegen, wenn eine summarische Prüfung ergibt, daß der Erfolg des Rechtsmittels im Hauptsacheverfahren mindestens ebenso wahrscheinlich ist wie der Mißerfolg[471]. Demgegenüber wird die Rechtsprechung mancher Oberverwaltungsgerichte von der Überzeugung geprägt, daß "ernsthafte Zweifel" nur dann vorliegen können, wenn der Erfolg des Rechtsbehelfs in der Hauptsache aufgrund einer summarischen Sach- und Rechtsprüfung wahrscheinlicher ist als ein Mißerfolg, nicht aber bereits dann, wenn der Ausgang jenes Verfahrens als offen betrachtet werden muß[472].

Demgegenüber geht der Bundesfinanzhof für die Parallelnorm des § 69 FGO grundsätzlich andere Wege. Danach sollen ernsthafte Zweifel an der Rechtmäßigkeit des behördlichen Vorgehens bereits dann vorliegen, wenn

---

471 BVerwG Bay. Vbl. 1982, S. 442 f. mit abl. Anmerkung Schörnig; OVG Münster OVGE 22, 210; Hess. VGH ESVGH 28, 48; OVG Lüneburg GewArch 1982, S. 307. Dies entspricht auch der überwiegenden Meinung in der Literatur vgl. nur F. Kopp, VwGO - Verwaltungsgerichtsordnung (9. Aufl., 1992), § 80, Rdnr. 70.; Redeker/ v. Oertzen, Anm. 353, § 80, Rdnr. 39; Eyermann/ Fröhler, Anm. 353, § 80, Rdnr. 36.

472 Bay. VGH, Bay Vbl. 1975, S. 171 ff. (171) [vgl. aber auch Bay. VGH NJW 1978, S. 2469]; VGH Baden-Württemberg, st. Rspr., NVwZ 1985, S. 202 ff. (203); OVG Rheinland-Pfalz DVBl. 1984, S. 1134 ff. (1135) mit ablehnender Anmerkung Wilke; ebenso Finklenburg/ Jank, Anm. 352, Rdnr. 647.

> "gewichtige gegen die Rechtmäßigkeit sprechende Gründe zutage treten, die Unsicherheit oder Unentschiedenheit in der Beurteilung von Rechtsfragen oder Unklarheiten in der Beurteilung von Tatfragen bewirken"[473],

wobei allerdings irgendeine bloß vage Erfolgsaussicht des Rechtsmittels nicht als ausreichend angesehen wird[474].

Dieser letztgenannten Auffassung im Hinblick auf die Frage, was als ernsthafte Zweifel bezüglich der Rechtmäßigkeit einer Maßnahme zu verstehen sind, ist gerade auch für den Bereich des neugeschaffenen Art. 16 a Abs. 4 GG zu folgen. Denn gegen die Ansicht des Bundesverwaltungsgerichts und erst recht gegen die noch weitergehenden Auffassungen spricht bereits, daß die Formulierung nur von Zweifeln spricht, also gerade nicht die Überzeugung des entscheidenden Richters hinsichtlich eines bestimmten Ergebnisses verlangt[475]. Zweifel sind nun aber gerade als bloße *Unsicherheit*, als Unklarheit über die Beurteilung einer Frage zu verstehen, die schon dann vorliegen, wenn keine einwandfreie Bestimmung eines Tatbestandes vorgenommen werden kann[476]. Nun spricht aber Art. 16 a Abs. 4 S. 1 GG von ernstlichen Zweifeln, was eine Verstärkung der Zweifel im Sinne wirklich vorhandener Bedenken zum Ausdruck bringt[477]. Gerade aber der Zustand des Zweifels *als solcher* ist jedoch einer rationalen Überprüfung hinsichtlich seiner Intensität entzogen[478]. Meßbar sind demgegenüber lediglich die objektiven Kriterien, die Anlaß zu einem solchen Zweifel geben. Dabei besteht aber - da das Endergebnis ja gerade notwendigerweise als unsicher hingenommen werden muß - keine Möglichkeit, zu einer endgültigen Klärung zu kommen, wie die materiellen Erfolgsaussichten der Klage letztendlich zu beurteilen sind beziehungsweise sein werden. Vielmehr kann lediglich abgeschätzt

---

[473] St. Rspr.; BFHE 87, S. 447; 125, S. 423 ff. (426) und 140, 396. Dem BFH folgend F. Gräber/ R. v. Groll/ H.-R. Koch, Finanzgerichtsordnung (2. Aufl., 1988), § 69, Rdnr. 88; D. Bittner, Finanzgerichtsordnung (Losebl.), § 69, Rdnr. 8.

[474] BFHE 92, S. 545.

[475] Gräber/ v. Groll/ Koch, Anm. 473, § 69, Rdnr. 88.

[476] Vgl. dazu die ausführliche sprachgeschichtliche Darstellung bei BFHE 87, S. 447 ff. (449 f.).

[477] Ebd.

[478] Ebd.

werden, ob gewichtige Gründe vorliegen, die eine Unsicherheit hinsichtlich der Rechtmäßigkeit bewirken[479].

Dieses Anknüpfen an das Bestehen nicht nur geringfügiger Aussichten, daß der Rechtsbehelf Erfolg haben wird[480], wird speziell im Hinblick auf Art. 16 a Abs. 4 GG durch eine weitere Überlegung bestätigt. Wie bereits oben erwähnt ist Art. 16 a Abs. 4 S. 1, 1. Halbsatz stets im Lichte des Art. 16 a Abs. 1 GG auszulegen[481]. Da aber der Antragsteller faktisch seines Grundrechts verlustig gehen würde, wenn man ihn vor einer endgültigen Entscheidung trotz bestehender Zweifel an der Rechtmäßigkeit der Maßnahme in den Verfolgerstaat zurückschiebt, muß eine solche Möglichkeit im Sinne einer effektiven Grundrechtsausübung einschränkend ausgelegt werden. Etwas anders mag nur dann gelten, wenn die Wiedereinreise aus dem Verfolgerstaat in die Bundesrepublik Deutschland für die Zwecke des Hauptsacheverfahrens oder nach positiver Bescheidung der Klage nicht von vornherein ausgeschlossen ist. Dies könnte etwa dann gelten, wenn der Verfolgerstaat aller Voraussicht nach keine Maßnahmen gegen Leib oder Leben des Betroffenen ergreift und wenn eine Wiederausreise *prima facie* von dem Herkunftsstaat nicht verhindert werden wird. In einem solchen Falle wäre es dem Betroffenen zuzumuten *für eine beschränkte Zeit* in den Heimatstaat zurückzukehren.

Letztlich ergibt sich die hier vertretene Auffassung dessen, was als ernsthafte Zweifel zu werten sind, auch aus dem Verhältnismäßigkeitsprinzip, wie es dem Rechtsstaatsprinzip entnommen werden kann[482]: Je schwerwiegender die dem Einzlenen durch eine Entscheidung im einstweiligen Rechtsschutz ergehende Maßnahme auferlegte Belastung ist und je mehr die Maßnahme Unabänderliches bewirkt, um so weniger darf der Rechtsschutzanspruch des Einzelnen zurückstehen[483]. Dies bedeutet mit anderen Worten, daß die Worte "ernstliche Zweifel" nicht nur formal hinsichtlich des jeweiligen Ausmaßes der Zweifel bezüglich der Rechtmäßigkeit der zu vollstreckenden Maßnahme zu verstehen sind, sondern daß ihnen vielmehr auch eine materielle Bedeutung zukommt: je mehr sich die

---

[479] Ebd.

[480] So die Formulierung des Bundesfinanzhofes, BFHE 87, S. 447 ff. (451).

[481] Zu diesem methodischen Vorgehen bereits oben S. 309 im Hinblick auf Art. 16 a Abs. 2 S. 3 GG.

[482] Vgl. bereits BVerfGE 23, S. 127 ff. (133) m.w.N. aus der Rechtsprechung des Gerichts.

[483] BVerfGE 67, S. 43 ff. (59) und 35, S. 382 ff. (402).

Zweifel auf bedeutende Rechtsgüter beziehen und je unabänderlicher die Wirkungen einer vorläufigen Entscheidung sind, umso eher handelt es sich um "ernstliche Zweifel"[484]. Legt man aber diesen Maßstab zugrunde und versteht man ernstliche Zweifel im Sinne gewichtiger Bedenken[485], dürften an der Vereinbarkeit von Art. 16 a Abs. 4 GG mit Art. 79 Abs. 3 in Verbindung mit Art. 1 und 20 GG keine Bedenken mehr bestehen.

Fünfter Abschnitt: Art. 16 a Abs. 5 GG im Lichte von Art. 79 Abs. 3 GG

Art. 16 a Abs. 5 GG soll die umfassende Teilnahme der Bundesrepublik Deutschland am Schengener beziehungsweise Dubliner System ermöglichen[486]. Dementsprechend hat die Bundesrepublik Deutschland kurz nach Inkrafttreten der neugestalteten Verfassungsnorm auch das Schengener Folgeabkommen ratifiziert[487]. Kernpunkte beider Abkommen sind dabei die Vereinbarung eines Zuständigkeitssystems für die Behandlung von Asylbegehren und die wechselseitige Anerkennung der jeweiligen (negativen oder positiven) Entscheidungen.

---

[484] Ansatzweise so auch bereits BVerfGE 12, S.- 180 ff. (186), wonach auch "ernste verfassungsrechtliche Bedenken" ausreichen können, um ernstliche Zweifel (dort im Sinne der FGO) zu begründen. Wie hier nunmehr auch Schoch, Anm. 270, S. 1166.

[485] Wie hier bereits der Sachverständige Heinhold, Stellungnahme, S. 422:

> "Ernstliche Zweifel liegen (...) schon dann vor, wenn es gewichtige, also 'ernstzunehmende' Zweifel an der Maßnahme gibt. (...)".

[486] Zur Diskussion um die Ratifikation (insbesondere) des Schengener Durchführungsabkommens vgl. neben den bereits oben genannten Nachweisen auch A. Gerlach, Dubliner Asylrechtskonvention und Schengener Abkommen: Lohnt sich die Ratifikation ?, ZRP 1993, S. 164 ff.; F. Schoch, Asyl- und Ausländerrecht in der Europäischen Gemeinschaft, DVBl. 1992, S. 525 ff. (533 f.), sowie bereits A. Schraml, Das Schengener Übereinkommen und Artikel 16 Absatz 2 Satz 2 des Grundgesetzes der Bundesrepublik Deutschland, AWR - Bull. 1991, S. 65 ff.

[487] Vgl. dazu nunmehr das Zustimmungsgesetz vom 15. 7. 1993 zu dem Schengener Übereinkommen vom 19. Juni 1990 betreffend den schrittweisen Abbau der Kontrollen an den gemeinsamen Grenzen, BGBl. 1993 II, S. 1010 ff. Demgegenüber steht eine Ratifikation des Dubliner Übereinkommens durch die Bundesrepublik Deutschland noch aus.

Die Vereinbarung eines Zuständigkeitssystems gemäß welchem andere Vertragsstaaten sich verpflichten, die Behandlung von Asylanträgen zu übernehmen, stellt dabei letztlich nur eine modifizierte Sonderform der Nichtbehandlung von Asylanträgen und der Rückschiebung in einen Drittstaat dar, wie dies bereits auch in Art. 16 a Abs. 2 GG vorgesehen ist. In dieser Hinsicht ergeben sich also keine Besonderheiten, so daß insoweit auf die obigen Ausführungen zu den Grenzen einer Rückschiebung verwiesen werden kann[488].

Eine Besonderheit gegenüber der allgemeinen Regel des Art. 16 a Abs. 2 GG ist demgegenüber darin zu sehen, daß den Entscheidungen der anderen Schengener- beziehungsweise Dubliner Vertragsstaaten auch in der Bundesrepublik Deutschland eine unmittelbare Wirkung zukommen soll. Insoweit ist zunächst festzustellen, daß die Genfer Flüchtlingskonvention selbst keine solche Wirkungserstreckung vorsieht[489], daß also das Schengener Folgeabkommen beziehungsweise das Dubliner Übereinkommen die ersten völkerrechtlichen Regelungen sind, die eine solche bewirken[490]. Dies bedeutet konkret, daß nach Art. 10 Abs. 1 lit. e Dubliner Übereinkommen bzw. Art. 34 Abs. 1 Schengener Folgeabkommen der Vertragsstaat, der das Asylverfahren mit einem negativen Ergebnis durchgeführt hat den abgelehnten Asylbewerber von dem anderen Vertragsstaat zurückzunehmen hat, um dann gegebenenfalls aufenthaltsbeendende Maßnahmen mit dem Ziel der Rückführung in das Heimatland gegen ihn durchzuführen. Außerdem enthält Art. 30 Abs. 1 lit. g des Schengener Folgeabkommens die generelle Verpflichtung, daß derjenige Mitgliedsstaat, der einen Asylantrag eines Drittausländers bereits abschließend behandelt hat, diese Person dann grundsätzlich[491] zurückzunehmen hat.

Im Hinblick auf diese Wirkungserstreckung ausländischer Entscheidungen ist aus verfassungsrechtlicher Sicht zwischen positiven, anerkennenden einerseits und negativen, ablehnenden Entscheidungen andererseits zu differenzieren. Die Anerkennung positiver Entscheidungen erscheint verfassungsrechtlich unbedenklich, wird damit doch nur Personen, die in einem anderen Staat als Flüchtlinge nach der Genfer Flüchtlingskonvention oder nach den jeweiligen nationalen asylrechtlichen Bestimmungen als Asylberechtigte anerkannt worden sind, auch der Status von politisch Verfolgten im Sinne von Art. 16 a

---

[488] Dazu oben S. 167 ff.

[489] Dazu bereits oben.

[490] Vgl. aber schon die bisherige Regelung in § 51 Abs. 2 Nr. 2 AuslG.

[491] Etwas anderes ergibt sich nur in den Fällen in denen der Ausländer zwischenzeitlich das Hoheitsgebiet der Vertragsparteien verlassen hatte.

Abs. 1 GG zuerkannt. Dies bedeutet also nur, daß der grundrechtliche Status des Individuums in der Bundesrepublik Deutschland verbessert wird, ohne daß er hierzu eines gesonderten Anerkennungsverfahrens in Deutschland selbst bedürfte.

Größere Bedenken wirft demgegenüber die Anerkennung negativer ausländischer Asylrechtsentscheidungen in zwei Fallgruppen auf. Zum einen deckt sich der Anwendungsbereich der Genfer Flüchtlingskonvention jedenfalls in Grenzbereichen nicht vollständig mit dem Begriff des politisch Verfolgten im Sinne von Art. 16 Abs. 2 S. 2 GG a. F. beziehungsweise nunmehr Art. 16 a Abs. 1 GG[492]. Handelt es sich aber um Personen, denen der Status eines politisch Verfolgten zukommt, ohne daß sie zugleich unter die Flüchtlingsdefinition der Genfer Konvention fallen, können sich im Einzelfall ähnlich wie bereits im Verhältnis zu den sonstigen sicheren Drittstaaten möglicherweise auch Bedenken in Bezug auf Art. 1 Abs. 1 GG ergeben. Allerdings würde sich ein solches Problem nur dann stellen, wenn der andere Schengener beziehungsweise Dubliner Vertragsstaat in diesen Fällen in der Tat aufenthaltsbeendende Maßnahmen gegenüber dem Drittausländer ergreifen will. Sobald gesichert ist, daß der andere Vertragsstaat dies nicht beabsichtigt, etwa aus humanitären Gründen einen Bleibestatus gewährt, steht aufenthaltsbeendenden Maßnahmen durch die Bundesrepublik Deutschland gegenüber dem in einem anderen Mitgliedsstaat abgelehnten Flüchtling mit dem Ziel der Rückführung in den anderen Vertragsstaat verfassungsrechtlich von vornherein nichts im Wege.

Zum zweiten ist auch bei den Mitgliedsstaaten solcher völkerrechtlicher Abkommen, wie dem Schengener Folgeabkommeen, nicht mit letzter Sicherheit gewährleistet, daß sie in vollem Umfange und

---

492 Dazu im einzelnen S. 283. Teilweise wird aber auch vertreten, der Anwendungsbereich von Art. 16 Abs. 2 S. 2 GG a.F. beziehungsweise Art. 16 a Abs. 1 GG bleibe in Teilbereichen hinter dem Anwendungsbereich der Genfer Flüchtlingskonvention zurück, insbesondere wenn man die Auffassung vertritt, daß subjektive Nachfluchtgründe anders als im Rahmen des Art. 16 Abs. 2 S. 2 GG a.F./ 16 a Abs. 1 GG (dazu BVerfGE 74, S. 51 ff.; kritisch zu dieser Entscheidung R. Hofmann, Nachfluchtgründe und Flüchtlingsvölkerrecht, NVwZ 1987, S. 299 ff.) nicht zu einem Ausschluß der Gewährleistungen der Konvention führen (anders aber S. Richter, Selbstgeschaffene Nachfluchtgründe und die Rechtsstellung von Konventionsflüchtlingen nach der Rechtsprechung des Bundesverfassungsgerichts zum Grundrecht auf Asyl und dem Gesetz zur Neuregelung des Ausländerrechts, ZaöRV 1991, S. 1 ff.) Eine solche Divergenz bejaht etwa Schoch, Anm. 486, S. 534.

stets ihren Verpflichtungen aus der Genfer Flüchtlingskonvention und der EMRK nachkommen[493]. Dies wäre etwa dann der Fall, wenn konkrete Hinweise dafür vorliegen, daß der Asylbewerber evidentermaßen zu Unrecht abgelehnt wurde oder ihm gar kein Zugang zu einem Flüchtlingsanerkennungsverfahren gewährt wurde[494].

Soweit in diesen Fällen zu befürchten ist, daß der andere Vertragsstaat die Rückführung in den Verfolgerstaat beabsichtigt, weil er entweder zutreffend davon ausgeht, der politisch Verfolgte sei kein Flüchtling im Sinne der Genfer Flüchtlingskonvention und ihm komme auch kein sonstiges Bleiberecht zu oder er aber seinen Verpflichtungen zur Prüfung des Flüchtlingsstatus des Betroffenen nicht nachgekommen ist, wäre die Bundesrepublik Deutschland in den Fällen, in denen eine Rückführung in den Heimatstaat den Menschenwürdekern des Asylrechts tangieren würde[495], verpflichtet, ein eigenes asylrechtliches Anerkennungsverfahren durchzuführen.

Dieses Verhalten stünde auch in Übereinstimmung mit den völkerrechtlichen Verpflichtungen der Bundesrepublik Deutschland aus dem Schengener Folgeabkommen beziehungsweise dem Dubliner Übereinkommen. Zum einen ist bereits fraglich, ob insoweit überhaupt der sachliche Anwednungsbereich der beiden Abkommens eröffnet ist, da diese nur solche Begehren erfassen mit denen Schutzsuchende als Flüchtlinge nach der Genfer Flüchtlingskonvention anerkannt werden wollen, in der ersten Fallgruppe aber eine politische Verfolgung geltend gemacht wird, die von der Genfer Flüchtlingskonvention gerade nicht erfaßt wird. Selbst wenn man aber davon ausgeht, daß wegen der Gleichstellung von Asylberechtigten mit Konventionsflüchtlingen durch § 2 Abs. 1 AsylVfG ein Asylbegehren im Sinne von Art. 1 des Schengener Folgeabkommens beziehungsweise des Dubliner Übereinkommens vorliegt würde sich die Bundesrepublik Deutschland dennoch keines Völkerrechtsverstoßes schuldig machen. Denn nach Art. 29 Abs. 4 des Schengener Folgeabkommens beziehungsweise nach Art. 3 Abs. 4 des Dubliner Übereinkommens behält jede Vertragspartei jeweils das Recht, aus Gründen des nationalen Rechts ein Asylbegehren auch dann zu behandeln, wenn sie an sich nach den Zuständigkeitskriterien des jeweiligen Vertrages hierfür nicht zuständig wäre. In einem solchen

---

[493] Vgl. dazu oben S. 179 f. die Beispiele im Hinblick auf Belgien, Italien und Griechenland.

[494] Allerdings kann ein solches Asylverfahren in dem anderen Vertragsstaat auch darin bestehen, daß der Betroffene auf ein Verfahren in einem Viertstaat verwiesen wird, dazu im einzelnen oben S. 323.

[495] Im einzelnen dazu oben S. 242 ff.

Verhalten der Bundesrepublik Deutschland würde es sich auch im Verhältnis zu den anderen Vertragsparteien um keine einzigartige Situation handeln, nachdem sowohl in Frankreich als auch in den Niederlanden[496] aus innerstaatlichen Gründen die Verpflichtung besteht, von dieser Ausnahmeklausel Gebrauch zu machen.

So hatte der französische Conseil Constitutionnel bereits im Jahre 1991 das französische Zustimmungsgesetz zum Schengener Durchführungsabkommen nur mit bestimmten Maßgabe für verfassungsrechtlich zulässig gehalten. Der Conseil Constitutionnel hielt die französische Republik für verpflichtet, von der Ausnahmeklausel des Art. 29 Abs. 4 insoweit Gebrauch zu machen - also Asylanträge von Personen trotz negativen Ausgangs in einem anderen Vertragsstaat erneut zu prüfen - , als Antragsteller betroffen sind, die wegen ihres Einsatzes für die Freiheit verfolgt werden[497]:

> "Considérant qu'aux termes du quatrième alinéa du préambule de la Constitution du 27 octobre 1946: 'Tout homme persécuté en raison de son action en faveur de la liberté a droit d'asile sur les territoires de la République',
> Considérant (...) que (...) le para. 4 de l'article 29 réserve le droit de toute partie contractante 'pour des raisons particulières notamment du droit national' d'assurer le traitement d'une demande d'asile même si la responsabilité incombe à une autre partie; *que ces dernières stipulations sont appelées à recevoir application au profit des personnes susceptibles de béneficier du droit d'asile en vertu du quatrième alinéa du préambule de la Constitution de 1946*[498].

Der französische Verfassungsrat hat diese Haltung in einer Entscheidung vom 13. August 1993[499] erneut bestätigt. Gleichzeitig hat er die entspre-

---

[496] Und dort zudem nicht nur bezüglich weniger Ausnahmefälle !

[497] Vgl. den vierten Absatz der Präambel der Verfassung aus dem Jahre 1946 auf welche wiederum die Präambel der Verfassung von 1958 Bezug nimmt, dazu Classen, Frankreich, DÖV 1993, S. 229.

[498] Hervorhebung durch den Verfasser; Urteil vom 25. 7. 1991, Text etwa in RUDH 1992, S. 345 ff. (347); vgl. zu dieser Entscheidung die Besprechungen von G. Vedel, Schengen et Maastricht - A propos de la décision n° 91-294 DC du Conseil constitutionnel du 25 juillet 1991, RFDA 1992, S. 173 ff., sowie X. Prétot, Note, Rev. Trim. Dt. Eur. 1992, S. 194 ff. (v.a. 202 - 204).

[499] J.O. vom 18. 8. 1993, S. 11722 ff. (11727 f.).

chenden Bestimmungen des neuen französischen Ausländergesetzes[500], die eine Rückweisung von Asylbewerbern in den Fällen ohne materielle Prüfung ermöglicht hätten, in denen ein anderer Vertragsstaat für die Behandlung ihres Schutzbegehrens zuständig wäre, für verfassungswidrig erklärt. Auch die nunmehr vorgenommene Verfassungsänderung will an der Möglichkeit der erneuten Prüfung festhalten, heißt es Art. 53-1 Abs. 2 der französischen Verfassung[501] doch:

> "Toutefois même si la demande n' entre pas dans leur compétence en vertu de ces accords[502], les autorités de la République ont toujours le droit de donner asile à tout étranger persécuté en raison de son action en faveur de la liberté ou qui sollicite la protection de la France pour un autre motif."

Ähnlich hat in den Niederlanden die dortige Regierung während des Ratifikationsverfahrens zum Schengener Folgeabkommen vor dem Hintergrund eines Avis des niederländischen Staatsrates[503] dem Parlament zugesichert, daß in anderen Schengen-Staaten abgewiesene Asylbewerber dennoch einen weiteren Antrag auf Anerkennung in den Niederlanden stellen könnten[504]

Damit bleibt als Ergebnis festzuhalten, daß gegen die in Art. 16 a Abs. 5 GG getroffene Regelung und die damit verbundene Öffnung für das Schengener beziehungsweise Dubliner System, sowie für ähnliche Verträge mit Nicht-Mitgliedsstaaten der Europäischen Gemeinschaften[505] im Lichte des Art. 79 Abs. 3 GG keine generellen Bedenken bestehen.

---

[500] Dazu oben S. 67.

[501] Vgl. J.O. vo 26. 11. 1993, S. 16296.

[502] Gemeint sind dem Schengener Folgeabkommen vergleichbare Regelungen.

[503] Zu diesem bereits oben S. 243 f.

[504] Vgl. dazu die Äußerung des Staatssekretärs für Justiz während der Beratungen der Zweiten Kammer des niederländischen Parlaments am 25. 6. 1992, FAZ vom 26. 6. 1992, S. 4, sowie K. Hailbronner, Perspektiven einer europäischen Asylrechtsharmonisierung nach der Maastrichter Gipfelkonferenz, ZAR 1992, S. 51 ff. (53, Anm. 53).

Allerdings ist in dem Entwurf für ein neues niederländisches Asylgesetz (dazu im einzelnen FAZ vom 17. 9. 1993, S. 6) nunmehr vorgesehen, daß Asylbewerber, die aus einem anderen Schengen-Vertragsstaat kommen ohne weitere Prüfung dorthin zurückgeschickt werden sollen.

[505] Zu solchen Bestrebungen mit der Schweiz zu einem solchen Abkommen zu gelangen vgl. bereits oben.

Allerdings muß sichergestellt sein, daß die Bundesrepublik Deutschland in Ausnahmefällen auch bei negativem Ausgang eines Asylverfahrens in einem anderen Vertragsstaat dennoch in der Lage bleibt, ein asylrechtliches Anerkennungsverfahren mit dem Ziel durchzuführen, festzustellen, ob der Betroffene politisch Verfolgter ist oder nicht[506].

---

506 Im Hinblick auf die verfahrensrechtlichen Garantien, die eingehalten worden sein müssen, damit eine ausländische Entscheidung in dem obigen Sinne anerkannt wird, gilt ebenfalls grundsätzlich das oben S. 312 Ausgeführte. Vgl. darüber hinaus auch BVerfGE 63, S. 343 ff. (v.a. 377 f.).

Zweiter Teil: Asylverbürgungen in einzelnen Länderverfassungen nach der Reform des Asylrechts

Mit der Einschränkung der Asylrechtsverbürgung des Art. 16 Abs. 2 S. 2 GG a.F. ergibt sich das Problem, welche Bedeutung denjenigen Bestimmungen einzelner Landesverfassungen zukommt, die ebenfalls - sei es direkt, sei es indirekt durch eine Verweisung auf den Grundrechtsteil des Grundgesetzes - eine Garantie eines subjektiven Asylrechts für politisch Verfolgte enthalten. So heißt es etwa - wortgleich mit dem früheren Art. 16 Abs. 2 S. 2 GG a.F. - in Art. 18 der neuen Verfassung des Landes Brandenburg[1], daß "politisch Verfolgte Asylrecht genießen". Bis zur Reform des Asylrechts auf Bundesebene und der Schaffung von Art. 16 a GG haben diese Vorschriften eher ein Schattendasein geführt[2], was darauf zurückzuführen sein dürfte, daß die entsprechenden Normen gegenüber dem bisherigen Art. 16 Abs. 2 S. 2 des Grundgesetzes keine umfassendere Grundrechtsgewährleistung enthielten[3]. Bereits im Jahre 1966 hatte der Hessische VGH ausgeführt, es sei durchaus denkbar, daß

---

[1] Ges.- u. Verordnungsbl. für das Land Brandenburg v. 22. 4. 1992, S. 122 ff.

[2] So etwa L. Gramlich, Asyl kraft Landesverfassungsrechts ?, ZAR 1987, S. 127 ff. (131): "(...) spärliche Judikatur (...)". Vgl. aber etwa die Entscheidung des VGH Kassel vom 19. 10. 1966, DVBl.1967, S. 490 ff mit Anmerkung von F. Franz, ebd., S. 492 ff., sowie die Nachweise zur Rechtsprechung des Bay VGH bei Meder, Die Verfassung des Freistaats Bayern (3. Aufl., 1985), Rdnr. 1 a zu Art. 105.

[3] Vgl. etwa von Pollern, Asylrecht, S. 268; B. Huber, Ausländer- und Asylrecht (1983), S. 152; differenzierend Köfner/ Nicolaus, Grundlagen, Bd. 1 (1986), S. 222 ff. Ausführlich zum Geltungsumfang der Asylrechtsgewährleistung der Bayrischen Landesverfassung U. Becker, Das bayerische Asylrecht (1988), *passim* (im folgenden zitiert als Becker, Asylrecht).

"eine künftige deutsche Verfassung kein verfassungsmäßig garantiertes Asylrecht enthält. In einem solchen Falle hätte (...) das Landesasylrecht in den verschiedenen Landesverfassungen wieder eine sehr wichtige Bedeutung (...)"[4]

Nach Inkrafttreten des Art. 16 a GG ist diese erneut aufgeflammt[5] und war bereits auch Gegenstand gerichtlicher Entscheidungen[6]. Im Zusammenhang mit der Erörterung des Problems eines landesverfassungsrechtlich garantierten Asylgrundrechts sind dabei drei verschiedene Gruppen von Bundesländern zu unterscheiden:

Zum ersten diejenigen Bundesländer, welche weder über eine eigene landesverfassungsrechtliche Bestimmung über das Asylrecht verfügen, noch einen generellen Verweis auf den Grundrechtskatalog des Grundgesetzes kennen. Diese Feststellung, in der sich damit insoweit auch keine Normenkonkurrenz oder -überlagerung ergeben kann, trifft auf die Bundesländer Berlin[7], Bremen[8], Hamburg[9], Sachsen[10], Sachsen-Anhalt[11], Schleswig-Holstein[12] und Thüringen[13] zu.

---

[4] VGH Kassel, DVBl. 1967, S. 490 ff. (491).

[5] Vgl. dazu etwa F. Bethäuser, Die Regelungen über die sicheren Drittstaaten unter besonderer Berücksichtigung des Artikels 105 der Bayerischen Verfassung, ZAR 1993, S. 169 ff. (v.a. 172 ff.); dies war bereits von Wollenschläger/ Becker, Anm. 121, S. 330 vorhergesagt worden.

[6] Beschluß des VG Darmstadt, NVwZ Beil. 3/1993, S. 22 ff.

[7] Verfassung vom 1. 9. 1950, VBl. I, S. 433 in der Fassung vom 5. 10. 1990, GVBl. S. 2316, welche - anders als ihre Vorgängerin vom 4. 9. 1946, VBl. S. 294 - einen ausformulierten Grundrechtskatalog enthält. Vor der deutschen Wiedervereinigung war Art. 1 (3) der Berliner Verfassung, wonach das Grundgesetz für Berlin bindend sei durch Anordnung der Alliierten suspendiert. Stattdessen sah Art. 87 (3) Berliner Verfassung vor, daß die Bestimmungen des Grundgesetzes auch in Berlin geltendes Recht sei, zu diesem Problemkreis Pfennig/ Neumann, Anm. 317, Art. 1, Rdnr. 51 ff. Damit hatte sich bis zu diesem Zeitpunkt auch in Berlin das Problem einer möglichen dynamischen Verweisung gestellt, zu dieser Frage im einzelnen näher unten S. 350.

[8] Landesverfassung der Freien Hansestadt Bremen vom 21. 10. 1947, SaBremR 100-a-1, zuletzt geändert durch Gesetz vom 8. 9. 1987, GBl. S. 223, die ebenfalls einen eigenen Grundrechtskatalog enthält.

[9] Verfassung der Freien und Hansestadt Hamburg vom 6. 6. 1952 (Sammlung des bereinigten hamburgischen Landesrechts 100-a), zuletzt geändert durch Gesetz vom 27. 6. 1986 (GVBl. S. 167), welche vollständig sowohl auf einen eigenen Grundrechtskatalog als auch auf eine Verweisung

Zum zweiten handelt es sich um Landesverfassungen, welche in der einen oder anderen Form eine eigenständige Asylrechtsbestimmung enthalten. Insbesondere die Verfassungen einzelner Länder, die bereits vor Inkrafttreten des Grundgesetzes entstanden waren, enthalten ein

---

verzichtet. Dazu führte das Hamburger Verfassungsgericht aus, hierauf hätte verzichtet werden können, da die Grundrechte des Grundgesetzes in Hamburg schon Geltung besaßen, HVerfG, Bechluß vom 17. 3. 1971, 1- 4a/3, zitiert bei U. Bernzen/ M. Sohnke, Verfassung der Freien und Hansestadt Hamburg (1977), S. 23.

[10] Verfassung des Freistaates Sachsen, Sächs. GVBl. 1992, S. 243 ff.

[11] Verfassung vom 16. 7. 1992, GVBl. vom 17. 7. 1992, S. 600 ff.; auch die frühere Verfassung des Landes Sachsen-Anhalt vom 10. 1. 1947, Ges.-Bl. Sachsen-Anhalt Teil I, S. 9 ff. hatte keine solche Verbürgung enthalten. Die in Art. 20 Abs. 3 S. 2 des ersten Verfassungsentwurfs zunächst enthaltenen Auslieferungs- und Abschiebeverbote sind wegen anderweitiger bundesrechtlicher Regelungen wieder entfallen, vgl. H. von Bose, Der Stand der Verfassungsberatungen in Sachsen-Anhalt, in: K. Stern (Hrsg.), Zur Entstehung von Landesverfassungen in den neuen Ländern der Bundesrepublik Deutschland (1993), (im folgenden zitiert als Stern, Landesverfassungen), S. 79 ff. (83).

[12] Verfassung des Landes Schleswig-Holstein vom 13. 12. 1949 (GVOBl. 1950, S. 3) i.d.F. der Bekanntmachung vom 13. 6. 1990. Zur Entstehungsgeschichte insoweit U. Barschel/ V. Gebel, Landessatzung für Schleswig-Holstein (1976), S. 54 ff.

Vgl. dazu zuletzt auch M. Sachs, Zur Verfassung des Landes Brandenburg, LKV 1993, S. 241 ff. (speziell S. 246) zu Art. 18 Abs. 2 BrandLVerf, der davon ausgeht, daß *diese* Vorschrift vollständig den einschlägigen bundesrechtlichen Bestimmungen entspricht und daher "zur Zeit unbedenklich, allerdings auch bedeutungslos" sei.

[13] Der Wortlaut der am 30. 10. 1993 bis zu einer Annahme im Wege eines Volksentscheides vorläufig in Kraft getretenen Verfassung findet sich in ThürVBl. 1993, Sonderheft, S. B 23 ff.; zu dieser vgl. P. Huber, Gedanken zur Verfassung des Freistaats Thüringen, ebd., S. B 4 ff. und U. Rommelfanger, Die Verfassung des Freistaats Thüringen des Jahres 1993, ThürVBl. 1993, S. 145 ff. (Teil 1) und 173 ff. (Teil 2).

Demgegenüber hatten noch die Vorentwürfe der CDU (Drucksache 1/ 285, dort Art. 24 Abs. 2 S. 2: "Politisch Verfolgte genießen Asylrecht") und des Neuen Forums/ Die Grünen ("Politisch Verfolgte haben Asylrecht", Drucksache 1/ 659, dort Art. 3 Abs. 3) jeweils eine Bestimmung über das Asylrecht enthalten.

Grundrecht auf Asyl[14]. Diese Feststellung trifft auf die Bundesländer Bayern[15], Hessen[16], Rheinland-Pfalz[17] und das Saarland[18] zu. Darüber hinaus enthält aber auch die im Wege eines Referendums angenommene neue Verfassung des Landes Brandenburg[19] eine mit dem Art. 16 Abs. 2 S. 2 GG a.F. identische Asylrechtsgarantie[20].

Schließlich sind an dritter Stelle noch die Länder Baden-Württemberg[21], Mecklenburg-Vorpommern[22], Niedersachsen[23] und Nordrhein-

---

[14] Zur Entwicklung in den Ländern der Sowjetischen Besatzungszone bereits oben S. 8 ff.

[15] Verfassung des Freistaates Bayern vom 2. 12. 1946 (BayRS 100-1-S), zuletzt geändert durch Gesetz vom 20. 6. 1984 (GVBl. S. 223); dort Art. 105 der Verfassung:

"Ausländer, die unter Nichtbeachtung der in dieser Verfassung niedergelegten Grundrechte im Ausland verfolgt werden und nach Bayern geflüchtet sind, dürfen nicht ausgeliefert und ausgewiesen werden."

[16] Verfassung des Landes Hessen vom 1. 12. 1946 (GVBl. S. 229), zuletzt geändert durch Gesetz vom 23. März 1970 (GVBl. S. 281). Art. 7 S. 2 der hessischen Verfassung lautet:

"Fremde genießen den Schutz vor Auslieferung und Ausweisung, wenn sie unter Verletzung der in dieser Verfassung niedergelegten Grundrechte im Ausland verfolgt werden und nach Hessen geflohen sind."

[17] Verfassung für Rheinland-Pfalz vom 18. 5. 1947 (GVBl. S. 209), zuletzt geändert durch Gesetz vom 15. 3. 1991 (GVBl. S. 73). In Art. 16 Abs. 2 heißt es: "Politisch Verfolgte genießen Asylrecht."

[18] Art. 11 Saarländ. Verf.:

"(2) Asylrecht genießt, wer unter Verletzung der in dieser Verfassung niedergelegten Grundrechte verfolgt wird und in das Saarland geflohen ist.

(3) Das Nähere regelt das Gesetz."

Allerdings ist bis heute kein solches Ausführungsgesetz ergangen.

[19] Ges.- u. Verordnungsbl. für das Land Brandenburg v. 22. 4. 1992, S. 122 ff.

[20] Art. 18 Brandenburg. Verfassung:

"(1) Politisch Verfolgte genießen Asylrecht.

(2) Ausländer dürfen nicht in ein Land ausgeliefert oder abgeschoben werden, in dem für sie die Gefahr der Todesstrafe oder Folter besteht."

[21] Verfassung des Landes Baden-Württemberg vom 11. 11. 1953 (GBl. S. 173), zuletzt geändert durch Gesetz vom 12. 2. 1991 (GBl. S. 81), Art. 2 (1):

Westfalen[24] zu erwähnen, welche einen generellen Verweis auf den Grundrechtskatalog des Grundgesetzes enthalten. Damit ergibt sich das Problem, ob hierdurch Art. 16 Abs. 2 S. 2 GG a.F. ein für allemal in das jeweilige Landesverfassungsrecht übernommen wurde oder ob es sich stattdessen um eine dynamische Verweisung auf die Grundrechte des Grundgesetzes in ihrer jeweiligen Form handelt.

Bevor auf die generellen Fragen eingegangen wird, welche Probleme sich bei einem Auseinanderklaffen zwischen Landes- und Bundesgrundrechten im Bereich des Asylrechtes stellen können, soll zunächst untersucht werden, ob sich auch für die Länder Baden-Württemberg, Mecklenburg-Vorpommern, Niedersachsen und Nordrhein-Westfalen überhaupt eine solche Diskrepanz ergibt.

I. Zum Problem dynamischer Verweisungen auf den Grundrechtskatalog des GG

Ein Konfliktfall für die Länder Baden-Württemberg, Mecklenburg-Vorpommern, Niedersachsen und Nordrhein-Westfalen kann sich überhaupt nur dann ergeben, wenn der dort jeweils enthaltene Verweis auf das Grundgesetz die Grundrechtsgarantien so in Bezug nimmt, wie sie zum

---

"Die im Grundgesetz für die Bundesrepublik Deutschland vom 23. Mai 1949 festgelegten Grundrechte und staatsbürgerlichen Rechte sind Bestandteile dieser Verfassung und unmittelbar geltendes Recht."

[22] Verfassung des Landes Mecklenburg-Vorpommern vom 23. 5. 1993, (GVBl. 1993, Nr. 10, S. 369 ff.), Art. 5 Abs. 3:

"Die im Grundgesetz für die Bundesrepublik Deutschland festgelegten Grundrechte und staatsbürgerlichen Rechte sind Bestandteil dieser Verfassung und unmittelbar geltendes Recht."

[23] Niedersächsische Verfassung vom 19. 5. 1993, (Niedersächsisches Gesetz- und Verordnungsblatt vom 26. 5. 1993, S. 107 ff.), Art. 3 Abs. 2:

"Die im Grundgesetz für die Bundesrepublik Deutschland festgelegten Grundrechte und staatsbürgerlichen Rechte sind Bestandteil dieser Verfassung. (...)".

[24] Verfassung für das Land Nordrhein-Westfalen vom 28. Juni 1950 (GS NW 100, S. 3) zuletzt geändert durch Gesetz vom 20. 6. 1989 (GVNW S. 428), Art. 4 (1):

"Die im Grundgesetz für die Bundesrepublik Deutschland in der Fassung vom 23. Mai 1949 festgelegten Grundrechte und staatsbürgerlichen Rechte sind Bestandteil dieser Verfassung und unmittelbar geltendes Landesrecht."

Zeitpunkt des Inkrafttretens der jeweiligen Landesverfassung bestanden. Liegt dagegen eine dynamische Verweisung vor, wäre von vorneherein keine Konfliktlage gegeben.

Jedenfalls der Wortlaut von Art. 4 Abs. 1 der Landesverfassung von Nordrhein-Westfalen spricht für eine statische Verweisung, da die Norm auf das Grundgesetz "in der Fassung vom 23. Mai 1949" verweist[25]. Dies gilt umso mehr, als nach der Entstehungsgeschichte dieser Verfassung der rechtliche Gehalt der darin verbürgten Grundrechte gerade von dem Bestand des Grundgesetzes unabhängig gemacht werden sollte[26]. Auch der Wortlaut der baden-württembergischen Verfassung, wonach "die im Grundgesetz für die Bundesrepublik Deutschland *vom 23. Mai 1949* niedergelegten Grundrechte Bestandteil der Verfassung"[27] sind, läßt diese Frage zumindest offen oder legt gar durch den gewählten zeitlichen Bezugspunkt ebenfalls eine bloß statische Verweisungsabsicht nahe.

Unabhängig von diesem Wortlautargument, welches zudem für die beiden anderen Länder ohne Bedeutung ist, sind dynamische Verweisungen zudem aus anderen Gründen im Bereich des (Landes-) Verfassungsrechts problematisch. Denn zum einen bedarf eine Verfassungsänderung nach Art. 56 Abs. 1 der Verfassung von Mecklenburg-Vorpommern, Art. 46 Abs. 1 der niedersächsischen Verfassung beziehungsweise Art. 69 Abs. 1 der Verfassung des Landes Nordrhein-Westfalen für die Wirksamkeit der ausdrücklichen Änderung des jeweiligen Textes. Diese Vorgabe wäre nicht eingehalten, würde eine Änderung der Grundrechte des Grundgesetzes über die jeweilige Inkorporationsnorm zugleich auch den Inhalt der einzelnen Landesverfassung verändern.

Außerdem würden die von der jeweiligen Landesverfassung aufgestellten Erfordernisse für eine Änderung derselben im Hinblick auf besondere Mehrheitserfordernisse *in den jeweiligen Landtagen*[28]

---

[25] P. Feuchte (Hrsg.), Verfassung des Landes Baden-Württemberg (1987), Art. 2, Rdnr. 17.

[26] Vgl. Prot. 26/ 670 A und B; zitiert bei Geller/ Kleinrahm, Die Verfassung des Landes Nordrhein-Westfalen (Loseblatt), Art. 4, 2d).

[27] Hervorhebung durch den Verfassser.

[28] Vgl. Art. 64 Abs. 2 der Verfassung des Landes Baden-Württemberg, Art. 69 der Verfassung von Nordrhein-Westfalen, Art. 56 Abs. 2 der Verfassung von Mecklenburg-Vorpommern und Art. 46 Abs. 3 der niedersächsischen Landesverfassung.

umgangen, wenn auch eine Grundgesetzänderung eine materielle Änderung der beiden Landesverfassungen herbeiführen könnte[29].

Weiterhin wird durch eine solche dynamische Verweisung auf von dem Bundesstaatsvolk gesetzte Normen die von einer demokratischen Verfassung vorausgesetzte Identität zwischen Regierenden und Regierten aufgehoben[30].

Darüber hinaus wird dem *pouvoir constituant* im Falle einer dynamischen Verweisung auch nicht klar vor Augen geführt, welche Rechtsmasse er sich selbst als Verfassung gibt[31]. Dies gilt umso mehr, als der grundrechtliche Gesetzesvorbehalt bereits bei einem einfachen Gesetz, welches in den Schutzbereich eines Grundrechts eingreift, erfordert, daß der einfache Gesetzgeber eine eigenverantwortliche Prüfung hinsichtlich des Umfangs der vorzunehmenden Einschränkung vornimmt[32]. In einer Situation wie der hier vorliegenden - wo nicht nur ein Eingriff in ein einzelnes Grundrecht im Rahmen eines vorab bereits bestehenden Regelungsvorbehalts vorgenommen wird, sondern stattdessen überhaupt erst das Ausmaß der generellen Gewährung von Grundrechten bestimmt wird - muß aber zumindest der gleiche Standard angelegt werden.

Durch eine dynamische Inkorporierung von Bundesnormen in das Landesverfassungsrecht würde auch die vom Grundgesetz - jedenfalls grundsätzlich - gewollte vertikale Gewaltenteilung zwischen Bund und Ländern insoweit aufgehoben und dem Bund von den Landesverfassungen die Möglichkeit geboten, direkten Einfluß auf das Verfassungsrecht der betroffenen Länder zu nehmen.

Vor dem Hintergrund dieser Überlegungen sind die einzelnen Bestimmungen der hier untersuchten Verfassungen demnach als statische Verweisungen zu begreifen, welche den im Grundgesetz normierten

---

[29] Zumal auch ohne die betroffenen Landesregierungen die notwendige Mehrheit im Bundesrat zustande kommen könnte.

[30] F. Ossenbühl, Die verfassungsrechtliche Zulässigkeit der Verweisung als Mittel der Gesetzgebungstechnik, DVBl. 1967, S. 401 ff. (404).

[31] U. Karpen, Die Verweisung als Mittel der Gesetzgebungstechnik (1970), S. 167 ff.; umso mehr dürfte dies dort gelten, wo die Verfassung - wie im Falle Nordrhein-Westfalens, vgl. Art. 90 der nordrhein-westfälischen Verfassung - unmittelbar durch die Landesbevölkerung angenommen wurde -, da kaum davon auszugehen sein dürfte, daß sich die Bevölkerung über die Tragweite einer solchen dynamischen Verweisung bewußt gewesen war.

[32] BVerfGE 47, S. 285 ff. (317).

Grundrechtskatalog einschließlich des Art. 16 Abs. 2 S. 2 GG a.F. in das jeweilige Landesverfassungsrecht übernommen haben[33].

II. Zur Kollision von landesverfassungsrechtlich garantierten Grundrechten mit dem GG

Im Zusammenhang mit der hier zu untersuchenden Frage stellt sich das Problem, ob und gegebenenfalls inwieweit das Grundgesetz es zuläßt, daß eine Landesverfassung (Landes)-Grundrechte gewährleistet, die mit den Grundrechtsgarantien der Bundesverfassung selbst nicht identisch sind. In Art. 142 des Grundgesetzes heißt es dazu:

> "Ungeachtet der Vorschrift des Artikel 31 bleiben Bestimmungen der Landesverfassungen auch insoweit in Kraft, als sie in Übereinstimmung mit den Artikeln 1 bis 18 dieses Grundgesetzes Grundrechte gewährleisten."[34]

Dabei ist in einem ersten Schritt zu prüfen, ob die in den einzelnen Landesverfassungen enthaltenen Asylrechtsbestimmungen gemäßt Art. 142 GG in Übereinstimmung mit Art. 16 a GG stehen[35]. Nur wenn dies

---

[33] Für eine dynamische Verweisung Birn, Die Aufnahme von Grundrechten und staatsbürgerlichen Rechten in die Verfassung von Baden-Württemberg, S. 37 ff., speziell S. 39; Maunz/ Dürig/ Herzog/ Scholz - Maunz, Art. 142, Rdnr. 8; auch Hollerbach, in: Feuchte (Hrsg.), Anm. 25, Art. 2, Rdnr. 17, dessen Aussage sich vor dem Hintergrund des unterschiedlichen Wortlauts aber wohl nur auf Baden-Württemberg bezieht. Ferner ebenfalls für die Annahme einer dynamischen Verweisung in Bezug auf die Situation in Mecklenburg-Vorpommern K. Wedemeyer, Das Verfahren der Verfassungsgebung in Mecklenburg-Vorpommern, in: Stern, Landesverfassungen, S. 37 ff. (39).

Unklar Geller/ Kleinrahm, Anm. 26, Art.4, Anm. 2d) in Bezug auf Nordrhein-Westfalen, die einerseits eine statische Verweisung bejahen, andererseits aber davon sprechen, die Landesverfassung wolle "die Grundrechte nur als solche erhalten, sie aber nicht zementieren (...)". Für die Annahme einer bloß statischen Verweisung demgegenüber K. Braun, Kommentar zur Verfassung des Landes Baden-Württemberg (1984), Art. 2 Rdnr. 9, sowie Göbel, Die Verfassung des Landes Baden-Württemberg, S. 32.

[34] Zur Entstehungsgeschichte von Art. 142 GG vgl. JöR Bd. 1 n.F., S. 910 ff.

[35] Dazu sogleich unten.

in der Tat der Fall sein sollte, wäre dann zu untersuchen welche Folgerungen sich gegebenenfalls aus Art. 31 GG ergeben würden und gegenüber wem überhaupt solche landesverfassungsrechtlichen Verbürgungen Bindungswirkungen entfalten können[36].

A. Bedeutung von Art. 142 GG

Im Hinblick auf diese Norm und die Asylrechtsverbürgung der Landesverfassungen stellt sich die Frage, ob Art. 142 auf *alle* Landesverfassungen gleichermaßen anwendbar ist oder lediglich auf diejenigen, welche vor dem 23. Mai 1949 in Kraft getreten waren.

1. Zeitlicher Anwendungsbereich von Art. 142 GG

Für eine Beschränkung des Anwendungsbereichs von Art. 142 GG auf die vorkonstitutionellen Landesverfassungen spricht zunächst der Wortlaut der Norm, wonach Bestimmungen der Landesverfassungen in Kraft *bleiben*. Dies legt es auf den ersten Blick nahe, daß lediglich diejenigen Landesverfassungen von Art. 142 GG in Bezug genommen werden, die zum Zeitpunkt des Inkrafttretens des Grungesetzes ihrerseits bereits bestanden[37]. Für eine solche Interpretation könnte auch die systematische Stellung im XI. Abschnitt des Grundgesetzes sprechen[38].

Dem ist aber zunächst entgegenzuhalten, daß in Art. 142 GG die Anerkennung der Eigenstaatlichkeit der Länder und ihrer Verfassungsautonomie zu sehen ist mit der Folge, daß es nicht auf den Umstand ankommen kann, wann der jeweilige *pouvoir constituant* des einzelnen Landes sich eine Verfassung gegeben hat[39]. Auch Art. 29 GG

---

[36] Dazu im einzelnen Becker, Asylrecht, S. 162 ff.

[37] Für eine Interpretation des Wortlautes in diesem Sinne H. von Mangoldt, Grundgesetz - Kommentar, (1. Aufl.), Art. 142 GG, S. 664.

[38] So - allerdings nur *arguendo* - Alternativkommentar - Denninger, Art. 142, Rdnr. 9. Im Ergebnis für eine solche Einschränkung Schmidt-Bleibtreu/ Klein, Grundgesetz - Kommentar, Art. 142. Rdnr. 3.

[39] Alternativkommentar - Denninger, Art. 142, Rdnr. 9; so auch implizit der Staatsgerichtshof Baden-Württemberg BWVPr 1956, S. 153 ff., der - allerdings ohne Begründung - von einer Anwendbarkeit von Art. 142 GG im Verhältnis zur baden-württembergischen Verfassung aus dem Jahre 1953 ausgeht. Ferner Geller/ Kleinrahm, Anm. 26, Art. 4 3b), die vor dem Hintergrund der nordrhein-westfälischen Verfassung aus dem Jahre 1950 gar davon sprechen, eine solche zeitliche Differenzierung wäre "ohne jeden Sinn".

mit der Möglichkeit der Neugliederung der Bundesländer und der damit einhergehenden Möglichkeit der Neuschaffung von Ländern spricht für eine Ausdehnung des Anwendungsbereichs des Art. 142 GG auf alle Länder. Das wichtigste Argument dürfte aber darin zu sehen sein, daß es den auf dem Gebiet der früheren DDR neugegründeten Ländern bis zur deutschen Wiedervereinigung unmöglich gewesen war, von ihrem Recht aus Art. 23 GG a.F. Gebrauch zu machen. Würde man aber Art. 142 GG auf vorkonstitutionelle Landesverfassungen beschränken, wären die neuen Bundesländer ohne zwingenden Grund in ihrer verfassungsrechtlichen Position schlechter gestellt, obwohl sie selbst diese Situation nicht verschuldet hatten. Damit ist dann aber davon auszugehen, daß Art. 142 GG auf *alle* Landesverfassungen Anwendung findet, seien sie nun vor- oder nachkonstitutionell[40].

2. Zum Begriff der Übereinstimmung in Art. 142 GG

a) Zur generellen Möglichkeit weitergehender Grundrechtsgewährleistungen in den Landesverfassungen

Das Grundgesetz sieht in seinem Art. 142 vor, daß Grundrechtsbestimmungen auch insoweit in Kraft bleiben, als sie *in Übereinstimmung* mit dem Grundgesetz Grundrechte gewährleisten. Soweit also bereits eine Unvereinbarkeit im Sinne einer Nicht-Übereinstimmung zwischen Art. 16 a GG und der jeweiligen landesrechtlichen Regelung besteht, bedarf es keines Rekurses auf Art. 31 GG mehr[41], da die entsprechenden landesrechtlichen Bestimmungen dann bereits aufgrund von Art. 142 GG außer Kraft getreten wären. Dabei ist unbestritten, daß mit dem Grundgesetz *inhaltsgleiche* Lan-

---

[40] So auch J. Pietzcker, Zuständigkeitsordnung und Kollisionsrecht im Bundesstaat, in J. Isensee/ P. Kirchhof (Hrsg.), Handbuch des Staatsrechts, Bd. IV (1990), S. 693 ff. (712 f.); Alternativkommentar - Denninger, Art. 142, Rdnr. 9; J. Kratzer, Artikel 142 und die Grundrechte in der Bayerischen Verfassung, in: Festschrift für W. Laforet (1952), S. 107 ff. (113); N. Vaulont, Grundrechte und bundesstaatliches Homogenitätsprinzip (1967), S. 59 ff.

[41] Nach dem Wortlaut des Art. 142 tritt widersprechendes Landesverfassungsrecht außer Kraft und führt zu dessen Nichtigkeit, so auch E.-W. Böckenförde/ R. Grawert, Kollisionsfälle und Geltungsprobleme im Verhältnis von Bundesrecht und Landesverfassung, DÖV 1971, S. 119 ff. (122) unter Hinweis auf die Entstehungsgeschichte.

desgrundrechte in ihrem Bestand neben[42] dem jeweiligen Bundesgrundrecht erhalten bleiben[43]. Fraglich ist jedoch, ob es auch grundsätzlich möglich erscheint, daß über das Grundgesetz *hinausreichende*[44] Grundrechte in Landesverfassungen aufgrund von Art. 142 GG unberührt bleiben.

Für ein solches Verständnis von Art. 142 GG[45] spricht zunächst der Wortlaut, insofern als es dort heißt, daß Landesgrundrechte *auch* in Kraft bleiben[46]. Würde man aber Art. 142 GG auf wortgleiche oder

---

[42] Wobei es allerdings streitig ist, ob es sich insoweit dann tatsächlich um *zwei* Grundrechte handelt (so etwa H. Domcke, Zur Fortgeltung der Grundrechte der Bayrischen Verfassung, in: Verfassung und Verfassungsrechtsprechung - Festschrift zum 25-jährigen Bestehen des Bayrischen Verfassungsgerichtshofes (1972), S. 311 ff. (315) mit weiteren Nachweisen, ebd. bei Fn. 19; W. Leisner, Die bayerischen Grundrechte (1968), S. 15 ff.) oder lediglich um ein und dasselbe Recht, welches nur von zwei unterschiedlichen Normen garantiert wird [so BVerfGE 22, S. 267 ff. (271 f)].

[43] Dies ergibt sich bereits aus dem Umstand, daß Art. 142 GG nur deshalb seinen Weg in die Verfassung fand, weil während der Entstehung des Grundgesetzes - bezugnehmend auf die Staatsrechtslehre der Weimarer Republik [vgl. hierzu G. Anschütz, Die Verfassung des Deutschen Reiches (14. Aufl., 1933), S. 103 f. zu Art. 13 der Weimarer Reichsverfassung] vertreten worden war, auch inhaltsgleiches Landesverfassungsrecht werde "gebrochen". Für ein anderes Verständnis von Art. 31 GG vgl. nunmehr aber BVerfGE 36, S. 342 ff. (366).

[44] Für Grundrechte, welche hinter den Art. 1 ff. GG zurückbleiben, ist es anerkannt, daß sie von Art. 142 GG nicht geschützt werden, da es zum einen Zweck der Norm ist, einen bundesverfassungsrechtlichen Mindeststandard zu sichern, vgl. BVerfGE 1, S. 264 ff. (280 f.) und sich eine andere Auffassung zudem in Widerspruch zur Entstehungsgeschichte begeben würde, dazu M. Sachs, Die Grundrechte im Grundgesetz und in den Landesverfassungen - Zur Voraussetzung des Normwiderspruchs im Bereich der Art. 31 und 142 GG, DÖV 1985, S. 469 ff. (473) m.w.N. Vgl. aber auch die Argumente der Gegenauffassung zuletzt bei W. Graf Vitzthum, Die Bedeutung gliedstaatlichen Verfassungsrechts in der Gegenwart, VVDStRL 1988, S. 1 ff. (32 Fn. 91).

[45] Vgl. aber auch U. Sacksofsky, Landesverfassungen und Grundgesetz - am Beispiel der Verfassungen der neuen Bundesländer, NVwZ 1993, S. 235 ff. (237), die davon ausgeht, Art. 142 GG regele lediglich den Fall inhaltsgleichen Landesverfassungsrechts und sei daher durch die Entscheidung BVerfGE 36, S. 342 ff. praktisch obsolet geworden.

[46] Böckenförde/ Grawert, Anm. 41, S. 120.

identische Grundrechte beschränken, wäre dieser Teil der Norm sinnentleert. Ferner wird diese Sicht durch die Entstehungsgeschichte von Art. 142 GG bestätigt, wonach der Grundrechtskatalog des Grundgesetzes nur einen "Mindeststandard" darstellen sollte, durch welche solche Rechte, die "in einem Land (...) darüber hinaus gewährt werden, (...) nicht aufgehoben werden" sollten[47]. Auch das Bundesverfassungsgericht hat das in einer seiner ersten Entscheidungen bestätigt, als es ausführte, daß Art. 142 GG Landesgrundrechten, welche über das Grundgesetz hinausgehen, nicht entgegenstünde[48].

Diese Interpretation wird auch der Intention des Grundgesetzes gerecht, den Freiheitsraum des Einzelnen in möglichst weitem Umfange zu schützen[49]. Dies kann aber nur dann gelingen, wenn man zwar auf der einen Seite davon ausgeht, daß die Festlegung staatlicher Eingriffsermächtigungen in Übereinstimmung mit dem Grundsatz des Gesetzesvorbehalts abschließend ist, während andererseits Festlegungen von Freiheitsverbürgungen im Zweifel für weitergehende Freiheitsgarantien offen sind[50].

b) Zu möglichen Kollisionsfällen

Gelangt man damit zu dem Zwischenergebnis, daß nicht jede über das Grundgesetz hinausgehende Grundrechtsgewährleistung bereits aufgrund von Art. 142 GG außer Kraft tritt, ist nunmehr zu entscheiden, wann in einer solchen Situation ein Konfliktfall vorliegt. Nach dem Wortlaut des Art. 142 GG ist dies dann der Fall, wenn das Landesgrundrecht mit dem parallelen Bundesgrundrecht nicht "in Übereinstimmung" steht. Zunächst kann es nicht auf die wörtliche Übereinstimmung in der Formulierung ankommen[51], sondern stattdessen muß auf die inhaltliche Kompatibilität

---

[47] Vgl. die Äußerungen der Abgeordneten Dr. Schmid und Laforet in der 6. Sitzung des Hauptausschusses des Parlamentarischen Rates, zit. in JöR NF Bd. 1, S. 298 und 911.

[48] BVerfGE 1, S. 26 ff. (280 f.); ferner die Äußerung des Hessischen Staatsgerichtshofes NJW 1982, S. 1381, der zu Art. 55 S. 1 der Hessischen Verfassung ausführt, dessen Fortgeltung sei durch Art. 142 gewährleistet, da es genüge, wenn "ein Mindeststandard gewährleistet ist" und wenn "der Freiheitsgehalt eines Landesgrundrechts (...) nicht geringer (ist), als der Freiheitsgehalt des vegleichbaren Bundesgrundrechts".

[49] Böckenförde/ Grawert, Anm. 41, S. 120.

[50] Böckenförde/ Grawert, Anm. 41, S. 121.

[51] Maunz/ Dürig/ Herzog/ Scholz - Maunz, Art. 142, Rdnr. 7; von Mangoldt/ Klein/ von Campenhausen - von Campenhausen, Art. 142, Rdnr. 7.

des jeweiligen Rechtsgehaltes abgestellt werden. Denn wenn in Art. 142 GG ein Sonderfall einer Kollisionsnorm im Bund-Länder-Verhältnis zu sehen ist[52], kann es nur auf die Frage ankommen, ob sich die einzelnen Landesgrundrechte in Widerspruch zu den Wertungen des Grundgesetzes setzen[53].

Damit ist im Wege der Auslegung für das hier zu untersuchende Grundrecht auf Gewährung politischen Asyls, wie es nunmehr in Art. 16 a GG geregelt enthalten ist, zu untersuchen, ob sich der Norm - auch unter Berücksichtigung der oben erwähnten Vermutung für eine weitergehende Gewährung von Freiheitsrechten[54] - entnehmen läßt, daß

Vgl. auch bereits die Äußerung des Abgeordneten Dr. Laforet während der Entstehungsgeschichte, dazu Becker, Asylrecht, S. 122. So hätte etwa auch Art. 16 Abs. 2 S. 2 GG a.F. mit dem geplanten Art. 3 (3) der Thüringischen Verfassung (Entwurf Neues Forum/ Die Grünen - Drucksache 1/ 659: "Politisch Verfolgte haben Asylrecht") in Übereinstimmung gestanden.

[52] V. Münch - v. Münch, Art. 142, Rdnr. 5 unter Bezugnahme auf BVerfGE 36, S. 342 ff. (363), wobei sich das Gericht jedoch auf Art. 31 GG bezieht. Allerdings ist v. Münch zuzustimmen, daß die vom Bundesverfassungsgericht aufgestellten Voraussetzungen für eine Kollisionsnorm auch im Hinblick auf Art. 142 GG gegeben sind.

[53] Vgl. v. Münch - v. Münch, Art. 142, Rdnr. 5, der davon ausgeht, daß "Übereinstimmung" soviel bedeutet wie Nicht-Widerspruch. Ähnlich Maunz/ Dürig/ Herzog/ Scholz - Maunz, Art. 142, Rdnr. 12, der Übereinstimmung im Sinne einer "Vereinbarkeit" versteht; vor ihm bereits in diesem Sinne Leisner, Anm. 42, S. 26.; K. Hesse, Grundzüge des Verfassungsrechts der Bundesrepublik Deutschland (18. Aufl., 1991), S. 34, der allerdings bereits auf dieser Ebene auf Art. 31 GG rekurriert. Dezidiert a.A. aber Becker, Asylrecht, S. 124 und wohl auch O. Müller, Landesgrundrechte und Bundesgrundrechte, S. 59 ff.

Vgl. aus der Rechtsprechung etwa die Entscheidung des Hessischen Staatsgerichtshofes ESVGH 32, S. 1 ff. (9) und des Bayrischen Obersten Landesgerichts BayVBl. 1970, S. 263 ff. (264), aber auch den Bayerischen Verfassungsgerichtshof BayVerfGH n.F. 7, S. 49 ff. (54), nach dem es darauf ankommen soll, ob die relevanten Grundrechte in ihrem "Wesensgehalt" übereinstimmen. Es erscheint jedoch fraglich, ob der Begriff des Wesensgehalts, der in Art. 19 Abs. 2 GG angesiedelt ist und sich an den *einfachen Bundes*gesetzgeber richtet, auch für den *pouvoir constituant* des jeweiligen Landes entscheidend sein kann.

[54] Oben S. 354.; ähnlich Pietzcker, Anm. 40, Rdnr. 46, wonach *in der Regel* davon auszugehen ist, daß das Bundesgrundrecht nur als Mindestgarantie zu verstehen ist.

der von ihr gewährte Mindeststandard einschließlich der darin enthaltenen Beschränkungen zugleich das Höchstmaß an Grundrechtsschutz sein soll über das hinaus Rechtsgewährleistungen durch die einzelnen Bundesländer nicht erfolgen dürfen[55].

B. Das Verhältnis von Asylverbürgungen in den Landesverfassungen zu Art. 16 a GG

Für die bisherige Situation im Spannungsverhältnis zwischen Art. 16 Abs. 2 S. 2 GG a.F. auf der einen und Art. 105 der bayerischen Verfassung beziehungsweise Art. 7 der hessischen Verfassung[56] auf der anderen Seite wurde von der Rechtsprechung die Auffassung vertreten, daß die landesverfassungsrechtlichen Asylvorschriften *neben* Art. 16 Abs. 2 S. 2 GG zur Anwendung gelangen könnten[57]. Dabei lag diesen

---

[55] Allgemein zu diesem Ausgangspunkt vgl. Böckenförde/ Grawert, Anm. 41, S. 121 und S. Jutzi, Landesverfassungsrecht und Bundesrecht, S. 37, und ders., Zum Verhältnis von Landesverfassungsrecht und Bundesrecht sowie zur Durchsetzungskraft landesverfassungsrechtlicher Grundrechte, ThürVBl. 1993 Sonderheft, S. B 15 ff. (B 18), wo allerdings die Problematik des Art. 16 a GG keine Erwähnung findet.

[56] Beide Normen sind praktisch wortgleich und lauten

> "Ausländer, die unter Nichtbeachtung der in dieser Verfassung niedergelegten Grundrechte im Ausland verfolgt werden und nach Bayern geflüchtet sind, dürfen nicht ausgeliefert und ausgewiesen werden."

beziehungsweise

> "Fremde genießen den Schutz vor Auslieferung und Ausweisung, wenn sie unter Verletzung der in dieser Verfassung niedergelegten Grundrechte im Ausland verfolgt werden und nach Hessen geflohen sind.".

Für die übrigen Bundesländer sind - soweit ersichtlich - keine Gerichtsentscheidungen zu den einschlägigen Normen ergangen.

[57] Hess. VGH, DVBl. 1967, S. 490 ff. (491); BayObLG, VerwRSPr. Bd. 13 (1961), Nr. 59; BayObLG DVBl. 1964, S. 588 ff. (588) mit Anmerkung von F. Franz, ebd., S. 591 ff. Vgl. auch die Entscheidung des Bayrischen Verfassungsgerichtshofes, BayVBl. 1983, S. 15, die sich allerdings nur mit Zulässigkeitsfragen beschäftigt. Ferner die von G. Vill, Die Auswirkungen des Bundesrechts auf das Asylrecht der Bayrischen Verfassung - Zugleich ein Anmerkung zu Becker, Bay VBl.1988, 577 ff. - BayVBl. 1988, S. 585 ff. (585 Fn. 2) zitierten (unveröffentlichten) Entscheidungen de Bayrischen Verfassungsgerichtshofes Vf. 13-VI-62 und Vf. 52-VI-65, die ebenfalls von einer Weitergeltung des Art. 105 der Bayrischen Verfassung ausgingen.

Entscheidungen aber - wenn auch teilweise unausgesprochen - die Prämisse zugrunde, daß Art. 105 der bayerischen Verfassung und Art. 7 der hessischen Verfassung einerseits und Art. 16 Abs. 2 S. 2 GG andererseits inhaltsgleich sind[58].

Es ist anerkannt, daß die in einem Bundesgrundrecht enthaltenen Schranken stets auch für die Gewährung von Landesgrundrechten eine Grenze bilden, wenn sie ihre innere Begründung - wie etwa im Falle des Art. 5 Abs. 2 GG - in einer Freiheitsgewährung zugunsten anderer Grundrechtsträger finden[59]. Diese Überlegung kann allerdings im Hinblick auf die in Art. 16 a GG neu getroffene Regelung nicht herangezogen werden, da die dort vorgesehenen prozessualen und materiellen Schranken nicht dem Schutz anderer Grundrechtsträger, sondern vielmehr der Erreichung allgemeiner staatlicher Ziele dienen.

Gleichwohl muß untersucht werden, ob die in Art. 16 a GG getroffene Regelung nicht nach ihrem Ziel und Zweck *abschließend* auf die dort geregelten Fälle anwendbar sein soll, ob also Art. 16 a GG zugleich die weitere (implizite) Aussage enthält, daß eine Asylgewährung für alle darüber hinausgehenden Sachverhalte ausgeschlossen sein soll[60]. Es ist also zu fragen, ob die Schutzgewährung mit gleichzeitiger Gewährung eines vorläufigen Bleiberechts bis zum Abschluß des Verfahrens und einem Anspruch auf umfassende Prüfung des Asylantrags für Personen, die über einen sicheren Drittstaat einreisen oder aus sicheren Herkunftsstaaten stammen aufgrund landesverfassungsrechtlicher Asylgewährleistungen durch Art. 16 a GG verboten ist. Eine ähnliche Fragestellung ergibt sich vor dem Hintergrund von Art. 16 a Abs. 5 GG. Insoweit ist zu fragen, ob eine auf landesverfassungsrechtlicher Grundlage beruhende Asylgewährung

---

[58] U. Becker, Das Asylrecht der Bayrischen Verfassung, Bay.Vbl. 1988, S. 577 ff. (583); zu diesen ferner Meder, Anm. 2, Art. 105 Rdnr. 1a. Ausführlich zum Geltungsumfang von Art. 105 der Bayrischen Verfassung vgl. U. Becker, Asylrecht, S. 30 - 98; zu Art. 16 Abs. 2 der Verfassung von Rheinland-Pfalz A. Süsterhenn/ H. Schäfer, Kommentar der Verfassung für Rheinland-Pfalz (1950), S. 126 f.; zu Art. 7 der hessischen Verfassung G. Zinn/ E. Stein, Die Verfassung des Landes Hessen - Kommentar (1954), S. 122.

[59] Vgl. dazu Böckenförde/ Grawert, Anm. 41, S. 121, wonach Art. 5 Abs. 2 GG auch die entsprechenden Landesgrundrechte in gleicher Weise einschränken will, da in ihm zugleich die Einräumung einer Freiheitssphäre zugunsten Dritter zu sehen ist. Ähnlich Pietzcker, Anm. 40, Rdnr. 49.

[60] So formuliert Becker, Asylrecht, S. 135 zutreffend die Prüfungsfrage, wie sie im Rahmen von Art. 142 GG zu stellen ist.

für die Personen, für welche nach dem Schengener beziehungsweise Dubliner Vertragssystem ein anderer Vertragsstaat zuständig ist, dem Verständnis von Art. 16 a GG zuwider liefe.

Die Entstehungsgeschichte von Art. 16 a Abs. 2 GG könnte es auf den ersten Blick nahelegen, daß er - zumindest nach seinem Wortlaut - die Gewährung von Asylrecht aufgrund Landesverfassungsrecht nicht ausschließen will. So hatte Art. 16 a Abs. 2 GG in der zunächst vereinbarten Fassung noch vorgesehen, daß *Asylrecht nicht genießt*, wer aus einem Mitgliedsstaat der Europäischen Gemeinschaften oder einem sicheren Drittstaat einreist[61]. Stattdessen heißt es nunmehr lediglich, daß diese Personen sich nicht auf Art. 16 a Abs. 1 *des Grundgesetzes* berufen können. Dies könnte dazu verleiten in einem Umkehrschluß davon auszugehen, daß eine Berufung auf *landesverfassungsrechtliche* Asylverbürgungen von Verfassungs wegen nicht ausgeschlossen ist. Insoweit dürfte es sich jedoch eher um eine bloß redaktionelle Veränderung handeln, welche in dieser Hinsicht[62] keine inhaltliche Änderung bewirken sollte. Dies deshalb, weil es nach der Begründung zu Art. 16 a GG gerade Ziel der Reform war, diejenigen Personen von Asylverfahren auszuschließen, die aus einem sicheren Drittstaat einreisen. Dieses Ziel würde aber gerade unterlaufen, wenn eben diese Personen dann aufgrund der einzelnen landesverfassungsrechtlichen Gewährleistungen gleichwohl Zugang[63] zum Gebiet jedenfalls bestimmter Bundesländer - und damit auch zum Bundesgebiet - erlangen könnten.

---

[61] Dazu oben S. 30 ff.

[62] Zur Frage der Bedeutung bei der Auslegung des Art. 16 a Abs. 2 GG selbst oben S. 297.

[63] Es entspricht allgemeiner Meinung, daß sich aus Art. 16 Abs. 2 S. 2 GG a.F./ Art. 16 a Abs. 1 GG und den damit parallelen Vorschriften der Landesverfassungen ein Einreiserecht (zumindest) für diejenigen Personen ergibt, welche das Staatsgebiet der Bundesrepublik Deutschland erreicht haben. Zur Frage, ob sich aus Art. 16 Abs. 2 S. GG (und damit aus dem mit ihm identischen Art. 16 a Abs. 1 GG) ein Anspruch derjenigen Personen auf Aufnahme ergibt, bei denen das noch nicht der Fall ist vgl. bereits oben Anm. 182.

Zur Frage, ob sich auch aus Art. 105 der bayerischen Verfassung ein solches Einreiserecht ergibt vgl. einerseits Becker, Asylrecht, S. 88 f., der sich allerdings zu Unrecht auf die Auslegung des in Art. 33 der Genfer Flüchtlingskonvention enthaltenen Non-Refoulement-Gebotes beruft (dazu näher oben S. 53 ff.) und andererseits Gusy, Asylrecht, S. 17.

Ferner spricht gegen die Möglichkeit der Weitergewährung politischen Asyl aufgrund landesrechtlicher Vorschriften auch Art. 16 a Abs. 2 S. 3 GG. Wenn dort vorgesehen ist, daß gegen Personen auch ungeachtet von Rechtsbehelfen aufenthaltsbeendende Maßnahmen vollzogen werden können, bedeutet dies zugleich, daß die Weitergewährung politischen Asyls vor dem Hintergrund einer etwaigen Landesnorm dem damit verfolgten Ziel der Verbringung des Antragstellers aus dem Bundesgebiet diametral zuwider laufen würde. Die gleiche Überlegung gilt auch für Art. 16 a Abs. 4 GG, wonach auch die Verwaltungsgerichte - und das sind nach Art. 92 GG grundsätzlich die Gerichte der Länder - regelmäßig den Vollzug solcher Maßnahmen nicht aussetzen sollen. Würde man aber etwa die brandenburgischen Gerichte in vollem Umfange über Art. 16 a Abs. 4 GG hinaus an Art. 18 der dortigen Verfassung gebunden halten, könnten sie bei der Beurteilung aufenthaltsbeendender Maßnahmen den nach Art. 16 a Abs. 4 GG anzuwendenden Maßstab nicht umsetzen.

Schließlich macht auch Art. 16 a Abs. 3 S. 2 GG den Willen des Bundesgesetzgebers deutlich, eine umfassende und abschließende Regelung zu treffen. Die Tatsache, daß es dort heißt, daß bei Ausländern aus einem der dort in Bezug genommenen Staaten vermutet wird, daß sie in der Regel nicht politisch verfolgt werden, muß dahingehend verstanden werden, daß damit eben eine generelle Vermutung der Nichtverfolgung ausgesprochen werden soll, gleichgültig wessen Behörden und Gerichte die Existenz politischer Verfolgung im Einzelfall nachzuprüfen haben.

Außerdem wird die hier vertretene Auffassung, daß Art. 16 a GG eine umfassende Regelung enthält, die darüber hinausgehende Landesgrundrechte ausschließt, zusätzlich durch Art. 16 a Abs. 5 GG bestätigt. Art. 16 a Abs. 5 GG, der nach Wortlaut, Teleologie und Intention des historischen Gesetzgebers die volle Teilnahme der Bundesrepublik Deutschland an den in den Schengener und Dubliner Abkommen vorgesehenen Zuständigkeitsregelungen ermöglichen sollte, würde leerlaufen, könnte sich der einzelne Asylberwerber gegenüber staatlichen Stellen der Bundesrepublik Deutschland[64] auf ein fortbestehendes

---

[64] Vgl. zu der Frage, ob nur Landesbehörden an die Grundrechtsverbürgungen der einzelnen Landesverfassungen gebunden sind statt aller verneinend E. Friesenhahn, Zur Zuständigkeitsabgrenzung zwischen Bundesverfassungsgerichtsbarkeit und Landesverfassungsgerichtsbarkeit, in: Bundesverfassungsgericht und Grundgesetz, Bd. 1 (1976), S. 748 ff. (764): "Grundrechtsnormen der Landesverfassung binden nur die *Landes*organe" (Hervorhebung im Original).

Asylrecht nach der Verfassung eines Bundeslandes berufen[65]. Denn damit wäre zugleich eine *Verpflichtung* zur materiellen Überprüfung aller in diesem Land gestellten Anträge verbunden, was der Intention der soeben genannten Abkommen gerade zuwider laufen würde[66].

Vor dem Hintergrund dieser Überlegungen bleibt als Ergebnis festzuhalten, daß die zu Beginn genannten landesverfassungsrechtlichen Bestimmungen über die Gewährung politischen Asyls mit dem neu in das Grundgesetz eingefügten Art. 16 a GG nicht in Übereinstimmung stehen und auch nicht im Wege der Interpretation in Übereinstimmung gebracht werden können[67]. Damit hat der Bundesgesetzgeber mit der Reform des Asylrechts zugleich auch darüber hinausgehende Bestimmungen in den Landesverfassungen derogiert[68]. Dies bedeutet mit anderen Worten

---

65 Unzutreffend daher Bethäuser, Anm. 5, S. 173, wenn er davon spricht, Art. 16 a GG lasse nicht den Normierungswillen erkennen, daß hierdurch ein erweiterter Grundrechtsschutz ausgeschlossen werden sollte.

66 Die Tatsache, daß in den bisherigen vertraglichen Vereinbarungen jeweils eine Klausel enthalten ist, die den nationalen Behörden aus Gründen des nationalen Rechts die Übernahme von Asylbegehren ermöglicht (Art. 29 Abs. 4 Schengener Folgeabkommen; Art. 3 Abs. 4 Dubliner Übereinkommen), steht diesem Ergebnis schon deshalb nicht entgegen, weil Art. 16 a Abs. 5 GG offensichtlich auch vergleichbare Übereinkommen ohne eine solche Schutzklausel ermöglichen wollte. Darüber hinaus würde die Anerkennung des Weiterbestehens der hier untersuchten Asylbestimmungen in den einzelnen Landesverfassungen und deren Anwendung die Anwendung der als *Ausnahme*vorschrift gedachten Schutzklauseln zum Regelfall werden lassen.

67 Die Ansicht man müsse nicht übereinstimmende Landesgrundrechte dann "grundgesetzkonform" auslegen, (so etwa H. Domcke, Zur Fortgeltung der Grundrechte der Bayerischen Verfassung, in: Festschrift zum 25jährigen Bestehen des Bayerischen Verfassungsgerichtshofes (1972), S. 311 ff. (319 f.) übersieht, daß dies nur in den Grenzen des Wortlauts der jeweiligen Landesnorm möglich ist. Generell zum Wortlaut als Grenze der verfassungskonformen Auslegung - allerdings von einfachen Bundesgesetzen - vgl. BVerfGE 8, S. 28 ff. (34 f.). Enthält nun aber eine Landesverfassung bewußt keine Einschränkungen des Asylrechts, kann man diese nicht nachträglich entgegen dem eindeutigen Willen des *pouvoir constituant* des Landes hineininterpretieren.

68 In diesem Sinne auch T. Meder, Die Verfassung des Freistaates Bayern (4. Aufl., 1992), Rdnr. 1, der davon ausgeht, daß bei einer - wie jetzt erfolgten - Änderung von Art. 16 Abs. 2 S. GG auch Art. 105 der Bayrischen Verfassung geändert werden müßte. Wie hier für das Verhältnis Art. 7 S. 2 der Hessischen Landesverfassung zu Art. 16 a GG nunmehr auch VG Darmstadt,

zugleich, daß der Normkonflikt zwischen Art. 16 a GG und den einschlägigen Vorschriften der Landesverfassungen bereits durch Art. 142 GG geregelt wird, so daß es keines Rückgriffes auf Art. 31 GG oder die Kompetenznormen des Grundgesetzes mehr bedarf, um die Möglichkeit der Berufung auf die einzelnen Grundrechte der Landesverfassungen im Hinblick auf das politische Asyl auszuschließen[69].

NVwZ Beil. 3/1992, S. 22 ff. (23). Anders demgegenüber Bethäuser, Anm. 5, S. 173.

An kann an dieser Stelle angesichts der fehlenden Relevanz offen bleiben, welche Rechtsfolge sich daraus für die einzelne landesverfassungsrechtliche Norm ergibt. Für deren Nichtigkeit etwa Böckenförde/ Grawert, Anm. 41, S. 122 unter Bezugnahme auf die Entstehungsgeschichte: "nicht vereinbar und daher nichtig". Teilweise anders aber Zinn/ Stein, Anm. 58, S. 102 f.

[69] Sollte man im Hinblick auf Art. 142 GG zu einem entgegengesetzten Ergebnis gelangen, wäre dann noch zu prüfen, ob sich nicht aus Art. 31 GG eine Sperrwirkung für diese Vorschriften ergibt, dazu detailliert Becker, Asylrecht, S. 137 ff.

Angesichts der umfassenden Regelungen des hier in Frage stehenden Rechtsgebietes in dem neuen Asylverfahrensgesetz, welches neben der Frage der Anerkennung auch Regelungen über den Zugang zum Verfahren und über aufenthaltsbeendende Maßnahmen enthält, dürfte kein Zweifel bestehen, daß spätestens hierdurch die fraglichen Landesgrundrechte außer Kraft gesetzt würden, da ein uneingeschränkter Anspruch auf Zulassung zu einem Überprüfungsverfahren und ein unbeschränktes Aufenthaltsrecht bis zu einer Endentscheidung wie es einem uneingeschränkten Asylrecht in der Art des alten Art. 16 Abs. 2 S. 2 GG a.F. inhärent war, damit nicht vereinbar erscheint, so auch Vill, Anm. 57, S. 587 und bereits auch R. Schiedermair, Handbuch des Ausländerrechts in der Bundesrepublik Deutschland (1. Aufl., 1965), S. 45. Vgl. auch bereits § 1 AuslG, wonach Ausländer gerade nach Maßgabe dieses Gesetzes - und eben nur insoweit - in die Bundesrepublik Deutschland einreisen dürfen.

Schlußteil

Art. 16 a GG und eine mögliche Harmonisierung des Asylrechts durch die Europäische Gemeinschaft

Im folgenden soll näher untersucht werden, wie sich der neugeschaffene Art. 16 a GG zu einer möglichen Harmonisierung des Asylrechts durch die Europäische Gemeinschaft verhält. Dabei ist in einem ersten Schritt zu untersuchen, ob und gegebenenfalls in welchem Umfang die Europäische Gemeinschaft überhaupt über die Kompetenz verfügt, das nationale Asylrecht ihrer Mitgliedsstaaten zu harmonisieren.

1. Kapitel: Zur Kompetenz der Europäischen Gemeinschaft im Bereich des Asylrechts

I. Problemstellung

Keine der Bestimmungen des EG-Vertrages[1] enthält eine ausdrückliche Ermächtigung der Europäischen Gemeinschaft zur Rechtsangleichung im Bereich des Flüchtlings- und Asylrechts[2]. Teilweise wurde dennoch

---

[1] Zur Bedeutung von Art. K. 1 Nr. 1 in Verbindung mit Art. K. 9 des Vertrages über die Europäische Union vgl. näher unten S. 372.

[2] Vgl. etwa P. Gilsdorf, Die Kompetenz der Gemeinschaft zur Angleichung asylrechtlicher Bestimmungen in der EG, EuR 1990, S. 65 ff. (67 ff.); M. Wollenschläger/ U. Becker, Harmonisierung des Asylrechts in der EG und Art. 16 Abs. 2 S. 2 GG - Rechtsvergleichende Bestandsaufnahme und Reform-Perspektiven in den zwölf EG-Staaten, EuGRZ 1990, S. 1 ff. (5 f.); A. Wilke, Vollendung des EG-Binnenmarktes und Asylrecht - Zum Vorentwurf einer EG-Asylrichtlinie, ZRP 1989, S. 225 ff. (227); G. Süß, Gemeinschafts- und verfassungsrechtliche Probleme einer europäischen Asylrechtsharmonisierung, BayVbl. 1990, S. 609 ff. (610 f.); B. Huber, Art. 16 Abs. 2 S. 2 GG und eu-

diskutiert, ob sich nicht aus den Bestimmungen des Vertrages eine Kompetenz der Gemeinschaft zur Harmonisierung der einzelnen nationalen asylrechtlichen Regelungen ergeben könnte.

II. Art. 118 EGV

Vereinzelt wurde Art. 118 EGV als Rechtsgrundlage für eine gemeinschaftliche Einreise- und Asylpolitik herangezogen. Gestützt auf diese Rechtsgrundlage hatte auch die Kommission eine Entscheidung zur Einführung eines Mitteilungs- und Abstimmungsverfahren über die Wanderungspolitik gegenüber Drittstaaten erlassen[3]. Allerdings hat der Europäische Gerichtshof diese Entscheidung der Kommission im Jahre 1987 wegen Überschreitung der Kompetenzgrundlage (teilweise) für nichtig erklärt. Er hat insoweit ausgeführt, daß

> "(...) *die Mitgliedsstaaten* im Rahmen ihrer ausländerpolizeilichen Regelungen gegenüber Arbeitnehmern aus Drittländern durch den Erlaß innerstaatlicher Vorschriften oder durch die Aushandlung zwischenstaatlicher Vorschriften Maßnahmen treffen [können], die auf Überlegungen des *ordre public*, der öffentlichen Sicherheit und des Gesundheitsschutzes beruhen und *für die sie insoweit allein zuständig sind* (...)[4].

Er hat damit zugleich deutlich gemacht, daß die Koordinierung der Asylpolitik nicht von der Kompetenz gemäß Art. 118 EGV umfaßt wird[5].

---

ropäischer Binnenmarkt - Zum Spannungsverhältnis von nationalem Verfassungsrecht und europäischer Asylrechtsharmonisierung, in: K. Barwig/ K. Lörcher/ C. Schumacher (Hrsg.), Asylrecht im Binnenmarkt (1989), S. 43 ff. (45 ff.), sowie die weiteren Nachweise bei M. Menke, Bedingungen einer Asylgesetzgebung der Europäischen Gemeinschaften (1993) (im folgenden zitiert als Menke, Bedingungen), S. 19 Fn. 2. Zuletzt M. Schweitzer, Das Asylrecht im Europäischen Gemeinschaftsrecht, in: Festschrift für B. Börner (1992), J. Baur, et al. (Hrsg.), S. 403 ff.

[3] ABl. 1985, Nr. L 217, S. 25.

[4] Hervorhebungen durch den Verfasser; Urt. vom 9. 7. 1987, verbundene Rs. 281, 283 bis 285 und 287/85 (Bundesrepublik Deutschland u.a. / Kommission), Slg. Rspr. 1987, S. 3203 ff. (3253, Rdnr. 25).

[5] Das Bestehen einer gemeinschaftlichen Kompetenz im Bereich des Asyl- und Asylverfahrensrechts verneinen vor dem Hintergrund dieser Ent-

III. Art. 100 EGV

Art. 100 EGV ermächtigt den Rat auf Vorschlag der Kommission Richtlinien für die Angleichung derjenigen Rechts- und Verwaltungsvorschriften zu erlassen, die sich unmittelbar auf die Errichtung oder das Funktionieren des Gemeinsamen Marktes auswirken. Eine Kompetenz der Gemeinschaft im Bereich der Asylpolitik wäre somit dann gegeben, wenn mit dem Ziel des Binnenmarktes auch der Wegfall jeglicher Personenkontrollen an den innergemeinschaftlichen Grenzen einherginge und wenn weiterhin eine unkoordinierte Asyl- und Flüchtlingspolitik der Mitgliedsstaaten das Funktionieren des Gemeinsamen Marktes gefährden würde.

A. Art. 100 EGV und der Abbau der Binnengrenzkontrollen

Entscheidend dürfte es insoweit auf den Begriff des Gemeinsamen Marktes ankommen, wie er in Art. 100 Abs. 1 EGV Verwendung findet. Für ein weites - auch ein Verbot jeglicher Binnengrenzkontrollen umfassendes - Verständnis dieses Begriffes[6] spricht der zweite Erwägungsgrund der Präambel des EGV[7], wonach die Mitgliedsstaaten die "Europa trennenden Schranken" beseitigen wollen[8]. Dies gilt umso mehr, als nach dem Wortlaut des Art. 8 EWGV in der Fassung der Einheitlichen Europäischen Akte der danach zu verwirklichende Binnenmarkt - wenn auch nur nach Maßgabe der übrigen Bestimmungen des Vertrages - als ein "Raum ohne Binnengrenzen" ausgestaltet werden soll.

Allerdings ist in diesem Zusammenhang auf die von den Mitgliedsstaaten anläßlich der Unterzeichnung der Einheitlichen Europäischen Akte abgegebenen Erklärungen hinzuweisen. So heißt es in der

---

scheidung Hailbronner, Möglichkeiten, S. 195 und Schweitzer, Anm. 2, S. 410 f. Vgl. aber auch die Verordnung 1408/71 betreffend die Sozialversicherung der Wanderarbeitnehmer, in deren Anwendungsbereich auch Flüchtlinge fallen.

[6] So etwa D. Rogalla/ P. Neuhaus, Die Unvereinbarkeit der Personenkontrollen von Marktbürgern an den EG-Binnengrenzen mit dem EWG-Vertrag, EuR 1984, S. 203 ff. (204).

[7] Zur rechtlichen Bedeutung der Präambel des EG- Vertrages vgl. von der Groeben/ Thiesing/ Ehlermann - Zuleeg, Präambel, Rdnr. 2 m.w.N. aus der Rechtsprechung des Europäischen Gerichtshofes (Fn. 7).

[8] Menke, Bedingungen, S. 39.

"Allgemeinen Erklärung zu den Artikeln 13 bis 19 der Einheitlichen Europäischen Akte" ausdrücklich:

> "Diese Bestimmungen[9] berühren in keiner Weise das Recht der Mitgliedsstaaten diejenigen Maßnahmen zu ergreifen, die sie zur Kontrolle der Einwanderung aus dritten Ländern (...) für erforderlich halten."

Weiter heißt es in der "Politischen Erklärung der Regierungen der Mitgliedsstaaten zur Freizügigkeit":

> "Zur Förderung der Freizügigkeit arbeiten *die Mitgliedsstaaten*[10] unbeschadet der Befugnisse der Gemeinschaft zusammen, und zwar insbesondere hinsichtlich der Einreise, der Bewegungsfreiheit und des Aufenthalts von Staatsangehörigen dritter Länder. (...)".

Aus diesen Erklärungen wird deutlich, daß sich die Mitgliedsstaaten gegen eine gemeinschaftliche Einwanderungs- und Asylpolitik verwahren wollten[11] und stattdessen den Weg der zwischenstaatlichen Zusammenarbeit beschreiten wollten.

Auch der durch die Einheitliche Europäische Akte neu eingeführte Art. 8 a EWGV[12] führte nicht zu einer Unzulässigkeit jeglicher Kontrollen an den Binnengrenzen[13]. Dies ergibt sich zum einen bereits aus dem Wortlaut des Art. 8 a Abs. 2 EWGV, wonach der danach zu verwirklichende Raum ohne Binnengrenzen lediglich "gemäß den Bestimmungen des Vertrages" gewährleistet wird. Außerdem wurde die Freizügigkeit der Personen vom Anwendungsbereich des zur Ausführung des Art. 8 a EWGV bestimmten Art. 100 a EWGV durch dessen Abs. 2 gerade ausgenommen[14]. Dieses Ergebnis wird durch die im Zusammenhang mit der Unterzeichnung der Einheitlichen Europäischen Akte von den Ver-

---

[9] Gemeint sind Art. 13 bis 19 der EEA.

[10] Hervorhebung durch den Verfasser.

[11] Hailbronner, Möglichkeiten, S. 199; so auch zuletzt die Entscheidung des Court of Appeal (Civil Division) in der Sache R. v. Secretary of State for the Home Department *ex parte* Mehmet Colak vom 28.6.1993, CMLRep 1993, S. 201 ff. (203 f.).

[12] Der nunmehr durch den neuen Art. 7 a EGV ersetzt wurde.

[13] Von der Groeben/ Thiesing/ Ehlermann - Pipkorn, Art. 8 a, Rdnr. 12; Grabitz - Grabitz, Art. 8 a, Rdnr. 6; H.-J. Glaesner, Die Einheitliche Europäische Akte, EuR 1986, S. 119 ff. (132 f.).

[14] Von der Groeben/ Thiesing/ Ehlermann - Pipkorn, Art. 8 a, Rdnr. 43.

tragsparteien abgegebene "Erklärung zu Art. 8a des EWG-Vertrages" bestätigt[15], wo es heißt, daß die "Festsetzung des Termins '31. Dezember 1992' keine automatische[16] rechtliche Wirkung" mit sich bringen sollte[17].

Selbst wenn man aber entgegen der hier vertretenen Meinung und im Widerspruch zu den Erklärungen der Mitgliedsstaaten zur Einheitlichen Europäischen Akte die Auffassung vertreten würde, bereits die Einheitliche Europäische Akte habe die Gemeinschaft zu einem vollständigen Abbau der Binnengrenzkontrollen im Verhältnis zu den *Staatsangehörigen der anderen Mitgliedsstaaten* ermächtigt, folgt daraus möglicherweise nicht zwangsläufig, daß nicht zumindest für Staatsangehörige von Drittstaaten Personenkontrollen an den Binnengrenzen aufrecht gehalten werden könnten[18].

---

[15] Von der Groeben/ Thiesing/ Ehlermann - Pipkorn, Art. 8 a, Rdnr. 13. Zweifelnd im Hinblick auf die rechtliche Wirkung dieser Erklärung aber A. G. Toth, The Legal Status of the Declarations annexed to the Single European Act, CMLR 1986, S. 803 ff.

Allgemein zur Notwendigkeit der Berücksichtigung solcher Erklärungen M. Herdegen, Auslegende Erklärungen von Gemeinschaftsorganen und Mitgliedsstaaten zu EG-Rechtsakten, ZHR 1991, S. 52 ff. (58); skeptisch demgegenüber U. Everling, Probleme atypischer rechts- und Handlungsformen bei der Auslegung des Europäischen Gemeinschaftsrechts, in: R. Bieber/ G. Ress (Hrsg.), Die Dynamik des Europäischen Gemeinschaftsrechts (1987), S. 417 ff. (426 f.).

[16] Zu den sich gleichwohl hieraus ergebenden Handlungspflichten der Mitgliedsstaaten vgl. im einzelnen von der Groeben/ Thiesing/ Ehlermann - Pipkorn, Art. 8 a, Rdnr. 14. Zu der weiteren Erklärung betreffend die Einwanderungskontrolle gegenüber Drittausländern näher unten S. 366.

[17] So auch H. P. Ipsen, Vier Glossen zur Einheitlichen Europäischen Akte, in: Festschrift für K. Partsch (1989), S. 327 ff. (333 ff.) und H. Schermers, The Effect of the Date 31 December 1992, CMLR 1991, S. 275 ff. (277), sowie die weiteren Nachweise bei Menke, S. 30, Fn. 76.

[18] Diese Auffassung hat insbesondere die britische Regierung immer wieder vertreten vgl. dazu etwa D. O`Keeffe, The Free Movement of Persons and the Single Market, ELR 1992, S. 3 ff. (8); J. Schutte, Schengen: Its Meaning for the Free Movement of Persons in Europe, CMLR 1991, S. 549 ff. (564). Die faktische Möglichkeit einer solchen Differenzierung verneinen aber etwa von der Groeben/ Thiesing/ Ehlermann - Pipkorn, Art. 8 a, Rdnr. 45; P.-C. Müller-Graff, Die Rechtsangleichung zur Verwirklichung des Binnenmarktes, EuR 1989, S. 107 ff. (127).

B. Zur unmittelbaren Auswirkung unterschiedlicher nationaler Asylrechtsregelungen auf das Funktionieren des Gemeinsamen Marktes

Weitere Voraussetzung für eine Kompetenz der Gemeinschaft zur Harmonisierung des Asylrechts ihrer Mitgliedsstaaten auf der Grundlage von Art. 100 EGV wäre, daß weiterbestehende unterschiedliche asylrechtliche Regelungen der Mitgliedsstaaten unmittelbare negative Auswirkungen auf das Funktionieren des Gemeinsamen Marktes hätten[19]. Nimmt man dabei den Begriff der "Unmittelbarkeit" in Art. 100 EGV ernst, muß es sich um die (potentielle) Angleichung solcher Vorschriften handeln, die mit einer möglichen Behinderung des Funktionierens des Gemeinsamen Marktes in einer zwangsläufigen Verbindung stehen.[20] Diese Auslegung des Tatbestandsmerkmales der Unmittelbarkeit wird auch durch Art. 3 lit h) EGV bestätigt[21], wonach die Rechtsangleichung in dem Maße zur Tätigkeit der Gemeinschaft gehört, als "dies für das ordnungsgemäße Funktionieren des Gemeinsamen Marktes *erforderlich* ist"[22]. Erforderlich dürfte eine Rechtsangleichung aber nur dann sein, wenn auch unter Berücksichtigung der jeweiligen betroffenen mitgliedsstaatlichen Hoheitsgewalt der bezweckte Abbau der jeweiligen Behinderung des Gemeinsamen Marktes verhältnismäßig ist[23].

Zu den Verpflichtungen im Rahmen des Schengener Vertragssystems die Grenzkontrollen an den Grenzen zu den anderen Vertragsstaaten abzubauen vgl. J. Donner, Abolition of Border Controls, in: H. Schermers et al. (Hrsg.), Free Movement of Persons in Europe - Legal Problems and Experiences (1993), S. 3 ff. (9 ff.).

[19] Zum Begriff der Auswirkung vgl. Grabitz - Langeheine, Art. 100, Rdnr. 32; von der Groeben/ Thiesing/ Ehlermann - Taschner, Art. 100, Rdnr. 29; Bleckmann - Eiden, Rdnr. 1522.

[20] Von der Groeben/ Thiesing/ Ehlermann - Taschner, Art. 100, Rdnr. 31.

[21] Zur Bedeutung des Art. 3 bei der Auslegung sonstiger Vertragsbestimmungen vgl. von der Groeben/ Thiesing/ Ehlermann - Zuleeg, Art. 3, Rdnr. 3.

[22] Hervorhebung durch den Verfasser.

[23] So etwa I. Seidl-Hohenveldern, Rechtsakte der Organe der EWG als Mittel der Angleichung, in: Angleichung des Rechts der Wirtschaft in Europa (KSE, Bd. 11, 1971), S. 170 ff. (190); F. Marx, Funktion und Grenzen der Rechtsangleichung nach Art. 100 EWGV (1976), S. 160 ff. Für eine kompetenzbeschränkende Funktion des Merkmals der Erforderlichkeit in Art. 3 lit. h EGV auch bereits M. Zuleeg, Die Kompetenzen der Europäischen Gemein-

Vor diesem Hintergrund dürfte eine Kompetenz der Europäischen Gemeinschaften zur Harmonisierung - wenn überhaupt[24] - nur in den Bereichen bestehen, in denen ein direkter Bezug zum Abbau der Binnengrenzkontrollen besteht. Dies bedeutet aber umgekehrt, daß etwa die Regelung der Zulassung von Asylbewerbern, die unmittelbar aus einem Drittstaat in einen Mitgliedsstaat einreisen wollen, auf keinen Fall der Kompetenz der Gemeinschaften unterfällt, da insoweit kein Bezug zu dem Problem der *Binnengrenz*kontrollen besteht[25]. Auch die Überlegung, der einmal in einen Mitgliedsstaat eingereiste Asylbewerber - eine Abschaffung jeglicher Binnengrenzen unterstellt - könne dann ungehindert in einen anderen Mitgliedsstaat weiterreisen, führt nicht zu einer Kompetenzbejahung zugunsten der Gemeinschaft, da gleichwohl immer noch die Möglichkeit besteht, den Asylbewerber in den Mitgliedsstaat auszuweisen, aus dem er in den zweiten Mitgliedsstaat eingereist war. Dies wird im übrigen auch durch den im Rahmen des Maastrichter Vertragswerkes neu eingefügten Art. 100 c EGV[26] bestätigt[27], wonach nunmehr lediglich die Bestimmung der visumspflichtigen Drittstaaten einer gemeinschaftsrechtlichen Kompetenz unterfällt[28], während die sonstigen Einreisevoraussetzungen für Drittstaatsangehörige nach wie vor im

---

schaften gegenüber den Mitgliedsstaaten, JöR 1971, S. 1 ff. (5) [vgl. nunmehr aber auch von der Groeben/ Thiesing/ Ehlermann - Zuleeg, Art. 3, Rdnr. 11].

[24] Eine umfassende Kompetenz der Gemeinschaft im Bereich der Asylpolitik - allerdings noch ohne Berücksichtigung des Maastrichter Vertrages bejahen Groos, Die Kompetenzen der Europäischen Gemeinschaft auf dem Gebiet des Asylrechts (Studie des Wissenschaftlichen Dienstes des Deutschen Bundestages, Nr. 52/88), S. 13, sowie H. Taschner/ W. de Lobkowicz, Die Europäische Gemeinschaft und das Asylrecht, in: M. Zuleeg (Hrsg.), Ausländerrecht und Ausländerpolitik in Europa (1987), S. 143 ff. (151).

[25] Wilke, Anm. 2, S. 228.

[26] Allgemein zu Art. 100 c EGV vgl die Kommentierung bei R. Geiger, EG-Vertrag (1992), *passim*.

[27] Zur Reichweite der Kompetenzen der Gemeinschaft aus Art. 100 c EGV vgl. K.- P. Nanz, Der "3. Pfeiler der Europäischen Union": Zusammenarbeit in der Innen- und Justizpolitik, integration 1992, S. 126 ff. (131 ff.).

[28] Auch der neugestaltete Art. 3 lit. d) des EG-Vertrages führt zu keiner anderen Wertung, da Maßnahmen hinsichtlich der Einreise in den Binnenmarkt und des freien Personenverkehrs nur "gemäß Art. 100 c" EGV zu dem Tätigkeitsbereich der Gemeinschaft zählen.

Kompetenzbereich der Mitgliedsstaaten verblieben sind[29]. Dies wird zusätzlich durch Art. 100 c Abs. 5 EGV unterstrichen[30], wonach die Mitgliedsstaaten ihre Kompetenzen im Bereich der Aufrechterhaltung der inneren Sicherheit gerade behalten haben[31].

Auch eine Vereinheitlichung der materiellen Asylanerkennungsgründe wäre von Art. 100 EGV selbst dann nicht gedeckt, wenn man davon ausginge, daß die Norm einen vollständigen Abbau der Binnengrenzkontrollen durch die Gemeinschaft ermöglicht[32]. Denn auch bei einem vollständigen Abbau der Grenzkontrollen könnten einzelne Mitgliedsstaaten Zweitanträge von denjenigen Asylbewerbern prüfen und diese gegebenenfalls bei sich aufnehmen, die bereits zuvor in einem anderen Mitgliedsstaat abgelehnt wurden[33], da die Interessen der anderen Mitgliedsstaaten bereits durch eine Rückübernahmeverpflichtung des anerkennenden zweiten Mitgliedsstaates hinreichend geschützt sind[34].

IV. Art. 235 EGV

Im Hinblick auf Art. 235 EGV muß ein Tätigwerden der Gemeinschaft zur Erreichung ihrer Ziele "erforderlich" sein, so daß die Kompetenz der Gemeinschaft zur Rechtsangleichung im Zusammenhang mit einem möglichen Abbau der Binnengrenzkontrollen nicht über diejenige nach Art. 100 EGV hinausgeht[35]. Da aber ein allgemeines Ausländerrecht nicht zu

---

[29] Zu den K-Bestimmungen des Vertrages über die Europäische Union näher unten S. 372.

[30] Zur Bedeutung von Art. 100 c V EGV vgl. K. Hailbronner, Perspektiven einer europäischen Asylrechtsharmonisierung nach der Maastrichter Gipfelkonferenz, ZAR 1992, S. 51 ff. (54).

[31] Anders aber Menke, Bedingungen, S. 86 ff., der insoweit aber Art. 100 c EGV übersieht.

[32] Dementsprechend war auch Art. 3 Abs. 3 des (unveröffentlichten) Richtlinienvorentwurfs der Kommission aus dem Jahre 1989 davon ausgegangen, daß die einzelnen Mitgliedsstaaten die Asylbegehren nach den jeweiligen nationalen asylrechtlichen Regelungen treffen sollten, vgl. dazu Wilke, Anm. 2, S. 226.

[33] Eine solche Kompetenz verneint selbst Menke, Bedingungen, S. 82 ff.; ebenso Wilke, Anm. 2, S. 226.; anders aber wohl D. de Jong, Das Asylrecht in den Niederlanden, in: K. Barwig/ K. Lörcher/ C. Schumacher (Hrsg.), Asylrecht im Binnenmarkt, S. 191 ff. (203).

[34] Menke, Bedingungen, S. 85.

[35] Menke, Bedingungen, S. 108.

den in Art. 235 EGV in Bezug genommenen "Zielen der Gemeinschaft" gehört[36], kommt als im Rahmen von Art. 235 EGV relevantes Ziel wiederum nur der Abbau der Binnengrenzkontrollen in Betracht[37]. Damit gelangt man aber zur gleichen Argumentation wie im Rahmen des Art. 100 EGV[38]. Im übrigen wäre eine Berufung auf Art. 235 EGV auch schon dann ausgeschlossen, wenn man im Rahmen der dort vorzunehmenden Subsidiaritätsprüfung davon ausginge, daß auch ein Tätigwerden der Mitgliedsstaaten nach Art. 220 EGV einen Rekurs der Gemeinschaft auf Art. 235 EGV ausschließt[39].

Nach alledem begründet keine der genannten Vorschriften eine Kompetenz der Gemeinschaft im Bereich der Asylpolitik.

V. Bedeutung der Art. K. 2 - K. 9 des Vertrages über die Europäische Union

Die hier vertretene restriktive Sicht der Gemeinschaftskompetenzen im Bereich des Asyl- und Flüchtlingsrechts wird neuerdings ausdrücklich durch die Bestimmungen des Vertrages über die Europäische Union[40] bestätigt. Zwar hatte die Regierung der Bundesrepublik Deutschland im Vorfeld der Maastrichter Regierungskonferenz zur Politischen Union vorgeschlagen, sowohl das formelle und materielle Flüchtlingsrecht als auch die Ausländer- und Einwanderungspolitik in vollem Umfange zu vergemeinschaften[41]. Danach sollte die Europäische Gemeinschaft er-

---

[36] W. Hummer, Flüchtlinge im Europäischen Binnenmarkt, ZfRV 1991, S. 129 ff. (148).

[37] Schweitzer, Anm. 2, S. 412.

[38] Dazu näher oben S. 366 ff.

[39] So etwa D.- W. Dorn, Artikel 235 EWG-Vertrag - Prinzipien der Auslegung. Die Generalermächtigung zur Rechtsetzung im Verfassungssystem der Gemeinschaften (1986), S. 135; H.- J. Rabe, Das Verordnungsrecht der Europäischen Wirtschaftsgemeinschaft (1963), S. 154. Anders aber wohl die überwiegende Meinung, vgl. die Nachweise bei von der Groeben/ Thiesing/ Ehlermann - Schwartz, Art. 235, Rdnr. 53; ferner die Stellungnahme des EuGH, Rs. 45/86, Slg. Rspr. 1987, S. 1493 ff. (1520, Rdnr. 13):

> "Der Rückgriff auf Artikel 235 (...) ist nur gerechtfertigt, wenn keine andere Vertragsbestimmung *den Gemeinschaftsorganen* die zum Erlaß dieses Rechtsaktes erforderliche Befugnis verleiht."

[40] Im folgenden EUV.

[41] Vgl. die Nachweise bei S. Weyand, Die Europäischen Gemeinschaften auf dem Weg zur Staatswerdung ? Eine Bilanz von Maastricht, integration

mächtigt werden auf der Grundlage der in den einzelnen Mitgliedsstaaten geltenden rechtlichen Verbürgungen und unter Beachtung der Genfer Flüchtlingskonvention einstimmig die erforderlichen Schritte zur Rechtsvereinheitlichung sowohl in formeller, wie auch in materieller Hinsicht zu treffen[42]. Die Bundesregierung konnte sich jedoch mit dieser Initiative im Verlaufe der Maastrichter Vertragsverhandlungen nicht durchsetzen[43]. Vielmehr ist im Maastrichter Vertragswerk nunmehr *expressis verbis* vorgesehen, daß die Asylpolitik gerade nicht in den Kompetenzbereich der Europäischen Gemeinschaft fällt[44], sondern stattdessen der Zusammenarbeit zwischen den Mitgliedsstaaten der Union nach Titel VII EUV vorbehalten bleiben soll[45]. Nach Art. K. 1 EUV betrachten die Mitgliedsstaaten der Union die Asylpolitik als Angelegenheit von gemeinsamen Interesse. Die Zusammenarbeit der Mitgliedsstaaten kann

---

1992, S. 115 ff. (119); Nanz, Anm. 27, S. 130; O`Keeffe, Anm. 18, S. 9, sowie B. Huber Ausländer- und Asylrecht in der Europäischen Gemeinschaft, NVwZ 1992, S. 618 ff. (620) und A. Weber, Die Harmonisierung der europäischen Einwanderungs- und Asylpolitik, ZRP 1993, S. 170 ff. (172).

[42] K. Hailbronner, Perspektiven einer europäischen Asylrechtsharmonisierung nach der Maastrichter Gipfelkonferenz, in: ders., (Hrsg.), Asyl- und Einwanderungsrecht im europäischen Vergleich (1992), S. 134 ff. (139 f.)

[43] Groos, Zusammenarbeit in den Bereichen Justiz und Inneres, insbesondere in der Asylpolitik, in: Wissenschaftliche Dienste des Deutschen Bundestages (Hrsg.), Maastricht - Auf dem Wege zur Politischen Union (1992), S. 75 ff. (76).

[44] Unzutreffend daher A. Voßkuhle, "Grundrechtspolitik" un Asylkompromiß - Zur Verfassungsänderung als Instrument politischer Konfliktbewältigung am Beispiel des Art. 16 a GG, DÖV 1994, S. 53 ff. (57), wenn er davon spricht die Gemeinschaft verfüge nach Inkrafttreten des Maastrichter Vertrages nunmehr über Kompetenzen im Asylbereich.

[45] Zwar wird die Asylpolitik nach Art. K. 1 EUV "unbeschadet der Zuständigkeiten der Europäischen Gemeinschaft" als Angelegenheit von gemeinsamen Interesse der Mitgliedsstaaten angesehen, so daß sich aus Art. K. 1 keine nachträgliche Einschränkung der Kompetenzen der Europäischen Gemeinschaft ergibt. Gleichwohl kann die Norm aber als Auslegungsmaßstab für die Bestimmungen des EG-Vertrages herangezogen werden. Dieser Aspekt wird übersehen bei Menke, Bedingungen, S. 120 Fn. 602. Für eine Beschränkung auf eine zwischenstaatliche Zusammenarbeit auch J.-Y. Carlier, Harmonisation des Politiques d`Asile des Pays d`Europe: les Enjeux Juridiques, Rev. Dt. Etr. 1992, S. 51 ff. (53).

Allgemein zur Zusammenarbeit im Bereich der Innen- und Rechtspolitik nach den Artikeln K bis K. 9 vgl. Nanz, Anm. 27, *passim*.

sich dabei gemäß Art. K. 3 c) EUV auch in der Form völkerrechtlicher Übereinkommen vollziehen. Diese Feststellung gilt ungeachtet des Umstandes, daß sich die Mitgliedsstaaten der Union im Rat der Europäischen Gemeinschaft wechselseitig über ihr Vorgehen unterrichten und konsultieren, zumal die anderen Gemeinschaftsorgane an diesen Arbeiten nur beratend teilnehmen können[46].

Auch Art. K. 3 Abs. 2 b) EUV ändert an diesem Befund nichts. Zwar heißt es dort, daß der Rat ermächtigt ist,

> "gemeinsame Maßnahmen an[zu]nehmen, soweit sich die Ziele der Union aufgrund des Umfangs oder der Wirkungen der geplanten Maßnahme durch gemeinsames Vorgehen besser verwirklichen lassen als durch Maßnahmen der einzelnen Mitgliedsstaaten".

Außerdem kann er weiterhin beschließen,

> "daß Maßnahmen zur Durchführung einer gemeinsamen Maßnahme mit qualifizierter Mehrheit angenommen werden."

Aber auch diese Befugnis des Rates "gemeinsame Maßnahmen" zu beschließen, kommt keinesfalls einer Rechtssetzungskompetenz des Rates im Bereich der Asylpolitik gleich. Denn gemäß Art. K. 8 Abs. 1 werden in Bezug auf die Zusammenarbeit im Bereich der Innen- und Justizpolitik nur bestimmte Vorschriften des EG-Vertrages für anwendbar erklärt, zu denen Art. 189 EGV, der die Rechtsquellen des *Gemeinschaftsrechts* enumerativ aufführt[47], gerade nicht gehört[48]. Außerdem soll es sich

---

[46] Vgl. Art. K. 6 EUV betreffend das Europäische Parlament. Der Gerichtshof kann lediglich als Auslegungsorgan für Verträge nach Art. K. 3 Abs. 2 lit. c EUV herangezogen werden (vgl. Art. K. 3 Abs. 2 lit. c), Unterabsatz 3). Aber auch die "voll umfängliche Beteiligung der Kommission an den Arbeiten" in den Bereichen Justiz und Inneres dürfte über eine bloße Pflicht zur Information und Konsultation kaum hinausgehen. Aus diesen Gründen kritisch zu der vorgesehenen zwischenstaatlichen Zusammenarbeit C. D. Classen, Maastricht und die Verfassung: kritische Bemerkungen zum neuen "Europa-Artikel" 23 GG, ZRP 1993, S. 57 ff. (60 f.).

[47] Zum nicht-abschließenden Charakter der in Art. 189 EGV genannten Rechtsquellen des Gemeinschaftsrechts vgl. von der Groeben/ Thiesing/ Ehlermann - Daig/ Schmidt, Art. 189, Rdnr. 15 -17; allerdings richten sich die sonstigen unbenannten Rechtsakte nicht an den einzelnen Bewohner der Mitgliedsstaaten, ebd., Rdnr. 16 f.

ausweislich der amtlichen Überschrift zu Titel VI[49] gerade lediglich um eine Zusammenarbeit der Mitgliedstaaten handeln, nicht aber um ein Vorgehen der Europäischen Gemeinschaft als solches[50]. Dies belegt im übrigen auch der Wortlaut von Art. K. 3 Abs. 2 c) EUV, der lediglich von *gemeinsamen*, nicht aber von *gemeinschaftlichen* Maßnahmen spricht[51]. Schließlich spricht K. 3 Abs. 1 des Vertrages über die Europäische Union ausdrücklich davon, daß die Mitgliedsstaaten in den Bereichen des Art. K 1 - also auch im Bereich der Asylpolitik - ihr Vorgehen lediglich koordinieren wollen[52]. Schließlich erscheint es kaum vorstellbar, daß die Mitgliedsstaaten bereit gewesen sind, in den für die staatliche Souveränität so wesentlichen Bereichen wie der Einwanderungspolitik oder der Kriminalitätsbekämpfung auch innerstaatlich unmittelbar bindende Maßnahmen mit qualifizierter Mehrheit zu ermöglichen, zumal man in einem solchen Falle dann auch eine formelle Vergemeinschaftung durch Aufnahme eines entsprechenden Kompetenztitels in den EGV vorgenommen hätte.

Schließlich zeigt auch Art. K. 9 des Vertrages über die Europäische Union, daß durch Ratsbeschlüsse nach Art. K. 3 kein in den Mitgliedsstaaten unmittelbar anwendbares und Vorrang vor dem jeweiligen nationalem Recht beanspruchendes Recht gesetzt werden kann[53].

---

48 Vor diesem Hintergrund verneint auch das Bundesverfassungsgericht in seinem Maastricht-Urteil vom 12. 10. 1993, EuGRZ 1993, S. 429 ff. (435) die Durchgriffswirkung von Beschlüssen nach Art. K. 1 EUV ff. Vgl. ferner Weber, Anm. 41, der zutreffend darauf hinweist, daß "Maßnahmen" in Art. 189 EGV gerade nicht genannt sind.

Vgl. aber auch Art. 100 c Abs. 3 und 7 EGV, wo im Rahmen des Gemeinschaftsrechts von "Maßnahmen" die Rede ist.

49 Die Überschrift ist somit Teil des Vertrages selbst!

50 So bereits B. Huber, Verfassungsrechtliche Aspekte einer Asylrechtsharmonisierung in Europa, ZRP 1992, S. 123 ff. (123).

51 Menke, Bedingungen, S. 119.

52 Für die Annahme einer rein zwischenstaatlichen Zusammenarbeit auch F. Graf Stauffenberg/ C. Langenfeld, Maastricht - ein Fortschritt für Europa ?, ZRP 1992, S. 252 ff. (254).

53 Bundesverfassungsgericht, Urteil vom 12. 10. 1993, EuGRZ 1993, S. 429 ff. (434) So auch M. Seidel, Zur Verfassung der Europäischen Gemeinschaft nach Maastricht, EuR 1992, S. 130 ff. (132), sowie speziell zum Asylrecht Weber, Anm. 41, S. 173.

Vgl. andererseits aber H.-J. Blanke, Der Unionsvertrag von Maastricht - Ein Schritt auf dem Weg zu einem europäischen Bundesstaat, DÖV 1993, S. 412 ff. (417), der - allerdings ohne nähere Begründung - davon ausgeht, daß

Denn nach Art. K. 9 kann der Rat einstimmig eine Vergemeinschaftung gerade auch im Bereich der Asylpolitik ermöglichen, wodurch dann das in Art. 100 c EGV vorgesehene Verfahren auch auf diesen Politikbereich anwendbar wird. Allerdings bedarf ein solcher Beschluß der Annahme durch die einzelnen Mitgliedsstaaten nach deren jeweiligen verfassungsrechtlichen Bestimmungen. Diese Bestimmung wäre aber gerade redundant und würde leerlaufen, würde bereits Artikel K. 3 des Vertrages über die Europäische Union seinerseits eine ähnliche Ermächtigung zum Erlaß bindender Vorschriften enthalten[54].

Fehlt es damit bei dem derzeitigen Stand des Gemeinschaftsrechts (noch) an einer Kompetenz der Europäischen Gemeinschaft zur Harmonisierung und Vereinheitlichung des Flüchtlings- und Asylrechts, so kann eine solche Kompetenz nur durch einen Beschluß nach Art. K. 9 EUV[55] konstitutiv herbeigeführt werden. Dabei ist von besonderer Bedeutung, daß es in der ebenfalls auf der Maastrichter Regierungskonferenz angenommenen "Erklärung zur Asylfrage" heißt, daß der Rat im Rahmen der Arbeiten nach den Artikeln K. 1 bis 3 vorrangig die Fragen

---

"Maßnahmen" im Sinne des Art. K. 3 EUV auch solche Rechtsakte sein können, die sich ohne Zwischenschaltung einer nationalen Instanz im unmittelbaren Durchgriffseffekt an den einzelnen Gemeinschaftsbürger richten. Ebenso K. Stern, Stellungnahme für die Anhörung zum Thema "Grundgesetz und Europa, insbesondere Artikel 24, 28, 32, 88 GG" anläßlich der 1. Anhörung der Gemeinsamen Verfassungskommission, Protokoll der Sitzung der Gemeinsamen Verfassungskommission vom 22. 5. 1993, S. 7 der Stellungnahme.

Skeptisch demgegenüber A. Bleckmann, Der Vertrag über die Europäische Union, DVBl. 1992, S. 335 ff. (339), der davon spricht, es sei unsicher "ob die EG auch in diesen Bereichen Rechtsakte erlassen kann". Unklar M. Schweitzer, Europäische Gemeinschaften und Asylrecht, ZAR 1992, S. 147 ff. (149), der aber immerhin von einer Kompetenz des Rates im Bereich der Asylpolitik spricht sowie K. Schachtschneider/ A. Emmerich-Fritsche/ T. Beyer, Der Vertrag über die Europäische Union und das Grundgesetz, JZ 1993, S. 751 ff. (753), die lediglich davon sprechen, Art. K. 3 Abs. 2 lit. b EUV "verlasse den Bereich der zwischenstaatlichen Zusammenarbeit".

[54] So nunmehr auch Bundesverfassungsgericht, Urteil vom 12. 10. 1993, EuGRZ 1993, S. 429 ff. (435).

[55] Eine weitere Möglichkeit böte eine reguläre Vertragsänderung nach Art. N EUV.

der Asylpolitik prüfen wird[56]. Insbesondere ist dort in Abs. 2 der Erklärung vorgesehen, daß der Rat noch bis Ende 1993 die Frage einer etwaigen Anwendung des Artikels K. 9 EUV prüfen wird[57]. Damit stellt sich aber aus deutscher Sicht das Problem, auf welcher verfassungsrechtlichen Grundlage sich die Zustimmung zu einem solchen Beschluß vollziehen könnte, insbesondere in welchem Verhältnis der neugeschaffene Art. 16 a GG - und dort vor allem Art. 16 a Abs. 5 GG - zu Art. 23 GG n.F. steht.

2. Kapitel: Verfassungsrechtliche Zulässigkeit einer Übertragung von Hoheitsrechten auf die Europäische Gemeinschaft im Bereich der Asylpolitik im Lichte des Art. 16 a Abs. 5 GG

I. Bedeutung von Art. 23 GG n.F.[58]

Bis zur Schaffung des neuen Art. 23 GG hatte es der bisherige Art. 24 GG ermöglicht, durch einfaches Gesetz Hoheitsrechte auf die Europäischen Gemeinschaften zu übertragen, die lediglich als ein Sonderfall einer zwischenstaatlichen Einrichtung im Sinne dieser Norm verstanden worden waren[59]. Insoweit waren auch Verfassungsdurchbrechungen durch einfaches Gesetz möglich, solange hierdurch nicht die Identität der deutschen Verfassungsordnung im Sinne der sie tragenden Strukturprinzipien in Frage gestellt wurde[60]. Diese Offenheit der Verfassung für

---

[56] Allerdings ist der dort vorgesehene Zeitplan bereits aufgrund der verzögerten Ratifikation des Vertrages über die Europäische Union kaum mehr einhaltbar.

[57] Dies wird übersehen bei Marx, Drittstaatenregelung, S. 70 wenn er davon spricht, daß das Aylrecht "nicht in das Gemeinschaftsrecht integriert werden soll".

[58] Allgemein zum neuen Art. 23 GG vgl. U. Di Fabio, Der neue Art. 23 des Grundgesetzes, Staat 1993, S. 191 ff.; T. Oppermann/ C.D. Classen, Die EG vor der Europäischen Union, NJW 1993, S. 5 ff. (11 f.); F. Ossenbühl, Maastricht und das Grundgesetz - eine verfassungsrechtliche Wende ?, DVBl. 1993, S. 629 ff.; Schotten, Das Grundgesetz nach Maastricht, VR 1993, S. 89 ff.

[59] Vgl. statt aller Bonner Kommentar - Tomuschat, Rdnr. 107.

[60] Dazu aus der Rechtsprechung des Bundesverfassungsgerichts zuletzt etwa BVerfGE 73, S. 339 ff. (375 f.). Hierzu auch E. Klein, Der Verfassungsstaat als Glied einer europäischen Gemeinschaft, VVDStRL (50), S. 56 ff. (71), sowie P. Kirchof, Die Identität der Verfassung in ihren unabän-

Durchbrechungen aufgrund einfachen Gesetzesrechts wurde durch den neuen Art. 23 GG im Hinblick auf die Europäische Union[61] eingeschränkt[62] mit der Folge, daß solche Verfassungsdurchbrechungen aufgrund einfachen Rechts im Bereich der Europäischen Union künftig nicht mehr statthaft sind[63]. Zwar kann der Bund nach wie vor nach Art. 23 Abs. 1 S. 2 GG n.F. zur Verwirklichung eines vereinten Europas durch Gesetz mit Zustimmung des Bundesrates Hoheitsrechte übertragen[64].

---

derlichen Inhalten, in: J. Isensee/ P. Kirchhof (Hrsg.), Handbuch des Staatsrechts, Bd. 1 (1987), S. 775 ff. (802 ff.).

[61] Daneben ist der Art. 24 Abs. 1 GG im Hinblick auf sonstige Übertragungen von Hoheitsgewalt bestehen geblieben. Diese Norm ermächtigt dabei auch zur Hoheitsübertragung im weiteren Bereich der Zusammenarbeit der Mitgliedsstaaten der Europäischen Gemeinschaft, so etwa im Rahmen des Schengener Durchführungsabkommen, wenn man davon ausginge, daß der danach vorgesehene Exekutivausschuß in der Tat Durchgriffsbefugnisse besitzen würde, so etwa O. Dörr, Das Schengener Durchführungsabkommen - ein Fall des Art. 24 Abs. 1 GG, DÖV 1993, S. 696 ff. Anders aber etwa die Auffassung des französischen Conseil d`Etat [Entscheidung N° 91-294 vom 27. 7. 1991, RUDH 1992, S. 345 ff. (349 und *passim*), sowie die Haltung der Bundesregierung [Bt-Drs. 12/2453, S. 97 und 99], die zutreffend davon ausgehen, daß dessen Beschlüsse stets einer innerstaatlichen Umsetzung bedürfen. Allerdings geht selbst Dörr davon aus, daß die Befugnisse des Exekutivausschusses im Rahmen der Regelung der Zuständigkeit für Asylbegehren nach Art. 30 des Abkommens keine Durchgriffsbefugnisse mit sich bringen (ebd., S. 701 und 702), so daß jedenfalls in dieser Hinsicht *unzweifelhaft* kein Anwendungsfall des Art. 24 Abs. 1 GG vorliegt.

[62] Zu dieser Funktion des Art. 23 GG n.F. vgl. M. Herdegen, Die Belastbarkeit des Verfassungsgefüges auf dem Weg zur Europäischen Union, EuGRZ 1992, S. 589 ff. (591).

[63] R. Scholz, Grundgesetz und europäische Einigung - Zu den reformpolitischen Empfehlungen der Gemeinsamen Verfassungskommission, NJW 1992, S. 2593 ff. (2597).

[64] Zu den sich aus Art. 23 Abs. 1 S. 1 GG n.F., der sogenannten Struktursicherungsklausel, ergebenden Grenzen einer solchen Übertragung vgl. W. Fischer, Die Europäische Union im Grundgesetz: der neue Artikel 23, ZfParlamentsfragen 1993, S. 32 ff. (38). C. Kirchner/ J. Haas, Rechtliche Grenzen für Kompetenzübertragungen auf die Europäische Gemeinschaft, JZ 1993, S. 760 ff. (762) sehen die Grenzen für eine Übertragung von Hoheitsrechten nach dem neuen Art. 23 GG als mit den sich bereits früher aus Art. 24 GG ergebenden Grenzen als identisch an.

Nach Art. 23 Abs. 1 S. 3 GG n.F. bedarf jedoch jede Änderung der vertraglichen Grundlagen des Unionsvertrages, sowie jede vergleichbare Regelung, wenn sie mit einer weiteren Übertragung von Hoheitsrechten[65] einhergeht, einem Zustimmungsgesetz, welches mit der besonderen verfassungsändernden Mehrheit des Art. 79 Abs. 2 GG angenommen werden muß und welches den materiellen Bindungen des Art. 79 Abs. 3 GG Rechnung trägt[66]. Dies bedeutet, daß der Gesetzgeber insoweit lediglich von der Beachtung der Formvorschrift des Art. 79 Abs. 1 S. 1 GG befreit worden ist[67]. Fraglich ist allerdings, ob auch einstimmige Beschlüsse des Rates nach Art. K. 9 des Vertrages über die Europäische Union, durch welche bestimmte Politikbereiche aus dem Bereich der Be-

---

Zur verfassungspolitischen Kritik an der von ihnen als "Europabehinderungsartikel" bezeichneten Norm vgl. T. Oppermann/ C.D. Classen, Europäische Union: Erfüllung des Grundgesetzes, Aus Politik und Zeitgeschichte (Beilage zur Wochenzeitung Das Parlament), B 28/93, S. 11 ff. (13 f.).

[65] Zum Begriff der Übertragung von Hoheitsrechten (dort im Sinne von Art. 24, der allerdings insoweit mit Art. 23 Abs. 1 S. 2 GG wortgleich ist) vgl. bereits BVerfGE 37, S. 271 ff. (280), wonach es sich nicht um eine Übertragung im eigentlichen Sinne des Wortes mit quasi-dinglicher Wirkung, sondern lediglich um eine Öffnung der innerstaatlichen Rechtsordnung der Bundesrepublik Deutschland und ein Einströmenlassen eines Rechts aus anderen Quellen handelt.

[66] Herdegen, Anm. 62, S. 591.

[67] Dabei kann offen bleiben, ob - wie von der Bundesregierung in der amtlichen Begründung zu Art. 23 GG n.F. vertreten (vgl. BRat-Drs. 501/92, S. 15) - der *einfache* Gesetzgeber von der Übertragungsermächtigung nach Art. 23 Abs. 1 S. 2 GG n.F. Gebrauch machen kann, wenn "Änderungen des Unions-Vertrages zu ratifizieren sind, die von ihrem Gewicht her der Gründung der Europäischen Union nicht vergleichbar sind und soweit nicht die 'Geschäftsgrundlage' dieses Vertrages" betroffen ist oder ob sämtliche weiteren Übertragungen von Hoheitsrechten auf die Europäische Union das Vorliegen einer verfassungsändernden Mehrheit erforderlich machen (so die Position des Bundesrates BRat-Drs. 501/92, S. 2), da es sich bei der materiellen Vergemeinschaftung der Asylpolitik um eine Übertragung von Hoheitsrechten von einem solchen Gewicht handelt, daß auch dann wenn man der Auffassung der Bundesregierung folgte, die besondere Mehrheit des Art. 23 Abs. 1 S. 3 (in Verbindung mit Art. 79 Abs. 2 GG) notwendig wäre. Vgl. zu diesem Streit R. Scholz, Europäische Union und deutscher Bundesstaat, NVwZ 1993, S. 817 ff. (821), der von Rechtsakten mit der "Qualität von Verfassungsänderungen und solchen ohne" spricht.

stimmungen über die Zusammenarbeit in den Bereichen Justiz und Inneres herausgenommen und stattdessen dem Verfahren nach Art. 100 c EGV unterworfen werden, ihrerseits eines erneuten qualifizierten Zustimmungsgesetzes nach Art. 23 Abs. 1 S. 3 GG n.F. bedürfen.

Dies wäre nur dann der Fall, wenn ein solcher Beschluß als "eine Änderung der vertraglichen Grundlagen der Europäischen Union oder eine vergleichbare Regelung" im Sinne des Art. 23 Abs. 1 S. 3 GG n.F. angesehen werden müßte. Zunächst dürfte es sich bei einem solchen Beschluß nicht um eine Änderung der vertraglichen Grundlagen der Europäischen Union im Sinne von Art. 23 GG n.F. handeln. Denn der Vertrag über die Europäische Union enthält in seinem Art. N seinerseits eine spezielle Norm, welche das Verfahren für mögliche Vertragsänderungen[68] regelt[69]. Demgegenüber findet im Falle eines Beschlusses nach Art. K. 9 des Vertrages über die Europäische Union keine formelle Vertragsänderung statt. Vielmehr wird lediglich das Verfahren des Art. 100 c EGV auf weitere Politikbereiche ausgedehnt. Dies ist aber gerade bereits in Art. K. 9 EUV selbst angelegt mit der Folge, daß es sich zwar um eine Veränderung der anzuwendenden materiellen Regeln handelt, nicht aber um eine Änderung der vertraglichen Grundlagen der Europäischen Union im Sinne von Art. 23 Abs. 1 S. 3 GG n.F.[70].

Dessen ungeachtet spricht der weite Wortlaut des Art. 23 Abs. 1 S. 3 GG n.F. gleichwohl für eine Anwendbarkeit der Norm auf solche kompetenzbegründenden Beschlüsse nach Art. K. 9 des Vertrages über die Europäische Union. Denn die Formulierung "vergleichbare Regelungen" will das Verfahren des Art. 23 GG n.F. auf all die Mechanismen angewendet wissen, die in ähnlicher Weise wie eine formelle Vertragsänderung erst den unmittelbaren Zugriff der durch den Unionsvertrag verfaßten Hoheitsgewalt auf den einzelnen deutschen Grundrechts-

---

[68] Vgl. ferner die anderen Möglichkeiten von Vertragsänderungen nach Art. O (Beitritt neuer Mitgliedsstaaten), die erleichterte Vertragsanpassung nach Art. 138 Abs. 3 EGV (einheitliche Direktwahlen zum Europäischen Parlament), sowie die Möglichkeiten der autonomen Vertragsänderung durch die Gemeinschaftsorgane selbst (Art. 136 Abs. 2 - Assoziierung überseeischer Gebiete; Art. 157 Abs. 1 S. 2 EGV - Zahl der Kommissionsmitglieder und schließlich Art. 165 Abs. 4 beziehungsweise Art. 166 Abs. 3 EGV - Anzahl der Richter beziehungsweise Generalanwälte beim EuGH).

[69] Vgl. dazu die Kommentierung bei Geiger, Anm. 26, Art. N, *passim*, der allerdings auf die Bedeutung von Art. K. 9 EUV nicht näher eingeht.

[70] Ungenau daher Nanz, Anm. 26, S. 131, der davon spricht, es handele sich bei Art. K. 9 EUV um ein "vereinfachtes Vertragsänderungsverfahren". Ähnlich jedoch auch Geiger, Art. 100 c, Rdnr. 10.

träger ermöglichen. Gerade erst durch einen Beschluß nach Art. K. 9 des Vertrages über die Europäische Union und die dadurch herbeigeführte materielle Vergemeinschaftung einer Materie wird aber etwa die Möglichkeit eröffnet, durch Rechtsakte im Sinne von Art. 189 EGV direkt in die jeweilige nationale Rechtsordnung hineinzuwirken, während es sich bis zu diesem Zeitpunkt lediglich um eine zwischenstaatliche Zusammenarbeit im klassischen völkerrechtlichen Sinne handelt[71].

Auch die Teleologie der Norm spricht dafür, Art. 23 Abs. 1 S. 3 GG auf Beschlüsse nach Art. K. 9 des Vertrages über die Europäische Union anzuwenden, diese Beschlüsse also als einer Vertragsänderung vergleichbaren Regelung anzusehen. Denn aus der Sicht des Grundgesetzes soll jede materielle Verfassungsänderung, die auf einem Akt der Europäischen Union beruht, den formellen und materiellen Erfordernissen des Art. 79 Abs. 2 und Abs. 3 unterworfen werden[72]. Aus der Sicht des deutschen Verfassungsrechts soll es dabei aber gerade keinen Unterschied machen, ob die Änderung des Grundgesetzes auf einer formellen Vertragsänderung nach Art. N des Vertrages über die Europäische Union beruht oder aber auf einem solchen Beschluß nach Art. K. 9. Schließlich würde die dritte Alternative des Art. 23 Abs. 1 S. 3 GG n.F. ("vergleichbare Regelungen") leerlaufen, wenn man sie nicht auf solche oder ähnliche[73] Beschlüsse anwenden würde, da keine anderen Rechtsakte der Union ersichtlich sind, die - ohne Vertragsänderungen im technischen Sinne zu sein - das Grundgesetz ändern oder ergänzen können[74].

Schließlich belegt auch die Entstehungsgeschichte der Norm diese Sicht, nachdem die Formulierung "und vergleichbare Regelungen" durch den Sonderausschuß "Europäische Union" des Bundestages ausdrücklich deshalb eingefügt wurde, um "insbesondere (...) Beschlüsse der Gemeinschaftsorgane gemäß der Evolutivklausel in Art. K. 9 des Vertrages über die Gründung der Europäischen Union" durch Art. 23 GG n.F. zu erfassen"[75].

---

[71] Dazu auch bereits oben S. 373.

[72] Vgl. dazu die Regierungsbegründung zu Art. 23 n.F., BRat-Drs. 501/92, S. 15.

[73] Vgl. etwa auch Art. 8 e Abs. 2 EGV.

[74] Dies gilt insbesondere dann, wenn man völkerrechtliche Verträge der Mitgliedsstaaten untereinander nicht als von Art. 23 GG n.F. erfaßt ansieht, dazu speziell zum Schengener Durchführungsabkommen Dörr, Anm. 61, *passim.*

[75] BT-Drs. 12/ 3896, S. 18; für eine Anwendbarkeit von Art. 23 GG n.F. auf solche Beschlüsse, soweit sie Verfassungsänderungsqualität besitzen auch Scholz, Anm. 67, S. 822.

Ermöglicht damit also grundsätzlich Art. 23 Abs. 1 GG n.F. die Übertragung von Hoheitsrechten auf die Europäische Gemeinschaft auch in Form von Beschlüssen nach Art. K. 9 des Vertrages über die Europäische Union, wenn die hierzu erforderlichen Mehrheiten gegeben sind, bleibt gleichwohl fraglich, wie sich Art. 16 a GG zu einer dann grundsätzlich möglichen europäischen Harmonisierung des Asylrechts durch die Gemeinschaften verhält.

II. Zur Bedeutung von Art. 16 a GG, insbesondere dessen Abs. 5 im Hinblick auf eine Übertragung von Hoheitsrechten im Bereich der Asylpolitik

Keine der im Vorfeld der Reform des deutschen Asylrechts unternommenen Vorschläge hatte vorgesehen, das Grundgesetz um eine ausdrückliche Ermächtigungsklausel zur Harmonisierung des Asylrechts durch die Europäische Gemeinschaft zu ergänzen[76]. Vielmehr war stets nur eine Regelung, wie sie nunmehr in Art. 16 a Abs. 5 GG enthalten ist, in Aussicht genommen worden, um eine *völkerrechtliche* Zusammenarbeit auf diesem Felde zu ermöglichen.

Im Gegensatz dazu hatte die Bundesregierung im Verlaufe des Gesetzgebungsverfahren, welches später zu der Neufassung des Art. 16 a GG führte, zunächst vorgeschlagen, Art. 16 a Abs. 5 GG um eine Formulierung zu ergänzen, die insoweit explizit eine Übertragung von Hoheitsrechten auf die Europäischen Gemeinschaften ermöglicht hätte, war damit aber auf den Widerstand der Mehrheit der Bundesländer gestoßen. Art. 16 a Abs. 5 GG sollte danach lauten:

> "Die Absätze 1 bis 4 stehen *einer Übertragung von Hoheitsrechten auf die Europäischen Gemeinschaften und* völkerrechtlichen Verträgen von Mitgliedsstaaten der Europäischen Gemeinschaften untereinander und mit dritten Staaten nicht entgegen, die unter Beachtung der Verpflichtungen aus dem Abkommen über die Rechtsstellung der Flüchtlinge und der Konvention zum Schutze der Menschenrechte und Grundfreiheiten *eine Harmonisierung des Asyl-*

---

[76] Zu diesen Vorschlägen im einzelnen oben S. 23 ff.

Hintergrund dürfte auch die Überlegung gewesen sein, daß bereits Art. 24 GG eine solche Möglichkeit eröffnete. Vgl. aber auch Hailbronner, Möglichkeiten, S. 205 f., der insoweit von (damals vorhandenen) verfassungsrechtlichen Risiken spricht.

rechts zum Gegenstand haben oder für die Prüfung von Asylbegehren Zuständigkeitsregelungen treffen."

Demgegenüber enthält der Wortlaut des Art. 16 a Abs. 5 GG in seiner endgültigen Fassung gerade keine Ermächtigung zu einer solchen Übertragung von Hoheitsrechten[77], da er lediglich zum Abschluß *völkerrechtlicher* Verträge ermächtigt, die außerhalb des eigentlichen Gemeinschaftsrechts abgeschlossen werden[78]. Im übrigen zeigt der soeben erwähnte Vorschlag, daß auch von der Seite der Bundesregierung davon ausgegangen worden war, daß Art. 16 a Abs. 5 GG in seiner jetzigen Form eine solche Harmonisierung gerade nicht trägt, da ansonsten die beabsichtigte Bezugnahme auf eine mögliche Harmonisierung durch die Europäische Gemeinschaft überflüssig gewesen wäre. Im übrigen würde eine Harmonisierung des Asylrechts durch die Europäische Gemeinschaft zumindest potentiell auch über die Ermächtigung des Art. 16 a Abs. 5 GG hinausgehen[79]. So könnte die Gemeinschaft - einen entsprechenden Beschluß nach Art. K. 9 EUV unterstellt - etwa eine für die Mitgliedsstaaten verbindliche Liste der sicheren Drittstaaten oder Herkunftsstaaten aufstellen oder einen von dem Begriff der "politischen Verfolgung" im Sinne des Art. 16 a GG abweichenden Flüchtlingsbegriff[80] zugrundele-

---

[77] B. Huber, Das Asylrecht nach der Grundgesetzänderung, NVwZ 1993, S. 736 ff. (739); Renner, Stellungnahme I, S. 356; wohl auch Hailbronner, Stellungnahme, S. 296 f.; unklar Schmidt-Jortzig, Stellungnahme, S. 394:

"(...) geht es dort [gemeint ist Art. 24 GG, d. Verf.] um "zwischenstaatliche Einrichtungen", hier [gemeint ist Art. 16 a Abs. 5 GG, d. Verf.] hingegen - *jedenfalls auch* [Hervorhebung durch den Verfasser] - um nicht rechtlich verselbständigte drittstaatliche Kapazitäten."

[78] Vgl. nunmehr aber Art. K. 2 des EUV, wonach der Rat gerade im Bereich der Innen- und Justizpolitik solche Verträge ausarbeiten kann.

[79] In diese Richtung auch Preuß, Stellungnahme, S. 210.

[80] In diesem Zusammenhang ist es auch aufschlußreich, daß im Verlauf des Gesetzgebungsverfahrens der unter anderem vom UNHCR gemachte Vorschlag in Art. 16 a Abs. 1 GG den Flüchtlingsbegriff der Genfer Flüchtlingskonvention zum Tragen zu bringen abgelehnt wurde, obwohl dieser in den allermeisten Mitgliedsstaaten der Europäischen Gemeinschaften Grundlage des jeweiligen nationalen Asylrechts ist.

Der Vorschlag des UNHCR für die Neufassung des Art. 16 a Abs. 1 GG lautete:

"Politisch Verfolgte genießen Asylrecht. Als politisch Verfolgter gilt, wer Flüchtling im Sinne des Abkommens über die Rechtsstellung der

gen. Im Gegensatz dazu ermächtigt Art. 16 a Abs. 5 GG aber gerade lediglich zum Abschluß völkerrechtlicher Verträge nach dem Muster des Schengener beziehungsweise Dubliner Abkommens, die nur Zuständigkeitsregelungen und wechselseitige Anerkennungspflichten enthalten[81].

Bleibt damit festzuhalten, daß Art. 16 a Abs. 5 GG *selbst* keine Ermächtigung zur Übertragung von Hoheitsrechten auf die Europäische Gemeinschaft im Bereich der Asylpolitik enthält, ist nunmehr noch zu untersuchen, wie sich dann Art. 16 a Abs. 5 GG zu Art. 23 GG n.F. verhält.

III. Verhältnis von Art. 16 a Abs. 5 GG zu Art. 23 GG n.F.

Im Hinblick auf das Verhältnis zwischen Art. 23 Abs. 1 S. 3 GG n.F. einerseits und Art. 16 a Abs. 5 GG sind zwei mögliche Konstellationen denkbar. Entweder man begreift Art. 23 GG n.F. als allgemeine Ermächtigungsnorm, die eine Übertragung von Hoheitsrechten im Rahmen der Europäischen Union selbst dann ohne Textänderung des Grundgesetzes ermöglicht, wenn eine andere Verfassungsnorm - hier Art. 16 a Abs. 5 GG - entgegensteht. Umgekehrt könnte man Art. 16 a Abs. 5 GG aber auch als *lex specialis* zu Art. 23 GG n.F. verstehen mit der Folge, daß zuerst[82] gemäß Art. 79 Abs. 1 S. 1 GG der Wortlaut der erstgenannten Vorschrift geändert beziehungsweise zumindest klargestellt[83] werden müßte, bevor dann nach Art. 23 GG n.F. eine Übertragung von Hoheitsrechten auf die Europäische Gemeinschaft auch im Bereich der Asylpolitik erfolgen könnte.

Für erstere Möglichkeit spricht zunächst der Wortlaut des Art. 23 GG n.F., der unqualifiziert davon ausgeht, daß der Bund zur Verwirklichung eines vereinten Europas Hoheitsrechte übertragen kann, ohne

---

Flüchtlinge vom 28. Juli 1951 in der Fassung des Protokolls vom 31. Januar 1967 ist."

[81] Vgl. dazu auch die Formulierung in de amtlichen Begründung BT-Drs. 12/4152, S. 4, die davon spricht, daß neben dem Schengener und dem Dubliner Übereinkommen noch "entsprechende Verträge mit anderen Staaten" auf der Grundlage des Art. 16 a Abs. 5 GG abgeschlossen werden können.

[82] Zumindest aber müßte die Änderung von Art. 16 a Abs. 5 GG zeitgleich erfolgen !

[83] Ein Beispiel einer solchen Klarstellung fand sich in dem früheren - im Jahre 1968 aufgehobenen - Art. 142 a GG betreffend die Vereinbarkeit der Verträge über eine Europäische Verteidigungsgemeinschaft mit dem Grundgesetz.

diese Befugnis in irgendeiner Form sachlich einzuschränken. Auch erscheint es sinnvoller, für alle Arten von Hoheitsübertragungen ein einheitliches rechtliches Regime zur Anwendung zu bringen, zumal im Einzelfall eine (behauptete) Unvereinbarkeit mit anderen Verfassungsnormen umstritten sein mag. Schließlich ermöglichte auch bereits Art. 24 GG eine materielle Änderung des Grundgesetzes, ohne daß es hierzu einer Änderung des Wortlautes der im übrigen tangierten Bestimmungen der Verfassung bedurfte. Dies muß dann für Art. 23 GG n.F. aber grundsätzlich in noch stärkerem Maße gelten, als dort der Gesetzgeber von den Bindungen des Art. 79 Abs. 1 S. 1 GG sogar ausdrücklich befreit wird.

Dessen ungeachtet ist aber fraglich, ob diese generellen Aussagen auch im Verhältnis zu Art. 16 a Abs. 5 GG Geltung beanspruchen können. Zum einen spricht für einen Vorrang der Beschränkung, wie sie sich aus Art. 16 a Abs. 5 GG ergibt, bereits die Entstehungsgeschichte der letztgenannten Norm. Denn der Versuch in Art. 16 a Abs. 5 GG eine Öffnungsklausel zugunsten einer Vergemeinschaftung der Asylpolitik zu inkorporieren, macht nur dann Sinn, wenn sich eine solche Möglichkeit nicht bereits unmittelbar aus dem zu diesem Zeitpunkt bereits bestehenden Art. 23 GG n.F.[84] ergibt. Außerdem war schon für Art. 24 GG anerkannt, daß er stets im Zusammenhang mit den anderen Bestimmungen des Grundgesetzes gelesen werden muß, welche die auswärtigen Angelegenheiten betreffen und ihre Handhabung begrenzen[85]. Nun regelt aber Art. 16 a Abs. 5 GG seinerseits einen Teilaspekt der Ausübung der auswärtigen Gewalt und beschränkt den Gesetzgeber im Bereich der Asylpolitik auf den Abschluß ganz bestimmter völkerrechtlicher Verträge und setzt so - ähnlich wie dies auch Art. 25 GG im Verhältnis zu Art. 24 Abs. 1 GG tut[86] - der Integrationsgewalt Grenzen. Außerdem ist weiterhin zu beachten, daß Art. 16 a Abs. 5 GG insoweit im Verhältnis zu Art. 23 GG eine *lex posterior* darstellt, so daß ihm auch aus diesem Grunde prinzipiell Vorrang gebührt. Dem kann auch nicht mit dem Argument begegnet werden, Art. 23 GG n.F. sei insoweit *lex specialis*, da die Stellung des Art. 16 a Abs. 5 unmittelbar hinter der Grundrechtsverbürgung deutlich zum Ausdruck bringt, daß es sich hierbei um die eigentliche normative Regelung zur Regelung grenzüberschreitender

---

[84] Der Formulierungsvorschlag stammt von etwa Mitte Januar 1993, während Art. 23 GG n.F. bereits am 22. 12. 1992 in Kraft getreten war (vgl. BGBl. 1992, I, S. 2086 f.).

[85] H. Mosler, Die Übertragung von Hoheitsrechten, in: J. Isensee/ P. Kirchhof, Handbuch des Staatsrechts, Bd. VII, S. 599 ff. (607 f.) im Hinblick auf Art. 59, 25 und 26 GG.

[86] Mosler, Anm. 85, S. 608.

Fragen des Asylrechts handeln soll[87]. Schließlich ist noch darauf hinzuweisen, daß es sich insoweit auch keinesfalls um einen Einzelfall handelt. Denn auch bei Art. 88 GG wurde die Hinzufügung eines Satzes 2 für angezeigt gehalten[88], obwohl hier ebenfalls hätte argumentiert werden können, eine Änderung des Wortlauts der Norm sei wegen Art. 23 Abs. 1 S. 3 GG entbehrlich[89].

Nach alledem ist also davon auszugehen, daß Art. 16 a Abs. 5 GG gegenüber der Übertragung von Hoheitsrechten auf die Europäische Union eine Sperrwirkung entfaltet[90]. Allerdings ist Art. 16 a Abs. 5 GG in den Grenzen des Art. 79 Abs. 3 GG seinerseits nicht änderungsfest. Damit besteht auch bei der Bejahung einer solchen Sperrwirkung des Art. 16 a Abs. 5 GG im Verhältnis zu Art. 23 GG n.F. die einzige Besonderheit darin, daß in Übereinstimmung mit Art. 79 Abs. 1 S. 1 GG

---

[87] Etwas anderes hätte sich möglicherweise dann ergeben, wenn die Regelung des Art. 16 a Abs. 5 GG ihren Platz in einem neuen Art. 24 a beziehungsweise einem Art. 24 Abs. 2 a GG gefunden hätte; vgl. zu solchen Vorschlägen etwa oben S. 28 f.

[88] Art. 88 GG lautet nunmehr:

"Der Bund errichtet eine Währungs- und Notenbank als Bundesbank. Ihre Aufgaben und Befugnisse können einer europäischen Zentralbank übertragen werden."

[89] Vgl. aber auch die Stellungnahme der Bundesregierung in der amtlichen Begründung zu Art. 23 n.F., wonach hieraus für die künftige Staatspraxis keine Schlüsse gezogen werden dürfen (BRat-Drs. 501/92, S. 9 und 28). Ähnlich T. Weikart, Die Änderung des Bundesbank-Artikels im Grundgesetz im Hinblick auf den Vertrag von Maastricht - Entstehen und Rechtswirkungen einer reformierten Norm, NVwZ 1993, S. 834 ff. (838).

Anders aber wohl die Haltung des Abg. Verheugen im Rahmen der Arbeiten der Gemeinsamen Verfassungskommission, 8. Sitzung vom 26. 6. 1993, Sten. Bericht, S. 11: "Der Satz der eingefügt werden soll [gemeint war Art. 88 S. 2 GG] ist eine Voraussetzung für die Ratifizierung von Maastricht"; ebenso wohl der Sonderausschuß Europäische Union des Deutschen Bundestages, BT-Drs. 12/ 3896, S. 22.

Siehe auch den gleichzeitig hinzugefügten Art. 28 Abs. 1 S. 2 GG, wo die Bundesregierung in identischer Weise argumentiert hat (BRat-Drs. 501/92, S. 8).

[90] So etwa Hailbronner, Asylrechtsreform, S. 116 sowie ders., Asyl- und Einwanderungsrecht in der Europäischen Gemeinschaft, S. 31 sowie Giesler/ Wasser, S. 20 und zuletzt Schoch, F.: Das neue Asylrecht gemäß Art. 16 a GG, in: DVBl 1993, S. 1161 ff. (1167); a.A. aber Renner, Stellungnahme I, S. 356, sowie Steinberg, Stellungnahme, S. 372 ff.

zusätzlich das Formerfordernis einer vorherigen expliziten Änderung der erstgenannten Norm eingehalten werden muß.

Daneben bleiben aber die sich aus Art. 79 Abs. 3 GG ergebenden[91] materiellen Bindungen auch bei einer dann möglichen Übertragung von Hoheitsrechten auf die Europäische Gemeinschaft schon bereits wegen des Wortlauts von Art. 23 Abs. 1 S. 3 GG n.F. bestehen[92].

---

[91] Zur Frage, inwieweit sich möglicherweise auch aus Art. 25 GG materielle Grenzen für eine Übertragung von Hoheitsgewalt ergeben können vgl. Mosler, Anm. 85, S. 608 (in Bezug auf Art. 24 GG). Allerdings dürfte ein solcher Konflikt praktisch ausgeschlossen sein, nachdem die Union ihrerseits nach Art. K. 2 des Vertrages über die Europäische Union bei der Behandlung der Asylpolitik an die EMRK und die Genfer Flüchtlingskonvention gebunden ist und darüber hinausgehende Bindungen aus Völkergewohnheitsrecht im Bereich des Asylrechts kaum bestehen. Insoweit wird man im übrigen auch davon auszugehen haben, daß sich aus Art. K. 2 EUV nicht nur eine Bindung der Mitgliedsstaaten ergibt, sondern auch eine der Gemeinschaft als solches. Selbst wenn man aber eine unmittelbare Bindung der Gemeinschaft an die Genfer Flüchtlingskonvention aus Art. K. 2 verneinen würde, wäre zumindest das Refoulement-Verbot des Art. 33 der Genfer Flüchtlingskonvention als allgemeiner Rechtsgrundsatz des Gemeinschaftsrechts anzusehen, vgl. Menke, Bedingungen, S. 174 f.

Im Hinblick auf die EMRK dürfte eine materielle Bindung der Gemeinschaft mittlerweile im Grundsatz unbestritten sein, vgl. dazu statt aller A. Bleckmann, Die Bindung der Europäischen Gemeinschaft an die Europäische Menschenrechtskonvention (1986), *passim*, vor allem S. 5 - 119, sowie von der Groeben/ Thiesing/ Ehlermann - Beutler, Anhang Grundrechtsschutz, S. 6199 ff., v.a. Rdnr. 17 ff. mit Nachweisen aus der Rechtsprechung des EuGH.

[92] Zu den Grenzen einer Änderung des Asylrechts im Lichte des Art. 79 Abs. 3 (und damit auch zu den Grenzen einer Übertragung von Hoheitsrechten in dieser Beziehung) bereits ausführlich oben S. 233 ff.

Zusammenfassung

I. Art. 16 a GG im Lichte der Genfer Flüchtlingskonvention und der EMRK

1. Die Bundesrepublik Deutschland ist völkerrechtlich nicht gehindert für Zwecke des innerstaatlichen Rechts festzustellen, ob bestimmte Staaten ihren Verpflichtungen aus der Genfer Flüchtlingskonvention und der EMRK nachkommen.

A. Zur Problematik sicherer Herkunftsstaaten

1. Eine *unwiderlegliche* Vermutung der Verfolgungsfreiheit bestimmter Herkunftsländer wäre mit der Genfer Flüchtlingskonvention unvereinbar.

1.1. Insoweit würde es sich um einen nach Art. 1 Abs. 3 des New Yorker Protokolls aus dem Jahre 1967 verbotenen geographischen Vorbehalt handeln.

1.2. Außerdem würde eine solche Regelung auch gegen Art. 33 der Genfer Flüchtlingskonvention verstoßen, der allerdings nur solche Flüchtlinge schützt, die bereits das Territorium des Zufluchtsstaates erreicht haben. Dies ergibt sich aus Wortlaut, historischer Entstehung und Zusammenhang der Norm, ohne daß die Staatenpraxis dem entgegenstünde.

1.3. Schließlich würde die Verwendung eines Systems unwiderleglicher Vermutungen der Verfolgungsfreiheit auch gegen das Gebot verstoßen, Statusanerkennungsverfahren für Asylbewerber durchzuführen.

2. Eine solche unwiderlegliche Vermutung der Verfolgungsfreiheit bestimmter Herkunftsländer ist darüber hinaus auch mit der EMRK unvereinbar.

2.1. Die EMRK verbürgt keinen Anspruch auf Asyl.

2.2. Gleichwohl verpflichtet sie die Mitgliedstaaten, niemanden in ein Land auszuweisen, in welchem ihm eine Behandlung droht, die gegen Art. 3 der EMRK verstoßen würde. Darüber hinaus umfaßt Art. 3 EMRK auch ein Verbot der Abweisung an der Grenze, wenn ansonsten Folter oder unmenschliche Behandlung droht. Diese Verpflichtungen gelten ungeachtet der Frage, ob es sich um staatliche oder nicht-staatliche Verfolgungsmaßnahmen handelt.

2.3. Darüber hinaus verbietet Art. 2 EMRK die Ausweisung, wenn in dem Heimatstaat eine Lebensgefahr besteht.

2.4. Die Anwendung eines Systems unwiderleglich sicherer Herkunftsstaaten würde außerdem dem Maßstab des Art. 13 EMRK widersprechen.

2.5. Auch im Verhältnis zu anderen Vertragsstaaten der EMRK darf ein solches System nicht zur Anwendung kommen, da ansonsten die effektive Gewährleistung von Art. 2 beziehungsweise 3 EMRK nicht mehr sichergestellt wäre.

3.1. Vor dem Hintergrund dieser Überlegungen ergeben sich im Hinblick auf Art. 16 a Abs. 3 GG keine Bedenken. Dies gilt allerdings nur dann, wenn dem Asylbewerber nicht die Möglichkeit des Vortrags drohender oder erlittener unmenschlicher Behandlung abgeschnitten ist.

3.2. Art. 16 a Abs. 2 GG ist vor dem Hintergrund des Verbots unwiderleglicher Vermutungen der Verfolgungssicherheit völkerrechtskonform dahingehend auszulegen, daß er Staatsangehörige der sicheren Drittstaaten selbst nicht erfaßt und daß der Vortrag einer unmenschlichen oder erniedrigenden Behandlung in und durch den Drittstaat selbst nicht abgeschnitten ist.

4. Länderlisten mit der Möglichkeit einer Entkräftung der Vermutung der Verfolgungssicherheit sind mit der Genfer Flüchtlingskonvention vereinbar. Bedenken aus dem Diskriminierungsverbot des Art. 3 der Genfer Flüchtlingskonvention ergeben sich insoweit nicht. Zwar ist die Norm auch auf Anerkennungsverfahren anwendbar, doch liegt eine Ungleichbehandlung vor, die aus sachlichen Gründen gerechtfertigt ist.

5. Bei der Festlegung sicherer Herkunftsländer sind die Staaten verpflichtet mit dem UNHCR zu kooperieren. Hinweise für eine Verfolgungssicherheit eines bestimmten Staates können sich aus den Anerkennungsquoten in der Vergangenheit sowie den Erfahrungen anderer Staaten ergeben.

5.1. Es ist unzulässig einen Staat als *safe country of origin* zu bezeichnen, obwohl dort konventionsrelevante Verfolgung stattfindet nur weil eine inländische Fluchtalternative besteht. Dies ergibt sich aus dem Umstand, daß im Rahmen einer generalisierenden Betrachtung eines ganzen Staates keine hinreichende Differenzierung erfolgen kann, so daß hierdurch die konkrete Gefahr von Verstößen gegen Art. 33 der Genfer Flüchtlingskonvention geschaffen würde.

5.2. Eine Qualifizierung eines Staates als "verfolgungsfrei" setzt eine umfassende Analyse der jeweiligen innenpolitischen Situation voraus.

Insbesondere ist dabei auf die Achtung der Menschenrechte, das Vorhandensein eines demokratischen Regierungssystems, sowie unabhängige Kontrollmechanismen abzustellen. Außerdem muß die Situation in dem jeweiligen Staat auch in zeitlicher Hinsicht hinreichend stabil sein.

6. Die in Art. 16 a Abs. 3 GG enthaltene Regelung ist auch mit der EMRK vereinbar.

6.1. Die vorgesehene Differenzierung zwischen bestimmten Herkunftsstaaten stellt keine nach Art. 3 EMRK verbotene Vorgehensweise dar.

6.2. Trotz der Einschränkung des gerichtlichen Prüfungsumfangs ist auch Art. 6 EMRK nicht verletzt, da dessen sachlicher Anwendungsbereich nicht eröffnet ist. Bei Asylverfahren handelt es sich nicht um *civil claims*.

6.3. Die nach Art. 16 a Abs. 4, S. 1, 2. Hs. GG mögliche Präklusion verspäteten Vorbringens ist auch mit Art. 13 EMRK vereinbar, wenn eine unverschuldete Verspätung unschädlich ist und wenn die behördliche Erstentscheidung sich nicht nur auf die Tatsache stützt, daß der Asylbewerber aus einem sicheren Herkunftsstaat stammt.

6.4. Der in Art. 16 a Abs. 4 GG vorgesehene grundsätzliche Ausschluß der aufschiebenden Wirkung des Rechtsmittels ist konventionsrechtlich dann zulässig, wenn das Vorliegen eines *arguable claim* einer Art. 3 EMRK Verletzung im Falle der Zurückschiebung stets auch "ernstliche Zweifel" im Sinne von Art. 16 a Abs. 4 GG begründet.

B. Zur Problematik der Zurückweisung in sichere Drittstaaten

1. Aus *Völkergewohnheitsrecht* ergibt sich keine Berechtigung der Bundesrepublik Deutschland Asylbewerber in Nachbarstaaten aus denen sie nach Deutschland eingereist sind zurückzuschieben.

2. Sowohl das Schengener Folgeabkommen als auch das Dubliner Übereinkommen enthalten umfassende Regelungen über die Rückübernahme von Asylbewerbern. Im Falle des Inkrafttretens beider Abkommen genießt im Verhältnis der Vertragsparteien untereinander das Schengener Folgeabkommen nach Art. 30 der Wiener Vertragsrechtskonvention Anwendungsvorrang.

3. Bis zu einem Inkrafttreten des Schengener Systems beziehungsweise im Verhältnis zu Nicht-Vertragsparteien bestimmt sich die Rückschiebung nach bilateralen Rücknahmeabkommen.

4. Grundsätzlich sind Staaten auch im Rahmen der Genfer Flüchtlingskonvention berechtigt Asylbewerber in Drittstaaten zurückzuschieben.

4.1. Die umfassende Auflistung sicherer Drittstaaten in Art. 16 a Abs. 2 GG in Verbindung mit Anlage I zu § 26 a AsylVfG 1993 verstößt nicht gegen Ziel und Zweck der Genfer Flüchtlingskonvention.

4.2. Im Falle der Zurückschiebung muß jedoch sichergestellt sein, daß auch der Drittstaat Art. 33 der Genfer Flüchtlingskonvention einhält.

4.3. Sichere Drittstaaten können grundsätzlich auch durch Listen festgelegt werden. Es ist jedoch notwendige - wenn auch nicht hinreichende - Voraussetzung, daß die sicheren Drittstaaten ihrerseits ohne geographische Beschränkung an die Genfer Flüchtlingskonvention gebunden sind. Daneben muß das jeweilige Statusanerkennungsverfahren in dem Drittstaat den Mindestvoraussetzungen der Konvention entsprechen.

4.4. Ferner muß dem Asylbewerber die Möglichkeit einer individuellen Entkräftungsmöglichkeit geboten werden, daß der Drittstaat in seinem konkreten Fall keine Schutzmöglichkeit biete. Die Möglichkeit, daß der Bundesminister des Innern gemäß § 18 AsylVfG 1993 von einer Abschiebung absieht, wird diesem Erfordernis nicht gerecht.

4.5. Ein bloßer Transitaufenthalt auf einem Flughafen eines Drittstaates reicht nicht aus, um im Lichte der Genfer Flüchtlingskonvention die Zurückschiebung in diesen Drittstaat zu rechtfertigen.

4.6. Der jeweilige Drittstaat muß nicht alle Bestimmungen der Genfer Flüchtlingskonvention umfassend einhalten, um eine Zurückschiebung dorthin zu erlauben. Entscheidend kommt es vielmehr auf die Einhaltung des Refoulement-Verbotes des Art. 33 der Genfer Flüchtlingskonvention an. Daneben muß den Asylbewerbern in dem Drittstaat aber auch die Möglichkeit zu einer zumutbaren Mindestexistenz gesichert sein.

5. Anders als im Rahmen von Art. 33 der Genfer Flüchtlingskonvention ergibt sich aus Art. 3 der EMRK zumindest für die Fälle kein Verbot der Kettenabschiebung in denen der Drittstaat seinerseits dem Verfahren nach Art. 25 beziehungsweise 46 der EMRK unterworfen ist.

5.1. Die EMRK verbietet es Asylbewerber kontinuierlich zwischen mehreren Staaten hin- und herzuschieben und sie so zu Refugees-in-orbit zu machen.

5.2. Der Schutz des Familienlebens nach Art. 8 der EMRK muß bei der Zurückschiebung in Drittstaaten Berücksichtigung finden. Diesen Anforderungen genügt das Schengener/ Dubliner System im wesentlichen. In Einzelfällen, insbesondere dann, wenn mehrere Familienmitglieder einen Asylantrag gestellt haben oder wenn die einzelnen Familienmitglieder unterschiedliche Aufenthaltstitel haben, kann es jedoch zur Gefahr von Konflikten kommen.

C. Zur Vereinbarkeit von Erstasylabkommen mit den Vorgaben der Genfer Flüchtlingskonvention

1.1. Aus der Möglichkeit der Zurückweisung in sichere Drittstaaten ergibt sich zugleich die grundsätzliche Zulässigkeit eines Zuständigkeitssystems nach Schengener/ Dubliner Vorbild.

1.2. *De lege lata* enthält die Genfer Flüchtlingskonvention keine Regelungen über die Anerkennung ausländischer Asylentscheidungen.

1.3. Die im Rahmen des Schengener beziehungsweise Dubliner Systems vorgesehene Wirkungserstreckung nationaler Asylentscheidungen ist völkerrechtlich zulässig. Weder enthält die Genfer Flüchtlingskonvention ein ausdrückliches Verbot solcher Vereinbarungen, noch werden hierdurch die Rechte anderer Vertragsparteien tangiert. Solche Erstasylabkommen sind zudem auch mit Ziel und Zweck der Genfer Flüchtlingskonvention vereinbar.

II. Art. 16 a GG in seinen verfassungsrechtlichen Bezügen

A. Zur Vereinbarkeit von Art. 16 a GG mit Art. 79 Abs. 3 GG

1. Grundfragen

1. Art. 79 Abs. 1 GG verlangt nicht, daß alle materiell betroffenen Verfassungsnormen auch textlich geändert werden.

2. Art. 79 Abs. 3 GG gilt auch nach der deutschen Wiedervereinigung fort.

3. Auch der verfassungsloyale verfassungsändernde Gesetzgeber ist an Art. 79 Abs. 3 GG gebunden.

4. Art. 19 Abs. 2 GG richtet sich nicht an den verfassungsändernden Gesetzgeber. Der jeweilige Wesensgehalt eines Grundrechts ist auch nicht zwangsläufig mit dem jeweiligen Menschenwürdekern des entsprechenden Grundrechts identisch.

5. Die Gewährung politischen Asyls wird grundsätzlich von Art. 79 Abs. 3 GG in Verbindung mit Art. 1 GG gefordert.

5.1. Die politische Verfolgung durch den Heimatstaat konstituiert zugleich eine Menschenwürdeverletzung. Dies gilt nicht nur bei Gefahren für Leib oder Leben, sondern auch bei politischer Verfolgung im Bereich der Religionsausübung sowie bei Bedrohungen der beruflichen und wirtschaftlicher Existenz und bei Verfolgung im Hinblick auf sonstige unverfügbare Merkmale.

5.2. Die gegen die Annahme eines Menschenwürdekerns des Asylrechts vorgebrachten Argumente überzeugen nicht, da sich die deutsche Staatsgewalt im Falle der Verweigerung von Schutz bei drohender politischer Verfolgung die ausländische Menschenwürdeverletzung zurechnen lassen muß. Insoweit findet Art. 1 GG auch auf grenzüberschreitende Sachverhalte Anwendung.

5.3. Aus Art. 1 GG ergibt sich jedoch nur ein Schutzanspruch für diejenigen Personen, die sich bereits auf dem Gebiet der Bundesrepublik Deutschland befinden und zwar unabhängig davon, ob sie über einen gültigen Aufenthaltstitel verfügen oder nicht.

5.4. Der Menschenwürdekern des Asylrechts beschränkt sich zudem auf einen Abwehranspruch gegenüber der deutschen Staatsgewalt.

2. Zum Verweis auf Schutz in sicheren Drittstaaten

1. Asylrechtlich relevanter Schutz kann ohne Verstoß gegen Art. 1 GG grundsätzlich dadurch gewährt werden, daß der Asylbewerber auf den Schutz in einem sicheren Drittstaat verwiesen wird.

2. Der Begriff des Mitgliedstaates der Europäischen Gemeinschaften in Art. 16 a Abs. 2 S. 1 GG ist dynamisch zu verstehen, umfaßt also auch neu hinzutretende Mitgliedstaaten.

3. Es sind Fallgruppen denkbar in denen politisch verfolgte Personen weder von Art. 3 der EMRK noch vom Schutzbereich der Genfer Flüchtlingskonvention erfaßt werden. Es muß ferner sichergestellt sein, daß in den Fällen in denen die sicheren Drittstaaten ihren völkerrechtliche Bindungen aus der Genfer Flüchtlingskonvention beziehungsweise der EMRK nicht nachkommen, Rückschiebungen dorthin unterbleiben.

4. Ein vollständiger Ausschluß gerichtlichen Rechtsschutzes im Bereich des Asylrechts würde zwar keinen Verstoß gegen Art. 20 GG konstituieren, verstieße aber gegen Art. 1 GG. In Ausnahmefällen muß auch einstweiliger Rechtsschutz gegen aufenthaltsbeendende Maßnahmen möglich sein, um zu verhindern, daß der Betroffene von dem Drittstaat unmittelbar in den Verfolgerstaat zurückgeschoben wird. Ansonsten liefe die von Art. 1 GG gebotene Gewährung von Schutz leer.

5. Art. 16 a Abs. 2 S. 3 GG ermöglicht seinerseits keinen vollständigen Ausschluß des einstweiligen Rechtsschutzes.

6. Die Asylverfahren in den sicheren Drittstaaten müssen gewissen rechtsstaatlichen Mindeststandards entsprechen, damit ein Asylbewerber auf den Schutz in einem solchen Drittstaat verwiesen werden kann. Hierzu gehört allerdings nicht die Gewährung gerichtlichen Rechtsschutzes.

7. Es ist verfassungsrechtlich zulässig Asylbewerber in solche sicheren Drittstaaten zurückzuschieben, die ihrerseits den Betroffenen in einen sicheren Viertstaat weiterschieben.

3. Art. 16 a Abs. 3 und 4 GG im Lichte von Art. 79 GG

1. Die Schaffung widerleglicher Vermutungen der Verfolgungsfreiheit bestimmter Staaten ist verfassungsrechtlich unbedenklich.

2. Auch die mögliche Einschränkung der Kontrolldichte der Verwaltungsgerichts sowie die Präklusion verspäteten Vorbringens sind zulässig.

3. Der Begriff der "ernstlichen Zweifel" in Art. 16 a Abs. 4 GG ist nicht nur im Hinblick auf das Ausmaß der bestehenden Zweifel auszulegen, sondern auch im Lichte der gefährdeten Rechtsgüter. So verstanden bestehen gegen die Einschränkung einstweiligen Rechtsschutzes in Art. 16 a Abs. 4 GG keine Bedenken.

4. Art. 16 a Abs. 5 im Lichte des Art. 79 Abs. 3 GG

1. Gegen die Anerkennung positiver ausländischer Entscheidungen im Rahmen des Schengener/ Dubliner Systems bestehen keine verfassungsrechtlichen Bedenken.

2. Auch ablehnende Entscheidungen anderer Staaten können grundsätzlich anerkannt werden, wenn diese verfahrensrechtliche Mindestgarantien einhalten. In einzelnen Ausnahmefällen muß jedoch gleichwohl der Zugang zu einem Asylverfahren in der Bundesrepublik Deutschland sichergestellt sein.

5. Landesverfassungsrechtliche Asylverbürgungen und Art. 16 a GG

1. Die Verweisungen in einzelnen Landesverfassungen auf den Grundrechtskatalog des Grundgesetzes sind statisch zu verstehen.

2. Art. 142 GG gilt auch für nachkonstitutionelle Landesverfassungen.

3. Art. 142 ermöglicht grundsätzlich auch weitergehende landesrechtliche Grundrechtsgewährleistungen, soweit diese in keinem inhaltlichen Widerspruch zu dem jeweiligen Bundesgrundrecht stehen.

4. Art. 16 a GG bildet eine umfassende abschließende Regelung des Asylrechts in der Bundesrepublik Deutschland und sperrt damit weitergehende landesverfassungsrechtliche Asylgewährleistungen.

III. Art. 16 a GG und eine Harmonisierung des Asylrechts durch die Europäische Gemeinschaft

1.1. Weder Art. 100 EGV noch Art. 118 EGV noch Art. 235 EGV begründen eine Kompetenz der Europäischen Gemeinschaft zur Harmonisierung des Asylrechts ihrer Mitgliedsstaaten.

1.2. Art. K. 3 des Vertrages über die Europäische Union ermächtigt ebenfalls nicht zu Rechtsakten mit unmittelbarer Wirkung in den Mitgliedsstaaten.

1.3. Für die Begründung einer Kompetenz der Europäischen Gemeinschaft im Bereich der Asylpolitik wäre ein Beschluß nach Art. K. 9 des Vertrages über die Europäische Union möglich aber auch nötig. Ein solcher Beschluß bedarf aber der Zustimmung der Mitgliedsstaaten nach deren verfassungsrechtlichen Vorschriften.

2. Art. 23 GG n.F. ermöglicht in den Grenzen des Art. 79 Abs. 3 GG Hoheitsübertragungen auf die Europäische Gemeinschaft.

2.1. Bei Beschlüssen nach Art. K. 9 des Vertrages über die Europäische Union handelt es sich nicht um eine Änderung der vertraglichen Grundlagen der Europäischen Union. In einem solchen Beschluß ist jedoch eine vergleichbare Regelung im Sinne von Art. 23 Abs. 1 S. 3 GG n.F. zu sehen.

3. Art. 16 a Abs. 5 GG ermöglicht seinerseits keine Hoheitsübertragung auf die Europäische Gemeinschaft im Bereich des Asylrechts sondern beschränkt sich auf Fragen der völkerrechtlichen Zusammenarbeit.

3.1. Art. 16 a Abs. 5 GG ist außerdem *lex specialis* zu Art. 23 GG n.F. und verhindert daher die Zustimmung zu einer Beschluß nach Art. K. 9 des Vertrages über die Europäische Union wenn nicht zugleich Art. 16 a Abs. 5 GG geändert wird.

Summary

The New German Law on Asylum

I. Introduction

1. On July 1, 1993, a new constitutional provision on granting asylum to political refugees and a new law on asylum procedure entered into force in Germany. The new Art. 16 a of the German constitution provides:

> "(1) Persons persecuted on political grounds shall enjoy the right of asylum.
> (2) Asylum will not be granted to those who enter from a member state of the European Community or from a third country where the adherence to the Geneva Convention and the ECHR (European Convention on Human Rights) is secured. Countries outside the European Community to which sentence 1 applies shall be determined by law, subject to the approval of the *Bundesrat*. In such cases deportation measures can be carried out regardless of an appeal.
> (3) States as to which, in view of the legal situation, the application of the law and the general political situation, it seems to be secured that there is neither political persecution nor inhuman or degrading treatment or punishment, can be determined by law, subject to be approval of the *Bundesrat*.
> An alien originating from such a state is presumed not to be politically persecuted unless he or she brings forward reasons, notwithstanding this presumption showing why he or she is politically persecuted.
> (4) In cases arising under para. 3, deportation measures will only be suspended by a court if there are serious doubts as to the legality of the measure. This also applies to deportation measures in other manifestly unfounded cases. In that regard the scope of review can

> be limited and subsequent argument can be disregarded. Details shall be regulated by a statute.
> (5) Paras. 1 to 4 are without prejudice to treaties between member states of the European Communities and with third states which, with due regard for the obligations under the Convention Relating to the Status of Refugees and the Convention for the Protection of Human Rights and Fundamental Freedoms, the application of which must be secured in the states parties, make jurisdictional arrangements for the examination of applications for asylum, including the reciprocal recognition of asylum decisions"[1].

The question arises, however, whether this provision and the practice based on it are compatible with the limits as they exist both under international law, particularly the Geneva Convention for Refugees and the European Convention for the Protection of Human Rights, and under German constitutional law, particularly with respect to the protection of human dignity and the principle of the rule of law (*Rechtsstaatsprinzip*).

2. After German reunification, in view of the increasing number of persons seeking political asylum in the Federal Republic of Germany, a discussion started as to whether and to what extent the individual constitutional right to be granted aslyum should be abolished or modified. In this regard proposals were made to draw up lists of both *safe countries of origin* and *safe third states*. After a fierce political discussion the major political parties agreed to amend the German constitution with a view to adopting the new Art. 16 a. While maintaining the individual right to be granted political asylum, this provision significantly limits the extent of the right.

On the one hand, persons entering the Federal Republic of Germany from either a member state of the European Union or another *secure third state* such as Austria, the Czech Republic, Finland, Poland, Norway, Sweden and Switzerland are excluded from being granted asylum. On the other hand, persons originating from so-called *safe countries of origin*, which are determined by the legislature and in fact include Bulgaria, the Czech Republic, Gambia, Ghana, Hungary, Poland, Romania, Senegal and the Slowak Republic, are presumed not to be *bona fide* political refugees unless they can rebut the general presumption of non-persecution in their home country.

Finally Art. 16 a para. 5 enables the Federal Republic of Germany to ratify treaties providing for the sharing of responsibility for dealing

---

[1] Translation by the author.

with requests for political asylum, such as the Schengen Convention and the Dublin Convention.

II. International Law Aspects

A. The Concept of Safe Countries of Origin

1. Under the Geneva Convention for Refugees, a non-rebuttable presumption that a person originating from a specific country does not qualify for refugee status would be illegal. Such a provision would amount to a geographic limitation as to the applicability of the Convention and is prohibited under Art. 1 para. 3 of the New York Protocol.

2. Furthermore, such an exclusion would also necessarily lead to a violation of the principle of non-refoulement, as enshrined in Art. 33 of the Refugee Convention which, however, only protects such refugees who have been able to cross the border of the prospective country of asylum. This interpretation of Art. 33 and the principle of non-refoulment contained therein is derived from the wording of the provision, the *travaux préparatoires* to the Refugee Convention, the textual arrangement of the Convention and, finally, from subsequent state practice.

4. Any non-rebuttable presumption of non-persecution in regard to a given country of origin would also violate the implied obligation of every member state of the Refugee Convention to establish at least some kind of procedure whereby claims for the status of political refugees are considered.

5. The European Convention on Human Rights does not contain a right to be granted asylum. Under Art. 3, member states are, however, under an obligation not to expel persons to a country where they would be exposed to torture or inhuman or degrading treatment or punishment, regardless of whether this treatment emanates from state organs or from private groups.

6. Furthermore, under Art. 2 of the ECHR, the same principle applies where a concrete danger exists for the life of the asylum-seeker in his or her country of origin.

7. Under these circumstances, applying a system of non-rebuttable presumptions of freedom from persecution would violate not only the above-mentioned provisions but also Art. 13 of the ECHR, which guarantees access to effective remedies in cases of violations of the rights enshrined in the ECHR.

8. The prohibition against establishing a system of non-rebuttable presumptions of freedom from inhuman tretament and torture does not only apply in regard to third states but also to states which are themselves bound by the ECHR.

9. In light of these findings, Art. 16 a para. 3 of the Basic Law may be considered compatible with international law provided, however, that the asylum-seeker is able to claim not only a fear of political persecution but also the existence of a well-founded fear of inhuman treatment or torture. Accordingly, Art. 16 a para. 2 of the German constitution must be interpreted as also providing that claims that a given *secure third state* itself exposes a person to inhuman treatment or persecution will be considered.

10. On the other hand, drawing up a list of *safe countries of origin* to which a rebuttable presumption of non-persecution applies is compatible with the Refugee Convention. In particular, this approach involves no violation of the prohibition of discrimination as contained in Art. 3 of the Refugee Convention, since any distinction made according to such a list is based on a reasonable ground, *i.e.* the extent of persecution in a specific country of origin.

11. When drawing up a list of *safe countries of origin*, member states of the Convention have to cooperate with the UNHCR. In order to determine whether a specific country can indeed be considered to be safe, the state of asylum may also have recourse to the extent to which persons originating from this country have been recognized as refugees in the past.

12. It is, nevertheless, illegal under the Refugee Convention to consider a specific state to be a *safe country of orgin* solely because there exists an internal flight alternative for refugees, since this would necessarily increase the danger of refoulement.

13. Any determination whether a given state should be considered 'safe' must necessarily include a comprehensive analysis of its political situation, in particular as far as the protection of human rights is concerned, but also with respect to the existence of a democratic sytem of government and an independant judiciary. Moreover, the situation in the country in question must also be sufficiently stable.

14. The limitation on judicial protection against deportation contained in Art. 16 a para. 4 of the Basic Law does not run counter to Art. 6 of the ECHR, since claims for political asylum cannot be considered *civil claims*.

15. The general limitation on judicial stays of measures of deportation as contained in Art. 16 a para. 4 of the Basic Law must be considered legal under the ECHR if any arguable claim of an

infringement of Art. 3 of the ECHR in cases of expulsion to the country of origin is considered equivalent to *serious doubts* as to the legality of the deportation measure.

B. The Concept of Secure Third States

1. Under customary international law states are not subject to a duty to readmit persons other than their own nationals.

2. Both the Schengen and the Dublin agreements contain provisions providing for the readmission of asylum-seekers. In case both treaties enter into force, the Schengen agreement will prevail according to Art. 30 of the Vienna Convention on the Law of Treaties.

3. In relation to neighbouring states which are not members of either of the two treaties, and pending their entry into force, any readmission sought by the Federal Republic of Germany is regulated by bilateral refoulement agreements concluded between the Federal Republic and these countries.

4. Under the Geneva Convention for Refugees, states are generally not precluded from returning asylum-seekers to third states.

5. In any given case, however, it must be assured that Art. 33 of the Convention is abided by, *i.e.* that the third state will also not return the refugee to the presumed country of persecution.

6. While it is possible to determine secure third states in a generalized manner, it is necessary that the states in question are themselves bound by the Convention without geographic reservation, and that their refugee determination procedure is in line with the procedural minimum standard as it exists under international law.

7. Furthermore, before being sent back to a *secure third state*, a refugee must be granted an opportunity to claim that in his or her individual case the third state in question would not be safe.

8. Under the Convention the Federal Republic of Germany has no right to return a person to a country through the airport of which he or she has passed for purposes of transit only.

9. In order for the return to a third state to be legal under the Convention, this state must abide by Art. 33 of the Convention and must guarantee the refugee some kind of minimum living standard.

10. Unlike the Refugee Convention, Art. 3 of the ECHR does not regulate chains of refoulment if the third state itself is bound by both Arts. 25 and 46 of the ECHR.

11. Under the ECHR, creating a situation where a person is permanently sent from one state to another and thus becomes a *refugee-*

in-orbit is illegal. Furthermore, Art. 8 of the ECHR, which provides for the protection of family life, must be abided by in any case of return of an asylum-seeker to a third state.

12. In view of the general legality of returning refugees to *secure third states*, treaties such as the Schengen or Dublin agreements are legal. By the same token, granting foreign asylum decisions extraterritorial effect in other countries, as provided for in these agreements, is legal since the Geneva Convention does not contain a prohibition in that regard nor are rights of other member states of the Refugee Convention thereby endangered.

III. Constitutional Law Aspects

1. Under Art. 79 para. 3 of the Basic Law, constitutional amendments affecting the protection of human dignity or the principle of the rule of law (*Rechtsstaatsprinzip*) are inadmissible.

2. Thus, while the amending power of the legislature is thereby limited, it is not *per se* illegal to encroach upon the essence of specific basic rights.

3. As a matter of principle, the provision for political asylum emanates from the obligation to protect human dignity, as enshrined in Art. 1 of the Basic Law. Political persecution violates the human dignity of the refugee. The German authorities would participate in the human dignity violations by the country of persecution if they denied political asylum. Thus, the obligation to protect human dignity also applies in situations having trans-border effects.

4. This constitutional duty of Germany to protect against persecution extends, however, only to persons who have been able to secure access to the territory of the Federal Republic.

5. At the same time it must be noted that safety from persecution can be guaranteed by granting asylum not only in the Federal Republic of Germany itself but also in third states.

6. Under certain circumstances, however, persons persecuted for political reasons in the sense of German constitutional law, and thus protected by Art. 1 of the Basic Law, are excluded from the scope of application of both the Geneva Convention for Refugees and Art. 3 of the ECHR. Furthermore, specific *secure third states* might not abide by their obligations under international law. For these reasons there must be safeguards so that in individual cases asylum-seekers are not returned to any such *secure third states* but have their claims for asylum reviewed by the Federal Republic of Germany itself.

7. Since a complete exclusion of the right of administrative tribunals to grant temporary relief in cases of expulsion to a *secure third state* would possibly expose the person concerned to violation of his or her human dignity and would render any *ex post facto* judicial protection meaningless, such tribunals must, at least in exceptional circumstances, have the power to order a temporary stay. Moreover, Art. 16 a para. 2 sentence 3 of the Basic Law itself has to be interpreted as not providing for complete exclusion of temporary relief.

8. The asylum procedure in every *secure third state* must, furthermore, be in line with basic requirements of procedural fairness so as to render an expulsion of an asylum-seeker to such a country legal under German constitutional law. These requirements must not however include a right to judicial review of the decision in question.

9. Under German constitutional law the system of identifying *safe countries of origin* is legal, if the presumption thereby established can be rebutted. The constitution also allows for limiting the extent of judicial control and for precluding from consideration facts which were not brought forward by the applicant in due time.

10. The term 'serious doubts' in connection with the legality of administrative decisions' (*ernstliche Zweifel an der Rechtmäßigkeit der Maßnahme*) as used in Art. 16 a para. 4 of the Basic Law requires that account be taken not only of the probability that the decisison was decided wrongly but also of the dangers involved for the refugee.

11. Recognition of foreign asylum decisions by the German authorities can be considered legal only to the extent that, on the one hand, they were rendered in accordance with certain procedural minimum standards and, on the other hand, the applicant - in exceptional cases - still has access to asylum procedures in Germany.

12. Under Art. 142 of the Basic Law the subdivisions (*Länder*) of the Federal Republic of Germany may guarantee in their own constitutions basic rights beyond those mentioned in the Federal constitution, provided however that any such guaranteed rights do not run counter to the corresponding rights guaranteed on the Federal level. Since Art. 16 a of the Basic Law contains an embracing regulation in the field of political asylum, and since it specifically excludes certain groups of applicants from the right to be granted asylum, it also precludes more far-reaching guarantees by the constitutions of the *Länder*.

IV. Art. 16 a of the Basic Law and a Possible Harmonization of European Asylum Policies

1. Neither Art. 100 nor Art. 118 or, finally, Art. 235 of the EC Treaty grant the European Community the right to harmonize the asylum policies of its member states.

2. Art. K. 3 of the Treaty on the European Union does not refer to the competence to enact legislation with direct effect in the legal order of the various member states. Thus, in order to extend the competence of the Community to this field, a decision under Art. K. 9 of the EU Treaty would be necessary.

3. Within the limits provided for in Art. 79 para. 3 of the Basic Law, Art. 23 of the Basic Law generally allows for the possibility to transfer further sovereign rights to the community. However, since Art. 16 a para. 5 of the Basic Law is *lex specialis* with respect to Art. 23 of the Basic Law and since the former provision does not refer to any such transfer of sovereignty but only deals with the conclusion of treaties, granting the European Community competences in the field of asylum policies by way of a decision under Art. K. 9 of the Treaty on the European Union would necessarily presuppose a further amendment to Art. 16 a of the Basic Law.

Literaturverzeichnis

Abraham, R.: La reconduite à la frontière des demandeurs d'asile, in: RFDA 1992, S. 90 ff.

Achermann, A. / Hausammann, C.: Handbuch des Asylrechts, Zürich, 1990.

Achermann, A.: Das Erstasylabkommen von Dublin, in: ASYL 1990, S. 12 ff.

Aleinikoff, T. / Martin, D.: Immigration - Process and Policy, St. Paul Minnesota, 2. Aufl., 1991.

Aleinikoff, T.: United States Immigration, Nationality and Refugee Law, in: Frowein, J. A./ Stein, T (Hrsg.), Die Rechtsstellung von Ausländern nach staatlichem Recht und Völkerrecht. The Legal Position of Aliens in National and International Law. Le régime juridique des étrangers en droit national et international, Berlin 1987, S. 1545 ff.

Alternativkommentar zum Grundgesetz für die Bundesrepublik Deutschland,R. Wassermann (Hrsg.), 2. Aufl., Darmstadt 1989. (Zitierweise: AK-Bearbeiter).

Amnesty International: Stellungnahme zur Anhörung des Innenausschusses des Deutschen Bundestages am 24. März 1993 zu dem Gesetzentwurf der Fraktionen von CDU/ CSU, SPD und F.D.P. zur Änderung asylverfahrens-, ausländer- und staatsangehörigkeitsrechtlicher Vorschriften - Drucksache 12/ 4450, in: Sten. Protokoll der 56. Sitzung des Innenausschusses vom 24. 3. 1993.

Anding, V.: Das Spannungsverhältnis zwischen Art. 20 IV GG und Art. 79 III GG, Marburg, 1973.

Anschütz., G.: Kommentar zur Weimarer Verfassung, 14. Aufl., Berlin 1933.

Antoniou, T.: Issues and problems in the Greek law of aliens, in: H. Schermers et al. (Hrsg.), Free Movement of Persons in Europe - Legal problems and Experiences, Dordrecht 1993, S. 125 ff. (Zitierweise: Schermers, Movement).

Avery, C.: Refugee Status Decision-Making: The System of Ten Countries, in: Stanford Journal of International Law 1983, S.235 ff.

Barschel, U. / Gebel, V.: Landessatzung für Schleswig-Holstein, Neumünster, 1976.

Bauer, H.: Gerichtsschutz als Verfassungsgarantie - Zur Auslegung des Art. 19 Abs. 4 GG, Berlin 1973.

Becker, U.: Das Asylrecht der Bayrischen Verfassung, in: Bay.Vbl. 1988, S. 577 ff.

Becker, U.: Das bayerische Asylrecht, Berlin 1988.

Benda, E. / Klein, E.: Das Spannungsverhältnis von Grundrechten und übernationalem Recht, in: DVBl. 1974, S. 389 ff.

Berber, F.: Lehrbuch des Völkerrechts, Bd. 1: Allgemeines Friedensrecht, 2. Aufl., München 1975. Bd. 2: Streiterledigung, Kriegsverhütung, Integration, München 1977.

Bernhardt, R.: Bundesverfassungsgericht und völkerrechtliche Verträge, in: C. Starck (Hrsg.), Bundesverfassungsgericht und Grundgesetz - Festgabe aus Anlaß des 25jährigen Bestehens des Bundesverfassungsgerichts, Bd. 2, Tübingen 1976, S. 154 ff.

Bernzen, U./ Sohnke, M.: Verfassung der Freien und Hansestadt Hamburg, Hamburg, 1977.

Bertrams, M.: Die Rechtsprechung des Bundesverwaltungsgerichts zu den Beweisgrundsätzen und Wahrscheinlichkeitsmaßstäben im Asylverfahren vor dem Hintergrund der allgemeinen Asylproblematik, in: DVBl. 1987, S. 1181 ff.

Bethäuser, F.: Bestandsaufnahme und Überlegungen zu § 2 AsylVfG, Bonn 1988.

Bethäuser, F.: Der anderweitige Schutz vor Verfolgung im Asylrecht, Frankfurt/ M. 1983.

Bethäuser, F.: Die Regelungen über die sicheren Drittstaaten unter besonderer Berücksichtigung des Artikels 105 der Bayerischen Verfassung, in: ZAR 1993, S. 169 ff.

Bettermann, K.-A.: Die Rechtswegsgarantie des Art.19 Abs. 4 GG in der Rechtsprechung des Bundesverfassungsgerichts, in: AöR 1971, S. 528 ff.

Bierwirth, C./ Göbel-Zimmermann, R.: Handlungsspielräume und Grenzen einer Änderung des Asylrechts, in: ZRP 1992, S. 470 ff.

Bierwirth, C.: Die Erteilung von Reiseausweisen anch Art. 28 der Genfer Flüchtlingskonvention an nicht originär Asylberechtigte nach Artikel 16 Abs. 2 Satz 2 des Grundgesetzes der Bundesrepublik Deutschland, in: AVR 1991, S. 295 ff. (Zitierweise: Bierwirth, Flüchtlingskonvention).

Bierwirth, C.: Die Familienasylregelung des § 7 a Abs. 3 AsylVfG unter besonderer Berücksichtigung der Altfälle, in: Barwig, K. (Hrsg.), Das neue Ausländerrecht, Baden-Baden, 1991, S. 229 ff.

Bierwirth, C.: Zugang zum Asylverfahren, in: ZAR 1987, S. 64 ff.

Birn, H.: Die Aufnahme von Grundrechten und staatsbürgerlichen Rechten in die Verfassung von Baden-Württemberg, Tübingen 1972.

Bittner, D.: Finanzgerichtsordnung - Kommentar, Loseblatt, Neuwied Stand: 1991.

Blanke, H.-J.: Der Unionsvertrag von Maastricht - Ein Schritt auf dem Weg zu einem europäischen Bundesstaat, in: DÖV 1993, S. 412 ff.

Blay, S./ Tsamenyi, B.: Reservations and Declarations Under the 1951 Convention and the 1967 Protocol Relating to the Status of Refugees, in: Int. J. Ref. L. 1990, S. 527 ff.

Bleckmann, A.: Der Vertrag über die Europäische Union, in: DVBl. 1992, S. 335 ff.

Bleckmann, A.: Die Bindung der Europäischen Gemeiscnhaft an die Europäische Menschenrechtskonvention, Köln 1986.

Bleckmann, A.: Verfassungsrechtliche Probleme einer Beschränkung des Asylrechts, Köln 1992.

Bleckmann, A.: Zum Begriff der "Civil Rights" in Art.6 der Europäischen Menschenrechtskonvention, in: Ress, G. (Hrsg.), Entwicklungstendenzen im Verwaltungsverfahrensrecht und in der Verwaltungsgerichtsbarkeit, Wien 1990, S. 235 ff.

Bleibaum, E.-A.: Das Verfassungsminimum im Bonner Grundgesetz, Hamburg 1951.

Blumenwitz, D.: Typische Konflikte zwischen Verwaltungsträgern und ihre Regelung im deutschen Verwaltungsrecht, in: AöR 1971, S. 161 ff.

Bodemar, S.: Ein Jahr Asylgesetz - Erfahrungen des UNHCR mit dem neuen Asylgesetz, S. 14 ff., in: Grüner Klub im Parlament (Hrsg.), Menschenrecht in der Praxis - Ein Jahr neues Asylgesetz, Wien, 1993.

Böckenförde, E.-W./ Grawert, R.: Kollisionsfälle und Geltungsprobleme im Verhältnis von Bundesrecht und Landesverfassung, in: DÖV 1971, S. 119 ff.

Bolten, J.: Das Recht auf Asylsuche in Europa, in: Sonderbeilage zu ASYL 1989, Heft 2, S. 3 ff.

Bolten, J.: From Schengen to Dublin: The New Frontiers of Refugee Law, in: H.Meijers (Hrsg.), Schengen, ohne Ort 1991. (Zitierweise: Bolten, Schengen).

Bonner Kommentar zum Grundgesetz, Loseblattsammlung, Heidelberg, Stand: März 1993, (Zitierweise: Bonner Kommentar-Bearbeiter).

Bose, H. von: Der Stand der Verfassungsberatungen in Sachsen-Anhalt, in: K. Stern (Hrsg.), Deutsche Wiedervereinigung, Bd. 3: Zur Entstehung von Landesverfassungen in den neuen Ländern der Bundesrepublik Deutschland, Köln 1992 (Zitierweise: Stern, Landesverfassungen), S. 79 ff.

Bossuyt, M.: L'interdiction de la discrimination, Brüssel 1976.

Brandl, U.: Asylrecht und Asylpolitik in Österreich, in: ASYL 1993, Heft 1, S. 3 ff.

Braun, K.: Kommentar zur Verfassung des Landes Baden-Württemberg, Stuttgart 1984.

Breitenmoser, S./ Wilms, G.: Human Rights v. Extradition: Soering-Case, in: Mich. J. Int. L. 1990, S. 845 ff.

Bruycker, P. de: La compatibilité de la législation belge avec le droit international, in: J. Salmon (Hrsg.), La reconnaissance de la qualité de réfugié et l`octroi de l`asile (1990), S. 200 ff.

Bryde, B.-O.: Verfassungsentwicklung: Stabilität und Dynamik im Verfassungsrecht der Bundesrepublik Deutschland, Baden-Baden 1982.

Buchsteiner, J.: Der heimliche Treck durch die Wälder, DIE ZEIT vom 16. 7. 1993, S. 4.

Bundesminister des Innern: betrifft: Ausländerpolitik, 2. Aufl., Bonn 1983.

Bundesministerium der Justiz: Handbuch der Rechtsförmlichkeit, Köln, 1991.

Buschbeck, K.: Verschleierte Auslieferung durch Ausweisung, Berlin, 1973.

Carlier, J.-Y.: Droit des refugiés, Brüssel 1989.

Carlier, J.-Y.: Harmonisation des Politiques d`Asile des Pays d`Europe: les Enjeux Juridiques, in: Rev. Dt. Etr. 1992, S. 51 ff.

Cassese, A.: Can the Notion of Inhuman and Degrading Treatment Be Applied to Socio-Economic Conditions ?, in: EJIL 1991, S. 141 ff.

Classen, C.-D.: Maastricht und die Verfassung: kritische Bemerkungen zum neuen "Europa-Artikel" 23 GG, in: ZRP 1993, S. 57 ff.

Classen, C.-D.: Asylrecht in Frankreich: Zur Bedeutung der verfassungs- und völkerrechtlichen Vorgaben, in: DÖV 1993, S. 227 ff. (Zitierweise: Classen, Frankreich)

Classen, C.-D.: Asylrecht: Muß der Rechtsstaat kapitulieren ?, in: Borgmann, K. u.a., Verfassungsreform und Grundgesetz, Stuttgart 1992, S. 133 ff. (Zitierweise Classen, Rechtsstaat).

Classen, C.-D.: Der Verweis auf Drittstaaten - eine offene Flanke der europäischen Asylrechtsabkommen ? (erscheint demnächst im Archiv des Völkerrechts).

Classen, C.-D.: Sichere Drittstaaten - Ein Beitrag zur Bewältigung des Asylproblems ?, in: DVBl. 1993, S. 700 ff. (Zitierweise: Classen, Drittstaaten)

Cohen, S.: Conditioning US-Security-Assistance on Human Rights Practices, in: AJIL 1982, S. 246 ff.

Cohen-Jonathan, G.: De l'effet juridique des "mésures provisoires" dans certaines circonstances et de l'efficacité du droit de recours individuel: A propos de l'arrêt Cruz-Varas de la Cour Européenne des Droit de l'Homme, in: RUDH 1991, S. 205 ff.

Cremer, H.-J.: Asylrechtsunabhängiger Schutz vor den Auslandsfolgen aufenthaltsbeendender Maßnahmen nach dem Ausländergesetz - Zugleich ein Beitrag zur Bestimmung der Reichweite der grundrechtlichen Verantwortung für die Auslandsfolgen deutscher Hoheitsakte, Baden-Baden 1993. (Zitierweise: Cremer, Auslandsfolgen).

Dagtoglou, P. D.: Die Rechtsstellung von Ausländern nach staatlichem Recht und Völkerrecht in Griechenland, in: J. A. Frowein/ T. Stein, Die Rechtsstellung von Ausländern nach staatlichem Recht und Völkerrecht. The Legal Position of Aliens in National and International Law. Le régime juridique des étrangers en droit national et international, Berlin 1987, S. 529 ff.

Dahm, G./ Delbrück, J./ Wolfrum, R.: Völkerrecht, 3. Aufl., Bd. 1, Teilbd. 1, Berlin 1989

Dahm, G.: Völkerrecht, Band 3, 1. Aufl., Stuttgart 1961.

de Jong, D.: Das Asylrecht in den Niederlanden, in: Barwig, K./ Lörcher, K./ Schumacher, C. (Hrsg.), Asylrecht im Binnenmarkt, Baden-Baden, 1989, S. 191 ff.

Delpérée, F.: La situation juridique du demandeur d'asile, in: RFDA 1993, S. 272 ff.

Denninger, E./ Rachor, F.: Asylrecht und Sichtvermerkszwang , in: ZAR 1988, S. 51 ff.

Deutscher Bundestag (Hrsg.) Der Parlamentarische Rat 1948-49 (Akten und Protokolle), Bd. 2 - Der Verfassungskonvent auf Herrenchiemsee, Boppard 1981.

Deutscher Bundestag - Wissenschaftlicher Dienst: Asylrecht unter besonderer Berücksichtigung des Verfahrensrechts in 15 europäischen Ländern und in den USA, Materialien Nr. 116, Bonn, April 1991.

Deutscher Bundestag - Wissenschaftlicher Dienst: Dokumentation zum Gesetz zur Neuregelung des Asylverfahrens - Veröffentlichte Gesetzesmaterialien des Parlamentsarchivs Nr. 25, Bonn 1992.

Di Fabio, U.: Der neue Art. 23 des Grundgesetzes, in: Der Staat 1993, S. 191 ff.

Dixit, R.: Amendment or Modification of Treaties, in: Ind. J. Int. L. 1970, S. 27 ff.

Doehring, K.: Aliens, Admission, in: Bernhardt, R. (Hrsg.) Encylopedia of Public International Law, 2. Aufl. 1993, Bd. 1, S. 107 ff.

Doehring, K.: Aliens, Expulsion and Deportation, in: Bernhardt, R. (Hrsg.) Encylopedia of Public International Law, 2. Aufl. 1993, Bd. 1, S. 109 ff.

Doehring, K.: Das Staatsrecht der Bundesrepublik Deutschland, 3. Aufl. Frankfurt/ M. 1984.

Dörr, O.: Das Schengener Durchführungsabkommen - ein Fall des Art. 24 Abs. 1 GG, in: DÖV 1993, S. 696 ff.

Domcke, H.: Zur Fortgeltung der Grundrechte der bayerischen Verfassung, in: Verfassung und Verfassungsrechtsprechung - Festschrift zum 25jährigen Bestehen des Bayerischen Verfassungsgerichtshofes, München 1972, S. 311 ff.

Donner, J.: Abolition of Border Controls, in: H. Schermers et al. (Hrsg.), Free Movement of Persons in Europe - Legal Problems and Experiences (1993), S. 3 ff.

Dorn, D.-W.: Artikel 235 EWG-Vertrag - Prinzipien der Auslegung. Die Generalermächtigung zur Rechtsetzung im Verfassungssystem der Gemeinschaften, Kehl 1986.

Drüke, L.: Refugee Protection in the Post Cold War Europe: Asylum in the Schengen and EC Harmonization Process - UNHCR's Perspectives and Priorities in: A. Pauly (Hrsg.), Les accords de Schengen: Abolition des frontières intérieures ou menace pour les libertés publiques ? Maastricht 1993, S. 105 ff.

Drüke, L.: Schengen in the Light of Public International Law, UNHCR's Perspectives, Priorities and Proposals - Working Document des UNHCR, Stellungnahme im Rahmen des Kolloquiums: The Schengen Agreements: Abolition of Internal Borders or Threat to Public Freedoms ?

Dürig, G./ Evers, H.-U.: Zur verfassungsändernden Beschränkung des Post-, Telefon- und Fernmeldegeheimnisses Berlin/ Zürich 1969.

Dürig, G.: Der Grundrechtssatz von der Menschenwürde, in: AöR 1956, S. 117 ff.

Dürig, G.: Die Verwirkung von Grundrechten nach Artikel 18 des Grundgesetzes, in: JZ 1952, S. 513 ff.

Dürig, G.: Freizügigkeit, in: Neumann, F./ Nipperdey, H. K./ Scheuner, U. (Hrsg.), Die Grundrechte, Bd. 2, Berlin 1954, S. 507 ff.

Dürig, J: Beweismaß und Beweislast im Asylrecht, München 1990.

Ehmke, H.: Verfassungsänderung und Verfassungsdurchbrechung, in: AöR 1953/ 54, S. 385 ff.

Einarsen, T.: The European Convention on Human Rights and the Notions of an Implied Right to de-facto-Asylum, in: Int. J. Ref. Law 1990, S. 361 ff.

Elbing, G.: Zur Anwendbarkeit der Grundrechte bei Sachverhalten mit Auslandsbezug, München 1992.

Erichsen, H. U.: Zum Verhältnis von EWG-Recht und nationalem öffentlichem Recht der Bundesrepublik Deutschland, in: VA 1973, S. 101 ff.

Even, B.: Die Bedeutung der Unantastbarkeitsgarantie des Art.79 III GG für die Grundrechte, Frankfurt/ M. 1988.

Even, B.: Lösung der Asylproblematik durch Änderung von Art.16 II 2 GG ?, in: VR 1987, S. 256 ff.

Everling, U.: Probleme atypischer Rechts- und Handlungsformen bei der Auslegung des Europäischen Gemeinschaftsrechts, in: R. Bieber/ G. Ress (Hrsg.), Die Dynamik des Europäischen Gemeinschaftsrechts, Baden-Baden 1987, S. 417 ff.

Eyermann, E./ Fröhler, L.: Verwaltungsgerichtsordnung - Kommentar, 9. Aufl., München 1988.

Fabbricotti, A.: L'ingresso degli stranieri extra-comunotari ed il trattamento delle domande d'asilo nelle legislazioni dei paesi della C.E.E., Wien 1993.

Fairweather, R.: Canada's New Refugee Determination System, Can. Yb. Int. L. 1989, S. 295 ff.

Favoreu, L.: Contribution au débat sur le droit d`asile, in: Le Figaro vom 3. 9. 1993

Feddersen, C.: Beschwerdeausschuß versus Menschenwürde und Rechtsstaatsprinzip: ein unvereinbarer Gegensatz ?, in: ZRP 1993, S. 479 ff.

Feuchte, P.: Verfassung des Landes Baden-Württemberg, Stuttgart 1987.

Finklenburg, K./ Jank, K.: Vorläufiger Rechtsschutz im Verwaltungsstreitverfahren, 3. Aufl., München 1986.

Fischer, E./ Künzel, W.: Verfassungen deutscher Länder und Staaten von 1816 bis zur Gegenwart, Berlin (Ost) 1989.

Fischer, W.: Die Europäische Union im Grundgesetz: der neue Artikel 23, in: ZfParlamentsfragen 1993, S. 32 ff.

Fliegauf, H.: Anmerkungen zum Asylkompromiß, in: DÖV 1993, S. 984 ff.

Fliegauf, H.: Zur Problematik der Behandlung von Asylbewerbern nach dem Zweiten Gesetz zur Beschleunigung des Asylverfahrens, in: BWVPr 1980, S. 222 ff.

Franz, F.: Anmerkung zu BayObLG DVBl. 1964, S. 588 ff., in: DVBl. 1964, S. 591 ff.

Franz, F.: Anmerkung zu VGH Kassel vom 19. 10. 1966, DVBl. 1967, S. 490 ff, in: DVBl. 1967, S. 492 ff.

Franz, F.: Asylrecht und Asylverordnung, in: DVBL. 1963, S. 125 ff.

Franz, F.: Das Asylrecht der politisch Verfolgten nach internationalem und deutschem Recht, Köln 1961.

Franz, F.: Das Asylrecht im Schatten der Flüchtlingskonvention, in: DVBl. 1966, S. 623 ff.

Friedrichsen, H.: Die Stellung der Fremden in deutschen Gesetzen und völkerrechtlichen Verträgen seit dem Zeitalter der französischen Revolution, Göttingen 1967.

Friesenhahn, E.: Zur Zuständigkeitsabgrenzung zwischen Bundesverfassungsgerichtsbarkeit und Landesverfassungsgerichtsbarkeit, in: C. Starck (Hrsg.), Bundesverfassungsgericht und Grundgesetz - Festgabe aus Anlaß des 25jährigen Bestehens des Bundesverfassungsgerichts, Bd. 1, Tübingen 1976, S. 748 ff.

Frowein, J. A./ Hofmann, R./ Oeter, S.: Das Minderheitenrecht europäischer Staaten, Teil 1, Berlin 1993

Frowein, J. A./ Kühner, R.: Drohende Folter als Asylgrund und Grenze für Auslieferung und Ausweisung, in: ZaöRV 1983, S. 537 ff.

Frowein, J. A./ Peukert, W.: Europäische Menschenrechtskonvention. EMRK-Kommentar, Kehl 1985 (Zitierweise: Frowein/ Peukert).

Frowein, J. A./ Zimmermann, A.: Der völkerrechtliche Rahmen für die Reform des deutschen Asylrechts, Köln 1993.

Frowein, J. A.: Stellungnahme zu dem Entwurf zur Änderung des Grundgesetzes (Art. 16 und 18), abgegeben anläßlich der Expertenanhörung der Gemeinsamen Verfassungkommission in Bonn vom 11. März 1993, unveröffentlicht.

Frowein, J. A.: Wirtschaftliche und soziale Rechte in der Rechtsprechung der Straßburger Organe, in: Rev. Europ. Dt. Public 1992, S. 263 ff.

Funke-Kaiser, M.: Verfassungsrechtliche Beurteilung von Art. 16 a E-GG und völkerrechtliche Standards, in: Flucht und Asyl, epd-Dokumentation, Nr. 24-25/93, S. 28 ff., Frankfurt/M., 1993. (Zitierweise: Funke-Kaiser, Beurteilung).

Gaia, P.: Commentaire de la décision du Conseil Constitutionnel no. 91-294 du 27 juillet 1992: Loi autorisant l'approbation de la convention d'application de l'accord de Schengen, in: Rev.Gen.Dt.Int.Publ. 1991, S. 405 ff.

Ganshof van der Meersch, W. J.: L'extradition et la convention européenne des droits de l'homme - l'affaire Soering, in: Rev. Trim. Dt. Homme 1990, S. 5 ff.

Garant, P.: La situation juridique du demandeur d`asile: Canada, RFDA 1993, S. 274 ff.

Garcia-Macho, R./ Sommermann, K.-P.: Asylrecht in Europa: Der deutsche und der spanische Weg, in: DÖV 1990, S. 41 ff.

Gardner, J. P.: Cooperation in the Field of Aliens Law in the United Kingdom and Ireland, in: H. Schermers et al. (Hrsg.), Free Movement of Persons in Europe - Legal Problems and Experiences, Dordrecht, S. 199 ff.

Gattiker, M.: Ist die Schweiz ein sicheres Asylland ? (Anmerkungen zu Art. 16 Abs. 2 Asylgesetz), in: ASYL 1991, Heft 3, S. 2 ff.

Geddert-Steinacher, T.: Menschenwürde als Verfassungsbegriff, Berlin 1990.

Geiger, R.: EG-Vertrag - Kommentar, München 1992.

Geiger, R.: Grundgesetz und Völkerrecht, München 1985.

Geiger, W.: Die Bundesverfassungsgerichtsbarkeit in ihrem Verhältnis zur Landesverfassungsgerichtsbarkeit und ihre Einwirkung auf die Verfassungsordnung der Länder, in: Verfassung und Verwaltung - Festschrift für W. Laforet, München 1952, S. 251 ff.

Geistlinger, M./ Libitsch, G./ Stolzlechner, H.: Zur Rechtsstellung der Ausländer nach österreichischem Recht, in: Frowein, J. A./ Stein, T. (Hrsg.), Die Rechtsstellung von Ausländern nach staatlichem Recht und Völkerrecht. The Legal Position of Aliens in National and International Law. Le régime juridique des étrangers en droit national et international, Berlin 1987, S. 1009 ff.

Geller/ Kleinrahm, K./ Dickersbach, A.: Die Verfassung des Landes Nordrhein-Westfalen, Göttingen Loseblatt, Stand: 1982.

Gemeinschaftskommentar zum Asylverfahrensgesetz, bearbeitet von B. Brunn u.a., Darmstadt, Loseblattsammlung, Stand: Januar 1992. (Zitierweise: GK - Bearbeiter).

Génévois, B.: L'entrée des étrangers en France: Le rappel des exigences constitutionnelles, in: RFDA 1992, S. 185 ff.

Génévois, B.: Un statut constitutionnel pour les étrangers - A propos de la décision du Conseil constitutionnel n° 93-325 DC du 13 août 1993, in: RFDA 1993, S. 881 ff.

Gerlach, A.: Asylverträge in der Europäischen Gemeinschaft - die asylrechtlichen Regelungen des Dubliner und Zweiten Schengener Übereinkommens, in: AWR-Bulletin 1991, S. 34 ff.

Gerlach, A.: Dubliner Asylrechtskonvention und Schengener Abkommen: Lohnt sich die Ratifikation ?, in: ZRP 1993, S. 164 ff.

Giegerich, T.: Luxemburg, Karlsruhe, Straßburg - Dreistufiger Grundrechtsschutz in Europa ?, in: ZaöRV 1990, S. 836 ff.

Giesler, V./ Wasser, D.: Das neue Asylrecht - Die neuen Gesetzestexte und internationalen Abkommen mit Erläuterungen, Köln 1993. (Zitierweise: Giesler/ Wasser).

Gillespie, J.: The Asylum and Immigration Appeals Bill: a review of the proposed asylum appeal rights, Imm. Nat. L. Pract. 1993, S. 68 ff.

Gilsdorf, P.: Die Kompetenz der Gemeinschaft zur Angleichung asylrechtlicher Bestimmungen in der EG, in: EuR 1990, S. 65 ff.

Göbel, K.: Die Verfassung des Landes Baden-Württemberg, Stuttgart 1953.

Goodwin- Gill, G.: Ein sicheres Land ? - Wer bestimmt das ?, in: Flüchtlinge - Mitteilungsblatt des UNHCR 2/ 1992, S. 37 f.

Goodwin-Gill, G.: International Law and the Movement of Persons Between States, Oxford 1978.

Goodwin-Gill, G.: The Determination of Refugee Status: Problems of Access to Procedures and the Standard of Proof, in: Yearbook of the International Institute of Humanitarian Law, 1985, S. 56 ff. (Zitierweise: Goodwin-Gill, Determination).

Goodwin-Gill, G.: The Refugee in International Law, Oxford 1983. (Zitierweise: Goodwin-Gill, Refugee)

Gornig, G.: Das "non-refoulement"-Prinzip, ein Menschenrecht in "statu nascendi", in: EuGRZ 1986, S. 521 ff.

Gornig, G.: Das Refoulement-Verbot im Völkerrecht, Wien 1987 (Zitierweise: Gornig, Refoulement).

Gottstein, M.: Polen und die Tschechische Republik - sichere Drittlän- der ?, in: ZDFW (Hrsg.), Art. 16 a GG und seine Folgen, Bonn, 1993, S. 92 ff.

Grabitz, E.: EWG-Vertrag, Kommentar, Loseblatt, München Stand: 1990. (Zitierweise: Grabitz - Bearbeiter).

Gräber, F./ von Groll, R./ Koch, H.-R.: Finanzgerichtsordnung - Kommentar, München, 2. Aufl. 1987.

Grahl-Madsen, A.: Asylum, Territorial, in: Bernhardt, R. (Hrsg.) Encylopedia of Public International Law, Bd. 8, Amsterdam 1985, S. 42 ff.

Grahl-Madsen, A.: Territorial Asylum, Uppsala 1980.

Grahl-Madsen, A.: The Legal Position of Aliens in Norway, in: Frowein, J. A./ Stein, T., Die Rechtsstellung von Ausländern nach staatlichem Recht und Völkerrecht. The Legal Position of Aliens in National and International Law. Le régime juridique des étrangers en droit national et international, Berlin 1987, S. 983 ff.

Grahl-Madsen, A.: The Status of Refugees in International Law, Bd. 1: Refugee Character, Leyden 1966.(Zitierweise: Grahl-Madsen, Bd. 1).

Grahl-Madsen, A.: The Status of Refugees in International Law, Bd. 2: Asylum, Entry and Sojourn, Leyden 1972. (Zitierweise: Grahl-Madsen, Bd. 2).

Gramlich, L.: Asyl kraft Landesverfassungsrechts ?, in: ZAR 1987, S. 127 ff.

Grenz, W.: Neues Asylrecht: Abschied vom Schutz für politisch Verfolgte - Anmerkungen zu den Vorschlägen von CDU/CSU, FDP und SPD für eine neues Asylrecht, in: ASYL 1993/2, S. 41 ff.

Grewe, C./ Weber, A.: Die Reform des Ausländer- und Asylrechts in Frankreich - Die Entscheidung des Conseil Constitutionnel vom 13. August 1993, in: EuGRz 1993, S. 496 ff.

Grey, J.: Immigration Law in Canada, Toronto 1984.

Groeben, H. von der/ Thiesing, J./ Ehlermann, C.-D.: Kommentar zum EWG-Vertrag, 4. Auflage, Baden-Baden 1991.

Groeben, H. von der/ Thiesing, J./ Ehlermann, C.-D.: Kommentar zum EWG-Vertrag, 3. Auflage, Baden-Baden, 1983.
Groos, H.: Die Kompetenzen der Europäischen Gemeinschaft auf dem Gebiet des Asylrechts, Studie des Wissenschaftlichen Dienstes des Deutschen Bundestages, Nr. 52/ 88, Bonn, 1988.
Groos, H.: Zusammenarbeit in den Bereichen Justiz und Inneres, insbesondere in der Asylpolitik, in: Wissenschaftliche Dienste des Deutschen Bundestages (Hrsg.), Maastricht - Auf dem Wege zur Politischen Union, Bonn 1992, S. 75 ff.
Gross, H.: Verfassungshoheit und Homogenität im Bundesstaat, in: DVBl. 1950, S. 5 ff.
Grüner Klub im Parlament (Hrsg.): Menschenrecht in der Praxis - Ein Jahr neues Asylgesetz, Wien, 1993.
Guimezanes, N.: L' arrêt de l'immigration en France ? - Commentaire de la loi n° 93-1027 du 24 août 1993 sur la maîtrise de l'immigration, in: La Semaine Juridique 1994, S. 1 ff.
Gusy, C.: Asylrecht und Asylverfahren in der Bundesrepublik Deutschland, Königsstein, 1980.
Gusy, C.: Grenzen des Asylrechts, in: Beitz, W./ Wollenschläger, M. (Hrsg.), Handbuch des Asylrechts, Bd. 1: Grundlagen, 1980, S. 247 ff.
Gusy, C.: Neuregelung des Asylrechts - Grundrecht oder Grundrechtsverhinderungsvorschrift, in: JURA 1993, S. 505 ff. (Zitierweise: Gusy, Neuregelung).
Häberle, P.: Die Abhörentscheidung des Bundesverfassungsgerichts vom 15. 12. 1970, in: JZ 1971, S. 145 ff.
Häberle, P.: Verfassungsrechtliche Ewigkeitsklauseln als verfassungsstaatliche Identitätsgarantien, in: Völkerrecht im Dienste des Menschen - Festschrift für Hans Haug (Y. Hanggartner, Hrsg.), Bern 1986.
Hailbronner, K./ Cordes, W.: Grundstrukturen eines neuen Asylrechts, in: NVwZ 1991, S. 713 ff.
Hailbronner, K./ Randelzhofer, A.: Zur Zeichnung der UN-Folterkonvention durch die Bundesrepublik Deutschland, in: EuGRZ 1986, S. 641 ff.
Hailbronner, K.: Anmerkung zum Urteil des Bundesverwaltungsgerichts vom 2. 12. 1986, in: JZ 1987, S. 564 ff.
Hailbronner, K.: Asyl- und Einwanderungsrecht im europäischen Vergleich, Köln, 1992
Hailbronner, K.: Asyl- und Einwanderungsrecht in der Europäischen Gemeinschaft, Saarbrücken, 1992.
Hailbronner, K.: Asylrecht und Völkerrecht, in: Beitz, W./ Wollenschläger, M. (Hrsg.), Handbuch des Asylrechts, Bd. 1, Baden-Baden 1980, S. 93 ff.
Hailbronner, K.: Ausländerrecht - Kommentar, Loseblatt, Heidelberg, Stand Oktober 1992.
Hailbronner, K.: Ausländerrecht. Ein Handbuch. 2. Aufl., Heidelberg 1989.
Hailbronner, K.: Das Refoulement-Verbot und die humanitären Flüchtlinge im Völkerrecht, in: ZAR 1987, S. 3 ff. (Zitierweise: Hailbronner, Refoulement).
Hailbronner, K.: Die Asylrechtsreform im Grundgesetz, in: ZAR 1993, S. 107 ff. (Zitierweise: Hailbronner, Asylrechtsreform).
Hailbronner, K.: International Civil Aviation Organization, in: Bernhardt, R. (Hrsg.) Encylopedia of Public International Law, Bd. 5, 1983, S. 68 ff.

Hailbronner, K.: Möglichkeiten und Grenzen einer europäischen Koordinierung des Einreise- und Asylrechts: ihre Auswirkungen auf das Asylrecht der Bundesrepublik Deutschland. Baden-Baden 1989. (Zitierweise: Hailbronner, Koordinierung).
Hailbronner, K.: Non-refoulement and "Humanitarian" Refugees: Customary International Law or Wishful Legal Thinking ?, in: Virg. J. Int. L. 1986, S. 857 ff.
Hailbronner, K.: Perspektiven einer europäischen Asylrechtsharmonisierung nach der Maastrichter Gipfelkonferenz, in: ZAR 1992, S. 51 ff. (Zitierweise: Hailbronner, Perspektiven)
Hailbronner, K.: Perspektiven einer europäischen Asylrechtsharmonisierung nach der Maastrichter Gipfelkonferenz, in: Hailbronner, K.: Asyl- und Einwanderungsrecht im europäischen Vergleich, Köln, 1992
Hailbronner, K.: Stellungnahme zum Entwurf eines Gesetzes zur Änderung des Grundgesetzes (Art.16 und 18), Bundestags-Drucksache 12/ 4152, in: Stenografisches Protokoll der 55. Sitzung des Innenausschusses, der 71. Sitzung des Rechtsausschusses und der 8. Anhörung der Gemeinsamen Verfassungskommission, S. 279 ff. (Zitierweise: Hailbronner, Stellungnahme).
Hailbronner, K.: The Concept of "Safe Country" and "Expedient Asylum Procedures" - Western European Perspectives, in: Stenografisches Protokoll der 55. Sitzung des Innenausschusses, der 71. Sitzung des Rechtsausschusses und der 8. Anhörung der Gemeinsamen Verfassungskommission, S. 305 ff. (Zitierweise: Hailbronner, Concept).
Hailbronner, K.: Zur Reform des Ausländerrechts, in: ZRP 1980, S. 230 ff.
Hathaway, J.: Selective Concern: An Overview of Refugee Law, in: McGill Law Journal 1989, S. 354 ff.
Hathaway, J.: The Law of Refugee Status, Toronto 1991. (Zitierweise: Hathaway, Refugee Status).
Haug, H.: Die Schranken der Verfassungsrevision, 1947.
Hehl, S.: Die Neuregelung des Asylrechts, in: ZRP 1993, S. 301 ff.
Hein, C.: Asylrecht und Asylpolitik in Italien, in: ASYL 1993/2, S. 27 ff.
Heinhold, H.: Stellungnahme zu den Vorschlägen zur Änderung des Asylgrundrechts (Art. 16 II 2 GG) (BT-Drucksache DS 12/ 4152, 12/ 2112) sowie den zu beratenden Anträgen und Gesetzesentwürfen (12/ 3235, 12/ 1216,, 12/ 1714 und 12/ 2089), in: Protokoll der 55. Sitzung des Innenausschusses, der 71. Sitzung des Rechtsausschusses und der 8. Anhörung der Gemeinsamen Verfassungskommission, S. 399 ff. (Zitierweise: Heinhold, Stellungnahme).
Henkel, J.: Bericht über eine Studienreise nach Warschau zum Thema "Asyl in Polen: Fragen - Probleme - Perspektiven", in: ZAR 1993, S. 79 ff.
Henkel, J.: Das neue Asylrecht, in: NJW 1993, S. 2705 ff.
Henkel, J.: Internationaler und nationaler Rechtsschutz für Flüchtlinge, in: Otto-Benecke-Stiftung, Praktizierte Humanitas: Weltproblem Flüchtlinge - eine europäische Herausforderung, Baden-Baden 1981, S. 305 ff.
Henkel, J.: Stellungnahme zum Entwurf eines Gesetzes zur Änderung asylverfahrens-, ausländer- und staatsangehörigkeitsrechtlicher Vorschriften (Bundestagsdrucksache 12/ 4450), in: Stenographisches Protokoll über die 56. Sitzung des Innenausschusses des Deutschen Bundestages am 24. 3. 1993, S. 309 ff., (Zitierweise Henkel, Stellungnahme)

Henkel, J.: Wege zur Gesundung des deutschen Asylverfahrens, in: ZRP 1980, S. 67 ff.

Henkin, L.: Human Rights, in: Bernhardt, R. (Hrsg.) Encyclopedia of Public International Law, Bd. 8, Amsterdam 1985, S. 268 ff.

Herdegen, M.: Auslegende Erklärungen von Gemeinschaftsorganen und Mitgliedsstaaten zu EG-Rechtsakten, in: ZHR 1991, S. 52 ff.

Herdegen, M.: Die Belastbarkeit des Verfassungsgefüges auf dem Weg zur Europäischen Union, in: EuGRZ 1992, S. 589 ff.

Herdegen, M.: Europäisches Gemeinschaftsrecht und die Bindung deutscher Verfassungsorgane an das Grundgesetz - Bemerkungen zu neueren Entwicklungen nach dem "Solange II"-Beschluß, in: EuGRZ 1989, S. 309 ff.

Hermann, A./ Hackauf, F./ Sellner, E.: Paß-, Fremdenpolizei- und Asylrecht, 3. Aufl., Wien 1986.

Hesse, K.: Grundzüge des Verfassungsrechts der Bundesrepublik Deutschland, 18. Aufl., Heidelberg 1992.

Hildner, G.: Untersuchung zur Frage des Schutzes vor Verfolgung afghanischer Flüchtlinge in Pakistan, Bonn 1982.

Hörnig, D.: Verfassungswidrigkeit des Grundrechts auf Asyl ?, in: VR 1982, S. 146 ff.

Hofmann, R.: Die Ausreisefreiheit nach Völkerrecht und staatlichem Recht, Berlin 1988.

Hofmann, R.: Asyl- und Flüchtlingsrecht, in: Frowein, J. A./ Stein, T. (Hrsg.), Die Rechtsstellung von Ausländern nach staatlichem Recht und Völkerrecht. The Legal Position of Aliens in National and International Law. Le régime juridique des étrangers en droit national et international, Berlin 1987, S. 2019 ff.

Hofmann, R.: Grundrechte und grenzüberschreitende Sachverhalte (im Erscheinen begriffen), (Zitierweise: Hofmann, Grundrechte).

Hofmann, R.: Grundzüge des dänischen Asylrechts, in: ZAR 1987, S. 77 ff.

Hofmann, R.: Nachfluchtgründe und Flüchtlingsvölkerrecht, NVwZ 1987, S. 299 ff.

Hofmann, R.: Refugees in the African Context, ZaöRV 1992, S. 318 ff.

Holborn, L.: Refugees: A Problem of Our Time, Bd. 1, Metuchen 1975.

Holz-Dahrenstaedt, A.: Asyl in Österreich - Ein sicheres Drittland ?, in: ZAR 1993, S. 174 ff.

Hoskova, M.: Das neue Flüchtlingsgesetz der CSFR, in: ZAR 1991, S. 174 ff.

Hoskova, M.: Die Selbstauflösung der CSFR - Ausgewählte rechtliche Aspekte, in: ZaöRV 1993, S. 689 ff.

Hoyt, E.: The Unanimity Rule in the Revision of Treaties, Den Haag 1959.

Huber, B.: Anwendbarkeit des Art. 6 I MRK auf Asylstreitverfahren, in: NVwZ 1992, S. 856 ff.

Huber, B.: Art. 16 Abs. 2 S. 2 GG und europäischer Binnenmarkt - Zum Spannungsverhältnis von nationalem Verfassungsrecht und europäischer Asylrechtsharmonisierung, in: Barwig, K./ Lörcher, K./ Schumacher, C. (Hrsg.), Asylrecht im Binnenmarkt, Baden-Baden 1989, S. 43 ff.

Huber, B.: Ausländer und Asylrecht, München 1983.

Huber, B.: Ausländer- und Asylrecht in der Europäischen Gemeinschaft, in: NVwZ 1992, S. 618 ff.

Huber, B.: Das Asylrecht nach der Grundgesetzänderung, in: NVwZ 1993, S. 736 ff.

Huber, B.: Das Gesetz zur Änderung asylverfahrensrechtlicher, arbeitserlaubnisrechtlicher und ausländerrechtlicher Vorschriften, in: NVwZ 1987, S. 391 ff.

Huber, B.: Das neue Asylverfahrensrecht, in: NVwZ 1992, S. 749 ff.

Huber, B.: Verfassungsrechtliche Aspekte einer Asylrechtsharmonisierung in Europa. Zum CDU/ CSU-Entwurf eines Gesetzes zur Änderung der Art.16 und 24 GG, in: ZRP 1992, S. 123 ff.

Huber, E.: Dokumente zur deutschen Verfassungsgeschichte, Bd. 1: 1803-1850, 3. Aufl., Stuttgart 1978.

Huber, E.: Dokumente zur deutschen Verfassungsgeschichte, Bd. 2: 1851-1900, 3. Aufl., Stuttgart 1986.

Huber, E.: Dokumente zur deutschen Verfassungsgeschichte, Bd. 4: 1919-1933, 3. Aufl., Stuttgart 1992.

Hummer, W.: Flüchtlinge im Europäischen Binnemarkt, in: ZfRV 1991, S. 129 ff.

IKRK: La Convention de Genève Relative au Traitement des Prisonniers de Guerre, Genf 1959.

Innenministerium des Landes Nordrhein-Westfalen: Asylrecht in Belgien, unveröffentlichte Studie vom 11. 5. 1992.

Innenministerium des Landes Nordrhein-Westfalen: Asylrecht in Dänemark, unveröffentlichte Studie vom 24. 6. 1992.

Innenministerium des Landes Nordrhein-Westfalen: Asylrecht in Frankreich, unveröffentlichte Studie vom 29. 5. 1992.

Innenministerium des Landes Nordrhein-Westfalen: Asylrecht in Italien, unveröffentlichte Studie vom 16. 3. 1992.

Innenministerium des Landes Nordrhein-Westfalen: Asylrecht in den Niederlanden, unveröffentlichte Studie vom 6. 3. 1992.

Institut für Besatzungsfragen Tübingen: Das DP-Problem - Eine Studie über die ausländischen Flüchtlinge in Deutschland, Tübingen, 1950.

Internationaler Kommentar zur Europäischen Menschenrechtskonvention, bearbeitet von H. Golsong u.a., Köln, Loseblattsammlung, Stand: April 1992. (Zitierweise: IntKommEMRK - Bearbeiter).

Ipsen, H. P.: Vier Glossen zur Einheitlichen Europäischen Akte, in: Des Menschen Recht zwischen Freiheit und Verantwortung - Festschrift für K. Partsch (J. Jenkewitz, Hrsg.), Berlin 1989, S. 327 ff.

Isensee, J.: Die staatsrechtliche Stellung der Ausländer in der Bundesrepublik Deutschland, in: VVDStRL 32 (1974), S. 49 ff.

Jacobi, E.: Die Diktatur des Reichspräsidenten nach Art. 48 der Reichsverfassung, in: VVDStRL 1 (1924), S. 105 ff.

Jaenicke, G.: Der Begriff der Diskriminierung im modernen Völkerrecht, Berlin 1940.

Jaenicke, G.: Die Grundsätze über den gerichtlichen Rechtsschutz des Einzelnen im System der Völkerrechtsordnung, in: H. Mosler (Hrsg.), Gerichtsschutz gegen die Exekutive, Bd. 3, Köln 1971, S. 286 ff.

Jaenicke, G.: Diskriminierung, in: Strupp, K./ Schlochauer, H. J. (Hrsg.), Wörterbuch des Völkerrechts, Bd. 1, Berlin 1960, S. 387 ff.

Jahn, E.: Das Gesetz über die Rechtsstellung heimatloser Ausländer im Bundesgebiet, in: JZ 1951, S. 326 ff.

Jahn, E.: Die Praxis der Asylgewährung in den europäischen Ländern, mit einem Überblick über die Praxis in Afrika, den Vereinigten Staaten von Amerika (USA), in Kanada und Australien, in: Beitz, W./ Wollenschläger, M. (Hrsg.), Handbuch des Asylrechts, Bd. 1 Baden-Baden 1980, S. 143 ff.

Jarass, H./ Pieroth, B.: Grundgesetz für die Bundesrepublik Deutschland, 2. Aufl., München 1992.

Jessurun d'Oliveira, H. U.: Fortress Europe and (Extra-Communitarian) Refugees: Cooperation in Sealing off the External Borders, in: H. Schermers u. a. (Hrsg.), Free Movement of Persons in Europe - Legal problems and Experiences, Dordrecht 1993, S. 166 ff.

Julien-Laferrière, F.: Droit d'asile et politique d'asile en France, in: ASYL 1993/4, S. 75 ff.

Jutzi, S.: Landesverfassungsrecht und Bundesrecht, Berlin 1982.

Kälin, W.: Das Prinzip des Non-Refoulement, Frankfurt/M. 1982. (Zitierweise: Kälin, Non-Refoulement).

Kälin, W.: Drohende Menschenrechtsverletzung im Heimatstaat als Schranke der Rückschiebung gemäß Art. 3 EMRK, in: ZAR 1986, S. 172 ff.

Kälin, W.: Grundriß des Asylverfahrens, Basel, 1991 (Zitierweise: Kälin, Grundriß).

Kanein, W./ Renner, G.: Ausländerrecht. Ausländergesetz und Asylverfahrensgesetz mit materiellem Asylrecht, sowie arbeits- und sozialrechtliche Vorschriften. Kommentar von G. Renner, 5. Aufl., München 1992.

Kanein, W./ Renner, G.: Ausländerrecht. Ausländergesetz und Asylverfahrensgesetz mit materiellem Asylrecht, sowie arbeits- und sozialrechtliche Vorschriften. Nachtrag zur 5. Aufl., München 1993.

Kanein, W.: Ausländergesetz - Kommentar, 1. Aufl., München 1966.

Kanein, W.: Die Asylrechtsgarantie, in: NJW 1980, S. 1985 ff.

Kanein, W.: Gedanken zur Asylrechtsreform in: ZRP 1981, S. 39 ff.

Kanein, W.: Gutachten zum Asylrechtsmißbrauch unter Berücksichtigung anderweitigen Verfolgungsschutzes, unveröff. Gutachten, 1982.

Karpen, U.: Die Verweisung als Mittel der Gesetzgebungstechnik, Berlin 1970.

Kimminich, O.: Der internationale Rechtsstatus des Flüchtlings, Köln 1962.

Kimminich, O.: Völkerrechtliche und grundgesetzliche Grenzen der Asylrechtsreform, in: Festschrift für F. Ermacora (M. Nowak u.a., Hrsg.), Kehl 1988, S. 385 ff.

Kimminich, O.: Welche rechtlichen Vorkehrungen empfehlen sich, um die Rechtsstellung von Ausländern in der Bundesrepublik Deutschland angemessen zu gestalten ? (Teilgutachten Aufenthaltsrecht, Asyl, Ausweisung, Auslieferung), Gutachten B zum 53. Deutschen Juristentag, München 1980.

Kirchhof, P.: Die Identität der Verfassung in ihren unabänderlichen Inhalten, in: Isensee, J./ Kirchhof, P. (Hrsg.), Handbuch des Staatsrechts Bundesrepublik Deutschland, Bd. 1, Heidelberg 1987, S. 775 ff.

Kirchner, C./ Haas, J.: Rechtliche Grenzen für Kompetenzübertragungen auf die Europäische Gemeinschaft, in: JZ 1993, S. 760 ff.

Klein, E.: Der Verfassungsstaat als Glied einer europäischen Gemeinschaft, VVDStRL Bd. 50, Berlin 1990, S. 56 ff.

Knemeyer, F.-L.: Rechtliches Gehör im Gerichtsverfahren, in: Isensee, J./ Kirchhof, P. (Hrsg.), Handbuch des Staatsrechts, Bd. 6, Heidelberg 1989, S. 1271 ff.

Knösel, P.: Freiheitlicher Rechtsstaat und Abschiebung, Berlin 1991.

Köfner, G./ Nicolaus, P.: Die Genfer Flüchtlingskonvention im Schatten des Grundgesetzes in: ZAR 1986, S. 11 ff.

Köfner, G./ Nicolaus, P.: Grundlagen des Asylrechts in der Bundesrepublik Deutschland, Bd. 1, Mainz, 1986. (Zitierweise: Köfner/ Nicolaus, Grundlagen).

Köfner, G./ Van Krieken, P.: Rechtsschutz für afrikanische Flüchtlinge, in: ZAR 1985, S. 24 ff.

Köfner, G.: Die Anwendungspraxis der Genfer Konvention in Polen und der Tschechoslowakei, (bislang unveröffentlichtes Manuskript eines Vortrags auf den Hohenheimer Tagen zum Ausländerrecht 1993. Harmonisierung des Rechts auf Asyl in Europa. Diskussionsstand - Probleme - Perspektiven).

König, K.: Die Anerkennung ausländischer Verwaltungsakte, Köln 1965.

Köppl, P.: Die Ausschlußfrist im öffentlichen Recht, München 1970.

Koisser, W./ Nicolaus, P.: Das Familienasyl des § 7a Abs. 3 AsylVfG, in: ZAR 1991, S. 91 ff.

Kokott, J.: Beweislastverteilung und Prognoseentscheidungen bei der Inanspruchnahme von Grund- und Menschenrechten, Berlin 1993

Kokott, J.: Das interamerikanische System zum Schutz der Menschenrechte, Berlin 1986.

Kopp, F.: Verwaltungsgerichtsordnung - Kommentar, 9. Aufl., München 1992.

Kosewähr, R.: Die Rechtsstellung von Ausländern nach staatlichem Recht und Völkerrecht in der Deutschen Demokratischen Republik, in: Frowein, J. A./ Stein, T (Hrsg.), Die Rechtsstellung von Ausländern nach staatlichem Recht und Völkerrecht. The Legal Position of Aliens in National and International Law. Le régime juridique des étrangers en droit national et international, Berlin 1987, S. 285 ff.

Kratzer, J.: Artikel 142 und die Grundrechte in der bayerischen Verfassung, in: Festschrift für W. Laforet, München 1952, S. 107 ff.

Kremer, J.: Der Entwurf der Fraktion der CDU/ CSU, SPD und F.D.P. zur Änderung des Grundgesetzes vom 19. 01. 1993, in: ZDWF (Hrsg.), Art. 16 a GG und seine Folgen, Bonn 1993, S. 14 ff.

Kreppel, G.: Verfassungsrechtliche Grenzen der Auslieferung und Ausweisung unter besonderer Berücksichtigung der Auslieferung bei drohender Todesstrafe, Würzburg 1966.

Kreßel, E.: Sichtvermerkspflicht und Asylrecht, in: DÖV 1988, S. 501 ff.

Kreuzberg, H./ Wahrendorf, V.: Grundrecht auf Asyl - Materialien zur Entstehungsgeschichte, 2. Aufl., Köln 1992.

Kreuzberg, H.: Politische Straftäter genießen Asylrecht, in: InfAuslR 1983, S. 119 ff.

Kühling, J.: Interview zur Änderung des Asylrechts, in: DER SPIEGEL, Nr.47/ 1992, S. 53 ff.

Kühner, R.: Vorbehalte zu multilateralen Verträgen, Berlin 1986.

Silveira, L.: Le régime juridique des étrangers en droit portugais, in: Frowein, J. A./ Stein, T. (Hrsg.), Die Rechtsstellung von Ausländern nach staatlichem Recht und Völkerrecht. The Legal Position of Aliens in National and International Law. Le régime juridique des étrangers en droit national et international, Berlin 1987, S. 1257 ff.

Langkjaer, L./ Stummel, D.: Review of the Principle Features of the Legal Position of Aliens in Denmark, in: Frowein, J. A./ Stein, T. (Hrsg.), Die Rechtsstellung von Ausländern nach staatlichem Recht und Völkerrecht. The Legal Position of Aliens in National and International Law. Le régime juridique des étrangers en droit national et international, Berlin 1987, S. 237 ff.

Legomsky, S.: Immigration Law and Policy, Westbury 1992.

Leisner, W.: Die bayerischen Grundrechte, Wiesbaden 1968.

Lerche, P.: Das Asylrecht ist unverwirkbar, in: Festschrift für A. Arndt (H. Ehmke u.a., Hrsg.), Frankfurt/M. 1969, S. 199 ff.

Lieber, V.: Die neuere Entwicklung des Asylrechts im Völkerrecht und Staatsrecht unter besonderer Berücksichtigung der schweizerischen Asylpraxis, Zürich 1973.

Lillich, R.: The Soering-Case, in: AJIL 1991, S. 128 ff.

Linck, J.: Die Vorläufige Landessatzung für das Land Thüringen, in: ThürVBl. 1992, S. 1 ff.

Lotz, K.: Vorläufige Stellungnahme zu Fragen des Entwurfs eines Gesetzes zur Änderung des Grundgesetzes (Art. 16 und 18) - BT-Drs. 12/ 4152, in: Protokoll der 55. Sitzung des Innenausschusses, der 71. Sitzung des Rechtsausschusses und der 8. Anhörung der Gemeinsamen Verfassungskommission, S. 245 ff. (Zitierweise Lotz, Stellungnahme).

Luhmann, N.: Grundrechte als Institution, Berlin 1965.

Luhmann, N.: Soziale Systeme, Frankfurt/M. 1984.

MacDonald, I./ Blake, N.: Immigration Law and Practice in the United Kingdom, 3. Aufl. London, 1991.

MacDonald, R.: Interim Measures in International Law With Special Reference to the European System for the Protection of Human Rights, in: ZaöRV 1992, S. 703 ff.

Maihofer, W.: Rechtsstaat und menschliche Würde, Frankfurt/ M., 1968.

Makarov, A.: Das internationale Flüchtlingsrecht, in: ZaöRV 1951/ 52, S. 431 ff.

Mallet, N.: Deterring Asylum Seekers: German and Danish Law on Political Asylum, in: Immigration and Nationality Law and Practice 1991, S. 115 ff.

Mampel, S.: Die sozialistische Verfassung der Deutschen Demokratischen Republik, 2. Aufl., Frankfurt/M. 1982.

Manfrass, K.: Politische Flüchtlinge und Asylbewerber in Frankreich, in: Barwig, K./ Lörcher, K./ Schumacher, C. (Hrsg.), Asylrecht im Binnenmarkt - die europäische Dimension des Rechts auf Asyl. Baden-Baden 1989, S. 149 ff.

Mangoldt, H. von/ Klein, F./ Stark, C.: Das Bonner Grundgesetz, Kommentar, 3. Aufl., Bd. 1, München 1985. (Zitierweise: v. Mangoldt/ Klein/ Stark - Bearbeiter).

Mangoldt, H. von: Das Bonner Grundgesetz, 1. Aufl., Berlin 1953.

Martin-Retortillo Baquer, L.: La situation juridique du demandeur d`asile: Espagne, in: RFDA 1993, S. 557 ff.

Marugg, M.: Völkerrechtliche Definitionen des Ausdrucks "Flüchtling", Basel 1990.

Marx, F.: Funktion und Grenzen der Rechtsangleichung nach Art. 100 EWGV, Köln 1976.

Marx, R./ Strate, G./ Pfaff, V.: Asylverfahrensgesetz, 2. Aufl., Frankfurt/ M. 1987.

Marx, R./ Strate, G.: Kommentar zum Asylverfahrensgesetz, 1. Aufl., Frankfurt/ M. 1982.

Marx, R.: Abschiebung von de-facto-Flüchtlingen und rechtliche Handlungsgrenzen, in: ZAR 1991, S. 125 ff.

Marx, R.: Anforderungen an ein europäisches Asylrecht, in: KJ 1992, S. 405 ff.

Marx, R.: Asylrecht, Bd. 2: Rechtsprechungssammlung mit Erläuterungen, 5. Aufl., Baden-Baden 1991.

Marx, R.: Die Drittstaatenregelung des Art. 16 a II GG aus verfassungsrechtlicher sowie völkerrechtlicher Sicht, unveröffentlichtes Gutachten, Frankfurt/M., 30. 9. 1993. (Zitierweise: Marx, Drittstaatenregelung).

Marx, R.: Eine menschenrechtliche Begründung des Asylrechts, Baden-Baden, 1984

Marx, R.: Grundstruktur der Asylentscheidung, in: ZAR 1981, S. 42 ff.

Marx, R.: Konventionsflüchtlinge ohne Rechtsschutz - Untersuchungen zu einem vergessenen Begriff, in: ZAR 1992, S. 3 ff.

Marx, R.: Vom Schutz vor Verfolgung zur Politik der Abschreckung - Zur Geschichte des Asylverfahrensrechts in der Bundesrepublik Deutschland, in: KJ 1985, S. 379 ff.

Marx, R.: Zum Entwurf eines Gesetzes zur Neuregelung des Asylverfahrens, in: InfAuslR 1992, S. 109 ff.

Matscher, F.: Das Verfahren vor den Organen der EMRK, in: EuGRZ 1982, S. 489 ff.

Matscher, F.: Zur Funktion und Tragweite der Bestimmung des Art. 13 EMRK, in: Völkerrecht - Recht der Internationalen Organisationen - Weltwirtschaftsrecht - Festschrift für I.Seidl-Hohenfeldern (Böckstiegel u.a., Hrsg.) 1988, S. 315 ff.

Maunz, T./ Dürig, G./ Herzog, R./ Scholz, R./ Lerche, P./ Papier, H.-J./ Randelzhofer, A./ Schmidt-Assmann, E. (Hrsg.), Grundgesetz - Kommentar, München, Loseblattsammlung: Stand: 1991. (Zitierweise: Maunz/ Dürig/ Herzog/ Scholz -Bearbeiter).

Maunz, T./ Schmidt-Bleibtreu, B./ Klein, F.: Bundesverfassungsgerichtsgesetz - Kommentar, 2. Aufl., Loseblatt, München, 1985 ff.

Maunz, T./ Zippelius, R.: Deutsches Staatsrecht, 28. Aufl., München 1991.

Maunz, T.: Deutsches Staatsrecht, 23. Aufl., München 1980.

McAllister, D.: Refugee and Public Access to Immigration Hearings: A Clash of Constitutional Values, in: Int. J. Ref. L. 1990, S. 562 ff.

McGray, D.: The Legal Effect of Interpretative Declarations, BYIL 1978, S. 155 ff.

Meder, T.: Die Verfassung des Freistaates Bayern, 3. Aufl., München 1985.

Meder, T.: Die Verfassung des Freistaates Bayern, 4. Aufl., München 1992

Melander, G.: The Legal Position of Aliens in Sweden, in: Frowein, J. A./ Stein, T. (Hrsg.), Die Rechtsstellung von Ausländern nach staatlichem Recht und Völkerrecht. The Legal Position of Aliens in National and International Law. Le régime juridique des étrangers en droit national et international, Berlin 1987, S. 1303 ff.

Melander, G.: The Refugee in Orbit, in: in: Amnesty International (Hrsg.), Bewährungsprobe für ein Grundrecht, Baden-Baden 1978, S. 67 ff.

Menke, M.: Bedingungen einer Asylgesetzgebung der Europäischen Gemeinschaften, Baden-Baden 1993.

Mettgenberg, W./ Doerner, K.: Deutsches Auslieferungsgesetz - Kommentar, 2. Aufl., Berlin 1953.

Mettgenberg, W.: Das erste Verbot der Auslieferung politischer Verbrecher - ein Beitrag zur Geschichte des deutschen Auslieferungsrechts, in: ZVR XIV (1927/ 28), S. 237 ff.

Meyer-Arndt, L.: Rechtsfragen der Grundgesetzänderung, in: AöR 1957, S. 257 ff.

Meyer-Goßner, L.: Die Verfassungsmäßigkeit des Art.79 I S. 2 des Grundgesetzes für die Bundesrepublik Deutschland, München 1962.

Meyer-Teschendorf, K.: Herabsetzung der Altershöchstgrenze für den Kindernachzug auf 6 Jahre - Verstoß gegen Grundrechte ?, in: ZRP 1987, S. 149 ff.

Modeen, T.: La situation du demandeur d`asile: Finlande, in: RFDA 1993, S. 565 f.

Mosler, H.: Die Übertragung von Hoheitsrechten, in: J. Isensee/ P. Kirchhof, Handbuch des Staatsrechts, Bd. VII, Heidelberg, 1992, S. 599 ff.

Müller, O.: Landesgrundrechte und Bundesgrundrechte, Heidelberg 1964

Müller, S.: Flüchtlings- und Asylpolitik in Ungarn bis Anfang 1992, in: Südosteuropa 1993, S. 434 ff.

Müller-Graff, P.-C.: Die Rechtsangleichung zur Verwirklichung des Binnenmarktes, in: EuR 1989, S. 107 ff.

Münch, B.: Wider die Hektik im Asylverfahren, in: ASYL 1990, Heft 3, S. 14 ff.

Münch, I. von (Hrsg.): Grundgesetz-Kommentar, Bd. 2, 2. Aufl., Frankfurt/M. 1993 (Zitierweise: v. Münch - Bearbeiter).

Murswiek, D.: Die verfassungsgebende Gewalt nach dem Grundgesetz für die Bundesrepublik Deutschland, Berlin 1978.

Nagy, B.: The Refugee Situation in Hungary: Where now ?, Paper presented at the 1st European Regional ILA Conference, Budapest, 3.10.1993 (unveröffentlicht).

Nanz, K.-P.: Der "3. Pfeiler der Europäischen Union": Zusammenarbeit in der Innen- und Justizpolitik, in: integration 1992, S. 126 ff.

Nascimbene, B.: Law of Asylum in Italy, in: Hailbronner, K. (Hrsg.), Asyl und Einwanderungsrecht im europäischen Vergleich, Köln 1992, S. 55 ff.

Nascimbene, B.: The Albanians in Italy: The Right of Asylum Under Attack ?, in: Int. J. Ref. L. 1991, S. 714 ff.

Nascimbene, B.: Le régime juridique des étrangers en droit italien, in: Frowein, J. A./ Stein, T. (Hrsg.), Die Rechtsstellung von Ausländern nach staatlichem Recht und Völkerrecht. The Legal Position of Aliens in National and International Law. Le régime juridique des étrangers en droit national et international, Berlin 1987, S. 659 ff.

Nicolaus, P.: Extraterritorialität in der Genfer Flüchtlingskonvention, in: Barwig, K./ Lörcher, K./ Schumacher, C. (Hrsg.), Asylrecht im Binnenmarkt. Die europäische Dimension des Rechts auf Asyl, Baden-Baden 1989, S. 133 ff.

Norek, C./ Doumic-Doublet, F.: Le droit d'asile en France, Paris 1989.

Nowak, M.: UN-Covenant on Civil and Political Rights - CCPR-Commentary 2. Aufl., Kehl 1993

Oellers-Frahm, K.: Grundlagen des Asylrechts in Frankreich, in: Hailbronner, K. (Hrsg.), Asyl und Einwanderungsrecht im europäischen Vergleich, Köln 1992, S. 29 ff.

Oellers-Frahm, K.: Zur Verbindlichkeit einstweiliger Anordnungen der Europäischen Kommission für Menschenrechte - Anmerkung zum Urteil des EGMR im Falle Cruz Varas gegen Schweden, in: EuGRZ 1991, S. 197 ff.

Ohlshausen, H. von: Landesverfassungsbeschwerde und Bundesrecht, Baden-Baden 1980.

Ohlshausen, H.von: Grundrechte und Anwendbarkeit ausländischen Rechts, in: DVBl. 1974, S. 652 ff.

O'Keeffe, D./ Piotrowicz, R.: Asylum Law in the United Kingdom, in: Hailbronner, K. (Hrsg.), Asyl und Einwanderungsrecht im europäischen Vergleich, Köln 1992, S. 38 ff.

O'Keeffe, D.: European Immigration Law and Policy: The Schengen Conventions and European Community Law, in: A. Pauly (Hrsg.), Les accords de Schengen, Maastricht 1993, S. 171 ff.

O'Keeffe, D.: The Free Movement of Persons and the Single Market, in: ELR 1992, S. 3 ff.

Oppenheim's International Law: 9. Aufl., Vol. I/ Parts 2 - 4, Harlow 1992.

Oppermann, T./ Classen, C.-D.: Die EG vor der Europäischen Union, in: NJW 1993, S. 5 ff.

Oppermann, T./ Classen, C.-D.: Europäische Union: Erfüllung des Grundgesetzes, in: Aus Politik und Zeitgeschichte (Beilage zur Wochenzeitung Das Parlament), B 28/ 93, S. 11 ff.

Oppermann, T.: Transnationale Ausstrahlungen deutscher Grundrechte ?, in: F. Kronek/ T. Oppermann (Hrsg.), Festschrift für W. Grewe Baden-Baden 1981, S. 521 ff.

Opsahl, T.: Equality in Human Rights Law With Particular Reference to Article 26 of the International Covenant on Civil and Political Rights, in: Fortschritt im Bewußtsein der Grund- und Menschenrechte - Festschrift für F. Ermacora, M.Nowak (Hrsg.), Kehl 1988, S. 51 ff.

Ossenbühl, F.: Die verfassungsrechtliche Zulässigkeit der Verweisung als Mittel der Gesetzgebungstechnik, in: DVBl. 1967, S. 401 ff.

Ossenbühl, F.: Maastricht und das Grundgesetz - eine verfassungsrechtliche Wende ?, in: DVBl. 1993, S. 629 ff.

Otto-Benecke-Stiftung: Asylrechtsnovelle 1987, Baden-Baden, 1987.

Otto-Benecke-Stiftung: Praktizierte Humanitas: Weltproblem Flüchtlinge - eine europäische Herausforderung, Baden-Baden 1981.

Outrive, L. van: La politique de migration, des émigrés et le droit d'asile en Belgique, in: Hailbronner, K. (Hrsg.), Asyl und Einwanderungsrecht im europäischen Vergleich, Köln 1992, S. 12 ff.

Panhuys, H. van: The Role of Nationality in International Law, Leyden 1959.

Papier, H.-J.: Asyl - Rechtsfragen im Spannungsfeld von Verfassungsrecht, Verwaltungsrecht und Politik, in: Papier, H.-J./ Kutscheidt, E., Asyl - Rechtsfragen im Spannungsfeld von Verfassungsrecht, Verwaltungsrecht und Politik Köln 1992 (Zitierweise Papier, Rechtsfragen).

Papier, H.-J.: Rechtliche Möglichkeiten und Grenzen einer Änderung des Asylgrundrechts (Art.16 Abs.2 Satz 2 GG), in: Der Staat 1988, S. 31 ff. (Zitierweise: Papier, Asylgrundrecht).

Papier, H.-J.: Stellungnahme zum Entwurf eines Gesetzes zur Änderung des Grundgesetzes (Art. 16 und 18), BT-Drs. 12/ 4152, in: Protokoll der 55. Sitzung des Innenausschusses, der 71. Sitzung des Rechtsausschusses und der 8. Anhörung der Gemeinsamen Verfassungskommission, S. 257 ff. (Zitierweise Papier, Stellungnahme).

Pellonpää, M.: Expulsion in International Law, Helsinki 1984.

Pettiti, C.: Anmerkung zur Entscheidung der Europäischen Kommission für Menschenrechte vom 9. 5. 1990, Appl. 14641/ 89, in: Droit Social 1991, S. 87 f.

Pfaff, V.: Zu den geplanten Änderungen im Asylrecht, in: Flucht und Asyl, epd-Dokumentation, Nr. 24-25/93, S. 4 ff., Frankfurt/M., 1993.(Zitierweise: Pfaff, Änderungen).

Pfennig, G. / Neumann, M.: Verfassung von Berlin, 2. Aufl., Berlin 1987.

Pieroth, B. / Schlink, B.: Art. 16 a am Maßstab des Art. 79 des Grundgesetzes, Rechtsgutachten am Maßstab des Art. 79 des Grundgesetzes.

Pieroth, B. / Schlink, B.: Staatsrecht II - Grundrechte, 9. Aufl., Heidelberg 1993.

Pietzcker, J.: Zuständigkeitsordnung und Kollisionsrecht im Bundesstaat, in: Isensee, J. / Kirchhof, P. (Hrsg.), Handbuch des Staatsrechts, Bd. 4, Heidelberg 1990, S. 693 ff.

Plender, R.: Basic Documents on International Migration Law, Dordrecht 1988.

Plender, R.: International Migration Law, 2. Aufl., Dordrecht 1988.

Plender, R.: Problems Raised by Certain Aspects of the Present Situation of Refugees From the Standpoint of the European Convention on Human Rights, Strasbourg, 1984.

Plender, R.: The Legal Position of Aliens in National and International Law in the United Kingdom, in: Frowein, J. A. / Stein, T. (Hrsg.), Die Rechtsstellung von Ausländern nach staatlichem Recht und Völkerrecht. The Legal Position of Aliens in National and International Law. Le régime juridique des étrangers en droit national et international, Berlin 1987, S. 1676 ff.

Plender, R.: The Present State of Research Carried Out by the English Speaking Section of the Centre for Studies and Research, in: Le droit d`Asile. The Right of Asylum Académie de Droit International de la Haye (Hrsg.), Dordrecht, 1989, S. 63 ff.

Polakiewicz, J. / Jacob-Foltzer, V.: The European Human Rights Convention in domestic law: The impact of the Strasbourg case-law in States where direct effect is given to the Convention (first part), in: HRLJ 1991, S. 65 ff.

Polakiewicz, J. / Jacob-Foltzer, V.: The European Human Rights Convention in domestic law: The impact of the Strasbourg case-law in States where direct effect is given to the Convention (second part), HRLJ 1991, S. 125 ff.

Polakiewicz, J.: Anmerkung zur Zulässigkeitsentscheidung der Europäischen Kommission für Menschenrechte im Fall Chrysostomos u.a. / Türkei vom 4. März 1991, in: ZaöRV 1991, S. 145 ff.

Pollern, I. von: Das Gesetz zur Beschleunigung des Asylverfahrens vom 25. Juli 1978, Teil I, BWVPr 1979, S. 74 ff.

Pollern, I. von: Das Gesetz zur Beschleunigung des Asylverfahrens vom 25. Juli 1978, Teil II, BWVPr 1979, S. 100 ff.

Pollern, I. von: Das moderne Asylrecht. Völkerrecht und Verfassungsrecht der Bundesrepublik Deutschland, Berlin 1980.

Pollern, I. von: Die Entwicklung der Asylbewerberzahlen im Jahre 1992, in: ZAR 1993, S. 26 ff.

Pollern, I. von: Die Entwicklung der Asylbewerberzahlen im Jahre 1985, in: ZAR 1986, S. 67 ff.

Pollern, I. von: Die Entwicklung der Asylbewerberzahlen im Jahre 1986, in: ZAR 1987, S. 28 ff.

Poppe, E. (Hrsg.): Grundrechte des Bürgers in der sozialistischen Gesellschaft, Berlin (Ost) 1980.

Prétot, X.: Anmerkung zur Entscheidung des französischen Conseil Constitutionnel vom 25. 7. 1991, in: Rev. Trim. Dt. Eur. 1992, S. 194 ff.

Preuß, U.: Vorläufige Stellungnahme zu den Gesetzentwürfen BT-Drs. 12/ 4152, 12/ 3235, 12/ 2112, 12/ 1216, 12/ 1714 (neu) und 12/ 2089, in: Protokoll der 55. Sitzung des Innenausschusses, der 71. Sitzung des Rechtsausschusses und der 8. Anhörung der Gemeinsamen Verfassungskommission, S. 205 ff. (Zitierweise Preuß, Stellungnahme).

Quaritsch, H.: Recht auf Asyl. Studien zu einem mißdeuteten Grundrecht, Berlin 1985.

Rabe, H.-J.: Das Verordnungsrecht der Europäischen Wirtschaftsgemeinschaft, Hamburg 1963.

Raess-Eichenberger, S.: Das Asylrecht nach schweizerischem Recht und Völkerrecht, Zürich 1989.

Ragheb, M.: Hatian Centers Council, Inc. v. McNary: The INA applies extraterritorially, 13 Bridgeport Law Rev. 1992, S. 1 ff.

Randelzhofer, A.: Asylrecht, in: Isensee, J./ Kirchhof, P. (Hrsg.), Handbuch des Staatsrechts der Bundesrepublik Deutschland, Bd. 6, Heidelberg 1989, S. 185 ff.

Raoul Wallenberg Institute of Human Rights and Humanitarian Law: Responsibility for Examining an Asylum Request, Report No.1, Lund 1986.

Redeker, K./ von Oertzen, H.-J.: Verwaltungsgerichtsordnung - Kommentar, 9. Aufl., Stuttgart 1988.

Redeker, K.: Verfassungsrechtliche Vorgaben zur Kontrolldichte verwaltungsgerichtlicher Rechtsprechung, in: NVwZ 1992, S. 305 ff.

Reichel, E.: Das staatliche Asylrecht "im Rahmen des Völkerrechts" - Zur Bedeutung des Völkerrechts für die Interpretation des deutschen Asylrechts, Berlin 1987.

Renner, G.: Asyl- und Ausländerrechtsreform 1993, in: ZAR 1993, S. 118 ff. (Zitierweise: Renner, Asylrechtsreform).

Renner, G.: Schriftliche Stellungnahme zum Entwurf eines Gesetzes zur Änderung des Grundgesetzes (Art.16 und 18) der Fraktionen der CDU/ CSU, SPD und FDP, Bundestags-Drucksache 12/ 4152, in: Protokoll der 55. Sitzung des Innenausschusses, 71. Sitzung des Rechtsausschusses und 8. Anhörung der Gemeinsamen Verfassungskommission vom 11. 3. 1993, S. 343 ff. (Zitierweise Renner, Stellungnahme I)

Ress, G.: Die Auswirkungen der Abkommen von Schengen und Dublin auf die Asylpolitik der EG, in: A. Pauly (Hrsg.), Les accords de Schengen, Maastricht 1993, S. 79 ff.

Richter, S.: Selbstgeschaffene Nachfluchtgründe und die Rechtsstellung von Konventionsflüchtlingen nach der Rechtsprechung des Bundesverfassungsgerichts zum Grundrecht auf Asyl und dem Gesetz zur Neuregelung des Ausländerrechts, in: ZaöRV 1991, S. 1 ff. (Zitierweise: Richter, Nachfluchtgründe).

Rittstieg, H.: Asylrecht gegen Flüchtlinge, in: InfAuslR 1986, S. 322 ff.

Rittstieg, H.: Asylrecht und Flüchtlingspolitik, in: ZRP 1986, S. 92 ff.

Robinson, M.: Report on Legal Position in Ireland, in: Frowein, J. A./ Stein, T. (Hrsg.), Die Rechtsstellung von Ausländern nach staatlichem Recht und Völkerrecht. The Legal Position of Aliens in National and International Law. Le régime juridique des étrangers en droit national et international, Berlin 1987, S. 615 ff.

Robinson, N.: Convention Relating to the Status of Refugees - A Commentary, New York 1953. (Zitierweise: Robinson, Convention).

Rodriguez-Iglesias, G. C.: Die Rechtsstellung von Ausländern in Spanien, in: Frowein, J. A./ Stein, T. (Hrsg.), Die Rechtsstellung von Ausländern nach staatlichem Recht und Völkerrecht. The Legal Position of Aliens in National and International Law. Le régime juridique des étrangers en droit national et international, Berlin 1987, S. 1443 ff.
Röper, E.: Kritische Bemerkungen zur Asylrechtsnovelle, in: ZRP 1979, S. 11 ff.
Rogalla, D./ Neuhaus, P.: Die Unvereinbarkeit der Personenkontrollen von Marktbürgern an den EG-Binnengrenzen mit dem EWG-Vertrag, in: EuR 1984, S. 203 ff.
Rogge, K.: Einstweilige Maßnahmen im Verfahren vor der Europäischen Kommission für Menschenrechte, in: NJW 1977, S. 1570 ff.
Rogge, K.: Nachwort zum Brückmann-Fall, in: EuGRZ 1976, S. 451 f.
Rommelfanger, U.: Die Verfassung des Freistaats Thüringen des Jahres 1993 (Teil 1), in: ThürVBl. 1993, S. 145 ff.
Rommelfanger, U.: Die Verfassung des Freistaats Thüringen des Jahres 1993 (Teil 2), in: ThürVBl. 1993, S. 173 ff.
Rosenne, S.: The Temporal Application of the Vienna Convention on the Law of Treaties, in: Corn. Int. L. J. 1970, S. 1 ff.
Roßnagel, A.: Die Änderungen des Grundgesetzes - eine Untersuchung der politischen Funktion von Verfassungsänderungen, Frankfurt/M. 1981.
Roth, A.: Die Genfer Flüchtlingskonvention im Schatten des Grundgesetzes, in: ZAR 1988, S. 164 ff.
Rothkegel, R.: Der Asylbewerber in der Transitfalle, in: FR vom 24. 2. 1993, S. 12.
Rothkegel, R.: Die Bedeutung der Genfer Flüchtlingskonvention für die Rechtsprechung des Bundesverfassungsgerichts, in: Barwig, K./ Lorcher, K./ Schumacher, C., Asylrecht im Binnenmarkt - Die europäische Dimension des Rechts auf Asyl, Baden-Baden 1989, S. 105 ff.
Rothkegel, R.: Ewigkeitsgarantie für das Asylrecht ?, in: ZRP 1992, S. 222 ff.
Rühmann, J.: Die Genfer Flüchtlingskonvention und das "Zweitasyl" in der Bundesrepublik Deutschland, in: EuGRZ 1981, S. 385 ff.
Rupp, H.H.: Anmerkung zu BVerfGE 30, 1 ff., in: NJW 1971, S. 275 ff.
Sachs, M.: Die Bedeutung gliedstaatlichen Verfassungsrechts in der Gegenwart, in: DVBl. 1987, S. 857 ff.
Sachs, M.: Die Grundrechte im Grundgesetz und in den Landesverfassungen - Zur Voraussetzung des Normwiderspruchs im Bereich der Art. 31 und 142 GG, in: DÖV 1985, S. 469 ff.
Sachs, M.: Zur Verfassung des Landes Brandenburg, in: LKV 1993, S. 241 ff.
Sacksofsky, U.: Landesverfassungen und Grundgesetz - am Beispiel der Verfassungen der neuen Bundesländer, NVwZ 1993, S. 235 ff.
Schachtschneider, K./ Emmerich-Fritsche, A./ Beyer, T.: Der Vertrag über die Europäische Union und das Grundgesetz, in: JZ 1993, S. 751 ff.
Schaeffer, K.: Asylberechtigung - politische Verfolgung nach Art. 16 GG, Köln 1980.
Schenk, K.: Zum Asylrecht unter Listenvorbehalt, in: ZRP 1992, S. 102 ff.
Schermers, H.: The Effect of the Date 31 December 1992, in: CMLR 1991, S. 275 ff.
Schiedermair, R.: Handbuch des Ausländerrechts in der Bundesrepublik Deutschland, 1. Aufl., Frankfurt/M. 1965.

Schleder, G.: Die Rechtsstellung von Ausländern nach staatlichem Recht und Völkerrecht im Großherzogtum Luxemburg, in: Frowein, J. A./ Stein, T. (Hrsg.), Die Rechtsstellung von Ausländern nach staatlichem Recht und Völkerrecht. The Legal Position of Aliens in National and International Law. Le régime juridique des étrangers en droit national et international, Berlin 1987, S. 839 ff.

Schlink, B.: Stellungnahme zum Entwurf eines Gesetzes zur Änderung des Grundgesetzes (Artikel 16 und 18), in: Protokoll der 55. Sitzung des Innenausschusses, 71. Sitzung des Rechtsausschusses und 8. Anhörung der Gemeinsamen Verfassungskommission vom 11. 3. 1993, S. 425 ff. (Zitierweise Schlink, Stellungnahme)

Schmid, W.: Das neue Asylrecht der Schweiz, in: ZAR 1993, S. 81 ff.

Schmidt-Assmann, E.: Art. 19 IV GG als Teil des Rechtsstaatsprinzips, in: NVwZ 1983, S. 1 ff.

Schmidt-Assmann, E.: Der Rechtsstaat, in: Isensee, J./ Kirchhof, P. (Hrsg.), Handbuch des Staatsrechts, Bd. 1, Heidelberg 1987, S. 987 ff.

Schmidt-Jortzig, E.: Schriftliche Stellungnahme zur gemeinsamen Öffentlichen Anhörung von Innenausschuß und Rechtsausschuß des Deutschen Bundestages sowie der Gemeinsamen Verfassungskommission zu den verfassungsrechtlichen Bedingungen einer Änderung des Asylrechts, Bonn, 11. März 1993, in: Protokoll der 55. Sitzung des Innenausschusses, der 71. Sitzung des Rechtsausschusses und der 8. Anhörung der Gemeinsamen Verfassungskommission S. 389 ff. (Zitierweise Schmidt-Jortzig, Stellungnahme).

Schnapp, F.: Lösung der Asylproblematik durch Verfahrensbeschleunigung ?, in: NJW 1980, S. 2608 ff.

Schneider, H.: Fünf Jahre Grundgesetz, in: NJW 1954, S. 937 ff.

Schneider, L.: Der Schutz des Wesensgehalts von Grundrechten nach Art. 19 II GG, Berlin 1983.

Schnyder, F.: Les aspects juridiques du problème des réfugiés, in: RdC Bd. 114 (1965 I), Leyden 1965, S. 335 ff.

Schoch, F.: Asyl- und Ausländerrecht in der Europäischen Gemeinschaft, in: DVBl. 1992, S. 525 ff.

Schoch, F.: Das neue Asylrecht gemäß Art. 16 a GG, in: DVBl 1993, S. 1161 ff.

Schöller, H.: Staatsangehörigkeit und Freizügigkeit - zum Problem des Rückrufs und seiner Sanktionen, in: DÖV 1967, S. 469 ff.

Scholz, R.: Europäische Union und deutscher Bundesstaat, in: NVwZ 1993, S. 817 ff.

Scholz, R.: Grundgesetz und europäische Einigung - Zu den reformpolitischen Empfehlungen der Gemeinsamen Verfassungskommission, in: NJW 1992, S. 2593 ff.

Schotten: Das Grundgesetz nach Maastricht, in: VR 1993, S. 89 ff.

Schraml, A.: Das Schengener Übereinkommen und Artikel 16 Absatz 2 Satz 2 des Grundgesetzes der Bundesrepublik Deutschland, in: AVR 1990, S. 65 ff.

Schröder, M.: Zur Wirkkraft der Grundrechte bei Sachverhalten mit grenzüberschreitenden Elementen, in: I. v. Münch (Hrsg.), Festschrift für H.-J. Schlochauer, Berlin 1981, S. 137 ff.

Schuster, G.: Völkerrechtliche Praxis der Bundesrepublik Deutschland im Jahre 1990, in: ZaöRV 1992, S. 828 ff.

Schutte, J.: Schengen: Its Meaning for the Free Movement of Persons in Europe, in: CMLR 1991, S. 549 ff.

Schwarzenberger, G.: International Law, Bd. 1, 3. Aufl., London 1957.

Schweitzer, M./ Streinz, R.: Vergleichende Untersuchung des Asylrechts und der Asylpraxis in der Bundesrepublik Deutschland, im Königreich Dänemark, in der Republik Frankreich, in der Republik Österreich und im Vereinigten Königreich von Großbritannien und Nordirland, unveröffentlichte Studie, ohne Ort 1990.

Schweitzer, M.: Das Asylrecht im Europäischen Gemeinschaftsrecht, in: J. Baur u.a. (Hrsg.), Festschrift für B. Börner, Köln 1992, S. 403 ff.

Schweitzer, M.: Europäische Gemeinschaften und Asylrecht, in: ZAR 1992, S. 147 ff.

Schwerdtfeger, G.: Welche rechtlichen Vorkehrungen empfehlen sich, um die Rechtsstellung von Ausländern in der Bundesrepublik Deutschland angemessen zu gestalten?, Gutachten A, in: Verhandlungen des 53. Deutschen Juristentages, Bd. 1, München 1980, S. 29 ff.

Seeger, R.: Das Asylrecht als Menschenrecht, in: Veiter, T. (Hrsg.), Asylrecht als Menschenrecht, Wien 1969, S. 1 ff.

Segall, B.: Restructuring Canadian Refugee Determination Process: A Look at Bills C-55 and C-84, in: Cahiers de Droit 1988, S. 733 ff.

Seidel, M.: Zur Verfassung der Europäischen Gemeinschaft nach Maastricht, in: EuR 1992, S. 130 ff.

Seidl-Hohenveldern, I.: Rechtsakte der Organe der EWG als Mittel der Angleichung, in: Angleichung des Rechts der Wirtschaft in Europa, KSE, Bd. 11, Köln 1971, S. 170 ff.

Selk, M.: Asylrecht und Verfassung - Erforderlichkeit bzw. Möglichkeiten einer Änderung des Art. 16 II 2 GG, Frankfurt/ M. 1989.

Selk, M.: Zum Tamilenbeschluß des BVerfG, NVwZ 1990, S. 331 ff.

Siegenthaler, P.: Die materiellen Schranken der Verfassungsrevision als Problem des positiven Rechts, Bern 1970.

Sinclair, I.: The Vienna Convention on the Law of Treaties, 2. Aufl., Mancester 1984.

Smith, E./ Bergland, C.: La situation du demandeur d`asile: Norvège, in: RFDA 1993, S. 776 ff.

Spielmann, M. A./ Frowein, J. A.: Rapport sur les droits de l`homme en Roumanie, Parl. Vers. des Europarates, Doc. AS/ Bur (44) 94.

Spiliotopoulos, P.:/ Brédimas, A.: La situation juridique du demandeur d`asile: Grèce, in: RFDA 1993, S. 767 ff.

Stabreit, E.: Die Revision multilateraler Verträge durch eine begrenzte Anzahl der Vertragsparteien, Heidelberg 1964.

Stauffenberg, F. Graf/ Langenfeld, C.: Maastricht - ein Fortschritt für Europa ?, in: ZRP 1992, S. 252 ff.

Stein, T.: Die Auslieferungsausnahme bei politischen Delikten, Berlin 1983.

Steinberg, R.: Anhörung Gemeinsame Verfassungskommission, in: Protokoll der 55. Sitzung des Innenausschusses, der 71. Sitzung des Rechtsausschusses und der 8. Anhörung der Gemeinsamen Verfassungskommission, S. 357 ff. (Zitierweise Steinberg, Stellungnahme)

Steinberger, H.: Allgemeine Regeln des Völkerrechts, in: Isensee, J./ Kirchhof, P., Handbuch des Staatsrechts, Bd. VII, Heidelberg 1992, S. 525 ff.

Stelkens, P.: Grundsätze des Verwaltungsverfahrens im Asylverfahren, in: ZAR 1985, S. 15 ff.

Stenberg, G.: Non-expulsion and non-refoulement, Uppsala 1989 (Zitierweise: Stenberg, Non-Refoulement).

Stern, K.: Das Staatsrecht der Bundesrepublik Deutschland, Bd. III/ 1, München 1988.
Stern, K.: Die Bedeutung der Unantastbarkeitsgarantie des Art. 79 III GG für die Grundrechte, in: Jus 1985, S. 329 ff.
Stern, K.: Menschenwürde als Wurzel der Menschen- und Grundrechte, in: Festschrift für H. Scupin, Berlin 1983, S. 642 ff.
Stern, K.: Staatsrecht, Bd. 1, 2. Aufl., München 1984.
Stern, K.: Stellungnahme für die Anhörung zum Thema "Grundgesetz und Europa, insbesondere Artikel 24, 28, 32, 88 GG" anläßlich der 1. Anhörung der Gemeinsamen Verfassungskommission, in: Protokoll der Sitzung der Gemeinsamen Verfassungskommission vom 22. 5. 1993.
Stobbe, E.: Das Schengener Übereinkommen - Inhalt, Wirksamkeit und Bedeutung, Saarbrücken 1989.
Stöckli, W.: Das Asylrecht in der Schweiz, in: Barwig, K./ Lörcher, K./ Schumacher, C. (Hrsg.), Asylrecht im Binnenmarkt. Die europäische Dimension des Rechts auf Asyl, Baden-Baden 1989, S. 211 ff.
Stoll, J.: Depositary, in: Bernhardt, R. (Hrsg.) Encylopedia of Public International Law, 2. Aufl. 1993, Bd. 1, S. 1010 ff.
Storey, H.: The Right to Family Life and Immigration Case Law at Strasbourg, in: ICLQ 1990, S. 328 ff.
Streinz, R.: Bundesverfassungsgerichtlicher Grundrechtsschutz und europäisches Gemeinschaftsrecht, Baden-Baden 1989.
Sudre, F.: La première décision "quart-monde" de la commission européenne de droit de l'homme - une "bavure" dans une jurisprudence dynamique, in: RUDH 1990, S. 349 ff.
Süsterhenn, A./ Schäfer, H.: Kommentar zur Verfassung von Rheinland-Pfalz, Koblenz 1950.
Süß, G.: Gemeinschafts- und verfassungsrechtliche Probleme einer europäischen Asylrechtsharmonisierung, in: BayVbl. 1990, S. 609 ff.
Sztucki, J.: The Conclusions on the International Protection of Refugees Adopted by the Executive Committee of the UNHCR Program, in: Int. J. Ref. L. 1989, S. 285 ff.
Takkenberg, A./ Tahbaz, C.: The Collected Travaux-Préparatoires of the 1951 Geneva Convention Relating to the Status of Refugees, Bd. 1, Amsterdam 1990. (Zitierweise: Takkenberg/ Tahbaz, Bd. 1)
Takkenberg, A./ Tahbaz, C.: The Collected Travaux-Préparatoires of the 1951 Geneva Convention Relating to the Status of Refugees, Bd. 2, Amsterdam 1990. (Zitierweise: Takkenberg/ Tahbaz, Bd. 2)
Taschner, H.:/ de Lobkowicz, W.: Die Europäische Gemeinschaft und das Asylrecht, in: M. Zuleeg (Hrsg.), Ausländerrecht und Ausländerpolitik in Europa, Baden-Baden 1987, S. 143 ff.
Thürer, D.: Die Rechtsstellung des Ausländers in der Schweiz, in: Frowein, J. A./ Stein, T. (Hrsg.), Die Rechtsstellung von Ausländern nach staatlichem Recht und Völkerrecht. The Legal Position of Aliens in National and International Law. Le régime juridique des étrangers en droit national et international, Berlin 1987, S. 1340 ff.
Tiberghien, F.: La Protection des Réfugiés en France 2. Aufl., Aix-en-Provence 1988.

Tilch, H.: Inhaltsgleiches Bundes- oder Landesverfassungsrecht als Prüfungsmaßstab, in: C. Starck/ K. Stern (Hrsg.), Landesverfassungsgerichtsbarkeit, Bd. 2, Baden-Baden 1983, S. 551 ff.

Tomuschat, C.: Equality and Non-Discrimination Under the International Covenant on Civil and Political Rights, in: Staatsrecht - Völkerrecht - Europarecht - Festschrift für H. J. Schlochauer (I. von Münch, Hrsg.), Berlin 1981, S. 691 ff.

Tomuschat, C.: Menschenrechte als Mindeststandard für Menschen ohne Heimat, in: ZAR 1984, S. 98 ff.

Tomuschat, C.: Right to Asylum in Europe, in: HRLJ 1992, S. 257 ff.

Tomuschat, C.: Verfassungsgewohnheitsrecht ?, Heidelberg 1972.

Töth, J.: Asylum Law in Hungary - National Report, in: Hailbronner, K. (Hrsg.), Asyl und Einwanderungsrecht im europäischen Vergleich, Köln 1992, S. 84 ff.

Toth, A.: The Legal Status of the Declarations annexed to the Single European Act, in: CMLR 1986, S. 803 ff.

Treiber, W.: Die Asylrelevanz von Folter, Todesstrafe und sonstiger unmenschlicher Behandlung, Berlin 1990.

Türk, F.: Das Flüchtlingshochkommissariat der Vereinten Nationen (UNHCR). Berlin 1992.

Uhlig, S./ Schomburg, W./ Lagodny, O.: Gesetz über die Internationale Rechtshilfe in Strafsachen, 2. Aufl., München 1992.

Uibopuu, H.-J.: § 7 (2) Asylgesetz und der "anderweitige Schutz" des Asylbewerbers, in: ÖZaöRV 1984, S. 305 ff.

Uibopuu, H.J.: Extraterritorial Effects of the Recognition of Refugee Status by Virtue of 1951 Convention with Special Regard to European States, in: Staatsrecht - Völkerrecht - Europarecht. Festschrift für H.-J. Schlochauer (I. von Münch, Hrsg.), Berlin 1981.

Umbach, D./ Clemens, T.: Bundesverfassungsgerichtsgesetz - Mitarbeiterkommentar, Heidelberg 1992.

United Nations High Commissioner for Refugees - Amt in der Bundesrepublik Deutschland: Initial Assessment of the Proposed Amendment of the Asylum Law in Germany, unveröffentlichte Stellungnahme, Bonn.

United Nations High Commissioner for Refugees: Handbuch über Verfahren und Kriterien zur Feststellung der Flüchtlingseigenschaft, Genf 1979 (Zitierweise: UNHCR, Handbuch).

United Nations High Commissioner for Refugees: Internationaler Rechtsschutz für Flüchtlinge, Losebl., Stand Juli 1993, Baden-Baden.

United Nations High Commissioner for Refugees: Stellungnahme des Hohen Flüchtlingskommissars der Vereinten Nationen zum Entwurf eines Gesetzes zur Änderung asylverfahrens-, ausländer- und staatsangehörigkeitsrechtlicher Vorschriften BT-Drucks. 12/4450, in: Sten. Prot. der 56. Sitzung des Innenausschusses vom 24. 3. 1993, S. 204 ff. (Zitierweise: UNHCR, Stellungnahme).

United Nations High Commissioner for Refugees: Vorläufige Anmerkungen des UNHCR zur Asylrechtsnovelle 1993, in: ZdWF (Hrsg.), Art.16 a GG und seine Folgen, Bonn 1993, S. 66 ff.

Van Dijk, P./ Van Hoof, G.: Theory and Practice of the European Convention on Human Rights, 2. Aufl., Deventer 1990.

Vanheule, D.: Modifications de la procédure de reconnaissance de la qualité de réfugié en Belgique, in: Documentation Réfugiés 12/26. 10. 1993, Suppl. au No. 227, S. 16 ff.

Vasak, K.: La Convention européenne des Droits de l'Homme, Paris 1964.

Vaulont, N.: Grundrechte und bundesstaatliches Homogenitätsprinzip, Bonn 1967.

Védel, G.: Schengen et Maastricht, in: RFDA 1992, S. 173 ff.

Veiter, T.: Polen und die Flüchtlings- und Wanderungsproblematik, in: AWR-Bulletin 1987, S. 1 ff.

Velu, J./ Ergec, R.: La convention européenne des droits de l'homme, Brüssel 1990.

Ventzke, K. U.: Anmerkung zur Entscheidung des hessischen VGH, in: InfAuslR 1987, S. 29 ff.

Verdross, A./ Simma, B.: Universelles Völkerrecht, 3. Aufl., Berlin 1984.

Vierdag, E.: The Country of "First Asylum": Some European Aspects, in: Martin, D. (Hrsg.), The New Asylum Seekers: Refugee Law in the 1980's, Dordrecht 1988.

Vill, G.: Die Auswirkungen des Bundesrechts auf das Asylrecht der bayerischen Verfassung - Zugleich eine Anmerkung zu Becker, BayVbl. 1988, 577 ff., in: BayVbl. 1988, S. 585 ff.

Vincent, J.: Le régime juridique des étrangers en droit français, in: Frowein, J. A./ Stein, T. (Hrsg.), Die Rechtsstellung von Ausländern nach staatlichem Recht und Völkerrecht. The Legal Position of Aliens in National and International Law. Le régime juridique des étrangers en droit national et international, Berlin 1987, S. 433 ff.

Vitzthum, W. Graf: Die Bedeutung gliedstaatlichen Verfassungsrechts in der Gegenwart, in: VVDStRl Bd. 46, Berlin 1988, S. 1 ff.

Vitzthum, W. Graf: Gentechnologie und Menschenwürdeargument, in: ZRP 1987, S. 33 ff.

Vitzthum, W. Graf: Petitionsrecht und Volksvertretung, Rheinbreitbach 1985.

Vogel, K.: Administrative Law, International Aspects, in: Bernhardt, R. (Hrsg.) Encylopedia of Public International Law, Bd. 9, 1986, S. 2 ff.

Voßkuhle, A.: "Grundrechtspolitik" und Asylkompromiß - Zur Verfassungsänderung als Instrument politischer Konfliktbewältigung am Beispiel des Art. 16 a GG, in: DÖV 1994, S. 53 ff.

Waldmann-Stocker, B.: "Sichere Drittstaaten" und Abschiebung im AsylVfG-E aus anwaltlicher Sicht, in: ZDWF (Hrsg.), Art.16 a GG und seine Folgen, Bonn 1993, S. 29 ff.

Warning, G.: Das neue Asylrecht der Tschechoslowakei, in: Monatsschrift für Osteuroparecht 1991, S. 23 ff.

Weber, A.: Die Harmonisierung der europäischen Einwanderungs- und Asylpolitik, in: ZRP 1993, S. 170 ff.

Weberndörfer, F.: Schutz vor Abschiebung nach dem neuen Ausländergesetz, Stuttgart 1992.

Weckel, P.: La convention additionelle à l`accord de Schengen, in: Rev. Gen. Dt. Int. Publ. 1991, S. 404 ff.

Wedemeyer, K.: Das Verfahren der Verfassungsgebung in Mecklenburg-Vorpommern, in: K. Stern (Hrsg.), Deutsche Wiedervereinigung, Bd. 3: Zur Entstehung von Landesverfassungen in den neuen Ländern der Bundesrepublik Deutschland, Köln 1992 (Zitierweise: Stern, Landesverfassungen), S. 37 ff.

Weichert, T.: Drittausländer in der Europäischen Gemeinschaft (EG), in: InfAuslR 1990, S. 257 ff.

Weides, P./ Zimmermann, P.: Neubestimmung des politischen Charakters einer Verfolgung im Sinne des Art. 16 Abs. 2 Satz 2 GG - Anmerkungen zu dem Beschluß des BVerfG vom 10. 7. 1989, in: DVBl. 1990, S. 410 ff.

Weikart, T.: Die Änderung des Bundesbank-Artikels im Grundgesetz im Hinblick auf den Vertrag von Maastricht - Entstehen und Rechtswirkungen einer reformierten Norm, in: NVwZ 1993, S. 834 ff.

Wengler, W.: Völkerrecht, Bd. 1, Berlin 1964.

Werenfels, S.: Der Begriff des Flüchtlings im schweizerischen Asylrecht, Bern 1987.

Weyand, S.: Die Europäischen Gemeinschaften auf dem Weg zur Staatswerdung ? Eine Bilanz von Maastricht, in: integration 1992, S. 115 ff.

Wierzbicki, B.: Sytuacja Prawna U Chodzcy W Systemie Miedzynarodowej Ochrony Praw Czlowieka, Warschau 1993.

Wiessner, S.: Die Funktion der Staatsangehörigkeit, Tübingen 1989.

Wilke, A.: Vollendung des EG-Binnenmarktes und Asylrecht - Zum Vorentwurf einer EG-Asylrichtlinie, in: ZRP 1989, S. 225 ff. (Zitierweise: Wilke, Asylrecht).

Wolken, S.: Das Grundrecht auf Asyl als Gegenstand der Innen- und Rechtspolitik in der Bundesrepublik Deutschland, Frankfurt/ M. 1988.

Wollenschläger, M./ Becker, U.: "Anderweitiger Verfolgungsschutz" oder "anderweitige Sicherheit vor Verfolgung" im Asylrecht, in: DÖV 1987, S. 1096 ff.

Wollenschläger, M./ Becker, U.: Änderung des Grundrechts auf Asyl (Art.16 II S. 2 GG) ? - Verfassungsrechtliche Möglichkeiten und Grenzen, in: ZRP 1987, S. 326 ff.

Wollenschläger, M./ Becker, U.: Das Gesetz zur Änderung asylverfahrensrechtlicher, arbeitserlaubnisrechtlicher und ausländerrechtlicher Vorschriften, in: ZAR 1987, S. 51 ff.

Wollenschläger, M./ Becker, U.: Harmonisierung des Asylrechts in der EG und Art. 16 Abs. 2 S. 2 GG - Rechtsvergleichende Bestandsaufnahme und Reform-Perspektiven in den zwölf EG-Staaten, in: EuGRZ 1990, S. 1 ff.

Wollenschläger, M.: Das Gesetz zur Beschleunigung des Asylverfahrens, in: BayVBl. 1979, S. 8 ff.

Wyngaert, C.: Applying the European Convention on Human Rights to Extradition: Opening Pandora's Box ?, in: ICLQ 1990, S. 757 ff.

ZDWF: Art.16 a GG und seine Folgen, Bonn 1993.

Zeidler, W.: Die Unverbrüchlichkeit der Grundrechte, in: DVBl. 1950, S. 598 ff.

Zeidler, W.: Vortrag auf der Tagung der Otto-Benecke-Stiftung, Praktizierte Humanitas: Weltproblem Flüchtlinge - eine europäische Herausforderung, Baden-Baden, 1981, S. 20 ff.

Zimmermann, A.: Aktuelle Fragen des Flüchtlings- und Asylrechts in Polen, in: DÖV 1993, S. 559 ff.

Zink, K.: Das Asylrecht der Bundesrepublik Deutschland nach dem Abkommen vom 28. Juli 1951 über die Rechtsstellung der Flüchtlinge unter besonderer Berücksichtigung der Rechtsprechung der Verwaltungsgerichte, Erlangen-Nürnberg 1962.

Zinn, G./ Stein, E.: Verfassung des Landes Hessen - Kommentar, Loseblatt, Stand: 1990 Bad Homburg v.d.H.

Zoller, E.: Bilan de recherches de la section de langue française du Centre d'étude et de recherche de l'Académie, Académie de Droit International de la Haye/ Hague Academy of International Law, Dordrecht 1989, S. 15 ff.

Zürcher, G.: Landesbericht Schweiz, in: Hailbronner, K. (Hrsg.), Asyl und Einwanderungsrecht im europäischen Vergleich, Köln 1992, S. 74 ff.

Zuleeg, M.: Die Kompetenzen der Europäischen Gemeinschaften gegenüber den Mitgliedsstaaten, in: JöR 1971, S. 1 ff.

Sachregister

Max-Planck-Institut für ausländisches öffentliches Recht und Völkerrecht

Beiträge zum ausländischen öffentlichen Recht und Völkerrecht

Hrsg.: J. A. Frowein, H. Steinberger, R. Wolfrum

Bde. 27–59 erschienen im Carl Heymanns Verlag KG Köln, Berlin (Bestellung an: Max-Planck-Institut für Völkerrecht, Berliner Str. 48, 6900 Heidelberg 1); ab Band 60 im Springer-Verlag Berlin, Heidelberg, New York, London, Paris, Tokyo, Hong Kong, Barcelona, Budapest

---

112 Jörg *Polakiewicz:* **Die Verpflichtungen der Staaten aus den Urteilen des Europäischen Gerichtshofs für Menschenrechte.** 1993. XXI, 392 Seiten (8 Seiten English Summary). Geb. 138,– DM

111 Matthias *Hartwig:* **Die Haftung der Mitgliedstaaten für Internationale Organisationen.** 1993. XXI, 371 Seiten (9 Seiten English Summary). Geb. 148,– DM

110 Juliane *Kokott:* **Beweislastverteilung und Prognoseentscheidungen bei der Inanspruchnahme von Grund- und Menschenrechten.** 1993. XXIV, 482 Seiten (11 Seiten English Summary). Geb. 198,– DM

109 **Das Minderheitenrecht europäischer Staaten. Teil 2** (In Vorbereitung)

108 Jochen Abr. *Frowein*/Rainer *Hofmann*/Stefan *Oeter* (Hrsg.): **Das Minderheitenrecht europäischer Staaten. Teil 1.** 1993. XIII, 536 Seiten. Geb. 90,– DM

107 Stefan *Richter:* **Die Assoziierung osteuropäischer Staaten durch die Europäischen Gemeinschaften.** 1993. XIX, 285 Seiten (11 Seiten English Summary). Geb. 128,– DM

106 Jochen Abr. *Frowein* (Hrsg.): **Die Kontrolldichte bei der gerichtlichen Überprüfung von Handlungen der Verwaltung.** 1993. XIV, 370 Seiten. Geb. 165,– DM

105 Georg *Nolte:* **Beleidigungsschutz in der freiheitlichen Demokratie.** 1992. XX, 294 Seiten. (7 Seiten English Summary). Geb. 128,– DM

104 Thomas *Giegerich:* **Privatwirkung der Grundrechte in den USA.** Die State Action Doctrine des U.S. Supreme Court und die Bürgerrechtsgesetzgebung des Bundes. 1992. XXIII, 518 Seiten (18 Seiten English Summary). Geb. 198,– DM

103 Stefan *Oeter:* **Neutralität und Waffenhandel.** 1992. XVI, 290 Seiten (6 Seiten English Summary). Geb. 128,– DM

102 Rüdiger *Wolfrum:* **The Convention on the Regulation of Antarctic Mineral Resource Activities.** An Attempt to Break New Ground. 1991. VII, 205 Seiten. Geb. 85,– DM

101 Jochen Abr. *Frowein*/Torsten *Stein:* **Rechtliche Aspekte einer Beteiligung der Bundesrepublik Deutschland an Friedenstruppen der Vereinten Nationen.** 1990. IX, 129 Seiten. Geb. 78,– DM

100 Wolfgang *Benedek:* **Die Rechtsordnung des GATT aus völkerrechtlicher Sicht.** 1990. XXIII, 557 Seiten. Geb. 248,– DM

99 Matthias *Herdegen:* **Gewissensfreiheit und Normativität des positiven Rechts.** 1989. XV, 330 Seiten. Geb. 148,– DM

98 **Staat und Völkerrechtsordnung, Festschrift für Karl Doehring.** 1989. XIV, 1067 Seiten. Geb. 380,– DM

97 Rainer *Hofmann:* **Die Ausreisefreiheit nach Völkerrecht und staatlichem Recht.** 1988. XIV, 337 Seiten (7 Seiten English Summary). Geb. 148,– DM

96 Ulrich *Beyerlin:* **Rechtsprobleme der lokalen grenzüberschreitenden Zusammenarbeit.** 1988. XXII, 571 Seiten (6 Seiten English Summary, 6 Seiten Résumé français). Geb. 178,– DM

95 Ulrich *Wölker:* **Zu Freiheit und Grenzen der politischen Betätigung von Ausländern.** Der politische Gebrauch der Meinungs-, Versammlungs- und Vereinigungsfreiheit der Ausländer nach innerstaatlichem Recht, Völkerrecht und Europarecht. 1987. XXI, 264 Seiten (7 Seiten English Summary, 7 Seiten Résumé français). Geb. 98,– DM

94 Jochen Abr. *Frowein*/Torsten *Stein* (Hrsg.): **Die Rechtsstellung von Ausländern nach staatlichem Recht und Völkerrecht/The Legal Position of Aliens in National and International Law/Le régime juridique des étrangers en droit national et international.** 1987. XLVI, 2.135 Seiten. (In zwei Bänden, die nur zusammen abgegeben werden.) Geb. 480,– DM

93 Rudolf *Bernhardt*/John Anthony *Jolowicz* (Eds.): **International Enforcement of Human Rights.** Reports submitted to the Colloquium of the International Association of Legal Science, Heidelberg 28–30 August 1985. 1987. VIII, 265 Seiten. Geb. 84,– DM

92 Juliane *Kokott:* **Das interamerikanische System zum Schutz der Menschenrechte.** 1986. XII, 166 Seiten (6 Seiten English Summary). Geb. 78,– DM

91 Rolf *Kühner:* **Vorbehalte zu multilateralen völkerrechtlichen Verträgen.** 1986. XI, 307 Seiten (6 Seiten English Summary). Geb. 98,– DM

90 Daniel *Thürer:* **Bund und Gemeinden.** Eine rechtsvergleichende Untersuchung zu den unmittelbaren Beziehungen zwischen Bund und Gemeinden in der Bundesrepublik Deutschland, den Vereinigten Staaten von Amerika und der Schweiz. 1986. XVII, 352 Seiten (7 Seiten English Summary). Geb. 118,– DM

89 Helmut *Damian:* **Staatenimmunität und Gerichtszwang.** Grundlagen und Grenzen der völkerrechtlichen Freiheit fremder Staaten von inländischer Gerichtsbarkeit in Verfahren der Zwangsvollstreckung oder Anspruchssicherung. 1985. XV, 261 Seiten (11 Seiten English Summary). Geb. 78,– DM

88 Rudolf *Dolzer:* **Eigentum, Enteignung und Entschädigung im geltenden Völkerrecht.** 1985. XIII, 331 Seiten (3 Seiten English Summary). Geb. 118,– DM

87 Norbert *Wühler:* **Die internationale Schiedsgerichtsbarkeit in der völkerrechtlichen Praxis der Bundesrepublik Deutschland.** 1985. XIII, 239 Seiten (5 Seiten English Summary). Geb. 88,– DM

86 Peter *Malanczuk:* **Region und unitarische Struktur in Großbritannien.** Die verfassungsrechtliche und verwaltungsorganisatorische Bedeutung der Region in England, Wales und Schottland. 1984. XIII, 296 Seiten (5 Seiten English Summary). Geb. 98,– DM

85 Rüdiger *Wolfrum:* **Die Internationalisierung staatsfreier Räume.** Die Entwicklung einer internationalen Verwaltung für Antarktis, Weltraum, Hohe See und Meeresboden. 1984. XX, 757 Seiten (11 Seiten English Summary). Geb. 198,– DM

84 Wolfram *Karl:* **Vertrag und spätere Praxis im Völkerrecht.** Zum Einfluß der Praxis auf Inhalt und Bestand völkerrechtlicher Verträge. 1983. XX, 438 Seiten (17 Seiten English Summary). Geb. 98,– DM

83 Lothar *Gündling:* **Die 200-Seemeilen-Wirtschaftszone.** Entstehung eines neuen Regimes des Meeresvölkerrechts. 1983. XIV, 370 Seiten (8 Seiten English Summary). Geb. 98,– DM

82 Torsten *Stein:* **Die Auslieferungsausnahme bei politischen Delikten.** Normative Grenzen, Anwendung in der Praxis und Versuch einer Neuformulierung. 1983. XII, 402 Seiten (5 Seiten English Summary). Geb. 116,– DM

81 **Völkerrecht als Rechtsordnung – Internationale Gerichtsbarkeit – Menschenrechte, Festschrift für Hermann Mosler.** 1983. XIV, 1057 Seiten. Geb. 298,– DM